主编 ◎ 周红岩　许俊强

海事审判三十载的理论与实践

HAISHI SHENPAN SANSHIZAI DE LILUN YU SHIJIAN

（下册）

大连海事大学出版社

图书在版编目(CIP)数据

海事审判三十载的理论与实践：上、下册／周红岩，
许俊强主编. —大连：大连海事大学出版社，2021.6
ISBN 978-7-5632-4167-5

Ⅰ.①海…　Ⅱ.①周…②许…　Ⅲ.①海商法—审判
—中国—文集　Ⅳ.①D922.294.4-53

中国版本图书馆 CIP 数据核字(2021)第 112615 号

大连海事大学出版社出版

地址：大连市凌海路1号　邮编：116026　电话：0411-84728394　传真：0411-84727996

http://press.dlmu.edu.cn　E-mail:dmupress@dlmu.edu.cn

大连金华光彩色印刷有限公司印装　　　　大连海事大学出版社发行

2021 年 6 月第 1 版　　　　　　　　　　2021 年 6 月第 1 次印刷

幅面尺寸：170 mm×230 mm　　　　　　　　　　　　　　印张：73.5

字数：1118 千　　　　　　　　　　　　　　　　印数：1～1200 册

出版人：刘明凯

责任编辑：刘长影　　　　　　　　　　责任校对：刘若实　杨　洋

封面设计：解瑶瑶　　　　　　　　　　版式设计：张爱妮

ISBN 978-7-5632-4167-5　　　定价：221.00 元(上、下册)

目　录

典型案例篇

☞入选最高人民法院公布的典型案例

案例篇

☞船舶

☞ 船舶租用合同

☞ 船舶碰撞

☞海上财产(人身)损害责任纠纷

☞港口作业

☞海事财产(诉前)保全

附录

典型案例篇

马绍尔群岛第一投资公司申请承认和执行英国伦敦临时仲裁庭仲裁裁决案

李　涛

【基本案情】

2003 年 9 月 15 日,被申请人福建省马尾造船股份有限公司(以下简称"马尾公司")和被申请人福建省船舶工业集团公司(以下简称"福船集团")作为联合卖方,与希腊雷斯缔斯集团在马绍尔群岛共和国注册的第一投资公司(以下简称 FIC)签订了关于船舶建造的《选择权协议》,约定:两被申请人不可撤销地同意与 FIC 或其指定人签订最多 8 艘船的《选择船建造合同》。因协议产生的或与之有关的任何争议应在伦敦提交仲裁;仲裁程序、包括仲裁裁决的执行应依据《1996 年英国仲裁法》或其任何当前生效的修订或重订规定以及伦敦海事仲裁员协会当时的生效规则(以下简称 LMAA 规则);双方各指定一名仲裁员,并由指定的该两名仲裁员挑选第三名仲裁员。此后,FIC 在《选择权协议》约定的声明期限内宣布 8 艘选择船生效,要求被申请人与其指定的 8 家单船公司签订 8 艘船的《选择船建造合同》,并寄送其提供的合同文本要求签署,但两被申请人未在期限内签署。FIC 及 8 家被指定公司于 2004 年 6 月 4 日在英国伦敦提起仲裁,要求两被申请人连带赔偿其 4 540 万美元的商业损失及利息,并指定哈利斯为仲裁员。被申请人指定王生长为仲裁员。哈利斯和王生长共同指定马丁·亨特为第三名仲裁员。经过两次听证,2006 年 1 月 21 日,首席仲裁员马丁·亨特做出该案仲裁裁决的第一稿,并分发给王生长和哈利斯审阅。2006 年 2 月 16 日,王生长提交了其保留意见的草稿。2006 年 3 月 20 日,因涉嫌犯罪,王生长被天津市人民检察院第一分院刑事拘留,并于 2006 年 3 月 31 日被该院批准逮捕。王生长自其被刑事拘留后,即与马丁·亨特和哈利斯未再发生任何联系,其未能看到马丁·亨特于 2006 年 3 月 25 日发给他的裁决第二稿和 3 月 31 日的定稿,其对该案的参与截止于上述对裁决第一稿发出的"意见草稿"。马丁·亨特及哈利斯根据 LMAA 规则第八条第(e)项规定"在任命了第三名仲裁员之后，决定、裁定和仲裁裁决应由全体或多数仲裁员做出"，于 2006 年 6 月 19 日在裁决上签署日期并以仲裁庭多数仲裁员意见的方式公布了仲裁裁决，裁决被申请人应向 FIC 支付赔偿金 2 640 万美元及此款利息和复息。FIC 于 2006 年 12 月 5 日向厦门海事法院提出申请，请求依据《承认与执行外国仲裁裁决公约》(以下简称《纽约公约》)承认该仲裁裁决在中华人民共和国境内具有法律效力并予以执行。

【裁判结果】

厦门海事法院认为，LMAA 规则第八条第(e)项适用于仲裁案件的前提是仲裁庭的每一名仲裁员都全程参与了仲裁程序，否则多数仲裁员就无权做出仲裁裁决。本案仲裁庭的仲裁程序与当事人约定的仲裁协议不符，也与仲裁地英国的法律相违背。厦门海事法院于 2008 年 5 月 11 日裁定对本案仲裁裁决不予承认和执行。

【典型意义】

本案是我国法院对缺员仲裁不予承认与执行的案件，在国际仲裁界有一定影响。本案仲裁协议中明确约定仲裁庭由三人组成，《英国仲裁法》及 LMAA 规则均没有缺员仲裁庭审理的规定，而仲裁庭却在一名仲裁员没有全程参与仲裁程序的情况下，适用 LMAA 规则第八条第(e)项关于多数裁决的规定做出裁决，法院认为本案属于《纽约公约》规定的仲裁庭的仲裁程序与当事人约定的仲裁协议不符的情形，裁定不予承认与执行该仲裁裁决。《纽约公约》系国际商事仲裁的基石，得到大多数国家的认同。作为公约的缔约国，我国法院准确把握公约的宗旨与精神，正确解释与适用公约的条文，平等保护了中外当事人的合法权利。

（原载于 2014 年 9 月最高人民法院公布中国海事审判三十年十大典型案例）

马士基(中国)航运有限公司、马士基(中国)航运有限公司厦门分公司、中国厦门外轮代理有限公司与厦门瀛海实业发展有限公司国际海上货运代理经营权损害赔偿纠纷案

李 涛

【基本案情】

马士基(中国)航运有限公司(以下简称"马士基公司")在厦门口岸经营国际集装箱班轮运输,中国厦门外轮代理有限公司(以下简称"厦门外代")担任马士基公司集装箱运输业务的代理人。在 2005 年 3 月 3 日之前,厦门瀛海实业发展有限公司(以下简称"瀛海公司")均能从厦门外代处正常提取马士基公司的集装箱,从事进出口集装箱拖运等陆路运输业务。马士基公司于 2005 年 3 月 3 日通知厦门外代停止向瀛海公司提供马士基公司的集装箱及集装箱铅封。瀛海公司遂以马士基公司等不接受其代理货主订舱托运造成其损失为由向厦门海事法院起诉,请求法院判令马士基公司等向瀛海公司提供货运订舱和相关服务,并不得拒绝瀛海公司接受委托办理与马士基公司等有关的集装箱进出口货运和陆路集装箱运输业务。

【裁判结果】

厦门海事法院一审认为,国际班轮公司不是公共承运人,不负有法定强制缔约义务,据此判决驳回瀛海公司的诉讼请求。福建省高级人民法院二审认为,马士基公司属于公共承运人,其明确表示不与瀛海公司发生业务关系,违反了公共承运人的强制缔约义务,遂判决:撤销一审判决;责令马士基公司等不得拒绝瀛海公司依业务惯例要求的订舱和相关运输服务。马士基公司及其厦门分公司不服二审判决,向最高人民法院申请再审。最高人民法院再审认为:公共运输是指为社会提供公用事业性服务并具有垄断地位的运输。国际海上集装箱班轮运输是服务于国际贸易的商事经营活动,不属于公用事

业,不具有公益性,也不具有垄断性、价格受严格管制的特征,故不属于《中华人民共和国合同法》(以下简称《合同法》)第二百八十九条规定的公共运输,其承运人不负有强制缔约义务。最高人民法院于 2011 年 6 月 28 日判决:撤销二审判决;维持一审判决。

【典型意义】

本案争议焦点为国际班轮运输是否属于《合同法》第二百八十九条规定的"公共运输"。最高人民法院对该案的再审判决,具有三个层面的指导、参考价值。一是填补了立法空白。对《合同法》第二百八十九条规定"公共运输"做出了具体阐释,明确了公共运输的基本特征,强调了《合同法》规定公共运输承运人强制缔约义务的本意是克服其垄断性问题。二是澄清了理论和实务长期存在的认识误区。本案再审判决进一步明确,班轮运输的承运人是英美法或者我国海商法理论上所讲的"公共承运人(Common Carrier)",但不是我国《合同法》第二百八十九条规定的"从事公共运输的承运人"。三是有效规范了国际航运市场。国际航运业是我国重要的支柱产业,我国港口集装箱总量多年位居世界第一,中国有 10 个港口排入全球二十大集装箱港口。最高人民法院对该案的再审判决为国际航运市场的竞争与发展明确了一项带有普遍意义的规则,具有重要实践意义。

(2014 年被最高人民法院选为中国海事审判三十年十大典型案例)

德国航运贷款银行申请扣押拍卖"阿明"轮案

林　强　俞建林

【基本案情】

申请人德国航运贷款银行(DVB Bank SE)与马耳他共和国艾斯姆阿明航运有限公司(ISIM Amin Limited)等签订贷款协议,后者以"阿明"轮(MV Amin,后更名为 MV Amin 2 即"阿明2"轮)作为担保,双方签订了《抵押协议》等法律文件并办理了第一顺位船舶抵押权登记。2013年10月29日,德国航运贷款银行以艾斯姆阿明航运有限公司违反合同诸多约定,拖欠债务本息 27 777 581.76 欧元为由,向厦门海事法院申请诉前海事请求保全,扣押停泊于漳州港的伊朗籍"阿明2"(MV Amin 2)轮,并责令被申请人提供金额为 27 777 581.76 欧元的担保。

【裁判结果】

厦门海事法院经审查认为,德国航运贷款银行的申请符合法律规定,于2013年11月4日裁定予以准许,该行随后向厦门海事法院提起诉讼。由于被申请人未能提供担保,德国航运贷款银行申请拍卖船舶,并于2014年5月5日得到准许。

2014年10月28日上午,来自挪威、巴拿马、马绍尔群岛共和国、利比里亚及中国香港等国家和地区的竞买人参加了拍卖,经过157轮叫价后,载重近16万吨的超级油船"阿明2"轮以人民币3.24亿元的价格成交,超出起拍价近8 000万元。

【典型意义】

本案船舶价值巨大,双方当事人均为外国企业,竞买人也多为外国企业。中国法院在扣押与拍卖船舶过程中,严格依照法律规定。依照维也纳领事公约,及时通知船籍国驻华使领馆。积极协调外轮代理、边检部门,提前制定工作流程,充分满足中外竞买人实地察看船舶的要求。严格依法裁定、果断执行、认真负责、细致周到的专业水准、敬业精神和工作作风,也充分树立了我国法院的司法公信力,彰显了我国海事司法的良好形象。

（2015年3月最高法院公布的全国海事法院船舶扣押与拍卖十大典型案例之七）

马绍尔群岛伊克利普斯财产股份公司
申请扣押"SL-710"轮案

陈　耀

【基本案情】

2006 年 12 月 1 日,申请人马绍尔群岛共和国伊克利普斯财产股份公司与被申请人中国福建圣龙船舶制造有限公司、温州润洋进出口贸易有限公司签订《船舶建造合同》,约定由两被申请人在福建福安为申请人设计建造一艘 57 000 载重吨的单壳散货船(建造船号为"SL-710"),价格为 3 800 万美元,分五期预付,每期 760 万美元,双方约定争议提交英国伦敦仲裁解决。申请人在支付第一期购船款 760 万美元后,以两被申请人违约为由取消合同。2009 年 7 月,两被申请人向英国伦敦仲裁庭申请仲裁,请求裁决申请人无权取消合同、无权要求返还预付款。申请人则提出反请求,请求裁决其已依约解除合同,有权请求返还 760 万美元预付款及利息;或裁决两被申请人构成毁约性违约,赔偿经评估得出的损失额。2010 年 9 月,申请人得知两被申请人准备出售在建中的"SL-710"轮,遂向厦门海事法院申请扣押该船,责令两被申请人提供 908 万美元的可靠担保。

【裁判结果】

厦门海事法院经审查认为,申请人的申请符合我国扣押船舶的法定条件,依照《中华人民共和国海事诉讼特别诉讼法》第十二条、第十四条、第二十一条第(十三)项、第二十三条第一款第(一)项,以及《最高人民法院关于适用〈中华人民共和国海事诉讼特别程序法〉若干问题的解释》第二十一条第二款的规定,裁定扣押了停泊于福建省福安市的"SL-710"轮,责令两被申请人提供价值 908 万美元的可靠担保。船舶扣押期间,英国伦敦仲裁庭裁决申请人有权依据普通法解除合同并请求损害赔偿。随后两被申请人与申请人达成和解并履行赔偿义务,厦门海事法院依法解除对"SL-710"轮的扣押。

【典型意义】

本案是外国当事人在其纠纷由外国仲裁机构进行仲裁过程中,向我国法院申请扣押船舶的海事请求保全案件。仲裁程序从申请仲裁到承认执行往往历时数年,其间容易因当事人转移资产而使胜诉裁决不能执行。我国作为联合国《承认及执行外国仲裁裁决公约》的缔约国,负有依法在我国承认、执行外国仲裁裁决的国际义务。应外国仲裁当事人的申请,对位于我国的船舶采取扣押保全措施,有助于保障外国仲裁裁决的顺利执行。

《中华人民共和国海事诉讼特别程序法》第十四条规定:"海事请求保全不受当事人之间关于该海事请求的诉讼管辖协议或者仲裁协议的约束。"《最高人民法院关于适用〈中华人民共和国海事诉讼特别程序法〉若干问题的解释》第二十一条第二款进一步明确,"外国法院已受理相关海事案件或者有关纠纷已经提交仲裁,但涉案财产在中华人民共和国领域内,当事人向财产所在地的海事法院提出海事请求保全申请的,海事法院应当受理"。本案中,厦门海事法院依法裁定准许伊克利普斯财产股份公司的扣押船舶申请,及时制止两被申请人对船舶的处分,促使相关外国仲裁裁决确定的权利义务得以顺利实现。展现了我国海事法院严格适用法律、平等保护中外当事人合法权益的理念和胸怀,赢得国际认可与赞誉,希腊籍船东为此专程赶到厦门海事法院表示感谢和敬意。

（最高人民法院发布全国海事法院船舶扣押与拍卖十大典型案例之十）

塞拉利昂籍"LEDOR"轮遭阿尔巴尼亚船东基恩毕船务有限公司弃船所引发系列纠纷案

陈萍萍

【案情】

[（2012）厦海法保字第 16 号诉前海事请求保全案]

申请人：武汉钢铁集团鄂城钢铁有限责任公司（以下简称"鄂钢公司"）。

被申请人：基恩毕船务有限公司（G&B Shipping SH.P.K.，以下简称"基恩毕公司"）。

[（2012）厦海法强字第 2 号申请海事强制令案]

请求人：鄂钢公司。

被请求人：基恩毕公司、"LEDOR"轮光船承租人。

[（2012）厦海法商初字第 356 号海上货物运输合同纠纷案]

原告：鄂钢公司。

被告：基恩毕公司。

[（2012）厦海法商初字第 367 号船员劳务合同纠纷案]

原告：穆罕默德·撒夫旺·欧斯塔·胡撒尼（Mohamad Safwan Oustah AL Hussaini，以下简称"穆罕默德"）。

被告：基恩毕公司。

[（2013）厦海法登字第 33 号债权分配协议案]

债权人：鄂钢公司等。

债务人：基恩毕公司。

厦门海事法院一审查明：承运我国大型国企鄂钢公司 2 万吨进口铁矿石的塞拉利昂籍船舶"LEDOR"轮于 2011 年 10 月从印度陈奈港开往我国江苏南通港途中搁浅在福建莆田非开放水域。海事部门认为该船存在断裂、沉没、危及人身安全及污染海洋环境的风险，要求船东基恩毕公司提交船舶脱险方案、过驳货物及船上存油的措施，鄂钢公司则要求船东就地卸货，均未果。当地政府从保护环境和保证安全出发，多次协调动员该船靠泊卸货，亦因各种实际问题得不到解决而未果。该船船体老旧、压载舱及部分货舱破损、证书过期，阿尔巴尼亚船东基恩毕公司无力使船舶续航，遂将船舶连同十几名外籍船员及货物遗弃在福建莆田。2012 年 7 月，收货人鄂钢公司向厦门海事法院申请海事强制令和海事请求保全，请求扣押船舶和强制卸货。厦门海事法院在执行民事裁定时，船上 1 名阿尔巴尼亚籍船长和包括穆罕默德在内的 17 名叙利亚籍船员称其被拖欠的巨额工资得到解决之前，他们不会让船舶和货物脱离其控制。经过多方沟通，18 名外籍船员同意走法律途径起诉要求船东基恩毕公司支付工资。随后，收货人鄂钢公司起诉基恩毕公司要求赔偿货物损失等，因"LEDOR"轮搁浅而受损的当地养殖户以及在该船搁浅期间为其提供了防污服务和物料油料供应、代理服务的各家公司等相继起诉，要求支付相关费用，由此引发了一系列类型各异的重大复杂疑难案件。

【审判】

厦门海事法院在受理上述案件后，通过多种途径与船东取得联系，但船东因债台高筑，无心也无力出面解决纠纷。厦门海事法院一方面及时依法裁定拍卖船舶并发布公告通知相关债权人进行债权登记，在航运市场极不景气、两次公开拍卖流拍的情况下，想方设法联系有意向的潜在买受人，最终以超乎船东预估的高价变卖了船舶；另一方面及时依法定程序公开审理"LEDOR"轮引发的系列纠纷案件，在被告缺席且未提供任何证据的情况下，通过走访莆田口岸的港务、检疫、海关、边检、海事、引航等多个部门，对该船滞留莆田期间产生的债权债务情况等进行全面细致的了解，仔细甄别审核各类证据，最后做出一审判决，平等保护中外当事人的合法权益。经公告送达后，系列一审判决已于 2013 年 5 月发生法律效力。随后，厦门海事法院及时组织召开债权人会议，将船舶拍卖款按照法律规定予以分配。考虑到叙利亚正遭受欧美各国经济制裁，为确保船员的工资能及时准确发放到位，厦门海事法院通过电子邮件与船员取得联系，将工资汇至其指定的第三国账户。

【评析】

厦门海事法院在执行扣船令和海事强制令过程中了解到船员被船东遗

弃在船上基本生活没有保障、身心健康受损的情况后,指定国有船代为"LE-DOR"轮提供船舶代理服务,为船员提供充分的人道主义帮助,多途径筹措资金为船舶和船员安排供给,还为叙利亚船员安排穆斯林斋月期间的伙食;在船员身体出现状况时,联系莆田市政府组织医护人员为船员提供医疗服务;同时与外汇管理部门协调,特事特办,将收货人垫付的人民币工资兑换成美元发放给船员。这些工作不仅有效地促使外籍船员配合法院执行海事强制令和扣船命令,而且展示了中国法院的公正高效的工作作风和文明人道的国际主义情怀。最后,厦门海事法院又与公安部门联系,根据这批外籍船员的特殊情况办理相应签证和出境手续,使其得以分期分批返回祖国。叙利亚船员向厦门海事法院赠送了英文书写的"人民法官为人民"锦旗,叙利亚驻华使馆向厦门海事法院致信表示感谢。该法院则从中积累了在外籍船东弃船的情况下如何审理这一系列重大疑难复杂典型案件的宝贵经验。该批系列案于2014年2月获评全国法院保障民生典型案例,后又于2015年7月获评全国法院为"一带一路"建设提供司法服务和保障典型案例。

(2014年度全国法院首批七大保障民生典型案例、2015年最高人民法院为"一带一路"建设提供司法服务和保障八大典型案例)

原告德国航运贷款银行诉被告艾斯姆阿明航运有限公司、舍库萨格凯斯航运有限公司船舶权属纠纷案

林 强 朱小菁

【问题提示】

从合同在我国诉讼，主合同在国外诉讼，申请人以此为由申请我国法院中止诉讼，应如何认定？

当国际民商事合同效力受到联合国制裁行为影响时，应如何处理？

【要点提示】

本案以"一带一路"航线和我国原油进口为背景，涉及多国当事人、牵连境内外数宗诉讼、标的巨大，涉外性与涉海性突出，牵涉我国石油安全、联合国对伊朗制裁等重大敏感问题，涉及管辖权、境内外诉讼协调、国际公法对民商事合同效力之影响、船舶拍卖等法律问题，又具有推进国际海事司法中心建设、积极服务保障"一带一路"建设的重要社会意义。

【案件索引】

一审：厦门海事法院（2013）厦海法商初字第 641 号（2016 年 3 月 17 日）

【案情】

原告：德国航运贷款银行（DVB Bank SE）。

被告：艾斯姆阿明航运有限公司（ISIM Amin Limited）。

被告：舍库萨格凯斯航运有限公司（Shokooh Sahar Kish Shipping Co.）。

原告德国航运贷款银行诉称：2007 年 3 月 6 日，原告与被告艾斯姆阿明航运有限公司（以下简称"阿明航运公司"）签订贷款协议（"日期为 2007 年 3 月 6 日的有担保贷款协议"），原告向该公司提供贷款，以便其融资购买船舶"阿明 2"轮。2009 年 2 月 2 日和 2009 年 11 月 20 日，原告、阿明航运公司和比斯海运有限公司（BIIS Maritime Limited）就日期为 2007 年 3 月 6 日的担

保贷款协议分别签订了两份补充协议（日期为 2007 年 3 月 6 日的有担保贷款协议和两份日期分别为 2009 年 2 月 2 日与 2009 年 11 月 20 日的补充协议，以下统称为"贷款协议"）。2009 年 11 月 20 日，原告和阿明航运公司签订抵押协议，阿明航运公司在"阿明 2"轮上设定了船舶抵押权，原告为抵押权人，协议约定未经原告同意其不得随意处分抵押该船。该抵押权在马耳他瓦莱塔市船舶登记机关进行了登记，约定船舶抵押权适用马耳他法律。然而，阿明航运公司在未经抵押权人即原告同意的情况下，将船舶"阿明 2"轮转让至被告舍库萨格凯斯航运有限公司，同时阿明航运公司也未按期支付原告贷款和利息，造成原告贷款本金和利息损失，截至 2012 年 4 月 2 日，共计 26 774 231 欧元，按照中国人民银行 2013 年 12 月 3 日公布的人民币汇率中间价 1 欧元兑换人民币 8.308 6 元计算，上述金额折合为 222 456 375.69 元（人民币，下同）。依据马耳他法律，未经原告同意，阿明航运公司不能将已设定抵押的船舶"阿明 2"轮转让至包括被告舍库萨格凯斯航运有限公司在内的任何第三方。同时，马耳他法下原告的船舶抵押权不因船舶转让而消失，直至该抵押最终被解除。因此，船舶转让后设定在船舶上的船舶抵押权依然有效，被告舍库萨格凯斯航运有限公司作为抵押物当前所有人应当向原告承担赔偿责任。原告请求法院判令：（1）确认原告对被告舍库萨格凯斯航运有限公司所属船舶"阿明 2"轮（IMO 编号：9422366）享有足以对抗第三人的船舶抵押权；（2）确认原告的船舶抵押金额为贷款协议下原告对阿明航运公司享有的到期债权 26 774 231 欧元（计算截至 2012 年 4 月 2 日），以及自 2012 年 4 月 3 日起，按贷款协议约定的利率，计算至实际支付上述金额之日止的利息；（3）被告舍库萨格凯斯航运有限公司承担对原告造成的损失 26 774 231 欧元（计算截至 2012 年 4 月 2 日），以及自 2012 年 4 月 3 日起，按贷款协议约定的利率计算至实际支付上述金额之日止的利息；（4）被告阿明航运公司、舍库萨格凯斯航运有限公司承担本案的案件受理费和其他诉讼费用。

被告阿明航运公司、舍库萨格凯斯航运有限公司未提交答辩状答辩。

厦门海事法院经审理查明，双方确认以下事实：2007 年 3 月 6 日，原告与阿明航运公司签订贷款协议，向该公司提供贷款，以便其融资购买船舶"阿明 2"轮。2009 年 2 月 2 日和 2009 年 11 月 20 日，原告、阿明航运公司和比斯海运有限公司（BIIS Maritime Limited）分别签订了两份补充协议。2009年11月20日，原告和被告阿明航运公司签订抵押协议，阿明航运公司在"阿明2"轮上设定了船舶抵押权，原告为抵押权人，约定未经原告同意其不得随意处分抵押该船。2009年11月20日，该抵押权在马耳他瓦莱塔市船舶登记机关进行了登记，约定船舶抵押权适用马耳他法律。其后"阿明2"轮在没有得到原告同意的情况下被转卖他人，且于2012年12月1日左右，被告舍库萨格凯斯航运有限公司取得"阿明2"轮船舶所有权。

原告于2013年11月4日向厦门海事法院申请扣押船舶"阿明2"轮，并向法院提供了180万元的反担保，厦门海事法院2013年11月4日做出（2013）厦海法保字第27号民事裁定书对"阿明2"轮予以扣押并责令被告舍库萨格凯斯航运有限公司提供担保。由于船舶扣押的需要，经厦门海事法院通知，原告向法院提供进一步的反担保。其所提供的反担保及预付扣船执行费累计为人民币820万元和68万美元（以下简称"反担保"）。

2014年1月22日，由于被告舍库萨格凯斯航运有限公司未能提供担保，原告提出拍卖船舶申请。2014年3月10日，厦门海事法院就该项申请依法进行听证，听证中被告舍库萨格凯斯航运有限公司申请提供现金担保以解除对"阿明2"轮的扣押。2014年3月20日，法院通知其应于15日内提供2.5亿元现金担保。2014年4月17日，法院再次通知该公司应当于2014年4月30日前将2.5亿元担保款项汇至法院账户，若逾期未提供，将依法拍卖"阿明2"轮。由于被告舍库萨格凯斯航运有限公司未能在规定期限内提供担保，法院于2014年5月5日依法裁定将位于中华人民共和国漳州港的"阿明2"轮予以拍卖并将所得价款在支付扣押和拍卖船舶的费用后全部存入法院账户。2014年10月28日，厦门海事法院"阿明2"轮拍卖委员会依法公开拍卖该船，先业企业有限公司（New Professional Enterprise Limited）以3.24亿元的最高价竞得。在买受人付清全部购船款和燃油款922 837.75元后，法院依法完成船舶移交手续。对于该拍卖款项，法院已向船舶检验机构支付检验费162万元、向船舶评估机构支付评估费129.6万元、向拍卖师支付劳务费11 200元、退还原告代为垫付的拍卖公告费用9万元、向中国航务周刊杂志社支付除权公告费用2 100元。扣减以上各项费用及船舶拍卖手续费129.6万元，剩余卖船款项319 684 700元和燃油款922 837.75元存于厦门海事法院账户。

原告在船舶拍卖公告规定的债权登记期间内,于 2014 年 11 月 7 日向厦门海事法院申请债权登记,法院准予登记。除此之外,无其他权利人向法院申请债权登记。

2013 年 12 月 3 日,原告就本案向厦门海事法院提起诉讼。诉讼中,原告、阿明航运公司、舍库萨格凯斯航运有限公司、比斯海运有限公司和伊兰诺信德航运有限公司于 2016 年 3 月 3 日就其在贷款协议下的纠纷达成和解协议(以下简称"AMIN 2 和解协议")。协议的各方一致同意在协议生效时(如在"AMIN 2 和解协议"中约定)将申请中国法院出具民事调解书。

【审判】

本案在审理过程中,经厦门海事法院主持调解,双方自愿达成如下协议:

一、被告艾斯姆阿明航运有限公司、舍库萨格凯斯航运有限公司一致同意向原告德国航运贷款银行支付贷款协议(日期为 2007 年 3 月 6 日的有担保贷款协议及补充协议)下未偿付本金和利息 28 608 431. 66 欧元、律师费用 655 363. 39 欧元、本案案件受理费人民币 577 041 元(折合 86 766 欧元)、扣船费用人民币 5000 元和人民币 102 510 元(折合 16 165 欧元),共计 29 366 726. 05 欧元,按照本调解协议书签订之日中国人民银行公布的欧元折人民币中间价汇率 1 欧元兑换人民币 7. 112 1 元折合人民币 208 859 092. 34 元("和解款项")。

二、两告同意"阿明 2"轮船舶拍卖收入(包括卖船款和燃油款)在扣除与拍卖有关的各项费用后优先支付上述和解款项。如不足,则两被告以及案外人比斯海运有限公司和伊兰诺信德航运有限公司应向原告支付不足的部分金额;如支付后仍有剩余,则余款的分配将由法院决定。

三、两被告同意厦门海事法院在民事调解书生效后将原告提供的反担保金及预付扣船执行费合计人民币 8 200 000 元和 680 000 美元(扣除银行汇款费用)退还原告。

四、上述和解款项和反担保金及预付扣船执行费在厦门海事法院民事调解书生效后,由厦门海事法院将款项(扣除银行汇款费用)退还到原告代理人账户[广东敬海(厦门)律师事务所人民币和/或外币账户]和/或法院接受的其他指定账户人,后再由原告代理人或指定收款人自行将款项汇付给原告,厦门海事法院向原告代理人或指定收款人汇付和解款和返还反担保金等同于向原告汇付和解款和返还担保金。

五、原告在收到上述和解款和反担保金后,将采取相应措施向有关当局取得批准和/或授权,该批准和/或授权一经接收,原告将采取行动解除另案船舶"TEEN"轮上设定的抵押,并向两被告及案外人比斯海运有限公司和伊兰诺信德航运有限公司交付(通过天津士洋律师事务所袁伟明律师转交)一份由船舶登记机关出具的抵押解除证明,以及一份由原告出具的关于抵押已解除的确认函。

六、原告在收到上述和解金额和反担保金后,将尽合理努力在15个中国工作日内向两被告及案外人比斯海运有限公司和伊兰诺信德航运有限公司送达(通过天津士洋律师事务所袁伟明律师转交)一份书面确认函,确认两被告、借款人、担保人、保险人,船舶"阿明2"轮、船舶"TEEN"轮和船舶"SININ"轮的经营人,以及其他利益相关方(不论是否列明,以下统称为"被解除方")已被永久地解除其在案涉贷款协议、担保函以及与"AMIN 2 和解协议"下实体索赔有关的法律行动下的全部和任何责任。原告进一步保证自收到和解款和反担保金后,除非为使"AMIN 2 和解协议"和本调解协议下的条款生效,将不会再针对被解除方提出任何与案涉贷款协议、担保函、船舶"TEEN"轮上的抵押以及船舶"SININ"轮上的第二优先抵押有关的索赔或采取任何行动,并且放弃针对被解除方在任何地方的法院或仲裁机构提起诉讼或提起仲裁或申请财产保全等行动,或为取得与贷款协议、担保函、船舶"TEEN"轮上的抵押以及船舶"SININ"轮上的第二优先抵押有关的担保(或类似目的)有关的行动。

七、原告在收到上述和解金额和反担保金后的7个中国工作日内,将在任何司法管辖区域内停止、撤回和避免采取任何以试图实现实体索赔为目的的进一步的法律行动(除了撤回和停止行动本身),除非采取行动本身是为实现"AMIN 2 和解协议"或本调解协议下所允许的权利和救济。上述承诺包括但不限于由原告向马耳他法院申请停止/终止针对两被告及案外人比斯海运有限公司和伊兰诺信德航运有限公司的诉讼(且不要求费用裁定),以及向武汉海事法院申请撤回船舶"SININ"轮上设定的第二优先抵押有关的债权登记。

八、本调解协议书是根据各方 2016 年 3 月 3 日签署的"AMIN 2 和解协议"做出的,本调解协议书一经各方签署,即发生法律效力。各方一致申请厦门海事法院依据本调解协议书就双方权利义务的规定内容制作调解书。任何一方不签收调解书不影响调解协议的效力。

九、本案案件受理费人民币 577 041 元,由原告德国航运贷款银行承担。

上述协议,不违反法律规定,本院予以确认。原、被告双方已签署上述协议,该协议已发生法律效力。

【评析】

本案是一起典型的涉外船舶抵押合同案件,涉及管辖权、外国诉讼的协调、联合国制裁等法律问题,是我国法院积极推进国际海事司法中心建设、护航"一带一路"建设的生动例证。

一、法律要点

(一) 管辖权

本案原告为德国法人,被告分别为马耳他共和国、伊朗法人,均为外国企业,交易行为亦发生在国外,纠纷本不存在我院管辖的连结点。但因案涉纠纷发生时"阿明 2"轮停泊于漳州港,原告向我院申请了诉前扣船,我院积极行使了扣押船舶国的司法管辖权。在扣押期届满之时,原告曾提出根据抵押协议的管辖权条款,拟在马耳他提起诉讼。合议庭行使了释明权,告知诉前保全与未来判决的执行相对应,保全后应向有管辖权的法院提起诉讼,保全效力才能继续维持。被告舍库萨格凯斯航运有限公司非抵押协议当事人,原告应说明和提供向马耳他法院起诉的理由和依据。如外国法院无管辖权,其裁判不能得到承认与执行,财产保全将被解除。原告经斟酌接受上述指引,但采取了同时向我院和马耳他法院起诉的做法。

我国既是海洋大国、航海大国,又是贸易大国。随着我国"一带一路"倡议的推行,国际贸易将越来越频繁,相关纠纷亦越来越多。而国际贸易多采用海运方式,进出我国的外籍船舶自然逐渐增加,这将导致我国海事法院借因扣船而取得司法管辖权的案件继续上升,这也是我国将航运贸易实力转化为海事司法实力的生动体现。

（二）外国诉讼的协调

在诉讼中,原告曾以案涉借款主合同纠纷已为英国高等法院受理为由,主张本案系船舶抵押权纠纷,裁判须以英国案件的审理结果为依据,申请中止审理。合议庭认为:首先,两案标的不同,并非严格意义上的重复诉讼,虽然诉求上可能存在重叠部分,但分别起诉并不冲突,英国法院对主合同的管辖不影响我国法院对从合同或抵押权纠纷的审理;其次,即使英国法院做出借款合同的判决,能否获得我国承认与执行,也需要严格根据民事诉讼法的相关规定进行,且我国法院目前也尚未有承认英国法院判决的先例;再者,本案被告舍库萨格凯斯航运有限公司并非英国案件当事人,其为寻获公平、效率的审判所享有的合法的程序利益亦应予考虑和保障。据此答复其不中止诉讼程序。但鉴于当事人已开始谈判协商和解、若干事项牵涉欧盟制裁机构的授权许可,决定暂缓对案件实体问题的审理。在尊重外国司法管辖权的同时,掌握了处理纠纷的主动权和案件的审理节奏,平衡了境内外案件之间诉讼上的互动关系。

（三）联合国制裁对国际民商事行为的影响

本案中,联合国对伊朗的制裁是不可忽视的背景。伊朗是向我国出口原油的五个主要供应国之一,我国也是伊朗石油的最大买家。案涉"阿明2"轮即承运了伊朗向我国输出的原油等产品,并运至漳州古雷半岛的国家级石化产业基地。由于伊朗核试验受到联合国制裁,美国也升级对伊朗的全面制裁,伊朗存放在外国银行中的1 000亿美元资金被冻结,中国购买伊朗石油存在结算上的问题,如果采用银行汇款方式,则相关银行会受到美国的制裁,此前我国昆仑银行就被美国列入制裁名单。因此,目前中国采用人民币支付伊朗石油费用,并把这笔钱存在境内银行账户。本案中,德国银行向本院起诉伊朗公司,要求偿还借款本息,其审理结果将直接牵涉中国与伊朗之间的结算及联合国制裁问题。案涉纠纷亦可能系因被告为规避联合国制裁,转到马耳他设立公司,从原告套取贷款后,由伊朗公司实际使用而起。因此,在处理本案时,我院及时研判国际形势,当联合国有条件取消对伊制裁后,把握时机,并利用案涉船舶成功拍卖的有利条件,积极组织双方调解,避免了和解协议效力受联合国制裁的不良影响。

（四）船舶拍卖

案涉船舶"阿明2"轮的成功拍卖是本案纠纷最终解决的关键一步。该船为巨型油船,总吨81 306,载重吨近16万吨,本航次载运十余万吨凝析油自伊朗阿巴斯港至漳州港。我院在扣押过程中,注意把握时机,保证原油的安全卸货。组织拍卖时,严格根据法律规定,精心安排每一环节。依照维也纳领事公约,及时通知船籍国驻华使领馆,履行了国际条约义务。积极协调外轮代理、边检部门,提前制定工作流程。利用厦门作为东南航运中心的良好平台,吸引更多中外竞买人参与,充分满足其实地察看船舶的要求。为了给境外的买家提供看船的方便,法院还简化了公证认证的程序,只要经法院许可,船代公司就可组织查看船舶。选择油船价格指数高点的时机举行拍卖,在拍卖过程中通过降低举牌价位等方式提高竞买人意愿,该船最终以3.24亿元高价成交,溢价幅度近8 000万元。由于拍卖价远超双方预期,拍卖款在偿还原告所有贷款后,仍有不少结余,极大地促进了原被告之间的和解。

二、社会意义

（一）积极护航"一带一路"建设

本案中,"阿明2"轮案涉航次覆盖了"一带一路"沿线国家和地区,案件当事方也来自"一带一路"沿线亚欧国家,案件背景又牵涉石油运输及对伊制裁的敏感问题。我院在处理案件时,注重树立主动服务大局理念,通过对船舶的成功拍卖及对案涉纠纷的圆满解决,有力维护和规范了航运秩序,让中外市场主体充分感受到厦门作为"一带一路"倡议支点城市及东南国际航运中心,具有强大的法治软实力,可为"一带一路"经贸往来提供良好的司法保障。本案审理也为我院在自贸区建设背景下打造法治化、国际化、便利化的营商环境迈出了坚实的一步。

（二）积极推进国际海事司法中心建设

如今,最高院提出建设国际海事司法中心的目标,法治软实力的建设是其中重要一环。只有不断提升海事审判的影响力和公信力,使越来越多外籍当事人选择到中国海事法院诉讼,这一目标的建设才能早日实现。本案在受理之前，我院积极行使船舶扣押地管辖权，通过诉讼释明，引导当事人至我院起诉。审理初期，外方当事人同时在三个国家进行诉讼，案涉贷款协议约定适用英国法，船舶抵押权适用马耳他法，而至调解阶段，外方当事人停止、撤回了在其他国家、地区展开的司法程序，并在调解协议中约定以中国法为准据法，共同申请我院制作调解书，确认协议效力。外方当事人对我院审理此案的态度，从积极规避到消极接受，以及至主动认同到最后完全信赖，并将案涉纠纷最终交由我院主导解决，体现了我国海事审判国际影响力和公信力不断提升，是我院推进国际海事司法中心建设的生动例证。

（三）积极深化海事审判精品战略

本案的审理，凸显了海事审判精品特色。合议庭注重从程序正义、文书制作、实体审查、司法公开等方面做精做细。程序上，一方面召集各利益相关方进行诉讼告知，及时高效应对各项动议申请；一方面以会议、听证等形式赋予当事人充分行使诉讼权利的机会，适时明确程序规则，充分说明程序裁决的理由，最大限度显现了程序的公开、公正。实体上，抓住联合国有条件取消对伊制裁的有利契机，促成当事人双方达成调解。案涉调解协议为一揽子解决协议，内容繁杂，涉及包括本案当事人在内的五方主体及包括"阿明 2"轮在内的三艘船舶，合议庭在制作调解书的过程中精细把握，逐字逐句对调解协议进行推敲修改，对与中国法律相冲突的条款进行了调整，明确了调解书的约束范围，厘清了双方的权利义务。该调解书仅协议部分就达三千余字，既充分尊重了当事人意思自治，又做到合法、规范、翔实、精炼，有利于当事人据此准确便利地履行义务，促进了这一复杂国际争议的彻底解决。程序实体的精细处理，保障了当事人的合法诉讼权利，使当事人充分感受到中国海事法院的公信力、中国海事法官的职业素养，并领略到我国海事审判精细、优良的司法品质，由此逐渐增加信任感，将纠纷交由我院主导解决，进一步彰显了中国海事法院的权威和国际影响力。

（2016 年全国海事审判十大典型案例、2016 年度福建法院十大典型案例）

厦门力鹏船运有限公司等与中海发展股份有限公司货轮公司船舶碰撞损害责任纠纷案

郭昆亮

【基本案情】

力鹏公司所属"力鹏1"轮与中海公司所属"碧华山"轮发生碰撞,造成"力鹏1"轮船体右倾,之后因舱内集装箱系固不当发生倒塌,致使"力鹏1"轮右倾角度不断增大,加之被拖船从左侧顶推往浅水区坐浅,最终导致沉没。海事部门做出调查报告认定"碧华山"轮与"力鹏1"轮对碰撞事故分别承担事故主、次责任。力鹏公司及"力鹏1"轮船舶保险人提起本案诉讼,请求判令"碧华山"轮承担80%的事故赔偿责任,并从"碧华山"轮海事赔偿责任限制基金中优先受偿等。中海公司抗辩认为,"力鹏1"轮沉没的最主要原因不是碰撞事故,而是该船船舶结构缺陷、积载不当、货物系固不当、船员打压载水时操作错误等,故"力鹏1"轮应承担70%的碰撞责任,"碧华山"轮对"力鹏1"轮沉没导致的损失不承担责任。中海公司反诉请求判令力鹏公司赔偿损失并从"力鹏1"轮海事赔偿责任限制基金中受偿。

【裁判结果】

厦门海事法院一审认为,综合全案证据可以认定,"碧华山"轮和"力鹏1"轮就碰撞事故本身应分别承担60%、40%的责任,但"力鹏1"轮沉没除碰撞所致右倾之外,还加入了该船本身集装箱系固不当等因素,故就"力鹏1"轮沉没而言,"碧华山"轮与"力鹏1"轮应分别承担40%、60%的责任,海事赔偿限额适用于本、反诉请求相互抵消后的差额。据此判决中海公司分别向力鹏公司及"力鹏1"轮船舶保险人赔偿人民币2 843 556元和5 355 402元及相应利息。双方当事人均不服一审判决,提起上诉。福建省高级人民法院二审判决"碧华山"轮与"力鹏1"轮就碰撞和沉没均应分别承担60%、40%的责任。中海公司不服二审判决向最高人民法院申请再审。

最高人民法院再审认为,力鹏公司没有对"力鹏1"轮舱内集装箱进行防止倒塌的固定,该行为具有过错且对该船沉没具有原因。一审判决据此减轻中海公司对"力鹏1"轮沉没的损害赔偿责任,并酌定力鹏公司与中海公司分别对"力鹏1"轮沉没损失承担60%、40%的责任,并无不当。再审判决撤销二审判决,维持一审判决。

【典型意义】

本案系典型的船舶碰撞及沉没事故引发的纠纷。就船舶碰撞与沉没的责任比例,双方当事人争议较大,并在业界引起较大关注。本案具有两方面的典型意义:第一,本案从大量涉及航海、船舶驾驶、货物配载、集装箱系固等专业而复杂的证据材料中抽丝剥茧,全面分析"力鹏1"轮沉没的原因,经过充分论证,判定集装箱系固不当造成船舶右倾角度加大是该船最终沉没的原因之一,从而将"碧华山"轮因碰撞事故所应承担的过错责任比例区分于其因"力鹏1"轮沉没所应承担的过错责任比例。这样处理既符合技术规范的要求,也符合法律的相关规定。第二,本案碰撞双方互负赔偿责任,均设立了海事赔偿责任限制基金,在认定双方损失后,根据"先抵消,后受偿"的原则,先将双方损失相互抵消,再到对方所设基金中受偿,符合海商法的规定。

（最高法2017年度海事审判十大典型案例）

申请执行人福安市海洋与渔业局与被执行人陈忠义等海事行政非诉执行案

曾大津

【基本案情】

福建宁德三都湾湿地是福建海湾型滨海湿地的典型代表,被列入《中国湿地保护行动计划》的"中国重要湿地名录"。宁德环三都湾湿地水禽红树林自然保护区是三都湾国家重要湿地的核心部分。陈某某、方某某、黄某某等多人未经海洋行政主管机关批准,擅自占用湿地海域实施围海养殖工程建设,严重侵害自然保护区,导致局部海洋生态系统遭受破坏,被中央环境保护督察组督察反馈列为整改对象。福安市海洋与渔业局于2016年8月31日做出行政处罚决定书,责令陈某某等退还非法占用的海域,恢复海域原状,并处以罚款。陈某某等在法定期限内未申请行政复议和提起行政诉讼。经福安市海洋与渔业局催告后,陈某某等仍拒不履行义务,该局向厦门海事法院申请执行行政处罚决定。

【裁判结果】

厦门海事法院认为,福安市海洋与渔业局是依法行使海域使用监督管理职能的行政机关,做出的行政处罚决定书主要证据确凿、认定事实清楚、适用法律正确、行政程序合法,裁定准予强制执行。随后,厦门海事法院启动非诉案件的"裁执分离"机制,确定由福安市海洋与渔业局负责具体组织实施退还海域、恢复原状,同时协调福安市人民政府组织多部门参与联合执法,并参照强制迁退不动产的执行程序,指导制定了《强制退海行动工作预案》《风险防控方案》等执行方案,明确实施强制执行的流程步骤和事前公告、第三人在场见证、执行笔录制作、执法活动视频记录以及现场物品(养殖物)造册、保存、移交等工作规范和工作要点。2018年7月31日至8月3日,在法院监

25

督下,相关行政部门组织 1 100 余人、挖掘机 12 台,通过四昼夜强制执行,拆除了违建的养殖管理房,在围海长堤上开挖豁口 4 个、拆除闸门 7 座、清除淤泥数万方,引入海水令 352.287 亩被占海域恢复自然状态。以此案为示范和带动,最终将不符合生态自然保护区规划的 170 公顷养殖设施全部清退,实现了滩涂内外水源的有效交换,还原湿地。经定期生态监测,退养还湿后保护区自然生态环境进一步优化,生态物种进一步丰富,生态效益初步显现。

【典型意义】

非法占海、围海、填海是近年来我国近海海洋生态遭受破坏的重要原因,也是海洋污染防治攻坚战中的"痛点"和"顽症"。对责令退还非法占用海域、恢复海域原状的强制执行,由于涉及海域面积广,责任主体人数众多,构筑物拆除、土方清运工程量浩大,往往难以有效实施。人民法院从强化司法审查、严格执行程序和规范执行行为入手,统筹司法和行政资源,缜密组织实施"裁执分离",协调各方力量强力推进执行攻坚,拆塘清淤、退养还湿,还海洋以宁静、和谐、美丽,取得良好的生态效果。本案的圆满执结,为落实习近平生态文明思想中"用最严格制度、最严密法治保护生态环境"的要求,破解涉海洋生态司法"执行难"问题提供了可借鉴、可复制、可推广的样本。同时,通过监督支持海洋行政机关依法行政,健全完善环境司法与行政执法有效衔接机制,指引海事行政机关规范行政执法,提升海洋环境保护法治化水平。

（2018 全国海事审判十大典型案例）

韩某某申请设立海事赔偿责任限制基金案

陈 亚

【基本案情】

"湘张家界货3003"轮所有人为韩某某,该轮总吨2 071吨,持有长江中下游及其支流省际普通货船运输许可证、内河船舶适航证书,准予航行A级航区,作自卸砂船用。2016年5月9日,"湘张家界货3003"轮在闽江口D9浮返航进港途中,与"恩基1"轮发生碰撞,造成"恩基1"轮及船载货物受损。韩某某向法院申请设立海事赔偿责任限制基金。

【裁判结果】

厦门海事法院一审认为,韩某某系"湘张家界货3003"轮的登记所有人,该船虽为内河船舶,但根据其提供的内河船舶适航证书,该船航行区域为长江中下游及其支流省际内河航线,而且发生涉案事故时,正航行于闽江口,属于国务院批准施行的《关于不满300总吨及沿海运输、沿海作业船舶海事赔偿责任限额的规定》(以下简称《责任限额规定》)第四条规定的"300总吨及以上从事中华人民共和国港口之间货物运输或者沿海作业的船舶"。一审裁定准许韩某某提出的设立海事赔偿责任限制基金的申请。相关利害关系人不服一审裁定,提起上诉。

福建省高级人民法院二审认为,涉案船舶"湘张家界货3003"轮虽为内河船舶,但其在沿海海域从事航行作业属于《责任限额规定》第四条所规定的从事沿海作业的船舶,依法可以申请设立海事赔偿责任限制基金。二审裁定驳回上诉,维持一审裁定。相关利害关系人不服二审裁定,提起再审。

最高人民法院再审认为,"湘张家界货3003"轮持有长江中下游及其支流省际普通货船运输许可证、内河船舶适航证书,准予航行A级航区,为内河船舶。涉案船舶碰撞事故发生在福建闽江口，并非"湘张家界货 3003"轮准予航行的航区。"湘张家界货 3003"轮的船舶性质及准予航行航区不因该轮实际航行区域而改变。"湘张家界货 3003"轮作为内河船舶，不属于《责任限额规定》适用的船舶范围。再审撤销一、二审裁定，驳回韩某某设立海事赔偿责任限制基金的申请。

【典型意义】

《海商法》第三条规定的船舶仅限于海船，关于内河船舶在海上航行是否适用海事赔偿责任限制制度，司法实践中存在争议。国务院批准施行的《责任限额规定》源于《海商法》第二百一十条的授权，其规定的"从事中华人民共和国港口之间货物运输或者沿海作业的船舶"仍应限定为海船。受利益驱动，近年来内河船舶非法从事海上运输的问题非常突出，严重威胁着人员、财产和环境的安全。最高人民法院在该案中进一步明确，内河船舶性质及准予航行航区不因该船实际航行区域而改变，对于规范航运秩序、统一类似案件裁判尺度具有积极意义。

（2018 全国海事审判十大典型案例）

孙杰诉厦门中远海运劳务合作有限公司、
东方海外货柜航运有限公司船员劳务合同纠纷案

张珠围

【关键词】准据法；强制性规定；集体劳动合同

【案例要旨】

1. 涉外劳动合同当事人可以协议选择准据法，劳动者保护强制性规范多是劳动基准法，其在具体适用上并不直接排除准据法的适用，而是为劳动者保护设定一个基准和底线，当准据法的适用结果比法院地国的强制性规范更有利于保护劳动者时，应优先适用较高保护标准。

2. 集体合同与个人合同约定不一致时，应当按照有利于维护劳动者权益原则进行解释，个别劳动合同只有在规定了比集体合同更为优越的条件时方可取代集体合同的规定。

【相关法条】

《中华人民共和国涉外民事关系法律适用法》

第四条　中华人民共和国法律对涉外民事关系有强制性规定的，直接适用该强制性规定。

第四十三条　劳动合同，适用劳动者工作地法律；难以确定劳动者工作地的，适用用人单位主营业地法律。劳务派遣，可以适用劳务派出地法律。

【案件索引】

一审：(2018)闽72民初880号（2018年12月28日）

【基本案情】

孙杰诉称：孙杰在受雇于厦门中远海运劳务合作有限公司（以下简称"中远劳务公司"）、东方海外货柜航运有限公司（以下简称"东方海外公司"）工作期间患病,两被告拒绝支付病假工资。

东方海外公司辩称:东方海外公司并非涉案船舶的所有人或经营人,不是本案的责任主体,孙杰在"东方比利时"轮服务期间因其自身申请而离船,不应要求船东承担其自行离船后的工资和医疗费。

中远劳务公司答辩称,其已全面履行了与原告签订的《船员服务协议》。

法院经审理查明:2015 年 12 月,孙杰与被告中远劳务公司签订《船员服务协议》,约定中远劳务公司介绍原告到被告东方海外公司所属或管理的船舶工作,负责向原告解释说明工作性质和内容,维护原告在船工作期间的合法权益,办理原告上船工作的手续,并就原告在工作和生活中遇到的困难和问题与雇主进行协商解决。合同签订之后,孙杰于 12 月 24 日到"东方比利时"轮任职,并与该船船舶所有人及被告东方海外公司签订《船员雇佣协议》,协议约定合同期限 6 个月,基本工资 2 820 美元,还约定东方海外公司与香港航业海员合并工会、海员工会、商船高级船员协会(下称"三会")签订的《集体谈判协议》的条款规定适用于《船员雇佣协议》。2016 年 4 月 2 日,原告在船工作期间因膝盖疼痛,在加拿大魁北克就诊,医生认为原告可以继续履职。4 月 10 日,原告因腿部疼痛与肿胀,向东方海外公司申请回国就医并获同意。4 月 26 日,原告入住山东临沂市人民医院,入院诊断为弥漫性筋膜炎。其后,原告陆续因弥漫性筋膜炎住院。6 月 20 日至 9 月 23 日期间,孙杰参加被告中远劳务公司组织的船员英语培训,此段期间没有医院就诊治疗记录。

另查明,东方海外公司与香港"三会"订有《集体谈判协议》,该协议对东方海外公司与船员的权利义务做出了约定,并在船员与东方海外公司单独签订的《船员雇佣协议》里明确约定《集体谈判协议》的条款内容适用于《船员雇佣协议》。该协议约定:东方海外公司作为雇主遵守本协议条款和条件规定的所有责任,其有责任支付船员工资,无论船员与东方海外公司是否签署了《船员雇佣协议》,也无论《船员雇佣协议》是否对《集体谈判协议》中载明的工资标准进行背书或修改。《集体谈判协议》中的船员病休条款及病休待遇为:船员因病或因伤而无法胜任工作,被遣返回雇佣港口的,东方海外公司应承担医疗护理费用,但最长不超过自受伤或患病之日起 112 天;该船员在医疗护理期间有权享有同基本工资相等的病假工资。

【裁判结果】

厦门海事法院于 2018 年 12 月 28 日做出（2018）闽 72 民初 880 号民事判决，该民事判决书送达后，双方均未上诉，判决书已发生法律效力。

【裁判理由】

法院生效裁判认为，本案系船员劳务合同纠纷，属于主体涉港、事实涉外案件，双方当事人均主张适用中华人民共和国法律作为准据法，依据《中华人民共和国涉外民事关系法律适用法》（下称《适用法》）第四十一条、《最高人民法院关于适用〈中华人民共和国涉外民事关系法律适用法〉若干问题的解释（一）》（下称《适用法解释》）第十九条的规定，当事人可以协议选择合同适用的法律，故中国法为本案的准据法。本案的主要争议焦点是：

《中华人民共和国劳动合同法》（下称《劳动合同法》）是否适用于本案。法院认为，《劳动合同法》是否适用应结合原告与两被告签订的合同的性质与《劳动合同法》适用范围来分析认定。孙杰与中远劳务公司签订《船员服务协议》未涉及劳动力交换等体现劳动合同本质特征的权利义务条款，故此类合同是船员服务合同，不属于船员劳动合同，不适用《劳动合同法》的规定。孙杰与东方海外公司签订《船员雇佣协议》性质上属于劳动合同，但依据《劳动合同法》第二条的规定，该法仅适用于中华人民共和国境内的企业等组织与劳动者之间的劳动合同，因东方海外公司系我国香港特别行政区的法人，故其与孙杰签订的《船员雇佣协议》不适用《劳动合同法》的规定。综上，法院认为孙杰分别与两被告签订的合同，是平等民事主体之间的法律行为，应适用合同法及合同的约定来确定各方当事人的权利和义务。

两被告是否应承担支付病假工资的责任。涉案《船员雇佣协议》明确约定东方海外公司与香港"三会"签订的《集体谈判协议》的条款适用于《船员雇佣协议》，即《集体谈判协议》的条款并入《船员雇佣协议》，故《集体谈判协议》的内容对东方海外公司及船员均具有法律约束力。该《集体谈判协议》约定东方海外公司作为雇主，应承担包括支付船员工资在内的《船员雇佣协议》所约定的所有责任。根据《集体谈判协议》第 19.2 条规定，船员因病被遣返之后，在医疗护理期间有权享有同基本工资相等的病假工资。孙杰经东方海外同意，因病离船回国就医，应视为被遣返，依据《集体谈判协议》约定，船员因病被遣返之后，在医疗护理期间有权享有同基本工资相等的病假工资,东方海外公司应依约支付医疗护理期间的病假工资。孙杰与中远劳务公司签订的《船员服务协议》没有关于病假工资的约定,孙杰对中远劳务公司的诉求没有合同及法律依据,应予驳回。据此,法院判决:一、被告东方海外货柜航运有限公司应向孙杰支付病假工资 5 170 美元;二、驳回孙杰的其他诉讼请求。

【案例注解】

随着经济全球化的深入推进,劳动力跨境流动日益成为国际社会的常态,涉外劳动纠纷案件也日益增多,较之国内劳动关系,涉外劳动关系的法律适用更具复杂性与独特性。当外派船员与境外用工单位发生纠纷时,我国作为法院地国关于劳动者权益保护的规定是否作为强制性规范直接适用,涉外劳动合同的当事人是否可以协议选择准据法,有关劳动者保护国际公约如何适用,个人劳动合同与集体劳动合同效力如何协调,这些问题都是审判实践的热点、难点问题。

一、强制性规范的识别

我国虽将涉及劳动者权益保护的法律纳入强制性规定[①],在具体适用中是指整部法律均作为强制性规定直接适用,还是指对个案中待适用的具体规定进行识别,相关法律规定并不明确。此外,《劳动合同法》通常具有域内适用的属性,一般仅适用于主权国家范围内,当劳动者与境外雇主签订劳动合同,此种涉外劳动关系并不在该法适用范围内。当《劳动合同法》是作为准据法所属国的实体法规范适用时,会出现本应用于规范劳动关系的部门法,实际无法适用的冲突。此类现象的根源是经济全球化带来劳动力跨境流动规模不断扩大,各国的劳动关系的管控模式和劳动法实施未能适应新变化。为应对此类挑战,有的国家采用"限定地域适用模式",即明确规定一些条款

---

① 最高人民法院《关于适用〈中华人民共和国涉外民事关系法律适用法〉若干问题的解释(一)》(下称《适用法解释》)第十条规定:有下列情形之一,涉及中华人民共和国社会公共利益、当事人不能通过约定排除适用、无须通过冲突规范指引而直接适用于涉外民事关系的法律、行政法规的规定,人民法院应当认定为涉外民事关系法律适用法第四条规定的强制性规定:(一)涉及劳动者权益保护的;(二)涉及食品或公共卫生安全的;(三)涉及环境安全的;(四)涉及外汇管制等金融安全的;(五)涉及反垄断、反倾销的;(六)应当认定为强制性规定的其他情形。

可以适用于与法规制定国有特定联系的境外纠纷①,有的国家在劳动基准法领域开始采用"属地+属人"管辖模式,使得本国劳动基准法具有一定的域外适用效力。

我国还没有统一、专门的劳动基准法体系化立法,关于工资、工时、劳动安全与社会保障等劳动条件的最低标准的规定散见于劳动法及相关配套的行政法规、规章。这些法律法规是否属于《适用法》第4条所规定的"强制性规定"?有观点认为,不应将《劳动法》《劳动合同法》或涉及劳动关系的法律笼统地识别为强制性规范,因为并非劳动关系所涉及全部事项皆可适用强制性规范,须此类事项是法律基于保护劳动者的目的而做出的有别于合同法基本原理的特别规定事项,才能适用强制性规定。② 本文赞同此种观点,在现有法律框架下,劳动基准法才能属于强制性规定,对于劳动基准法的具体涵盖内容,域外立法实践虽有差异,但都规定涉及劳动保护、职业安全卫生、职业灾害责任、社会保障及反歧视等领域的规定为强制性规范。③ 本案所涉及的是劳动者病休工资,该事项属于劳动者社会保障范畴,故我国法律关于劳动者病休待遇的最低标准应作为强制性规范适用。

二、保护性强制性规范的适用

涉及劳动者权益保护的强制性规范适用方法具有特殊性。传统强制性规范要求不经冲突规范的指引或当事人的选择,无论案件准据法为何都必须适用。而劳动者保护强制性规范多是劳动基准法,国际私法学者称之为保护性实体规范,其在国内法律适用体系中的地位与传统强制性规范不同,保护性实体规范服从于冲突规范的指引,作为准据法的组成部分得到适用。④ 此类规范设定的是劳动条件的基准,当劳动合同约定的保护标准优于这个基准时,应优先适用合同约定。换言之,涉及劳动者权益保障的强制性规范多是为劳动者保护设定一个基准和底线,其在具体适用上并不直接排除准据法的

---

① Symeon C. Symeonides:Codifying Choice of Law Around the World, OXFORD UNIVERSITY PRESS, p294。

② 参见孙国平:《论劳动法上的强制性规范》,《法学》2015年第9期,第59页。

③ 参见孙国平:《论劳动法上的强制性规范》,《法学》2015年第9期,第59页。

④ 卜璐:《国际私法中强制性规范的界定——兼评〈涉外民事关系适用法若干问题的解释〉第10条》,《现代法学》2013年第3期,第152页。

适用,而是通过比较准据法提供的保护标准是否高于强制性规范,当准据法的适用结果比法院地国的强制性规范更有利于保护劳动者时,应优先适用较高保护标准。

三、强制性规范的域外效力

劳动法在传统意义上的适用,一般只是针对发生在一国境内的劳动关系,劳动法上的强制性规定是否能直接适用于形成于境外的劳动关系是强制性规范的域外效力问题。学者认为,将系争案件纳入某一强制性规范域外适用范围的前提是与该规范制定国具有密切联系。密切联系在本质上是强制性规范制定国的管制利益在冲突法上的表达,而这一利益主要取决于管制是否必要与是否可能。① 密切联系的认定并不依赖客观连接点的机械选择或叠加,而是需考虑有关规范所属领域的特点。本案所涉劳动者是我国公民,其有权获得我国劳动法强制性规范提供的保护,我国劳动者权益保障的强制性规范应在该案中适用。

四、当事人意思自治原则的适用

涉外劳动合同当事人是否可以意思自治选择准据法,肯定论者认为劳动合同准据法的确定应遵循一般的债权冲突规范的规定,当事人可以自主选法;否定论者认为《适用法》第43条就劳动合同的连结点进行了限制,即劳动合同首选劳动者工作地法律,其后选用人单位主营业地法律和劳务派出地法律,不再有双方约定之余地。② 有学者认为,《适用法》第43条是保护性冲突规范,即经由保护性连接点(如劳动者工作地、用人单位主营业地等)指引确定对劳动者较为有利的准据法来实现对弱势一方当事人倾斜保护。③ 本文认为,虽然保护性冲突规范试图通过限制当事人选择准据法的范围来实现倾向性保护,但实践中经保护性冲突规范指引确定的准据却不一定真正对劳

---

① 参见 Peter Hay, Patrick J. Borchers and Symeon C. Symeonides, Conflict of Laws,5TH ER., St. Paul, MN:West,2010,p. 259。转引自肖永平、龙威狄《论中国国际私法中的强制性规范》,《中国社会科学》2012年第12期,第112页。

② 参见孙国平:《论涉外劳动合同准据法之确定》,《法学》2017年第9期,第131页。

③ 参见孙国平:《论劳动法上的强制性规范》,《法学》2015年第9期,第54页。

动者有利:(1)船员劳务外派实践中,如果强制适用第43条规定的劳动者工作地法,即船舶的船旗国法,在方便旗船舶盛行的情况下,船旗国法可能与劳动合同并无实际关联,该方便旗国法对劳动者权益的保障可能也存在不足;(2)第43条未规定劳动者惯常居住地作为连接点,但是在船员外派纠纷审判实践中,船员的惯常居住地法中国法才是劳动者最为熟悉和信任的法律,审判实践中船员往往倾向选择适用我国法律;(3)在国际劳务实践中,一些高端劳动者具有较强的与雇主谈判的能力,其可基于意思自治选择适用较高劳动标准国家或地区的法律来保护自身权益,不允许合意选法可能会损害这部分劳动者的权益①。所以,本文认为在船员劳务外派司法实践中,应允许船员与境外雇主合意选择合同适用的准据法。

五、国际条约的国内法效力

涉外劳动纠纷的法律适用问题往往还涉及国际条约的适用,如本案所涉及的船员在船工作期间患病的社会保障待遇是《2006年海事劳工公约》(下称"公约")的规范内容之一,该公约的国内效力也是法律适用中应考虑的问题。公约虽已对我国生效,但国际条约在国际法层面对国家具有拘束力,并不意味着条约当然、立即地具有国内法律的地位和效力,须以"转化"及"纳入"的方式在一国发生法律效力。无论是条约的转化还是纳入均应具体考察所涉条约关于自身适用机制的规定,如条约适用的时间、空间、对象、条件等问题。公约采用的是通过国内法转化条约内容履行条约义务的模式,故公约关于船东在船员患病时应承担责任的规定,无法直接在本案中适用。

六、法律适用思维导图及示例

综合以上分析,船员外派劳务中的法律适用思维导图如下:

(一)当事人合意选择中国法为准据法(流程图1),但《劳动合同法》第二条规定,该法仅适用于中华人民共和国境内的企业等组织与劳动者之间的劳动合同,因雇主系我国香港特别行政区的法人,故其与劳动者签订的劳动合同不适用内地《劳动合同法》的规定(流程图2.1/2.2)。

---

① 参见孙国平:《论涉外劳动合同准据法之确定》,《法学》2017年第9期,第131页。

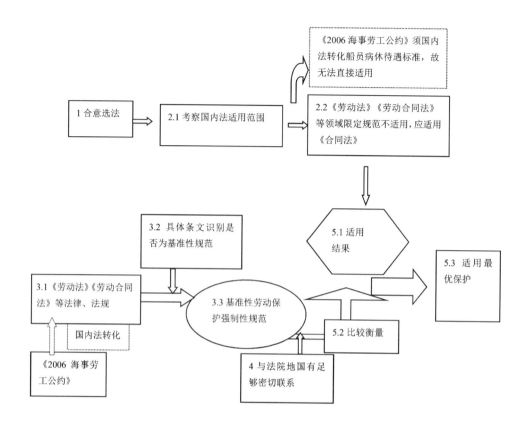

船员劳务外派法律适用思维导图

（二）本案虽不在我国《劳动合同法》适用范围内,但应考量是否属于劳动者保护基准的强制性规定规范范围内,并考察国内法所提供的保护标准（流程图 3.1/3.2/3.3）:劳动者工作期间患病的病休待遇,属于劳动者基本社会保障涵盖事项,应识别为劳动者权益保障强制性规定规范范围。我国关于劳动者患病期间工资待遇标准的规定见于原劳动部《关于贯彻执行〈中华人民共和国劳动法〉若干问题的意见》:职工患病或非因工负伤治疗期间,在规定的医疗期间内由企业按有关规定支付其病假工资或疾病救济费,病假工资或疾病救济费可以低于当地最低工资标准支付,但不能低于最低工资标准的 80%。

（三）因涉及劳动法域外适用,应考虑纠纷与我国是否有足够密切联系（流程图 4）:本案劳动者是我国公民,有权获得我国《劳动法》强制性规范提供的保护,故劳动者权益保障的强制性规范应在本案中直接适用。

(四)适用协议选择的准据法结果(流程图5.1/5.2/5.3):本案双方当事人协议选法的结果是适用我国《合同法》,适用《合同法》的结果是合同约定的劳动者的病休工资标准与在岗工资数额相同,该待遇标准高于我国关于病休工资标准待遇的强制性规定,应优先适用该选法结果。

(五)国际条约适用:当纠纷所涉事项属于国际条约适用范围,应考虑该条约的国内法适用方式。

七、实体法适用:集体合同的法律效力

本案原告与境外雇主的雇佣协议具有两个层次的内容,一是劳动者与雇主签订的个人雇佣协议,二是船员工会与雇主签订的集体合同。我国法律没有关于集体合同效力的明确规定,理论上有观点认为集体合同对雇主和劳动者的效力是合同性的约束力,另一种观点认为集体合同具有相当的法律规范效力。尽管存在上述解释上的分歧,但两种观点都不否认集体合同可以成为劳动者和用人单位权利和义务的来源。

域外立法实践也有不同,在英国法上,除非当事人在集体合同中明确载明或并入个人劳动合同,集体合同才具有法律效力,否则集体合同在一般情况下被认为不具有法律效力;在法国法上,集体合同可以"扩展"适用至其效力范围内的所有雇主及其雇员,集体合同具有类似于法规范的功能。德国学者认为,集体合同具有"债权性效力",即集体合同作为合同具有对双方当事人权利义务的约束力,还具有"法规性效力",即对于劳动关系的建立、内容和终止以及企业规章或企业组织法上的规范具有法规性效力。本案所涉及的两个合同内容在构造上更类似于英国的并入模式,即在个人劳动合同中约定并入集体合同的条款,并在集体劳动合同中明确约定了不可通过个人合同予以克减的义务。本文认为,集体合同既是当事人之间权利义务的安排,也是确立劳动雇佣标准的依据,当双方当事人在个人劳动合同中载明并入集体协议,集体协议的条款即对双方当事人具有约束力。实践中,有时会出现集体合同与个人合同约定不一致,如在本案中船员雇佣协议载明被告东方海外公司是作为"代理",而船员集体合同约定东方海外公司应承担雇主的相关义务。这种情况下,应当按照有利于维护劳动者权益原则进行解释,个别劳

动合同只有在规定了比集体合同更为优越的条件时方可取代集体合同的规定。

（2019 年度全国法院系统优秀案例二等奖;原载于《人民司法案例》2019年第 26 期）

厦门信达股份有限公司诉中华联合财产保险股份有限公司福建省分公司海上货物运输预约保险纠纷案

陈萍萍

【案号】一审：（2007）厦海法商初字第 288 号；二审：（2008）闽民终字第 134 号。

【裁判要旨】保险单上的笔误不得成为保险人拒赔的理由；被保险人未保全第三人之财产不是保险人拒赔或扣减赔款的理由；保险人未及时赔付被保险人损失，造成被保险人遭受汇率损失和巨额资金被占用的利息损失的，保险人应予赔偿。

【案情】

上诉人（原审被告）：中华联合财产保险股份有限公司福建省分公司（以下简称"保险公司"）。

被上诉人（原审原告）：厦门信达股份有限公司（以下简称"信达公司"）。

2007 年 2 月，信达公司、锦兴贸易（香港）有限公司（以下简称"锦兴公司"）就进出口货运项目与保险公司签订《预保协议》，约定：凡信达公司作为买方、锦兴公司作为卖方以 CNF 或 FOB 价格条款成交的木材及木材制品从巴布亚新几内亚（下称"巴新"）、非洲等港口装运至中国港口，不论采取何种运输方式，货物一经出运，就自动成为本协议下保险标的；保险价值及保险金额按发票金额加成 10% 计算，保险期限为 2007 年 2 月 15 日起一年内；保险条件为海洋货物运输保险条款一切险加战争险条款，保险费率为 0.15%；保险采取预约统保方式承保，被保险人在知悉进出口货物装船日期后，应立即填写《投保单》交给承保人，承保人收到投保单或发票后应及时审核，签章确认后给被保险人，完成预保程序，被保险人在开航日起十日内将船龄和船名、具体数量及金额告知承保人，承保人出具保险单给被保险人；凡属协议保险项下货物,无论是预保或出具正式保单,当发生保险事故时,承保人应及时按现行条款的有关规定负责赔偿;30 年船龄(含 30 年)以下统一按 0.15% 费率承保,31 年至 33 年船龄统一按 0.18% 费率承保,33 年以上船龄一般不予承保。2007 年 4 月 2 日,双方又签署《补充协议》,对"投保手续"修正为:协议范围内的各项保险采取预约统保方式承保,被保险人贸易合同生效或开证后,应立即填写《预保单》并签章传真给承保人,承保人收讫后在半个工作日内签章确认后传真给被保险人,完成预保程序,保险生效;被保险人在开航日起的十日内,将船龄、船名和启运日期、具体数量及金额告知承保人,承保人在两个工作日内出具保险单给被保险人;《预保单》必填项有:被保险人名称、合同号码、物品名称、预计发票金额、运输路线、投保险别、申请人和申请日期等;凡属本协议保险范围内的货物,无论是预保或出具正式保单,当发生保险责任范围内的损失时,承保人应及时按现行条款的有关规定赔偿。

信达公司与锦兴公司于 2007 年 5 月 28 日签订贸易合同,约定信达公司向锦兴公司购买总金额为 118.9 万美元(±10%)、价格条件为中国港口 CNF 145 美元/立方米的巴新原木 8 200 立方米(±10%),启运港为巴新港口,目的港为中国港口。

2007 年 5 月 31 日,信达公司向保险公司递交预保单。次日,保险公司签章确认承保。6 月 5 日,信达公司申请开立以锦兴公司为受益人、金额为 118.9 万美元(±10%)的不可撤销信用证。

2007 年 6 月 19 日,银海公司光船承租的"HAI TONG 7"轮向巴新出口方递交准备就绪通知书:船名打印为"HAI TONG",船章显示船名为"HAI TONG 7"。6 月 29 日,装货完毕。次日,船舶出港启航,船代代表船长签发了全套正本提单:船名打印为"HAI TONG",托运人为锦兴公司,通知人为信达公司,启运港为金贝港,目的港为中国张家港,货物为 8 310.356 立方米巴新原木。

2007 年 6 月 29 日,保险公司根据信达公司递交的《预保单》制作了投保单,经信达公司确认后签发了保险单,载明:保险金额 1 325 501 美元,货物 8 310.356 立方米巴新原木,启运日期 2007 年 6 月 30 日,装运工具 MV HAI TONG。

2007 年 7 月 5 日,信达公司将锦兴公司发来的装船通知转发给保险公司,装船通知显示:船名"HAI TONG",货物巴新原木 2 925 根,共 8 310.356 立方米,启运日期约 2007 年 6 月 30 日。同日,信达公司按 0.15% 的保险费率缴纳了案涉货物保险费 15 210.12 元。

"HAI TONG 7"轮在运输途中遭遇超强台风"万宜",于 2007 年 7 月 11 日在西太平洋关岛西北附近海域沉没。信达公司获悉后,于 7 月 13 日上午 10 时向保险公司电话报险。7 月 17 日,保险公司复函称其已对此展开调查并进入分保理赔程序,要求信达公司配合收集船东方面的信息资料。7 月 20 日上午 10 时,信达公司向保险公司递交《出险通知书》和损失清单。

2007 年 7 月 20 日下午 16 时,信达公司通过银行取得提单、商业发票、原木清单、检疫证书、原产地证书等单证。其中,除检疫证书载明承运船名为 HAI TONG 7 外,其他相关文件打印的承运船名均为"HAI TONG"。

2007 年 7 月 24 日,信达公司委托律师致函"HAI TONG 7"轮光船承租人和管理人就货损提出索赔。锦海公司以不可抗力为由拒赔。

2007 年 7 月 27 日,信达公司与保险公司进行会谈,信达公司移交索赔单证复印件并要求尽快审核,保险公司要求信达公司提交船舶的有关证书。8 月 6 日始,双方分别委派律师进行交涉。8 月 7 日,保险公司要求信达公司尽快向法院申请保全载货船舶的保险赔款并向责任方追偿。8 月 9 日,信达公司回复要求保险公司尽快理赔。8 月 13 日,信达公司向保险公司移交理赔单证正本(包含部分复印件)。

2007 年 9 月 21 日,信达公司传真致函保险公司,提出拟对承运人提起诉讼,请保险公司就此回复,但无果。因与保险公司协商理赔未果,信达公司诉至厦门海事法院,要求保险公司按起诉日(2007 年 8 月 27 日)的汇率支付人民币保险赔款并承担相应利息。

【审判】

厦门海事法院认为:双方签订的《预保协议》及其补充协议,主体适格,内容合法,各方均应按约履行。从案涉单证产生的时间及内容看,可以判断出"HAI TONG 7"被认为"HAI TONG"是根源于承运人的笔误,保险单上的船名笔误不构成被保险人如实告知义务的违反,保险合同不得因此解除;信达公司提交的证据已充分证明案涉保险标的已经随船沉没而全损;事发后,信达公司虽未应保险公司的要求对第三方财产采取保全措施,但已向船方提

41

出索赔,故保险公司无权拒赔或扣减赔款;保险公司超过合理期限而未赔付,造成信达公司汇率损失及巨额资金被占用的利息损失,根据《保险法》第二十四条规定,保险公司应对该项损失予以赔偿。厦门海事法院判决:保险公司按起诉日汇率向信达公司支付人民币保险赔款 10 024 631.51 元及相应利息。

一审宣判后,保险公司不服提出上诉。福建省高级人民法院经审理认为,正本提单、保险单等部分单证上记载货物装载于"HAI TONG"而其他部分单证记载装载于"HAI TONG 7",经上网查询,"HAI TONG"系载重吨仅206吨的冷冻船,根本不可能装载 2 925 根、8 310 立方米的大圆木,由此可判断部分单证上的"HAI TONG"系笔误;预约保险合同项下被保险人的告知义务较一般海上保险合同来说相对宽松,本案船名笔误不构成被保险人告知义务的违反或根本性违约,保险人不得据此免除保险责任;向承运人索赔不是被保险人向保险人索赔的前置条件,信达公司并未放弃索赔权,保险公司在知悉保险事故已发生的情况下理应及时赔付,而后取得代位求偿权行使相应权利,否则相应的不利后果应由其自负;信达公司除货物损失,还存在汇率损失、利息损失,保险公司应予赔偿。福建省高级人民法院判决:驳回上诉,维持原判。

【评析】

本案是一起国际海上运输货物预约保险合同纠纷。此类因保险单记载船名有误而引发的保险人拒赔的案件并不多见。本案一、二审在三个要点问题上审判思路较为统一,尤其是根据贸易单证和运输单证的内容来判明保险单证中船名笔误的做法是较为客观和科学的。

双方当事人在事实方面的主要争议是案涉保险标的是装在"HAI TONG 7"轮还是"HAI TONG"轮上。从国际贸易、运输、保险的流程看,通常贸易合同签订在先,而后安排运输,确定运载方式和工具后联系保险,相关单证的缮制过程亦循着大体一致的时间顺序,因此有关承运船舶的信息是按承运人→托运人→收货人→保险人的环节传递的。本案贸易合同采用的价格条件是CNF(成本加运费),即由卖方锦兴公司(或其上一手发货人)负责安排运输。锦兴公司在确定承运船舶后将相关信息发送给信达公司,再由信达公司自行联系投保事宜,保险公司接受投保后缮制相关单证。从船方缮制的单证看,似乎船方平时就有不加区别地将船名"HAI TONG 7"略为"HAI TONG"的习惯。在本案所涉的所有文件当中,最早体现"MV HAI TONG"的始于2007年6月19日船方递交的准备就绪通知书,在其后制作的提单副本、提单正本等文件中,打印的船名亦为"MV HAI TONG",但真正可以体现承运船舶名称的签章栏所盖船章中则无一例外均为"MV HAI TONG 7"。而官方文件如检疫证书、船舶出港申请、船舶出港证明等文件中则准确地将船名、航次记载为"MV HAI TONG 7 VOY 0704"。本案信达公司并不负责安排运输,因此其所获知的承运船舶的有关信息来源于卖方锦兴公司,锦兴公司的信息则来源于其上家即巴新出口方STETTIN公司,而STETTIN公司的信息则来源于船方。从船方制作的准备就绪通知书、装货时间表、提单副本开始,船名就被误写为"MV HAI TONG",并通过"承运人(船方)→托运人(STETTIN公司→锦兴公司)→收货人(信达公司)→保险人"这样的环节被最终传递到保险单上。尽管本案载有船名、航次的相关文件中存在"MV HAI TONG VOY 0704"与"MV HAI TONG 7 VOY 0704"两个不同信息,但从最能体现承运船舶名称的印章看,无一例外均为"MV HAI TONG 7"。此外,所有相关文件记载的启运时间(约2007年6月30日)、航次编号(0704)、启运港与目的港(从巴新港口运往中国张家港)、货物名称与数量[巴新原木2 925根、8 200立方米(±10%)或8 310.356立方米]、船长(LIU JIAN ZHONG或刘建中)、贸易合同编号(CH0701-16)、信用证编号(LC354100700712)等信息,尤其是官方文件所记载的货物信息与贸易方制作文件中所体现的货物信息完全相符,保险单记载的批单号也与信达公司同锦兴公司签订的贸易合同相符,就不难判断出保险单上的船名"MV HAI TONG"系笔误。

信达公司所提交的证据已形成一个较为完整的证据锁链,具有内在关联性和协调一致性,并从不同角度反映出保险单所载的所谓"MV HAI TONG"实际上就是"MV HAI TONG 7"。因此,保险公司一再要求信达公司应证明装载于"MV HAI TONG"的保险标的发生保险事故,是片面强调保险单记载内容的绝对性且人为地割裂了保险合同关系所涉相关文件之间的内在联系,无疑是对被保险人举证义务的强加苛责。而"HAI TONG 7"轮因遭遇台风沉没致船货全损的事实已经经过媒体的公开报道,亦可以确认。需要说明的是,本案保险单上船名记载的笔误,涉及保险合同的"改正"(Correction),即双方将保险单证中由于"失误"（Mistake）而没有正确表达双方达成的协议的地方修改为正确的表述。在英国海上保险法下，如果双方当事人对改正保险单证内容有异议，可以诉诸法院"矫正"（Rectification）。我国《保险法》以及与保险有关的法律并未规定此项制度，但法院在审理过程中依据与保险单有关的运输单据等，直接判明保险单上所载的船名"MV HAI TONG"实际上是"MV HAI TONG 7"的笔误的做法，无疑与英国海上保险法中法院应当事人申请"矫正"保险单笔误的做法有异曲同工之妙。

除了上述事实争议外，本案主要涉及如下法律问题：

（一）海上货物运输预约保险单中所载船名与实际承运船名不符时保险人是否有权拒赔

在保险实务中，一些有大量运输业务的单位为避免漏保并简化逐笔进行投保的烦琐程序，与保险公司签订货物运输预约保险合同，约定投保单位所有的运输业务都要投保，遇特殊情况，即使未及时办理投保手续，只要货物装上保险单载明的运输工具或已由承运人接收，保险公司就自动开始承担货物的风险责任。预约保险可以节省双方的业务工作量，被保险人可以此方式避免漏保，保险人则可以获得固定的保费收入。在预约保险中，投保人仍需逐笔办理投保手续，但在时限上较为宽松，而投保人所负有的告知义务，也较一般保险合同更为宽松。《海商法》第二百二十二条规定的被保险人履行如实告知义务的时限是在合同订立前，而第二百三十三条规定的预约保险合同被保险人的通知义务则发生在合同订立之后。根据本案预保协议、补充协议的规定，案涉货物自从巴新金贝港出运时起就成为协议项下的保险标的，保险人的保险责任自此开始。信达公司在此后所要履行的就是将船名、船龄等情况通知保险公司的义务。从预保协议、补充协议对不同船龄的船舶规定不同费率以及《预保单》上连"运输工具"的填报项目都没有，说明海上运输货物预约保险中，保险人对船舶信息的关注重点在于船龄、船况而非船名本身，只有 33 年船龄的船舶才是保险人据以决定是否承保以及确定费率的重要因素。"HAI TONG 7"轮船龄按常规计算为 30 年，保险人按 0.15% 费率收取保费，说明被保险人所采用的运输船舶的年限符合保险合同的要求。故此，保险单上船名被误记为"HAI TONG"并不能将案涉货物排除在保险范围之外，保险人自然也无权因此拒赔。

（二）被保险人未对承运船舶的保险赔款或第三方的财产采取保全措施是否构成保险人拒赔或扣减赔款的理由

追偿是保险业经营中平衡收支的一个重要手段，因此我国《保险法》第四十六条和《海商法》第二百五十三条对保护保险人的代位求偿权做了明确的规定，总体上是禁止或限制被保险人在未经保险人同意的情况下放弃对第三人要求赔偿的权利。本案中保险公司正是以此提出抗辩，认为信达公司未应其要求保全案涉船舶的保险赔款或第三人的其他财产，因此其有权拒赔或扣减赔款。这里涉及如何理解和掌握"放弃向第三人要求赔偿的权利"。"要求赔偿的权利"即索赔权具有较为广泛的含义，既可以是以口头索赔或发出书面索赔函，也可以是提起诉讼、仲裁，以及向法院申请财产保全等多种方式。这里需要特别注意的是，法律规定被保险人不得放弃索赔权，这并不意味着被保险人在获得保险赔偿之前必须先行使对第三人的索赔权，换言之，我国法律并未规定被保险人向第三人索赔是其获得保险赔偿的前提条件。因此本案中信达公司不负有向第三人索赔的法定义务。从合同角度而言，原中国人民保险公司1981年修订的《海洋货物运输保险条款》是双方保险合同的并入条款，该条款对被保险人向第三人索赔的义务仅规定"如果货损货差是由于承运人、受托人或其他有关方面的责任所造成的，应以书面方式向他们提出索赔，必要时还须取得延长时效的认证"。这表明双方的保险合同赋予被保险人向第三人提出索赔的合同义务。但对此项义务不应做扩大解释。本案中，信达公司向承运人发出了书面索赔函，就应认定其履行了合同约定的义务。至于保险公司指示信达公司对船舶保险赔款进行保全等要求，明显超出了合同约定的义务范畴，信达公司有权拒绝。

由此可见，在法律未规定被保险人应对承运船舶的保险赔款或第三方的财产采取保全措施，双方保险合同也未规定被保险人有此项义务的情况下，保险公司应依照合同约定及时理赔，而无权以被保险人未保全承运人的财产为由拒赔或扣减赔偿款。

（三）保险人应否赔偿因其延迟赔偿而给被保险人造成的汇率损失、利息损失等

本案保险合同约定保险金额以美元计算，因此原则上保险人只需以美元支付赔款即可。然而由于美元对人民币的汇率持续攀升，这就意味着在支付

美元的前提下,保险人支付赔款时间越迟,被保险人就要承担越大的汇率损失,这与鼓励守约、制裁违约的合同法精神显然是相悖的。加之本案保险金额巨大,而被保险人已向银行承兑信用证,那么保险人越迟支付赔款,被保险人就要承担越多的资金被占用的利息损失。根据我国《保险法》第二十四条第二款的规定,保险人未及时履行支付赔款义务的,除支付保险金外,应当赔偿被保险人因此受到的损失。根据海上货物运输险的保险实务,"及时"通常掌握在三十日内。本案保险事故发生至信达公司起诉时已超过三十日,因此信达公司遭受的汇率损失与利息损失即属于《保险法》第二十四条意义上的被保险人"因此受到的损失",保险公司应予赔偿。

（入选 2012 年福建法院精品案例;原载于《人民司法案例》2008 年第 18 期）

陈汝莺等七人与巴克利航运有限公司、中国再保险（集团）股份有限公司船舶碰撞损害责任纠纷案

陈萍萍

【案情】

2012年3月15日约1443时，巴克利航运有限公司（Bakri Navigation Co. , Ltd. , 以下简称"巴克利公司"）所属沙特阿拉伯籍"BORAQ"轮在东沙岛东南附近水域航行时与正在作业的中国福建连江籍渔船"闽连渔61958"轮发生碰撞。"闽连渔61958"轮沉没，船上5名船员（"闽连渔61958"轮的船东庄传新和汤顺才）落水身亡。"BORAQ"轮未察觉到碰撞情况而续航，后被福州海事局要求返回福州港接受海事调查。

2012年3月25日，在有关部门协调下，巴克利公司就该起事故中的船员人身伤亡赔偿与死者家属达成协议，约定巴克利公司向五名遇难者（包括"闽连渔61958"轮的船东庄传新和汤顺才）家属每户支付63.8万元合计319万元作为人身伤亡的全部赔偿，该赔款在船舶离港前支付到指定账户。对于因该起事故所发生的各项财产损失，巴克利公司向七名原告（庄传新的第一顺序继承人陈汝莺、庄陈、张水娇，与汤顺才的第一顺序继承人关爱莲、陈能娇、汤丽云、汤春圣）提供由中国再保险（集团）股份有限公司（以下简称"再保险集团"）出具的编号为2 171、金额为500万元的担保函，待生效裁判文书确定赔偿数额后担保支付。

2012年7月5日，福州海事局出具水上交通事故认定书，认定"BORAQ"轮负主要责任，"闽连渔61958"轮负次要责任。双方各自委托律师就财产损失赔偿多次进行商谈，但无果。2013年4月22日，七名原告向厦门海事法院提起诉讼，要求巴克利公司和再保险集团连带赔偿船舶损失、渔货损失、燃油损失、渔期损失等共计233.49万元。巴克利公司在诉讼中提起反诉，请求

七名原告按碰撞责任比例赔偿其垫支的人身损害赔偿款以及因"BORAQ"轮滞留福州产生的船期损失、燃油损失、代理费损失等共计 2 155 262.75 元及利息。

【审理】

经审理，本案争议的焦点主要在于双方的碰撞责任比例以及损失认定。就碰撞责任，根据福州海事局的调查，结合庭审时双方的陈述，基本可以判定渔船 40%、油船 60% 的过错责任比例。就双方的损失，由于"闽连渔 61958"轮沉没，渔船船体连同额外配备的设施、补充的燃油、渔具、所捕捞的渔货等都随船沉没，客观上七名原告无法就碰撞事故给其造成的财产损失进行充分举证，因而所提交的证据相当薄弱。而巴克利公司却就"BORAQ"轮因滞留福州接受海事调查、参与人身伤亡损害赔偿的和解等所产生的各项损失提交了较为充分全面的证据。根据现有证据，双方所能得到认定的损失根据碰撞责任比例相互扣减后，七名原告的诉求不仅得不到支持，而且很可能要倒赔对方的小部分损失。考虑到被告知悉原告的举证能力并同情其处境的因素，主审法官努力做了较长时间的调解工作，促使双方当事人达成调解，以双方根据应承担的碰撞责任比例相互冲抵损失后，由巴克利公司在已经支付的 319 万元人身损害赔偿款的基础上，再向七名原告一次性支付 85 万元的方案，最终一揽子地解决纠纷。赔款到位后，双方均不得再就本次事故向对方提出任何形式的索赔。法院根据双方达成的协议制作了民事调解书，双方签收后，巴克利公司在较短时间支付了 85 万元赔款，七名原告根据协议约定撤回对再保险集团的起诉并退还担保函。双方纠纷据此了结。

【评析】

本案是一起较为典型的船舶碰撞损害责任纠纷，碰撞双方分别提出了本诉和反诉并围绕自己的损失各自举证。由于"闽连渔 61958"渔船沉没，损失的相关证据也多随船沉没，七名原告均是老弱妇孺，知识水平、举证能力都十分有限，其所委托的律师在海事案件方面的代理经验也稍显不足。即便在法官行使释明权、指导举证后，其所能举出的证据仍然十分薄弱。相反，"BO-RAQ"轮背后有富庶的沙特船东、经验丰富的外国保赔协会和强大的律师团队，其就因碰撞事故造成的各项损失进行了充分举证。如果采用判决方式，根据现有证据以及碰撞双方应承担的四六开的碰撞责任比例，渔船方的诉讼请求不仅基本得不到支持,甚至很有可能要倒赔对方的部分损失。这种结果似乎在法律上符合"当事人举证"的一般规则,但在情理上显然让人难以接受。"闽连渔61958"轮两名股东庄传新、汤顺才本是家中壮劳力,其身故已使各自的家庭都陷入困境,倒赔的结果必然会使两个家庭雪上加霜。本案中,由于"闽连渔61958"轮吨位较小,在与体积庞大的"BORAQ"轮擦碰后很快便沉没。"BORAQ"轮并未察觉到船舶擦碰的情况而继续航行,以至于错过了及时施救的机会,造成渔船方船沉人亡的严重后果。庭审后,被告方表达了对未抓住施救机会的遗憾,并对原告方的实际困难表达了深切同情,但同时又请求法院依法审案。主审法官充分考虑了本案的实际情况后没有简单宣判,而是与被告方律师、沙特船东和保赔协会通过电话、传真、电子邮件等多种方式一次又一次地沟通交流协调,甚至为此去了解研究伊斯兰教义,努力劝说沙特船东遵从"富裕者有义务从自己所拥有的财富中拿出一定份额用于济贫和慈善事业"的"课功",从善而行帮助原告解困。经过长达半年的努力,沙特船东及其保赔协会为法官的诚意所感动,表示愿意再一次性赔付85万元给七名原告一揽子地解决双方的纠纷。七名原告收到和解款项后,对法官的努力表示衷心的感谢。

【典型意义】

本案的典型意义在于,当法官发现双方当事人举证能力严重失衡、判决虽符合法律规定但社会结果不佳时,弃判决而采调解、拓宽思路、多措并举促成调解,从而避免因就案小案、机械司法而造成双方利益严重失衡的不良后果,让弱势的农村家庭从这个案件中感受到公平正义,真正体现了"带着深厚的感情为群众排忧解难",实现了司法为民、保障民生。

(2014年福建法院十大保障民生典型案例)

连家敏等八十八人与福建省平潭县远洋渔业集团有限公司船员劳务合同纠纷案

洪志峰　胡伟峰

【基本案情】

连家敏等八十八人于 2013 年 10 月间与福建省平潭县远洋渔业集团有限公司（以下简称"平潭远洋渔业公司"）签订船员劳务合同，到"福远渔181""福远渔 182""福远渔 184""福远渔 189""福远渔 739""福远渔 740"等轮任职，并被派往印尼海域从事远洋渔业捕捞。2014 年 11 月，印尼政府以整顿渔业为名，扣留来自泰国、越南、马来西亚、巴布亚新几内亚、中国大陆与台湾等地的渔船，导致案涉渔船靠港停产。平潭远洋渔业公司因经营困难，拖欠船员工资及提成款。连家敏等八十八人为此多次与平潭远洋渔业公司协商未果，遂向厦门海事法院提起诉讼，诉请判令确认双方劳动合同关系已解除及平潭远洋渔业公司支付拖欠工资、伙食费、提成、经济补偿金，并确认上述债权对案涉船舶具有优先权。

【裁判结果】

本案因案件事实涉外，存在调查取证难、审理周期长等问题，且因船舶滞留国外，无法扣押，船舶优先权难以实现。面对众多不利因素，厦门海事法院承办法官主动进企业做沟通疏导工作，多次组织双方协商，最终达成和解协议，在平潭远洋渔业公司按时支付了相应款项后，厦门海事法院裁定准许当事人申请撤诉结案。

【典型意义】

厦门海事法院在审理本系列案中，首先以维护劳动者权益为前提，考虑到船舶优先权无法实现及用人单位资金状况不佳，并未按部就班坐堂问案，将劳动者置于诉讼周期漫长的窘境，而是安抚原告情绪，同时积极开展多方调解工作。同时从用人单位可持续性发展角度出发，暂缓采取保全措施，避免企业因财产冻结陷入更大的困境，从而影响劳动者权益的实现。厦门海事法院法官坚持能动司法，经多轮调解，最终促成双方和解，八十八名船员在起诉后短短的 14 天内就拿回被拖欠的工资报酬，既维护了劳动者合法权益，也确保了企业发展的后劲，较好地维系了和谐的社会劳动关系。本案也入选了 2015 年福建法院依法维护劳动者合法权益典型案例。

发展远洋渔业是 21 世纪"海上丝绸之路"建设的重要内容。福建省是远洋渔业大省，相关资料显示，2014 年全省远洋渔业产量和总产值均居全国第二位，平均单船产值为全国第一。因产业规模庞大，福建省全省从事远洋渔业的劳动者数量众多，船员劳务合同纠纷在审判实务中较为常见，仅本案就涉及劳动者八十八人。本案的处理过程及结果，对其他同类案件的处理有较好的示范作用。其兼顾劳动者权益及企业发展的社会效果，有利于福建省远洋渔业的进一步健康发展，保障了"海上丝绸之路"建设的畅通有序。

（2015 年福建法院依法维护劳动者合法权益典型案例）

于忠涛等十八名船员诉前申请扣押李瑛和陈立新共有并由香港鸿羽船务有限公司经营管理的基里巴斯籍"侨泰"轮案

陈萍萍　贺　静

【案情】

十八名船员受雇到李瑛和陈立新共有并由香港鸿羽船务有限公司经营管理的基里巴斯籍"侨泰"轮（MV QIAO TAI）上任职。该船自 2015 年 9 月靠泊福建东山港后，船东因为债台高筑而弃船，船公司也断了与船员的联系。2015 年 12 月初，船上油料、物料供应即将弹尽粮绝，被拖欠了合计约 63 万元工资及其他劳务报酬的十八名船员向厦门海事法院申请诉前扣船。东山外轮代理公司因被该船拖欠十几万元代理费也打算扣船。

【审理】

厦门海事法院在审查船员申请诉前扣押船舶的相关材料后，发现十八名船员来自浙江、江苏、辽宁等不同地区，持有较为完整的船员聘用协议、海员证和船员服务簿、工资支付凭证等证据，能较有力地证明其与船公司、船东之间真实的劳务合同关系以及被欠付工资及劳务报酬的事实。在根据《中华人民共和国海事诉讼特别程序法》的相关规定确认"侨泰"轮属于可扣船舶后，厦门海事法院简化手续、免收扣押船舶担保金并及时做出扣押船舶命令和民事裁定书，在东山港实际扣押了船舶。在了解到船舶已抵押给交通银行舟山分行后，承办法官主动联系该银行，说服其出面接管船舶。最终银行根据法院的引导，与船员、东山外轮代理公司分别达成相关协议，银行出面担保支付船员被拖欠的工资以及外代被拖欠的代理费，东山外轮代理公司放弃扣船的申请，船员们向法院申请解扣船舶，法院依法做出了解除扣押船舶命令和民事裁定书后，船员们配合银行将船舶开回舟山处理。

【评析】

船员与船公司或船东相比处于天然的弱势地位,船员为讨薪而被迫向海事法院申请扣押船舶的情形在海事诉讼中极为普遍,本案即属于此种类型。十八名船员申请扣船时,船东已经弃船且下落不明,船公司也已失去联系。根据常规做法,法官往往是做出民事裁定、扣船命令张贴在船舶驾驶台,待船员在 30 日诉前扣船期限届满后提起诉讼后,再根据法律规定按部就班地向船东或船公司公告送达相关法律文书。待船舶不适合继续扣押、船员申请拍卖船舶后,机械做出拍卖裁定并发布拍卖船舶公告等。如果拍卖情况不理想,则可能需要历经一拍、二拍、三拍的流拍直至最后船舶被迫变卖(贱卖)。然后船员再从变卖款中受偿……这种做法从程序上看似乎无可厚非,但往往要拖上数月甚至数年时间。而在船东弃船的情况下,这种常规做法不仅会使船员工资的实现遥遥无期,使船舶价值因扣押时间的延长和船舶扣押期间维持费用与开支的增加而大幅降低,而且也让法院不得不额外承担起船舶扣押期间的安全管理、船上油料物料供应、船员伙食供应以及人身健康安全保障等工作,从而无谓消耗大量司法资源。本案的难能可贵之处在于从传统做法中跳脱出来,拓宽视野和思路,越过船东和船公司把目光放到真正最关心和在意船舶价值高低的船舶抵押权人身上。从更有利于保护船员实际利益的角度出发,积极联系上船舶抵押权人,并通过对银行高层和董事会的多次法理情理并进的电话劝导,尤其是一份既详细描述了船舶债务现状,又充分阐释了船舶长期扣押将对船舶抵押权造成极为不利后果的书面通知,成功说服银行出面接管船舶、清理债务。最终仅用短短四天时间,既快速高效地解决了船员工资的受偿问题,最大限度地防止了船舶价值的无谓减损和国有资产的流失,也节约了宝贵的司法资源,从而实现了法律效果与社会效果乃至政治效果的完美统一。

(2015 年福建省高级人民法院和福建省总工会联合评选为福建法院 2015 年度依法维护劳动者合法权益典型案例)

水质保险财团（Water Quality Insurance Syndicate）油污损害赔偿系列案

洪志峰

【案情简介】

2014年7月23日,图瓦卢籍的"安娜"(ANA)轮在福建省罗源湾水域触礁搁浅,燃油泄漏造成周边海洋环境严重污染。2017年7月,福州市百洋恒丰船舶服务有限公司、福州加利亚船舶服务有限公司、林义著等296户养殖户先后依据各自与"安娜"轮油污责任保险人水质保险财团达成的生效调解书,向厦门海事法院申请强制执行,申请执行标的共计7343万元。本案执行过程中,由于涉案养殖户达数百名,且事故自发生至今已长达三年,给各方造成了巨大的经济损失,如果处置不当或不及时,可能引发群体性事件;另外,调解书确认的金额远超过水质保险财团就事故在本院设立的海事赔偿责任限制基金1879万元,且各方心理预期较大,希望从基金中多分配到款项,争议极其激烈。为有效推进执行,承办法官积极组织各申请执行人及水质保险财团进行协商,并从法律技术层面为双方提供指导,引导各方当事人理性、妥善解决争议。在法院的主持下,各申请执行人经过反复磋商就基金款项分配达成和解协议,确定分配比例,并在厦门"金砖会晤"前夕把款项分配到每一个申请人的手上,妥善执结该案。

【综合评述】

本案涉油污损害赔偿金额大,关系数百名养殖户的重大民生利益,还关系海洋环境保护,再加上涉外因素,执行任务艰巨。厦门海事法院执行局干警通力协作,主动作为,积极促成当事人达成海事赔偿责任限制基金分配的和解协议,及时、高效地将每一笔款项发放到申请人手中,让每一个当事人在本案中感受到公正司法的温暖,取得了良好的社会效果。

（2017年度福建法院十大执行案例）

福建省泉州海丝船舶评估咨询有限公司
诉福鼎市海洋与渔业局滥用行政权力限制竞争案

李　洪

【基本案情】

2018 年 7 月 13 日,福鼎市海洋与渔业局出台《关于印发福鼎市标准化海洋捕捞渔船更新改造项目 2015—2016 年度实施方案的通知》。该方案规定,福鼎市辖区渔民申请海洋捕捞渔船更新改造补贴时,所委托的渔船造价评估机构应限于福建省国资委备案名录中的评估机构。福建省泉州海丝船舶评估咨询有限公司不服该项规定,诉至厦门海事法院,请求判决撤销该方案对第三方评估机构的指定。

【裁判结果】

厦门海事法院认为,福建省泉州海丝船舶评估咨询有限公司的经营范围与福鼎市海洋与渔业局指定行为均涉及渔船评估这一市场领域,其范围存在重叠;福建省泉州海丝船舶评估咨询有限公司起诉前已经在福鼎市开展了相关经营活动,与福鼎市海洋与渔业局的行政行为具有利害关系,其主体是适格的,可以根据《中华人民共和国行政诉讼法》第十二条第一款第(八)项规定提起行政诉讼。福鼎市海洋与渔业局在讼争方案中将第三方评估机构指定为福建省国资委备案名录中有资产评估资质的评估机构,实际上排除原告参与市场竞争的资格,构成通过行政权力限制市场竞争,违反了反垄断法相关规定。福鼎市海洋与渔业局为了加强渔业船舶评估市场监管的需要,可以对该市场的正常运行做出必要的规范,但不应在行政公文中采取明确指定某一范围的评估机构的方式,法院对此不予支持,遂判决确认福鼎市海洋与渔业局在讼争方案中限制竞争的行政行为违法。

【典型意义】

本案是涉及海事行政垄断的典型案件。海事行政垄断是指涉海行政机关滥用行政权力,违法提高市场准入门槛、违法指定特定企业从事特定业务、违法设置条件限制其他涉海企业参与竞争等行为。它侵犯了海洋市场主体的公平竞争权,对涉海经济活动的正常运行乃至涉海政府部门的内外形象都会造成较大破坏和不利影响,我国反垄断法和反不正当竞争法对此明令禁止。本案中,福鼎市海洋与渔业局在行政公文中直接指定第三方评估机构,未通过招标等公平竞争方式,排除了其他可能的市场参与者,构成通过行政权力限制市场竞争的违法情形。法院依法裁判,具有积极导向意义。新修改的行政诉讼法将"滥用行政权力侵犯公平竞争权"明确纳入受案范围,就是为突出行政审判对市场正常竞争秩序的有力维护。随着法治不断进步,公民、法人等各类市场主体在运用行政诉讼法律武器依法维权、监督和规制行政垄断方面将发挥越来越大的作用。

（2019 年度福建法院十大典型案例及福建法院保护营商环境八大典型行政案例）

福建省加勒王游艇销售有限公司与香港贝福蒙斯游艇有限公司等船舶买卖合同纠纷执行案

王　岩

【案情简介】

2018年11月13日,申请执行人福建省加勒王游艇销售有限公司(以下简称"加勒王公司")因被执行人香港贝福蒙斯游艇有限公司(以下简称"贝福蒙斯公司")、张某玲、黄某阳、张某春、天熹(厦门)动漫股份有限公司(以下简称"天熹公司")、厦门圣铭俊豪游艇俱乐部有限公司(以下简称"圣铭俊豪公司")拒不履行福建高院已经生效的(2015)闽民再终字第209号民事判决书,申请强制执行,要求被执行人连带偿还尚未履行的5 994 945.87元购船款及利息。

该案在执行中遇到多个困难:一是该案诉讼经厦门海事法院一审,福建高院二审及再审,历时近八年。申请执行人加勒王公司因讼累已无力经营,主债务承担者被执行人贝福蒙斯公司系香港法人,财产无迹可寻,查找困难重重,被执行人天熹公司已进入破产程序,被执行人圣铭俊豪公司早已搬离原经营场所且无经营迹象,其余承担担保责任的自然人均下落不明。二是该案曾于2014年5月二审判决生效后申请强制执行,后因诉讼进入再审程序而终结。首次执行已对被执行人财产进行了全面查控,对被执行人及其法定代表人采取了限制高消费、列入失信被执行人名单,并限制出入境等措施,但除担保房产达成和解履行外,穷尽执行手段仍未查控到其他可供执行财产,再次执行希望渺茫。三是案件标的额大,时间跨度长,物是人非,最佳查人找物的时间已错过。

为此,厦门海事法院对整个案件脉络进行梳理分析,对近年账户有往来的被执行人进行重点监控,并采取监控但不冻结的方式,在密集的执行信息中不间断检索和布控。其间,申请执行人加勒王公司在历经几年的执行之路后,感到执行无望,于2019年6月主动提交终结本次执行申请,但厦门海事法院并没有轻易终本结案。后通过检索发现被执行人黄某阳的银行账户出现3万元进账,虽然相比近600万的标的额系杯水车薪,但是被执行人的出现成为推动执行进程的拐点。厦门海事法院随即对被执行人黄某阳进行了传唤及约谈,并对其家庭进行走访,深入了解其财产状况,深刻指出不履行的危害性,促进其家庭成员形成合力,与申请执行人达成100万元的执行和解协议,并已履行到位。良好的开端亦掀开了执行"高潮"的序幕,执行人员顺藤摸瓜,发现在千里之外的云南主债务人的法定代表人及其他部分被执行人有投资经营连锁民宿。但房产系租赁,无法处置,而且被执行人亦无法拿出巨额资金履行债务。经过对经营项目的依法评估和多轮磋商后,最终双方当事人就剩余债务以民宿使用权收益分期履行方式签订了执行和解协议,并顺利进入履行阶段。至此,案件得到了圆满解决。申请执行人加勒王公司代表专程送来"剑胆琴心,定纷止争"锦旗,对厦门海事法院的不放弃执行表达敬意。

【综合评述】

查人找物向来是执行工作的难点,也犹如一道关卡横亘在法院执行工作面前,深切影响到人民群众对公平正义的感知。该案执行时间跨度长,被执行人难找,可供执行财产难寻,且在申请执行人已主动放弃的情况下,厦门海事法院牢记使命,在充分利用信息化科技手段的同时,创新工作方法,有的放矢,改查控为布控;以财寻人,循循善诱,结合执行手段及心理攻势促使被执行人主动筹款;因地制宜,多管齐下,探索履债新方式,最终案件得到圆满执结。这是"不忘初心,牢记使命"主题教育成果在司法实践中的生动体现。只要心中有民,办法总比困难多。

（2019年度福建法院十大执行案例）

2016 年度厦门海事法院审判工作典型案例

主导解决巨额涉外合同纠纷 打造法治化、国际化、便利化营商环境

原告德国航运贷款银行诉被告艾斯姆阿明航运有限公司、舍库萨格凯斯航运有限公司船舶权属纠纷案

【基本案情】

2013 年 11 月 1 日,申请人德国航运贷款银行以其与艾斯姆阿明航运有限公司等签订贷款协议发放贷款,该司以"阿明"轮作为担保,双方签订《抵押协议》等法律文件并办理了抵押权登记,但艾斯姆阿明航运有限公司未经其同意将船舶转让给伊朗舍库萨格凯斯航运有限公司,并以违反合同诸多约定、拖欠债务本息为由,向我院申请扣押停泊于漳州港的"阿明 2"(MV Amin 2)轮,并责令被申请人提供担保。我院经审查后,裁定予以准许,并于当日在漳州港实行扣押。在"阿明 2"轮被扣押之后第三十日,原告德国航运贷款银行就案涉纠纷对被告艾斯姆阿明航运有限公司、舍库萨格凯斯航运有限公司向我院提起诉讼,请求判决确认其就约 3 000 万欧元贷款本息对"阿明 2"轮具有抵押权,被告赔偿损失及承担诉讼、律师费用。

【裁判结果】

在诉讼过程中,因被告不能提供担保,我院根据原告申请拍卖了该船,并最终以 3.24 亿元高价成交。船舶成功拍卖后,我院及时研判国际形势,利用联合国有条件取消对伊制裁的时机,结合船舶拍卖的有利条件,主持双方当事人最终达成调解。

【典型意义】

该案以"一带一路"航线和我国原油进口为背景,涉及多国当事人,牵连境内外数宗诉讼,标的额巨大,涉外性与涉海性突出,同时又牵涉我国石油安全、联合国对伊朗制裁等重大敏感问题。厦门海事法院一方面充分尊重外方当事人协议选择司法管辖的权利,审慎处理平行诉讼问题;另一方面通过精

细严谨的程序安排与实体审理,增强司法公信力与权威性,逐渐取得外方当事人的信任,掌握了案涉纠纷的主导权,体现了我院推进国际海事司法中心建设的积极尝试。在诉讼过程中,厦门海事法院严格依照国际公约,精心组织案涉巨轮的拍卖,最终使载重近 16 万吨的超级油船"阿明 2"轮以人民币3.24 亿元的价格成交,超出起拍价近 8 000 万元,为纠纷的最终解决奠定坚实基础。厦门海事法院对船舶的成功拍卖及对案涉纠纷的圆满解决,有力维护和规范了航运秩序,让中外市场主体充分感受到厦门作为"一带一路"建设的支点城市及东南国际航运中心所具有的法治软实力,为"一带一路"经贸往来提供了良好的司法保障,是我院在自贸区建设背景下打造法治化、国际化、便利化的营商环境的生动例证。"阿明 2"轮所涉扣押拍卖案被评为全国海事法院船舶扣押与拍卖十大典型案例,本案亦被评为 2016 年全国法院海事审判十大典型案例、2016 年福建法院十大典型案例。

保护海洋生态环境,促进地方绿色经济发展

中国某基金会诉福建某实业公司、福建某镍业公司等污染海洋环境公益诉讼

【基本案情】

2015 年 7 月 8 日,中国某基金会向厦门海事法院提起海洋环境公益诉讼,起诉福建某实业公司、福建某镍业公司等,以上述两家企业在生产活动中污染海岸、海洋环境等为由,提出两家企业立即停止非法排污、停止项目生产、修复被污染海洋生态等六项诉讼请求。

【裁判结果】

2016 年 2 月 26 日,经我院主持调解,双方当事人签署诉前和解协议。5 月 5 日,某基金会向我院递交申请称,根据双方当事人达成的诉前和解协议,其提起海洋环境公益诉讼的工作目标、诉讼目的基本实现,申请向法院取回起诉材料,法院经审查予以准许,至此该案顺利解决。

【典型意义】

该案系我院处理的首例海洋环境公益诉讼,专业性强,牵涉面广。原告系曾多次在全国提起典型环境污染诉讼的知名公益机构,被告则为省属重点企业,案件舆论关注度高,社会影响大。我院在收案之初,对案情及可能导致的结果进行了充分研判,提出了主持双方诉前调解、争取将此案在法律程序之外予以化解的总体工作思路,并充分调动各种社会资源,做好化解工作。一方面要求企业拿出诚意,尽快提出和解的初步意见;另一方面以较快速度组织、协调当事人双方成立了"环保整改小组",明确小组工作由我院和当地环保局共同监督,要求企业提出具体整改方案。我院承办人员充分利用诉前调解开放性和宽松性的特点,根据实际需要分别在调解时间、地点和参加人员等方面采取了灵活变通的形式与方法,组织了五次正式的诉前调解会议,进行了数百次电话邮件沟通,凭借耐心、热情和娴熟的调解技巧,开展了大量

协调和析法释理工作。案件最终以诉前调解形式解决,企业同步实施了整改措施,实现了保护海洋生态环境及促进地方绿色经济发展的双赢结果。该案的圆满处理,体现了我院牢固树立大局观念,秉承绿色发展理念,善于作为、勇于担当的情怀,展示了法官广阔的视野和对宏观政策的把握,也为审理新类型案件做出了积极探索,是服务保障建设"机制活、产业优、百姓富、生态美"的新福建的又一生动实践。

依法裁判韩进破产相关案件,规范交易秩序,服务保障东南航运中心建设

原告厦门集装箱码头集团有限公司、福州市马尾轮船有限公司等诉被告韩进海运株式会社、韩进海运(中国)有限公司港口作业、理货、拖航、海上货物运输合同纠纷系列案

【基本案情】

韩进海运株式会社是韩国最大的航运企业,运力位列全球第 8 位,是全球物流界的巨头之一。2016 年 8 月 31 日,失去银行支持的韩进海运株式会社突然宣布申请破产,引起全球整个航运市场的震动。事件直接冲击了为韩进提供全面各类配套服务的产业链两端的大批企业。厦门海事法院 2016 年 9 月至 11 月间,陆续受理了 13 起涉韩进合同纠纷案,其中,除部分案件在财产保全后当事人向仲裁机构申请仲裁以外,7 起案件进入诉讼程序。案涉集装箱支线货物运输、港口作业、理货、拖航等合同纠纷,涵盖全省主要港口。原告厦门集装箱码头集团有限公司、福州市马尾轮船有限公司等以拖欠港口作业、仓储、保管费用、理货费、船舶拖航服务费、集装箱支线运输海运费等为由,向韩进海运株式会社或其中国子公司韩进海运(中国)有限公司提起诉讼,要求支付拖欠费用及逾期付款违约金或利息,赔偿律师费用和承担本案诉讼费用。涉案标的额高达 1 100 余万元人民币。

【裁判结果】

厦门海事法院经审理认为,上列案件因涉及韩进海运株式会社(主体涉外)或引起债权债务产生的事实具有涉外因素(事实涉外),均属于涉外民事案件。由于相关合同约定适用中国法律或虽无约定,但与中国具有最密切联系,应以中国法为准据法。有关代理人的对外责任,属于代理外部关系问题,依照《涉外民事关系法律适用法》第十六条规定,适用代理行为地法即中国法。原告陈述的欠付费用情况经查属实,包括逾期付款违约金或利息、律师费在内的相关请求均应予以支持。根据合同相对性原则,作为合同签约方的

韩进海运株式会社或韩进海运（中国）有限公司就对此承担责任。对部分原告提出，实际业务由韩进海运（中国）有限公司操作，而该业务并未列入该公司营业执照经营范围所列的其为韩进海运株式会社提供服务的事项内容，应认为韩进海运株式会社对其授权不明，韩进海运（中国）有限公司支付费用给原告构成债务加入，故该公司应承担责任。我院认为，韩进海运株式会社的授权范围应以相关的授权文件为最终判断依据。营业执照并非授权委托书，所记载的内容与授权范围未必一致，以此主张授权不明依据不足。同时韩进海运（中国）有限公司亦未向原告确认承担责任，原告主张构成债务加入不能成立。部分案件中，韩进海运（中国）有限公司主张其虽然是合同一方，但原告在签订合同时知道其是母公司韩进海运株式会社的代理人，合同应直接约束韩进海运株式会社，由后者承担责任。我院认为，没有证据证明原告在签订合同时知道该公司为代理。相反，根据韩进海运株式会社与该公司内部之间的协议，韩进海运（中国）有限公司应对外独立行事。上述抗辩不能成立，遂依法做出了判决。所有上诉案件均为福建省高级人民法院二审所维持。

【典型意义】

该批案件起因于业界瞩目的韩进破产事件。案件的审理首先涉及如何看待和处理域外公司破产在我国的法律效力问题。其次，跨国公司为保护其集团整体利益，通常以繁多的合同条款创设出一套复杂机制对母公司总部与子公司关系加以规定。对此应如何评判，二者是否构成委托代理，以及代理关系外部效力如何，也是案件的另一焦点。我院认为，在韩进海运株式会社未向我国申请破产保护的情况下，诉讼程序的进行不受影响，依法准许原告的申请，对相关财产裁定予以保全。针对争议的代理问题，我院准确届定法律适用问题，认真审查各类合同条款和授权文件内容，比对双方证据和个案交易实际情况，逐项细致进行分析；同时充分考虑到作为首批案件，个案裁判对国内其他案件可能产生的影响作用，精心选定裁判方案，最终以合同有关母子公司关系的原则性规定为主要依据，驳回了韩进海运（中国）有限公司有关只是代理签约的抗辩。另一方面，对部分原告以授权不明和债务加入为由意图扩大责任主体的主张，因依据不足，同样予以否定。裁判充分展现了人民法院公开、公正的司法形象，明确了交易规则，规范了航运交易秩序，依法确认和维护了我省港航企业的合法权益。其中对涉外案件律师费的判决，涵盖了当事人的维权成本，将当事人利益的保护提高到新的水准，对接了国家有关发展涉外法律服务业的意见和"一带一路"建设推进过程中司法政策的精神。全部案件从受理到判决仅用三个月，彰显了审判的能动和高效，作为司法应对突发事件的范例，有力支持了东南国际航运中心的建设。

海事行政案件管辖权回归　护航现代渔业健康发展

原告林长征等六人诉被告龙海市海洋与渔业局渔业行政管理纠纷系列案

【基本案情】

原告林长征等六人系"闽龙渔60288"号等六艘单拖渔船的所有人。2011年9月30日，龙海市海洋与渔业执法大队以六原告所属渔船违反伏季休渔的有关规定，于2011年8月1日11时许携带网具出海作业，违反了2009年修订的《中华人民共和国渔业法》第三十条之规定为由，做出闽龙海渔（大队）罚〔2011〕23号等六份《渔业行政案件处罚决定书》，对六原告各处罚款3万元，六原告均未对该处罚决定申请复议或起诉，并于当日缴清罚款。2015年11月10日，被告以六原告所属"闽龙渔60288"号等六艘渔船于2011年9月被龙海市海洋与渔业执法大队以"违反禁渔期规定进行捕捞"的案由行政处罚，现有关部门认定该船属于2011年度相关油补政策文件中不予发放2011年度5—12月份机动渔船燃油补贴的对象为由，要求六原告于2015年11月20日前将已领取（2012年7月发放）的2011年度5—12月份燃油补贴款汇入油补专户，逾期未全额归还的，将暂停发放2014年度油补，并将依法追究相关法律责任。该通知于当日送达原告。2016年4月15日，原告林长征等六人以被告依据龙海市海洋与渔业执法大队对原告缺乏处罚事实的行政处罚和以非法规、规章的2011年度相关油补政策文件为处罚依据，在原告事实上未违反该政策文件于休渔禁渔期实施捕捞的情况下，对六原告做出缺乏事实基础与有效法律依据的处罚为由向厦门海事法院提起行政诉讼，请求判决确认被告做出通知六原告缴还2011年5—12月度油款的行政行为违法、无效。

【裁判结果】

厦门海事法院一审判决认为，被告做出的要求六原告缴还2011年度5—

12月份的机动燃油补贴的通知证据确凿,符合一般行政执法程序,依照《中华人民共和国行政诉讼法》第六十九条之规定,判决驳回林长征等六人的诉讼请求。一审宣判后,六原告不服,均提起上诉,请求二审法院撤销原审判决,改判确认被上诉人做出的缴还2011年5—12月油补的通知为违法、无效行政行为。福建省高级人民法院二审认为,上诉人的上诉请求缺乏事实和法律依据,应予驳回。原审判决认定事实清楚、适用法律正确,程序合法,依据《中华人民共和国行政诉讼法》第八十九条第一款第(一)项之规定,判决驳回上诉,维持原判。

【典型意义】

该系列案件是自最高人民法院发布的《最高人民法院关于海事法院受理案件范围的规定》和《最高人民法院关于海事诉讼管辖问题的规定》颁行以来,厦门海事法院受理的首起系列海事行政案件纠纷,开启了管辖区域内海事行政案件的管辖权从地方法院正式重新划归海事法院管辖的大幕。福建省是海洋渔业大省,发展现代渔业是加快海洋经济发展的重要举措,能有效促进传统渔业的转型升级。海洋渔业管理是现代渔业建设中的重要一环。该起海事行政系列案件在基层海洋渔业管理方面具有一定的代表性,同时机动渔船燃油补贴的发放事关渔民的生活水平提高及渔业的健康发展,审慎处理好与此相关的案件是海事行政诉讼中司法权威的具体体现。厦门海事法院在本系列案的审理过程中,依法向相关单位调取了与案涉纠纷相关的证据,并对案件所涉及所有法律、法规及规范性文件进行了梳理及审查,严格区分行政案件与民事案件庭审程序的区别,确保审理的每一个环节符合行政诉讼程序,裁判的结果彰显了公平正义。法院的依法裁判对于严格海事渔业等行政机关执法及管理,有效维护广大渔民及利害关系人的合法权益,保护现代渔业健康发展发挥了积极的保障和促进作用。

多措并举破解执行难，"纸上权利"变"真金白银"

张少良等190位船员申请锦程海运公司执行案

【基本案情】

该案系船员讨薪系列案，被申请人泉州市锦程海运有限责任公司因船员劳务合同纠纷被生效裁判文书确定了高达1500多万元的支付工资债务，涉案船员达190多位，涉及船舶12艘。

【裁判结果】

经过十个月的努力，该系列案共成功拍卖（或变卖）了11艘船舶，拍卖总金额达1亿多元，绝大部分船员均已领回所欠工资款，案件成功执结。

【典型意义】

近年来由于航运市场持续低迷，众多航运企业歇业或破产倒闭，不仅欠下了巨额的银行贷款，同时也拖欠了大量的船员工资，给社会稳定带来了极大的隐患。经济下行引发法院执行案件的爆发式增长，2016年我院执行案件数较上一年度增加了接近一倍，其中船员讨薪案件占到总数的一半以上。我院高度重视涉民生执行案件，多管齐下，积极服务保障民生。一方面，加快执行进度。针对船东破产无力支付船舶运营费用、船舶无人看管的问题，主动联系与船舶相关的抵押权人银行。努力沟通，协调尚未提起诉讼的抵押权人申请扣押船舶或起诉，由抵押权人与看船公司协商看船事宜，解决看船难题，确保船舶安全，减轻船员的负担。另一方面，积极利用各大媒体及时发布拍卖公告，并与东南航运中心航交所联系，利用网络发布卖船事宜，扩大船舶拍卖公告范围，提升公告效果。由于措施得当，大部分船舶均在第二次网拍中拍卖成功，为船员欠付工资的最终受偿奠定了坚实的物质基础。执行及拍卖程序历时较长，执行法官常外出执行。由于难以及时联系，船员及家属容易产生焦虑和急躁情绪。同时"一对一"的沟通联系不仅工作量大，而且效率低下。执行人员瞄准症结,运用"互联网+"思维,创新工作方法,按船舶建立对应的船员微信群,实时告知船舶扣押、评估、检验、公告、拍卖、召开债权人会议等执行情况和工作进展,听取和反馈意见。程序的公开透明和知情权的充分保障,让船员吃下了"定心丸",对于何时能拿到工资有了合理的心理预期,稳定了情绪,从而化解了潜在的上访风险。同时我院考虑到船员缺乏诉讼知识,以及海上工作离船参加诉讼不便的实际困难,通过微信群发布申请执行和领取执行款等程序规定和操作指南,为船员申办程序开辟了"绿色通道"。根据操作办法,众多福建省外欠薪数额不超过 2 万元的船员,仅需一次性邮寄身份材料、执行依据及告知银行账户,就可以办理执行立案,债权分配,并坐等执行款到账。由此最大限度地减轻了船员的讼累,实现和维护了船员作为劳动者的合法权益,得到了船员的纷纷赞誉。多措并举、尽心竭力破解执行难,将群众的"纸上权利"切实变现为"真金白银",有效回应了社会的司法需求,让人民群众真切感受到了司法的关怀和公平正义。

正确处理国内诉讼与外国临时仲裁的程序衔接　彰显中国重信守诺良好形象

大宇造船海洋株式会社与荣晋公司
船舶抵押合同纠纷确权诉讼案

【基本案情】

2011年7月29日,原告韩国籍法人大宇造船海洋株式会社与被告巴拿马籍法人荣晋公司签订抵押合同,约定就"B Elephant"轮船舶建造合同和"A Elephant"轮船舶建造合同项下应由案外人诺尔公司承担的付款金额中的一部分美元债务及利息等,以被告所有的"Glory Advance"轮优先受偿抵押担保,并向该船船旗国巴拿马抵押登记机关办理抵押权登记。案外人诺尔公司在各支付了两份船舶建造合同项下约定的前7笔分期款后,均未进一步支付任何分期款。针对船舶建造合同买方和诺尔公司违约的行为,原告在伦敦就诺尔公司所拖欠款项提起仲裁。伦敦海事仲裁员协会独任仲裁员就上述纠纷分别出具两份裁决,确认了原告对诺尔公司的债权。厦门海事法院在(2014)厦海法认字第13号和14号两案中,对该两份裁决在中华人民共和国领域内具有的法律效力予以承认。案涉船舶"Glory Advance"轮因海员劳务外派合同纠纷在另案中已被厦门海事法院扣押并拍卖,原告遂在拍卖公告期内就案涉抵押债权向该院进行债权登记并提起确权诉讼。

【裁判结果】

厦门海事法院做出终审判决,依法确认原告大宇造船海洋株式会社对被告荣晋公司因"B Elephant"轮和"A Elephant"轮船舶建造合同而产生的58 700 000元的船舶抵押的债权,该债权可以在"Glory Advance"轮船舶拍卖价款中按船舶抵押权优先受偿;被告荣晋公司还应向原告支付债权登记费用1 000元。

【典型意义】

本案是一起典型的涉外船舶抵押合同案件,又是发生在外籍船舶被扣押并司法拍卖后的一起确权程序案件,涉及管辖权、外国法查明和适用、伦敦海事临时仲裁与我国海事诉讼程序的衔接问题。厦门海事法院积极行使船舶扣押国管辖权,在造船合同纠纷裁决未做出之前依法中止了案件审理,待仲裁裁决做出后,又依法对其予以承认,并在裁决基础上做出判决,体现了肯定和支持境外海事仲裁的态度,展示出我国作为纽约公约缔约国的重信守诺的良好形象。同时,本案查明并适用了巴拿马法律,体现了较高的裁判水平,有力彰显了我国海事司法的国际公信力和权威性。本案是厦门海事法院为建设海洋强国和"一带一路"倡议实施提供有力的司法服务和保障的范例。

灵活适用证据规则，积极探索域外证据效力

赵延龙诉福建省恒利渔业有限公司船员劳动合同纠纷案

【基本案情】

2014 年 10 月 23 日，原告赵延龙与被告福建省平潭县恒利渔业有限公司签订一份《劳动合同书》，约定由被告聘请赵延龙前往几内亚共和国从事远洋捕捞工作。2015 年 6 月 9 日，被告向原告支付工资人民币 10 000 元，同年 9 月 18 日，被告又向原告支付工资人民币 25 770 元。2016 年 1 月 16 日，原告出具一份确认自己参与倒卖渔货的证明。2016 年 1 月 28 日，原告自几内亚共和国科纳克里机场离境，并于 1 月 29 日到达广州白云机场。此后，原告诉至本院，要求被告支付尚欠工资及经济补偿金等。

【裁判结果】

我院一审认为，原告曾亲笔出具证明确认，其曾两次参与倒卖渔货并分得相应款项。原告虽主张其是受胁迫而出具该证明，但却未能提交任何证据予以证明，理应承担举证不能的不利后果。原告倒卖渔货属于严重的营私舞弊行为，必然会产生相应的损害后果，被告依法有权单方面解除劳动合同，且无须为其解约行为支付经济补偿金。被告辩称，原告倒卖渔货，被告依照《劳动合同书》第九条第二款的约定有权不予结算工资。本院认为，该合同条款系无条件地赋予被告单方面、无期限地拒绝结算工资的权利，即实际等同于免除其工资支付义务。上述合同条款无效，被告无权以此为由拒付工资。在扣除借支款项 5 200 元、回国路费 1 500 元和机票费用 8 846.96 元后，被告尚欠工资数额应为 56 453.04 元，依法应予清偿。一审宣判后，双方当事人均不服，提起上诉。福建省高级人民法院二审驳回上诉，维持原判。

【典型意义】

本案双方均为国内当事人，但案件重要事实又多发生在从事远洋捕捞的渔船上,当事人(尤其是船员)举证存在较大困难。从立法目的出发,本案在域外证据认定方面尝试了新的思路,对《最高人民法院关于民事诉讼证据的若干规定》(以下简称《证据规定》)第十一条关于域外证据办理公证认证规定的合理解释和准确适用做了有益探索。《证据规定》第十一条具有良好的初衷,但面对复杂的现实情况,其滞后性和不合理性逐渐显露。随着全球化的深入推进,我国日益融入世界经济,大到投资基建,小到渔业捕捞,相应涉外纠纷正在逐年增长。若未经公证、认证,则一律不得作为证据使用,那么势必将造成法律事实与客观事实的严重扭曲。最高人民法院嗣后出台的《第二次全国涉外商事海事审判工作会议纪要》(以下简称《纪要》)和《涉外商事海事审判实务问题解答》(以下简称《解答》),对此补充做出了相应解释。

《纪要》提出应结合当事人的质证意见进行审核认定。对于当事人无异议的证据,《解答》认为无须公证、认证。这一做法更具合理性。但上述处理的前提条件是,此类证据不存在可能侵害案外人利益的情形。若存在侵害可能,则公证、认证仍将成为证据采信与否的关键因素。本案中,双方对域外证据未经公证、认证没有异议,同时也不存在侵害案外人利益的情形,故我院对其证明力予以确认。但对于当事人有异议的证据,《纪要》和《解答》并未提供明确的解决方案。以本案为例,此类船员劳动(劳务)合同纠纷案件诉讼标的额较小,双方均为国内当事人,涉案证据又多形成于国外,若双方对域外证据既不认可,又不公证、认证,则法院应当如何处理?客观上看,此类案件中的域外证据可以分为两类,一类是形成于他国领土上的证据,另一类则是形成于域外船舶上的证据。对于前者,公证、认证具有可操作性,若未经公证、认证,则其证明力自然会受一定影响,此时应综合衡量本案其他证据做出审慎认定。对于后者,由于船舶时常处于航行中,有时位于他国领海,有时又已航至公海,证据形成的具体地点往往难以证明,要求证据办理公证、认证难以操作。即使最终能够完成,也必将耗费与诉讼标的额并不对称的成本,难谓合理。基于此,合议庭大胆认定形成于域外船舶上的证据,原则上无须公证、认证,但应按照国内证据的认定规则从严审核。该案的审理,对涉远洋渔业案件中出现的域外证据效力这一典型问题进行了灵活处理,为日后同类型案件的审理提供了有益参考,也为更好地服务保障远洋渔业发展做出了积极探索。

细致查明船舶碰撞损害情况平等保护中外当事人

巴拿马籍"奇克西桥"轮船舶
碰撞损害赔偿纠纷案

【基本案情】

2013 年 4 月 18 日约 6 时 22 分,被告福建省平潭县安达远洋渔业有限公司(以下简称"安达渔业")所属的专业远洋渔船"福远渔 F77"轮空载从福州港开往印度尼西亚的图尔港途中,在福建漳州镇海角附近水域与锚泊该水域的"奇西克桥"轮发生碰撞,事故造成双方船舶不同程度损坏。"奇西克桥"轮船舶所有权人是原告日本籍法人愿景航运公司(DREAM SHIPPING S. A),船舶承租人为日本神户市的新田海事株式会社(Nitta Kisen Kaisha Ltd.)。中华人民共和国漳州海事局做出漳海事责(2013)04 号《水上交通事故责任认定书》,认定事故原因为"福远渔 F77"轮未保持正规瞭望,未能对业已存在的碰撞危险做出正确判断,以致未能采取避让行动,这是事故发生的直接原因;未落实雾中航行措施,是事故发生的重要原因;事故水域能见度不良,是事故发生的客观原因,责任认定"福远渔 F77"轮对本起事故承担全部责任。"奇西克桥"轮为抢抓修理时间,避免损失,利用班轮到港卸货时间组织修理,于 2013 年 4 月至 2014 年 10 月,先后在中国厦门、日本东京、名古屋、神户以及中国上海五地进行四次临时检验、五次修理。原告诉请被告赔偿船舶修理费、代理费、监修费、船检人员人工费、差旅费等经济损失 241 961.08 美元及相关利息。

【裁判结果】

案件审理中,双方对案涉船舶在上海的"燃油柜换新""燃油柜气密试验"等油舱修理项目是否由碰撞损害引发存在争议。法院经调查查明,案涉事故造成"奇克西桥"轮舷侧外板破洞两处以及较大面积凹陷变形,由于该船舷侧外板即是 4 号燃油舱舱壁,故修理舷侧外板的同时,也需要修复燃油舱,"燃油柜换新""5 号燃油柜气密试验"等修理项目是因事故导致的必要修理,对于上述项目的修理费予以支持。最终做出一审判决认定,"奇西克桥"轮的船舶结构特殊,侧舷外板即燃油舱壁板,临时修理费、永久修理费、日本修船师相关费用均为合理费用,应予以支持,被告应向原告支付维修费、代理费、VDR 数据读取费用等各项费用 15 3875.6 美元。判决后双方均表示服判不上诉。

【典型意义】

本案是一起涉外船舶碰撞海事纠纷,受损船舶在厦门、上海、东京、神户、名古屋五地进行了六次维修和检验,涉及航海技术、船舶修理、船舶检验、港口代理、汇率换算等专业知识。为查明事实、准确认定专业问题,法官与有丰富远洋航行经验的陪审员互相取长补短,到船舶修理厂向技术人员咨询船舶构造和修理业务费用,向船舶代理公司收集日本港口代理收费方面的信息,综合各种要素信息后,做出客观公正的判断。同时,准确适用《中华人民共和国海商法》中关于船舶碰撞的规定,采用了国际通行的恢复原状的原则、直接损失的赔偿原则、受损方减少损害的原则等船舶碰撞赔偿原则,得到双方当事人的尊重和肯定,也展示了公正、严谨、开放的航运大国的海事司法形象。

准确协调国际条约与国内法的适用，突破涉外送达瓶颈

原告东山县启昌冷冻加工有限公司诉被告厦门中远国际货运有限公司、中远集运东南亚有限公司海上货物运输合同纠纷案

【基本案情】

2012 年 10 月，原告东山县启昌冷冻加工有限公司（下称"启昌公司"）与菲律宾客商哥伦比斯海产公司达成贸易订单，由启昌公司向后者出售冷冻沙丁鱼，此后，启昌公司办理了报关手续，案涉 12 个冷藏集装箱货物装船。被告中远集运东南亚有限公司（下称"中远公司"）的装港代理厦门中远集装箱船务代理有限公司代表该公司在福建漳州签发了形式提单。案涉货物运抵菲律宾马尼拉后，收货人在提货前声称发现货损，后仅提取 2 箱未损坏的货物并通知启昌公司。被告厦门中远国际货运有限公司（下称"中货公司"）随即作为承运人中远公司的代理与启昌公司进行协商。2013 年 2 月 4 日，中货公司（甲方）与启昌公司（乙方）在厦门签署了《谅解备忘录》，载明甲方受中远公司委托与乙方友好协商，就中远公司承运的 10 个冷藏集装箱货物在马尼拉可能造成的货损处理达成备忘录。此后，案涉 10 个集装箱货物被安排退运至香港码头。启昌公司称因货物已没有任何商业价值，拒绝将货物退运回厦门。后上述货物在香港做销毁处理。2013 年 5 月 9 日，原告致函两被告索赔。2013 年 8 月 19 日，原告向本院起诉，诉请判令两被告赔偿货物损失 2 392 205.40 元及相应利息。

【裁判结果】

厦门海事法院认为，本案为海上货物运输合同纠纷。因被告中远公司为新加坡法人，案涉货物运输的目的港在菲律宾，后又退运至中国香港处理，故本案具有涉外和涉港因素。因案涉运输的始发地为中国厦门，厦门海事法院依法对本案具有管辖权。庭审时启昌公司和被告中货公司均援引中国法律支持各自的主张，本案应适用中国法作为准据法。本案中，启昌公司与中远

公司形成海上货物运输合同法律关系,依法有权就该运输合同项下的货损向承运人提出索赔。中货公司系受托处理货损索赔事宜,其行为的法律后果应由被代理人中远公司承担。据此,最终判决被告中远公司赔偿原告货物损失2 001 028.8 元及利息,驳回原告其他诉讼请求。一审宣判后,中远公司不服,向福建省高级人民法院提出上诉,福建省高级人民法院做出(2014)闽民终字第 783 号民事判决,予以维持。中远公司不服,向最高人民法院提出再审申请。最高人民法院做出(2016)最高法民申 2329 号民事裁定,裁定驳回中远公司的再审申请。

【典型意义】

本案的争议焦点之一为厦门海事法院对中远公司的文书送达是否合法。中远公司认为其为新加坡注册的境外当事人,厦门海事法院通过中货公司向其送达诉讼法律文书不符合法律规定。我院认为,涉外海事诉讼需符合《中华人民共和国民事诉讼法》《中华人民共和国海事诉讼特别程序法》等国内法规定。若我国与对方有双边协定或同为多边公约的缔约国(如《海牙送达公约》),则原则上应适用双边协定或双边条约,但国际条约优先适用的原则不能机械理解。我国与新加坡之间虽缔结有双边协定《中华人民共和国和新加坡共和国关于民事和商事司法协助的条约》,但该条约也规定了涉外海事诉讼送达中双边协定与国内法的协调适用。从条约文本可以推断,该条约仅适用于缔约国司法机关向另一方境内送达诉讼文件,对于缔约国依据国内法在境内进行送达的程序并不适用。而根据《中华人民共和国海事诉讼特别程序法》第八十条的规定,海事诉讼法律文书的送达,除适用《中华人民共和国民事诉讼法》的有关规定,还可以采用向受送达人在中华人民共和国领域内设立的代表机构、分支机构或者业务代办人送达。本案中,已有证据认定中货公司系中远公司在中华人民共和国领域内设立的业务代办人,厦门海事法院通过中货公司送达诉讼法律文书,符合上述规定,且不属于中新双边条约的适用范围,并未违反条约优先的原则。这一做法得到了福建省高院、最高人民法院的肯定与支持。

涉外文书送达的有效性直接影响案件审理的效率,是涉外海商事审判中至关重要的一环。送达周期长、效率低,已成为制约涉外海商事案件审理的瓶颈。厦门海事法院一方面依法适用国际条约,准确理解双边条约精神,协调好国际条约与国内法的关系;一方面认真研析案件,从当事人提供的证据入手,充分适用国内规定,完成了文书的有效送达。该案灵活务实的处理体现了厦门海事法院法官在"一带一路"建设背景下,不断提高自身适用国际条约的司法能力,探索创新有效的涉外送达方式,对如何在涉外海商事审判中突破送达瓶颈问题具有参考和启发意义。

福安市海洋与渔业局与陈忠义等
海事行政非诉执行案

【基本案情】

陈忠义、方玉祥、黄文光等多人未经海洋行政主管机关批准,擅自占用海域实施围海养殖工程建设。因严重侵害宁德环三都湾湿地水禽红树林自然保护区,局部海洋生态系统遭受破坏,被列入中央环境保护督察组督察反馈的整改对象。福安市海洋与渔业局 2016 年 8 月 31 日做出行政处罚决定书,责令陈忠义等被执行人退还非法占用的海域,恢复海域原状,并处以罚款。陈忠义等在法定期限内未申请行政复议和提起行政诉讼。福安市海洋与渔业局催告后,其仍拒不履行义务,该局向厦门海事法院申请执行行政处罚决定。

【裁判结果】

厦门海事法院经审查认为,福安市海洋与渔业局是海域使用监督检查的适格主体,《行政处罚决定书》在行政主体、行政权限、行为根据和依据等方面合法,裁定准予强制执行。随后,厦门海事法院启动非诉案件的"裁执分离"机制,确定由福安市海洋与渔业局负责具体组织实施退还海域、恢复原状,同时协调福安市人民政府组织多部门参与联合执法,并参照强制迁退不动产的执行程序,指导制定了《强制退海行动工作预案》《风险防控方案》等执行方案,明确实施强制执行的流程步骤和事前公告、第三人在场见证、执行笔录制作、执法活动视频记录以及现场物品(养殖物)造册、保存、移交等工作规范和工作要点。2018 年 7 月 31 日至 8 月 3 日,在法院监督下,相关行政部门组织 1 100 人、挖掘机 12 台,通过四昼夜强制执行,拆除了违建的养殖管理房,在围海长堤上开挖豁口 4 个、拆除闸门 7 座、清除淤泥数万方,引入海水,令 352.287 亩被占海域恢复自然状态。以此案为示范和带动,最终不符合生态自然保护区规划的 170 公顷养殖设施全部实现清退,还原湿地。

【典型意义】

随着海洋经济的快速发展,陆源污染和海洋资源的开发活动不断影响我国海洋生态环境质量,非法占海、围海、填海构成了近年来我国海洋生态,尤其是近海海洋生态遭受破坏的重要原因。坚持绿色发展,依靠制度、依靠法治,用最严格的制度、最严密的法治保护生态环境,是习近平新时代生态文明思想的重要内容。海事法院在本案中充分发挥海洋生态环境审判职能,依法妥善实施裁执分离,从强化司法审查、严格执行程序和规范执行行为入手,协调各方力量强力推进执行攻坚,拆塘清淤、退养还湿,还海洋以宁静、和谐、美丽,取得了良好的生态效果。本案的实践,为破题涉海洋生态司法"执行难",落实"令在必信、法在必行""用最严格制度最严密法治保护生态环境"的严格法治观,提供了一个可资借鉴、复制、推广的样本。同时通过监督支持海洋行政机关依法行政、健全完善环境司法与行政执法衔接机制、指引海事行政机关规范行政执法,促进了海洋环境保护治理法治化水平的进一步提升。

原告中国人民财产保险股份有限公司宁波市分公司与被告富森航运有限公司（RICH FOREST SHIPPING CO.,LTD.）海上货物运输合同纠纷案

【基本案情】

2014 年 1 月 21 日，巴拿马籍单壳散装货轮"富森"轮装载一批圆木从所罗门群岛至中国靖江的航行途中，因辅机冷却管爆裂漏水导致机舱进水，最后沉没，船货全损。人保宁波公司系货物保险人，支付保险赔偿后取得代位求偿权。人保宁波公司认为，货损发生在承运人富森公司船舶承运期间，富森公司应对货损承担赔偿责任。富森公司认为，"富森"轮在航次开航前和开航时处于适航、适员和适货状态，完全符合相关标准和要求。本案货物灭失系由船舶潜在缺陷造成，案发前日常维护、保养以及相关单位的多次检查中，均未发现案涉爆裂管路存在缺陷，属于法律规定的"经谨慎处理仍未发现的船舶潜在缺陷"，对因此造成的货物灭失无须承担赔偿责任。

【裁判结果】

厦门海事法院一审认为，辅机冷却管路破损经征询双方意见，委托专家组分析，双方确认《专家意见书》破损有关构成潜在缺陷的意见，仅就该潜在缺陷经谨慎处理能否发现的问题存在争议。根据查明的事实，该管路破损部位"较为隐蔽"，不在可直接观察的视线以内，平常值班人员难以发现，专业船舶修理厂也未能觉察到管路潜在缺陷。富森公司作为承运人，已根据各项法律规定安排其所属"富森"轮进坞全面检修、聘用适任船员、日常维护保养和定期接受相关海事部门各项检查，且均符合航行安全要求等义务，履行了法定职责。在此情况下仍然发生冷却管路破损，应当属于我国《海商法》中"经谨慎处理仍未发现的船舶潜在缺陷"，富森公司可以免除责任，判决驳回人保宁波公司的诉讼请求。人保宁波公司不服判决，提起上诉。福建省高级人民法院二审判决驳回上诉，维持原判。

【典型意义】

海上货物运输法律制度是海商法的核心制度。承运人的免责事项是海上货物运输法关系各方权利义务的重要内容。本案作为海上运输货损索赔案件，判决秉承承运人有限责任的立法精神，对《海商法》第五十一条规定的承运人免责事由"经谨慎处理仍未发现的船舶潜在缺陷"做了阐释，明确承运人只需要履行 ISM 规则第十条规定或其他法定的正常船舶维修、保养、年检工作就应该认定为已经谨慎处理，否定了采用更为严格、双重谨慎的绝对标准进行审查的观点，由此进一步完善和丰富了海上货损免责事由的裁判规则，合理分配了海上运输的风险承担，对于今后同类案件的审判实践具有积极的指导意义。

原告福建华禧进出口有限责任公司
与被告泛亚班拿国际运输代理(中国)
有限公司等海上货运代理合同纠纷案

【基本案情】

华禧公司与德国客商 DEPROC 公司长期贸易往来的货物均指定泛亚班拿中国公司代理运输。2015 年 7 月华禧公司备妥 DEPROC 公司订购的一批价值 36 348.5 美元的防寒夹克后,与泛亚班拿中国公司的分支机构泛亚班拿厦门公司联系办理托运事宜并支付了代理费。货物以拼箱方式运输,泛亚班拿厦门公司同时作为承运人的代理人签发了提单。提单记载的目的港代理与装港代理同属泛亚班拿物流集团的下属机构。货物运抵目的港后被无单放货。华禧公司与泛亚班拿厦门公司联系,由泛亚班拿厦门公司协助与外方交涉。双方函电往来中,泛亚班拿厦门公司有意模糊货运代理人与承运人的身份区别,一再承诺会给华禧公司最佳解决方案,并一度表示货物已被收货人退回目的港的仓库并提供照片,导致华禧公司未能在诉讼时效内向承运人起诉而丧失胜诉权,进而造成损失。华禧公司诉请判令泛亚班拿厦门公司赔偿货款损失 36 348.5 美元及利息,泛亚班拿中国公司对不足部分承担补充责任。

【裁判结果】

厦门海事法院一审判决泛亚班拿厦门公司赔偿华禧公司货款损失 7 269.7 美元及相应利息等。一审宣判后,泛亚班拿厦门公司提起上诉,福建省高级人民法院终审判决驳回上诉,维持原判。生效判决认为,华禧公司向承运人交付了案涉货物,后在持有正本提单的情况下货物被买方提走,华禧公司未收到货款,损失客观存在。华禧公司可以向承运人主张赔偿责任,也可以向德国买方主张支付货款,但因自身对承运人和货运代理人身份识别能力限制和泛亚班拿厦门公司的误导导致超过一年诉讼时效,丧失了对承运人的胜诉权,客观上少了一条追回损失的重要途径。华禧公司作为从事进出口贸易的专业性公司,应具备基本的国际贸易、国际货物运输、海运提单等知识,能够区分货运代理人和承运人的身份,对于向承运人索赔的一年诉讼时效也应有基本的了解。华禧公司错失对承运人主张权利的诉讼时效,主要过错在其自身。本案无单放货发生后,泛亚班拿厦门公司虽声称协助华禧公司与外方沟通,但其有意模糊货运代理人与承运人的身份区别,且误导货物处理情况等,导致华禧公司未能在诉讼时效期间内向承运人索赔而丧失胜诉权,存在明显过错,违反了诚实信用原则和后合同义务,酌定其对华禧公司损失承担 20% 的过错责任。

【典型意义】

诚实信用原则是民法的基本原则,每一个民事主体从事民事活动均应秉持诚信,恪守承诺,善意行使权利和履行义务。货物出运后,货运代理合同虽然已经终了,但及时告知货物抵达目的港的时间以及是否正常交付,如未能正常交付是出于何种原因等,仍是货代企业应履行的后合同义务。货代企业在履行上述义务时亦应遵守诚信原则,包括对待他人诚信不欺和对自己的承诺信守不怠,否则应对由此给合同相对人造成的损失承担相应赔偿责任。

本案诉讼标的额虽然不大,但因泛亚班拿系知名货代企业,而泛亚班拿厦门公司看似“帮忙”实则帮倒忙的做法,在货代实践中时常发生。个别企业甚至专门培训员工“忽悠”客户。本案准确判定货运代理人的后合同义务以及诚信义务,合理划分货代委托人与货运代理人的过错,判决货运代理人对违反诚信义务和后合同义务给货代委托人造成的损失承担相应责任,较好地维护了双方当事人的利益平衡,在业内获得普遍关注并产生了良好反响,对规制货代行业的乱象、确立行为规则、倡导诚信经营具有积极的指导意义。

原告陈茂塔、詹育仁与被告阿利兹航运公司船舶碰撞损害责任纠纷案

【基本案情】

2016 年 8 月 11 日,陈茂塔、詹育仁所有的"闽晋渔 05891"轮在我国福建闽东渔场 250 渔区进行单拖渔网捕捞作业时,与利比里亚阿利兹航运公司所有的希腊籍"天使勇气"轮发生碰撞。"闽晋渔 05891"轮沉没,14 名船员中 1 人死亡,7 人失踪,"天使勇气"轮未受到明显损坏。陈茂塔、詹育仁向厦门海事法院提起诉讼,请求判令阿利兹航运公司承担全部碰撞责任,赔偿船舶、物料、船期等 19 项损失共计 21 044 190 元。

【裁判结果】

厦门海事法院经审理认为,本案侵权行为地在中国,且双方当事人选择适用中国法,应以中国法为准据法。本起事故中,"天使勇气"轮与"闽晋渔 05891"轮均违反了《1972 年国际海上避碰规则》。"天使勇气"轮作为让路船,未履行首要的避让义务,承担 70% 的责任,"闽晋渔 05891"轮承担 30% 的责任。陈茂塔、詹育仁诉请的损失部分过高,结合双方证据及参照渔业生产的实际情况予以调整,部分缺乏事实和法律依据,不能成立。判决阿利兹航运公司赔偿陈茂塔、詹育仁 3 561 993 元及支付相应利息;驳回陈茂塔、詹育仁的其他诉讼请求。宣判后,双方未提起上诉,判决发生法律效力。

【典型意义】

本案是典型的我国渔船在沿海作业时与外国商船碰撞所引发的损害赔偿责任纠纷案。由于渔业生产的特点,碰撞原因的查明和损失的认定是此类案件审理的难点。法院严格依法审查,全面、客观认定证据的证明力,认真细致查明碰撞经过,准确判定双方责任,妥善运用证据规则,结合日常生活经验,合理界定损失金额,对畸高的损失诉求坚决予以驳回,双方当事人均服判息诉。裁判充分体现和贯彻了平等保护的原则,公平维护了中外双方当事人的合法权益,展现了海事审判专业、开放和公正的形象,树立了中国海事司法良好的国际公信力。

原告孙杰与被告厦门中远海运劳务合作有限公司、东方海外货柜航运有限公司船员劳务合同纠纷案

【基本案情】

原告孙杰 2015 年 12 月与被告厦门中远海运劳务合作有限公司（下称"劳务公司"）签订船员服务协议，约定劳务公司介绍孙杰到被告东方海外货柜航运有限公司（下称"航运公司"）所属或管理的船舶工作，劳务公司负责办理原告上船工作手续，维护原告在船工作期间合法权益，就原告在工作和生活中遇到的困难和问题与雇主进行协商解决。后孙杰到"东方比利时"轮任职，并与该船船舶所有人及船舶管理人航运公司签订船员雇佣协议。约定航运公司与香港海员工会等组织签订的《集体谈判协议》的条款规定适用于船员雇佣协议，该《集体谈判协议》约定：航运公司作为雇主遵守协议规定的所有责任，其有责任支付船员工资；该协议关于船员病休条款及病休待遇是船员非因工负伤或生病导致无法履职被遣返，该船员在其根据合同约定享有医疗护理期间的同时，有权享有同基本工资相等的病假工资。2018 年 10 月 25 日，孙杰向厦门海事法院提起诉讼，称其在受雇于劳务公司、航运公司期间患病，两被告拒绝支付病假工资，要求判决被告予以支付。

【裁判结果】

厦门海事法院经审理认为，本案系主体涉港、事实涉外的案件。因双方当事人均主张适用中华人民共和国法律作为准据法，应以中国法为本案的准据法。本案的法律争议焦点是《中华人民共和国劳动合同法》是否适用于本案。本案原告与两被告分别订立了合同，孙杰与劳务公司签订的船员服务协议的主要内容是劳务公司负责办理孙杰的外派上船工作事宜，与船员雇主协商解决船员在船期间遇到的问题，合同内容未涉及劳动力供需双方的权利义务，仅涉及船员外派期间的部分服务事项，故该合同是船员服务合同，不属于船员劳务合同，也不属于船员劳动合同，不适用《劳动合同法》的规定。孙杰与航运公司订立的船员雇佣协议在性质上属于劳动合同，但依据《劳动合同

法》第二条的规定,该法仅适用于境内(内地)的企业、组织与劳动者之间的劳动合同,因航运公司系我国香港特别行政区的法人,故其与孙杰签订的《船员雇佣协议》不适用《劳动合同法》的规定,应适用合同法确定各方当事人的权利和义务。依据《集体谈判协议》约定,船员因病被遣返之后,在医疗护理期间有权享有同基本工资相等的病假工资,航运公司应依约支付医疗护理期间的病假工资。此项约定符合我国劳动者保护的强制性规定,航运公司应履行义务。据此判决,航运公司向孙杰支付病假工资 5 170 美元。宣判后,双方当事人未提起上诉,一审判决生效。

【典型意义】

随着经济全球化的推进,劳动力跨境流动日益频繁,我国到海外务工的人数逐年递增,劳动纠纷不断增加。涉外劳动争议牵涉不同国家(地区)的法律,纠纷的处理首先面临准据法的确定问题。我国《劳动法》《劳动合同法》规定的调整对象为境内的企业、个体经济组织等用人单位与劳动者建立的劳动合同关系。对不属于上述范围的劳动合同,如何适用法律,是审判实践中的热点、难点问题。本案在尊重当事人对准据法的选择和尊重双方合同约定的同时,从加强劳动保护的立法目的出发,以我国劳动者保护的强制性规范作为基准和底线对其进行审查,按有利于劳动者的原则予以处理,据此确认合同约定的病休待遇标准的效力,责令雇主依约履行。判决准确把握我国涉外和区际关系法律适用规范蕴含的价值取向,强化了对我国海外劳动者的保护,同时对涉外劳动关系的法律适用问题做了深入探索,为未来同类案件的裁判提供了有益参考和指引,是贯彻落实涉外商事海事审判精品战略生动实践的又一体现。

原告中国民生银行股份有限公司福州分行与
被告福建省连江县远洋渔业有限公司等
船舶抵押合同纠纷案

【基本案情】

2015年8月31日，原告与被告连江县远洋渔业有限公司（下称"连江远洋公司"）签订《综合授信合同》，双方在该合同项下又先后签订30份借款合同，原告依约向连江远洋公司发放了共计9 719.7万元的贷款。2017年5月12日，原告与被告连江远洋公司签订《流动资金贷款借款合同》，约定原告向被告连江远洋公司发放短期贷款9 690万元用于借新还旧，并对利息、罚息及复利均进行了约定。为保证以上合同主债权的履行，原告还与连江远洋公司签订两份《最高额抵押合同》，与连江远洋公司、福建长福渔业有限公司（下称"福建长福公司"）分别签订四份《最高额质押合同》，与福建长福公司、福建省东洛岛海产品有限公司、张伙利分别签订六份《最高额保证合同》。上述四份质押合同均约定：连江远洋公司、福建长福公司在原告及其分行设立保证金账户，并承诺将渔船燃油补贴款汇入该账户，原告对该账户内资金进行封闭管理，若主合同债务人发生未履行偿债义务的情形，则原告有权随时行使质权，就该专门账户中的燃油补贴款优先受偿。

2018年1月3日，原告以被告连江远洋公司未依约偿还《综合授信协议》项下罚息、复利及未偿还《流动资金贷款借款合同》项下本金9 690万元及相应利息、罚息、复利为由提起诉讼，要求被告连江远洋公司承担上述借款合同的违约责任，并就案涉抵押权、质押权的实现提出诉讼请求，同时要求被告福建长福公司、福建省东洛岛海产品有限公司、张伙利承担保证合同项下的连带保证责任。

【裁判结果】

厦门海事法院经审理认为，原告与连江远洋公司签订的主债权合同即《综合授信合同》及其项下30份具体借款合同、《流动资金贷款借款合同》及《流动资金贷款借款合同变更协议》、原告与各被告就担保上述债权签订的

《抵押合同》及《保证合同》合法有效,以渔船燃油补贴专门账户设立质权既符合双方当事人意思表示,也符合动产质权特定化及交付之要件,质押合同合法有效,各方应依约全面履行合同义务。依法判决被告连江远洋公司应承担支付本金、利息、罚息等违约责任,原告对抵押合同约定的 8 艘船舶享有抵押权,对质押合同约定的渔船燃油补贴专门账户享有质权,各保证人应对原告承担连带保证责任,上述三种担保的实现总额以不超过主债权为限。

【典型意义】

远洋渔业是建设海洋强国、实施"走出去"和"一带一路"倡议的重要组成部分,对促进"一带一路"建设、维护国家海洋权益具有重要意义。金融对远洋渔业的发展具有重要的支持作用。近年来,在法院受理的远洋渔企与银行签订的借款合同纠纷中,出现了以渔船燃油补贴专门账户(下称"油补专户")进行质押的新型担保方式,但现有法律对其是否可设立质权并无明确规定,司法实践也存在法律适用不统一的现象,影响了金融支持远洋渔业政策的施行,不利于远洋渔业的蓬勃发展。

本案为典型的涉远洋渔企借款合同纠纷,标的额达 1.3 亿元,其中涉及的油补专户质押问题在前述背景下尤为引人关注。案件聚焦新类型担保问题,在现有法律对质权规定较为原则的情况下,通过参照指导性案例、类比相似质押类型规定、解释案涉质押合同目的、研析质权基础理论等方法,正确理解和适用物权法中关于质权设立的相关规定,详细分析油补专户质押符合特定化及交付要件,大胆认定油补专户可设立质权,具有理论与现实的双重积极意义。一方面,针对新型质押法律问题,就相关法条的适用与解释做出有益探索,丰富了担保物权法律问题的学理研究;另一方面,取得了良好的社会效果。双方当事人均服判息诉,既惠及民生、促进渔业生产,又防范金融风险、保障了银行债权。裁判为未来同类案纠纷的解决提供了参考,有利于厘清油补专户质押面临的法律困境,促进了"一带一路"建设中远洋渔业的现代化发展,是海事法院积极服务保障"一带一路"建设的生动践行。

申请人海豚海运有限公司（Sea Dolphin Shipping Limited）
与被申请人厦门建发农产品有限公司
申请承认和执行外国仲裁裁决案

【基本案情】

ADM Asia-pacific Trading Pte. Ltd. 与厦门建发农产品有限公司签订买卖合同，出售 50 000 吨美国玉米酒糟粕给建发公司。申请人海豚航运有限公司所属船舶"Capetan Giorgis"轮为执行该次航程的船舶。涉案货运提单于 2015 年 8 月 13 日签发。该提单采用北美谷物格式提单，提单正面上方明确指明"与北美谷物 1973 格式租船合同同时使用"；正面中部则明确规定"租约签订日期：2015 年 5 月 4 日"。并入提单的航次租船合同为 Polaris Shipping 与 Sinochart Beijing 于 2015 年 5 月 4 日签订的主租船合同。双方在定租确认书（摘要）中明确"伦敦海事仲裁员协会仲裁/共损，适用英国法"。该定租确认书（摘要）指向的格式合同为"北美谷物 1973 格式租船合同"，该合同第 330 至 340 行明确选定了英国仲裁，适用英国法。2015 年 9 月 22 日，船舶抵达漳州港开始卸货。2015 年 9 月 26 日，建发公司主张货物受损，要求停止卸货。2017 年 2 月 17 日，海豚公司依据双方仲裁协议的约定，在伦敦提起仲裁，并提议指定 Bruce Buchan 先生作为独任仲裁员。建发公司未对仲裁通知做出回应。2017 年 5 月 16 日，仲裁庭做出《终局仲裁裁决书》，裁决如下：（1）海豚公司对建发公司所声称提单下货物损坏不承担责任；（2）鉴于建发公司违反了双方之间的仲裁协议在中国进行诉讼，建发公司应就海豚公司为应对中国诉讼产生的费用以及可能因中国法院判决而向建发公司支付的赔偿金等承担赔偿责任。裁决做出后，建发公司未履行本案仲裁裁决。海豚公司遂向厦门海事法院提出申请，请求裁定承认和执行伦敦仲裁庭即独任仲裁员 Bruce Buchan 于 2017 年 5 月 16 日做出的《终局仲裁裁决书》。

【裁判结果】

厦门海事法院认为，本案案由为申请承认和执行外国仲裁裁决。申请人海豚航运有限公司系在马绍尔群岛共和国登记成立的法人，其向本院申请承认与执行伦敦海事仲裁裁决属于外国公司在中国参与民事诉讼活动,应严格遵守我国民事诉讼法的相关规定。本案中,海豚公司的身份证明和中国律师授权委托材料的公证认证不符合我国法律的规定,其认证手续系由马绍尔群岛共和国海事局特别代理和希腊共和国外交部在希腊进行,而非与我国有外交关系的第三国驻马绍尔使领馆,然后再转由我国驻该第三国使领馆认证。海豚公司经本院释明并给予时间补正后,至今仍未提交符合法律规定的公证认证手续。所提交的申请书不符合我国法律及司法解释的规定,应裁定予以驳回。其可在符合受理条件后再行向本院或其他有管辖权的法院进行申请。综上,裁定驳回申请人海豚航运有限公司的申请。

【典型意义】

国际商事仲裁是跨国法律纠纷的主要解决方式之一,由于"一带一路"沿线国家多为《承认与执行外国仲裁裁决公约》(纽约公约)的缔约国,仲裁在多元化纠纷解决机制中重要地位更为凸显。中外企业就"一带一路"建设中的纠纷在外国提起仲裁后,到内国申请承认与执行该外国仲裁裁决,属于外国公司在国内参与民事诉讼活动,除应遵守纽约公约等国际性条约的要求外,还应严格遵循内国民事诉讼法的相关规定。马绍尔公司向我国海事法院申请承认与执行 LMAA 裁决属于外国公司在中国参与民事诉讼活动,应严格遵守我国《民事诉讼法》的相关规定办理公证认证手续,否则不构成中国法下的有效申请。本案严守我国《民事诉讼法》,为中外企业参与"一带一路"建设确立了严格遵循内国法的标准。

中国生物多样性保护与绿色发展基金会诉平潭县流水镇人民政府、平潭县龙翔房地产开发有限公司海洋自然资源与生态环境损害赔偿纠纷案

【基本案情】

中国生物多样性保护与绿色发展基金会以被告平潭县流水镇人民政府、平潭县龙翔房地产开发有限公司违反了海洋环境保护的法律规定，未经海洋环境评估擅自施工、围海养殖，破坏海湾生态为由，于2018年1月11日向厦门海事法院提起诉讼，请求判决被告停止非法污染环境和破坏生态的行为、对造成环境污染的危险予以消除、恢复当地生态环境、赔偿环境修复前生态功能损失和承担本案的评估鉴定费、差旅费、专家费、律师费。

【裁判结果】

厦门海事法院一审认为，根据我国《海洋环境保护法》第八十九条和《最高人民法院关于审理海洋自然资源与生态环境损害赔偿纠纷案件若干问题的规定》，海洋自然资源与生态环境损害索赔的权利属于负责海洋环境监督管理的部门，应由相关行政机关根据其职能分工提起诉讼。中国生物多样性保护与绿色发展基金会不具主体资格，起诉不符合法定条件，裁定不予受理。中国生物多样性保护与绿色发展基金会不服一审裁定，提起上诉。

福建省高级人民法院二审认为，我国《海洋环境保护法》和《最高人民法院关于审理海洋自然资源与生态环境损害赔偿纠纷案件若干问题的规定》明确将海洋自然资源与生态环境损害索赔的权利专门赋予依法行使海洋监督管理权的部门。作为海洋环境公益诉讼的特别规定，根据特别规定优先于一般规定适用的原则，应优先于一般环境公益诉讼的法律和司法解释而适用。裁定驳回上诉，维持原裁定。

【典型意义】

本案是《最高人民法院关于审理海洋自然资源与生态环境损害赔偿纠纷案件若干问题的规定》施行后，全国首例对海洋环境公益诉讼主体问题做出裁判的案件。其典型意义在于：一是对《海洋环境保护法》第八十九条第二

款规定进行了阐释,明确其性质上属于对海洋环境公益诉讼的专门规定,包括停止侵权、赔偿损失、恢复原状等各项索赔权利由依法负责海洋环境监管的机关行使;二是确认提起海洋环境公益诉讼的诉权专属于海洋环境监管机关,不适用有关社会组织提起公益诉讼的环境保护法等法律和司法解释的一般规定。由此对海洋环境公益诉讼的诉权问题做了全面完整的回应,厘清了相关法律适用问题的争议。界定诉权归属,为海洋环境公益诉讼制度的实施开展和未来完善奠定了良好的基础。

申请执行人泉州振戎石化仓储有限公司申请
执行被执行人中交一航局第一工程有限
公司港口建造合同纠纷执行案

【基本案情】

申请执行人泉州振戎石化仓储有限公司（以下简称"泉州振戎公司"）因被执行人中交一航局第一工程有限公司（以下简称"中交一航一公司"）怠于履行（2017）闽民终 20 号民事判决书，向厦门海事法院申请强制执行，要求被执行人中交一航一公司对案涉东护岸 300 米漏沙地段中剩余未修复部分、护岸上路基被损坏的 100 米道路及受损的污水处理站予以修复，并承担 30% 的修复费用，另赔偿损失 14.25 万元及该款按中国人民银行同期同类贷款利率自 2013 年 10 月 10 日起算至付清之日止的利息。厦门海事法院受理本案后，立即与被执行人中交一航一公司取得联系，其对履行现金赔偿损失部分无异议，并积极进行转款支付。就案涉东护岸 300 米漏沙地段中剩余未修复部分及护岸上路基被损坏的 100 米道路和受损的污水处理站的修复部分，厦门海事法院经过组织多方多轮磋商，当事双方均表示案件诉讼多年，现场实际情况已发生变化，无法就施工工程及工程款达成一致。结合案涉现场实际情况，完全按照生效裁判文书强制执行已无可能，执行陷入僵局。

【执行结果】

申请执行人泉州振戎公司与被执行人中交一航一公司达成执行和解，由被执行人中交一航一公司支付相应施工款项，由申请执行人泉州振戎公司自行组织对案涉工程进行修复施工。和解款项因泉州振戎公司东护岸漏沙塌陷存在安全隐患，经泉州振戎公司所在地泉州市泉港区后龙镇人民政府来函商请，该案的执行款直接转入该政府指定账户，便于后期政府督促管理，确保专款专用。

【典型意义】

执行信息化建设不断完善后，财产类执行变得相对容易。而随着社会矛盾的日益多样化，行为请求权执行案件不断增多，这类执行案件因其类型的复杂多样化、矛盾的尖锐化,往往成为执行案件中的"硬骨头"。破解此类案件的执行困境,对缓解"执行难"问题有重要意义。本案是金钱履行和行为履行合二为一的融合履行,由于双方在诉至法院前就经历了长期的矛盾纠葛过程,判决后被执行人又怠于履行,矛盾未能及时化解,历时多年后双方已无法达成一致。厦门海事法院根据案件特点,最终促成双方执行和解,并改变传统退款模式,创新案款发放,采取案款由政府指定账户接收,专款专用,确保生效裁判文书得以实际履行。本案在维护申请执行人合法权益的同时,也给难以履行行为义务的被执行人提供了变通履行的途径,落实了判决的要求,有力推进了对行为的强制执行,在朝"切实解决执行难"目标前进的道路上迈出了新的步伐。

福建省泉州海丝船舶评估咨询
有限公司诉福鼎市海洋与渔业局
滥用行政权力限制竞争案

【基本案情】

2018 年 7 月 13 日,福鼎市海洋与渔业局出台了《关于印发福鼎市标准化海洋捕捞渔船更新改造项目 2015—2016 年度实施方案的通知》。该方案规定,福鼎市辖区渔民申请海洋捕捞渔船更新改造补贴时,所委托的渔船造价评估机构应限于福建省国资委备案名录中的评估机构。福建省泉州海丝船舶评估咨询有限公司不服该项规定,诉至厦门海事法院,请求判决撤销该方案对第三方评估机构的指定。

【裁判结果】

厦门海事法院认为,福建省泉州海丝船舶评估咨询有限公司的经营范围与福鼎市海洋与渔业局指定行为均涉及渔船评估这一市场领域,其范围存在重叠;福建省泉州海丝船舶评估咨询有限公司起诉前已经在福鼎市开展了相关经营活动,与福鼎市海洋与渔业局的行政行为具有利害关系,其主体适格,可以根据《中华人民共和国行政诉讼法》第十二条第一款第(八)项规定提起行政诉讼。福鼎市海洋与渔业局在讼争方案中将第三方评估机构指定为福建省国资委备案名录中有资产评估资质的评估机构,实际上排除原告参与市场竞争的资格,构成通过行政权力限制市场竞争,违反了反垄断法相关规定。福鼎市海洋与渔业局为了加强渔业船舶评估市场监管的需要,可以对该市场的正常运行做出必要的规范,但不应在行政公文中采取明确指定某一范围的评估机构的方式,法院对此不予支持,遂判决确认福鼎市海洋与渔业局在讼争方案中限制竞争的行政行为违法。

福建省高级人民法院二审认为,本案被诉行政行为实质上是上诉人福鼎市海洋与渔业局为实施海洋捕捞渔船更新改造项目而做出指定所涉渔船的所有权人在一定范围内选择渔船造价评估机构进行评估的行为,系其行使行政职权的行为,属于行政诉讼受案范围。因该行为客观上排除了包括被上诉人福建省泉州海丝船舶评估咨询有限公司在内的其他具有相应评估资质的评估机构公平参与市场竞争的权利,故属于滥用行政权力排除竞争的违法行政行为。二审判决驳回上诉,维持原判。

【典型意义】

深化市场经济体制改革,要求正确处理行政机关"有形之手"和市场"无形之手"之间的关系,确保各类市场主体平等参与市场,并通过公平竞争实现优胜劣汰。行政机关滥用行政权力排除或者限制公平竞争,将直接破坏正常的市场竞争秩序,损害市场主体的合法权益。修订后的《中华人民共和国行政诉讼法》将"行政机关滥用行政权力排除或者限制竞争的行为"明确纳入受案范围,表明人民法院可通过对相关行政行为的司法审查,维护市场主体的公平竞争权。本案中,福鼎市海渔局在对相关海洋捕捞渔船实施行政管理过程中,直接限定一定范围内的渔船造价评估机构作为参与相关评估工作的候选机构,客观上排除了其他具有相应资质的渔船造价评估机构参与评估市场公平竞争的机会,构成通过行政权力限制市场竞争的违法情形。厦门海事法院坚持平等保护的原则,充分发挥海事行政审判职能,依法做出确认行政行为违法的判决,对规制、监督超越职权、滥用职权等违法行政行为,以及促进涉海行政机关提升依法行政水平和维护公开、公平、公正的市场竞争秩序,具有积极的导向意义,为海洋经济的高质量发展提供了坚实的司法支持和司法保障,充分彰显出"法治是最好的营商环境"。

原告王前进与被告厦门慕恩游艇
有限公司等运动帆船买卖合同纠纷案

【基本案情】

2017 年 12 月 25 日，王前进向厦门慕恩游艇有限公司购买了一艘二手帆船，签订了《二手帆船买卖合同》。双方于 2018 年 2 月 5 日在香山游艇会港办理帆船交接手续。该船属于体育运动帆船，交易时没有 CCS 船检证书。王前进在签订合同时知道该船无 CCS 船检证书。交船后，2018 年 3 月至 10 月，案涉帆船分别以不同的帆船公司或游艇公司的名义申请出海，开展了帆船体验旅游经营活动。

帆船经营属于危险性大、技术要求高的体育经营项目，《福建省体育经营活动管理条例》规定经营者应提交设施、设备的安全检验、检测报告，向体育行政管理部门申办备案。2018 年 6 月 11 日，《厦门市体育局关于做好帆船旅游安全管理工作的通知》要求经营帆船旅游项目的帆船必须办理经营报备手续。案涉帆船因无 CCS 证书，无法办理帆船经营报备手续。2019 年 5 月 8 日，厦门市思明区文化和旅游局发布《关于限期清理无证帆船的通知》，案涉帆船属通知清理范围，无法继续经营。王前进认为，其购买帆船的目的在于经营，签订合同之前，被告明确告知帆船符合经营条件，并且会将符合"经营"条件的出厂证明交付给王前进，但交付的出厂证明不符合要求，帆船不符合《厦门市海上交通安全运输条例》规定，无法经营，合同目的不能实现，被告构成根本违约，起诉要求解除帆船买卖合同，退还购船款 28 万元。

【裁判结果】

厦门海事法院认为，案涉帆船属体育运动用帆船，不能办理经营备案登记的主要原因在于未能取得 CCS 检验证书，与出厂证明没有关系。案涉合同并未约定游艇公司应交付 CCS 检验证书，王前进在庭审中也确认了其签约时已知悉案涉帆船没有 CCS 检验证书。从交易时对体育运动帆船的监管现状来看，对于此类已经建造完成、投入使用的二手帆船的监管，存在逐步规范的过程。厦门市思明区文化和旅游局 2019 年 5 月 8 日方正式发文不允许无证帆船出海。没有证据证明在交易当时对于此类二手帆船存在交付 CCS 检验证书的交易习惯。无论从合同约定或是交易习惯来看,王前进要求被告交付符合合同"经营"目的出厂证明的主张不能成立,判决驳回诉讼请求。

宣判后,王前进不服判决提起上诉,福建省高级人民法院二审驳回上诉,维持原判。

【典型意义】

随着"一带一路"、海洋强国建设的推进,全民健身、"健康中国"倡议的实施和社会文化生活水平的提高,我国水上运动产业得到了快速发展。帆船航海作为高层次的时尚体育休闲活动,参与人数迅猛增长。厦门具有丰富的海洋观光娱乐资源,近年来,帆船运动体验成为厦门市涉海休闲旅游的新亮点,每年参加帆船体验运动人数已高达上百万人。在行业快速发展的同时,为保障体验者的安全,主管部门相继出台规定,加强和完善经营监管和海上安全管理。本案纠纷起因于政策变化产生的投资风险。法院全面分析对照运动帆船管理、登记的法律和政策规定,准确把握不同时期的规定要求,从贯彻合同自由、尊重意思自治、促进诚实守信的角度出发,公平认定和裁判责任承担。在确认合同约定效力、维护契约精神的基础上,提示帆船投资者在进入行业时应充分了解产业发展的立法和政策环境,对法律政策的变化风险做出妥善安排,由此进一步规范了行业经营的市场秩序,为促进海洋旅游等新兴海洋服务业健康发展提供了有力的保障。

原告宋文忠、黄清泉与被告中交第三航务工程局有限公司、福建中闽海上风电有限公司海上养殖损害责任纠纷案

【基本案情】

福建中闽风电公司经福建省人民政府批准，在莆田平海湾建设 250 兆瓦海上风电场二期项目。该项目总投资近 50 亿元，属福建省重点工程。项目核准前，中闽风电公司委托国家海洋局第三海洋研究所对项目进行海洋环境影响评价，并通过媒体以及在莆田市平海镇及各村以张贴公告等形式进行公示和征询意见。经勘测后，其按规定的标准对受到工程影响的沿海养殖户进行了补偿。因工程需要在鸬鹚岛（系无人岛）建设一个配套码头，中闽风电与中交三航公司签订了码头施工合同，由中交三航公司施工建设该码头。

2017 年年初，码头工程开工后，莆田市平海镇平海村的多位村民认为工程施工破坏了其在鸬鹚岛周边的龙须菜和海带养殖区，要求赔偿损失。中闽风电公司与中交三航公司认为村民根本没有在该海域进行养殖，不予赔偿。相关人员遂向各级政府信访，还多次阻挠施工，导致工程施工无法顺利进行。其中两位村民，即本案的两原告宋文忠、黄清泉向厦门海事法院提起诉讼，要求中闽风电公司、中交三航公司赔偿其 105 亩养殖区的各项损失 800 多万元。

【裁判结果】

本案为海上养殖损害责任纠纷。争议焦点在于被告是否损坏原告的养殖设施。被告主张施工前后该海域不存在养殖区，就此提供了环评机构、工程勘测设计单位拍摄的照片和谷歌地球卫星影像的截图作为证据。但龙须菜和海带养殖有季节性，非养殖季节海面无养殖物，养殖设施大部分是沉在海面下的，只有养殖季节才能拍到，相关照片无法反映全貌，谷歌地球卫星影像的精度也不够高，证明力不足。

为准确查明事实，法院依法调取了码头所在海域 2014—2018 年海带养殖季节卫星遥感影像的原始资料，卫星影像的分辨率达到 0.5～0.8 米，海面

物体清晰可见。卫星影像资料显示，案涉海域在上述时间段内没有养殖区。据此可以认定不存在被告施工损坏原告养殖设施的问题，原告的请求缺乏事实和法律依据。法院依法判决驳回原告的诉讼请求。宣判后，双方当事人未提起上诉，判决发生法律效力。

【典型意义】

本案是因海上风电绿色能源重点工程施工产生的养殖损害纠纷。由于纠纷背景"涉众"的特点，案件的审理和裁判具有示范效应。面对时过境迁、证据匮乏的情况，法官依法调取讼争海域的卫星遥感影像资料，以现代科技手段补足证据缺陷，查证和锁定案件事实，依法驳回了无理的诉讼请求。由于证据基础扎实牢固、事实认定逻辑严密、说理透彻充分，裁判"一锤定音"，不仅原告服判息诉，而且对其他村民起到了示范和教育作用。案涉省重点工程施工嗣后未再发生类似争议，顺利推进、正常竣工和投入使用，有力服务保障了海洋开发建设和海洋新能源产业的发展。同时通过卫星遥感查证，丰富了海上养殖损害案件证据调查的工具和手段，为类案中解决举证难的问题提供了有益的借鉴。另一方面，法官坚持厘清是非、不和稀泥，严格依法裁判，驳回有悖诚信的无理诉求，以司法判决向社会宣示了社会主义核心价值观的要求，展现了人民法院的司法担当，对促进法治建设的进步具有积极的意义。

原告福州松下码头有限公司与
被告福州市长乐区海洋与渔业局、
第三人福州市长乐区人民政府行政处罚纠纷案

【基本案情】

2011年3月，福州市长乐区政府召开会议议定松下港区填海造地事项，于2011年5月20日与松下公司的母公司签订《松下港区牛头湾作业区填海造地协议书》。案涉填海造地项目包括申请用海审批等实际交松下公司负责实施办理。协议履行过程中，上级主管部门批复，港口岸线资源属公共战略资源，整体开发收储原则上应由政府或政府指定的国有公司承担，因松下公司非国有性质，松下港区开发建设指挥部通过《会议纪要》，将工程项目申报主体由松下公司变更为案外人松下港区开发建设有限公司。但松下公司未被要求停止参与港区开发。在松下港区开发建设指挥部召开的一系列会议中，其仍被通知参会和安排负责相关工作。2013年3月1日松下公司开始填海工程建设，2015年1月5日工程竣工。2018年10月29日，长乐区海洋与渔业局以未取得海域使用权、擅自占用海域填海为由对松下公司做出行政处罚，责令其退还非法占用的海域，恢复海域原状，并处非法占用海域期间该海域面积应缴纳的海域使用金的17倍计78 923 775元的罚款。松下公司不服，起诉要求撤销处罚决定。

【裁判结果】

厦门海事法院认为：松下公司根据行政协议进行施工，虽为实施项目的主体，但实施项目的主体并不当然等于违法主体。工程项目申报用海等手续的主体已变更为案外人，该项变更并不等于填海造地的行政协议自动解除，被告也并无证据证实协议已被解除。相反，松下公司仍继续受委托参与工程施工。被告行政处罚认定处罚对象依据的事实不清、证据不足。法院判决撤销《行政处罚决定书》，责令重新做出行政行为。一审宣判后，双方当事人提起上诉，福建省高级人民法院二审判决驳回上诉，维持原判。

【典型意义】

本案是一起违法行为时间跨度超过七年、处罚金额高达 8 000 万元,涉及福建省重点工程松下码头建设和中央环保督查的行政诉讼案件。原告认为其填海造地工程是受政府委托,并为此投入了大量人力、物力和财力,被告处罚对象错误,双方矛盾冲突激烈。法院从监督支持依法行政出发,对行政处罚决定认真予以审查。本案中,原告根据与政府部门签订的协议进行施工。对行政协议的履行,行政机关虽然在一定范围内享有单方变更和解除协议的权力,但从程序正义的原则出发,权力的行使也应依适当程序进行。仅通过内部文件变更工程项目申报用海等手续的主体,不能发生行政协议解除的效果。在原告是根据协议安排进行施工而无其他证据的情形下,行政机关认定其为违法行为的责任主体缺乏依据。故法院做出撤销行政处罚的判决,同时考虑到全案具体情况,责令被告重新做出行政行为。本案在审理过程中,福建省直机关 200 余名厅处级干部旁听庭审,二审当庭宣判,裁判结果在行政机关引起较大反响。判决对行政执法理念、行政协议效力、行政协议履行过程中的行政违法行为责任主体的认定以及相关的查证规则和要求做了深入细致的阐释,进一步规范了行政执法,推动了法治政府建设,促进了福建海洋治理现代化水平的提升。

福鼎市海洋与渔业局申请非诉
执行福建省沙埕港物流有限公司案

【基本案情】

申请执行人福鼎市海洋与渔业局 2017 年做出《行政处罚决定书》，认定：2017 年 2 月 12 日，被执行人沙埕港公司在未取得海域使用权的情况下，擅自占用 0.502 2 公顷海域实施填海造地的行为，违反了《中华人民共和国海域使用管理法》第三条第二款的规定，责令其退还非法占用海域、恢复海域原状并处以 1 958 580 元罚款。《行政处罚决定书》于 2017 年 10 月 25 日送达。沙埕港公司在法定期限内未申请行政复议和提起行政诉讼，缴纳了罚款，但未履行退还非法占用海域、恢复海域原状的义务，经催告后仍拒不履行。申请执行人于 2018 年 10 月 10 日向厦门海事法院提出非诉执行申请。

【裁判结果】

厦门海事法院经审查认为，申请执行人 2017 年 10 月 25 日送达《行政处罚决定书》，沙埕港公司的法定起诉期限于 2018 年 4 月 25 日届满。申请执行人最迟应于 2018 年 7 月 25 日前提出强制执行申请。其 2018 年 10 月 10 日方提出申请，属于逾期申请，依照《最高人民法院关于适用〈中华人民共和国行政诉讼法〉的解释》（以下简称《行政诉讼法适用解释》）第一百五十六条规定，除非有正当理由，否则不予受理。但本案中，因执行标的系被非法填占海域的强制退还、恢复原状，关系到国家海洋生态环境利益。维护国家海洋生态环境利益，构成受理本案申请的"正当理由"。

首先，不予受理的后果是严重损及国家利益。依照我国《行政强制法》第十三条第二款之规定，行政机关做出行政决定之后，只有法律赋予其强制执行权的，才可自行强制执行，否则必须向人民法院申请强制执行。因申请执行人自身并没有法定强制执行权，如不予受理申请，"退还非法占海、恢复海域原状"这一行政决定实际上已无法付诸强制执行，将导致案涉被填占海域无法恢复，海洋生态环境遭受持续性破坏。其次，《行政诉讼法适用解释》

第一百五十六条规定的"正当理由",强调的是理由的"正当性"而非理由的"客观性"。法律、司法解释没有规定逾期申请之"理由"必须是一种客观原因、客观障碍、不可抗拒的事由;也没有强调一旦上述"理由"含主观过失成分,就排斥正当性。结合本案具体情况,"国家海洋生态环境利益需要"仍构成受理、执行的正当性,案件不应裁定不予受理。最后,非诉审查案件可类推适用《行政诉讼法》第七十四条第一款所确立的"情势判决"制度,"情势受理"强制执行申请。依《行政诉讼法》第七十四条第一款之规定,即使行政行为经过审理认定存在诸如法律适用错误、证据不足、程序违法等应当撤销的情形,但若撤销行政行为会给国家利益、公共利益造成重大损害,不得判决撤销,应在判决确认违法的同时对行政行为法律效力予以维持。同理,非诉审查案件中如发现裁定不予受理将明显造成国家利益重大损害,根据类推适用原则,也理当对行政行为的执行力予以继续维持,即受理申请。故本案申请应予受理。

经审查,案涉行政处罚决定不存在《行政诉讼法适用解释》规定的不予执行情形,申请人的申请符合法律规定,应予准许。厦门海事法院裁定准予强制执行。同时,厦门海事法院向相关行政机关发出司法建议,建议改正工作瑕疵。

【典型意义】

"绿水青山就是金山银山。"用最严格的制度、最严密的法治保护生态环境,是海事生态审判的司法指针。本案的审理,在指出涉海行政机关工作瑕疵的同时,从保护海洋生态审判出发,对法律适用予以合理解释,认定"维护国家生态利益"构成受理逾期行政非诉强制执行申请的正当理由,对逾期非诉执行申请予以受理。一方面,展示和体现了海事法院严格依法、公正司法的精神;另一方面,通过生动解释、正确适用法律,创新裁判规则,有效回应、解决实践中面临的问题,有力强化了对海洋生态环境的保护,维护了重大的国家利益和公共利益,实现了办案的法律效果、生态效果、社会效果的有机统一。

申请执行人 CHILIN KANGIN 与被执行人何文朝申请执行仲裁裁决异议案

【基本案情】

2016 年 11 月 10 日，印尼公民 CHILIN KANGIN 与何文朝签订协议，以 1 400 万元受让何文朝的"海虹工 66"船舶的 50% 股份，双方共同合作开发印尼沉船打捞业务。协议约定因合同而引起的一切争执应提交中国海事仲裁委员会上海分会按该会仲裁程序和规则进行仲裁，仲裁地点为中国上海。协议履行过程中，2017 年 5 月 26 日，中国商务部与海关总署联合发布公告，对斗容大于或等于 4 立方米、挖深大于或等于 15 米的斗式挖泥船自 2017 年 6 月 1 日起实施出口管制。2018 年 6 月 25 日，CHILIN KANGIN 向中国海事仲裁委员会上海分会仲裁院申请仲裁。2019 年 3 月 7 日，仲裁庭做出裁决：一、解除《股份转让合作协议书》的效力；二、何文朝返还船舶股权转让款 450 万元；三、驳回 CHILIN KANGIN 的其他仲裁请求；四、CHILIN KANGIN 向何文朝支付船舶维修保养费等 538 000 元；五、驳回何文朝的其他仲裁请求等。

因何文朝未履行裁决，CHILIN KANGIN 向厦门海事法院申请执行。何文朝提出不予执行仲裁裁决的申请，厦门海事法院经审查，裁定驳回申请。2019 年 8 月 23 日，厦门海事法院再次发出执行通知书，告知何文朝已从其银行账户扣划仲裁裁决付款义务 4 006 978 元及执行申请费，并要求其支付自 2019 年 3 月 23 日至 2019 年 8 月 12 日的迟延履行金 100 274.62 元。何文朝提出异议，要求撤销责令其支付迟延履行金的决定。理由是仲裁未裁决其支付迟延履行利息，申请人要求执行该项内容缺乏依据；裁决做出后，提出不予执行申请和暂缓付款，是因为对 CHILIN KANGIN 仲裁委托手续的真实性存在怀疑，通过法院核实情况，其就此并无过错。

【裁判结果】

厦门海事法院认为：迟延履行利息的计算和收取是以《中华人民共和国民事诉讼法》第二百五十三条而非仲裁裁决为依据，何文朝有关支付迟延履行利息缺乏依据的异议理由不能成立。依照《最高人民法院关于执行程序中计算迟延履行期间的债务利息适用法律若干问题的解释》第三条第三款规定,非因被执行人的申请,对生效法律文书审查而中止或者暂缓执行的期间及再审中止执行的期间,不计算加倍部分债务利息。本案不予执行申请系由何文朝提出,其主张申请不予执行仲裁裁决期间免计迟延履行利息,不符合上述规定。裁定驳回何文朝的异议。

【典型意义】

本案是中外双方自然人签订船舶转让合同,因国家出口管制引发合同履行争议而申请仲裁,外方当事人胜诉后申请执行仲裁裁决,中方当事人提出执行异议的案件。针对被执行人提出的执行异议,法院明确,计付迟延履行利息是民事诉讼法规定的强制执行措施,目的在于督促被执行人及时履行各类生效法律文书确定的义务,具有法定性和强制性,在执行仲裁裁决的场合同样适用,无须以仲裁具相应裁决内容为依据,也不以当事人申请为启动要件。是否应计算迟延履行利息取决于被执行人是否有义务清偿债务,而不在于法院是否仍在行使强制执行权。本案中,由于被执行人申请不予执行仲裁裁决未能成功,仍有义务清偿债务,故异议不能成立。由此,从司法执行的角度进一步确认了仲裁裁决的法律效力,细化了不履行仲裁裁决迟延利息计算规则,完善了仲裁与民事强制执行程序的衔接,充分体现了对国际仲裁、对国际商事纠纷多元化解决的支持。同时,严格依法公正裁判,尊重当事人争议解决方式选择权,平等保护中外当事人的合法权利,充分彰显了中国法院公开公正、开放包容的司法形象。

福建省加勒王游艇销售有限公司与
香港贝福蒙斯游艇有限公司等船舶
买卖合同纠纷执行案

【基本案情】

2018 年 11 月 13 日,申请执行人福建省加勒王游艇销售有限公司(以下简称"加勒王公司")因被执行人香港贝福蒙斯游艇有限公司(以下简称"贝福蒙斯公司")、张某玲、黄某阳、张某春、天熹(厦门)动漫股份有限公司(以下简称"天熹公司")、厦门圣铭俊豪游艇俱乐部有限公司(以下简称"圣铭俊豪公司")拒不履行福建高院已经生效的〔2015〕闽民再终字第 209 号民事判决书,申请强制执行,要求被执行人连带偿还尚未履行的 5 994 945.87 元购船款及利息。

【执行情况】

该案在执行中遇到多个困难:一是该案诉讼经厦门海事法院一审,福建高院二审及再审,历时近八年。申请执行人加勒王公司因讼累已无力经营,主债务承担者被执行人贝福蒙斯公司系香港法人,财产无迹可寻,查找困难重重,被执行人天熹公司已进入破产程序,被执行人圣铭俊豪公司早已搬离原经营场所且无经营迹象,其余承担担保责任的自然人均下落不明;二是该案曾于 2014 年 5 月二审判决生效后申请强制执行,后因诉讼进入再审程序而终结。首次执行已对被执行人财产进行了全面查控,对被执行人及其法定代表人采取了限制高消费、列入失信被执行人名单,并限制出入境等措施,但除担保房产达成和解履行外,穷尽执行手段仍未查控到其他可供执行财产,再次执行希望渺茫;三是案件标的额大,时间跨度长,物是人非,最佳查人找物的时间已错过。

为此,厦门海事法院对整个案件脉络进行梳理分析,对近年账户有往来的被执行人进行重点监控,并采取监控但不冻结的方式,在密集的执行信息中不间断检索和布控。其间,申请执行人加勒王公司在历经几年的执行之路后,感到执行无望,于 2019 年 6 月主动提交终结本次执行申请,但厦门海事法院并没有轻易终本结案。后通过检索发现被执行人黄某阳的银行账户出现 3 万元进账,虽然相比近 600 万的标的额,系杯水车薪,但是被执行人的出现成为推动执行进程的拐点。厦门海事法院随即对被执行人黄某阳进行了传唤及约谈,并对其家庭进行走访,深入了解其财产状况,深刻指出不履行的危害性,促进其家庭成员形成合力,与申请执行人达成 100 万元的执行和解协议,并已履行到位。良好的开端亦掀开了执行"高潮"的序幕,执行人员顺藤摸瓜,发现在千里之外的云南主债务人的法定代表人及其他部分被执行人有投资经营连锁民宿。但房产系租赁,无法处置,而且被执行人亦无法拿出巨额资金履行债务。经过对经营项目的依法评估和多轮磋商后,最终双方当事人就剩余债务以民宿使用权收益分期履行方式签订了执行和解协议,并顺利进入履行阶段。至此,案件得到了圆满解决。申请执行人加勒王公司代表专程送来"剑胆琴心,定纷止争"锦旗,对厦门海事法院的不放弃执行表达敬意。

【典型意义】

法院执行工作成效向来是民众在诉讼案件中感受到公平正义最直观的体现,而"执行难"却犹如一道关卡横亘在法院执行工作面前,深切影响到人民群众对公平正义的感知。该案执行时间跨度长,被执行人难找,可供执行财产难寻,且在申请执行人已主动放弃的情况下,厦门海事法院牢记使命初心,在充分利用信息化科技手段的同时,创新工作方法,有的放矢,改查控为布控;以财寻人,循循善诱,结合执行手段及心理攻势促被执行人主动筹款;因地制宜,多管齐下,探索履债新方式,最终案件得到圆满执结。

厦门海事法院涉台审判工作典型案例

新加坡中润（私人）有限公司申请海事强制令案

【基本案情】

1999 年 4 月，新加坡中润（私人）有限公司（East Grace Corporation Pte. Ltd.，Singapore）将其所属新加坡籍 5 500 吨驳船"胜建 2821"轮（WINBUILD 2821）光租给香港益诚实业有限公司（Profit Grow Industries Ltd.，Hong Kong），用于自福建运载石料至中国台湾。浙江益诚实业有限公司作为该船实际使用人和光租合同担保人，同时租用了漳州益和船务有限公司所属拖船配合进行运输。2000 年 6 月租期届满，因浙江益诚实业有限公司欠付拖船租金，"胜建 2821"轮被漳州益和船务有限公司实际控制在厦门港，拒不还船。2000 年 7 月 13 日，新加坡中润（私人）有限公司向厦门海事法院申请海事强制令，请求依法强制香港益诚实业有限公司、浙江益诚实业有限公司、漳州益和船务有限公司交还"胜建 2821"轮。

【裁判结果】

厦门海事法院经审查认为，"胜建 2821"轮光租租期已届满，承租人拒不还船，出租人新加坡中润（私人）有限公司因此申请海事强制令，请求责令承租人及船舶实际控制人立即归还船舶，符合《中华人民共和国海事诉讼特别程序法》第五十六条、第五十七条的规定，裁定准许其海事强制令申请，责令香港益诚实业有限公司、浙江益诚实业有限公司、漳州益和船务有限公司立即归还"胜建 2821"轮。裁定送达后，"胜建 2821"轮于 2000 年 7 月 21 日顺利被归还。

【典型意义】

本案系《中华人民共和国海事诉讼特别程序法》自 2000 年 7 月 1 日施行后的首例海事强制令案，并因涉及从事海峡两岸海上运输的船舶而更具典型意义。两岸自"小三通"设想开始,就以"先海后空""先货后客"等方式作为先行试点。1997年4月,两岸试点直航,开始进行高雄与福州、厦门间的"不通关、不入境"的境外通航。2000年3月,台湾地区立法主管机构通过"离岛建设条例"的"小三通"条款,行政主管机构随后又通过"小三通"管理依据,允许实施定点定时的货客运通航。"胜建2821"轮正是此阶段从事闽台海上运输的民间船舶,本案厦门海事法院依法运用新出台的海事强制令制度,及时维护从事两岸运输的船舶所有权人的合法权益,对促进和保障两岸海上航运的发展做出了积极贡献。

阳明海运股份有限公司与美达船务有限公司
等海上货物运输合同纠纷案

【基本案情】

"景云"轮是海峡两岸直航的香港籍集装箱班轮。2005 年 7 月 17 日,该船从福州马尾港载货后起航。由于遭遇"海棠"台风,船舶抵达高雄时,港口封港,同时因"海棠"台风南下发生罕见的逆时针打转现象,船舶与台风中心迅速贴近,在锚地先后遭遇了 9~12 级大风和巨浪袭击,198 个集装箱倒塌,部分落海。事故发生后,船舶所有人大诺控股有限公司(以下简称"大诺公司")申请设立了 1 200 余万元的海事赔偿责任限制基金,阳明海运股份有限公司(以下简称"阳明海运")等数十名货方向厦门海事法院办理债权登记并提起诉讼。阳明海运认为,"景云"轮在船舶适航、开航、管货、驾驶、抗避台风、船舶安全管理等各个方面存在过失,美达船务有限公司(以下简称"美达公司")作为承运人、大诺公司作为实际承运人应全额承担赔偿责任,无权享受海事赔偿责任限制,要求判决二者连带赔偿其损失 388 749.74 美元利息。美达公司、大诺公司以事故是船员驾驶过失、管船过失、天灾、海上危险、主管部门的行为、经谨慎处理仍未发现的船舶潜在缺陷、不可抗力等因素所致为由,主张船方依法可以免责。

【裁判结果】

厦门海事法院就事故原因委托司法鉴定,前后分三次对包括本案在内的本次事故项下案件进行了为时 9 天的开庭审理,30 余名诉讼代理人、专门知识人员、鉴定人到庭参加了诉讼。法院就事故地点的实际风力和海况、事故中风浪的作用和影响、船舶相关设备的损坏、甲板上集装箱的系固、开航决策和执行经过、船上接收气象信息的范围、开航决定前的气象信息、风移动方向的改变、高雄港的封港、船舶采取的抗台风措施、船舶安全管理等争议问题进行了详细的分析论证,认定事故和货损的原因是承运人经谨慎处理仍未发现的舱盖板上固定式集装箱绑扎设备的潜在缺陷(脱焊)和船长在驾驶船舶上的过失。鉴于事故和货损原因二者均属于《中华人民共和国海商法》规定的承运人的免责事由,美达公司、大诺公司可以免责,厦门海事法院判决驳回阳明海运的诉讼请求。判决后,大诺公司上诉,因未交纳上诉费,福建省高级人民法院裁定按自动撤回上诉处理。一审判决发生法律效力。

【典型意义】

本案作为海上货物运输合同纠纷,双方争议覆盖运输全程的各个环节,既包括船舶适航、管货责任等问题,又牵涉 ISM 规则下的船舶安全管理,案情复杂。同时由于承运船系海峡两岸直航班轮,三方当事人分别为中国台湾地区、中国香港特别行政区、外国企业,争议标的大,受到两岸业界和社会的关注。厦门海事法院坚持程序公正与实体公正并重,判决书聚焦货损事故原因这一核心争点,分 7 个部分 14 个专题详尽阐述证据采信和事实认定依据、法律适用和判案理由,条分缕析、论证周密,细致入微。该判决生效后,阳明海运提出认可申请,台湾基隆地方法院于 2008 年 6 月 9 日裁定予以认可。两岸相互认可民商事判决,是两岸司法互信的重要例证。

"海峡号"轮与"海润6988"轮船舶碰撞责任纠纷案

【基本案情】

福建海峡高速客滚航运有限公司（以下简称"海峡公司"）是经交通运输部批准，经营台湾海峡两岸间海上直航客货滚装运输的企业。2011年7月1日，该司从澳大利亚购置的近3亿元的"海峡号"轮，靠泊于福建平潭金井码头进行对台直航试航前的准备工作。"海润6988"轮在航行过程与其发生碰撞，造成"海峡号"轮船首产生裂缝。7月13日，厦门海事法院根据海峡公司的申请，诉前扣押"海润6988"轮。7月29日，海峡公司将船舶开到华东船厂，由澳大利亚制造商派两名工程师进行修理。修理期间，海峡公司根据对修理费用的初步评估向厦门海事法院提起诉讼，要求被告赔偿"海峡号"轮修理费用等损失185万元。

【裁判结果】

经厦门海事法院主持调解，原、被告双方以70万元达成调解协议。

【典型意义】

为服务保障两岸人民来往最便捷、最经济的海上直航航线平安畅通，充分发挥福建对台航运先行区的功能作用，厦门海事法院开辟绿色通道，对两岸海上直航纠纷实行快立、快审、快结、快执，本案即是典型。"海峡号"轮是大陆第一艘高速客滚船，该船投入使用将大大缩短海峡两岸间的航行时间，并为两岸车辆运输提供了便捷通道，使平潭海上直航台湾本岛又迈出实质性一步，形成福建南部厦门港、北部福州港客滚直航台湾本岛的新格局。这对于密切闽台经贸合作、发展两岸旅游市场、方便两岸人员往来等具有积极意义。船舶碰撞案件审理期限较长，且"海峡号"轮属于当时少见的高端船舶，修理材料和工艺要求与一般船舶不同，认定损失并非易事。为快速妥善解决这一影响两岸海上直航的纠纷，厦门海事法院启用绿色通道，坚持调解优先，最终促成纠纷快速调解解决，确保受损直航船及时得到修理，减轻当事人讼累，是司法服务保障海峡两岸海上直航的成功范例。

胜威诺国际货运代理(上海)有限公司与景丽企业股份有限公司海上货物运输合同纠纷案

【基本案情】

2011 年 1 月,被告景丽企业股份有限公司(中国台湾法人)委托原告将其以 FOB 条款从案外人跨越公司购买的服装产品,通过海路运至南非约翰内斯堡,双方达成海上货物运输合同。8 月 21 日,原告向跨越公司签发正本提单,货物于 9 月 15 日运抵目的港。但跨越公司因贸易纠纷一直未将正本提单交付被告用于目的港提货。为减少货物在目的港的滞箱费等费用,被告请求原告将交货方式由凭正本提单交货改为电放,并向原告出具《保函》,承诺无条件承担由此产生的一切责任和后果。2011 年 12 月,跨越公司另案对胜威诺国际货运代理(上海)有限公司提起无单放货诉讼,索赔货物损失 279 220 元,双方达成调解协议并已履行。原告遂向厦门海事法院起诉,请求被告按《保函》承诺赔偿损失 216 000 元。

【裁判结果】

本案被告景丽企业股份有限公司系在台湾地区注册的法人,其代表万女士年事已高,亦非专业法律人士,对大陆法院及法律制度十分不了解。针对这一情形,厦门海事法院一方面加强对台胞万女士进行诉讼指导,另一方面邀请台胞调解员罗先生旁听庭审,并协助案件调解。罗先生与万女士多次恳谈,最终成功促成原、被告达成调解协议,实现案结事了。

【典型意义】

开全国海事法院先例聘任台胞调解员,是厦门海事法院先行先试,引导台胞参与涉台海事司法,积极探索多元化解涉台纠纷机制,努力实现同胞心灵契合的重要举措。迄今,厦门海事法院已连续聘任三届台胞调解员计 20 人次,较好地发挥了台胞调解员"润滑剂"的作用,推动纠纷"家门口"解决,赢得了台湾地区当事人的普遍赞誉。本案万女士由衷赞扬大陆法官亲切公正,台胞调解员贴心温暖,让人耳目一新,值得信赖。司法实践的探索,也为日后各项司法惠台政策的出台提供了丰富的素材和经验。

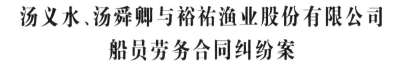

汤义水、汤舜卿与裕祐渔业股份有限公司船员劳务合同纠纷案

【基本案情】

2008年10月，汤义水、汤舜卿之子汤明利由厦门市泉海船务有限公司（以下简称"泉海公司"）外派至台湾地区从事远洋渔业捕捞，双方签订《聘用船员协议书》。经台湾地区的昱铭海洋开发股份有限公司转派，汤明利到裕祐渔业股份有限公司（以下简称"裕祐公司"）所属"福积祥767"号渔船工作。劳务期间，裕祐公司为汤明利提供各种福利待遇，并委托泉海公司在大陆为汤明利投保了人身意外伤害综合险。因渔船遭遇海难，汤明利等船员失踪。2009年4月，汤义水、汤舜卿对泉海公司提起诉讼，请求其依照《工伤保险条例》支付工资、抚恤金等。在法院的主持下，双方达成调解协议，由泉海公司赔偿汤义水、汤舜卿32万元（其中包括人身意外伤害保险金20万元及裕祐公司支付的抚恤金1.5万美元等），并实际履行完毕。后汤明利因被台湾高雄地方法院宣告死亡，汤义水、汤舜卿再次起诉，请求判令裕祐公司根据台湾地区有关规定承担违约责任，赔偿丧葬费等366 695元。

【裁判结果】

厦门海事法院认为，鉴于海峡两岸渔工劳务合作自2006年2月恢复以来，两岸民间渔业对口机构通过签署协议所形成的渔工经营运作模式，后被海协会、海基会《海峡两岸渔船船员劳务合作协议》所确认与延续，已经成为双方彼此认可的惯例。因此，根据《最高人民法院关于审理涉台民商事案件法律适用问题的规定》第一条及《中华人民共和国民法通则》的相关规定，本案应适用两岸渔船船员劳务合作惯例予以处理。按照海协会、海基会《海峡两岸渔船船员劳务合作协议》所确认的海峡两岸渔工劳务合作的运作模式，渔工汤明利系因意外海难事故死亡，其家属理应依据汤明利所签订的合同，向裕祐公司主张相应的人身意外保险金以及适当的一次性抚恤金。双方当事人对《聘用船员协议书》的法律拘束力均予以认可，且裕祐公司已经按照约定和两岸民间对口机构确定的救济模式要求完全履行了赔付义务。因此，汤义水、汤舜卿再主张裕祐公司按照台湾地区有关规定承担违约责任，缺乏事实和法律依据。厦门海事法院判决驳回汤义水、汤舜卿的诉讼请求。双方当事人均无上诉，判决生效。

【典型意义】

本案是大陆海事法院根据海峡两岸相关协议精神进行实体裁决的首案。通过剖析两岸渔工权益救济模式的形成背景、运作架构、权利义务及其与后来《海峡两岸渔船船员劳务合作协议》的衔接、延续等情况，根据法律适用规则，厦门海事法院在本案的处理中准确厘清了大陆经营公司、渔船船员与台湾地区中介机构、船东各方之间的法律关系，厘清商业保险和雇主责任的竞合关系，公正判定大陆渔工与台湾船东之间的权益冲突。本案体现了厦门海事法院自觉将审判工作服务于两岸经济合作的大局意识，提炼了相应的裁判规则，具有很强的示范意义。

嘉里大通物流有限公司厦门分公司与友达光电（厦门）有限公司等海上货运代理合同纠纷案

【基本案情】

友达光电（纳闽）有限公司［AU Optronics（L）Corp.，以下简称"纳闽公司"］系台湾地区企业友达光电股份有限公司（以下简称"友达股份公司"）在马来西亚注册的一家境外离岸公司，该离岸公司在大陆投资设立了友达光电（厦门）有限公司（以下简称"友达厦门公司"）。友达股份公司的董事长李先生同时担任纳闽公司的董事及法定代表人。2012 年 1 月，友达厦门公司与嘉里大通物流有限公司厦门分公司（以下简称"嘉里大通公司"）签订《委托代理协议》，由嘉里大通公司为其提供国际物流服务，但约定物流费用由纳闽公司负责支付。在协议履行过程中，双方就物流费用的支付发生争议，嘉里大通诉请判令友达厦门公司、纳闽公司共同支付物流费用 591 853 元。友达厦门公司因抗辩诉讼文书依法只能向纳闽公司送达，拒绝代收。而中国与马来西亚之间并未签订民商事司法协助条约，马来西亚又不是《关于向国外送达民事或商事司法文书和司法外文书公约》的缔约国，似乎只剩外交送达诉讼文书这一途径，而作为境外离岸公司，纳闽公司虽在马来西亚有注册地址，但未实际经营，外交途径送达不一定有结果，且耗时长。案件审理因送达问题陷入僵局。

【裁判结果】

鉴于纳闽公司董事李先生居住在中国台湾，按照诉讼文书可向企业法人代表送达的思路，根据《最高人民法院关于人民法院办理海峡两岸送达文书和调查取证司法互助案件的规定》，厦门海事法院决定通过海峡两岸司法互助方式，请求台湾地区法院向纳闽公司的法人代表李先生送达诉讼文书。2013 年 9 月，台湾新竹地方法院完成送达，李先生本人也在《陈报状》中表示已收悉诉讼文书。据此，厦门海事法院认为对纳闽公司的送达已经依法完成。得知送达难题被破解后，友达厦门公司、纳闽公司与嘉里大通公司主动达成和解协议,纠纷圆满解决。

【典型意义】

送达难是审理涉台案件的瓶颈之一。有效送达诉讼文书是确保涉台审判程序公正的重要一环,也是维护海峡两岸当事人实体权益的重要保证,不可忽视。因多种原因,台湾地区投资者经第三地注册离岸公司后转向大陆投资的情况较为突出,诉讼中涉台离岸公司的送达难度更大。本案厦门海事法院创新思路,通过两岸司法互助渠道向在台湾地区的离岸公司代表送达诉讼文书,为破解涉台离岸公司的送达难题开辟了一条可复制、可推广的新路,提高了诉讼效率,积累了有益经验。

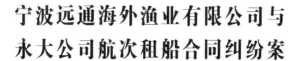

宁波远通海外渔业有限公司与
永大公司航次租船合同纠纷案

【基本案情】

"永大发102"（YUNG DA FA 102）轮船旗国为巴拿马，所有权人为永大公司（ETERNAL MASTER CORP.），注册地为塞舌尔共和国，主营业地位于台湾地区高雄市。2017年3月，宁波远通海外渔业有限公司（以下简称"远通公司"）与永大公司签订《航次租船合同》，约定由"永大发102"轮为远通公司装运冻鱼自印度洋公海安全海域至浙江省舟山市，并约定"相关纠纷由厦门海事法院管辖"。后因运费纠纷和留置船载渔货争议，远通公司于2017年6月23日向宁波海事法院申请扣押"永大发102"轮并提起诉讼。宁波海事法院受理后，永大公司依照《最高人民法院关于设立海口、厦门海事法院的决定》（以下简称《决定》）提出管辖权异议，认为本案应由厦门海事法院管辖。

【裁判结果】

宁波海事法院经审查认为，永大公司住所地位于台湾地区，《决定》明确规定厦门海事法院的管辖区域包括台湾地区，当事人协议选择的管辖法院系永大公司住所地法院，该协议管辖条款有效，据此裁定将案件移送厦门海事法院审理。之后，厦门海事法院对此案本、反诉合并审理并做出一审判决，福建省高级人民法院二审维持原判，双方当事人自动履行判决，案结事了。

【典型意义】

厦门海事法院自成立以来，始终致力于打造解决涉台海事纠纷的优选地、首选地，迄今已有包括本案在内的七起海事纠纷，其台湾地区当事人主动选择厦门海事法院管辖，效果初显。永大公司是一家外国注册但主营业地位于台湾地区的公司，其在案涉合同管辖权条款中明确约定由厦门海事法院管辖；在宁波海事法院受理本案后，永大公司根据合同约定提出管辖权异议，并援引《决定》的有关规定，请求将案件移送厦门海事法院管辖；在生效判决做出后,永大公司及时主动履行,实现案结事了。上述体现了台湾地区当事人对大陆司法的信任和肯定,为此类涉台海事纠纷的管辖权处理提供了有益借鉴。

江碧赛等与李宜华等海上人身损害赔偿纠纷案

【基本案情】

台湾地区马祖南竿乡人李宜华，系"福冠6"货船的实际所有权人。2019年1月，李宜华与大陆居民谢某联名，以光租方式将该船挂靠在福建省东山县东航船务有限公司（以下简称"东航公司"）进行经营。受李宜华雇佣，游奶平任"福冠6"船船长。2019年8月1日，游奶平在工作岗位上意外死亡。事故发生后，李宜华与游奶平的配偶江碧赛等亲属签订一份《协议书》，承诺支付死亡赔偿金、丧葬费等70万元，并将船舶证书交予江碧赛等作为质押担保。之后，李宜华仅支付了10万元，剩余款项未支付，且人已返回台湾。江碧赛等人起诉，请求判令李宜华和东航公司承担连带赔偿责任，并主张对"福冠6"船享有船舶优先权。

【裁判结果】

考虑到台湾当事人虽然已和船员家属签订了赔偿协议书，但对船员死因仍然存在争议，且其船舶经营处于受限状态，船员家属情绪也较为激动等因素，厦门海事法院安排台胞陪审员阮某某参审本案。同时，依托台胞权益保障法官工作室启动先行调解机制，在阮某某的全程参与下，最终促成双方当事人达成赔偿款分期支付、船舶受限予以有条件解禁的折中和解方案。双方当事人随即自动履行，纠纷得到圆满解决。

【典型意义】

本案是首起运用台胞权益保障海事法官工作室机制，妥善化解涉台海上人身伤亡纠纷的生动案例。而且，本案涉及两岸民间船舶经营深度合作，更具典型意义。厦门海事法院积极探索完善涉台纠纷多元化解机制，与海事仲裁、行政调解、行业调解等26个涉台涉海机构和组织业已形成良性互动和解纷合力。特别是随着大陆各项惠台措施的相继出台，厦门海事法院根据实际，积极响应，先后依托福建省台港澳办和厦门市台港澳办，在福州、厦门两地成立台胞权益保障法官工作室。海事法官工作室与台胞陪审员作用有机结合,进一步拉近了法院、法官与台企、台胞之间的距离,涉台海事司法服务更接地气、更显亲切,是一条兼具创新性和实效性的靠前解纷新路径。本桩争议颇大的海事纠纷化解,既及时维护大陆受害船员家属的合法权益,也使台胞尽快摆脱讼累,恢复船舶正常经营,是台胞权益保障法官工作室靠前服务与台胞陪审员亲情参与相结合的成功范例,充分体现了厦门海事法院自觉将审判工作服务于推进两岸融合发展、建设台胞台企登陆"第一家园"的大局意识。

福安市海洋与渔业局申请强制执行
陈忠义等人海事行政处罚案

【基本案情】

福建宁德三都湾湿地是福建海湾型滨海湿地的典型代表,被列入《中国湿地保护行动计划》的"中国重要湿地名录"。宁德环三都湾湿地水禽红树林自然保护区是三都湾国家重要湿地的核心部分。陈忠义、方玉祥、黄文光等人未经海洋行政主管机关批准,擅自占用湿地海域实施围海养殖工程建设,严重侵害自然保护区,导致局部海洋生态系统遭受破坏,被中央环境保护督察组督察反馈列为整改对象。福安市海洋与渔业局于 2016 年 8 月 31 日做出行政处罚决定,责令陈忠义等退还非法占用的海域,恢复海域原状,并处以罚款。陈忠义等在法定期限内未申请行政复议和提起行政诉讼。经福安市海洋与渔业局催告后,陈忠义等仍拒不履行义务,该局向厦门海事法院申请执行行政处罚决定。

【裁判结果】

厦门海事法院认为,福安市海洋与渔业局是依法行使海域使用监督管理职能的行政机关,做出的行政处罚决定主要证据确凿、认定事实清楚、适用法律正确、行政程序合法,裁定准予强制执行。随后,厦门海事法院启动非诉案件的"裁执分离"机制,确定由福安市海洋与渔业局负责具体组织实施退还海域、恢复原状,同时协调福安市人民政府组织多部门参与联合执法,并参照强制迁退不动产的执行程序,指导制定了《强制退海行动工作预案》《风险防控方案》等执行方案,明确实施强制执行的流程步骤和事前公告、第三人在场见证、执行笔录制作、执法活动视频记录、现场物品(养殖物)造册、保存、移交等工作规范和工作要点。2018 年 7 月至 8 月,在法院监督下,相关行政部门组织千余人、十几台挖掘机,通过四昼夜强制执行,拆除了违建的养殖管理房,在围海长堤上开挖豁口、拆除闸门、清除淤泥,引入海水,恢复被占海域自然状态。因此案示范和带动,最终将不符合生态自然保护区规划的 170 公顷养殖设施全部清退,实现了滩涂内外水源的有效交换,还原湿地。经定期生态监测,退养还湿后保护区自然生态环境进一步优化,生态物种进一步丰富,生态效益初步显现。

【典型意义】

非法占海、围海、填海是近年来我国近海海洋生态遭受破坏的重要原因,也是海洋污染防治攻坚战中的"痛点"和"顽症"。对责令退还非法占用海域、恢复海域原状的强制执行,由于涉及海域面积广,责任主体人数众多,构筑物拆除、土方清运工程量浩大,往往难以有效实施。人民法院从强化司法审查、严格执行程序和规范执行行为入手,统筹司法和行政资源,缜密组织实施"裁执分离",协调各方力量强力推进执行攻坚,拆塘清淤、退养还湿,还海洋以宁静、和谐、美丽,取得良好的生态效果。本案的圆满执结,为落实习近平生态文明思想中"用最严格制度、最严密法治保护生态环境"的要求,破解涉海洋生态司法"执行难"问题提供了可借鉴、可复制、可推广的样本。同时,通过监督支持海洋行政机关依法行政,健全完善环境司法与行政执法有效衔接机制,指引海事行政机关规范行政执法,提升海洋环境保护法治化水平。

刘永弟诉东山县海洋与渔业局渔业行政给付案

【基本案情】

2015 年 7 月 3 日,被告东山县海洋与渔业局向原告刘永弟送达《006 号收回油补通知》,以刘永弟 2012 年曾两次被渔业行政处罚,根据国家油补政策文件应当扣减当年度 50% 油补款（180 630.04 元）为由,通知刘永弟缴回多领的 2012 年度油补款 180 630.04 元。刘永弟拒绝缴回。2016 年 1 月 15 日,被告在核发刘永弟 2014 年度油补款时,决定在刘永弟可领的 2014 年度油补款中直接扣回对应金额（180 630.04 元）。2017 年 4 月 15 日,刘永弟向厦门海事法院诉请撤销被告 2012 年时对刘永弟的渔业行政处罚以及《006 号收回油补通知》。诉讼中,被告向刘永弟送达 010 号《通知书》,通知拟补发之前扣发的 2014 年度油补款 180 630.04 元。010 号《通知书》分为行政机关留存联、当事人持有联。但当事人持有联与行政机关留存联相较缺少下述内容:"我局于 2015 年 7 月 3 日送达的油补收回通知另行处理"。刘永弟于是撤回了要求判令撤销《006 号收回油补通知》的诉讼请求。针对刘永弟保留的诉讼请求,厦门海事法院以超过法定起诉期限为由裁定驳回起诉。2018 年 1 月 29 日,被告向刘永弟送达《催告书》,催告其履行《006 号收回油补通知》,缴回多发的 2012 年度油补款 180 630.04 元。刘永弟遂再次起诉,诉请判令撤销《006 号收回油补通知》。被告辩称,刘永弟在前案中撤回了要求撤销《006 号收回油补通知》的诉讼请求,现刘永弟又就同一诉讼请求再行起诉,根据《最高人民法院关于适用〈中华人民共和国行政诉讼法〉的解释》第一百零六条之规定,应驳回起诉。

【裁判结果】

厦门海事法院认为,刘永弟确实构成撤诉后再行起诉,但不应驳回起诉。根据被告陈述,其之所以在扣走之后又返还油价补助款,是考虑到根据《行政强制法》第五十三条之规定,当事人拒不履行《006 号收回油补通知》的,被告没有强制执行权,应当申请法院强制执行,不应自行从 2014 年度油补款中直接扣回。故在诉讼中自行纠正行为瑕疵,向刘永弟返还其应得的 2014 年度油补款。但被告并没有将其上述考虑、决定全面地告知刘永弟。且在向刘永弟送达的 010 号《通知书》中缺少了"我局于 2015 年 7 月 3 日送达的油补收回通知另行处理"这句话。缺少这一内容,再加上被告未明确提示刘永弟注意 2014 年度与 2012 年度的油补款区别,刘永弟作为普通自然人极易产生混淆,从而导致撤回对应诉讼请求。厦门海事法院认为,行政机关留存联与行政相对人持有联的重要内容不一致,不符合国家机关一般的公文发送习惯,违背常理。对于由此产生的歧义、争议,应当做出对行政机关不利的解释,而非由行政相对人承担不利后果。刘永弟属于有正当理由的再行起诉,应保护其合法诉权,不应驳回起诉。经审理,厦门海事法院认定《006 号收回油补通知》合法,判决驳回刘永弟的诉讼请求。判决后,刘永弟未上诉。

【典型意义】

行政机关可以在行政诉讼中自纠行政行为,但有时并非终局性地撤销对行政相对人不利的全部行政行为。如果行政机关不充分告知其自纠所基于的理由及后续的处置方向,相对人由于知情权未获充分保障,很容易产生混淆误解进而撤诉。从保障相对人知情权、对行政机关告知内容的瑕疵应做对行政机关不利的解释、行政机关不得从其不当作为中获利这三个因素考量,应当将行政行为的告知内容瑕疵作为行政相对人撤诉后再行起诉的正当理由,而不应当依据《最高人民法院关于适用〈中华人民共和国行政诉讼法〉的解释》第六十九条第一款第七项之规定,以撤回起诉后再行起诉为由裁定驳回起诉。本案是保护行政相对人的行政诉权的一个典型案例。行政诉讼法下,设立撤诉后无正当理由不得再行起诉制度的目的,在于防止滥诉,维护行政管理关系的安定性,节约宝贵的司法资源。但是,实践中行政相对人撤诉的动机、原因非常复杂,有些情况下是行政机关有意无意的误导所致,如法院经审理发现行政机关的作为确实存在明显误导性,未充分保障当事人的知情权,则在法律适用时应尽量做不利于行政机关的解释,合理掌握裁判尺度,以充分维护当事人的行政诉权为要。

叶孝翁诉中华人民共和国宁德海事局、第三人林辉兴不服海上交通行政处理案

【基本案情】

2017年5月9日，叶孝翁所属快艇与第三人林辉兴所属快艇在霞浦县近海海域发生碰撞，导致林辉兴所属快艇上一名乘客落水受伤。该乘客遂向厦门海事法院起诉叶孝翁、林辉兴，要求判决支付人身损害赔偿损失。诉讼中，2017年11月2日被告中华人民共和国宁德海事局做出闽（宁）海事责[2017]04号《水上交通事故认定书》，认定叶孝翁对事故负主要责任。叶孝翁不服，向厦门海事法院提起行政诉讼，请求判令撤销中华人民共和国宁德海事局所做的《水上交通事故认定书》。

【裁判结果】

厦门海事法院经审理认为，行政主管机关针对陆上的交通事故所制作的事故责任认定书，法律实践中均不纳入行政诉讼受案范围。《全国人民代表大会常务委员会法制工作委员会关于交通事故责任认定行为是否属于具体行政行为，可否纳入行政诉讼受案范围的意见》（法工办复字[2015]1号）答复："根据《道路交通安全法》第七十三条的规定，公安机关交通管理部门制作的交通事故认定书，作为处理交通事故案件的证据使用。因此，交通事故责任认定行为不属于具体行政行为，不能向人民法院提起行政诉讼。当事人对交通事故认定书牵连的民事赔偿不服的，可以向人民法院提起民事诉讼。"行政机关依据《中华人民共和国海上交通事故调查处理条例》制作的水上交通事故认定书，与依据《中华人民共和国道路交通安全法》制作的陆上交通事故认定书，法律性质相同，无实质差异，所以法工办复字[2015]1号答复之意见，本案亦应参照适用。厦门海事法院认定行政机关所做水上交通事故认定书不可诉，本案不属于行政诉讼受案范围，裁定驳回起诉。叶孝翁不服提起上诉，二审裁定驳回上诉维持原裁定。

【典型意义】

本案涉及行政机关针对水上、海上事故所做事故责任认定书、事故调查报告是否可诉的问题。事故责任认定书、事故调查报告,在行政法理论中一般被认为是一种行政确认行为。行政确认行为的外延非常广泛,包括户籍登记、事故原因认定、事故责任认定、工伤认定、公证、行政证明、产品质量认证等。对行政确认行为是否可诉的问题,不能一概而论。仅就海上交通事故责任认定行为而言,其作用是在后续衍生的民事、行政、刑事案件中仅作为证据使用,行政机关经调查后形成的事故责任认定书并未直接设立、变更、消灭当事人的权利义务。所以,水上、海上事故责任认定书或事故调查报告不可诉,不属于行政诉讼受案范围。本案的妥善审理,明确了水上、海上事故责任认定书或事故调查报告是否可诉的问题,回应了实务中对该问题的争议。

福建省泉州海丝船舶评估咨询有限公司
诉福鼎市海洋与渔业局滥用
行政权力限制竞争案

【基本案情】

2018 年 7 月 13 日，福鼎市海洋与渔业局出台《关于印发福鼎市标准化海洋捕捞渔船更新改造项目 2015—2016 年度实施方案的通知》。该方案规定，福鼎市辖区渔民申请海洋捕捞渔船更新改造补贴时，所委托的渔船造价评估机构应限于福建省国资委备案名录中的评估机构。福建省泉州海丝船舶评估咨询有限公司不服该项规定，诉至厦门海事法院，请求判决撤销该方案对第三方评估机构的指定。

【裁判结果】

厦门海事法院认为，福建省泉州海丝船舶评估咨询有限公司的经营范围与福鼎市海洋与渔业局指定行为均涉及渔船评估这一市场领域，其范围存在重叠；福建省泉州海丝船舶评估咨询有限公司起诉前已经在福鼎市开展了相关经营活动，与福鼎市海洋与渔业局的行政行为具有利害关系，其主体适格，可以根据《中华人民共和国行政诉讼法》第十二条第一款第（八）项规定提起行政诉讼。福鼎市海洋与渔业局在讼争方案中将第三方评估机构指定为福建省国资委备案名录中有资产评估资质的评估机构，实际上排除原告参与市场竞争的资格，构成通过行政权力限制市场竞争，违反了反垄断法相关规定。福鼎市海洋与渔业局为了加强渔业船舶评估市场监管的需要，可以对该市场的正常运行做出必要的规范，但不应在行政公文中采取明确指定某一范围的评估机构的方式，法院对此不予支持，遂判决确认福鼎市海洋与渔业局在讼争方案中限制竞争的行政行为违法。

【典型意义】

本案是涉及海事行政垄断的典型案件。海事行政垄断是指涉海行政机关滥用行政权力，违法提高市场准入门槛、违法指定特定企业从事特定业务、违法设置条件限制其他涉海企业参与竞争等行为。它侵犯了海洋市场主体的公平竞争权,对涉海经济活动的正常运行乃至涉海政府部门的内外形象都会造成较大破坏和不利影响,我国反垄断法和反不正当竞争法对此明令禁止。本案中,福鼎市海洋与渔业局在行政公文中直接指定第三方评估机构,未通过招标等公平竞争方式,排除了其他可能的市场参与者,构成通过行政权力限制市场竞争的违法情形。法院依法裁判,具有积极导向意义。新修改的行政诉讼法将"滥用行政权力侵犯公平竞争权"明确纳入受案范围,就是为了突出行政审判对市场正常竞争秩序的有力维护。随着法治的不断进步,公民、法人等各类市场主体在运用行政诉讼法律武器依法维权、监督和规制行政垄断方面,将发挥越来越大的作用。

许长征诉厦门市海洋综合
行政执法支队行政强制案

【基本案情】

厦门市政府曾于 2006 年在案涉的同安湾海域实施退出水产养殖的工作。《厦门市人民政府关于同安湾海域水产养殖退出的通告》第二条规定"自本通告发布之日起，严禁任何单位和个人在退出范围内继续投放养殖苗种和增设水产养殖设施"；第三条规定"本通告发布之日起十五日内，在退出范围内的所有水产养殖业者（包括网箱养殖、浅海吊养和滩涂养殖者）应携带身份证件及相关养殖情况真实资料，到养殖海域所在区政府如实申报登记……逾期未申报登记的，按无主财产处理"。2006 年 6 月，许长征所在的西滨村对吊蛎等养殖种类的补偿金进行发放并经村民签字确认并领取。本案中许长征未取得海域使用权证、养殖证，在案涉海域从事养殖生产。2016 年 11 月，厦门市海洋综合行政执法支队对案涉海域进行海域治理，在没有告知和做出行政决定的情况下，拆除该海域的养殖设施。许长征不服，诉请厦门海事法院判决确认厦门市海洋综合行政执法支队的清除行为违法。

【裁判结果】

厦门市海洋综合行政执法支队认为，2006 年政府推动的退出水产养殖工作实施完毕之后，案涉海域的海蛎均应当视为无主物，所以案涉清除行为不违法。厦门海事法院经审理认为：厦门市政府 2006 年实施的退养工作中的通告仅是针对 2006 年退养工作之前已播种的养殖物；鉴于海蛎是当季播种的活体，许长征在案涉海域养殖的海蛎，明显不是 2006 年之前播种的，不受该通告的约束，不能简单地将其定性为无主物。厦门市海洋综合行政执法支队对于在执法过程中新发现的成片且存在人为养殖痕迹的竹蛎，不应推定为无主物。从执法程序角度讲，根据《渔业法》第四十条第二款"未依法取得养殖证擅自在全民所有的水域从事养殖生产的，责令整改，补办养殖证或者限期拆除养殖设施"，行政机关应严格依法规范其行政行为，对于该片海域的整治,应给予许长征一定的整改期限后方可强制拆除,厦门市海洋综合行政执法支队在未依法通知许长征的情况下,强制拆除的行为存在程序违法情形。厦门海事法院遂判决确认厦门市海洋综合行政执法支队 2016 年 11 月做出的清除许长征养殖海蛎及其养殖设施的行政行为违法。

【典型意义】

对于无主财产的认定、处置问题,是海上行政执法实践经常遇到的疑难问题。除了诸如本案这类海上养殖物之外,还有被疑似遗弃的"三无"船或者是沉船等。本案的审理、裁判,为行政机关认定、处置海上无主财产问题提供了依循思路。针对执法巡查过程中发现的疑似无主财产,不宜依据案涉地域、海域若干年前已经过政府征收,来推定凡是在经过征收的地域、海域内发现的设施及财产,均视作无主财产,可以不经任何法定程序清除。虽然违法养殖、非法搭建的行为是违法的,但是养殖物、搭建的建材等,法律仍然认为是当事人的合法财产,行政机关在推进强拆前应当依法催告当事人自行拆除、回收以避免经济损失扩大。本案中,对于明显是有主物的海蛎及海蛎养殖设施,按照日常生活经验法则即可做出合理判断,行政机关理应依照《渔业法》第四十条第二款规定的法定程序,先行催告。若无法找到明确的海蛎养殖设施所有人,则应当在案涉区域周边村居进行公告。同理,对于海上执法巡查过程中发现的疑似无主小船等,也应当先经过通过公告查找所有人的程序。如果所涉物品价值较大,应当依照民事诉讼法的规定,向法院申请确认财产无主,经法院判决确认财产无主之后,行政机关方可收归国有或拆除。

许长征诉厦门市海洋综合
行政执法支队渔业行政赔偿案

【基本案情】

许长征在案涉的同安湾西滨村滩涂养殖海蛎。2016年11月，厦门市海洋综合行政执法支队在没有告知和做出行政决定的情况下，拆除许长征的养殖设施。厦门海事法院经审理判决确认厦门市海洋综合行政执法支队清除行为违法。许长征遂提起行政赔偿诉讼，诉请判令厦门市海洋综合行政执法支队赔偿损失100余万元（直接损失273 578元，可得利益损失80余万元）。厦门市海洋综合行政执法支队未申请本案鉴定，厦门海事法院应许长征申请，决定对其在案涉行政强制行为中所受损失委托鉴定。因经摇号确定的鉴定机构福建天泽司法鉴定所认为鉴定材料过少无法确定案件的具体情况，厦门海事法院依职权向厦门市价格认证中心就海蛎苗的价格进行询价，该价格认证中心亦无法依据现有证据材料做出养殖产品价格认证。

【裁判结果】

厦门海事法院认为，许长征的损失客观存在，但相关鉴定机构因客观原因无法鉴定，依据《最高人民法院关于适用〈中华人民共和国行政诉讼法〉的解释》第四十七条第三款"当事人的损失因客观原因无法鉴定的，人民法院应当结合当事人的主张和在案证据，遵循法官职业道德，运用逻辑推理和生活经验、生活常识等，酌情确定赔偿数额"之规定，同时参照《最高人民法院关于审理船舶油污损害赔偿纠纷案件若干问题的规定》第十五条"未经相关行政主管部门许可，受损害人从事海上养殖、海洋捕捞，主张收入损失的，人民法院不予支持；但请求赔偿清洗、修复、更换养殖或者捕捞设施的合理费用，人民法院应予支持"之规定，仅就赔偿清洗、修复、更换养殖或者捕捞设施的合理费用进行认定，酌定许长征因厦门市海洋综合行政执法支队的行政行为造成的损失金额为5万元。宣判后，厦门市海洋综合行政执法支队不服上诉，二审判决驳回上诉维持原判。

【典型意义】

本案妥善解决了行政赔偿案件中,因客观原因无法查明原告具体损失的情况下合理保护原告索赔权的问题。原告虽主张100万元的赔偿金,却没有任何第三方或有资质的评估机构对该损失进行评估或认定,也未提供其他与之相适应的合法原始有效证据,仅凭收款收据、送货单、雇工工资表等证据,真实性及证据来源均无法核实。鉴于行政相对人无法完成充分的举证责任,如果按照"谁主张,谁举证"的一般举证规则,行政相对人之诉讼请求应当予以驳回,行政相对人面临赢得行政诉讼却失去赔偿权的窘境。厦门海事法院充分考虑本案损失无法鉴定的客观情况,结合当事人的主张和在案证据,遵循法官职业道德,运用逻辑推理和生活经验、生活常识等,酌情确定赔偿数额为5万元。本案中明确了一个重要的裁判尺度:若行政违法强拆的对象是违法养殖设施,对于养殖物的预期收入损失,不认定为合法的预期可得利益损失,不予保护;仅判决赔偿养殖设施本身的合理损失。

案例篇

邱文成诉南京成功船务有限公司船舶买卖合同案

——出卖人转移所有权的义务、买受人合同目的落空要求解除合同

陈萍萍

（一）首部

1. 判决书字号

一审判决书：厦门海事法院（2006）厦海法商初字第 81 号。

二审判决书：福建省高级人民法院（2007）闽民终字第 43 号。

2. 案由

船舶买卖合同。

3. 诉讼双方

原告：邱文成。

委托代理人（一、二审）：张东山，福建勤贤律师事务所律师。

被告：南京成功船务有限公司（下称"成功公司"）。

法定代表人：薛理安，成功公司董事长。

委托代理人（一审）：陈卫东，福建天衡联合律师事务所律师。

委托代理人（二审）：李皓，福建至理律师事务所律师。

4. 审级

二审。

5. 审判机关和审判组织

一审法院：厦门海事法院。

合议庭组成人员：审判长：李洪；审判员：陈萍萍、林静。

二审法院：福建省高级人民法院。

合议庭组成人员：审判长：薛琦；代理审判员：陈国雄、张果。

6. 审结时间

一审审结时间：2006 年 9 月 6 日。

二审审结时间：2007 年 3 月 29 日。

（二）一审诉辩主张

1. 原告诉称：2004 年 2 月 10 日，其与被告签订《船舶买卖协议书》，约定原告以 126 万元向被告购买"宁宇 328"轮，交船地点为厦门。合同签订后，原告依约付款，双方于当月 20 日在厦门港交接船舶。为使船舶能投入营运，原告对该船进行修理，并支付修船款、修理期间的停靠费、看管费等合计 74 万元。因被告未能提供办理船舶过户的有效手续，致使原告无法办理船舶证书及投入营运，购船目的落空。为此，请求判令解除原、被告于 2004 年 2 月 10 日签订的《船舶买卖协议书》，并判令被告返还购船款 126 万元，赔偿修船款和停靠费、看管费等合计 74 万元及上述款项的相应利息。

2. 被告辩称：第一，原告主体资格不适格，原告将"宁宇 328"轮挂靠在福建省南安市航运公司（下称"航运公司"），挂靠关系不能对抗第三人，应由航运公司主张权利；第二，被告主体资格不适格，"宁宇 328"轮买卖关系发生在郭孝先等人与航运公司之间，被告未收取过购船款，无退还购船款的义务；第三，即使原告有权起诉，被告对因船舶登记机关政策差异导致的船舶无法登记不构成违约；第四，原告所述的合同目的落空没有依据，原告已接受船舶并进行修理，而且光租给被告，如果原告在泉州海事局无法登记，也可以将该船转租给其他人或挂靠回南京。为此，请求裁定驳回原告起诉或判决驳回原告诉讼请求。

（三）一审事实和证据

厦门海事法院经公开审理查明：

2004 年年初，邱文成打算向成功公司购置"宁宇 328"轮，并经龙海市港滨修造船厂（下称"港滨船厂"）陈清辉介绍，拟挂靠在航运公司名下经营。邱文成委托曾思文与成功公司进行接洽。2004 年 2 月 4 日，曾思文与自称系"宁宇 328"轮船东的郭友仙等人签订了一份合同，该合同（下称"第一份合同"）首部甲方为成功公司，乙方为航运公司，尾部甲方处由郭友齐签名盖手印及杨清峰签名，甲方代表处由郭友仙、郭为泓签名盖手印，乙方代表处由曾思文签名盖手印，内容为：甲方以 125 万元将"宁宇 328"轮转让给乙方；甲方将船从苏沃港开往漳州海门等。该合同签订后，曾思文发现"宁宇 328"轮船舶证书"船舶所有人"一栏为成功公司,遂声明第一份合同作废,并另行与成功公司于 2004 年 2 月 10 日签订合同。该份合同(下称"第二份合同")首部甲方为成功公司,乙方为航运公司,尾部甲方处盖有成功公司公章及该司原法定代表人薛理清签名,乙方处盖有航运公司公章及曾思文签名,内容为:甲方以 126 万元向乙方转让"宁宇 328"轮,付款方式为合同生效日付定金 10 万元,2004 年 2 月 11 日前再付 110 万元,余款待甲方将船舶有关资料手续办妥后一次性付清,2004 年 2 月 20 日在厦门锚地交接船舶等。同日,为挂靠需要,邱文成又以航运公司(乙方)的名义与成功公司(甲方)签订一份合同(下称"第三份合同"),约定:甲方将"宁宇 328"轮以 126 万元售给乙方,乙方先付定金 50 万元,2 月 18 日再付 70 万元,余额 6 万元于 2 月底前支付;该船在厦门港交接等。该合同尾部甲方处盖有成功公司公章,乙方处盖有航运公司公章及邱文成签名。

2004 年 2 月 20 日,买卖双方在厦门锚地对"宁宇 328"轮进行交接并签署《船舶交接协议书》,载明:双方根据 2004 年 2 月 10 日所签订的《船舶买卖协议书》,于 2004 年 2 月 20 日在厦门锚地办妥"宁宇 328"轮交接,自即日起该船归乙方所有,双方船款两清。该交接协议甲方处盖有成功公司公章及薛理清签名,乙方处盖有航运公司公章及曾思文签名。航运公司还将其《水路运输许可证》和法定代表人身份证复印件提供给被告以便办理过户手续。

2004 年 3 月 10 日,南京海事局对"宁宇 328"轮注销登记。3 月 17 日,被告职员薛学云出具收条载明收到曾思文购船款 6 万元。

2004 年 4 月 27 日,南京海事局将"宁宇 328"轮原登记档案材料寄往泉州海事局。泉州海事局审核后,于 2004 年 6 月 1 日函复南京海事局,称"经查阅发现该船舶档案不齐全,依照《船舶登记档案管理规定》的有关要求,将'宁宇 328'轮船舶档案退回"。

因"宁宇 328"轮诸份证书到期日为 2004 年 7 月 29 日,为办理年检及船舶租赁,2004 年 8 月 25 日,原告委托港滨船厂对该船进行修理。2005 年 2 月 15 日,船舶出厂,薛理清签领了该船出厂《质量证明书》。

2004 年 8 月 31 日,邱文成(甲方)与成功公司(乙方)签订《船舶租用合同》,约定:甲方将"宁宇 328"轮光船租赁给乙方,租期为一年,租金每月 8 万元。同年 9 月 17 日,邱文成收取租船定金 20 万元。后"宁宇 328"轮因无法办理登记手续而一直停泊于港滨船厂,该租用合同未实际履行。2006 年 2 月 28 日,港滨船厂向邱文成发函催讨尚欠的修船费及此前船舶停靠费等合计 269 986.16 元。2006 年 4 月 2 日,港滨船厂致函邱文成催讨上月相关费用等合计 4 830 元。

另查明,2000 年 12 月 31 日,成功公司(甲方)与郭孝龙(乙方)签订《船舶挂靠合同书》,约定:乙方将其船舶"宁宇 328"轮挂靠在甲方经营,挂靠期间,乙方实行自主经营、独立核算、自负盈亏等。

上述事实有下列证据证明:

1. 2004 年 2 月 10 日有曾思文签名的《船舶买卖协议书》;

2. "宁宇 328"轮船舶登记簿;

3. 泉州海事局致南京海事局的函件;

4. 船舶租用合同及邱文成出具的收条;

5. 薛学云出具的收条;

6. 催款函及各项费用收据;

7. 《质量证明书》及附件;

8. 船舶检验证书、船舶国籍证书;

9. 曾思文证言;

10. 法院调查笔录;

11. 水路运输许可证和法定代表人身份证;

12. 2004 年 2 月 10 日有邱文成签名的《船舶买卖协议书》及 2004 年 2 月 20 日《船舶交接协议书》;

13. 注销登记证明书;

14. 船舶挂靠合同及工程完工验收单和《责任书》。

(四)一审判案理由

厦门海事法院经审理认为,邱文成是"宁宇 328"轮的实际买受人,有权作为原告起诉,成功公司是该船登记的所有权人,且与受邱文成委托的曾思文签订了买卖协议,其作为被告的主体资格亦适格;双方实际履行的是曾思文代表邱文成与成功公司签订的合同(第二份合同);成功公司虽将船舶交付给邱文成但未能协助后者办理所有权登记手续,致使邱文成买受船舶的目的落空,邱文成有权解除合同并要求成功公司赔偿其因此遭受的损失;邱文成未及时止损造成的扩大损失应自行承担。

(五)一审定案结论

厦门海事法院依照我国《民事诉讼法》第六十四条第一款,《合同法》第九十四条第(四)项、第九十七条、第一百一十九条的规定,判决如下:

1. 解除原告邱文成与被告南京成功船务有限公司于 2004 年 2 月 10 日签订的《船舶买卖协议书》(第二份合同);

2. 被告于判决生效之日起十日内返还原告购船款 126 万元;

3. 被告于判决生效之日起十日内赔偿原告船舶修理费等损失合计;

4. 驳回原告其他诉讼请求。

案件受理费 20 010 元,由原告负担 190 元,被告负担 19 820 元;调查费 1 500 元,由原告负担;财产保全费 11 520 元,由原告负担 1 000 元,被告负担 10 520 元;其他支出费用 8 000 元,由原告负担。

(六)二审情况

1. 二审诉辩主张

上诉人(原审被告)诉称:原审判决对被告提交的证据不予采信却对原告证据予以采信,系对证据评判采取双重标准;原审错误采信证据,导致认定事实有误,第一份合同才是真实的买卖合同,卖方只需履行协助义务,而买方从未告知卖方需提供何种帮助;在明知不能办理过户手续的情况下,买方仍对船舶进行修理并将船舶出租给卖方,说明船舶无法过户对经营并无影响;原审适用法律不当,买方无法办理船舶过户不影响其经营,其购船目的并未落空,如买方需解除合同就应及时返还船舶或提存,原审却未扣减因买方继续占有并修理船舶致使卖方无法使用而产生的损失。请求改判驳回被上诉人的诉讼请求或将本案发回重审。

被上诉人(原审原告)辩称:原审采信证据并未持双重标准,卖方证人未到庭接受质询,证言不足以采信,买方所诉事实均有证据支持;卖方对邱文成作为实际买受人是明知的,因此原审对原告主体资格的认定正确;卖方未履行法定义务导致买方购船目的落空,已构成根本性违约,应承担不利后果;原审适用法律正确,请求驳回上诉人的上诉请求,维持原判。

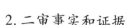

2. 二审事实和证据

福建省高级人民法院经审理，确认一审法院认定的事实和证据；另查明，"宁宇328"轮未进行所有权登记，是因该船船舶档案材料不齐全，而不是买方未到该局申请所有权登记。

3. 二审判案理由

福建省高级人民法院认为，成功公司关于原审评判证据采用双重标准的上诉主张不能成立；双方履行的是第二份合同，邱文成与成功公司的主体资格均适格；成功公司虽交付了船舶并办理注销手续，但因该船档案不齐全致买受人无法取得所有权，构成违约，邱文成可据此要求解除合同及赔偿损失；成功公司未能移转所有权系违反法定义务而非后合同义务，原审关于此义务的认定不妥。

4. 二审定案结论

福建省高级人民法院认为，原审认定事实清楚，适用法律基本适当，依照《合同法》第一百三十五条、《民事诉讼法》第一百五十三条第一款第（一）项规定，判决驳回上诉，维持原判。

二审受理费 20 010 元，由上诉人承担，一审各项费用按原判执行。

（七）解说

本案是一起出卖人转让船舶后因船舶档案不齐全致买受人无法办理所有权登记而引发的船舶买卖合同纠纷。本案争议的焦点主要在于：

1. 双方当事人的主体资格问题

原告主体资格是否适格是其诉求能否成立的最基本的前提。本案中，被告否认原告的主体资格而主张应以航运公司为原告。本案出现的几份买卖合同中，买方一栏曾出现过曾思文、航运公司的签名或盖章，但根据曾思文与航运公司的证言，二者都是代表邱文成而签订合同，航运公司更进一步具函声明其放弃"宁宇328"轮买卖的任何实体权利，而成功公司也承认其与航运公司之间的合同是为配合邱文成挂靠之需而签订的，因此邱文成作为实际买受人，属于我国《民事诉讼法》第一百零八条意义上"与本案有利害关系"的当事人，有权作为原告提起诉讼。

成功公司主张其只是"宁宇328"轮的被挂靠人，不应作为被告，应以郭友仙等 11 位实际所有人作为被告。但是:第一,被告未提交证据证明"宁宇328"轮系郭友仙、郭孝龙等 11 人共有;第二,被告为证明其不是"宁宇328"轮所有权人而提交的该船挂靠合同、《责任书》中,挂靠合同的挂靠方仅为郭孝龙一人,《责任书》上称该船产权为郭孝龙、郭友仙、郭为泓等 11 人共有以及郭友仙受其他 10 人委托全权处理挂靠经营责任问题,但《责任书》的立据人仅有郭友仙一人签名,被告也未提交有其他所谓的 10 位股东签名的委托郭友仙办理相关事项的委托书;第三,第一份合同"卖方"(甲方)一栏共有郭友仙、郭友齐、郭为泓、杨清峰 4 人签名,但被告并未提交该 4 人系受 11 位共有人共同推举或委托的相关证据,因此不足以证明"宁宇328"轮实际为郭友仙等人所有;第四,被告辩称其未收取"宁宇328"轮购船款,而是由郭友仙等人收取,但从本案实际情况看,不仅被告薛学云出具收条载明收到购船款6 万元,盖有被告公章及原法定代表人签名的交接协议上也注明"双方船、款两清",因此即使购船款实际上由他人收取,也应视作原告系受被告指令支付给他人,收款人仍应认定为被告;第五,"宁宇328"轮登记的所有权人和卖方为被告,相关的买卖合同或协议也多由其参与签订,原告作为买受人在发生纠纷的情况下以成功公司为被告,符合"合同相对性"原则的要求。综上五点,成功公司提交的证据不能形成完整的证据锁链,本案无须也不应追加郭友仙等人为共同被告或第三人,成功公司作为本案被告的主体资格是适格的。

2. 双方当事人实际履行的是哪一份船舶买卖合同

这是本案最大的事实争议。就"宁宇328"轮的买卖,先后出现过四份买卖合同。第四份合同系原告起诉时所持的合同,原告变更诉讼请求后以第二份合同为依据而将第四份合同予以撤回,被告也认为该合同没有实际意义而予以排除,以第三份合同双方也明确只是为配合挂靠而签订。原告认为双方履行的是第二份合同,而被告则认为系第一份合同。由于第一份合同约定在漳州海门交接,但并未附有相应的交接协议,而且该合同所载的卖方与船舶所有权证书记载的船东并不相符;而第二份合同约定在厦门交接且附有相应的在厦门交接的协议,且该合同所载的卖方与船舶所有权证书所载的船东相符;此外,证人曾思文声明其是在看到"宁宇328"轮所有权证书的内容后才另行签订第二份合同的。由此表明,第一份合同已为第二份合同所取代,双方当事人真正的意思表示体现在第二份合同中,该份合同才是双方享有权利、履行义务的依据。

3. 原告是否有权主张解除合同与赔偿损失

在船舶买卖合同中,卖方除了应将船舶交付给买受人,还应当转移标的物的所有权。由于我国对船舶采取以登记为权利公示方式的制度,所以除非买受人购买船舶只是为了占有而非经营,否则如果无法办理所有权登记,既无法取得具有排他性的所有权,也无法将船舶投入营运,买卖合同的目的就自然要落空。而二手船舶所有权的转移包含原所有权的注销与新所有权的登记,因此卖方既要将原所有权注销,还负有协助买方办理新所有权登记的义务。本案中,一审将卖方协助买方办理所有权登记的义务判定为我国《合同法》第六十条第二款规定的"当事人应当遵循诚实信用原则,根据合同的性质、目的和交易习惯履行通知、协助、保密等义务"即后合同义务,而二审则认为该项义务属《合同法》第一百三十五条规定的"出卖人应当履行向买受人交付标的物或者交付提取标的物的单证,并转移标的物所有权的义务"。两者相较,二审的认定更为准确和妥当,而且更有利于保护买受人的合法权益。因为后合同义务在实质上只是诚实信用原则的具体内容,属于合同履行的原则,违反后合同义务并不构成根本性违约,当事人一般不得据此要求解除合同。而违反基本义务,则构成根本性违约,当事人有权要求解除合同。

成功公司虽已交付船舶,但未能提交完整的船舶档案致使买方无法办理登记,邱文成买卖船舶的目的自然要落空。根据我国《合同法》第九十四条第(四)项的规定,邱文成有权要求解除合同,并有权依据《合同法》第九十七条的规定要求恢复原状、采取其他补救措施及赔偿损失。结合本案实际情况,因船舶已进行修理,恢复原状已不可能,故应采赔偿损失的救济方式。合同解除后,买受人应在卖方返还购船款、赔偿损失后及时交还船舶。

邱文成 2004 年 2 月即办妥"宁宇 328"轮交接手续;3 月,该船原所有权注销;4 月,原档案材料从南京海事局移往泉州海事局;6 月,泉州海事局即回复南京海事局该船档案材料不齐全,由此邱文成无法办理登记,与成功公司所签订的租船合同也无法履行。此时原告应履行《合同法》第一百一十九条规定的减损义务,及时提出解除合同、返还船舶,但其任由船舶长期停靠于船厂、持续产生费用而迟至 2006 年 3 月 8 日才向法院提起诉讼,应认定其未尽到防止损失扩大的义务,对由此扩大的损失,邱文成应自行承担。这里法院酌定买受人采取适当措施的合理期间为船舶修理完毕后的三个月是公平合理的,买受人在此期间内遭受的费用损失应由卖方即成功公司赔偿,超出此期间的费用,则应视为因买受人未及时止损而造成的扩大损失,由买受人自行承担。

本案囊括了出卖人转让标的物所有权的法定义务、买受人合同目的落空而要求解除合同、买受人未履行及时减损义务而自担部分损失等要素,是一起较为典型的船舶买卖合同纠纷。本案的判决对同类型案件的处理有一定的借鉴和参考意义。

(原载于《中国审判案例要览》2008 年商事卷)

中国农业银行石狮市支行诉 石狮市宏福海洋渔业发展有限公司、 邱文辉船舶抵押借款合同纠纷案

陈萍萍

（一）首部

1. 判决书字号

一审判决书：厦门海事法院（2008）厦海法商初字第 61 号。

二审裁定书：福建省高级人民法院（2009）闽民终字第 507 号。

2. 案由

船舶抵押借款合同。

3. 诉讼双方

原告：中国农业银行石狮市支行（下称"石狮农行"）。

代表人：吴卫民，行长。

委托代理人（一审）：李德俊，石狮农行职员。

委托代理人（一审）：出学阳，中国农业银行泉州市分行职员。

被告：石狮市宏福海洋渔业发展有限公司（下称"宏福公司"）。

法定代表人：邱文辉，董事长。

被告：邱文辉，男，汉族，1959 年 7 月 20 日生，住福建省石狮市永宁镇梅林村第 17 村民小组，身份证编号：359002590720053。

共同委托代理人（一审）：陈清风，福建中德律师事务所律师。

4. 审级

二审。

5. 审判机关和审判组织

一审法院：厦门海事法院。

合议庭组成人员：审判长：林静；审判员：陈萍萍；代理审判员：郭昆亮。

二审法院:福建省高级人民法院。

合议庭组成人员:审判长:李光荣;审判员:林泽新;代理审判员:黄志江。

6. 审结时间

一审审结时间:2009 年 1 月 19 日。

二审审结时间:2009 年 7 月 16 日。

(二)一审诉辩主张

1. 原告诉称:宏福公司于 2004 年 1 月 2 日向原告借款 80 万元(人民币,下同),由邱文辉自有"闽狮渔 3967"船和"闽狮渔 3968"船作抵押,双方约定月利率为 5.7525‰,还款日期为 2004 年 12 月 23 日,按季结息。双方为此签订了《借款合同》和《最高额抵押合同》,并依法办理了船舶抵押权登记手续。合同生效后,原告依约放款。贷款期限届满后,宏福公司未按期还款,邱文辉也拒不履行抵押担保责任。经多次催收后,两被告仍不履行相应义务。为此,诉请判令宏福公司偿还贷款 80 万元及按合同约定的利息、罚息、复利,并判决原告对邱文辉所属"闽狮渔 3967"船和"闽狮渔 3968"船享有优先受偿权。

2. 两被告辩称:第一,宏福公司于 2003 年 12 月 26 日向原告借款 80 万元并提供邱文辉自有"闽狮渔 3967"船、"闽狮渔 3968"船作抵押属实,但原告直至 2004 年 1 月 2 日才实际放贷,应承担违约责任;本案贷款到期日为 2004 年 12 月 23 日,故本案诉讼时效应从该日起算;第二,原告在借款到期后既未向宏福公司主张过权利,也未向邱文辉主张行使抵押权,其起诉已超过诉讼时效;第三,原告向法院提交的两份《催收通知》是原告业务员利用宏福公司办理借款时应原告要求出具的盖有被告印章的空白《催收通知》自行制作而成,被告的行为属于预先抛弃时效利益,该通知不能构成诉讼时效中断。综上,原告的请求已超过诉讼时效,应予驳回。

(三)一审事实和证据

厦门海事法院经公开审理查明:

2003 年 12 月 26 日,宏福公司(借款人)与石狮农行(贷款人)签订编号为"(石)农银借字(2003)第 E053 号"的《借款合同》,约定:宏福公司向石狮农行借款 80 万元,借款用途为流资占用,年利率为 6.903%,按季结息,结息日为每季末月第 20 日，借款日期为 2003 年 12 月 26 日，还款日期为 2004 年 12 月 23 日；本合同记载的借款金额、借款日期、还款日期如与借款凭证记载不相一致时，以借款凭证记载为准，借款凭证为本合同的组成部分，与本合同具有同等法律效力；借款人不按合同约定的期限归还贷款本金的，贷款人有权对逾期贷款按逾期天数按日利率万分之二点一计收逾期利息，对未付应付利息，按中国人民银行规定计收复利；本合同项下的担保方式为抵押担保，担保合同另行签订。

2003 年 12 月 26 日，石狮农行（抵押权人）、宏福公司（债务人）、邱文辉（抵押人）就上述《借款合同》签订"（石）农银高抵字（2003）第 E053 号"《最高额抵押合同》，约定：抵押人自愿以其自有钢质渔船为债务人自 2003 年 12 月 26 日至 2004 年 12 月 23 日向抵押权人所贷的最高额为 80 万元的流动资金贷款提供担保；抵押人担保的范围包括主合同项下的债务本金、利息、逾期利息、复利、罚息、违约金、损害赔偿金以及诉讼费、律师费、抵押物处置费、过户费等抵押权人实现债权的一切费用；主合同项下债务履行期限届满，抵押权人未受清偿的，抵押权人有权依法以抵押物折价，或者以拍卖、变卖抵押物的价款优先受偿。

2003 年 12 月 30 日，石狮农行与宏福公司、邱文辉就"闽狮渔 3967"船、"闽狮渔 3968"船到泉州渔港监督处办理了渔船抵押权登记手续。两船《渔业船舶抵押权登记证书》记载："闽狮渔 3967"船作价 114 万元，债务数额 40 万元；"闽狮渔 3968"船作价 75 万元，债务数额 40 万元。

2004 年 1 月 2 日，宏福公司收到石狮农行发放的贷款 80 万元。《借款凭证》上载明的借款期限为 2004 年 1 月 2 日至 2004 年 12 月 23 日。宏福公司在借款期限内基本按季结息，但自 2004 年 12 月 21 日起就未再支付利息，也未偿还借款本金，邱文辉亦未履行抵押担保责任。2006 年 12 月 25 日，宏福公司被吊销营业执照。

上述事实，有如下证据为证：

1. 石狮农行营业执照、石狮农行组织机构代码证；

2. 注销（吊销）内资企业登记基本情况表、邱文辉身份证；

3. 《借款合同》《最高额抵押合同》《借款凭证》；

4. 《渔业船舶抵押权登记证书》、渔业船舶所有权证书；

5. 2005 年 4 月 19 日《债务逾期催收通知书》(下称《催收通知》) 及 2007 年 1 月 25 日《催收通知》。

(四) 一审判案理由

厦门海事法院经审理认为,本案《借款合同》以及《最高额抵押合同》,主体适格、内容合法,是各方当事人的真实意思表示,具有法律效力,各方当事人的权利义务均应按照合同约定的相关条款执行。两被告对原告贷款 80 万元给宏福公司并由邱文辉以两艘自有渔船提供抵押担保,以及本案借款到期后,两被告没有履行相应的还款义务及担保责任等事实没有争议。本案的争议焦点在于:

1. 原告是否在 2005 年 4 月 19 日、2007 年 1 月 25 日向被告催讨过贷款。原告称其在前述两个时点曾向两被告催款。两被告辩称,其贷款时,原告即要求被告在两份空白《催收通知》上盖印章,贷款到期后,原告业务员就在该两份《催收通知》上填写相关内容从而形成在案的两份《催收通知》。两被告并向法院申请委托进行两项司法鉴定:(1) 就两份《催收通知》中填写字迹是否为同一人书写进行鉴定;(2) 就两份《催收通知》左下角"债务人声明"部位印章与填写字迹的先后顺序进行鉴定。就字迹同一性问题,鉴定机构的鉴定结论为:两份《催收通知》上填写字迹均为同一人所写。双方当事人对该鉴定结论均无异议。就 2005 年 4 月 19 日《催收通知》左下角印章与字迹先后顺序问题,鉴定结论认为:经检验,检材待检印章与笔迹均系原始形成。在高倍立体显微镜下,印章与笔迹的朱墨交叠点,其清晰度随焦距变化呈现相互交替变化,即墨痕清晰印痕则模糊,印痕清晰墨痕则模糊,且调焦变化规律是:调小印痕清晰,调大墨痕清晰。另外,镜下墨痕清晰时观察到墨痕表面非常清洁,未见红色斑点散布其中。所以,依据立体显微镜光学成像原理及朱墨时序痕迹形成特点,仅此两点即可断定:印章形成在先,笔迹形成在后。被告宏福公司申请司法鉴定的目的在于证明两份《催收通知》左下角"债务人声明"部位都是原告业务员利用被告在贷款时盖章的空白《催收通知》自行填写而成。但从司法鉴定的结论看,只能证明"债务人声明"部位先盖有被告公章,后填写字迹,而不能证明宏福公司公章在其贷款时就已经盖完。宏福公司向原告申请借款时距离还款日期尚有近一年时间,在贷款到期后宏公司是否会履行还款义务以及邱文辉是否会履行抵押担保责任尚不明确的情况下，被告关于其应原告要求在空白《催收通知》上盖章签名的陈述不符合常理。在日常生活中确实存在先盖章稍后填写字迹的做法，被告特别强调《催收通知》上的宏福公司印章和邱文辉签名、印章均系在贷款时所产生，但其所申请的司法鉴定结论并不能证明这一事实，因此被告应自行承担举证不能的法律后果。综上应当认定：2005 年 4 月 19 日，石狮农行业务员向宏福公司发出《催收通知》，指出宏福公司尚欠 2003E036 借款合同债务本金 40 万元和利息 7 560 元，即（2008）厦海法商初字第 60 号案所涉贷款以及 2003E053 借款合同债务本金 80 万元和利息 16 633.62 元，要求宏福公司立即履行还款义务。宏福公司在该通知书左下角"债务人声明"部位盖章，邱文辉亦签名后，石狮农行业务员在上面填写了时间。2007 年 1 月 25 日，石狮农行再次向宏福公司发出《催收通知》，指出宏福公司尚欠本案与（2008）厦海法商初字第 60 号案两笔贷款本金 120 万元及利息 187 119.38 元，要求宏福公司立即履行还款义务。宏福公司在该通知书左下角"债务人声明"部位盖章，邱文辉签名后，石狮农行业务员即在上面填写了时间。

2. 原告的主张是否超过诉讼时效。根据对焦点（一）的分析与阐述，原告业务员在两份《催收通知》左下角填写字迹的时间晚于被告签名盖章的时间，不足以证明被告在《催收通知》上盖章、签名的行为发生于其向原告申请借款之时。因此被告关于其预先抛弃时效利益的行为无效的主张，缺乏事实依据，不应予以采信。本案《借款合同》记载的借款期限为 2003 年 12 月 26 日至 2004 年 12 月 23 日，但《借款凭证》记载的实际借款期限为 2004 年 1 月 2 日至 2004 年 12 月 23 日。根据《借款合同》第一条 4（2）的规定，原告至 2004 年 1 月 2 日发放贷款的行为不构成违约。被告关于原告违约发放贷款的主张缺乏事实依据，不予采信。原告在借款期限届满后于 2005 年 4 月 19 日和 2007 年 1 月 25 日向被告发出《催收通知》的行为，属于我国《民法通则》第一百四十条规定的"当事人一方提出要求"的行为，依法发生诉讼时效中断的法律效果。此后原告又于 2008 年 3 月 24 日向法院提起诉讼。根据《民法通则》第一百三十五条及第一百四十条的规定，原告的行为连续构成诉讼时效中断。故此，原告的诉讼主张并未超过法定的两年诉讼时效，应受法律保护。被告宏福公司在借款期限届满前自 2004 年 12 月 21 日起即未还本付息,邱文辉在借款期限届满后也未履行相应的抵押担保责任,构成严重违约。宏福公司应偿还借款本金 80 万元,同时根据《借款合同》的约定及中国人民银行的规定支付利息、罚息和复利。邱文辉以自有"闽狮渔 3967"船、"闽狮渔 3968"船各为宏福公司的 40 万元合计 80 万元借款提供抵押担保并办理了抵押登记手续。在借款期限届满、宏福公司未还本付息后,邱文辉应履行其抵押担保责任。邱文辉不履行债务时,原告有权申请依法拍卖两艘抵押船舶,并从卖得的价款中优先受偿。

(五)一审定案结论

厦门海事法院依照《中华人民共和国民事诉讼法》第一百三十八条,《中华人民共和国合同法》第二百零四条、第二百零五条、第二百零六条、第二百零七条,《中华人民共和国物权法》第一百七十九条,以及《中华人民共和国海商法》第十一条的规定,判决:

1. 宏福公司偿还石狮农行借款本金 80 万元及该款自 2004 年 12 月 21 日起至判决确定支付之日止综合本案《借款合同》约定和中国人民银行规定计算的利息、罚息和复利;

2. 石狮农行有权就本案借款本金中的 40 万元及相应利息、罚息、复利对被告邱文辉所有的"闽狮渔 3967"船享有抵押权;

3. 石狮农行有权就本案借款本金中的 40 万元及相应利息、罚息、复利对被告邱文辉所有的"闽狮渔 3968"船享有抵押权。案件受理费 13 857 元,由宏福公司与邱文辉共同负担。

(六)二审情况

一审宣判后,两被告不服并提起上诉,但未在法定期限内预交上诉案件受理费,福建省高级人民法院遂于 2009 年 7 月 16 日裁定按自动撤回上诉处理。

(七)解说

本案是一件起因较为简单的船舶抵押借款合同纠纷。一审判决书在说理时将本案的争议焦点归纳为两点:(一)事实争点——原告是否在 2005 年 4 月 19 日、2007 年 1 月 25 日向被告催讨过贷款;(二)法律争点——原告起诉是否超过诉讼时效。然而究其实际,两个争点实质上是同一个问题:原告的主张是否超过诉讼时效。而对这个焦点的处理必须依赖对另一个事实问题的认定:原告是否在两份《催收通知》落款时间向两被告催讨过贷款。本案最为可圈可点的地方在于,在案件事实真伪不明的情况下,成功运用了利益衡量理论对有关事实进行认定并据此做出了判决。

利益衡量理论发轫于德国自由法学派并受利益法学与美国的现实主义法学的强烈影响。20世纪60年代,日本学者从价值相对主义的立场和新自然法学的立场提出了"利益衡量"的民法解释观。20世纪90年代,我国民法学者梁慧星从日本引进了利益衡量理论后,在我国民商法理论界和司法实务界产生了很大反响。利益衡量理论主张对法律的解释应当综合把握案件的实质,结合社会环境、经济状况、价值观念等,对双方当事人的利益关系进行比较衡量,做出案件当事人哪一方应当受保护的判断,然后再从法律条文中寻找根据,以便使结论正当化或合理化。该理论在司法实践中的运用得到了最高人民法院的认可,《最高人民法院公报》2002年第2期刊登的珠海市中级人民法院一审、广东省高级人民法院二审的李萍、龚念诉五月花公司人身伤害赔偿纠纷案,其中就详细论述了利益衡量的具体过程。

本案在审理过程中,宏福公司向法院申请就两份《催收通知》右下角的手写落款日期与被告盖章的时序先后进行司法鉴定,意图以此来证明其在《催收通知》上所盖公章时间是在2003年年底贷款之时而非落款的2005年4月及2007年1月。司法鉴定的结果显示两份《催收通知》中落款日期字迹确实形成于被告盖章之后,也即"字压章"。对此,原告的解释是,贷款到期后两被告都不履行相应义务,原告业务员拿着已经注明欠款内容的《催收通知》找到被告,被告签名盖章后即不愿在《催收通知》上填写其他内容,原告业务员遂在其上填写了落款时间。被告则仍然称该《催收通知》上的印章、签名形成于2003年底贷款之时。由此诉讼时效问题存在较大疑问。如果采信被告的说法,那么被告在贷款时应原告要求预先在《催收通知》上盖章签名的行为,显然属于《最高人民法院关于审理民事案件适用诉讼时效制度若干问题的规定》第二条规定的"预先放弃诉讼时效利益"的行为,该行为不发生诉讼时效中断的法律效果,那么在原告没有证据证明在贷款到期后曾向被告催贷的情况下,其起诉即超过诉讼时效,诉求应被判决驳回。然而,如果采信原告的说法,则其起诉仍在法定的诉讼时效内,其债权依法应受保护。一边是原告的金融债权,一边是被告的时效利益,在事实存疑的情况下,法院到底应该保护哪一方的利益呢? 合议庭经过多次合议与慎重考虑,用利益衡量理论从三方面进行分析研究,最终较好地解决了这一难题。合议庭认为:首先,根据最高人民法院对民间借贷与金融机构贷款关于可否收取复利规定的不同,也就是前者不可收取复利而后者可以的情况看,可以看出国家对金融机构贷款的保护力度高于民间借贷,而这也是十分必要的。其次,银行信贷风险首要的是金融风险。债务人是债权债务矛盾的主要方面,保护金融债权不仅关系到银行的个体利益,而且关系到国家的经济安全和社会公共利益,法院和法官应牢固树立金融债权神圣的裁判理念,向处于弱势地位的债权人予以适度倾斜。第三,最高人民法院 2000 年致四川省高级人民法院的"(1999)民他字第 12 号"复函中明确,向法院起诉后又撤诉的,应视为诉讼时效中断,诉讼时效期间应从撤诉之日起重新计算。《最高人民法院关于审理民事案件适用诉讼时效制度若干问题的规定》明确规定,当事人未提出诉讼时效抗辩,人民法院不应对诉讼时效问题进行释明及主动适用诉讼时效的规定进行裁判。这些个案批复和司法解释无疑可以解读出最高人民法院所持的债权利益优于时效利益的立场。《中共中央关于制定国民经济和社会发展第十一个五年规划的建议》指出,要强调"防范和化解金融风险""维护金融稳定和金融安全"。而审判机关运用司法手段维护金融债权,有助于依法预防和化解银行的金融风险,维护国家的金融安全,保持金融市场的长期和谐与稳定,推动我国金融市场和国民经济的可持续健康发展。尽管传统的利益衡量理论只在适用法律时才发生作用,而不涉足于案涉事实的认定,但基于上述几方面的因素,合议庭认为,在事实存疑的情况下也可以引进利益衡量以确定优先保护的利益。原告的金融债权关乎公益,被告的时效利益则属私益,前者无疑应优先于后者得到保护。采信原告的说法保护债权利益,也完全符合我国"欠债还钱、天经地义"的传统道德。据此,一审法院判定石狮农行的主张未超过诉讼时效。两被告不服一审判决提起上诉,后又自动撤诉。一审判决遂发生法律效力。

　　厦门海事法院将传统利益衡量理论在适用法律方面的功能扩大到认定事实方面,对该理论在海事司法实践中做了一次有益的尝试。它标志着该院长期推行的学习型法院建设取得了一定成果,也标志着该院法官的司法能力与司法水平在新的形势下有了进一步的增强和提高。稍显遗憾的是，尽管一审合议庭贯彻了利益衡量的审判思路，这在合议庭评议笔录中有较为全面的记载，但一审判决书中并没有鲜明完整地体现出利益衡量的主张以及论证过程。相对于处理结果的妥当性，这就算是白璧微瑕吧。

（原载于《中国审判案例要览》2010 年商事卷）

大宇造船海洋株式会社与荣晋公司
船舶抵押合同纠纷确权诉讼案

陈延忠　王　岩

【案情】

2006 年 12 月 1 日,案外人 H ELEPHANT CORPORATION 作为买方与原告签订"B Elephant"轮(船体号 5327)317 000 载重吨油船船舶建造合同,船舶建造价款为 132 300 000 美元。后双方于 2006 年 12 月 1 日、2007 年 3 月 2 日和 2008 年 11 月 28 日签订了补充协议一、二、三,对增加价款和付款期限进行相应修订。2010 年 1 月 18 日,船舶建造合同买方合同主体由 H ELE-PHANT CORPORATION 变更为案外人 B ELEPHANT INC。同年 2 月 3 日,船舶建造合同买方合同主体再由 B ELEPHANT INC 变更为案外人贝塔象公司。同年 7 月 5 日,贝塔象公司作为买方、原告作为建造方和案外人诺尔公司三方签订补充协议四,约定诺尔公司承担第二笔延迟付款金额 30 000 000 美元的付款义务,自合同交付日(即 2010 年 6 月 30 日)后一个月开始分 11 期履行付款义务。同年 7 月 5 日,诺尔公司向原告出具了 11 份本票,保证按期偿还每期款项。2011 年 7 月 29 日,贝塔象公司作为买方、原告作为建造方和诺尔公司三方签订补充协议五,贝塔象公司和诺尔公司保证履行债务并保证提供的担保有效,且各方约定被告为原告在"Glory Advance"轮上设定优先受偿抵押权以保证诺尔公司支付第二笔延期支付款项的义务。根据船舶建造合同第十三条纠纷与仲裁条款及补充协议相关条款,由于船舶建造合同产生的争议应提交伦敦仲裁,适用英国 1996 年仲裁法或该仲裁法在当时有效的重新颁布或依法修订的版本以及当时有效的伦敦海事仲裁员协会规则进行仲裁。

2007 年 5 月 8 日,K ELEPHANT CORPORATION 作为买方与原告签订

"A Elephant"轮（船体号 5330）317 000 载重吨油轮船舶建造合同,船舶建造价款为 132 300 000 美元。同日,双方签订了补充协议一、二,并在 2008 年 11 月 28 日签订了补充协议三,对增加价款和付款期限进行相应修订。2010 年 1 月 18 日,船舶建造合同买方合同主体由 K ELEPHANT CORPORATION 变更为 A ELEPHANT INC。同年 2 月 3 日,船舶建造合同买方由 A ELEPHANT INC 变更为阿尔法象公司。同年 7 月 5 日,阿尔法象公司作为买方、原告作为建造方和诺尔公司三方签订补充协议四,约定诺尔公司承担第二笔延迟付款金额 30 000 000 美元的付款义务,自合同交付日（即 2010 年 6 月 30 日）后一个月开始分 11 期履行付款义务。同年 7 月 5 日,诺尔公司向原告出具了 11 份本票,保证按期偿还每期款项。2011 年 7 月 29 日,阿尔法象公司作为买方、原告作为建造方和诺尔公司三方签订补充协议五,阿尔法象公司和诺尔公司保证履行债务并保证提供的担保有效,且各方约定被告为原告在 "Glory Advance"轮上设定优先受偿抵押权以保证诺尔公司支付第二笔延期支付款项的义务。根据船舶建造合同第十三条纠纷与仲裁条款及补充协议相关条款,由于船舶建造合同产生的争议应提交伦敦仲裁,适用英国 1996 年仲裁法或该仲裁法在当时有效的重新颁布或依法修订的版本以及当时有效的伦敦海事仲裁员协会规则进行仲裁。

2011 年 7 月 29 日,原告与被告签订抵押合同约定就"B Elephant"轮船舶建造合同和"A Elephant"轮船舶建造合同下第二笔延迟付款金额中 41 770 000 美元债务及利息、费用以"Glory Advance"轮优先受偿抵押担保并向"Glory Advance"轮船旗国巴拿马抵押登记机关办理初步抵押权登记。2011 年 8 月 24 日,巴拿马共和国船舶买卖和财产负担公共登记总署对原告就"Glory Advance"轮享有的优先受偿抵押进行正式永久登记。诺尔公司在各支付了两份合同项下约定的前 7 笔分期款后,均未进一步支付任何分期款。

2013 年 12 月 6 日,"Glory Advance"轮因厦门海隆对外劳务合作有限公司与荣晋公司、诺斯船舶管理私人有限公司海员劳务外派纠纷一案被厦门海事法院依法扣押,并以 58 700 000 元予以成功拍卖。原告在向厦门海事法院办理债权登记后,就其与被告荣晋公司船舶抵押合同纠纷一案,于 2013 年 12 月 23 日向厦门海事法院提起确权诉讼,请求判令:(1)被告向原告赔偿损失 58 700 000 元；（2）确认原告对"Glory Advance"轮享有足以对抗第三人的第一优先受偿抵押权；（3）确认原告就"Glory Advance"轮拍卖款项享有优先受偿的权利；（4）被告承担债权登记费用 1 000 元、本案诉讼费及为处理本案所支出的所有费用。

2014 年 3 月 27 日，因针对贝塔象公司、阿尔法象公司和诺尔公司未能履行造船合同下债务的行为，原告根据造船合同及补充协议中关于造船款项纠纷应提交伦敦仲裁解决的条款，在伦敦就诺尔公司所拖欠款项提起仲裁，厦门海事法院依原告申请裁定中止本案审理。2014 年 5 月 13 日，独任仲裁员 John Colin Sheppard 对于"B Elephant"轮和"A Elephant"轮下欠款纠纷分别出具裁决书，分别裁定：原告向诺尔公司索赔 20 885 000 美元，并对第 8 到第 11 期四期未付的第二笔延期款项上所累积的四笔未付利息（金额分别为 617 500 美元，520 000 美元，422 500 美元和 325 000 美元）按比例和年利率 10% 索赔复利利息胜诉。该四笔未付利息的复利应从第二笔延期款项的各分期款付款日起算，直到利息实际支付为止。2014 年 10 月 13 日，原告就上述两份伦敦仲裁裁决向厦门海事法院提出承认其效力的申请，厦门海事法院经审查于 2014 年 12 月 10 日做出（2014）厦海法认字第 13 号和 14 号裁定书，承认该两份伦敦仲裁裁决在中华人民共和国领域内具有法律效力。

2015 年 1 月 26 日，厦门海事法院裁定恢复对本案的审理。

【审理】

厦门海事法院经审理认为：原告大宇会社及被告荣晋公司均为中华人民共和国境外法人，涉案船舶"Glory Advance"轮船旗国为巴拿马共和国，故本案为具有涉外因素的船舶抵押合同纠纷。"Glory Advance"轮由厦门海事法院依法扣押并拍卖，根据《中华人民共和国海事诉讼特别程序法》第十九条之规定，厦门海事法院对本案具有管辖权。原告在债权登记后向厦门海事法院提起诉讼，根据《中华人民共和国海事诉讼特别程序法》第一百一十六条的规定，本案诉讼属于确权诉讼。对于本案应适用的法律，原告与被告签订的抵押合同约定适用巴拿马共和国法律。根据《中华人民共和国涉外民事关系法律适用法》第四条、第四十一条的规定，本案抵押合同应适用双方约定的巴拿马共和国法律进行审查。

对于巴拿马共和国法律的查明，原告向厦门海事法院提供了经公证认证的该国 2008 年第 55 法案《巴拿马共和国海商法》及最新法案修正条文。根据该法案第二百六十条规定,船舶抵押合同可以在巴拿马境外经公证员公证以任何语言文字签署,抵押合同应当包括抵押权人的名称和住址、担保金额、本金和担保债权履行期限、利息约定等。该法第二百四十四条规定船舶抵押权为优先受偿权。根据上述巴拿马共和国法律规定,船舶抵押权自按该法进行登记之日起享有优先地位,经登记的抵押权在由船舶担保的未清偿债务的数额内(包括利息)对抵押船舶享有优先权。

原告提交的抵押初步登记证明、永久登记证明和船舶所有权及财产负担证明等证据,证明原告主张的抵押权根据巴拿马共和国法律进行了登记。根据该国的法律,该抵押权有效,对抵押船舶具有优先受偿的效力。因原告主张的抵押权所担保债权已到期且有伦敦仲裁裁决和厦门海事法院依法承认该仲裁裁决在我国国内效力的裁定支持,故原告从"Glory Advance"轮的拍卖款优先受偿的请求应予支持。

对于所要求实现的抵押权金额,原告诉请为船舶拍卖款项 58 700 000 元,该金额低于其登记的债权金额,厦门海事法院认为原告基于船舶拍卖的实际数额主动降低债权金额属于对自身权利的处分,应予准许。原告主张的本案所涉债权登记费用 1 000 元,属于为实现债权而支出的必要费用,亦予以支持。原告主张的诉讼费不属于诉讼请求范畴,主张的抵押权实现费用无证据证明业已发生,故对于该两项请求不予支持。判决确认原告大宇造船海洋株式会社对被告荣晋公司因"B Elephant"轮和"A Elephant"轮船舶建造合同而产生的 58 700 000 元的船舶抵押的债权,该债权可以在"Glory Advance"轮船舶拍卖价款中按船舶抵押权优先受偿及被告荣晋公司向原告大宇造船海洋株式会社支付债权登记费用 1 000 元,驳回了原告的其他诉讼请求。

本判决为终审判决。

【评析】

本案是一起典型的涉外商事海事案件,案件涉及五个国家,包括作为主债权的船舶建造合同是由马绍尔群岛 A 公司和利比里亚 B 公司与韩国原告签订,争议解决约定适用英国法及伦敦仲裁;抵押合同是由巴拿马被告与韩国原告签订,争议解决涉及巴拿马法律的查明与适用和中国法院诉讼程序。厦门海事法院在审理过程中正确处理了涉外民商事案件中的管辖权的确定以及法律适用的基本问题,并在承认与执行外国仲裁裁决、查明并适用外国法、审核英文书证等方面进行了一些有益的尝试。近年来,国际社会将国际争端司法化的趋势逐渐明显,在国家综合国力的竞争上,司法的作用越来越强化,特别是在深入推进司法体制改革的进程中,在"用公开促公证,建设核心价值观"的今天,涉外海事商事案件的审理是司法面向世界的窗口,关乎我国司法的国际公信力和法治权威,以及国家形象。厦门海事法院对于本案的正确审理,有效地行使了我国司法管辖权,增强了国际公信力。

（原载于 2016 年最高人民法院《"一带一路"司法理论与实务纵览海事海商案例精选》）

新建船舶的善意取得能否
突破抵押权登记的对抗效力

张 伟

【裁判要旨】对《物权法》第二十四条、第一百八十八条不可僵化地做出反面解释，即"特殊动产所有权或抵押权一经登记便可对抗一切善意第三人"。船舶抵押权即使经过合法登记，但因登记存在瑕疵导致其公示效力丧失或下降的情况下，第三人的善意取得即有机会突破登记的对抗效力而获得认可。不能苛求第三人为表明其善意而提高注意义务，穷尽办法去履行登记查询义务。

【案号】

一审：(2015)厦海法商初字第 149 号。

二审：(2016)闽民终 1518 号。

【案情】

原告(二审被上诉人)：中国农业银行股份有限公司福安市赛岐经济开发区支行(以下简称"赛岐农行")。

被告(二审被上诉人)：闽东丛贸船舶实业有限公司(以下简称"丛贸公司")。

被告(二审上诉人)：福建省南安市延平海运有限公司(以下简称"延平公司")。

2007 年 5 月 14 日，延平公司向丛贸公司定造一艘船舶，双方签订《建造船舶合同书》，约定船名"26 000 吨双舷侧散货船"，造价 1.078 亿元，船舶应由中国船级社检验合格，延平公司派人驻造船现场，建造该货船的乙方(指丛贸公司)不得为该船设立抵押，其所产生的一切债务与延平公司无关等。在案涉船舶定造过程中，丛贸公司与该公司福安造船厂(全称：闽东丛贸船舶实业有限公司福安造船厂，以下简称"福安造船厂")于 2008 年 9 月 11 日虚假签订《船舶建造加工合同》，并依据此虚假建造合同及上述案涉定造船舶相关资料为案涉船舶在宁德海事局办理船名为"乾利山 19"、船舶所有人为丛贸公司的船舶所有权证书。其后，丛贸公司在 2010 年 2 月 8 日与其理财顾问单位赛岐农行签订《最高额抵押合同》，约定丛贸公司以其所有的在建船舶"乾利山 19"轮为向赛岐农行借款提供抵押担保，并办理了抵押登记手续。

船舶于 2012 年 3 月 14 日建造完工，同年 3 月 22 日延平公司与丛贸公司签订《船舶交接协议书》并办理了交接手续。2012 年 3 月底，延平公司在泉州海事局办理了船舶所有权登记。登记证书记载：船名"天祥 69"，所有权人延平公司，船舶初次登记号码 080412000012，总吨 17 234，净吨 9 651，船舶识别号 CN20093547004。

赛岐农行认为，涉案船舶 2009 年即办理建船舶所有权登记，在海事部门早就以丛贸公司以及下属福安造船厂分别为船东和船厂进行备案。延平公司作为定造人就涉案船舶也必须在建造地海事局办理备案，但其在长达近三年的时间内，在于建造地和船厂长期派有代表监督船舶建造并办理有关手续的情况下，理应知道委托建造的船舶就是"乾利山 19"和该船已办理所有权、抵押权登记的事实，并且也可以查询到相应的登记情况。根据法律规定，未经抵押权人同意，抵押物不得转让，原告的抵押权已登记，具有对抗第三人的效力，依法可追及"天祥 69"轮行使权利。请求判令：1. 确认赛岐农行与丛贸公司间的 35906201000006406 号《最高额抵押合同》合法有效；2. 确认丛贸公司与延平公司之间关于"乾利山 19"轮（现延平公司登记为"天祥 69"）的转让行为无效；3. 原告有权对"乾利山 19"轮（现延平公司登记为"天祥 69"）实现抵押权。

被告延平公司辩称：1. "天祥 69"与"乾利山 19"的建造合同、开工时间、龙骨铺设时间、检验情况、技术参数、船舶信息等不同，不是同一船舶；2. 原告主张的债权和抵押权所依据的借款合同和最高额抵押合同与在宁德海事局登记的合同不同，诉请的抵押权应认为没有登记，无对抗效力可言；3. 抵押无效，原告身兼丛贸公司的财务顾问，知道或应当知道该船是延平公司定造，丛贸公司无权抵押，仍与丛贸公司签约并设定抵押，侵犯了延平公司的合法权益；4. 丛贸公司用来办理所有权登记的船舶建造合同不是真正的建造合同，以此骗取所有权登记后，与原告又以诬指"天祥69"为"乾利山19"，移花接木、倒签时间的《建造阶段证明》骗得抵押权登记，该抵押登记不合法，不具有法律效力；5. 即使抵押登记成立，抵押登记也已失效，《建造中船舶抵押权登记暂行办法》规定，抵押双方在船舶交接前应办理在建船抵押权注销登记。原告与丛贸公司未履行注销义务，抵押登记已丧失合法性，不受法律保护。

【审判】

厦门海事法院经审理后认为：

1. "乾利山19"与"天祥69"船舶类型、总长、型宽、型深、主机、推进器类型一致。船舶登记材料清晰显示，"乾利山19"与"天祥69"均由丛贸公司建造，检验单位均为中国船级社，船厂编号和船级社检验编号一致。上述编号起于船舶诞生的建造过程，具有辨识和确定船舶身份的作用。如延平公司对船级社检验编号也承认，该号码是船级社从监造申请开始"用以区别于他船的唯一标志"。因此，在基本参数和建造情况吻合、上述号码相同的情况下，应认定"乾利山19"与"天祥69"对应的船舶为同一物。

2. 船舶登记属于海事主管机关的行政职责，主张抵押登记不合法实质是对海事主管机关核准登记的具体行政行为的合法性提出质疑。该项异议原应通过行政程序或行政诉讼途径提出以寻求救济。由于行政行为具有公定力，一经做出，未经法定程序变更或撤销前，效力依然存在。而《建造中船舶抵押权登记暂行办法》虽然要求船舶完工后，抵押双方在交船前应办理在建船舶抵押权注销登记，但该办法只是行政机关的部门规范性文件，该项规定亦非效力性强制规范。当事人违反规范，并不导致抵押权登记注销或无效的法律后果。现行法律、法规也无此规定。相反，同为中国海事局行政文件的《〈中华人民共和国船舶登记条例〉实施若干问题说明》明确，"船舶抵押权登记证书未经注销不失效"。同理，将抵押权登记证书上的受偿期限理解为公示的有效期，认为期限届至效力消灭，没有法律依据，亦属错误。因此，船舶抵押权登记的效力应予认定。

3. 赛岐农行作为抵押权人，相信抵押物的所有权无法成功转让，生活上确有一定的观念基础。我国《海商法》第十七条规定，船舶抵押权设定后，未经抵押权人同意，抵押人不得将被抵押船舶转让给他人。据此，在未经赛岐农行同意的情况下,丛贸公司将船舶所有权转让给延平公司的行为无效。船舶属于特殊动产,对于物权的设立、变更、转让和消灭,法律规定了登记制度。权利经登记,依法产生公示和对抗的效力。第三人在进行交易时应谨慎尽到足够的注意,对标的物的登记情况、信息进行调查。船舶虽登记为"乾利山19",延平公司仍可通过船舶识别号等船舶身份和技术信息向宁德海事局核查船只的登记情况,发现该项抵押权和查询了解抵押的详细信息。自信他方不可能有效办理抵押登记而未做查询,不构成善意取得,不能对抗已经登记的抵押权。

综上,一审法院按照合议庭多数意见裁判:"乾利山19"与"天祥69"为同一船舶,丛贸公司将船舶所有权转让给延平公司的行为无效,赛岐农行依法有权对案涉船舶行使抵押权。

延平公司不服一审判决,向福建省高级人民法院提起上诉称,一审法院认定事实不清,适用法律错误,依法应予改判。

二审法院认为,一审关于"乾利山19"亦即"天祥69"轮,以及案涉在建船舶抵押合同合法有效的认定并无不当,应予维持。但根据《建造中船舶抵押权登记暂行办法》第十一条、第十二条规定,在建船舶的抵押权登记在船舶建造完毕后,交船前应予注销,新造船舶的抵押权应另行办理抵押登记。因此,本案船舶建造于2012年3月14日完工后、同月22日交接前,赛岐农行即应与丛贸公司就"乾利山19"轮的抵押权办理注销登记并就新造船舶办理抵押登记,但其未予办理。而延平公司与丛贸公司已经办理新建船舶交接手续,延平公司还为案涉船舶办理了"天祥69"轮的所有权登记。据此应视为"乾利山19"轮的抵押登记在2012年3月14日前已经注销,不再具有对抗效力。延平公司已经履行船舶建造合同并支付相应对价,且案涉船舶为新建船舶并非二手转让取得,其在交接船舶时无从审查也无义务审查船舶的在建登记。故"乾利山19"轮的抵押登记不足以对抗延平公司与丛贸公司之间的新造船舶所有权过户,延平公司已善意取得"天祥69"轮的船舶所有权。延平公司作为船舶定造人在船舶建造的整个过程中,以分阶段支付造船款的方式始终申明其权利。而丛贸公司在办理在建船舶的所有权登记和抵押贷款时,为达成自身不法获利目的,类似一物二卖的欺诈行为主观恶意明显。在丛贸公司刻意隐瞒事实真相的情况下,要求延平公司知晓丛贸公司与赛岐农行设定的抵押状况并在船舶建造完工之后转移所有权、登记所有权之前必须尽到足够注意义务，乃过于苛刻。因此，对延平公司实际遭受的权利损害，应当予以保护。综上，二审法院对一审判决予以改判，驳回赛岐农行的诉讼请求。

【评析】

本案最核心的争议焦点是案涉在建船舶的抵押登记能否对抗延平公司与丛贸公司的船舶交接及延平公司的船舶所有权登记行为，延平公司能否善意取得船舶所有权。《物权法》第一百零八条规定："善意受让人取得动产后，该动产上的原有权利消灭，但善意受让人在受让时知道或者应当知道该权利的除外。"由此，倘若善意取得适用并成立，则抵押权消灭。反之若不适用善意取得，抵押权有效。除此二者之外，法律逻辑上似乎不存在善意取得成立，可让渡所有权，但抵押权仍有效的情况。

本案在审理过程中，针对上述争议焦点主要存在以下两种观点：

一种观点认为，在建船舶抵押权已经经过合法登记，可以对抗善意第三人，延平公司不能依据善意取得制度取得案涉船舶的所有权，即丛贸公司将船舶所有权转移给延平公司的行为无效，赛岐农行可以继续对案涉船舶行使抵押权。持此观点的人主要认为，船舶抵押权一经登记，第三人完全可以通过相应途径查询到相应抵押登记，虽然延平公司查询案涉船舶抵押登记的过程较为复杂，但并不是查询不到，因此第三人的善意很难成立。而且一旦认定了第三人延平公司成立善意取得，意味着登记在对抗善意第三人上的作用失效，这是违背登记对抗制度的。

另一种观点认为，延平公司为案涉船舶支付了对价并办理所有权登记，在办理所有权登记时并未查询到在建船舶已经办理抵押权登记，已经具备善意取得制度所要求的善意标准，可以适用善意取得规定认定延平公司善意取得船舶所有权。海事局的船舶登记系统和识别号系统是两个独立的信息系统，数据不能互联互通。识别号的相关规定于 2011 年施行，"乾利山 19"轮的船舶抵押登记在申请识别号之前已经在宁德海事局办理完毕，因此该船在被授号后，其识别号系人工补录到识别号系统里的。而由于当时登记系统和识别号系统不关联的原因，在泉州海事局的船舶所有权登记系统中无法查询到该识别号已被使用。延平公司如要查询到上述抵押权登记信息，应先在海事局船舶识别号系统中查询到案涉船舶的识别号,再根据识别号系统查询到案涉船舶另一船名为"乾利山19"轮,再通过该船名才能在登记系统中查询到抵押权登记信息。要求第三人延平公司应尽到如此程度的注意义务才能表明其善意,对延平公司来说过于苛刻。

笔者支持后一种观点。善意取得的要件,即支付合理价格和物的交付,在本案中已经具备,有争议的是"善意"是否成立。我们考察善意取得是否成立主要从三个方面:支付合理价格、物的交付、买受人善意。关于延平公司的善意是否成立的问题,笔者主要有以下几方面考虑:

一、登记抵押权人在取得权利过程中存在瑕疵可以减轻善意取得人的善良注意义务。善意成立与否的前提是要看延平公司需要承担多大的注意义务。这个善良注意义务在情况特殊的个案中会存在差别。如果善良注意义务人(即本案延平公司)的相对人(即本案原告)自身行为存在缺陷或过错,那么为保证双方权利义务不至于失衡,也应该相应减轻另一方的善良注意义务责任。在通常的抵押权纠纷案件中,涉案物品所有权、抵押权均无瑕疵,各项权利证书办理符合规定,这时买受人的注意义务需要达到通常情况下的水平,即依照生活常识应该可以发现而未发现的即视为未尽到善良注意义务。本案中产生抵押权的动产为在建船舶,根据《海商法》第十四条规定,建造中的船舶办理抵押权登记,还应当向船舶登记机关提交船舶建造合同。虽然本案的抵押权在办理登记时仅提供了船舶所有权证书,但原告在为丛贸公司办理贷款审查时,可以看到"乾利山19"轮船舶所有权证书产生的依据即丛贸公司与福安造船厂之间伪造的船舶建造合同,原告连续三年担任被告丛贸公司的财务顾问,应当明知丛贸公司与福安造船厂实属同一个企业。本案船舶属于价值巨大的动产,造船企业一般都是在接受别人订造委托后才开始建造船舶,造船业市场上一般不可能会出现造船厂自建该类大型船舶用于出售。这时,同一企业之间签订船舶建造合同就显得非常可疑,稍加注意就可以发现该船舶建造合同存在问题。而作为丛贸公司财务顾问的原告赛岐农行,可以查看被告丛贸公司各项财务报表及与公司财务相关的经济合同,而且其在被告丛贸公司有驻厂人员,双方合作关系紧密,完全有能力在长期的船舶建造过程中发现案涉船舶真正的定造人为被告延平公司,但原告对这些情况不加理会。本案涉案金额达4 000万之巨,原告赛岐农行在对丛贸公司的借款进行风险审查时，失去了银行从业人员正常的谨慎态度，未尽到借贷合同附随的注意义务也是导致本案产生的一个客观原因。由于上述"乾利山19"轮船舶所有权取得的违法性以及原告未尽足够的谨慎注意义务，导致了本案的船舶抵押权登记行为脱离常规，整个过程存在瑕疵，虽然因为未经合法注销登记程序而继续保持本案船舶抵押权效力，但应该相应地减轻善意人即延平公司的注意义务。笔者认可如果延平公司穷尽办法刻意去查找"乾利山19"轮到底是否存在已登记的抵押权，确实很有可能查到。但作为一个正常思维的人，无法想到丛贸公司竟然会伪造案涉在建船舶建造合同，并将案涉在建船舶另外命名为"乾利山19"轮取得所有权证书，继而能办理船舶抵押权登记。因此延平公司不可能刻意去查询与"天祥69"同一船舶识别号的"乾利山19"是否存在抵押情况。另外，中国海事局2009年制定的《船舶登记资料查询办法》第五条、第六条规定，个人需要查询船舶登记资料的，只有船舶权利人及其继承人、受赠人和受遗赠人可以自己或委托他人查询与其船舶权利直接相关的船舶登记档案。不谈海事局相关查询系统有十几个，系统建设当时还不完善，本身信息资料查询就不方便，即使方便查询，延平公司也无法证明其与"乾利山19"轮权利有关，从而无法查询。如果需要查询，延平公司还需证明"乾利山19"轮与自己购买的"天祥69"是同一条船。而导致这种情况出现的原因就是之前伪造的"乾利山19"轮船舶建造合同和有瑕疵的"乾利山19"所有权登记，要求被告延平公司尽如此程度的善良注意义务近乎苛刻。因此，延平公司在无法想到"乾利山19"轮所有权及其抵押权存在的情况下，在泉州海事局办理"天祥69"轮所有权证书时，相关系统并无提示该船已存在抵押权登记，即可认定其已经尽到善良注意义务，从而构成善意取得。

二、从本案原被告双方的权利义务平衡的角度考虑，也应认定延平公司取得船舶所有权符合善意取得制度的条件。如果认定本案被告延平公司不构成善意取得船舶所有权，会在社会上产生这样一种价值导向：船舶在建造的过程中，船舶定造人的购船款一般是根据船舶建造进度分期支付给造船企业的。如此，就要求船舶定造人在支付每期购船款时都需要去登记机关穷尽办法查询自己定造的船舶是否被办理抵押。定造人在长达几年的船舶建造过程中都战战兢兢、小心谨慎，双方的权利义务将严重失衡。而且假如出现船舶定造人在已经支付部分造船款后船舶再被抵押出去的情况，船舶定造人的合法权利又该如何去维护？这种价值导向很明显是不合理的。

三、从法律适用的社会引导作用考虑。关于适用善意取得制度驳回赛岐农行诉求，可能会对现行的登记对抗制度产生消极影响，引起负面社会效果的问题，笔者认为完全没有必要担忧。本案的抵押权登记过程并非正常状态，其依据的基础即船舶所有权就存在问题，因此否定本案的抵押权追及效力，不会对正常的登记对抗制度产生影响。在建船舶在建造过程中，对造船厂违法伪造船舶建造合同从事各种损害定造人权利的行为，定造人（延平公司）很难事先去维护其自身的合法权利。而本案如果确认了延平公司的善意取得行为，会使银行等相关群体在事前就尽力做到谨慎审查义务，从而在源头上、根本上阻止此类案件的出现，起到预防阻止违法行为的作用，这一点是具有现实的社会意义的。

依据《物权法》第二十四条、第一百八十八条的规定，船舶抵押权非经登记不得对抗善意第三人，该条文是特殊动产的登记对抗制度在法律中的具体表现。登记在船舶等特殊动产场合的价值和意义，或者说登记之所以可以对抗第三人的善意，主要表现在以下几个方面：一是便于管理与查询，降低获取信息的成本；二是登记通常比占有能更为准确、真实地反映物权关系，由此减少物权关系在外观与真实方面的不一致情况；三是由于交付与登记均为特殊动产物权的公示方法，判断特殊动产物权的真实状态，不能单纯地信赖交付（占有），而应同时关注交付（占有）和登记。当两者不一致时，受让人应当进一步核实，确定哪一种公示反映真实的物权关系。通常情况下，受让人在交易中应查询特殊动产的登记。当他发现出让人并非登记簿上的所有权人时，应对前者产生一定的警觉，对其处分权来源表示怀疑，要求其出示有关处分权的证明，或者进一步核实所有权的真实状况。这时，只有相应提高善意的要求，才能满足交易安全与所有权维护之间的平衡。若受让人未尽必要的调查义务，他便因重大过失而无法满足善意的要求，由此无法获得所有权。

那么《物权法》第二十四条、第一百八十八条能否允许反面解释，即"特殊动产所有权或抵押权一经登记便可对抗所有善意第三人"呢？笔者认为，不可做此解释。立法者只是强调"此类物权要对抗善意第三人，必须经过登记"。仅从鼓励交易当事人登记特殊动产的角度考虑，未登记的受让人可能承受第三人善意取得的不利后果,就足以达到警示受让人的效果。

登记之所以能起到对抗善意第三人的效果,最重要的原因在于其对全社会的公示作用,体现了物权的对世属性,提高了第三人善意的门槛。倘若如本案那样,抵押权人和抵押人在办理抵押登记时存在瑕疵导致该抵押登记不能通过正常的渠道被世人所知悉或查询,其登记产生的公示效力必然大打折扣。此时,我们不能僵化地认为登记即可以对抗一切第三人的善意,更不能因此苛刻地要求第三人必须穷尽方法去获知已登记的信息。若如此要求,则已经偏离了登记对抗制度的立法本意和法理基础。因此,在抵押权登记存在瑕疵导致其公示效力丧失或下降的情况下,第三人的善意取得即有机会突破登记的对抗效力而获得认可。

（原载于《世界海运》2019 年第 2 期）

张锋立诉赵佳雨、宁波浙翼海运有限公司船舶建造合同纠纷案

《船舶修造合同纠纷案例评析》编写组

【关键词】船舶建造合同;分包;价款

【裁判要旨】

实际从事船舶建造的分包人,与定作人之间不存在船舶建造合同关系,不能直接向定作人主张船舶建造款。

【相关法条】

《中华人民共和国合同法》第二百五十一条第一款承揽合同是承揽人按照定作人的要求完成工作,交付工作成果,定作人给付报酬的合同。

【案件索引】

一审:厦门海事法院(2008)厦海法商初字第 308 号(2009 年 7 月 23 日)。

【基本案情】

原告:张锋立。

被告:赵佳雨。

被告:宁波浙翼海运有限公司(以下简称"海运公司")。

原告张锋立诉称:被告赵佳雨和郑志清承包了海运公司的 1.3 万吨油船的建造,2008 年元月 7 日被告赵佳雨与原告签订协议,将该船尾楼至驾驶室(601~608)分段的工程给原告烧焊加工承揽,约定:(1)工程范围,尾楼至驾驶室(601~608)分段的烧焊工程;(2)施工质量要求必须按 CCS 相关规范标准工艺要求进行施工;(3)付款方式,分段报检 60%,大合拢报检 80%,余款

船下水 1 个月付清；(4)结算方式，重量按图纸结算，每吨 430 元。协议签订后，原告加班加点完成船体烧焊工程，经被告验收合格，具体数额存在被告处，双方没有签字确认。经计算，原告完成的工程量总价款为 133 000 元，扣除被告赵佳雨代支付的打磨工人工资 8 625 元，以及预付原告的款项 38 000 元，现余 86 375 元未付。为此，原告请求法院判令被告赵佳雨支付原告工程款 86 376 元；被告海运公司作为工程总发包人，应对被告赵佳雨的支付义务承担连带责任。

被告赵佳雨辩称：原告擅自停工并私自终止合同，给被告造成重大的经济损失。在协议书上的工程范围(601~608)分段包括大合拢在内形成一个整体，并且要经过 CCS 检验合格后，每吨才支付 430 元，但是原告只烧焊了(601~606)和烟囱在内共 7 个分段，其余分段和大合拢都是被告自己完成的。协议书中明确约定分段报检合格后每吨才支付 430 元×60%，然而原告停工前，并没有向被告提供经质检部门签字合格的报检单。工程开工后，因原告晚到，被告代请工人垫付工资 4 560 元；另外，原告烧焊的分段有许多不合格的地方，被告进行整改、返工支付打磨工人工资 2 288 元、其他工资 5 000 元，上述费用都应从原告工程款中扣除。

被告海运公司辩称：其与原告之间不存在船舶建造合同关系。原告提交的证据《协议书》是其与被告赵佳雨所签，赵佳雨既非海运公司的员工，也未得到海运公司授权，《协议书》只能约束原告和赵佳雨。因此原告要求海运公司承担责任没有事实和法律依据。

厦门海事法院一审审理查明：2007 年 7 月份，被告海运公司将 13 000 DWT(CCS)远洋成品油兼化学品船（"泰裕"轮）船体分段建造及合拢工程发包给郑志清施工，并于 2007 年 10 月 12 日补充签订《船体分段及合拢施工合同》，合同约定施工价格按分段钢材实际净重计算，分段建造每吨 1 100 元，合拢施工每吨 330 元，付款方式为分段报检合格后支付 60%，大合拢后付至 80%，余款在下水后 1 个月结清。郑志清承揽到该工程后，又将尾楼至驾驶室 601~608 分段的完成转包给被告赵佳雨。

2008 年 1 月 7 日，原告张锋立与被告赵佳雨签订一份《协议书》，约定由赵佳雨委托原告对海运公司"泰裕"轮尾楼至驾驶室 601~608 分段的工程进行施工，协议内容为：(1)工程范围为尾楼至驾驶室 601~608 分段烧焊工程；

（2）施工质量要求必须按 CCS 相关规范标准工艺要求进行施工；（3）付款方式为分段报检 60%，大合拢报检 80%，余款等船下水 1 个月付清；（4）按图纸重量结算，每吨 430 元。"泰裕"轮尾楼至驾驶室 601～608 分段重量分别为：601 分段（41 481 kg）、602 分段（28 626 kg）、603 分段（52 310 kg）、604 分段（53 402 kg）、605 分段（30 370 kg）、606 分段（31 360 kg）、607 分段（35 488 kg）、608 分段（14 734.4 kg）。原告承揽到该工程后，组织工人施工，并已完成 601～606 分段中合拢的工程，重量合计 237.549 吨。对于 607～608 分段，原告已完成部分施工，剩余部分已由他人施工完毕。除此之外，原告还额外完成烟囱部分，重量为 5.69 吨。

2008 年 4 月 30 日，被告赵佳雨与郑建功签订一份《协议书》，由郑建功对海运公司 13 000 DWT（CCS）远洋成品油兼化学品船（"泰裕"轮）尾楼至驾驶室 601～608 分段整体合拢工程进行施工，工程总价为 8 万元。根据厦门海事法院在（2008）厦海法商初字第 27－51 号案中查明的情况，601～606 分段已完成 CCS 报检，607～608 分段尚未报检，现"裕泰"轮已于 2008 年年底下水。

另查明：被告赵佳雨已经预付原告张锋立工程款 38 000 元，并代原告支付打磨工人工资 8 625 元。被告海运公司尚欠郑志清工程款，但郑志清对被告赵佳雨只剩少部分工程款未付。

【裁判结果】

厦门海事法院依照《中华人民共和国民事诉讼法》第一百三十条、《中华人民共和国合同法》第二百五十一条第一款、《最高人民法院关于民事诉讼证据的若干规定》第二条之规定，判决如下：一、被告赵佳雨应于本判决生效之日起十日内支付原告张锋立 60 127.33 元；二、驳回原告张锋立的其他诉讼请求。案件受理费 1 960 元，由原告张锋立负担 596 元，被告赵佳雨负担 1 364 元。

宣判后，双方当事人均未上诉。

【裁判理由】

厦门海事法院一审审理认为：本案为船舶建造合同纠纷，原告与被告赵佳雨签订的《协议书》在合同性质上属于承揽合同，其内容是双方真实意思表示，且不违反法律规定，合法有效，双方应按照协议内容履行各自的义务。

本案争议的焦点问题在于：

一、原告张锋立已经完成的工程量

厦门海事法院一审审理认为：原告和被告赵佳雨对原告完成的 601～606 分段 237.549 吨以及烟囱部分 5.69 吨的重量没有争议，二者合计 243.239 吨，予以确认。双方有争议的部分是 607～608 分段的重量，原告认为其已经完成了 607～608 分段工程量的 1/3，但被告赵佳雨认为原告只完成 607～608 分段工程量的 1/10。根据《最高人民法院关于民事诉讼证据的若干规定》第二条的规定，当事人对自己的诉讼请求所依据的事实有责任提供证据加以证明，但本案原告对其已经完成的 607～608 分段工程量未予举证，故只对该分段被告赵佳雨自认的数量即 $(35\ 488\ \text{kg}+14\ 734.4\ \text{kg})\times10\%=5.022\ 24$ 吨予以采信。另外，原告认为其还额外完成了 604 分段的附件和瞭望台各 1 000 kg，但原告同样未予举证，在被告赵佳雨不予认可的情况下，对原告该部分主张不予支持。因此，原告完成的总工程量为 $243.239+5.022\ 24=248.261\ 24$ 吨。

二、被告赵佳雨应支付的款项

根据原告与被告赵佳雨签订的《协议书》第 4 条的约定，付款方式为分段报检 60%，大合拢报检 80%，余款等船下水 1 个月付清。双方有争议的问题是原告的工程范围和对《协议书》第 4 条的理解，原告认为，其按约完成了分段，且船舶已经下水，被告应支付全部款项，而被告赵佳雨认为分段包括大合拢在内形成一个整体，原告完成分段报检合格后只应获得工程款每吨 430 元的 60%，在原告完成大合拢后才能获得剩余 40% 的工程款。

厦门海事法院一审审理认为：（1）《协议书》第 1 条已经明确，原告的工程范围仅限 601～608 分段烧焊工程，而不包括大合拢，而且，从被告赵佳雨与郑建功签订的《协议书》可见，被告赵佳雨另外将合拢工程承揽给郑建功施工；（2）《协议书》第 4 条明确是付款方式条款，"分段报检 60%，大合拢报检 80%，余款等船下水一个月付清"应该是对付款期限的约定，而不是对付款数额的约定。另外，《协议书》第 5 条约定结算方式为每吨 430 元，而根据郑志清从被告海运公司承揽过来的价格看，分段建造和合拢施工共计每吨 1 430 元，如果依据被告赵佳雨的辩称其分包给原告的价格每吨 430 元包括分段和大合拢,则二者价格差距甚远,不符情理。因 601～606 分段已经报检,而"泰裕"轮早已下水,故被告赵佳雨应按照每吨 430 元的约定支付全部工程款。对于 607～608 分段,虽然原告只完成了部分工程量,但由于剩余工程已由其他人完成,从公平的原则看,被告赵佳雨应参照合同约定按每吨 430 元对原告已经完成的工程量进行补偿。另外,原告认为 601～606 分段返工共发生的 6 250 元应由被告赵佳雨承担,但原告未对返工部分进行举证,且其返工说明完成的工程质量不过关,由此增加的费用不应由被告承担。综上,被告赵佳雨应支付的总工程款为 248.261 24×430＝106 752.33 元,扣除被告赵佳雨代为支付的工人工资 8 625 元,以及预付原告的款项 38 000 元,尚欠 60 127.33 元。另外,被告赵佳雨辩称,因原告在工程开工后晚到,被告代请工人垫付工资 4 560 元,以及被告对原告完成的工程进行整改而发生的返工打磨工人工资 2 288 元、其他工资 5 000 元,三笔费用共计 11 848 元都应从原告工程款中扣除。被告赵佳雨虽提供了部分工人领取工资的收条,但未证明这些收条系被告垫付或者因原告工程返工而支付工资的收条,亦未证明该收条中的款项不包括在已经扣除的代为支付的工人工资 8 625 元中。因此,鉴于被告举证不充分,对其要求扣除 11 848 元的辩称不予支持。

三、被告海运公司是否应承担连带责任

厦门海事法院一审审理认为:本案船舶建造合同系原告和被告赵佳雨之间订立,而无论是原告与被告海运公司之间,还是被告赵佳雨与被告海运公司之间,都不存在船舶建造合同关系,因此原告要求海运公司对被告赵佳雨拖欠原告的船舶建造工程款承担连带责任的主张没有事实和法律依据,不予支持。原告依据《合同法》有关"建设工程合同"的相关规定来要求被告海运公司承担连带责任,另外《最高人民法院关于审理建设工程施工合同纠纷案件适用法律问题的解释》第二十六条第二款也规定"实际施工人以发包人为被告主张权利的,人民法院可以追加转包人或者违法分包人为本案当事人,发包人只在欠付工程价款范围内对实际施工人承担责任",但案涉合同属于船舶建造合同,在性质上属于承揽合同,而不属于建设工程合同,因此本案并不适用建设工程合同的相关规定。另外,原告认为其雇佣的工人都归被告海运公司管理,被告海运公司应对原告的诉求承担连带责任。原告雇佣的工人

是否被纳入被告海运公司管理,与原告向被告海运公司主张工程款没有法律联系,故原告不得以此为由要求海运公司承担连带责任。

【案例注解】

本案值得讨论的问题是通过分包承揽部分船舶建造工程的建造人能否直接要求定作人支付船舶建造款。

一、合同相对性原则

通常认为合同的相对性主要包括以下几个方面的内容:

1. 合同主体的相对性

合同关系只能发生在特定的主体即合同的当事人之间。只能由合同的一方当事人要求合同的他方当事人履行,合同关系外的第三人无权向合同的他方当事人提出请求;合同的一方当事人只能向合同的对方当事人履行合同项下的义务,向合同权利人以外的任何第三人履行都不能使义务归于消灭;合同关系之外的第三人向合同当事人提出的请求为无权利根据的请求。

2. 合同内容的相对性

除非法律另有规定或合同另有约定,只有合同的当事人才能享有合同项下的权利,承担合同项下的义务。一般合同之债的效力是对内效力,合同项下的权利义务主要对合同当事人产生约束力,而不能对合同当事人以外的第三人产生约束力;合同当事人在缔结合同时,不得为合同以外的第三人设定义务。

3. 合同责任的相对性

这里的合同责任多数情况下是指违约责任,即合同当事人在不履行合同义务时所应承担的责任。因此,合同责任的相对性要求违约责任的主体只能是缔结合同的当事人双方,由违约方向相对方承担责任,合同之外的第三人在任何情况下没有理由承担违约责任。如我国《合同法》第六十五条规定:"当事人约定由第三人向债权人履行债务的,第三人不履行债务或者履行债务不符合约定,债务人应当向债权人承担违约责任。"再如《合同法》第一百二十一条规定:"当事人一方因第三人的原因造成违约的,应当向对方承担违约责任。当事人一方和第三人之间的纠纷,依照法律规定或者按照约定解决。"本案原告向海运公司主张支付其被拖欠的款项,实际是根据其与赵佳雨的合同主张被告海运公司承担违约责任。

本案原告张锋立是案涉船舶建造合同的实际施工人,案涉船舶建造工程由郑志清承包后分包给被告赵佳雨,赵佳雨再将部分工程分转包给原告张锋立,对于定作人海运公司而言,其与原告张峰立不存在任何合同关系,根据合同相对性原则不应承担付款责任,法院判决驳回原告要求海运公司承担连带责任的诉讼请求无疑是正确的。

二、是否应突破合同相对性

船舶建造合同不能参照建设工程的有关司法解释,突破合同相对性原则,理由是:

1. 依据 2005 年 1 月 1 日起施行的《最高人民法院关于审理建设工程施工合同纠纷案件适用法律问题的解释》第二十六条第二款规定,实际施工人以发包人为被告主张权利的,人民法院可以追加转包人或者违法分包人为本案当事人。发包人只在欠付工程价款范围内对实际施工人承担责任。该款规定突破了合同相对性原则,通过加强对实际施工人的保护以达到保护农民工合法权益的立法目的。根据合同主体的相对性,合同关系只能发生在特定的主体之间,只有合同当事人一方能够向合同的另一方当事人基于合同提出请求或提起诉讼。由于实际施工人与转包人、违法分包人和发包人之间存在承包与违法分包两层合同关系,主体不同、内容不同、责任不同,赋予实际施工人对发包人的诉权,发包人对实际施工人并不承担连带责任,而只是在其欠付工程价款的范围内承担责任。司法解释如此规定是为了消除建设工程领域农民工被大量拖欠工资这一严重影响社会稳定的因素,是根据价值取向而对合同相对性进行突破,不能随意推而广之。

2. 承揽合同有别于建筑工程合同。依据《合同法》第二百五十一条规定,承揽合同是承揽人按照定作人的要求完成工作,交付工作成果,定作人给付报酬的合同。船舶建造合同属承揽合同,而根据《合同法》第二百六十九条的规定,建设工程合同是承包人进行工程建设,发包人支付价款的合同。建设工程合同包括工程勘察、设计、施工合同。虽然船舶建造合同也有"建造"二字,但显然不是建设工程施工合同,《合同法》将两种合同均作为有名合同而分别规定更是说明二者有显著区别。因此,船舶建造合同作为承揽合同的一种,显然不适用《最高人民法院关于审理建设工程施工合同纠纷案件适用法律问题的解释》。

3.《合同法》规定的三类合同之一就是以特定的工具和技能完成一定工作任务的合同。这类合同包括承揽合同、建设工程合同和运输合同,承揽合同的规定确立了这一类合同法律适用的一般规则,在对建设工程合同和运输合同,《合同法》就相关问题未做特别规定时,可以适用或参照适用承揽合同的有关规定。如《合同法》第二百八十七条即规定,本章(建设工程合同)没有规定的,适用承揽合同的有关规定。虽然承揽合同与建设工程合同有一定的相似性,但应明确建设工程合同参照适用承揽合同的规定,而非相反。

退而言之,即使本案能突破合同相对性原则,发包方也只能在欠付报酬的范围内承担付款的补充责任,而不是连带责任。

三、从次承揽合同的角度分析本案

依据《合同法》第二百五十四条规定,承揽人可以将其承揽的辅助工作交由第三人完成。承揽人将其成立的辅助工作交由第三人完成的,应当就该第三人完成的工作成果向定作人负责。依据《合同法》第二百五十三条规定,承揽人应以自己的技术、设备和劳力完成主要工作。根据本条规定,主要工作之外的辅助工作可由第三人完成。承揽人将辅助工作交由第三人完成的,承揽人与第三人订立一个新的承揽合同,这称为次承揽合同。次承揽合同虽然与原承揽合同有一定的关系,但在法律上其是一个新成立的独立的承揽合同,并非原承揽合同的组成部分或者是附属合同。合同双方当事人中,定作人为原承揽合同的承揽人,第三人则为新承揽合同的承揽人。本案法院未明确原告承揽的工作是否为原承揽合同中的主要工作,但从其工作内容及工作量分析,本案原告所从事的工作应可认定为辅助工作。因本案有两次的转包行为,本案的承揽合同相对于海运公司签订的承揽合同而言已是次承揽合同了,根据《合同法》第二百五十四条规定的精神,定作人无直接向第三人支付报酬的义务。

(原载于《人民法院案例选》2013年第2辑,总第84辑;并载于《船舶修造合同纠纷案例评析》,人民交通出版社,2014年2月版)

某船务公司诉张某某船舶建造合同纠纷案

——自然人作为承揽方与定作方签订船舶建造合同,其法律效力应如何认定?

《船舶修造合同纠纷案例评析》编写组

【问题提示】

自然人作为承揽方与定作方签订船舶建造合同,其法律效力应如何认定?

【裁判要旨】

自然人作为承揽方与定作方签订船舶建造合同,该合同从主体上分析,并不违反法律、行政法规之效力性强制规定,应认定为有效。

【案例索引】

一审:厦门海事法院(2011)厦海法商初字第115号民事判决书(2011年11月15日)。

二审:福建省高级人民法院(2012)闽民终字第270号民事裁定书(2012年5月14日)。

重审:厦门海事法院(2012)厦海法商初字第191号民事裁定书(2012年11月12日)。

【案情】

一审原告、反诉被告,二审上诉人:某船务公司。

一审被告、反诉原告,二审上诉人:张某某。

厦门海事法院一审审理查明:2010年12月7日,某船务公司(系甲方)与张某某(系乙方)签订了一份《造船合同书》,约定由某船务公司委托张某某建造一艘长53米、宽12.6米、深3米的甲板货船,该船型号为VXD24型、双机型600马力,双方还就设计、建造及验收的依据、工期与交船时间和地点、船价、造船材料供应、付款方式、违约责任等事项进行了详细约定。其中合同第三条约定："1. 交船时间：2011 年 4 月 15 日；2. 交船地点：福建省福安市甘棠港；3. 由于材料设备供不上，而影响工期，双方另议。"第四条约定："甲方付给乙方船舶建造费按钢材每吨 1 700 元计算；船舶装修、机械组装、电路安装等项（详见承包建造甲板货船工程项目表）合计人民币 400 000 元。"合同第五条约定："1. 甲方负责钢材、油漆等材料；2. 机械、电器导航仪等设备由甲方购买，乙方安装（不另行计价）。"第六条约定："1. 办理证件费用 308 000 元，由甲方负责，甲方首付 200 000 元，剩余由乙方负责垫付；2. 甲方在首次购买钢材时，乙方替甲方垫付 200 000 元；3. 乙方造船工程费交船时付给；4. ……"第七条约定："甲乙双方应互相诚信，依法遵守合同，如有违约赔偿给对方总工程款 20% 的违约金。1. 乙方必须按甲方要求施工，必须保证所建船舶总吨在 500 吨以下。甲方监工人员提出的质量问题必须改正或返修。2. 如因甲方材料供应不足造成停工，交船期限顺延。3. ……"合同附件《承包建造甲板货船工程项目》约定："1. 船体建造包工、工具及乙炔、氧气、焊条；2. 船排交费；3. 船下排费（包括工具）；4. 电焊电度费；5. 机舱安装（工具、乙炔、氧气、焊条）；6. 油漆工费（不包括油漆）；7. 木工装修（包工工具）；8. 电工（包工具）；9. 写船号水线工资；10. 探伤报告证书；11. 办理造船出厂证明书；12. 守船工资；13. 船下排拖靠费；14. 船完工试航工资；15. 造船合同及交船协议；16. 税务、工商、边防、海事由乙方负责。"

2010 年 12 月 8 日，张某某（系甲方）与案外人张海军（又名张细润，系乙方）签订一份《船舶建造船体承包合同》，该合同约定由甲方将一艘沿海双尾甲板货船的建造工程承包给乙方，双方就船舶规范、工程造价、建造工期、安全责任、付款方式、工期延误的处理等事项进行详细约定。其中合同第一条约定："船舶规范：建造船长 53 米，宽 12.6 米，型深 3 米，……"第二条约定："工程造价：乙方包工，包工程所需焊条、氧气、乙炔及施工工具，包括吊机，每吨钢板加工费按人民币壹仟贰佰元整计算，钢板计量按实际进场总量过磅计算，余下料扣除。……"第三条约定："建造工期：施工图纸由甲方提供给乙方施工，从动工日 2010 年 12 月 12 日起，乙方必须在 75 天内完成（雨天或停电除外）。"第六条约定："付款方式：合同生效后，甲方先付乙方定金人民币 3 万元整。其他工程款按工程进度付款，余款人民币 1 拾万元整待船舶检验合格后付清。"

2010 年 12 月 7 日,张某某(系乙方)与顺江公司(系甲方)签订了一份有关船舶检验证书的代办协议,该协议约定由顺江公司为张某某办理案涉船舶的检验证书(包括监理、图纸、审图费),办证费用合计 308 000 元。该协议第三条约定:"合同签订之日起交付 15 万元,如因乙方原因提供资料不全不能办理将不退还定金。船舶在建期间二个月内支付甲方 5.8 万元,船舶检验完成后,余款 10 万元交付甲方领取证书,如有拖欠,每月赔偿 3 000 元利息。"该协议的甲方落款处盖有顺江公司的合同专用章,且案外人张义鸿作为该司代表签字确认。2011 年 1 月 30 日,张义鸿出具收条确认,张某某自 2010 年 12 月 7 日至 2011 年 1 月 30 日共计向其支付案涉船舶办证费 160 000 元。

2010 年 12 月 10 日,张某某(系乙方)与顺江公司(系甲方)签订了一份《新造船舶住排协议》,该协议第一条约定:"……2. 乙方工程所需氧气、乙炔及用电由甲方提供。氧气 28 元/瓶,乙炔 83 元/瓶,电费 1.35 元/千瓦时。每月 15 日和 30 日分别结算电费和氧气及乙炔款。乙方接到甲方收款通知,应在五天内付清全款。3. 乙方船舶的下排由甲方组织实施,计收费 10 000 元;住排费 500 元/天,从乙方材料进场之日开始计算,按月结账(住排费停电不计,雨天仍需计算)。……5. 协议签订之日,乙方应支付排位定金 80 000 元,工程动工后按本协议付款,余额在船舶下排前一天结清。在船舶下排时,乙方应支付巡航费 3 000 元。"

2010 年 12 月 7 日至 2011 年 1 月 30 日,某船务公司向张某某的个人银行账户汇款共计 1 700 000 元。2011 年 1 月 20 日,某船务公司出具确认书,对张某某为其垫付购买钢材款项 1 405 777 元的事实予以确认。

2011 年 3 月 2 日,某船务公司(系甲方)与案外人张细润(又名张海军)、林加发、周润福及刘润光等四人(均系乙方)又签订了一份《代垫造船工程协议书》,该合同第一条约定:"甲方大连某船务有限公司于 2010 年 12 月 7 日与张某某签订一份《造船合同书》。根据乙方提供的 2010 年 12 月 8 日与张某某签订《船舶建造船体承包合同》,乙方承包'树林 7 号'船体建造工程。同时,乙方确认其承包'树林 7 号'总合伙人为四人,即张细润、周润福、林加发、刘润玲(系笔误,应为刘润光)。"第二条约定:"乙方工程建造至 2010 年 12 月 27 日止,已完成总吨位 300 吨,每吨工程价是 1 200 元,合计为 36 万元。但张某某仅支付上述款项中的 16 万元,余欠乙方工程款 20 万元不予支付,导致乙方工人工资无法支付,致使工程无法继续完工。"第三条约定:"甲方作为'树林7号'船舶建造业主,现为保证本建造承揽船舶及时下水,获知上述基本事实后,已和张某某沟通,张仍然拒付款项。对此,甲方同意按合同约定的单价款和工程进度,先行向乙方垫付工程款15万元。"第四条约定:"乙方收到甲方15万垫付款后,应及时开工,并保证按照与张某某约定的期限完工。同时,甲方同意乙方按照具体工程进度和购买材料款的实际需求,给予垫付工程款。"第五条约定:"乙方2010年12月8日与张某某签订《船舶建造船体承包合同》对甲方没有约束力。……"

2011年4月1日,某船务公司(系甲方)与案外人王振华(系乙方)签订《代垫建造树林7号木工装修项目协议书》,该协议约定:"……一、甲方大连某船务有限公司于2010年12月7日与张某某签订一份《树林7号木工装修项目》。确认张某某负责按工程进度陆续付款。二、张某某拒付木工装修款,致使"树林7号"工作无法进行,甲方(并且)多次电话通知张某某到船厂,张某某至今未到。三、甲方作为'树林7号'船舶建造业主,现为保证本建造承揽船舶及时下水,获知上述基本事实后,已和张某某沟通,张仍然拒付款项,也不到船厂指挥。对此,甲方决定与木工装修负责人王振华签订木工装修项目。四、安装项目总价为伍万捌仟元。五、合同签订后,甲方付给乙方预付款贰万元,工程进度过半后,再付给乙方3万元。六、完工后调试合格、船检合格,甲方将全部余款付给乙方。七、本协议一式两份,……"

2011年4月1日,某船务公司(系甲方)与案外人苏芝辉(系乙方)签订《代垫建造树林7号机械安装项目协议书》,该协议约定:"……一、甲方大连某船务有限公司于2010年12月7日与张某某签订一份《树林7号机械安装项目》。确认张某某负责按工程进度陆续付款。二、张某某拒付机械安装款,致使树林7号工作无法进行,甲方(并且)多次电话通知张某某到船厂,张某某至今未到。三、甲方作为'树林7号'船舶建造业主,现为保证本建造承揽船舶及时下水,获知上述基本事实后,已和张某某沟通,张仍然拒付款项,也不到船厂指挥。对此,甲方决定与机械安装负责人苏芝辉签订机械安装项目。四、安装项目总价为50 000元(人民币5万元整)。五、合同签订后,甲方付给乙方预付款20 000元(人民币2万元整),工程进度过半后,再付给乙方20 000元(人民币2万元整)。六、完工后调试合格、船检合格,甲方将全部余款付给乙方。……"

另查明,自 2010 年 12 月 17 日至 2011 年 4 月 13 日,因案涉船舶建造工程施工而共耗费电量 33 628 度,按每度电 1.35 元计算,共计产生电费 45 397 元,某船务公司向顺江公司支付了该笔款项,顺江公司为此出具了四份收款收据。此外,截止到 2011 年 2 月 12 日,张某某向案外人张海军(又名张细润)共计支付工程款 160 000 元。

张某某实际取得钢材退款 16 854 元,故张某某实际垫付的钢材购买款为 1 388 923 元。从《造船钢材销售及进账明细表》和编号 0005855 送货单的记载看,就首批购买的钢材而言,张某某于 2010 年 12 月 12 日向赛崎荣常钢材经营部付款 450 000 元,该批钢材送货单记载的送货时间为 2010 年 12 月 13 日。从案涉《代垫造船工程协议书》和张细润于 2011 年 4 月 7 日出具的收条的内容看,某船务公司已依据其与张细润签订的《代垫造船工程协议书》的约定向其支付了本应由张某某支付的上述 200 000 元工程款。张某某曾向福安市向东船舶五交店支付案涉船舶锚机定金 30 000 元且该定金已冲抵货款。张某某于 2011 年 1 月 29 日向安徽省巢湖银环锚链有限责任公司支付案涉船舶的锚链预付款 10 000 元,该款系为某船务公司垫付。张某某因案涉船舶机舱安装工程向张树华支付预付款 32 000 元,因案涉船舶木工工程向陈建乐支付预付款 12 000 元,因案涉船舶电工工程向案外人李坛基支付预付款 20 000 元,因案涉工程向案外人汤奶旺支付油漆工程进场费 1 000 元。

某船务公司因案涉工程于 2011 年 6 月 28 日向顺江公司共计支付 150 900 元,该款包括自 2011 年 4 月 13 日至 6 月 20 日的电费 15 102 元、卸铁费 1 137 元、拖拉机运费 110 元、自 2010 年 12 月 10 日至 2011 年 5 月 31 日的住排费 81 750 元、下排费 10 000 元、巡航费 3 000 元、拖船费 1 000 元、带缆费 1 000 元、房租费 1 800 元、出厂证明文件费 30 000 元以及自 2011 年 6 月 1 日至 6 月 20 日的靠泊费 6 000 元。前述费用共计 150 900 元。某船务公司因案涉工程向案外人尤瑞华支付"写船号水线工资" 4 000 元,向李福作支付守船工资款 18 000 元,向案外人王卫东支付试航工资款 30 000 元。

张某某主张的为某船务公司垫付橡胶护舷定金 3 200 元、为案涉船舶建造工程垫付船舶住排费 80 000 元、为案涉船舶建造工程垫付车辆使用费

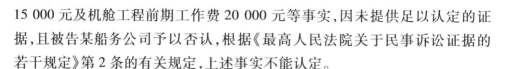

15 000 元及机舱工程前期工作费 20 000 元等事实,因未提供足以认定的证据,且被告某船务公司予以否认,根据《最高人民法院关于民事诉讼证据的若干规定》第 2 条的有关规定,上述事实不能认定。

张某某截止于 2010 年 12 月 27 日共完成工程量 300 吨。

某船务公司主张,张某某施工的工程存在部分返工的情况,由此造成某船务公司遭受相应损失,而张某某对此予以否认,但某船务公司未能提供充分证据证明上述事实。某船务公司主张,其因关于探伤报告证书费用及工商、税务、边防、海事等费用向案外人张义鸿支付了 17 000 元,但未能提供充分证据证明其上述事实主张。

原告某船务公司诉称:2010 年 12 月 7 日,其与张某某签订一份《造船合同书》,约定张某某为其建造一艘船舶,其按每吨钢材 1 700 元的计价方式付给张某某造船报酬,张某某为其垫付办理证件费用 108 000 元和购买钢材款项 200 000 元。双方还约定了交船时间、地点及违约金等事项。此后,某船务公司依约通过银行转账方式先后向张某某账户汇入共计 1 700 000 元。2011 年 2 月中下旬,某船务公司发现张某某收到上述款项后拒绝履行合同,除不向某船务公司支付代垫款 200 000 元外,亦不付雇请承揽工人的工资等,导致船舶建造工程搁置。张某某的行为已明显违约,且其亦已不再继续履行合同,给某船务公司造成重大损失。此外,张某某收到 1 700 000 元后,除支付部分款项外,尚有余款未返还。为此,某船务公司诉请判令:解除 2010 年 12 月 7 日签订的《造船合同书》;返还造船款 337 979 元;支付违约金 300 000 元(其中含利息损失 150 000 元)。

被告张某某辩称:其依约施工,没有违约,但某船务公司擅自解除合同,违约的是某船务公司。我方在第一次进货时已经垫付 250 000 元,不存在没有垫款的事实。我方亦未擅自停工,停工的原因是某船务公司没有及时提供船舶设备材料。某船务公司拒付我方造船款,收买了我方雇佣的造船工人,擅自解除造船合同。某船务公司虽交给我方造船款 1 700 000 元,但该款都用于造船,我方垫付了 227 742 元,并不存在我方占用造船款的事实。据此,某船务公司的诉讼请求不成立,请求予以驳回。

反诉原告张某某反诉称:2010 年 12 月 7 日,其与某船务公司订立一份《造船合同书》,约定了其为某船务公司建造船舶,造船报酬按每吨钢材

1 700 元进行计价,船舶装修、机械组装、电路安装等工程总价为 400 000 元,违约金按总工程款 20% 计算等事项。合同订立后,我方依约履行合同,至 2011 年 3 月止,我方不仅将某船务公司支付的全部款项投入工程,自己还垫付了几十万元。其间,除因某船务公司的材料、设备没有及时提供而误工外,造船进展顺利,符合预期。2011 年 3 月下旬,某船务公司认为我方造船利润过高,企图拒付已建造的 360 吨钢材的报酬,且在没有通知我方的情况下,与我方的造船人员订立合同,干扰我方履行合同,最后干脆擅自解除双方之间的案涉造船合同。为此,我方诉请判令某船务公司继续履行《造船合同书》;支付垫付款、造船报酬计 714 742 元;支付违约金 229 600 元。

反诉被告某船务公司辩称:第一,张某某拒绝履行合同义务,已违约在先,其反诉要求支付违约金的请求不应支持,理由如下:首先,张某某没有依照案涉《造船合同书》第六条的有关约定履行垫付款项义务,已明显违约;其次,张某某于 2010 年 12 月 5 日至 12 月 25 日分别与张义鸿、张细润、叶嫩姿等人签订了造船合同,但张某某在开工后拒付雇佣人员工资,导致船舶建造工程停滞,我方获悉后即赴现场与张某某沟通,但其拒不理睬,放任工期延误,为避免损失进一步扩大,经与造船工人协商,我方断然采取先行垫付造船人员工资款的措施,以确保船舶按时下水。第二,张某某要求我方支付所谓的垫付款没有事实依据,理由如下:首先,我方为履行《造船合同书》先后向张某某的账户汇入 1 700 000 元,其中 200 000 元用作合同约定的"办理证件费用",余款应全部用于购买船用钢材,但张某某于 2011 年 1 月 20 日向我方报账的购买钢材款为 1 405 777 元,且由于采购的钢材严重不符合图纸要求,张某某将价值 43 756 元的钢材退回出售商,并将退款据为己有,故我方仅承认实际购买钢材的款项为 1 362 021 元;其次,我方提交的《代垫造船工程协议书》等已明确约定,张细润、张义鸿等人与张某某签订的协议对我方没有约束力,而上述人员的款项属于劳务报酬,与船舶建造工程款之间没有结算依据。据此,张某某的反诉请求不成立,应予驳回。

【审判】

厦门海事法院一审审理认为:本案系船舶建造合同纠纷,案涉《造船合同书》系由双方当事人平等自愿签订,不违反法律、行政法规的强制性规定,应具有法律效力,双方当事人理应依约行使权利、履行义务。本案的争议焦点有四：

一、关于张某某是否存在违约行为及其应否向某船务公司进行赔偿

某船务公司主张，张某某拒绝履行案涉船舶建造合同，除不为某船务公司支付代垫款 200 000 元外，亦不付雇请承揽工人的工资等，导致船舶建造工程搁置，张某某的上述行为已构成明显违约。从查明的事实看，双方当事人于 2010 年 12 月 7 日签订《造船合同书》，为购买第一批钢材，张某某于同年 12 月 12 日向赛崎荣常钢材经营部支付 450 000 元，该经营部于次日出具送货单进行发货，此前，某船务公司已于同年 12 月 7 日、12 月 11 日分别向张某某汇款 200 000 元和 300 000 元。厦门海事法院一审审理认为：张某某虽客观上未在代购首批钢材时为某船务公司垫付 200 000 元，但其行为亦不构成违约，理由如下：首先，案涉《造船合同书》第六条第二款约定，"某船务公司在首次购买钢材时，张某某替其垫付 200 000 元"，但该约定并未明确垫付的具体方式、某船务公司将来如何返还等问题，因此，该合同条款本身因不明确而缺乏可操作性；其次，案涉《造船合同书》约定由张某某在购入首批钢材时垫付 200 000 元，该约定隐含的意思是某船务公司在购买首批钢材时需要张某某垫付，某船务公司在第二次庭审时亦确认，双方当时约定由张某某垫付上述款项的原因系某船务公司因贷款未到位而出现资金困难，但合同签订后，某船务公司却在张某某支付首批钢材款前向其预付了共计 500 000 元，故张某某事实上已经无须依约垫付 200 000 元；再次，本案并无证据证明某船务公司向张某某所汇的上述 500 000 元款项具有支付钢材款以外的特定用途，故可视为某船务公司以其行为变更了案涉《造船合同书》的相关垫款约定，因此张某某将其中部分预付款用于购买钢材亦不应构成违约；最后，双方当事人在《造船合同书》中约定由张某某在购入首批钢材时垫付 200 000 元的主要目的应是防止因购买款不足而使钢材无法及时供应并最终导致工期拖延，但事实上，首批钢材在案涉《造船合同书》签订后的第五天便已及时发货，本案亦无证据证明案涉工程工期因张某某未垫付 200 000 元钢材款而发生延误。

某船务公司还主张，张某某因拒付承揽工人工资并导致船舶建造工程搁置而构成违约。从某船务公司提交的《代垫造船工程协议书》第二条的内容

可知,某船务公司与案外人张细润于 2011 年 3 月 2 日对张某某尚欠张细润 200 000 元工程款并导致张细润无法支付工人工资而发生停工的事实进行了确认。厦门海事法院认为,首先,张某某是否拖欠张细润工程款的问题理应由案涉《船舶建造船体承包合同》的主体(即张某某和张细润)共同进行结算和确认,某船务公司在仅凭张细润单方确认的情况下即对张某某尚欠张细润工程款 200 000 元做出确认,显然缺乏事实和法律依据;其次,由于案涉造船合同约定的交船时间(即 2011 年 4 月 15 日)还远未届至,本案亦无证据证明案涉工程已因张某某拒付上述工程款而无法及时完工的事实,故某船务公司有关张某某拒付工程款并导致船舶建造工程搁置而构成违约的主张,缺乏相应事实依据。因此,厦门海事法院对某船务公司的前述主张不予采信。此外,从查明的事实看,某船务公司有关张某某施工工程存在质量问题而导致返工并造成其损失的主张亦缺乏相应事实依据,不予采信。

综上,某船务公司虽主张张某某存在多项违约行为,但均未能提供有力的证据予以证明,故对其主张均不予采信。因此,某船务公司以张某某存在违约行为为由要求解除案涉《造船合同书》并赔偿违约金的诉求缺乏事实依据,不予支持。

二、关于某船务公司是否存在违约行为及其应否向张某某进行赔偿

张某某主张,某船务公司擅自解除合同并阻止其继续施工,又与案外人张细润等另行订立造船合同,属于违约行为,但某船务公司对此予以否认。厦门海事法院认为,首先,某船务公司与案外人张细润、叶嫩姿、汤奶旺及王细顺于 2011 年 3 月 2 日分别就代垫工程款事宜订立了《代垫造船工程协议书》和《代垫造船工程油漆项目协议书》,但上述两份合同均未经张某某签字确认,对张某某均不具有法律约束力。《代垫造船工程协议书》第四条约定"乙方(即张细润)收到甲方(即某船务公司)15 万垫付款后,应及时开工,并保证按照与张某某约定的期限完工。同时,甲方同意乙方按照具体工程进度和购买材料款的实际需求,给予垫付工程款",《代垫造船工程油漆项目协议书》第四条也约定"乙方(即叶嫩姿、汤奶旺与王细顺)收到甲方(即某船务公司)5 000 元垫付款后,应及时开工,并保证按照与张某某约定的期限完工。同时,甲方同意乙方按照具体工程进度和购买材料款的实际需求,给予垫付

油漆工程款"。可见,上述两份协议书不仅约定了某船务公司对前述案外人的工程款支付义务,而且也约定了前述案外人须按照其与张某某原先约定期限完工的施工义务。此外,某船务公司在第一次庭审时所作有关"张某某自2011年2月19日起不来施工,单方面停止履行合同"的陈述,也与其所谓"代垫工程款"这一主张互相矛盾。据此,厦门海事法院认为,某船务公司与案外人所签订的《代垫造船工程协议书》与《代垫造船工程油漆项目协议书》,名为代垫工程款协议,实应系某船务公司与案外人就未完工船体建造工程部分和油漆工程部分另行订立的承揽合同。其次,从张某某提交证据4中《甲板货船轮机工程承包合同》及《甲板货船木工项目承包工程》的内容可知,张某某原于2011年2月16日、2月24日将案涉《造船合同书》项下的船舶机舱安装工程和木工工程分别包给福安市华信船舶工程有限公司和陈建乐,然而从某船务公司提交证据10中《代垫建造树林7号机械安装项目协议书》和《代垫建造树林7号木工装修项目协议书》的内容可知,某船务公司又于2011年4月1日通过签订所谓"代垫协议"的方式将案涉船舶上述两项工程另行发包给案外人苏芝辉和王振华。可见,某船务公司与案外人苏芝辉、王振华签署的协议名为代垫协议,实系另行订立的独立承揽合同。最后,案涉船舶的电工工程分包人李坛基出庭作证称:"(2011年)3月中旬,赵树人叫我去做工,我跟被告(即张某某)订的(是)38 000元合同,之前被告给我20 000(元),赵树人说我价格太高,我没有答应。(2011年)4月份,赵树人跟我口头约定26 000元,赵树人说后面的工程他负责,赵树人给我10 000元,还有16 000元没有付给我。"可见,某船务公司又再次撇开张某某,直接与案涉船舶电工工程分包人李坛基另行订立了承揽合同。综上,某船务公司在未与张某某协商的情况下,通过与第三人另订承揽合同的方式表明了其选择单方解除案涉《造船合同书》的真实意思。张某某在第一次庭审时称其因某船务公司干扰而无法继续履行合同,且某船务公司还收买其所属的造船工人并擅自解除造船合同,某船务公司与张某某在第一次庭审时亦均确认张某某仅部分履行案涉《造船合同书》的客观事实,由此可见,某船务公司有关解除《造船合同书》的意思应已传达至张某某。因案涉《造船合同书》的性质系承揽合同,而某船务公司系承揽合同关系中的定作人,依据《合同法》第二百六十八条有关"定作人可以随时解除承揽合同,造成承揽人损失的,应当赔偿损失"的规定,其有权单方面要求解除案涉《造船合同书》,故双方当事人之间的船舶建造合同关系已因某船务公司的单方解约行为而依法解除。因此,在案涉《造船合同书》业已解除且案涉船舶建造工程现已完工的情况下,张某某反诉要求继续履行合同缺乏事实和法律依据,不予支持。

厦门海事法院一审审理认为:某船务公司的前述单方解约行为系行使定作人任意解除权的行为,该行为不属于违约行为的范畴,故张某某要求某船务公司依约赔偿违约金 229 600 元的诉求缺乏法律依据,不予支持。但依照《合同法》第二百六十八条的规定,定作人虽可以随时解除承揽合同,但造成承揽人损失的,应当进行赔偿。本案中,某船务公司依法应赔偿张某某因其单方解约行为而遭受的损失,该损失应包括张某某已完成的工程的报酬,以及张某某就未完成的工程所取得的利益。从查明的事实看,张某某依照案涉《造船合同书》的约定进行施工,共计完成了 300 吨的工程量。上述合同解除后,双方应对已经履行的部分进行结算,某船务公司虽主张张某某施工质量存在问题而造成部分返工,但其并未提供有力的证据予以证明,故某船务公司理应依照《造船合同书》第四条有关每吨 1 700 元的单价约定向张某某支付工程报酬,共计 510 000 元。此外,本案虽无直接证据证明案涉船体建造工程的总工程量,但某船务公司在第二次庭审时自认总工程量为 440 吨,由于张某某未就此提出异议,且该工程量亦应符合案涉《造船合同书》第七条有关船舶总吨应在 500 吨以下的约定,故对某船务公司有关案涉工程总工程量为 440 吨的主张予以采信。据此,张某某未完工的工程量应为 140 吨,如案涉工程由张某某施工至完工,则其依约可就工程未完工部分按每吨钢材 500 元的差价获得利润 70 000 元,但某船务公司行使定作人单方解除权的行为致使张某某无法继续施工并获得上述利润,故某船务公司理应赔偿张某某利润损失 70 000 元。

此外,案涉《造船合同书》第四条约定:"甲方付给乙方船舶建造费按钢材每吨 1 700 元计算;船舶装修、机械组装、电路安装等项(详见承包建造甲板货船工程项目表)合计人民币 400 000 元。"该《造船合同书》的附件《承包建造甲板货船工程项目》载明了应由张某某负责的 16 个项目,其中第一个项目为"船体建造包工、工具及乙炔、氧气、焊条等",该项目依约应按钢材每吨 1 700 元计算造船报酬,其他项目则依约应属于 400 000 元包干费用的范围。

从查明的事实看,某船务公司已经向顺江公司支付了船舶住排费81 750元、船舶下排费10 000元、办理造船出厂证明书费30 000元、巡航费3 000元、拖船费1 000元、带缆费1 000元、靠泊费6 000元等费用,合计132 750元;某船务公司还向顺江公司支付了自2010年12月17日至2011年6月20日因案涉船舶建造工程施工而产生的电费60 499元;某船务公司向案外人王卫东、李福作、尤瑞华分别支付了试航工资30 000元、守船工资18 000元及"写船号水线工资"4 000元。前述费用均因案涉《造船合同书》附件约定项目的实施而发生,合计为245 249元。另外,就案涉《造船合同书》附件所约定的机舱安装、油漆工费、木工装修、电工等项目,张某某原将上述四项工程分别分包给不同的案外人,分包的工程价格合计为158 000元。可见,即使张某某依约完成案涉《造船合同书》附件所约定的前述项目,其亦应支付共计403 249元,而包干费用总额仅为400 000元,故张某某就上述项目而言并未遭受利益损失。

综上,某船务公司依法应赔偿张某某因其单方解约行为而遭受的经济损失共计580 000元。

三、关于张某某应否向某船务公司返还造船预付款及相应数额

张某某主张,某船务公司应返还其垫付的各类款项。从查明的事实看,张某某支出了船舶证件费160 000元、锚机定金30 000元、锚链预付款10 000元、机舱安装工程预付款32 000元、油漆工程进场费1 000元、电工工程预付款20 000元、木工工程预付款12 000元等费用。厦门海事法院认为,首先,案涉《造船合同书》系承揽合同,该合同第五条、第六条已明确约定,某船务公司应负责购买钢材、油漆等材料和机械、电器、导航仪等设备以及负责支付办理证件的费用,而张某某已替某船务公司垫付了船舶证件费160 000元、锚机定金30 000元及锚链预付款10 000元,某船务公司为此节省了相应开支,故其理应向张某某返还上述三笔费用,共计200 000元。其次,机舱安装工程预付款32 000元、油漆工程进场费1 000元、电工工程预付款20 000元、木工工程预付款12 000元等其他费用,系因张某某将案涉船舶建造中的机舱安装、油漆、电工、木工等部分工程分包给相关案外人而预先支付的款项。张某某主张,因某船务公司擅自解除合同而导致其无法继续履行上述分

包合同而发生违约,由此致使其无法收回上述款项而遭受相应损失。厦门海事法院认为,上述款项的性质系预付款而非定金,因此,即使张某某因某船务公司的解约行为而被迫发生违约,相关案外人亦无权要求直接获得相应预付款,该款项理应返还张某某。如因张某某违约而造成相关案外人损失,张某某理应进行赔偿,而张某某亦有权就该项损失要求定作人某船务公司予以赔偿,但张某某并未举证证明损失的存在及数额,故对此不予认定。因此,张某某要求某船务公司返还其支付的机舱安装工程预付款等四笔款项缺乏事实和法律依据,不予支持。再次,对于张某某所主张的船体承包费 160 000 元、工人保险费 7 600 元、打磨工资 1 265 元、更改电气设备费用 300 元、春节工资与伙食费 2 400 元及正月红包 2 200 元等费用,因案涉造船合同系承揽合同,从费用支付的性质和用途看,上述费用均应属于承揽人为完成工作而本应支付的费用,依照《合同法》第二百五十一条的有关规定,上述费用理应由承揽人张某某自行承担。最后,从查明的事实看,张某某有关其为某船务公司垫付橡胶护舷定金 3 200 元、船舶住排费 80 000 元、车辆使用费 15 000 元、机舱安装工程前期工作费 20 000 元的主张缺乏相应事实依据,不予支持。

综上,张某某收到某船务公司预支的工程款共计为 1 700 000 元,而张某某为某船务公司垫付的款项为钢材购买款 1 388 923 元、锚机定金 30 000 元、锚链预付款 10 000 元及船舶办证费用 160 000 元。因案涉造船合同已经解除,依据《民法通则》第 134 条的有关规定,张某某理应将其占有的剩余预付款 111 077 元返还某船务公司。

四、关于某船务公司是否为张某某垫付款项及相应数额

某船务公司主张,其为张某某垫付了船体建造工程款、木工工程款、油漆工程款、机舱安装工程款、电工工程款、船排电费、办证费用等共计 699 758 元。厦门海事法院一审审理认为:从查明的事实看,截止到 2010 年 12 月 27 日,张某某因张细润完成案涉工程 300 吨的工程量而尚欠其工程款 200 000 元,而某船务公司已替张某某向张细润实际支付了该笔款项,故张某某理应将该笔款项返还某船务公司。除上述费用外,某船务公司虽主张其为张某某垫付了其他各项费用,但因缺乏事实或法律依据不予支持。因此,某船务公司本应向张某某支付赔偿款 580 000 元,而某船务公司为张某某垫付了本应

由其向张细润支付的工程款 200 000 元,故某船务公司还应向张某某支付的赔偿款数额为 380 000 元。

综上,厦门海事法院根据《民法通则》第一百三十四条第一款第四项,《合同法》第九十九条、第二百五十一条、第二百六十八条,以及《民事诉讼法》第六十四条第一款的规定,判决如下:

1. 解除大连某船务有限公司与张某某于 2010 年 12 月 7 日签订的《造船合同书》;

2. 张某某应向大连某船务有限公司返还预付款 111 077 元;

3. 大连某船务有限公司应向张某某赔偿损失 380 000 元;

4. 上述二、三两项相抵,大连某船务有限公司应于本判决生效之日起十日内向张某某支付 268 923 元;

5. 驳回大连某船务有限公司、张某某的其他诉讼请求。

本案本诉诉讼费 10 180 元,由大连某船务有限公司负担 8 408 元,由张某某负担 1 772 元。

反诉诉讼费 6 622 元,由张某某负担 3 957 元,由大连某船务有限公司负担 2 665 元。财产保全费 1 270 元,由张某某负担 759 元,由大连某船务有限公司负担 511 元。

宣判后,双方当事人均不服提起上诉。福建省高级人民法院二审审理认为,原判决认定事实错误。依照《民事诉讼法》第 153 条第 1 款第 3 项之规定,做出裁定如下:

1. 撤销厦门海事法院(2011)厦海法商初字第 115 号民事判决;

2. 发回厦门海事法院重审。

本案发回重审后,双方当事人均向厦门海事法院申请撤回起诉,厦门海事法院裁定予以准许。

【评析】

从双方的诉辩主张分析,合同的效力不是本案双方当事人的争议焦点,双方均认为案涉造船合同具有法律效力。合同的效力是合同自由、当事人意思自治与基于特定理由的国家管制、干预之间冲突和协调的结果,就合同纠纷案件法院应适用相关立法主动审查合同效力,从而实现国家对合同效力的规制。本案虽然当事人对合同效力无异议,但合同法律效力如何是法院审理案件时应首先明确的法律问题。

二审法院认为,我国对民用船舶实行工业产品许可证管理制度,我国《工业产品生产许可证管理条例》第5条规定,任何企业未取得生产许可证不得生产列入目录的产品。张某某作为个人,根本不具备建造船舶的资格。因此,案涉合同应认定无效。而一审法院认定案涉船舶建造合同有效属认定事实错误,故应发回重审,由一审法院就合同效力对当事人进行释明。在造船实务和海事审判实践中,自然人作为承揽方签订造船合同屡见不鲜,因此,此类合同的法律效力是否会因自然人不具备法定资质而导致无效值得研究。

关于合同的法律效力,《合同法》第五十二条规定了合同无效的法定情形:一方以欺诈、胁迫的手段订立合同,损害国家利益;恶意串通,损害国家、集体或者第三人利益;以合法形式掩盖非法目的;损害社会公共利益;违反法律、行政法规的强制性规定。纵观本案,可能导致合同无效的因素是张某某作为承揽方订立船舶建造合同是否违反法律或行政法规的规定。对《合同法》第52条中法律和行政法规应做狭义理解,《最高人民法院关于适用〈合同法〉若干问题的解释(一)》第4条规定,合同法实施以后,人民法院确认合同无效,应当以全国人大及其常委会制定的法律和国务院制定的行政法规为依据,不得以地方性法规、行政规章为依据。何谓强制性规定,《最高人民法院关于适用〈合同法〉若干问题的解释(二)》第14条规定,《合同法》第五十二条第五项规定的"强制性规定",是指效力性强制性规定。因此,判断本案造船合同的法律效力应查现行法律或行政法规是否有关于船舶建造资质的效力性强制性规定。

我国曾对船舶建造实行许可证管理。船舶属工业产品,国务院发布的《工业产品生产许可证试行条例》第3条第2款规定,国务院产品归口管理部门负责归口产品的生产许可证的颁发和管理、监督工作。为了加强船舶工业(民用)产品的质量管理与监督,提高企业素质,确保产品质量,中国船舶工业总公司制定《中国船舶工业总公司关于船舶工业产品生产许可证管理办法》,该办法第2条规定,对中国船舶工业总公司归口管理的重要产品,均实施工业产品生产许可证的发放。本管理办法适用于全国所有生产与管理船舶工业产品的企事业单位。可见,先前民用船舶的生产实行许可证制度。但《工业产品生产许可证试行条例》已被《工业产品生产许可证管理条例》

（2005 年 7 月 9 日发布）废止，《中国船舶工业总公司关于船舶工业产品生产许可证管理办法》失去其制定依据，民用船舶生产的许可证制度随之失效。

船舶属工业产品，应适用《工业产品生产许可证管理条例》，该条例于 2005 年 6 月 29 日由国务院第 97 次常务会议通过并以第 440 号国务院令公布，自 2005 年 9 月 1 日起实施，根据《立法法》的规定，本条例属行政法规无疑。《工业产品生产许可证管理条例》第 5 条规定，任何企业未取得生产许可证不得生产列入目录的产品。任何单位和个人不得销售或者在经营活动中使用未取得生产许可证的列入目录的产品。第 2 条规定，国家对生产下列重要工业产品的企业实行生产许可证制度：乳制品、肉制品、饮料、米、面、食用油、酒类等直接关系人体健康的加工食品；电热毯、压力锅、燃气热水器等可能危及人身、财产安全的产品；税控收款机、防伪验钞仪、卫星电视广播地面接收设备、无线广播电视发射设备等关系金融安全和通信质量安全的产品；安全网、安全帽、建筑扣件等保障劳动安全的产品；电力铁塔、桥梁支座、铁路工业产品、水工金属结构、危险化学品及其包装物、容器等影响生产安全、公共安全的产品；法律、行政法规要求依照本条例的规定实行生产许可证管理的其他产品。本条第一至第五项规定的工业产品未包括船舶，查现行有效的法律及行政法规，并无要求船舶的生产实行许可证管理的规定，因此，根据本条规定，船舶的建造并未实行许可证管理，自然人也可以作为船舶建造方。

我国《船舶登记条例》第 15 条规定，船舶所有人申请船舶国籍，除应当交验依照本条例取得的船舶所有权登记证书外，还应当按照船舶航区相应交验下列文件：航行国际航线的船舶，船舶所有人应当根据船舶的种类交验法定的船舶检验机构签发的下列有效船舶技术证书：国际吨位丈量证书、国际船舶载重线证书、货船构造安全证书、货船设备安全证书、乘客定额证书、客船安全证书、货船无线电报安全证书、国际防止油污证书、船舶航行安全证书、其他有关技术证书；国内航行的船舶，船舶所有人应当根据船舶的种类交验法定的船舶检验机构签发的船舶检验证书和其他有效船舶技术证书。从该规定分析，民用船舶的质量虽然属涉及生命财产安全的重要工业产品，但船舶的质量安全可以不实行许可证管理的办法，船舶在登记之前的法定检验可以起到控制船舶质量安全的作用。

综上,案涉船舶建造合同以自然人作为承揽方订立,并不违反法律或行政法规的效力性强制性规定,具有法律效力。

(原载于《船舶修造合同纠纷案例评析》,人民交通出版社,2014 年 2 月版)

尤某某诉某船业公司船舶修理合同纠纷案

——定作人未按约定支付工程进度款,造成承揽人未能按合同约定交付成果的,能否援引先履行抗辩权免除延期交付成果的责任?

《船舶修造合同纠纷案例评析》编写组

【问题提示】

定作人未按约定支付工程进度款,造成承揽人未能按合同约定交付成果的,能否援引先履行抗辩权免除延期交付成果的责任?

【裁判要旨】

根据《合同法》第六十七条的规定,在定作人未能按约定支付工程进度款时,承揽人可以行使先履行抗辩权拒绝进行下一步的工作,并对因此造成的迟延不承担违约责任。

【案例索引】

一审:厦门海事法院(2009)厦海法商初字第 491 号民事判决书(2010 年 9 月 3 日)。

二审:福建省高级人民法院(2011)闽民终字第 118 号民事调解书(2011 年 6 月 16 日)。

【案情】

被上诉人(一审原告、反诉被告):尤某某。

上诉人(一审被告、反诉原告):某船业公司。

厦门海事法院一审审理查明:2009 年 6 月 2 日,尤某某与某船业公司签订一份《开关舱系统安装承揽协议书》,约定由某船业公司将“命运皇后”轮舱盖开关舱系统工程委托给尤某某施工,具体范围包括 1、2 号舱 20 片舱盖所有行走轮的加工及安装,开舱及关舱的(4/5)液压马达、链条、导轮的加工、安装、调试完整,舱盖托架、导轨、导板及拉链护板的安装;安装地点在某船业公司舾装码头;安装工期从汇款之日起 30 天完工(加工件 20 天,安装

10 天），在安装期内因不可抗力造成的误工顺延，逾期一天罚款 5 000 元；工程造价为包干 380 000 元；付款方式为从签订本协议日付备料款 100 000 元，加工件进厂之日付进度款 150 000 元，行走轮安装完整付进度款 50 000 元，余款调试完整经某船业公司验收合格结清。

合同签订后，某船业公司于 2009 年 6 月 3 日通过银行转账支付尤某某 100 000 元，尤某某遂组织工人积极备料和加工作业，然后进厂安装。2009 年 6 月 25 日，某船业公司又支付尤某某 50 000 元。2009 年 6 月 27 日，某船业公司再支付尤某某 50 000 元。现舱盖工程已完成，船舶修理完毕并交付船东使用。

尤某某工程队只完成了《开关舱系统安装承揽协议书》要求的加工和安装作业，而未对系统进行调试及验收。某船业公司没有充分证据证明尤某某完成的舱盖开关舱系统加工和安装任务因重大质量问题而全面返工。尤某某工程队加工件进厂时间是 2009 年 6 月 24 日，安装完工时间是 2009 年 7 月 17 日。根据合同约定，尤某某本应在 2009 年 7 月 2 日安装完工，但尤某某迟至 2009 年 7 月 17 日才安装完成，工程延期 15 天。

原告尤某某诉称：2009 年 5 月 30 日，双方当事人订立《开关舱系统安装承揽协议书》，约定由某船业公司将"命运皇后"轮舱盖开关舱系统工程承揽给尤某某制作，工程包干价 380 000 元，工期 30 日，逾期一天罚款 5 000 元。协议签订后，原告尤某某组织工人精心制作，并于协议约定的期限内全面完成任务，且经被告某船业公司验收合格交付使用。被告某船业公司除支付原告尤某某 200 000 元外，余款 180 000 元至今未付，其行为构成违约，故请求法院依法判令被告某船业公司立即返还原告尤某某拖欠的船舶开关舱建造余款 180 000 元，并支付该款项从 2009 年 8 月 1 日起算至实际结清日止按银行同期利率计算的利息。

被告某船业公司辩称：原告尤某某并未按照合同约定履行完舱盖开关舱系统工程制作和施工，无权向被告主张合同约定的权利。

反诉原告某船业公司诉称：2009 年 6 月 3 日，反诉原告某船业公司与反诉被告尤某某订立《开关舱系统安装承揽协议书》，委托反诉被告尤某某为"命运皇后"轮加工、安装、调试舱盖开关舱系统，工程总价 380 000 元，分四期支付，同时还约定 30 天内完成全部工程，逾期一天罚款 5 000 元。合同签订后,反诉原告某船业公司依约向反诉被告尤某某支付了部分工程款200 000元,但反诉被告尤某某未依约完成舱盖开关舱系统的加工、安装、调试工程,致使反诉原告某船业公司不得不自行完成"命运皇后"轮舱盖开关舱系统的加工、安装、调试工作,工期也被迫严重延长。此后,反诉原告某船业公司多次要求反诉被告尤某某退还已付款项并按约支付罚款,但反诉被告尤某某均置之不理。反诉原告某船业公司认为,反诉被告尤某某的行为已构成违约,故请求法院依法判令:反诉被告尤某某向反诉原告某船业公司返还工程款200 000元及该款自2009年6月3日起至判决确定的支付之日止按银行同期贷款利率计算的利息;反诉被告尤某某向反诉原告某船业公司支付延期55天的违约金275 000元。

反诉被告尤某某辩称:其完全依照合同约定完成承揽任务,没有延误工期。即便工程存在延期,责任也在于某船业公司自己,因为其在加工件进厂时,反诉原告某船业公司并未按照协议约定支付进度款,而且进厂时还遇到雨水天气。反诉被告安装的开关舱盖系统完全符合定作质量要求,理当支付工程款项。在施工过程中,开关舱工程必须与反诉原告某船业公司的油压动力系统相配合,但某船业公司的油压动力系统已损坏,无法给开关舱系统提供动力,油压系统经修复后便对开关舱系统进行调试,工程符合要求。退一步说,即便工程存在质量问题,反诉原告某船业公司亦应通知尤某某修理或者重做,但某船业公司并未通知反诉被告尤某某。

【审判】

厦门海事法院一审审理认为:被告将"命运皇后"轮船舶修理中的舱盖开关舱系统承揽给原告施工而发生案涉纠纷,故本案为船舶修理合同纠纷。原、被告之间订立的合同是双方真实意思表示,不违反法律的强制性规定,合法有效,双方应按照合同约定行使权利、履行义务。双方的争议焦点在于:

一、关于工程款问题

案涉工程总包干价380 000元,根据合同约定,签订协议之日某船业公司付备料款100 000元,加工件进厂付进度款150 000元,行走轮安装完整付进度款50 000元,余款调试完整经某船业公司验收合格结清。现尤某某已经完成了行走轮的安装任务,某船业公司应支付的款项为300 000元,扣除已经支付的 200 000 元,某船业公司还应支付 100 000 元。至于余款 80 000 元,合同约定的支付条件是"调试完整"且"经被告验收合格",但尤某某仅完成安装,并未进行调试,且证人尤雪树也证明工程安装后还存在补焊的工作,而证人郑里光亦证明舱盖开关舱调试是由其他工程队完成的,说明工程的调试还包括修补等任务,而尤某某未完成调试,又没有证据证明经被告验收合格,故对于尤某某要求某船业公司支付余款 80 000 元的主张,一审法院不予支持。综上,原告有权要求被告支付工程款 100 000 元,被告本应在安装完成之日即 2009 年 7 月 17 日支付该款,逾期未付,原告有权从 2009 年 7 月 18 日起主张利息,现原告起诉从 2009 年 8 月 1 日起算利息,一审法院予以支持,故被告还应支付欠付工程款从 2009 年 8 月 1 日起计算至一审法院确定的支付之日止,按照中国人民银行同期一年期贷款基准利率计算的利息。

至于反诉原告某船业公司要求反诉被告尤某某返还已付工程款 200 000 元并支付利息的主张,由于反诉原告某船业公司并无证据证明反诉被告尤某某完成的工程存在重大质量问题而全面返工,故对于反诉原告的请求一审法院不予支持。

二、关于延期违约金问题

根据合同"逾期一天罚款 5 000 元"的约定,反诉原告某船业公司要求反诉被告尤某某支付延期 55 天的违约金 275 000 元。根据已查明的事实,反诉被告承揽的工程已构成延期,但对于延期的原因,反诉被告认为主要是反诉原告没有依约支付第二期进度款 150 000 元,故工期延误的责任在于反诉原告自己。就此主张,一审法院认为,双方合同明确约定"加工件进厂之日付进度款 150 000 元",可见反诉原告本应在 2009 年 6 月 24 日支付原告进度款 150 000 元,但反诉原告迟至 2009 年 6 月 25 日、2009 年 6 月 27 日才分别各支付 50 000 元,说明反诉原告不仅没有及时支付进度款,在金额上也少支付了 50 000 元。根据《合同法》第六十七条的规定,当事人互负债务,有先后履行顺序,先履行一方未履行的,后履行一方有权拒绝其履行要求,先履行一方履行债务不符合约定的,后履行一方有权拒绝其相应的履行要求。本案中,由于双方约定加工件进厂之日即需支付 150 000 元,在反诉原告未按约支付进度款时,反诉被告有权根据《合同法》第六十七条的规定拒绝履行加工件安装任务,在反诉原告支付了部分进度款后,反诉被告也陆续完成了安装作业,与原约定的工期比较迟延15天应属合理的范围之内。可见,反诉被告迟延履行是行使法律赋予的先履行抗辩权的结果,工期迟延的原因应属反诉原告未依约支付工程进度款,其后果应由反诉原告自己承担,故对反诉原告要求反诉被告支付违约金275 000元的主张不予支持。

综上,依照《合同法》第六十条第1款、第67条、第107条、第251条第1款和《最高人民法院关于民事诉讼证据的若干规定》第2条之规定,厦门海事法院做出判决如下:

1. 被告某船业公司应于本判决生效之日起十日内支付原告尤某某工程款100 000元,并支付该款从2009年8月1日起至一审法院确定的支付之日止按中国人民银行同期一年期贷款基准利率计算的利息;

2. 驳回原告尤某某的其他诉讼请求;

3. 驳回反诉原告某船业公司的全部诉讼请求。

本诉案件受理费3 900元、反诉案件受理费4 212.5元,由原告(反诉被告)尤某某负担1 733元,被告(反诉原告)某船业公司负担6 379.5元。

宣判后某船业公司不服,向福建省高级人民法院提起上诉称:1.原审对证据的审核认定存在重大错误,并因此做出了错误的事实认定。原审对上诉人提交的"启明星"轮船舶临时登记证书、《舱盖工程验收声明》不予采信缺乏依据。对上诉人提交的《问题清单》未组织当事人进行质证,对该证据不予采信显然不能成立。原审错误采信了被上诉人提供的证人证言,并据此错误认定被上诉人完成了工程的制作和安装作业。2.原审忽略合同整体性,对合同简单进行分割,并由此做出了错误的认定。被上诉人应完成的合同义务包括加工、安装、调试三个阶段,任何一个阶段都是被上诉人全面履行合同义务不可或缺的。即便如原审判决所认定的被上诉人已经完成加工、安装,但只要调试未能完成,便无法证明此前的加工、安装是否符合合同约定。3.被上诉人承揽的工程已构成延期。原审在认定工期时,未考虑被上诉人制作、安装工程是否合格,若不合格,本身就不存在完工的说法,并且原审未将调试及整改所需的时间计入延期。上诉人不存在延期付款的情形。4.被上诉人未全面适当履行合同义务,构成违约,应承担违约责任。请求撤销原审判决,改判驳回被上诉人的全部诉讼请求,支持上诉人的全部诉讼请求。

本案在审理过程中,经福建省高级人民法院主持调解,双方当事人自愿达成如下协议:

1. 某船业公司应在调解协议签订之日起 20 日内支付给尤某某 73 000 元,双方确认本案船舶修理合同不存在任何纠纷,双方均不得再向对方主张任何权利。该款项支付至以下账户:开户行农行福建省宁德市赛岐经济开发区支行赛岐分理处,户名尤某某,账号 622848154237999××××。具体的付款方式如下:签订协议之日起 5 日内支付 33 000 元,另 40 000 元在协议签订之日起 20 日内付清。

2. 一审案件受理费按照一审判决执行,二审案件受理费由某船业公司承担。

3. 调解协议经双方当事人签字确认后即生效,某船业公司应按协议支付款项,若某船业公司未履行本协议,则双方的权利义务按照厦门海事法院(2009)厦海法商初字第 491 号民事判决执行。

二审案件受理费减半收取 3 189.75 元,由上诉人某船业公司负担,一审案件受理费按一审判决执行。

【评析】

本案涉及先履行抗辩权问题。所谓先履行抗辩权,是指合同约定了债务履行的先后顺序,在按约定应先履行的一方当事人未履行之前,后履行一方有权拒绝其履行请求,先履行一方履行债务不符合约定的,后履行一方有权拒绝其相应的履行请求。就先履行抗辩权《合同法》第六十七条规定,当事人互负债务,有先后履行顺序,先履行一方未履行的,后履行一方有权拒绝其履行要求。先履行一方履行债务不符合约定的,后履行一方有权拒绝其相应的履行要求。根据本条先履行抗辩权的行使必须符合以下条件:

首先,当事人基于同一双务合同互负债务。只有在双务合同中才存在先履行抗辩权的问题,且双方当事人的债务是基于同一双务合同而发生,互为对待给付。其次,双方互负的债务有先后顺序,且后履行一方的债务已届清偿期。只有当事人互负的债务有先后履行顺序才可能发生后履行抗辩权,此外,也必须是后履行一方的债务已届清偿期,否则不可能有后履行一方拒绝其履行的可能。再次,先履行一方未履行或履行不当。只有在先履行义务一方未履行或履行义务不符合合同约定时,后履行一方才能行使先履行抗辩权。此处的义务应该是合同的主给付义务，如果仅是从给付义务未履行的，一般不发生先履行抗辩权。必须强调的是，抗辩权的行使应与违约行为相对应，非违约方不能因轻微的违约行为而拒绝履行其全部义务。

承揽合同是典型的双务合同，《合同法》第二百五十一条第 1 款规定，承揽合同是承揽人按照定作人的要求完成工作，交付工作成果，定作人给付报酬的合同。取得报酬是承揽人的主要权利，交付工作成果是其主要义务；定作人支付报酬是其主要义务，接收工作成果是其主要权利，二者互为对待给付。本案合同约定作为定作人的被告按照工程的进度支付款项，由于承揽人主要是以自己的技术和设备通过提供劳务完成工作，除非有特殊约定，否则承揽人没有垫资的义务；结合定作人支付备料款后才开工的合同约定，"按照工程进度付款"应理解为定作人支付款项的义务在先，承揽人继续进行工作的义务在后。由于定作人未按时支付进度款，而取得报酬是承揽人的主要权利，定作人延期付款的行为属重大违约事项，承揽人有权根据《合同法》第六十七条的规定行使先履行抗辩权，拒绝履行加工件安装任务这一相对应的义务。反诉原告某船业公司请求反诉被告尤某某按照合同"逾期一天罚款5 000 元"的约定承担违约责任，但由于延期是承揽人行使先履行抗辩权所致，故反诉被告尤某某不应对因此造成的迟延不承担违约责任，一审法院判决驳回反诉原告某船业公司的诉讼请求是正确的。

需要注意的是，承揽合同仅仅约定按工程进度付款可能在理解上存在歧义，是必须完成一定的工程量后才支付款项，还是支付款项在先？此后承揽人才有继续进行下一步工作的义务？为此，建议承揽合同约定的付款时间不能简单约定为按工程进度付款，而应明确付款与工作的先后顺序。

（原载于《船舶修造合同纠纷案例评析》，人民交通出版社，2014 年 2 月版）

某船舶公司诉车某某等船舶改建合同纠纷案

——船舶建造合同中,定作人能否因承揽人
未完成合同约定的工作而留置承揽人所有的工具?

《船舶修造合同纠纷案例评析》编写组

【问题提示】

船舶建造合同中,定作人能否因承揽人未完成合同约定的工作而留置承揽人所有的工具?

【裁判要旨】

我国《合同法》第十五章承揽合同仅仅对承揽人享有的留置权做出了规定,但是对定作人是否享有留置权并未做出规定。在承揽合同下,定作人是否享有留置权,可以依据物权法中有关留置权成立的规定加以判断。

【案例索引】

一审:厦门海事法院(2007)厦海法商初字第 383 号民事判决书(2008 年 10 月 7 日)。

【案情】

一审原告、反诉被告:某船舶公司。

被告、反诉原告:车某某。

被告:张某某。

厦门海事法院查明:2007 年 7 月 11 日,车某某、张某某与某船舶公司签订《"滇池"号船体改建工程承包合同》。合同约定了工程范围,工程周期为整船动工起 3 个月内完成,在此期间内完成,某船舶公司奖励其 500 000 元;在 3 个半月内完成,则奖励 300 000 元;若超过该期限,过 5 日后则每天处罚 10 000 元。第三条"工程改建工资"约定:"本工程所有改建项目工资按照钢板以及所有管路的实际用量计算,每吨 1 300 元。船体机舱前壁至首楼舱壁后,所有切割均由乙方(车某某、张某某)负责,甲方(某船舶公司)一次性补贴 80 000 元。"第四条"付款方式"约定:"乙方施工人员进场后,甲方付给乙

203

方伙食费 20 000 元。施工一个月后,甲方根据乙方的施工工程量估算实际重量,并按 60% 预付工程工资款。乙方完成密性报检及检验合格后,甲方付给乙方 20% 工程工资款,甲方取得检验证书后,除预留 60 000 元质量保证金外,其余工程工资款支付给乙方。"关于质量要求,合同第五条规定乙方应按某船舶公司提供的图纸、技术资料、工艺要求施工,严格履行三级检验制度,满足船检规范要求,如检验不合格,所造成的损失应由其负责;不按图纸、工艺施工,造成返工材料浪费,全部费用及损失概由其承担,并于当日办妥其承担损失手续并备案,损失费用在当月工程费中扣除。关于材料工具使用,《合同法》第六条规定,起吊设备、生产工具、电焊机、割枪、乙炔管、焊钳、线以及易耗品均由乙方负责;甲方为乙方代购二氧化碳机 6 台(500 A)、电焊机 20 台(500 A)等设备工具,款项由乙方支付。但因某船舶公司未依约实际代购,故车某某个人出资 94 000 元购买二氧化碳机 6 台(500 A)、电焊机 20 台(500 A);同时将其个人手执之合同条款中约定应添置而未实际购买设备"振(镇)流机 5 台、35 m² 电焊线 600 米、50 m² 电焊线 800 米"的内容删去。合同同时约定由某船舶公司为其承办团体人身意外伤害保险,并就其他相关事项进行了约定。在某船舶公司修造、改建船舶过程中,尚另行购买了人数为 500 人的雇主责任险。

签约后,车某某、张某某即着手施工前的相关准备工作,组织施工人员,添置或购进施工工具设备。7 月 16 日,在经某船舶公司门卫登记、检查后正式进厂施工。7 月 25 日,车某某购买了人数分别为 24 人和 36 人的两份团体人身意外伤害综合险;8 月 13 日,车某某又购买了人数为 31 人的上述保险。在施工期间,某船舶公司支付给车某某、张某某各项款项共计 224 000 元。在合同履行过程中,因双方对施工进度、质量以及款项支付数额、期限发生争议,10 月 2 日,车某某率队离开施工现场。

根据"滇池"轮轮机长记录簿记载,7 月 16 日,船舶改建工程开工。直至 10 月 2 日,已有部分舱位无工人施工;10 月 3 日,记载"原股东彻底破产";4 日,"第 1、3、4 舱工人正常上班,第 2 舱工头跑";7 日与 8 日,第 2、3 舱工人进驻;9 日,工头张某某取焊机做舱盖。11 月 23 日记载,厂方告知次日(即 24 日)晚出坞。后因车某某、张某某承包的"滇池"号船体改建工程未能在双方约定的期间内履行完毕,发包方某船舶公司将后续工程转包他人,移至其另一船坞内,由包括证人张波、被告张某某以及其他案外人在内继续施工。直至该年度结束,"滇池"号船体改建工程尚未完工交付使用。

某船舶公司置有两道值班门岗,具体负责进出厂施工队伍携带工具登记、检查、放行工作。依据某船舶公司《关于外包工程队自带设备、工具等进出厂的管理规定》,外包工程队自带设备、工具进厂,应经其负责人向厂方生产部门领导提出书面申请,并附带入厂设备、工具清单,经批准后方可入厂;进厂时,需出示给值班门卫并经门卫核对,并制作入厂记录。出厂时,也需工程队负责人向厂方生产部门领导提出申请,并附带清单,经其核准,开具出门单,出示给门卫核对无误后出厂。但因值班门卫登记未采用一式两联或复写制度,而是由工程队伍携带工具进场人员直接在门卫记录本/簿上登记,经门卫核对后放行进/出,故车某某并未留有携带工具设备进场清单或底稿。

为履行上述"滇池"号船体改建工程承包合同,车某某添置施工所需的设备与工具大件主要有:(1)上海"金科"牌二氧化碳焊机 WB-500KR 6 台,单价 9 000 元,共计 54 000 元;(2)上海"沪通"牌交流电焊机(500 A)20 台,单价 2 000 元,共计 40 000 元;(3)镇流电焊机及其电阻器 3 台(当地改装),单价 5 200 元,共计 15 600 元;(4)格兰仕空调 KF_35-42-46 型 3 台,KF_33 型 1 台,共计 8 300 元;(5)上海"麦华"牌轨道切割机 30 型 3 台,单价 1 000 元,共计 3 000 元;(6)南平"太阳"牌电焊线 70#1 630 米,单价 26.80 元/米,共计 43 684 元;(7)固定轴直流风机 8 台,单价 300 元/台,共计 2 400 元;(8)轴流风机(5 号 220 V)1 台,单价 280 元/台,共计 2 240 元;(9)开关箱(60 A,商家加工)4 套,单价 1 100 元/套,共计 4 400 元;(10)手拉葫芦 5 吨×3 米 4 台,单价 380 元/台,共计 1 520 元;3 吨×3 米 6 台,单价 280 元/台,共计 1 680 元;2 吨×3 米 10 台,单价 190 元/台,共计 1 900 元;(11)螺纹千斤顶 10 吨×8 个,单价 180 元/个,共计 1 440 元;16 吨×2 个,单价 250 元,共计 500 元;(12)"红旗"牌氧气、乙炔表 58 套,单价 90 元/套,共计 5 220 元;以上设备工具总额共计 185 884 元。上述设备工具经厦门海事法院向同类厂家调查核实,与市场价格相符。

原告某船舶公司诉称:2007 年 7 月 11 日,其与被告车某某签订了《"滇池"号船体改建工程承包合同》。合同约定由被告车某某承包其所属"滇池"号船体改建工程,工期 3 个月。7 月 16 日,被告正式动工后,因未积极合理地组织人员进行施工,导致工程工期大幅延误,至约定施工期限届满后,也未将工程报验合格交付原告。10月2日,被告车某某又无故违反合同约定,撤走施工人员,导致工程停工,原告也无法联系被告本人。因被告未履行合同义务,给其方造成巨大损失。为此请求法院依法判令:(1)解除其与被告车某某签订的工程承包合同;(2)判令被告车某某支付违约金1 050 000元并赔偿相应经济损失(庭审时某船舶公司明确数额为2 830 000元)。

被告车某某辩称:2007年7月11日,其与某船舶公司签订《"滇池"号船体改建工程承包合同》属实,但原告诉称其违约以及延误工期3个月无事实依据。为履行合同其依约进场施工,后因某船舶公司未及时支付工程款,致其无力继续垫资施工。2007年10月18日,因某船舶公司违约,其发函解除合同,某船舶公司对此并无异议,故双方已不存在合同关系。

车某某同时提起反诉称:合同签订后,其即依约组织人员,购买设备,于2007年7月16日进场施工。施工一个月后,某船舶公司未依约按其实际完成工程量及时支付工程、工资款,反而导致其自身垫资280 500元。至同年10月初,其实际完成工程钢板量318.72吨,工程款已达557 000元,经多次与对方交涉催款无果。因其已无力继续垫资施工,为此拖欠员工工资约170 000元,员工因此集体撤走,其也被迫于10月2日停止履行合同,要求解约并对工程进行清算。但均遭对方拒绝,并扣留其设备及工具,价值243 576.5元。依据相关法律法规规定,承揽修造船舶工程应是具备相应资质要求之法人。其与张某某均无任何修造、改建船舶资质,不具备签订、履行《"滇池"号船体改建工程承包合同》的主体资格,因此依法应当认定承包合同无效。根据《合同法》第五十八条规定,为此请求:依法认定双方签订的《"滇池"号船体改建工程承包合同》无效;判令某船舶公司返还其所有的价值243 576.5元的生产设备及工具(具体台数、件数详见清单);判令某船舶公司支付拖欠其工程、工资款333 166.1元,并按银行逾期贷款支付利息(从反诉之日至被反诉人还清欠款为止)。因车某某在本诉中辩称"滇池"船体改建合同已实际解除,而在反诉中主张合同无效并主张工程款,本诉辩称与反诉主张矛盾。经厦门海事法院释明后,在庭审过程中,其诉讼代理人当庭明确放弃合同无效请求和相关主张,保留主张合同解除的权利。在第二次庭审时,车某某变更了其要求某船舶公司返还工具设备清单内容并降低请求金额为 185 884 元。

反诉被告某船舶公司辩称：车某某撤走工程队后通过律师发函，其即复函对方，告知因车某某违约致其司遭受巨大损失。反诉称某船舶公司未如期支付工程款项，与事实不符。反诉原告主张自身无资质承包而致船体改建合同无效，则应由其对此承担过错责任。因反诉原告其自身过错造成合同无效，并导致某船舶公司损失，对方应按其自身过错程度承担相应责任；且据《合同法》规定，无效合同不存在返还工具问题。对方既主张合同无效，又索要工程款，两项请求冲突矛盾。某船舶公司曾借支对方 220 000 多元，并非未支付工程款。根据双方合同约定，公司按工程 60% 支付工程款，而对方并未出具施工单，直至撤走工程队时，尚在进行船舶的切割工作；且在施工一个月后，对方工程量无实际重量计算，故不存在其支付工程款的问题。综上，反诉请求应全部予以驳回。

被告张某某无正当理由未出庭应诉，也未答辩。

【审判】

厦门海事法院一审审理认为：双方签订《"滇池"号船体改建工程承包合同》，查证属实，对此双方也无异议，属承揽合同，应予认定。该合同主体适格，内容合法，是双方真实意思表示，属有效约定，故此在双方间产生有法律拘束力。依据合同约定，本案船舶改建周期为"整船动工起 3 个月内完成"，而被告车某某、张某某自其 7 月 16 日进厂施工至 10 月 2 日自行离开，共计 76 日时间内，扣除台风实际影响 5 日时间外，实际施工日期为 71 日；如其证人所言，仅完成全部工程量之一半，说明其全部完工时间尚需 70 日以上，即两被告无法在其约定的工程期限 3 个月内完工，即在 10 月 17 日前完工，因此两被告事实上已构成违约，应承担违约责任。故原告某船舶公司主张违约金，查有约定依据，且符合《合同法》第一百一十四条规定。但因双方已事先明确约定有"若超过 3 个月半，过 5 天后，……"，说明履行合同的宽限期为"20 天"，此后被告车某某、张某某则应承担违约金 10 000 元/日。因船舶部分工程返工、扫尾工程、检验、出坞等，完成全部承揽之船舶切割、改建工程，尚需时日。因此某船舶公司主张之违约金认定如下：某船舶公司主张至少尚需 3 个月时间，却未对此举证并加以证明；且其因车某某停工而延误 15 日工期之主张，也与其提交之"滇池"轮轮机长记录簿记载不符。据该记录簿记载：3 日，原股东即车某某破产；4 日，第 1、3 及 4 舱工人上班正常，也就是反诉原告证人所说的由其顶替履行，但第 2 舱工头也跑了。随后 7 日、8 日，记载工人进驻，说明合同已由他人替代履行，直至 11 月 23 日，记载船舶出坞。据此可以认定替代履行船舶改建工程无须延误 15 日，实际也未延误其所主张之期日。而该船舶出坞时间也与轮机长林仁官个人出具之"退换船坞事由"中记载日期为"2007 年 11 月 14 日"不符。但是，考虑到船舶修造业之船舶出坞通常惯例，除非有其他相反证据与特殊原因，船舶出坞本身即可说明船舶修建已完成全部工作量之 80%。因此误工时间与实际替代履行完工时间，即自 7 月 16 日开始，工期 3 个月即为 10 月 16 日，加上 20 日宽限期，即到 11 月 5 日止，是车某某、张某某两人依约应完成施工义务交付船舶日。而如上所述，本诉两被告自其施工之日即 7 月 16 日始，至车某某率队离开施工现场之日即 10 月 2 日止，并扣除台风天气影响施工时间 5 日后，共计实际施工日期 73 日，仅完成全部工作量之一半。由此说明两被告正常完成全部工程，至少尚需 70 日以上时间。结合双方约定合同履行宽限期 20 日和日违约金 10 000 元，故本诉原告某船舶公司违约金请求数额，酌情支持 480 000 元。

依据《合同法》第六十条第一款之规定，当事人应当按照约定全面履行其义务。就该合同法律属性而言，是承揽合同，以本诉被告车某某、张某某交付工作成果，本诉原告某船舶公司给付报酬为特征。因此本诉被告车某某、张某某作为承揽人应当依据《合同法》第二百五十三条和第二百六十二条之规定，以其自身设备、技术与劳力，完成主要工作，先行向定作人交付工作成果，并提供必要的符合双方特别约定的工作量与相关质量证明。且依据《合同法》第六十七条之规定，车某某应负先履行合同义务；更何况某船舶公司尽管在车某某未完全、适当履行承揽义务的前提下，已经支付了 224 000 元款项。因此在车某某既未如约如期交付船舶拆解、改建工程量，也未出具相关工作成果符合质量证明的情况下，以及至其诉讼过程中，仍无法提交其已完成工作量证据，已经先行违约，应负约定的违约责任。且在双方发生合同履行义务纠纷时，其并未依约与定作人进行友好协商处理，也未依法告知定作人中止合同履行或解除合同，而是在其尚未就已完成工作量进行双方核实、核算的情况下，自行率队离开施工现场，对此应承担由此而产生的后果。

本诉原告主张的其他损失，依据《合同法》第一百一十三条之规定，损失赔偿额应相当于因违约所造成的损失,包括履行合同可获得利益,但不得超过违约方在订立合同时预见或应当预见到的因违约可能造成的损失。因原告举证材料为其与他人签订的《租船合同》,而对该合同其未举证证明在与被告车某某、张某某签约时已明确告知,即非本诉被告所预见或应当预见。而且本诉原告主张的其他损失,却非其应履行上述《租船合同》所导致的赔付或应当赔付对方之违约损失,也非其履行该合同可预期获得利益,而是"滇池"轮船舶超期占坞费用与进出船坞移泊费用。故其该项主张与所提交证据材料不符,且也未举证证明系本诉两被告违约所致,或者依据《合同法》第一百一十四条第2款,举证证明约定违约金低于其所遭受实际损失,故属举证不足,不予支持。

依据《合同法》第六十九条之规定,中止履行应当及时通知对方。车某某于10月2日带队离开施工现场,对此双方并无异议,应予认定。该事实行为不管是否构成合同中止履行,还是解除合同;以及原因是否为本诉原告未及时如约支付工程款项(可以免责),还是如其代理人所述是因其无法继续垫资履行合同,或者是如本诉原告所述因其管理不善工程亏损(不能免责),其行为本身已构成事实上的通知。即如被告车某某代理人所说,其离开施工现场,仅仅是暂时中止合同履行,而非解除合同。但依据《合同法》第六十八条之规定,除非其证明原告某船舶公司存有法定中止之四种情形,否则其应当承担违约责任。因原告在得知被告车某某离开后,即于10月4日让他人续约进场施工,说明双方实际已经解除合同,故被告车某某恢复或继续履行即无可能;且本诉被告车某某于10月18日通过律师函,告知本诉原告要求解除合同。本诉原告某船舶公司诉请之解除合同主张,因车某某在双方成讼前已通过其律师函告解除,再者在庭审过程中业已双方共同认可,再行诉请解除讼争合同并无必要,故对其该项请求不予支持。

依据《最高人民法院关于民事诉讼证据的若干规定》第5条第2款之规定,合同是否履行,应由负有履行义务的当事人承担举证责任。因此反诉原告车某某应对其已实际完成工程量进行举证,并满足合同约定的质量要求。因车某某举证的"工程完工单",系其单方自行制作,无现场监理签认,也未经反诉被告某船舶公司或有资质的其他第三人确认,属于举证不足。且因其对某船舶公司出具的有关其合伙人张某某说明、工程完工量与检查清单,不予认可;何况案涉"滇池"轮船舶改建工程已由他人替代履行完毕,也无法进行司法鉴定或依职权直接进行核实、确定。故依据《最高人民法院关于民事诉讼证据的若干规定》第 2 条之规定,车某某应承担不利后果。因此其诉称的某船舶公司欠付工程款主张,应予以驳回。

因承揽船舶改建、修造工作性质决定了其应该携带了相关施工设备与工具;且依据某船舶公司出具的《关于外包工程队自带设备、工具等进出厂的管理规定》,说明某船舶公司门卫处应备有清单核对,但其拒不提交。依据《最高人民法院关于民事诉讼证据的若干规定》第 75 条之规定,应推定车某某确携带相关施工工具与设备进入某船舶公司内施工。鉴于车某某并未自留进厂清单以证明具体哪些设备、工具进厂,且举证材料显示购买大部设备、工具系福州购买,部分系福安当地添置,且其自身证人证言证实,部分工具、设备已经自某船舶公司现场施工处搬出。因此结合双方签订的合同约定内容、施工性质、车某某举证清单与票据、证人证言以及某船舶公司《门卫管理规定》等因素综合考虑。因车某某已举证双方合同原约定由某船舶公司代购工具已由其自购,对此某船舶公司并无异议,因此车某某购买上海"金科"牌二氧化碳焊机 WB-500KR 6 台,以及"沪通"牌交流电焊机(500A)20 台之事实可以认定。至于其主张之镇(整)流电焊机及其电阻器 3 台(当地改装)、"格兰仕"空调 KF_35-42-46 型 3 台与 KF_33 型 1 台、"麦华"牌轨道切割机 30 型 3 台、南平"太阳"牌电焊线 70#1 630 米、固定轴直流风机 8 台、轴流风机(5 号220 V)1 台、开关箱(60 A,商家加工)4 套、手拉葫芦 5 吨×3 米 4 台与 3 吨×3 米 6 台以及 2 吨×3 米 10 台、螺纹千斤顶 10 吨×8 个与 16 吨×2 个、"红旗"牌氧气、乙炔表 58 套等,既为其证人证言所证实,也系其所从事"滇池"轮切割、改造工程所需;且上述设备工具经法院向同类厂家调查核实,与市场价格相符。考虑到上述工具设备业已使用,故应酌情折旧;且部分工具设备属于易耗易损品,故认定以上设备工具总额目前尚有 150 000 元。

依据反诉被告某船舶公司《关于外包工程队自带设备、工具等进出船厂的管理规定》之规定,说明外包工程队自带设备、工具进出其厂,应经其负责人向厂方生产部门领导提出书面申请,并附带入厂设备、工具清单,经批准后方可;进厂时,需出示给值班门卫并经门卫核对,并制作入厂记录。出厂时,也需工程队负责人向厂方生产部门领导提出申请,并附带清单,经其核准,开具出门单,出示给门卫核对无误后出厂。因此可就此认定反诉原告携带自备工具进入某船舶公司厂内施工,应有施工设备与工具事先有清单留存于其值班门卫处。因其虽经厦门海事法院通知而无正当理由拒不提交,故依据《最高人民法院关于民事诉讼证据的若干规定》第75条之规定,可以推定反诉原告车某某诉称其留有清单在被告某船舶公司门卫处之主张成立。结合某船舶公司上述管理规定,外包工程队携带自备工具、设备出厂应经其方生产部门领导同意与门卫核实后,方能携带出厂。因此也可以推定反诉原告车某某诉称之查证属实的工具,至今仍留存于被告某船舶公司内。

船舶建造承包合同属于承揽合同,依据《合同法》第二百六十四条规定,除当事人另有约定外,承揽人因定作人未支付报酬或材料费等价款的,对其完成的工作成果享有留置权。而非相反,定作人留置承揽人所属之工具设备。被告某船舶公司作为定作人,应依约依法行使自己的权利。对于因施工工期延误或其他原因导致的纠纷,可另行通过合法途径解决,但对于属于承包人或分包人所属之生产工具、设备,除非另有约定,否则无权予以自行扣押或留置。何况留置权属于法定担保物权,除非某船舶公司证明其留置工具是其已经合法占有的属于债务人所有之动产;且其与债权属于同一法律关系,否则即构成侵占行为。因此依照《民法通则》第117条第1款之规定,对于厦门海事法院查证属实的属于原告车某某所有之工具,应予以返还;若无法原物返还,则应折价赔偿。

根据车某某证人证言,施工期间受两次台风影响,延误工程施工时间5日,已如上做扣减。而某船舶公司已经支付了224 000元,对此车某某并无异议,应予以采信。至于工程量清算,因双方约定为根据施工工程量估算实际重量,从而计算工程工资款并按60%预付,说明其实际自愿承担了工程工资垫付义务。因车某某既未提交其施工工程量以及所完成工程已完成密性检验和检验合格,又不认可某船舶公司在其后履行合同主体所确认的工程清单,并满足三级和船舶检验规范要求。因此其主张工程量进行结算,尚有剩余款未清算主张,不符合合同约定支付条件,也无事实依据佐证,予以驳回。

但是,鉴于反诉被告某船舶公司已认可反诉原告车某某已完成船舶全部切割工程之一半,并举证认可应支付车某某切割工程之补贴款40 000元;且系属同种类性质给付,故厦门海事法院将该款项与其应支付违约金依法进行抵扣。

综上，被告张某某无正当理由拒不到庭，厦门海事法院依法缺席判决。其作为船舶改建工程合伙承包人，即系共同承揽人，依据《合同法》第二百六十七条之规定，应对定作人承担连带责任。

厦门海事法院根据《最高人民法院关于民事诉讼证据的若干规定》第二条及第五条、《中华人民共和国民事诉讼法》第一百三十条、《中华人民共和国合同法》第一百一十四条第一款之规定，判决如下：

1. 本诉被告车某某、张某某应于本判决生效之日起七日内连带支付本诉原告闽东丛贸船舶实业有限公司违约金 440 000 元；

2. 驳回本诉原告闽东丛贸船舶实业有限公司其他诉讼请求；

3. 反诉被告闽东丛贸船舶实业有限公司应于本判决生效之日起七日内返还反诉原告车某某所属下列工具设备：（1）上海"金科"牌二氧化碳焊机 WB-500KR 6 台；（2）"沪通"牌交流电焊机（500 A）20 台；（3）镇（整）流电焊机及其电阻器 3 台（当地改装）；（4）"格兰仕"空调 KF_35-42-46 型 3 台与 KF_33 型 1 台；（5）"麦华"牌轨道切割机 30 型 3 台；（6）南平"太阳"牌电焊线 70#1 630 米；（7）固定轴直流风机 8 台；（8）轴流风机（5 号 220 V）1 台；（9）开关箱（60 A，商家加工）4 套；（10）手拉葫芦 5 吨×3 米 4 台与 3 吨×3 米 6 台以及 2 吨×3 米 10 台；11、螺纹千斤顶 10 吨×8 个与 16 吨×2 个；（12）"红旗"牌氧气、乙炔表 58 套。

若上述反诉被告闽东丛贸船舶实业有限公司未在厦门海事法院判决确定给付期限内履行其义务，则应折价赔偿反诉原告车某某工具设备损失 150 000 元，该款项也可以直接从车某某上述支付违约金款项中进行抵扣；驳回反诉原告车某某的其他反诉请求。

本诉案件受理费 34 000 元、反诉案件受理费 4 784 元，由本诉原告某船舶公司负担 25 500 元，本诉被告车某某、张某某共同负担 8 500 元，反诉原告车某某自行负担 2 734 元，反诉被告闽东丛贸船舶实业有限公司负担 2 050 元。

宣判后，双方当事人未提起上诉。

【评析】

一般认为承揽人对工作成果有留置权，而本案需要明确的是定作人在承揽合同项下是否享有留置权。

《合同法》第二百五十一条第一款规定,承揽合同是承揽人按照定作人的要求完成工作,交付工作成果,定作人给付报酬的合同。本款是关于承揽合同的定义条款,从本款规定可知,立法是从主给付义务来定义承揽合同的,即承揽人负有交付工作成果、定作人负有支付报酬的义务,这是承揽合同的本质特征。由于交付工作成果是承揽人的主给付义务,留置工作成果与主给付义务矛盾,就此《最高人民法院关于适用〈担保法〉若干问题的解释》第111条规定,债权人行使留置权与其承担的义务或者合同的特殊约定相抵触的,人民法院不予支持。因此,有必要明确承揽人留置工作成果的权利。同时,取得报酬是承揽人的主要权利,立法在此有必要对承揽人的权利给予特别保障,在当时《担保法》对留置权已有规定的基础上,专门赋予承揽人对工作成果的留置权。关于承揽人的留置权,《合同法》第二百六十四条规定,定作人未向承揽人支付报酬或者材料费等价款的,承揽人对完成的工作成果享有留置权,但当事人另有约定的除外。《合同法》"承揽合同"章规定了承揽人而未规定定作人的留置权,这仅表明立法在此特别关注承揽人获取报酬或者材料费的权利,因此赋予其对工作成果的留置权,不能从本条规定即推导出定作人在承揽合同项下没有留置权,本案一审法院从《合同法》第二百六十四条的规定得出定作人在承揽合同下无留置权的结论值得商榷。

定作人的留置权无立法给予特别规定的需要,应适用留置权的一般规定,关于留置权的一般规定,先有《民法通则》第89条第4款和《担保法》第84条的规定,后有《物权法》第二百三十条的规定。《立法法》第84条规定了法不溯及既往原则,即法律、行政法规、地方性法规、自治条例和单行条例、规章不溯及既往,但为了更好地保护公民、法人和其他组织的权利和利益而做的特别规定除外。《物权法》于2007年10月1日起实施,根据法不溯及既往原则,《物权法》不规范此前发生的事实和行为。但本案被告车某某率队离开施工现场之日为10月2日,恰好在《物权法》生效后,此时才发生定作人能否留置承揽人设备和工具的问题,故本案定作人的留置权应适用《物权法》的规定。何谓留置权?《物权法》第二百三十条规定,债务人不履行到期债务,债权人可以留置已经合法占有的债务人的动产,并有权就该动产优先受偿。通常认为,依照本条规定,留置权的成立必须符合以下条件:第一,债权人占有属于债务人的动产；其次，债权已届清偿期，债权人留置债务人的动产，须以债权已届清偿期为条件，如果债务未届清偿期而允许债权人留置债务人财产，则有失公允；第三，债权人合法占有债务人的动产，该条件要求排除以下情形留置权的适用：因侵权行为占有动产，动产的留置违反公序良俗及动产的留置与债权人承担的义务相抵触。

法律规定的权利是潜在的，是一种可能性，只有在符合法定条件时才能实际享有法律规定的权利。以上述一般留置权成立的三要件衡量本案，本案定作人对承揽人的工具、设备不享有留置权。从本案判决结果分析，定作人虽对承揽人享有债权，但该债权显然未届清偿期，不符合留置权成立的要件。《合同法》第二百五十三条第一款规定，承揽人应当以自己的设备、技术和劳力，完成主要工作，但当事人另有约定的除外。因此，承揽人自带工具、设备完成承揽任务是承揽合同的特点之一，本案原告就是自行准备工具前往被告的场所履行承揽合同项下船舶建造义务的。可见，基于承揽合同的特点，本案定作人有机会合法占有承揽人的设备或工具等财产。即使本案原告未能按照约定完成全部工作，定作人可以主张违约责任，但在定作人的债权显然未届清偿期时；定作人如果利用其内部制度不让承揽人将有关设备、工具搬离厂区，也够不上合法占有动产这一要件。本案法院最终认定定作人的留置权不能成立虽然在理由上与上述分析不尽相同，但其结果是正确的。

留置权的适用范围也有一定的限制，《最高人民法院关于适用〈担保法〉若干问题的解释》第 107 条规定，当事人在合同中约定排除留置权，债务履行期届满，债权人行使留置权的，人民法院不予支持。《物权法》第二百三十二条规定，法律规定或者当事人约定不得留置的动产，不得留置。在承揽合同项下，定作人的留置权适用《物权法》等法律的一般规定，鉴于承揽合同的特点，承揽人有时需要自带工具和设备前往定作人的场所完成一定的工作，为避免自带的工具和设备被定作人留置，承揽人可以在合同中明确列明工具和设备的清单，并根据上述可以约定不得留置动产的规定，做出不得留置工具、设备的特别约定，以维护自己的合法权利。

（原载于《船舶修造合同纠纷案例评析》，人民交通出版社，2014 年 2 月版）

福建省马尾造船股份有限公司诉亚联管理咨询服务有限公司船舶修理合同纠纷案

——根据《海商法》第二十五条规定,船舶留置权是否仅限于船舶修造人的留置权? 船舶修理人留置所修理的船舶后向海事法院申请扣押该船舶,其船舶留置权是否继续存在?

《船舶修造合同纠纷案例评析》编写组

【问题提示】

根据《海商法》第二十五条的规定,船舶留置权是否仅限于船舶修造人的留置权? 船舶修理人留置所修理的船舶后向海事法院申请扣押该船舶,其船舶留置权是否继续存在?

【裁判要旨】

船舶留置权并不限于造船人、修船人的留置权,《海商法》第二十五条的规定仅在于明确造船人、修船人的船舶留置权的受偿序位,即船舶优先权先于船舶留置权受偿,船舶抵押权后于船舶留置权受偿。修理人留置所修船舶后向海事法院申请扣押该船舶,其船舶留置权继续存在。

【案例索引】

一审:(2009)厦海法商初字第 550 号民事判决书(2010 年 5 月 25 日)。

【案情】

原告:某造船公司。

被告:某咨询服务公司。

厦门海事法院一审查明:2009 年 8 月 27 日,原告与被告签订第 2009 MWCL720 号《"吉祥山"轮修船合同》,委托原告修理"吉祥山"轮。合同签订后,原告依约进行修理。2009 年 10 月 3 日,船舶修理完工。2009 年 10 月 13 日,经原、被告双方审核对账,共同确认截止到船舶修理完工日,"吉祥山"轮发生的船舶修理费用为 2 936 000 元。2009 年 11 月 14 日,原、被告双方对船舶修理完工后发生的增补修理费用、拖带及码头服务费等进行结算,共同确认其费用为 190 000 元。对于上述船舶修理费用,原告屡经催讨,但被告至今分文未付。2009年10月30日，原告行使船舶留置权，宣布对"吉祥山"轮进行留置，并于2009年11月16日向厦门海事法院提出扣押船舶申请，厦门海事法院于同年11月18日做出（2009）厦海法保字第59号民事裁定书及扣押船舶命令，扣押"吉祥山"轮于某造船公司修船作业区。原告为避免因继续扣押产生巨额费用，于2009年12月22日向厦门海事法院申请拍卖该船舶，厦门海事法院于2010年2月2日做出（2009）厦海法商初字第550号民事裁定书，将"吉祥山"轮予以拍卖。

原告某造船公司诉称：2009年8月27日，原告与被告签订第2009MWCL720号《"吉祥山"轮修船合同》，委托原告修理"吉祥山"轮。合同签订后，原告依约进行修理。2009年10月3日，船舶修理完工。2009年10月13日，船舶修理费经双方审核对账，确认截止到船舶修理完工日，"吉祥山"轮发生的船舶修理费用为2 936 000元。2009年11月14日，双方对船舶修理完工后发生的增补修理费用、拖带及码头服务费等进行结算，确认其费用为190 000元。对于上述船舶修理费用，原告屡经催讨，但被告至今分文未付。2009年10月30日，原告被迫行使船舶留置权，宣布对"吉祥山"轮进行留置。为此，请求法院判令：（1）被告向原告支付因船舶修理发生的各项费用3 126 000元及其利息，利息按银行同期贷款利率自2009年11月16日计算至判决生效之日止；（2）判决原告有权从拍卖船舶的价款中优先受偿；（3）判决被告承担本案所有诉讼费用（含保全费用）及律师费50 000元。

被告某咨询服务公司未答辩。

【审判】

厦门海事法院一审审理认为：本案属于船舶修理合同纠纷。本案的争议焦点在于：原、被告之间是否存在船舶修理合同关系，以及被告应向原告支付的船舶修理费及其他费用的金额；原告的请求权是否可以从拍卖船舶的价款中优先受偿；原告支付的律师费是否属于实现债权的合理费用并应由被告承担。

一、原、被告之间是否存在船舶修理合同关系以及被告应支付的船舶修理费及其他费用的金额

2009年8月27日，原告某造船公司与被告某咨询服务公司签订了第

2009 MWCL720 号《"吉祥山"轮修船合同》,委托原告修理"吉祥山"轮。厦门海事法院认为,该合同系以书面形式订立的合同,合法有效。原、被告之间存在船舶修理合同关系,这一合同关系体现了缔约双方的真实意愿,且内容未违背法律法规的强制性规定,依法有效成立,对双方具有法律约束力。2009 年 10 月 3 日,船舶修理完工,被告亦在"吉祥山"轮修理工程完工证明上盖章加以确认。原告已经完成船舶修理义务,被告应按照约定向原告支付船舶修理费用。因此,被告应向原告支付所拖欠的船舶修理费用 2 936 000 元,以及增补修理费用、拖带及码头服务费等费用 190 000 元,共计 3 126 000 元。原告请求自 2009 年 11 月 16 日起计算应付款的利息合理,应予以支持。利息以 2009 年 11 月 16 日起按中国人民银行规定的同期贷款基准利率计算。

二、原告的请求权是否可以从拍卖船舶的价款中优先受偿

被告拖欠 3 126 000 元的船舶修理费用,原告屡经催讨,但被告至今并未支付。2009 年 10 月 30 日,原告行使船舶留置权,宣布对"吉祥山"轮进行留置,并于 11 月 16 日向厦门海事法院提出扣押船舶申请,厦门海事法院于 11 月 18 日做出(2009)厦海法保字第 59 号民事裁定书及扣押船舶命令,扣押"吉祥山"轮于某造船公司修船作业区。根据我国《海商法》第二十五条的规定,修船人在合同另一方未履行合同时,有留置所占有的船舶,以保证修船费用得以偿还的权利。原告为保证其修船费用得以偿还,依法行使船舶留置权,其修理"吉祥山"轮发生的船舶修理费用,有权从该船的拍卖款项中优先受偿。

三、原告支付的律师费是否属于实现债权的合理费用并应由被告承担

根据我国《担保法》第八十三条的规定,留置担保的范围包括主债权及利息、违约金、损害赔偿金、留置物保管费用和实现留置权的费用。海商法律事务属于专业事务,原告为实现留置担保的债权,委托专业律师进行诉讼,其支付的律师费用是必要的,且所发生的律师费用符合福建省律师服务收费管理暂行规定的收费标准,属于合理支出,应认为原告所支付的 50 000 元律师

费用属于实现留置权的必要和合理支出，并应由被告承担。

综上，根据《中华人民共和国合同法》第一百零七条、《中华人民共和国海商法》第二十五条、《中华人民共和国担保法》第八十三条的规定，厦门海事法院于 2010 年 5 月 25 日做出判决如下：

1. 被告某咨询服务有限公司应于本判决生效之日起十日内向原告支付修理费用、拖带及码头服务费等费用共计 3 126 000 元，并支付该款自 2009 年 11 月 16 日起至判决确定的支付还款之日止按中国人民银行规定的同期贷款基准利率计算的利息；

2. 被告某咨询服务有限公司应于本判决生效之日起十日内向原告支付 50 000 元律师费用；

3. 原告上述请求权有权从拍卖"吉祥山"轮的价款中优先受偿。

案件受理费 32 208 元、保全费 5 000 元，由被告某咨询服务有限公司负担。

宣判后双方当事人未提起上诉。

【评析】

本案主要涉及两个法律问题，即：船舶留置权界定；船舶修理人留置所修理的船舶后向海事法院申请扣押该船舶，其船舶留置权是否继续存在。

一、船舶留置权的含义

什么是船舶留置权？这个问题看似简单，其实有必要予以厘清。我国《海商法》第二十五条第二款规定，船舶留置权，是指造船人、修船人在合同另一方未履行合同时，可以留置所占有的船舶，以保证造船费用或者修船费用得以偿还的权利。据此，有论者认为船舶留置权实际仅有造船人留置权和修船人留置权两种。这是一种误解，《海商法》第二十五条第二款规定的船舶留置权仅具特定涵义，并非船舶留置权的一般概念。法律之所以做此规定，是《海商法》参照 1989 年《船舶优先权和抵押权国际公约条款草案》与国际公约接轨的结果，即为提高船舶抵押权的受偿序位，以利于船舶融资，仅规定因造船和修船所生船舶留置权优先于船舶抵押权受偿。

船舶留置权作为一种法定担保物权，其特殊性在于以船舶为标的物，而实质上与民法所称留置权并无二致，应以民法留置权的一般概念为基础考察其涵义。《民法通则》颁布前，我国立法并无留置权制度，后《民法通则》第八十九条第四项及《担保法》第八十二条规定了留置权。根据上述规定，所谓的留置权是指债权人因合同关系占有债务人的财产，在债权获得清偿前债权人享有的留置该财产并担保债权优先受偿的权利。可见，依我国现行法，留置权的发生应具备三要件：合同债权已届清偿期，债权人因产生债权的合同占有债务人的财产，合同债权与债权人占有的财产之间存牵连关系。较之于其他国家、地区的法律，上述法律所规定的留置权适用范围较窄，限于债权人因合同关系（主要是保管、运输、加工承揽合同）而占有对方财产的情形。将留置权限于合同之债颇值商榷，有学者认为，留置权构成要件中的债权与留置物有牵连并不限于合同之债，无因管理关系中，管理人已占有本人动产的，在本人未给付管理人所支出的合理费用时，管理人得行使留置权。该观点是正确的，留置权制度的功能在于债权人得以占有债务人的财产而迫使债务人履行债务，将留置权限于合同关系不利于充分发挥留置权制度的作用；作为债权担保的留置权也不应因债权发生原因的不同而异。《物权法》第十八章专章规定了留置权，改变了这种不合理的规定，该法第二百三十条是留置权的一般规定，即留置权是指债务人不履行到期债务，债权人可以留置已经合法占有的债务人的动产，并有权就该动产优先受偿。留置权不再限于合同关系，其实，以民法留置权的一般概念为基础考察船舶留置权的涵义并不意味着船舶留置权应局限于我国现行法留置权概念的框架之中。《海商法》早已突破我国民法留置权限于合同之债的规定，该法第一百八十八条第三款规定，在未根据救助人的要求对获救的船舶或者其他财产提供满意的担保以前，未经救助方同意，不得将获救的船舶和其他财产从救助作业完成后最初到达的港口或者地点移走。众所周知，海难救助是从纯救助开始的，后发展为合同救助。在合同救助场合，若救助人占有并控制被救助船舶，依上述规定，可成立船舶留置权，这种留置权与我国民法的规定一致，在此不赘述。纯救助是指船舶遇难后，未曾请求外来援助，救助方自行救助的行为。法律只规定救助海上人命是船长的义务，救助海上财产并非法定义务，纯救助既无法定义务，也无约定义务，完全符合《民法通则》第九十三条规定的无因管理的要件。在纯救助的情况下，若救助人实际控制并占有被救助的船舶，在被救助方未提供满意担保前，救助人有权禁止被救助方把获救船舶移走，即有权留置被救助船舶。可见，《海商法》第一百八十八条第三款虽未明定救助方对被救助船舶的留置权，但该规定表明救助方有权留置被救助方的财产，且在纯救助的情况下，可成立无因管理之债的船舶留置权，突破了我国民法留置权限于合同之债的规定，这也是《海商法》作为民事特别法的特殊之处。当然，根据《海商法》第二十二条，救助报酬的请求权也具有船舶优先权，这就出现船舶留置权与船舶优先权的竞合，权利人可择一行使。

综上所述，船舶留置权可定义为海事请求权人非因侵权行为而占有他人船舶时，在同该船有关联的债权获得清偿前，依法对该船享有扣留并置于其控制之下的权利。本案原告在修理完案涉船舶而未收到相应修理款项后留置船舶，符合上述船舶留置权的涵义，法院确认原告享有船舶留置权是正确的。

二、法院扣押留置中的船舶

本案原告留置船舶后又申请法院扣押船舶，其留置权是否继续存在并有相应的优先受偿权值得讨论。法院扣押留置中的船舶有两种情况：一是留置权人为实现其留置权，为避开法律所规定的履行债务的宽限期尽早受偿或出于通过法院拍卖留置船舶以催促可能存在的船舶优先权人行使优先权的目的，而申请法院扣押已被其留置的船舶，这应视为留置权人变更行使留置权的方式，通过司法途径实现留置权，对这种扣船申请应予准许。《民事诉讼法适用意见》第102条规定，人民法院对抵押物、留置物可以采取财产保全措施，但抵押权人和留置权人有优先受偿权。该条未明确法院采取保全措施是应抵押权人或留置权人的申请采取保全措施，从本条规定使用的但书分析，应认为申请保全的人为抵押权人、留置权人以外的债权人，故本条规定不适用于上述情况。在法院裁定扣船后，不应认定留置权人丧失对船舶的占有，只是留置权人变更了对船舶的占有方式，做此理解往往符合实际情况。例如扣船后，基于留置权人占有船舶的事实，法院常责令申请人看船。

另一种情况是留置权人以外的人申请扣押被留置船舶，对此应做何处理法未设明文，仅有司法解释：《民事诉讼法适用意见》第102条规定，人民法院对抵押物、留置物可以采取财产保全措施，但抵押权人和留置权人有优先受偿权。这是实践中处理船舶扣押与船舶留置权冲突的依据，该规定在理论上可称为保留的留置权（Right of retention），即船舶留置权的效力高于对船舶的司法扣押。在法院扣船时，留置权人虽应放弃对船舶的占有，但留置权不因扣船而丧失，而是可保留至出售或强制出售时，根据船舶留置权和其他船舶担保物权的次序受偿。1993 年《统一船舶优先权和船舶抵押权若干规定的国际公约》也有类似规定：第 7 条第 2 款规定在船舶不再为造船人和修船人所占有时，船舶留置权消灭，但由于船舶被扣押或扣留而丧失占有的除外；第 12 条第 4 款规定，如在强制出售时，船舶为一造船厂或修船厂所占有并按照出售地所在缔约国法律享有留置权，这种造船厂或者修船厂必须向买方交出其占有的船舶，但有权在第 4 条所指船舶优先权拥有人的索赔得到满足后，从售船所得中得到赔偿。法律设置留置权制度的目的在于债权人占有财产迫使债务人履行债务，若规定法院扣船而留置权人必须放弃对船舶的占有，留置权消灭，不符法律设置留置权制度的初衷。扣船在实践中常有发生，若扣船即产生消灭留置权的效果，留置权制度也无继续存在的必要，且该规定也易为债务人造假利用，故赋予留置权以保留权是一妥善的制度。因司法解释仅具司法强制力，在具体适用法律过程中，法律为母本、司法解释为衍生，法律的效力高于司法解释，故建议在相关法律中明确规定保留的船舶留置权，以便法院遵照执行，并和国际公约取得一致。

《海事诉讼特别程序法》第 27 条规定，海事法院裁定对船舶实施保全后，经海事请求人同意，可以采取限制船舶处分或者抵押等方式允许该船舶继续营运。这在海事审判实践中称为"活扣"，"活扣"并不实际扣押船舶，故在此情形下，留置权人可继续留置船舶，而不必放弃对船舶的实际占有，以迫使债务人偿债。当债务人在宽限期内未履行债务时，因船舶已被活扣，留置权人不宜也不能通过变卖船舶实现留置权，而只能通过司法途径实现其债权。当然，司法解释采用"活扣"作为保全方式的目的在于充分发挥财产的效用，因船舶已被留置，采用"活扣"似无必要，但并不排除出现这种情况的可能。

（原载于《船舶修造合同纠纷案例评析》，人民交通出版社，2014 年 2 月版）

部分合伙人擅自处分共有船舶的行为定性与责任承担

——袁寿铃诉王润光、林鸿船舶所有权侵权纠纷案

俞建林

船舶个人合伙经营中止后尚未清算，部分合伙人擅自处分共有船舶的行为既违反《中华人民共和国民法通则》第三十四条有关合伙事务执行的规定，也违反《中华人民共和国物权法》第九十七条有关共有物处分的规定，侵害了其他合伙人的财产权益，已经构成共同侵权，理应承担相应侵权责任。在《中华人民共和国民法通则》就合伙人在个人合伙清算前能否分割部分合伙财产问题未做明文规定的前提下，受害人依据《中华人民共和国侵权责任法》的有关规定要求加害人先行返还卖船款的诉求理应得到支持，至于合伙清算事宜则可留待另案处理。

【案情】

上诉人（原审被告）：王润光。

上诉人（原审被告）：林鸿。

被上诉人（原审原告）：袁寿铃。

2006年6月，袁寿铃、王润光与林鸿共同购买涉案船舶"海通33"轮，购买价格为1 200 000元，三方当事人当时就案涉船舶股份比例做出口头约定，即袁寿铃与王润光各占40%，林鸿占20%。在购进该船后，由三方当事人组成的个人合伙体对船舶进行改造后曾从事一段期间的船舶营运。2010年2月27日，林鸿与案外人陈祥彬签订了一份船舶买卖合同，该合同约定的船舶转让价格为1 355 000元，同时约定案涉卖船款应在2010年3月5日前付清。同日，王润光向林鸿出具一份声明，其上载明："本人同意'海通33'轮以1 355 000元（实壹百叁拾伍万伍仟元整）卖出，卖后一切责任由王润光承担。"王润光与林鸿在庭审时又均确认以下事实：王润光于2010年初找到林

鸿,与其商量卖船,出于船舶安全、费用以及无法联络到袁寿铃等原因,二人在未经袁寿铃同意的情况下,擅自决定转让案涉船舶,王润光于 2010 年 3 月 5 日取得全部卖船款 1 355 000 元,其中 1 155 000 元现由王润光占有,另外 200 000 元则由林鸿借用。袁寿铃认为,王润光与林鸿的行为严重侵害了其合法权益,故向法院起诉,请求判令:第一,两被告返还原告 677 500 元及利息(利息从 2010 年 2 月起至实际还款之日止,按月 2% 计算);第二,两被告对前述款项承担连带偿还责任。

被告王润光辩称,原告请求被告返还案涉款项及利息没有事实与法律依据,法院应当驳回原告的诉讼请求。首先,本案应当是合伙协议纠纷,原告的诉讼请求应是请求分割合伙财产。其次,本案并非裸船买卖,合伙人在购买船舶后进行了货运经营,并已产生各种运营费用和收入,卖船是合伙关系中的经营行为,卖船款是合伙收益,原告在清算前请求按投资比例分割卖船款是错误的。再次,原告与答辩人、被告林鸿之间形成的合伙体至今未解散,合伙关系亦未解除,合伙账目也尚未清算。根据《最高人民法院关于贯彻执行〈中华人民共和国民法通则〉若干问题的意见》第 54 条和《中华人民共和国合伙企业法》(简称《合伙企业法》)第 21 条、第 58 条的有关规定,合伙关系在解散时,首先必须进行清算,合伙未经清算,合伙人不能直接诉请分割合伙财产。据此,请求驳回原告的诉讼请求。

被告林鸿辩称,其是占份额 20% 的合伙人,系以劳务出资并曾为合伙体借款。原告称其为答辩人垫付投资款,而答辩人并未实际出资,这没有事实依据。答辩人不存在侵权事实,考虑到船舶降价现实和合伙人的共同利益,答辩人才同意转让船舶,系合法行使合伙人权利的行为。答辩人目前并不占有卖船款。据此,请求驳回对答辩人的诉讼请求。

【审判】

厦门海事法院经审理认为,本案立案时确定的案由为其他海商合同纠纷,但从原告的诉求及查明的事实看,本案系因两被告擅自转让共有船舶"海通 33"轮而引起的所有权侵权纠纷,因此,本案案由应变更为船舶所有权侵权纠纷。原告与两被告在庭审时均确认,他们于 2006 年 6 月共同购买了案涉船舶"海通 33"轮,并就案涉船舶股份比例做出口头约定,即原告与被告王润光各占 40%,被告林鸿占 20%。据此,在本案没有相反证据的情况下,本院依法对原告与被告王润光各自拥有案涉船舶40%所有权份额以及被告林鸿拥有案涉船舶20%所有权份额的事实予以确认,三方当事人系案涉船舶的按份共有人。依据《中华人民共和国物权法》(简称《物权法》)第九十七条有关"处分共有的不动产或者动产以及对共有的不动产或者动产做重大修缮的,应当经占份额三分之二以上的按份共有人或者全体共同共有人同意,但共有人之间另有约定的除外"的规定,两被告拥有的所有权份额仅为60%,在并无证据证明各方当事人之间另有约定的情况下,两被告未经原告同意擅自转让案涉船舶的行为属于违法行为,该行为侵犯了原告的共有权。

被告王润光在庭审时主张,两被告转让案涉船舶的行为属于合伙经营行为,卖船款属合伙收益。本院认为,依据《中华人民共和国民法通则》(简称《民法通则》)第三十四条的规定,案涉船舶转让即便属个人合伙的经营活动,其亦应由合伙人共同决定,然案涉船舶的转让系由两被告在未经原告同意的情况下擅自决定,故该转让行为亦不具合法性。从查明的事实看,两被告在转让船舶前系经过协商,并最终在未经原告同意的情况下决定出让案涉船舶,被告林鸿以自己的名义与购船人签订了《船舶买卖合同》,而卖船款现由被告王润光与被告林鸿各自占有1 155 000元和200 000元。据此,本院认为,两被告在擅自转让案涉船舶过程中存在主观上的共同故意,且该转让行为也已侵害原告财产权利并导致其遭受经济损失,故依据《中华人民共和国侵权责任法》(简称《侵权责任法》)第八条有关"二人以上共同实施侵权行为,造成他人损害的,应当承担连带责任"的规定,两被告理应对原告遭受的损失承担连带责任。

原告要求两被告按照原告拥有的40%船舶所有权份额连带返还卖船款542 000元的主张具有事实和法律依据,理应予以支持。原告主张,被告林鸿在三方当事人购买案涉船舶时并未实际出资,其出资份额是由原告和被告王润光各垫付一半,由于被告林鸿拥有20%的船舶所有权份额,故要求将被告林鸿拥有的10%船舶所有权份额对应的卖船款135 500元一并返还原告。被告林鸿则辩称其并非现金出资,而是劳务出资,故原告的上述主张没有事实依据。本院认为,原告虽主张其为被告林鸿垫资,但并未为此提供充分的证据,况且被告林鸿出资与否及出资形式等问题也非本案侵权纠纷的审理范围,故本院对原告要求将上述卖船款135 500元一并返还的主张不予支持。

被告王润光辩称,卖船款属于合伙收益,根据《最高人民法院关于贯彻执行〈中华人民共和国民法通则〉若干问题的意见》第54条和《合伙企业法》第21条、第58条的有关规定,合伙未经清算,合伙人不能直接诉请分割合伙财产。本院认为,首先,原告系基于共有关系而提起的侵权之诉,而非基于合伙关系而提起的分割财产之诉,故本案不应适用有关合伙财产分割的相关法律规定;其次,原告与两被告之间系个人合伙关系,本案并无证据证明原告与两被告已设立合伙企业,故本案亦不应适用《合伙企业法》的相关规定;再次,有关合伙体的清算问题并非本案侵权纠纷的审理范围,被告如要求对合伙体进行清算,则其可以选择另行起诉。据此,被告王润光的上述主张缺乏法律依据,本院不予支持。

关于利息计算问题,这涉及利息的计算标准和起止时间两个方面。关于计算标准,原告主张按月利率2%计算,由于缺乏合同和法律依据,本院不予支持。原告主张的利息宜按中国人民银行同期同类贷款利率计算。关于起止时间,原告主张自2010年2月起计算至被告实际还款之日止。两被告在庭审时均确认被告王润光系于2010年3月5日取得全部卖船款,且从被告王润光提交证据《船舶买卖合同》的约定内容看,案涉卖船款亦应在2010年3月5日前付清,故在本案并无相反证据的情况下,本院对被告王润光系于2010年3月5日取得全部卖船款的事实予以确认。由于原告提起的是侵权责任下的返还财产之诉,故原告主张自2010年2月起计算利息缺乏事实和法律依据,本院认为,利息应自被告王润光取得卖船款之日起算。原告主张将利息计算至实际还款日止亦缺乏法律依据,本院不予支持。因本案纠纷一经生效判决确定,债务人就应当按照生效判决履行给付所欠款项及其利息的义务,如债务人不按照生效判决履行,其行为已属于不履行生效法律文书的行为,故利息的计算应截止在生效判决所确定的支付之日。

综上,依照《中华人民共和国民事诉讼法》第六十四条第一款和《侵权责任法》第八条、第十五条第一款第四项及《物权法》第九十七条之规定,判决如下:被告王润光、被告林鸿应于本判决生效之日起10日内向原告袁寿铃连带返还卖船款542 000元及其自2010年3月5日起至本判决确定的支付之日止按中国人民银行同期同类贷款利率计算的利息。

一审宣判后,王润光与林鸿均不服,向福建省高级人民法院提出上诉。

福建省高级人民法院认为,本案是侵权纠纷,二审争议的焦点在于:第一,两上诉人出售案涉船舶是否构成侵权并造成被上诉人经济损失;合伙体清算前,被上诉人要求按股份比例分配卖船款是否有据;林鸿是否应承担连带责任。第二,本案是否适用《合伙企业法》。

关于焦点一,《物权法》第九十七条规定,处分共有的不动产或者动产以及对共有的不动产或者动产做重大修缮的,应当经占份额三分之二以上的按份共有人或者全体共同共有人同意,但共有人之间另有约定的除外。袁寿铃、王润光、林鸿是案涉船舶"海通33"轮的按份共有人,分别占有该船40%、40%、20%的股份。现没有证据证明该三个合伙人之间另有处分共有财产的特别约定,故王润光、林鸿两人在仅占有60%合伙股份的情况下,未经占有40%股份的共有人袁寿铃的同意,擅自出售合伙船舶,共同侵犯了共有人袁寿铃的合法权利。根据《侵权责任法》第八条的规定,林鸿与王润光应承担连带责任,而不论船舶转让款由谁保管。王润光二审提交的证据材料不足以否定王润光、林鸿作为按份共有人应当依照法律规定即"应当经占份额三分之二以上的按份共有人或者全体共同共有人同意"处分共有财产;而本院调取的冯凤"客户借记卡账户交易明细",不能证明王润光、林鸿擅自转让船舶后妥善保管卖船款。因此,王润光、林鸿关于其出售船舶是为了合伙人利益的合法行为,不构成侵权,不应承担责任或承担连带责任的上诉理由,没有事实和法律依据,不能成立。本案原审原告袁寿铃基于共有关系提起侵权之诉,要求王润光、林鸿承担连带返还责任,而非基于合伙关系而提起分割财产之诉。现已查明王润光、林鸿占有全部的船舶转让款,故原审根据袁寿铃的诉讼请求,判决王润光、林鸿按照袁寿铃占有40%股份承担偿还责任并无不当。上诉人王润光认为本案实为合伙人请求分割合伙财产,合伙清算前,原审法院支持袁寿铃分割财产的请求是错误的,上诉理由不能成立。至于合伙体清算问题,不是本案审理的范围,可另案主张。

关于焦点二,本案审理的是侵权纠纷,而不是合伙纠纷,原审适用《物权法》《民法通则》的有关规定正确。王润光、林鸿上诉主张本案应适用《合伙企业法》没有事实和法律依据。

判决:驳回上诉,维持原判。

【评析】

本案主要涉及以下两个值得注意的法律问题:一是部分合伙人擅自处分合伙共有财产的行为如何定性?二是关于合伙人在个人合伙清算前能否以侵权为由要求"分割"部分合伙财产?

一、关于部分合伙人擅自处分合伙共有财产的行为如何定性

根据《民法通则》第三十四条的规定,个人合伙的经营活动,应由合伙人共同决定,合伙人有执行和监督的权利;合伙人可以推举负责人,合伙负责人和其他人员的经营活动,应由全体合伙人承担民事责任。可见,从合伙的内部关系上看,个人合伙的经营活动理应由合伙人共同决定,如果合伙协议对经营活动如何决定做出约定,则应依约执行;如未做约定,则理应经全体合伙人协商一致后方可执行。从合伙的外部关系上看,合伙人所推举的负责人和其他人员以合伙名义所从事的经营活动,则应由全体合伙人承担民事责任。王润光和林鸿均认为,其未经袁寿铃同意擅自转让合伙共有船舶的行为属于合伙经营行为,该行为合法有效。笔者认为,由于案涉合伙体未订立书面合伙协议,且本案亦无证据证明合伙人之间曾就此做出任何约定,故案涉船舶转让即便属个人合伙的经营活动,其亦应由全体合伙人协商一致决定。但事实是,案涉船舶的转让系由王润光和林鸿在未经袁寿铃同意的情况下擅自决定,该转让行为已经侵犯袁寿铃执行合伙事务的合法权利。根据《物权法》第九十七条的规定,处分共有的不动产或者动产,应当经占份额三分之二以上的按份共有人或者全体共同共有人同意,但共有人之间另有约定的除外。案涉"海通33"轮系由全体合伙人共同出资购买,其约定船舶按份共有的比例为:袁寿铃与王润光各占船舶股份的40%,林鸿占20%。从《物权法》的角度看,两被告拥有的所有权份额仅为60%,在并无证据证明各方当事人之间另有约定的情况下,两被告未经原告同意擅自转让案涉船舶的行为明显属于违法行为,无论受让人能否依善意取得制度取得案涉船舶的所有权,该行为都侵害了原告的船舶共有权。综上,王润光与林鸿擅自决定转让案涉船舶的行为已经构成共同侵权,理应承担连带责任。

二、关于合伙人在个人合伙清算前能否以侵权为由要求"分割"部分合伙财产

《民法通则》在"公民（自然人）"一章中专设了"个人合伙"一节，以基本法的形式明确了个人合伙的概念、特征和法律地位，规定了合伙盈余的分配和债务的承担方法等原则，其成为司法实践中处理个人合伙案件的基本法律依据。为适应司法实践的需要，最高人民法院在相应的司法解释中又对《民法通则》做了适度的扩大解释。然而，前述法律规定仍然过于宽泛，对于合伙人在个人合伙清算前能否请求分割部分合伙财产的问题未做明确规定。王润光、林鸿均主张，本案应适用《合伙企业法》第21条的有关规定，合伙未经清算，合伙人不能直接诉请分割合伙财产。笔者认为，本案系侵权纠纷，而非合伙纠纷，故应适用《民法通则》《物权法》《侵权责任法》等的有关规定。

退一步讲，即便本案属于合伙纠纷，亦不应就合伙清算事宜直接适用《合伙企业法》。合伙企业是指自然人、法人和其他组织依照《合伙企业法》而设立的营利性组织。《合伙企业法》第21条规定："合伙人在合伙企业清算前，不得请求分割合伙企业的财产。"其立法基础应在于，合伙企业因具备较为规范的财务管理制度而使清算具有可行性。但个人合伙是指两个以上的公民按照合伙协议设立的民事主体，其性质明显有别于合伙企业，个人合伙的合伙人系自然人，其间或多或少地存在亲属、朋友等密切关系，这不可避免地导致其财务管理制度相对松散。在司法实践中，个人合伙体既无书面合伙协议又无完整账目记录的情况屡见不鲜，此种不规范的财务管理制度会严重削弱合伙清算的可行性，甚至会使得合伙清算根本无法实施，因此个人合伙法律关系缺乏类推适用《合伙企业法》第21条的必要基础。从学理的角度看，《民法通则》及其相应司法解释均未就合伙人在个人合伙清算前能否请求分割部分合伙财产的问题做出明确规定，这很可能属于立法者有意遗留的授权型漏洞，即对于某个问题不设任何规定，而任司法者进行价值判断。

本案中，袁寿铃的诉求是要求王润光与林鸿按共有份额比例返还非法占有的卖船款，其诉求内容与"基于合伙股份比例要求分割卖船款"虽在实际效果上完全相同，但其请求权基础却完全不同。况且，《民法通则》"个人合伙"一节亦未明文禁止合伙人在个人合伙清算前请求分割部分合伙财产的

行为,故在此前提下,袁寿铃依据《侵权责任法》要求按船舶共有比例先行返还(实际效果上等同于"分割")卖船款的诉求理应得到支持,至于合伙清算事宜则可留待另案处理。综上,两级法院做出了上述裁判。

(原载于 2012 年《中国海商法研究》第 1 期)

中信银行股份有限公司厦门分行申请
实现船舶抵押权案

许俊强

【关键词】实现担保物权案件；船舶抵押权；管辖

【裁判要旨】

实现船舶抵押权案件由船舶所在地或船籍港所在地的海事法院专门管辖；海事法院裁定拍卖抵押船舶的，应适用《海事诉讼特别程序法》的规定。

【案件索引】

一审：厦门海事法院（2014）厦海法民特字第 1 号（2014 年 6 月 16 日）。

【相关法条】

《中华人民共和国海商法》第十一条　船舶抵押权，是指抵押人对于抵押权人提供的作为债务担保的船舶，在抵押人不履行债务时，可以依法拍卖，从卖得的价款中优先受偿的权利。

《中华人民共和国民事诉讼法》第一百九十六条　申请实现担保物权，由担保物权人以及其他有权请求实现担保物权的人依照物权法等法律，向担保财产所在地或者担保物权登记地基层人民法院提出。

《中华人民共和国民事诉讼法》第一百九十七条　人民法院受理申请后，经审查，符合法律规定的，裁定拍卖、变卖担保财产，当事人依据该裁定可以向人民法院申请执行；不符合法律规定的，裁定驳回申请，当事人可以向人民法院提起诉讼。

【基本案情】

申请人中信银行股份有限公司厦门分行称：厦门市晋辉疏浚工程有限公司（以下简称"厦门市晋辉"）向其申请开立金额共计 1 900 万元（人民币，下同）的银行承兑汇票，在汇票到期后厦门市晋辉未缴存票款，申请人为其垫付了 9 343 250 元，至今未得到清偿，该垫付款产生的逾期利息截至 2014 年 6 月 3 日为 3 200 063 元。因被申请人博罗县晋辉疏浚工程有限公司（以下简称"博罗县晋辉")提供"晋辉06"轮为厦门市晋辉提供最高额950万元的抵押担保,申请人申请裁定拍卖、变卖博罗县晋辉所有的"晋辉06"轮,所得价款以950万元为限优先受偿。

被申请人厦门市晋辉提出异议称:依据《民事诉讼法》第一百九十六条规定,本案地域管辖和专门管辖错误,应依法裁定驳回申请或移送惠州县基层人民法院;"晋辉06"轮上还存在船员工资报酬等船舶优先权,若将"晋辉06"轮拍卖并优先偿还申请人债权,将严重侵害优先权人的合法权益;申请人要求实现抵押权金额950万元是错误的,因为即使依据申请人的陈述,实际发生的债权余额也仅为9 343 250元,并非合同约定的最高限额950万元。因此,应当驳回申请人的申请。

根据(2011)厦银授字第537号《综合授信合同》、(2011)厦银最抵字第537-22号《最高额抵押合同》、船舶所有权登记证书、船舶抵押权登记证书、(2012)厦银承字第008453号《银行承兑汇票承兑协议》、购销合同、银行承兑汇票申请书、保证金存款入账冻结通知书、银行承兑汇票、进账单、保证金存款解冻出账通知书、托收凭证、单位借款凭证,厦门海事法院经审理查明:2011年12月29日,厦门中信银行与厦门市晋辉签订(2011)厦银授字第537号《综合授信合同》,双方约定:厦门市晋辉于2012年1月10日至2013年1月10日期间可向厦门中信银行申请使用950万元的综合授信额度;担保方式之一为厦门中信银行与博罗县晋辉签订的(2011)厦银最抵字第537-22号《最高额抵押合同》。同日,厦门中信银行与博罗县晋辉签订(2011)厦银最抵字第537-22号《最高额抵押合同》,双方约定:博罗县晋辉自愿以其自有船舶"晋辉06"轮(船舶所有权登记证书号为090410000111)为厦门市晋辉的债权提供最高额度为950万元的抵押担保;抵押担保的主债权为2012年1月10日至2013年1月10日期间因厦门中信银行向厦门市晋辉授信而发生的一系列债权;抵押担保范围包括债务本金、利息、罚息、复利、违约金、损害赔偿金、保管担保财产和为实现债权、抵押权而发生的费用和其他所有应付费用。2012年1月13日,厦门中信银行与博罗县晋辉在惠州海事局办理了"晋辉06"轮的抵押登记手续。2012年1月17日,厦门中信银行与厦门市晋辉签订一份(2012)厦银承字第008453号《银行承兑汇票承兑协议》,双方约定:厦门中信银行对五张票面金额共计1 900万元的汇票进行承兑;厦门市晋辉提供950万元的保证金；厦门市晋辉应于汇票到期日前向厦门中信银行交存全部票款；承兑汇票到期日，厦门中信银行凭票支付票款；到期日未获清偿的票款，厦门中信银行将根据逾期天数及逾期付款金额，按日利率万分之五计收罚息；罚息利率遇中国人民银行调整时，从调整之日起按调整后的利率执行；本协议是双方签订的（2011）厦银授字第537号《综合授信合同》中所约定的具体业务合同，除受本协议对应的担保方式的担保外，还受授信合同所约定的担保方式的担保。2012年1月18日，在厦门市晋辉缴存了950万元的保证金后，厦门中信银行对五张汇票到期日2012年7月18日、票面金额共计1 900万元的《银行承兑汇票》进行承兑。上述汇票到期后，厦门中信银行对外付款，因厦门市晋辉未按合同的约定及时缴存票款，厦门中信银行在扣除保证金及利息后的垫付款为9 343 250元。经厦门中信银行催讨，厦门市晋辉仍未还本付息。

另查明："晋辉06"轮现停泊于厦门港。

【裁判结果】

厦门海事法院于2014年6月16日做出（2014）厦海法民特字第1号终审裁定：一、准许厦门中信银行的申请；二、拍卖、变卖博罗县晋辉所有的"晋辉06"轮，中信银行股份有限公司厦门分行对所得价款在950万元的范围内优先受偿。

裁定送达后，厦门海事法院根据《海事诉讼特别程序法》的规定，启动船舶的拍卖、债权登记与受偿程序。

【裁判理由】

厦门海事法院经审查认为：海事法院作为专门法院，根据《最高人民法院关于海事法院受理案件范围的若干规定》审理涉及海事海商的普通程序、简易程序和特别程序案件，审级为第一审，《民事诉讼法》第一百九十六条的规定并没有排除海事法院的专门管辖，因此，本院受理申请实现船舶抵押权的案件符合法律规定。根据《民事诉讼法》第一百九十六条规定，担保物权人有权向担保财产所在地法院提出实现担保物权申请，因"晋辉06"轮停泊于厦门，故厦门海事法院对本案有管辖权。对实现船舶抵押权裁定的执行中，在拍卖船舶时适用《海事诉讼特别程序法》的船舶拍卖、债权登记与受偿程序，可以保证船舶优先权的实现。因此，虽然船舶优先权先于船舶抵押权受偿,但申请人实现船舶抵押权并不妨碍"晋辉06"轮上可能存在的船舶优先权的实现。案涉《最高额抵押合同》中约定的950万元主债权除本金外,还包括了利息、罚息、复利等其他费用。厦门中信银行代垫款9 343 250元,加上按承兑合同约定的日万分之五计算的罚息已超过了950万元,因此,申请人要求以950万元为限优先受偿并无不当。综上,被申请人要求裁定驳回申请人申请或移送惠州市的基层人民法院的理由不成立。

厦门中信银行与厦门市晋辉、与博罗县晋辉之间的法律关系系各方真实意思表示,不违反法律规定,合法有效,"晋辉06"轮抵押权自合同生效时设立,厦门中信银行为第一顺位抵押权人。厦门中信银行依约对汇票承兑并垫付票款,债务人厦门市晋辉未偿还垫付票款及利息,抵押人博罗县晋辉应当以"晋辉06"轮承担最高额950万元的抵押担保责任。因此,厦门中信银行实现船舶抵押权的申请符合法律规定,应予准许。

【案例注解】

本案以非讼程序实现船舶抵押权,提高了实现抵押权的效率,有利于债权人实现债权,降低了融资难度。其中主要涉及以下法律问题:

一、实现船舶抵押权应适用非讼特别程序

根据《物权法》第一百七十条的规定,担保物权是指担保物权人在债务人不履行到期债务或者发生当事人约定的实现担保物权的情形时,依法享有就担保财产优先受偿的权利,但法律另有规定的除外。担保物权包括抵押权、质权、留置权,具体到海商法领域,担保物权包括船舶优先权、船舶抵押权、提单质权、船舶留置权、货物留置权。

根据《海商法》第十一条的规定,船舶抵押权,是指抵押人对于抵押权人提供的作为债务担保的船舶,在抵押人不履行债务时,可以依法拍卖,从卖得的价款中优先受偿的权利。关于船舶抵押权如何实行,该条仅规定"可以依法拍卖",是可以不经诉讼程序直接申请法院拍卖还是可以进行自力救济;抑或是先经诉讼再走拍卖程序,上述问题均不明确。在以往的审判实践中,抵押权的实行通常是经过诉讼程序,取得生效判决以作为执行根据,再拍卖抵押船舶实现抵押权。这种实现船舶抵押权的模式往往要经过一审、二审,甚至再审,耗时耗力,不利于债权人尽快实现债权。《物权法》第一百九十五

条规定了抵押权实现的条件、方式和程序：债务人不履行到期债务或者发生当事人约定的实现抵押权的情形，抵押权人可以与抵押人协议以抵押财产折价或者以拍卖、变卖该抵押财产所得的价款优先受偿。抵押权人与抵押人未就抵押权实现方式达成协议的，抵押权人可以请求人民法院拍卖、变卖抵押财产。虽有上述规定，但实践中鲜有抵押权人与抵押人就抵押权的实现方式达成协议；因缺乏配套的程序性规定，抵押权人也未能直接向法院申请拍卖、变卖财产，抵押权仍通过诉讼予以实现。

有观点认为，由于《海事诉讼特别程序法》对船舶的扣押和拍卖程序有明确的特别规定，应优先适用，故船舶担保物权的实现不应适用《民事诉讼法》第一百九十六条、第一百九十七条的规定。这种观点显然是错误的，实现担保物权程序属非讼程序，规定于《民事诉讼法》第十五章"特别程序"中，与《海事诉讼特别程序法》关于船舶扣押和拍卖的规定不同，《海事诉讼特别程序法》对如何实现船舶担保物权并无规定，遑论应优先适用的特别规定。倒是实现担保物权程序需要拍卖船舶时应适用《海事诉讼特别程序法》的相关规定，二者是相互衔接的程序。根据《最高人民法院关于扣押与拍卖船舶适用法律若干问题的规定》第二十三条的规定，当事人依照《民事诉讼法》第十五章第七节的规定，申请拍卖船舶实现船舶担保物权的，按照《海事诉讼特别程序法》以及本规定关于船舶拍卖受偿程序的规定处理。如上述船舶抵押权作为担保物权的一种，其实现应适用修订后的《民事诉讼法》第一百九十六条、第一百九十七条的规定。如果说实现船舶担保物权如何适用法律先前存在争议的话，现在则是尘埃落定，2015 年新颁布的《最高人民法院关于适用〈中华人民共和国民事诉讼法〉的解释》第三百六十三条、《最高人民法院关于扣押与拍卖船舶适用法律若干问题的规定》第二十三条明确了船舶担保物权的实现应适用《民事诉讼法》。本案准许实现船舶抵押权的终审裁定即是适用非讼特别程序的有益探索。

二、实现船舶抵押权案件应由海事法院管辖

《民事诉讼法》第一百九十六条规定，实现担保物权应向担保财产所在地或者担保物权登记地基层人民法院提出。根据《人民法院组织法》第二条第二款规定，地方各级人民法院分为：基层人民法院、中级人民法院、高级人

民法院。第十七条规定,基层人民法院包括:县人民法院和市人民法院、自治县人民法院、市辖区人民法院。根据《人民法院组织法》,海事法院不属基层法院。《最高人民法院、交通部关于设立海事法院的通知》指出,海事法院与中级人民法院同级。但笔者认为,实现船舶抵押权案件仍应由海事法院专门管辖。一是船舶抵押权纠纷属于应由海事法院专门管辖的海事案件,不应由基层人民法院受理。二是海事法院在建制上虽为中级人民法院,但却只审理一审海事海商案件。类似问题在《民事诉讼法》新增的小额诉讼简易程序案件的管辖中也曾出现过,《民事诉讼法》只规定基层人民法院可以适用小额速裁程序,但最高人民法院在法释〔2013〕16 号《关于海事法院可否适用小额诉讼程序问题的批复》中规定,海事法院也可以适用小额诉讼程序审理简单的海事、海商案件。在本案审理过程中正在制定的相关司法解释,对此问题均持这一观点。2015 年 2 月 4 日起实施的《最高人民法院关于适用〈中华人民共和国民事诉讼法〉的解释》第三百六十三条规定,实现担保物权案件属于海事法院等专门人民法院管辖的,由专门人民法院管辖。2015 年 3 月 1 日起实施的《最高人民法院关于扣押与拍卖船舶适用法律若干问题的规定》第二十三条规定,当事人依照《民事诉讼法》第十五章第七节的规定,申请拍卖船舶实现船舶担保物权的,由船舶所在地或船籍港所在地的海事法院管辖。

三、船舶所在地的认定

实行船舶抵押权由船舶抵押权人、船舶抵押人或其他有权请求实现船舶抵押权的人向船舶抵押登记地法院或抵押船舶所在地法院提出申请,并由该海事法院进行审查。船舶登记港为船籍港,船籍港一般由船舶所有人依据其住所或主营业所所在地就近选择,船舶抵押登记向船籍港的船舶登记机关登记,船舶抵押登记地法院实为船籍港所在地的海事法院。按照《海商法》第十四条的规定,建造中的船舶可以设定船舶抵押权,在建船舶抵押权登记机关为船籍港所在地船舶登记机关,因此,建造中的船舶其抵押登记地仍为船籍港所在地。抵押船舶所在地法院一般是船舶被扣押地的海事法院,当然停泊地的海事法院也享有管辖权。本案厦门海事法院就是作为船舶停泊地法院,享有管辖权。

四、需要明确的其他问题

应该说,本案的审理为《民事诉讼法》第一百九十六条、第一百九十七条的实施做了有益的探索,《最高人民法院关于适用〈中华人民共和国民事诉讼法〉的解释》及《最高人民法院关于扣押与拍卖船舶适用法律若干问题的规定》对实现担保物权程序的相关问题进一步做出规定,但仍有一些问题值得思考:

1. 实现担保物权案件的管辖权异议

《民事诉讼法》第十二章"第一审普通程序"第二节"审理前的准备"规定了管辖权异议制度,因此,应该认为管辖权异议制度仅适用于诉讼案件,而不适用于实现担保程序这一非讼特别程序。非讼程序的设计以效率为取向,适用管辖权异议与设立非讼程序的初衷相悖。在实现担保物权程序中申请人虽可以提出异议,甚至异议的内容也可以包括管辖权异议,但在实现担保物权程序中管辖权属法院应主动依职权审查的内容,法院在决定受理案件之前发现没有管辖权的,应告知申请人向有管辖权的法院提出申请,当事人坚持申请的,可裁定不予受理;法院受理后发现没有管辖权的,可以移送有管辖权的法院或裁定驳回申请。本案申请人提出的异议包括管辖权异议的内容,本案裁定并未援引《民事诉讼法》关于管辖权异议的规定,这表明该院认为管辖权异议不适用于实现担保物权程序。但法院对此并不是简单以被申请人无权提出管辖权异议为由驳回该项异议,而是在裁定中阐明其异议不成立的理由。

2. 担保物权人享有是否选择适用实现担保物权程序的权利

通常,实现担保物权程序更为方便快捷,申请人应乐于选择该程序,但在审判实践中,债权人基于种种考虑还是存在选择传统诉讼程序的情况:如担心被申请人异议成立而必须提起诉讼,不如直接起诉;或者除物的担保外还有保证人,即使申请适用实现担保物权程序也仍需提起诉讼等。对于当事人坚持提起诉讼而不申请适用担保物权程序的,法院应如何处理,法律及司法解释没有明确规定。一般认为应尊重当事人的选择,因为:首先,从《民事诉讼法》第一百九十六条、第一百九十七条的规定分析,不能得出实行担保物权必须通过实现担保物权程序,或者说实现担保物权程序是前置程序的结论。其次,民事纠纷的性质为私权纠纷,这就表明当事人可以自由处分这种权利,也有权选择采取什么途径来解决。在处分权主义所适用范围内,原则上也应承认当事人就涉及讼争事项的实体利益及程序利益,有相当的自由处分权;而且应被赋予平衡追求实体利益及程序利益的机会。当事人的处分权包括两个方面:一是对实体权利的处分;二是对诉讼权利的处分。就此,《民事诉讼法》第十三条第二款规定,当事人有权在法律规定的范围内处分自己的民事权利和诉讼权利。当事人选择诉讼还是申请实现担保物权是行使程序处分权的体现。最后,如果当事人提起的诉讼符合《民事诉讼法》第一百一十九条的规定,法院应予受理,虽可对当事人释明更为便捷的程序,但不能责令当事人必须按照《民事诉讼法》的规定申请实现担保物权。

3. 实现担保物权案件的申请费

《诉讼费用交纳办法》第八条规定,依照《民事诉讼法》规定的特别程序审理的案件不交纳案件受理费,鉴于实现担保物权程序规定于《民事诉讼法》第十五章"特别程序"中,本案未收取申请费,本案裁定因此未载明申请费的负担。对此类涉及财产的特别程序案件是否收取申请费存在争议,有的高级法院在内部规定中要求按照财产案件受理费的三分之一收取申请费。在《诉讼费用交纳办法》实施之时,《民事诉讼法》关于特别程序的规定仅规定了选民资格案件、宣告失踪或者宣告死亡案件、认定公民无民事行为能力或者限制民事行为能力案件和认定财产无主案件,涉及财产的是认定财产无主案件,而判决认定财产无主的收归国家或者集体所有。因此,《诉讼费用交纳办法》规定依照《民事诉讼法》规定的特别程序审理的案件不交纳案件受理费是合理的。而实现担保物权程序是 2012 年修改《民事诉讼法》在特别程序中新增加的制度,此类案件与其他财产案件一样,理应收取申请费,《诉讼费用交纳办法》制定在前,《民事诉讼法》修改在后,未规定收费构成预想外型的法律漏洞。2015 年 2 月 4 日起施行的《关于适用〈中华人民共和国民事诉讼法〉的解释》第二百零四条规定,对于实现担保物权案件,人民法院裁定拍卖、变卖担保财产的,申请费由债务人、担保人负担;人民法院裁定驳回申请的,申请费由申请人负担。据此,申请实现担保物权案件应缴纳申请费,具体收费标准可在《诉讼费用交纳办法》修改之时做出规定。

（原载于《人民法院案例选》2015 年第 3 辑,总第 93 辑）

外派劳务合同属民法调整范围

——原告张美珍、苏杰艳、张凯煌与被告福建省泉州中泉国际经济技术合作（集团）有限公司船员劳务合同纠纷案

胡伟峰

【裁判要旨】

渔船船员劳务合作经营公司组织未与其建立劳动关系的渔船船员赴我国台湾地区渔船工作的，应依照《海峡两岸渔船船员劳务合作协议》与渔船船员签订外派劳务合同。涉台渔船船员外派劳务合同是一种平等主体之间基于合同而建立的民事法律关系，应认定为船员服务合同，属民法调整的范围，而不属于劳动法调整。

【案号】

一审：（2013）厦海法商初字第 1 号。

【案情】

原告：张美珍、苏杰艳、张凯煌。

被告：福建省泉州中泉国际经济技术合作（集团）有限公司（以下简称"中泉公司"）。

2011 年 2 月 1 日，被告中泉公司与我国台湾地区水莲环境工程有限公司（以下简称"水莲公司"）签订近海渔工劳务合作合同，约定中泉公司根据水莲公司要求，选派适格渔工分期分批赴水莲公司渔船工作。合同执行期限为2011 年 2 月 1 日至 2011 年 12 月 31 日。被告中泉公司经福建省对外贸易经济合作厅批准，具备对外劳务合作经营资格。水莲公司系经我国台湾地区"渔业署"核准的有权经营海峡两岸渔船船员劳务合作的经营主体。

原告张美珍、苏杰艳、张凯煌分别系张伟新的母亲、配偶、儿子。2011 年5 月 12 日，张伟新与被告中泉公司签订对台近海渔工中介服务合同。合同载明：中泉公司受水莲公司委托，介绍张伟新受水莲公司雇佣，到水莲公司所

属的"新裕发11号"渔船从事近海渔业捕捞工作。经中泉公司解读,张伟新全面了解近海渔工雇佣合同的各项条款与要求,以及各方的权利、责任和义务,自愿并经家属同意,与水莲公司签订近海渔工雇佣合同,并承诺按合同条款履行责任和义务。中泉公司应代理办理张伟新受水莲公司雇佣期间的对台近海渔工团体综合保险。张伟新在雇佣期内若发生人身意外伤害、患病、致残或死亡,中泉公司应协助张伟新或其家属依据投保之保险条款与保险机构及时交涉处理理赔事宜。中泉公司应及时与水莲公司协调处理张伟新反映的正当要求与存在问题,督促水莲公司履行相关合同条款,维护张伟新在外的正当权益。张伟新在雇佣期的工资,按近海渔工雇佣合同约定标准执行。张伟新在雇佣期间应严格履行与水莲公司签订的雇佣合同,恪尽职守,努力工作,严格遵守水莲公司及作业渔船的各项规章制度和操作规程,接受水莲公司和所在渔船干部的管理。水莲公司发给张伟新的奖金和其他额外补贴归张伟新所有,由张伟新在船上向雇主直接领取。张伟新在雇佣期间享有人身意外保险及医疗保险,所需保费由水莲公司承担。

同日,张伟新还与水莲公司签订近海渔工雇佣合同,合同约定:雇佣期限为12月。水莲公司支付张伟新的月最低基本工资为2 175元(具体金额由双方商定),保险费每月150元人民币;奖金根据情况另行商定。张伟新随船跟班工作,工作负荷、工作时间、福利待遇、职务津贴等须与同船同岗位的台湾渔工相同。张伟新须免费享有与同船同岗位的台湾渔工同等水平的膳食住宿待遇和海上作业所需的个人装备与劳保用品。对于张伟新享有的人身意外保险及医疗保险,水莲公司委托张伟新介绍公司负责向大陆保险机构投保团体综合保险,所需保费由水莲公司承担。张伟新应遵守水莲公司及作业渔船的各项规章制度和操作规程,服从水莲公司及其渔船主管干部的合理工作指令。水莲公司不得单方面解雇张伟新。若水莲公司因自身原因需提前终止本合同,除支付张伟新实际工作期间的工资和免费将张伟新送返大陆外,还须向张伟新支付一定的经济补偿。

2011年5月12日,张伟新到"新裕发11号"渔船工作,在船期间的工资由水莲公司直接发放给其本人。在签订对台近海渔工中介服务合同后,被告中泉公司代张伟新办理了对台渔工团体综合保险,保费由水莲公司承担。其间,被告中泉公司还按所选派至水莲公司工作的渔工数量(含张伟新),以每人每月基本服务费 225 元的标准向水莲公司收取管理费。

据我国台湾地区基隆地方法院 101 年度重诉字第 5 号刑事判决所载，张伟新与陈龙辉于 2011 年 12 月 16 日凌晨 2 时至 3 时间，在台湾地区新北市万里区野柳渔港停泊之"新裕发 11 号"渔船船舱内饮酒，酒后因细故发生口角争执，进而有肢体互相拉扯冲突。陈龙辉在被张伟新推倒后，随即于船舱内床板旁的厨房刀架上，拿起杀鱼刀 1 把，持续向张伟新的头部、脸部及胸部猛刺数刀，致其右侧腋下动脉断离并出血性休克，经紧急送医仍不治死亡。

原告张美珍、苏杰艳、张凯煌诉称：被告与其家属张伟新签订合同，派遣张伟新到台湾地区渔船从事近海渔业捕捞工作。在船期间，张伟新不幸于 2011 年 12 月 16 日被同船船员刺伤，后不治身亡。因被告与张伟新之间存在劳动合同，且雇佣张伟新工作的"新裕发 11 号"渔船没有依照近海渔工雇佣合同给渔工提供一个良好、正常的工作环境和条件，直接导致船上渔工长期持续工作，未能得到必要的休息，精神严重抑郁，最终因小事酿成悲剧，请求法院判令被告支付丧葬补助金 23 052 元、一次性工亡补助金 436 200 元、供养亲属抚恤金 345 600 元。

中泉公司辩称：其与张伟新签订对台近海渔工中介服务合同，介绍张伟新到我国台湾地区渔船从事近海渔业捕捞工作，与张伟新并不存在劳动合同关系或劳务合同关系；张伟新系因在船舱内饮酒，被酒后与其发生口角争执的同船船员陈龙辉持杀鱼刀刺伤致死，与中泉公司的近海渔工中介服务不存在法律上的因果关系。

【审判】

厦门海事法院经审理认为：

第一，关于张伟新与被告中泉公司是否形成劳动合同关系的问题。首先，根据海峡两岸关系协会与海峡交流基金会签署的《海峡两岸渔船船员劳务合作协议》附件第二条的规定，大陆经营公司应与船员签订外派劳务合同，张伟新与被告中泉公司之间应认定为船员外派劳务合同关系。其次，参照最高人民法院［2001］民立他字第 3 号《关于金龙万、金龙哲与黑龙江省国际经济技术合作公司出国劳务合同纠纷案是否适用最高人民法院（法（经）函［1990］73 号）复函的答复》，外派劳务合同关系是一种平等主体之间基于合同而建立的民事法律关系，属民法调整的范围，而不属于劳动法调整。再次,参照国务院《对外劳务合作管理条例》第二十三条的规定,除了对外劳务合作企业组织与其建立劳动关系的劳务人员赴境外工作的情形外,对外劳务合作企业应当与劳务人员订立书面服务合同。本案中,张伟新在外派劳务之前并未与被告中泉公司建立劳动关系。本案合同中也无原、被告之间关于支付工资、办理社会保险等体现劳动权利义务的具体约定。张伟新与被告中泉公司所签订的外派劳务合同既有别于劳动合同,也有别于仅提供订约机会的居间合同,而应属于服务合同。三原告有关张伟新与被告中泉公司存在劳动合同关系的主张于法无据,法院不予支持。被告中泉公司所谓与张伟新签订的只是《对台近海渔工中介服务合同》,并试图以合同的名称将双方法律关系定性为中介的抗辩,也显然与其所应承担的外派劳务合同义务相悖,同样不予采纳。

第二,关于被告在履行合同过程中是否存在过错的问题。原告主张"新裕发11号"渔船未能给渔工提供良好、正常的工作环境和条件,并直接导致船上渔工精神严重抑郁,最终酿成悲剧。法院认为,渔工在返港时应被安排到"岸置中心"等地点进行休整,属于水莲公司在近海渔工雇佣合同中所应承担的义务,而非被告中泉公司的义务。另原告主张加害者陈龙辉系被告中泉公司派遣的同船精神不适人员,但原告对此无法予以举证证明。因此,在无证据证明被告中泉公司在履行其与张伟新的合同过程中存在过错的情况下,被告中泉公司依法对张伟新的死亡不应承担赔偿责任。

2013年8月19日,厦门海事法院判决:驳回原告张美珍、苏杰艳、张凯煌的诉讼请求。

宣判后,原告和被告均未提出上诉,该判决已发生法律效力。

【评析】

涉台渔船船员外派劳务合作是一项独特的经济活动,因涉及境外务工,形成多个主体的多重法律关系,再由于涉台渔船船员队伍的结构本身的多元性和改革中的体制变化,使得各方,尤其是渔工与外派公司之间的法律关系变得十分复杂,难以界定。

本案的争议焦点即在于此,原告认为外派渔工与外派企业之间形成的是劳动合同法律关系,应适用国内的劳动合同法作为判定依据;被告认为外派渔工和外派企业之间形成的是涉外劳务中介法律关系,不属于劳动合同法的调整范围,而应适用合同法、《对外劳务合作管理暂行办法》等法律、法规进行调整。这两种观点在理论及实践中有着重要影响。审判实践中也基于对此法律关系的不同理解,常出现了截然不同的判决。要从根本上解决这一问题,需要厘清涉台渔船船员外派劳务合同的法律性质。

一、明确经营公司与涉台渔船船员之间应签订的合同

涉台渔船船员外派劳务合作是一项政策性很强的活动,如前所述,缘于队伍的结构的多元性、改革中的体制变化,以及相关法律规定的缺失,经营公司与涉台渔船船员之间应签订的合同模糊不清。直至 2009 年 12 月 22 日两岸签订了《海峡两岸渔船船员劳务合作协议》,这一问题才得以明确。协议规定两岸船员劳务合作须签订以下合同(契约):(一)经营公司与中介机构签订劳务合作合同(契约);(二)经营公司与船员签订外派劳务合同(契约);(三)船主与船员签订劳务合同(契约);(四)中介机构与船主签订委托劳务合同(契约)。本案被告具备对外劳务合作经营资格,水莲公司系有权经营海峡两岸渔船船员劳务合作的经营主体。中泉公司与水莲公司之间的船员劳务合作系在《海峡两岸渔船船员劳务合作协议》的框架下进行的,因此,依照协议的规定,被告中泉公司应与张伟新签订外派劳务合同。

二、外派劳务合同的性质

关于外派劳务合同的性质,审判实践中存在许多争论,有观点主张外派劳务合同其实是涉外劳务派遣,应依据劳动合同法进行调整。然而,外派劳务合同与劳务派遣存在较大区别,外派劳务合同关系不同于劳务派遣关系,而应属于服务合同关系。根据商务部等《对外劳务合作经营资格管理办法》《关于执行〈对外劳务合作经营资格管理办法〉有关问题的通知》及商合发〔2008〕525 号《商务部关于做好境外就业管理工作的通知》的有关精神,外派劳务是指境内企业与境外公司、中介机构或私人雇主签订合同,并按照合同约定的条件有组织地招聘、选拔、派遣公民到境外为雇主提供劳务服务并进行管理的经济活动。境内经营公司应根据其与境外雇主签订的对外劳务合作合同,直接与劳务人员签订外派劳务合同,并协助劳务人员与雇主签订雇佣合同,同时应承担劳务人员的有关境外管理责任,及时妥善处理劳务纠

纷或突发事件。本案被告具备对外劳务合作经营资格,渔工被外派至我国台湾船舶提供劳务的过程及各方所签订的合同既符合海峡两岸渔船船员劳务合作协议的要求,又完全符合对外劳务合作的经营管理方式。可见,对台渔工劳务合作的模式系参照对外劳务合作的经营管理方式进行运作的。

而就境内经营公司与外派劳务人员的法律关系而言,参照最高人民法院〔2001〕民立他字第3号《关于金龙万、金龙哲与黑龙江省国际经济技术合作公司出国劳务合同纠纷案是否适用最高人民法院(法(经)函〔1990〕73号)复函的答复》,可以明确外派劳务合同关系是民事法律关系,属民法调整的范围。此外,最高人民法院在〔2011〕民四他字第4号《关于仰海水与北京市鑫裕盛船舶管理有限公司之间是否为劳动合同关系的请示的复函》中进一步指出,根据交通运输部颁布的《船员服务管理规定》,船员服务机构向船员提供船员服务业务,应当与船员签订船员服务协议。涉案外派公司是具有从事对外劳务合作经营资格的船员外派服务机构,不是劳动者的用工单位。因此,外派船员与涉案外派公司签订的《船员聘用合同》为船员服务合同,不属于船员劳务合同,也不属于船员劳动合同,不适用劳动合同法的规定。〔2011〕民四他字第4号复函也与国务院对外劳务合作管理条例的规定相印证,该条例第二十三条规定,除了对外劳务合作企业组织与其建立劳动关系的劳务人员赴境外工作的情形外,对外劳务合作企业应当与劳务人员订立书面服务合同。由于张伟新与中泉公司之间事前并不存在劳动关系,所以不存在管理与被管理或隶属的关系。虽然双方在对台近海渔工中介服务合同中对张伟新的工作内容、劳动报酬、保险、劳动纪律等事项也进行了约定,但相应的责任主体并非被告中泉公司,而是张伟新的雇主水莲公司,被告中泉公司实际并无向张伟新支付工资、办理社会保险等合同义务。与此同时,合同对中泉公司维护张伟新的境外合法权益,反映渔工正当要求,督促水莲公司履行相关合同条款、出现保险事故后协助理赔的义务进行了规定。因此,张伟新与被告中泉公司所签订的外派劳务合同既有别于劳动合同,也有别于仅提供订约机会的居间合同,而应属于服务合同。综上,原告基于张伟新与被告中泉公司之间成立劳动关系,依据《工伤保险条例》提出的工伤死亡赔偿要求,由于缺乏基础法律关系而无法得到支持。

最后,外派劳务合同不归入劳动法调整,并不会影响当事人尤其是渔工的权利维护。《海峡两岸渔船船员劳务合作协议》早已注意到这一问题，由我国台湾地区雇主出资投保的渔工团体综合保险已对渔工在从业过程中可能遭遇的工作风险做出了全面而详尽的规定，渔工如因相应的工作风险发生受损害情形，可以通过保险理赔的方式获得赔偿，同时也可以依据与我国台湾雇主签订的劳务合同向责任方主张权利。而依据《对外劳务合作管理条例》的规定，经营公司负有积极的协助义务，如果经营公司不协助渔工向境外雇主要求赔偿，劳务人员可以直接向经营公司要求赔偿。

（原载于 2014 年《人民司法·案例》第 4 期）

吴玉林等十名船员与佛山市南海德群船务有限公司"德伟隆"轮船员劳务合同纠纷案

林　静

【案情】

佛山市南海德群船务有限公司所有并经营的"德伟隆"轮,因船东失联,船舶燃油、淡水及船员生活费断供,船东欠付船员近半年的工资。2015 年 8 月,该船停靠厦门刘五店码头。船上 10 名船员向厦门海事法院提起船员劳务合同纠纷之诉。

【审理】

厦门海事法院在收到船员的起诉状后,经审查尽管对该案没有管辖权,但为解船员当前困境,法官还是通过多种途径尝试与船东联系。终因船东名下的多艘船舶已被其他海事法院扣押,债台高筑,公司办公场所关闭,无人办公,法定代表人下落不明而没有结果。与此同时,厦门海事法院就案件的管辖权问题向船员释明,说明根据法律规定,在目前条件下,本院对此案尚无管辖权,建议船员将"德伟隆"轮驶回广东,就近向广州海事法院起诉。但船员向本院陈述了此前他们所遇到的类似情况后,坚持在厦门海事法院起诉。在此情况下,为使船员在厦门海事法院起诉维权的愿望得以实现,本院对船员进行了诉讼指导,建议船员可就此先行向本院申请诉前财产保全,扣押"德伟隆"轮,再向厦门海事法院提起船员劳务合同纠纷之诉,即在起诉之前,通过一个诉前扣押船舶的行为使厦门海事法院取得诉讼案件的管辖权。该系列案件立案后,厦门海事法院又通过向船长送达起诉状副本等法律文书,避免了向下落不明的被告进行公告送达所产生的时间上的拖延,大大缩短了审判周期。在诉讼过程中,船舶由诉前扣押转为诉讼扣押,由厦门海事法院继续实施保全措施。因该船船东不履行船舶管理职责,法院委托海事请求人即

"德伟隆"轮10名船员代为管理。2015年8月20日，船员以船上无燃油、淡水，生活、安全不能得到保障为由，提出离船并由法院委托第三方看船申请。为确保船员安全及另谋生路，法院通过多种渠道，协助寻找安全、经济的船舶停泊地点。最终经协商沟通，就近委托一家造船厂进行看护。在法院的主持下，双方完成船舶的看护交接，并妥善安排船员离船返回原籍。在此基础上，该系列案件于2015年9月19日做出了判决，10名船员的合法权益得到了保护。

【评析】

本案属于保护弱势船员利益的系列案件。船员的合法权益是否及时得到救济，是海事法院当前形势下需要优先考虑的问题。本案的意义主要有：一是法院对于涉及船员工资报酬的诉讼请求，要本着人道主义的关爱和公平正义的立场来积极面对回应。对于尚不具有管辖权的诉求，通过对船员进行诉讼指导，利用法律规定，选择就近的海事法院起诉。本案仅从船员劳务法律关系上看，该院没有管辖权，船员应向广州海事法院起诉，但考虑到船舶燃油、淡水缺乏，如果不受理此案，会给船员带来很大的不便，增加他们的维权成本和风险。在此情况下，该院通过诉讼指导，通过受理诉前扣船申请依法取得了诉讼管辖权，解决了船员要求在该院诉讼的法律问题。二是本着对船舶和船员高度负责的精神，在诉讼期间妥善处理船员生活和船舶看护与安全问题，能动司法，主动担当，联系并委托相关单位负责船舶的看护，不仅维护了船员、船东等合法利益，也维护了社会安全和稳定。

（原载于2015年《福建高院新案例》）

苏某某诉中国人民健康保险股份有限公司上海分公司海上保险合同纠纷案

——近因原则在渔工意外伤害保险中的适用

胡伟峰

【裁判要旨】

在醉酒导致的死亡被作为共同除外责任,在双方保险合同中特别约定的情况下,渔工意外伤害保险事故中死亡的被保险人既有醉酒情形,又有与同船其他渔工发生肢体冲突受到伤害的情形,法院应根据被保险人的直接死亡原因,来认定保险人是否应当承担保险责任。在对"醉酒导致的死亡"有两种以上理解的情况下,应做出不利于格式条款提供方的解释,将免责事由严格限定在死亡由醉酒直接引发。

【案情】

原告:苏某某。

被告:中国人民健康保险股份有限公司上海分公司(下称"健康保险公司")。

苏某某诉称:原告丈夫张某某系中泉国际经济技术合作(集团)有限公司渔工,2011年5月12日被派往台湾籍"新裕发11号"渔船作业,并向被告投保了大陆渔船船员综合保险。同年12月16日,张某某与同船船员陈某某发生口角,后陈某某将张某某刺成重伤,经医院抢救无效死亡。根据保险合同约定,被保险人在境外工作期间因意外事故死亡的,保险人即被告须承担人民币50万元的死亡保险赔偿金,原告是张某某指定的唯一受益人。然而原告向被告提出索赔后,被告未予赔付。为此,请求判令:(1)被告赔付原告保险赔偿金50万元;(2)被告承担原告前期律师费用5 000元;(3)案件受理费由被告承担。

健康保险公司辩称:通过张某某的解剖报告,张是在醉酒期间发生事故,属保险合同约定的除外责任。为此，请求判决不予支持原告诉讼请求。

法院经审理查明：张某某，男，1975年9月22日出生，汉族，生前系中泉国际经济技术合作（集团）有限公司渔工，与苏某某系夫妻关系。

2011年5月，张某某被中泉国际经济技术合作（集团）有限公司派往台湾籍"新裕发11号"渔船上工作，同时，张某某也加入了由上海坤金泉投资咨询管理有限公司作为投保人向人民健康保险上海分公司投保的大陆渔船船员综合保险。

上海坤金泉投资咨询管理有限公司与人民健康保险上海分公司在签订的保险协议中约定："第一条，本协议内容是中国人民健康保险股份有限公司《福佑专家人身意外团体意外伤害保险》《守护专家意外医疗（推广版）团体医疗保险》《守护专家住院费用团体医疗保险》《关爱专家短期重疾（推荐版）团体疾病保险》条款内容的补充书面文件。本协议内容与上述保险条款内容不一致之处，以本协议的约定为准。""第五条，保险责任，详见附件2《大陆渔船船员综合保险方案》。""第十四条，本协议约定的合作期间为三十六个月，自2011年1月1日零时起至2013年12月31日二十四时止。本协议有效期间同保险合作期间。"该保险协议包含四个附件。其中，附件2《大陆渔船船员综合保险方案（近海）》第1条保险责任中明确，被保险人在境外工作期间（含中国台湾、澳门、香港地区）因意外事故死亡（含宣告死亡）的，保险人须赔偿人民币50万元／人。第3条共同除外责任第（1）项约定：对于被保险大陆渔船船员以下行为导致的死亡或残疾，保险公司作为共同除外责任特别标注：大陆渔船船员个人的故意、违规及违法等行为，如酗酒、斗殴、逃脱、偷渡、自杀或自加伤害等。

2011年5月12日，张某某签署了投保及指定受益人确认书，确认苏某某为保险赔偿金唯一受益人，受益份额为100%。

据台湾地区基隆地方法院101年度重诉字第5号刑事判决所载，张某某与陈某某于2011年12月16日凌晨2时至3时间，在台湾地区新北市万里区野柳渔港停泊之"新裕发11号"渔船船舱内饮酒，酒后因细故发生口角争执，进而有肢体互相拉扯冲突。陈某某在被张某某推倒后，随即于船舱内床板旁的厨房刀架上，拿起杀鱼刀1把，持续向张某某的头部、脸部及胸部猛刺数刀，致其右侧腋下动脉断离并出血性休克，经紧急送医仍不治死亡。另台湾地区"法务部"法医研究所鉴定报告书载明,死者血液经检验结果为含酒精 220 mg/dL。

事故发生后,苏某某向人民健康保险上海分公司申请理赔,人民健康保险上海分公司以醉酒、斗殴系保险除外责任为由拒赔。

另查明,《福佑专家人身意外团体意外伤害保险》的责任条款第 1.3 条载明:"被保险人在下列期间内发生的保险事故,本公司不承担给付保险金的责任:1)醉酒、主动吸食或注射毒品;……"一审庭审中,人民健康保险上海分公司确认不能提供向投保人特别说明该除外责任的证据。

【裁判结果】

上海海事法院认为:本案系海上保险合同纠纷,苏某某系被保险人指定的保险受益人,人民健康保险上海分公司为保险人,双方间存在保险合同法律关系。本案中,被保险人张某某在保险责任期间被他人意外刺伤致死,虽然事发时其处于醉酒状态,但该起保险事故并非因被保险人醉酒直接造成,其近因为他人意外加害致死,醉酒与保险事故间没有直接因果关系。而附件 2《大陆渔船船员综合保险方案(近海)》第 3 条共同除外责任第(1)项约定载明,对于被保险大陆渔船船员以下行为(包括酗酒)导致的死亡或残疾,保险公司作为共同除外责任特别标注,该表述可理解为酗酒行为须与保险事故有直接因果关系,才能被认定为保险人的除外责任。虽然《福佑专家人身意外团体意外伤害保险》的责任条款第 1.3 条约定被保险人在下列期间(包括醉酒)内发生的保险事故,本公司不承担给付保险金的责任,该表述可理解为醉酒与保险事故间无须有直接因果关系,但《大陆渔船船员综合保险方案(近海)》作为协议附件 2 全文附在保险协议后,而《福佑专家人身意外团体意外伤害保险》的保险条款并未附在保险协议后,而且,没有证据表明该除外条款对投保人做过特别说明,该条款可认定无效。故对人民健康保险上海分公司提出被保险人张某某在事发时处于醉酒状态属于除外责任,保险人不应赔付的抗辩理由不予采纳。此外,张某某与陈某某系因琐事引发口角争执,并无斗殴的蓄意。陈某某在被推倒后,跑去拿刀刺人的行为出乎张某某的意料,张某某被刺身亡,属于意外事故。根据保险协议约定的保险金额,被保险人张某某因保险事故死亡,人民健康保险上海分公司应赔付原告 50 万元。据此,上海海事法院于 2014 年 4 月 18 日做出(2013)沪海法商初字第

1739 号民事判决,判决健康保险公司向苏某某赔付保险金 50 万元,并驳回原告要求被告支付律师费的诉求。后健康保险公司不服原判,提出上诉,上海市高级人民法院于 2014 年 8 月 15 日做出(2014)沪高民四(海)终字第 79 号民事判决,驳回上诉,维持原判。原判决已发生法律效力。

【评析】

保险实践中,损害发生的原因纷繁复杂,表现形式也多种多样,在因果关系复杂的案件中,如何确定保险人应否承担责任,有赖于近因原则。近因原则是英国海上保险法①确立的保险法原则,后逐渐扩展到其他保险法领域,成为保险法中的重要原则。英国学者约翰·T·斯蒂尔将近因定义为:指引起一系列事件发生,由此出现某种后果的能动的、起决定作用的因素;在这一因素作用的过程中,没有来自新的独立渠道的能动力量的介入。1918 年,英国上议院大法官 Lord Shaw 对近因原则做出了精辟的论述:把近因看成时间上最接近的原因是不正确的。近因不是指时间上的接近,而是指效果上的接近,是导致承保损失的真正有效的原因。如果各种因素或原因同时存在,要选择一个作为近因,必须选择可以将损失归因于那个具有现实性、决定性和有效性的原因②。

保险法上的近因原则是指,损害事件发生时,只有当其近因是合同双方约定的保险人应负保险责任的情形时,保险人才给予赔偿。近因原则适用的原因,在于可能致损保险标的之危险的多样性、复杂性与并发性,以及保险人承保危险范围的有限性。坚持近因原则的意义,在于有助于正确合理地判定被保险人应否承担赔偿责任,平衡保险合同双方的合法权益。

本案中关于张某某的死因,原告认为是被陈某某伤害的意外事件,被告认为是酗酒后斗殴。这涉及对合同附件 2《大陆渔船船员综合保险方案(近海)》第 3 条共同除外责任条款的解读,以及张某某死因的法医学鉴定。关于死因的鉴定问题,因涉及专业性较强的医学知识,属于事实认定的问题,往往有必要借助司法鉴定。本案涉及刑事,因而较为简便,台湾地区"法务部

---

① 英国《1906 年海上保险法》第 55 条第 1 款规定:依照本法规定,除保险单另有约定外,保险人对于由所承保的危险近因造成的损失,负赔偿责任,但对于不是由所承保的危险近因造成的损失,概不负责。

② 任自力:《保险法学》,清华大学出版社 2010 年 8 月第 1 版,第 66 页。

法医研究所"依程序于 2012 年 1 月 12 日对张某某死因做出鉴定报告书,结论为多发性单面刃锐器刺割创致右侧腋下动脉断离出血性休克死亡(死亡方式:他杀),死者生前明显饮用过酒精性饮料。依该鉴定书可较直观地得出张某某死亡的近因。同时依据台湾法院在判决中查明的事实,张、陈二人只是因口角发生纠纷,张将陈推倒在地后即离开,并无斗殴之意图及行为,因此,可以认定的事实是张某某在醉酒状态下,被同船渔工陈某某持刀刺亡,即他杀为张某某死亡的近因。

解决了死亡近因的问题后,回到了对除外责任条款的解读,该条款载明,对于被保险大陆渔船船员酗酒导致的死亡,保险公司作为除外责任特别标注。如果简单从文义来理解,基于酗酒保险公司不承担责任似乎确有两种解释:一为只要是酗酒后发生的死亡;二为酗酒直接导致的死亡。为了补强自己所持的酗酒后发生的死亡不属保险责任的主张,保险公司还提供了《福佑专家人身意外团体意外伤害保险》责任条款,该条款第 1.3 条载明:"被保险人在下列期间内发生的保险事故,本公司不承担给付保险金的责任:1)醉酒……"一审庭审中,健康保险公司确认不能提供向投保人特别说明该除外责任的证据。由于被告未履行明确说明义务,因而该醉酒期间免责的条款不产生效力。

由于上述存在两种以上文义理解的免责条款属于保险公司为了重复使用而预先拟定,性质上应属格式条款。根据我国《合同法》第四十一条的规定,对格式条款的理解发生争议的,应当按照通常理解予以解释;对格式条款有两种以上解释的,应当做出不利于提供格式条款一方的解释。而该条款表述常理上可理解为酗酒行为须与保险事故有直接因果关系,才能被认定为保险人的除外责任。且即便保险公司从自身立场出发,认为直接因果关系的解释并非通常的理解,在有两种以上解释的情况下,也应做出有利于受益人一方的解释。

本案原告曾就同一事实,以中泉国际经济技术合作(集团)有限公司为被告向厦门海事法院起诉,法院经审理后认为,原告与中泉国际经济技术合作(集团)有限公司之间实质上是船员服务合同关系,即一种平等主体之间基于合同而建立的民事法律关系,属民法调整的范围,不属劳动法调整。原告要求中泉国际经济技术合作(集团)有限公司对张某某的死亡承担赔偿责任的诉讼请求,于法无据。判决驳回原告的诉讼请求。审理中,承办法官曾向原告建议以保险合同为案由主张权利,原告在败诉后,及时调整诉讼方向,最终维护了自己的合法权益,相比于个别人身损害案件中无理闹讼、缠讼的当事人,无疑是拥有法治理念的,也是难能可贵的。

（原载于 2016 年《中国航务周刊·东南航运》第 6 期）

船员劳务合同纠纷仲裁裁决
被美国联邦法院承认与执行

——Castro 诉 Tri Marine Fish Co．，LLC 案评析

胡伟峰

【案例索引】

Castro v. Tri Marine Fish Co．，LLC，2017 WL 3262473（W. D. Wash. 2017 年 7 月 31 日）。

【本案案情】

原告 Castro 系菲律宾公民,其与 Tri Marine Fish Co．，LLC 签订了一份船员雇佣合同,该合同包括一个仲裁条款,约定因合同引发的任何纠纷均应在美属萨摩亚进行仲裁。合同签订两周后,Castro 在渔船上工作时受伤,导致膝关节韧带撕裂。原告受伤后,Tri Marine Fish Co．，LLC 将其送至菲律宾,并对其治疗及护理做出安排,同时还向其支付了生活费和治疗费。在最终赔偿数额达成以前,Castro 和 Tri Marine Fish Co．，LLC 就预付款进行了协商,并收到了部分预付款。该预付款协议再次规定 Castro 应受船员劳务合同中仲裁条款的约束。此后,双方达成了由 Tri Marine Fish Co．，LLC 一次性赔偿 Castro 的最终解决办法。

在此前的赔偿协议协商过程中,Castro 收到了一份文件,该文件告知了其身为海员的权利以及他将同意放弃权利的程度,文件也被翻译成 Castro 的国内语言——塔加路语,文件还明确 Castro 有发问的权利。尽管雇佣合同要求仲裁应在美属萨摩亚进行,预付款协议进一步援引了雇佣合同,但 Castro 和负责谈判的 Tri Marine Fish Co．，LLC 经理随后将最终和解协议提交给菲律宾国家和解调解委员会办公室的一名经认证的海事志愿仲裁员。

这名仲裁员用英文和塔加路语两种语言向 Castro 解释了签订这份最终和解协议的法律后果,包括永久弃权条款。Castro 告诉仲裁员自己已知晓和

解协议的内容,仲裁员随后制作了一份裁决,明确和解协议的签署及内容"不违背法律、道德、良好习惯和公共政策",当事人之间的纠纷已解决。

约三年后,Castro 到华盛顿州法院起诉 Tri Marine Fish Co., LLC,坚称因 Tri Marine Fish Co., LLC 存在过失且船舶不适航,导致其发生工伤,诉求 Tri Marine Fish Co., LLC 承担其生活费、治疗费和法定工资。因州法院对本案并无管辖权,Tri Marine Fish Co., LLC 申请将该案移送美国联邦华盛顿西区法院,并申请承认执行其与 Castro 在菲律宾达成的和解裁决。

【审判】

美国联邦华盛顿西区法院依据 1958 年联合国《关于承认与执行外国仲裁裁决公约》(《纽约公约》)和琼斯法的规定,认定符合该琼斯法规定的海员,与雇主基于已达成的雇佣协议而提起的仲裁,符合《纽约公约》下关于仲裁协议的所有要求,且未违反公共政策。海员未就纠纷在协议约定地仲裁,而是在菲律宾与雇主达成和解协议,并由仲裁员制作和解裁决的效力不受影响。尽管琼斯法规定海员受海事法律特别保护,但法院认定批准该和解裁决,并未违反美国最基本的道德和正义理念,因此,法院裁定认为仲裁和解裁决可以并将被执行。

【评析】

美国联邦法律(尤其是 9 U.S.C. 7)明确规定负责仲裁审查的法院应当确认仲裁裁决的效力,除非该裁决出现以下七种列举的可拒绝承认的情况之一:(1)缺乏行为能力;(2)缺乏适当的告知义务;(3)裁定超过仲裁协议约定范围;(4)仲裁机构的组成不符合当事人的协议或仲裁地点的法律;(5)裁决未生效;(6)依据承认与执行国法律裁决事项不属于仲裁有权裁决范围;(7)裁决的执行违反执行国的公共政策。

Castro 以仲裁裁决违反以上六种情形为由,主张裁决无效。上述六项答辩均被驳回。下面我们来讨论下 Castro 的答辩意见:(1)无管辖权。(2)仲裁协议的范围。(3)仲裁员的选任。Castro 主张:和解协议和仲裁裁决超越了仲裁协议的范围。仲裁员的选择也不符合规定,雇佣合同要求在美属萨摩亚进行仲裁,但仲裁裁决却是由菲律宾仲裁员做出的。法庭未采纳这些抗辩,法庭注意到雇佣合同和预付款书面收据都明确,Castro 同意受雇佣合同中仲裁条款约束,可认定存在约定仲裁的书面协议,因此本案受《纽约公约》

管辖。尽管仲裁未在美属萨摩亚进行,但仲裁协议遵循了通行的合同法原则。相应地,因为 Castro 已经从接受菲律宾仲裁裁决中受益,例如其最终的生活和治疗费用,根据禁止反言原则,其不能再主张因没有在美属萨摩亚仲裁而造成裁决无效。美国联邦法院对于仲裁裁决执行应具有管辖权。

(4)胁迫:Castro 引用最高法院的判决先例,该先例认定海员是海事法的特殊保护对象,关于海员放弃权利应得到严格的审查,主张其签署放弃对方责任的协议并非出于意思表达自由和自愿。法庭认为 Tri Marine Fish Co.,LLC 提供的由多名证人出具的证词,确认了 Castro 已经收到口头及书面、英语及塔加路语的关于其权利以及签署弃权条款法律后果的告知。Castro 确认其已经理解,并最终收到超过同等伤情在菲律宾所能得到的伤残津贴赔偿数目的裁决金额,故 Tri Marine Fish Co.,LLC 已经尽到举证责任,胁迫并不存在。

(5)未适当的通知:Castro 称其未收到适当的通知告诉其在菲律宾的和解程序是仲裁程序。但明显这种抗辩适用于当事人不能有效参加或根本不参与程序的情况。因为 Castro 已经亲自出现在仲裁员面前并参与和解,所以无论他是否知道这是一个仲裁程序,这种抗辩均不适用。(6)公共政策:Castro 主张仲裁裁决违反了公共政策,因为它未遵守琼斯法案要求的对海员特殊法律保护。法庭认为公共政策抗辩是极为严格的,只有在执行一项裁决可能违反联邦的最基本道德和公正的理论时才可能适用。《联邦仲裁法》将船员劳务协议排除在仲裁之外的规定,不适用于《纽约公约》调整的仲裁协议。

综上,仲裁裁决并未违反公共政策,因为 Castro 已经收到美国海事法下的大部分赔偿,包括遣送回国的费用,医疗护理、生活费用和治疗费用,在和解过程中也已经得到充分的权利告知。Castro 抱怨和解过程过度关注菲律宾的残疾赔偿标准,而法庭注意到菲律宾的监管机构已经制定了保护菲律宾公民利益的(赔偿)准则。而且,无论如何,Castro 收到的赔偿已经超过该(赔偿)准则标准的两倍以上。

众所周知,纽约公约是执行外国仲裁裁决的利器。Castro 案的判决是纽约公约具有广泛适用范围的一个范例,充分证明美国法院将给予公约调整范围内的仲裁相应的尊重。

(原载于 2018 年《世界海运》第 4 期)

国际海运中自己代理行为的效力

—— 原告厦门贝品儿童用品有限公司与被告
上海威鸿国际货运有限公司海上货物运输合同纠纷

俞建林　章丽美

【裁判要旨】

双方当事人的本意是订立货运代理合同，但货运代理人在接受委托后，却以自己为承运人与委托人订立海上货物运输合同，该行为已构成自己代理。但鉴于本案货物运输为运费到付，并未加重委托人的负担，且货物实际上已经按照委托人的要求运抵目的港，货运代理人以自己代理的方式完成了海上货物运输合同项下的义务，该行为仍可认定为有效，委托人无权以欺诈为由撤销海上货物运输合同。

【案号】

一审：（2009）厦海法商初字第 82 号。

二审：（2009）闽民终字第 745 号。

【案情】

原告（被上诉人）：厦门贝品儿童用品有限公司（以下简称"贝品公司"）。

被告（上诉人）：上海威鸿国际货运有限公司（以下简称"威鸿公司"）。

2007 年 3 月和 5 月，原告贝品公司先后委托被告威鸿公司承运两票价值为 28 933.6 美元（FOB）的货物。被告于 2007 年 3 月 19 日和 5 月 20 日分别签发了号码为 NHX013744 和 NXMN/IST0703610 的两套正本提单，并交付原告。两套提单均以被告的英文名称"Melos Express International Inc."为抬头，且被告以该英文名称签发，提单签章上亦体现了被告法定代表人李蜀冈的中文姓名。两套提单均载明：托运人为"BABIES ENTERPRISE CO., LTD."，收货人为"KARMA ITHALAT VE IHRACAT LTD. STI."，装货港厦门，交货港土耳其伊斯坦布尔，运费到付，"收货请联系"一栏均为"MAYA ULUS-LARARASL NAKLIYAT VE DIS TICARET TURIZM LTD. STI., NECATIBEY

CADDESI BASCERRAH SOKAK CINCIN HAN NO:6K. 4 D. 36 KARAKOY-IS-TANBUL-TURKEY"。被告威鸿公司又将案涉两票货物委托 Norasia Container Lines Limited 实际承运，Norasia Container Lines Limited 作为实际承运人签发了号码为 NHX015923 和 NHX013 744 的两套船东提单。2007 年 3 月 29 日和 5 月 25 日，原告向被告支付了两笔港杂费合计人民币 2 248 元，被告为此出具了国际货物运输代理业专用发票。2007 年 3 月 19 日和 5 月 20 日，两票货物分别自厦门起运，至 2007 年 4 月 18 日和 6 月 20 日分别运抵目的港伊斯坦布尔。根据原告证据 6 公证书和被告证据 4 网上查询资料中有关案涉货物流转情况的记载，编号 NHX013744 船东提单对应的交付货物时间和收回空箱时间均为 2007 年 5 月 7 日，编号 NHX015923 船东提单对应的交付货物时间和收回空箱时间均为 2007 年 7 月 3 日。由于贸易原因，原告未将两票货物的正本提单转交提单载明的收货人，原告或记名收货人均未曾在目的港凭单提货，原告也未曾支付运费。随后，原告贝品公司以被告隐瞒自己的无船承运人身份而存在欺诈为由，于 2009 年 2 月起诉要求撤销案涉海上货物运输合同并返还货物或赔偿货物损失 28 933.6 美元和货代包干费等人民币 2 248 元。

被告威鸿公司辩称：原告并非提单上的托运人，亦非收货人，因本案提单为记名提单，不得转让，故其依据持有提单而主张货权的诉请没有依据，其无权提出本案之诉请；本案案由为海上货物运输合同纠纷，原告的主张实际上是无单放货之诉，属于违约之诉范畴，但涉案合同已履行完毕，撤销合同的诉请既无法律依据，又无可操作性；另外，原告就海上货物运输向承运人要求赔偿的请求权，其诉讼时效期间为一年，本案已过时效。

【审判】

厦门海事法院经审理认为，案涉两票货物实际上是由原告贝品公司运交场站后交付承运人，也是以贝品公司作为发货人的名义完成出口报关手续，并且贝品公司向被告支付了案涉两票货物的港杂费用，被告也向其出具了相应发票，故依据《海商法》第四十二条的规定，贝品公司将案涉两票货物交给被告运输，应认定为案涉海上货物运输合同的实际托运人。贝品公司作为托运人，又持有案涉两票货物的所有正本提单，理应有权提起本案诉讼，故贝品公司系适格原告。从原告提交的证据 2 正本提单和被告提交的证据 1 备案表可知，"Melos Express International Inc."系被告经有权机关备案的英文名称，案涉提单均以 Melos Express International Inc.的名义签发，虽然被告在未取得无船承运业务经营资格的情况下签发案涉两套提单，违反了《海运条例》的规定，但该行为不属于《合同法》第五十二条第（五）项规定的违反法律、行政法规的强制性规定的情形，案涉两套提单应认定为有效。被告虽收取了案涉两票货物的港杂费并向原告出具了相应国际货物运输代理业专用发票，但货运代理人或无船承运人均可收取此类港杂费用，并且开具发票行为与其背后的基础法律行为是两个独立的行为，开具发票行为往往具有单方性，其并不能证明双方当事人就基础法律行为所达成的合意，故原告和被告之间以提单为证明的海上货物运输合同关系成立且生效。被告威鸿公司作为案涉两票货物的承运人，用自己的英文名称签发提单并无不可，况且提单的签发章上还有被告法定代表人李蜀冈的中文姓名。假如被告有意隐瞒"Melos Express International Inc."是其英文名称，则完全可以不在提单上体现其法定代表人的署名，这也在很大程度上说明被告并没有进行欺诈的故意。从合同的实际履行情况看，被告已经依约完成货物运输义务，但由于原告一直持有全套正本提单，并未将提单转交收货人，致使被告在案涉两票货物运抵目的港后无法向记名提单收货人交付货物。原告虽持有全套正本提单，但未曾在目的港凭单提货，也未曾支付相应海运费。综上，原告在被告完成运输义务后以欺诈为由要求撤销原告和被告之间海上货物运输合同返还货物的主张缺乏事实和法律依据，法院不予支持。依据《海商法》第二百五十七条规定，就海上货物运输向承运人要求赔偿的请求权，时效期间为一年，自承运人交付或者应当交付货物之日起计算。因案涉两票货物均未实际交付，故应按"应当交付"的时间作为本案诉讼时效的起算点。2007 年 4 月 18 日和 6 月 20 日，案涉两票货物已分别运抵目的港伊斯坦布尔。同年 5 月 7 日和 7 月 3 日，实际承运人已将案涉两票货物分别交付给了被告在目的港的代理人（船东提单项下的收货人），即作为案涉提单承运人的被告已具备了在目的港交付货物的条件，而原告虽一直持有全套正本提单，却未在合理时间内向被告主张权利，直至 2009 年 2 月 24 日才向法院提起诉讼。在上述诉讼时效期间内，无证据显示发生过任何时效中止或中断的事由。因此，原告提起诉讼的时间明显超过了《海商法》第二百五十七条所规定的一年诉讼时效。综上,厦门海事法院判决:驳回原告贝品公司的诉讼请求。

一审宣判后,贝品公司不服,向福建省高级人民法院提起上诉称:原审虽查明"Melos Express International Inc."是被上诉人威鸿公司的英文名称,但忽视了被上诉人是在一审应诉时才告知上诉人这一信息。原审法院认为上诉人一看到提单上有李蜀冈的名字就应当知道提单是被上诉人签发的提单,被上诉人就没有欺诈的故意,未免要求过高。一审法院以超过诉讼时效为由驳回上诉人的诉请是错误的,本案上诉人提起的是撤销之诉,而非违约之诉,法院需要审查的是上诉人的诉请是否超过一年的诉讼期间,而非适用海商法中的诉讼时效规定。由于上诉人在一审第一次开庭时才得知被上诉人欺诈的事实,在一审法院释明之后才将诉由由违反代理合同之诉变更为撤销海上货物运输合同之诉,显然没有超过一年的诉讼时效。

福建省高级人民法院经审理认为:

一、关于被上诉人是否构成欺诈以及案涉合同是否应当撤销的问题

法院认为,根据二审庭审中双方的陈述,有关案涉货物的运输事宜是由上诉人与被上诉人的厦门办事处联系安排的,在此过程中,被上诉人并未告知上诉人其是无船承运人。鉴于被上诉人是国际货运代理企业,其向上诉人收取的是包干费并开具国际货运代理业专用发票,在不存在相反证据的情况下,应当认定双方当事人的真实意思表示是订立货运代理合同。被上诉人应履行代订海上货物运输合同并将货物交付运输的义务。此后,被上诉人将货物交付运输并以自己的英文名称签发提单,系以自己为承运人与上诉人订立海上货物运输合同,该行为构成自己代理。鉴于本案货物运输为运费到付,没有加重上诉人的负担,且货物实际上已经按照上诉人的要求运到目的港,被上诉人以自己代理的方式完成了上诉人要求的义务,该行为应认定有效。虽然被上诉人在履行过程中没有告诉上诉人其真实身份,有违诚信,但该行为并未损害上诉人的实际利益,也未造成双方的重大误解或显失公平,货物在目的港无人提货系因上诉人未将案涉提单转交提单上载明的收货人,因此被上诉人的行为不构成欺诈,上诉人要求解除案涉海上货物运输合同的理由不能成立。基于上述理由,上诉人要求被上诉人返还货物或赔偿损失的主张

也不能成立，不予支持。

二、关于上诉人提起诉讼是否已超过诉讼时效期间的问题

法院认为，案涉两票货物分别于 2007 年 4 月 18 日和 6 月 20 日运抵目的港，并于同年 5 月 7 日和 7 月 3 日由实际承运人将案涉两票货物分别交付给了被上诉人在目的港的代理人，已具备在目的港交付货物的条件，而上诉人虽持有全套正本提单，却直至 2009 年 2 月 24 日才向法院提起诉讼，显然已超过海商法所规定的一年诉讼时效。故上诉人的该项上诉主张也不能成立。

综上，原审判决认定事实清楚，适用法律正确。福建省高级人民法院遂依照《民事诉讼法》第一百五十三条第一款第（一）项之规定判决：驳回上诉，维持原判。

【评析】

本案是一起涉及自己代理与民事欺诈的特殊海上货物运输合同纠纷。自己代理，是指"代理人利用被代理人的名义同代理人自己进行法律行为"。1981 年制定的《经济合同法》第七条第一款第（三）项规定："代理人超越代理权限签订的合同或者以被代理人的名义同自己或者同自己所代理的其他人签订的合同无效。"对自己代理的规定明确而僵硬，未留有任何弹性空间。1995 年，由梁慧星先生整理的合同法学者建议稿《中华人民共和国合同法（试拟稿）》第三十八条规定："代理人以被代理人的名义与自己订立的合同，无效。但合同纯使被代理人一方获得利益的，不在此限。"由此可看出，学者们对自己代理订立的合同效力原则上也是持否定态度的，但同时又做了例外规定。然而，全国人大常委会法制工作委员会于 1997 年印发的《中华人民共和国合同法（征求意见稿）》删除了该条，其主要理由是自己代理在民法通则中已有规定。此后，直至 1999 年《中华人民共和国合同法》经全国人大常委会审议通过，该条亦未被采纳。民法通则虽对代理制度做了较为详尽的规定，但并没有直接规范自己代理问题。从学理的角度看，此种情况很可能属于立法者有意遗留的授权型漏洞，即对于某个问题不设任何规定，而任司法者进行价值判断。

从本案自己代理的情况看，假设委托人关于受托人故意隐瞒自己英文名称是"Melos Express International Inc."的主张成立（一审对此持否定态度，详

见一审判决理由部分），则委托人因受托人上述欺诈而产生"Melos Express International Inc."系另一法律主体的错误认识，其又基于该错误认识而与受托人订立了运输合同。此种因自己代理订立的运输合同，与《合同法》第五十四条以欺诈手段订立的合同并无二致，两者法律效力亦应相同，即赋予受损害方请求变更或者撤销合同的权利。从此角度看，原告以欺诈为由请求撤销合同似有其法律依据，但就本案的具体情况看，原告的诉请仍应被驳回。理由如下：

第一，双方签订运输合同的意思真实有效。被告并未告知原告其是无船承运人。鉴于被告是国际货运代理企业，其向原告收取的是包干费并开具国际货运代理业专用发票，在不存在相反证据的情况下，应当认定双方当事人的真实意思表示是订立货运代理合同。被告仅使用英文名称签发提单的做法虽有欠妥当，但尚不构成欺诈。假如被告有意隐瞒"Melos Express International Inc."是其英文名称，则完全可以不在提单上体现其法定代表人的中文署名，这在很大程度上说明被告并没有进行欺诈的故意。

第二，被告已经按合同约定完成承运人义务。假设被告存在故意欺诈，本案的运输合同也不应被撤销。从本案事实看，被告已经顺利完成运输合同项下的承运人义务，货物已经按照原告的要求运抵目的港等待交付，但由于原告因贸易问题未将案涉提单转交提单载明的收货人，遂导致货物在到达目的港后一直无人提货。可见，本案纠纷的起因在于贸易，而非运输。在此情况下，如果法院支持原告以欺诈为由要求撤销合同并返还货物的诉求，则直接结果就是将原本应由原告承担的贸易风险转嫁给了承运人，明显有违公正。

第三，案涉运输合同中原告只有获利没有损失。本案原告的运费是到付的，也就是说由收货人支付运费。被告享受运输合同项下托运人的权利，但却不需要承担支付运费的托运人义务，该运输合同事实上属于纯使原告获得经济上利益的合同。被告虽以自己代理的方式与原告签订运输合同，但其已经依约完成了运输合同项下的义务，该自己代理行为并未对原告利益产生不利影响，故应认定为有效的民事行为。

（原载于 2012 年《人民司法·案例》第 2 期）

原告大连金海远洋渔业开发有限公司
与被告赫伯罗特货柜航运有限公司、川崎
汽船株式会社、阳明海运股份有限公司海上
货物运输合同纠纷提单管辖权异议一案

黄　毅

【案情】

原告：大连金海远洋渔业开发有限公司。

被告：赫伯罗特货柜航运有限公司。

被告：川崎汽船株式会社。

被告：阳明海运股份有限公司。

2012 年 2 月 25 日，被告赫伯罗特货柜航运有限公司作为承运人签发了 HLCUTE1120200598 号提单，提单载明收货人为原告，装货港加纳 TEME，卸货港中国厦门。提单背面第 25 条记载"除本提单有明确规定外，任何由本提单所引起的索赔或争议，均适用德意志联邦共和国法律并由德国汉堡法院行使排他管辖权。若承运人意图起诉货方，则承运人仍有权选择在货方营业地提起诉讼。若根据当地法律，前述条款不予适用，则承运人仍有权选择由装货港或者卸货港的法院行使管辖权并适用其法律（Except as otherwise provided specifically herein any claim or dispute arising under this Bill of Lading shall be governed by the law of the Federal Republic of Germany and other place. In case the Carrier intends to sue the Merchant the Carrier also has the option to file a suit at the Merchant's place of business. In the event this clause is inapplicable under the local law then jurisdiction and choice of law shall lie in either the Port of Loading or the Port of Discharge at Carrier's option.）"。因货物在运输途中发生货损，原告提出诉讼，要求被告赔偿 75 万元（人民币）。

厦门海事法院受理本案后，被告赫伯罗特货柜航运有限公司在提交答辩

状期间向该院提出管辖权异议,认为案涉提单背面明确约定了"法律适用及管辖权"条款,即选择德国汉堡法院作为涉案争议的管辖法院,故该院无管辖权,请求驳回原告的起诉。

【审判】

厦门海事法院经审理认为,管辖权问题属程序性问题,应适用法院地法即中华人民共和国法律进行审理。依照《中华人民共和国民事诉讼法》第二百四十二条的规定,涉外合同或者涉外财产权益纠纷的当事人,可以用书面协议选择与争议有实际联系的地点的法院管辖。但从现有证据分析,案涉管辖权条款既约定"德国汉堡法院行使排他管辖权",又约定承运人可以选择其他有关法院进行诉讼,对提单持有人即原告显然不公平。而且原告作为收货人,接受提单完全属于被动,并不代表其认可管辖权条款。另外,本案诉讼标的仅有数十万元人民币,让原告远到德国汉堡诉讼无异于让其放弃索赔,故该管辖权条款的实际适用将为承运人起到法外免责的效果,违反了《中华人民共和国海商法》第四十四条的规定,应确认为无效。本院作为案涉运输目的地法院,根据《中华人民共和国民事诉讼法》第二十八条的规定,对本案享有管辖权。综上所述,被告提出的管辖权异议理由不能成立,应予驳回。依照《中华人民共和国民事诉讼法》第二百三十五条、第三十八条的规定,厦门海事法院于2012年9月19日做出裁定如下:

驳回被告赫伯罗特货柜航运有限公司对本案管辖权提出的异议。

裁定书送达后,被告赫伯罗特货柜航运有限公司不服提起上诉称,案涉管辖权条款表明当承运人作为被告时应由德国汉堡法院行使排他管辖权,承运人作为原告时可以选择货方营业地起诉,因此提单管辖权条款符合"原告就被告"的原则;提单持有人在接收提单时应仔细阅读包括管辖权条款在内的背面条款,如有异议应提出或拒绝接受,提单持有人接受提单表明其已经认可案涉提单管辖权条款。综上,故提单管辖权条款不存在不公平的情形。地理上的距离及可能发生的诉讼成本不应当成为提单持有人放弃索赔的理由,案涉提单管辖权条款并不会产生免除上诉人责任的效果,该条款并未违反《海商法》第四十四条的规定。

福建省高级人民法院经审理认为,原审法院关于本案的管辖权争议属于程序问题,应适用法院地法即中华人民共和国法律进行审理的认定正确。原审法院对本案是否有管辖权关键在于认定案涉提单的管辖权条款是否能有效约束提单载明的收货人。从提单通常记载内容看，提单正面一般记载了托运人通过口头或书面形式托运货物的情况以及运输的具体内容；而提单管辖权条款，一般以微小字体的方式记载于提单的背面，除非有相反的证据证明，否则是一种由承运人单方提供的格式条款，在没有证据证明存在承运人已就该条款和托运人经过协商达成一致的情况下，该类条款因缺乏双方当事人的合意而不能成为约束承运人与托运人之间权利义务的有效条款。对于收货人而言，尽管其持有的提单来源于托运人处，但不能因此认为提单所记载的任何条款都能约束收货人。首先，如前所述，提单上未能与托运人达成意思表示一致的条款，不能约束托运人。对于从托运人处获得提货权的收货人，更是无从约束。其次，在提单签发前，收货人没有机会就有关的管辖权条款与提单承运人进行协商，其与提单承运人之间没有对于提单所载管辖权条款的一致意思表示。至于上诉人认为不提出异议就视为认可的观点，既没有法律依据，也不符合贸易航运的实践。收货人一般是在付款后才能收到提单，此时即使认为提单上的管辖权条款不能接受，也不可能冒着货款两失的危险将提单退回给承运人，以修改管辖权条款。综上所述，案涉提单的管辖权条款不能约束提单载明的收货人。原审法院作为案涉货物运输目的港的海事纠纷专门管辖法院，依照《中华人民共和国海事诉讼特别程序法》第六条第二款第(二)项的规定，依法具有管辖权。因此，赫伯罗特货柜航运有限公司的上诉请求不能成立，依法应予以驳回。依照《中华人民共和国民事诉讼法》第一百五十二条第一款、第一百五十四条、第一百五十八条、第二百三十五条之规定，裁定如下：

驳回上诉，维持原裁定。

【评析】

本案是一起典型的海上货物运输提单管辖权异议案，笔者就本案涉及的问题分析如下：

一、判断提单管辖权条款法律效力的准据法

本案首先应明确判断提单管辖权条款法律效力的准据法。民事诉讼管辖是指法院之间受理第一审民事案件的分工和权限，提单管辖权条款涉及的

是法院管辖权问题,与案件的实体问题没有关系,显然属于程序问题。根据程序问题适用法院地法的国际私法原则,本案应当使用法院地法。此处的法院地法包括程序法,《中华人民共和国海事诉讼特别程序法》第二条规定,在中华人民共和国领域内进行海事诉讼,适用《中华人民共和国民事诉讼法》和本法。本法有规定的,依照其规定。而在对程序问题做出判断时往往也需要借助实体法,所以这里所称的法院地法也应包括法院地实体法。

提单往往还载有法律适用条款,但提单法律适用条款中指定的法律不能作为判断提单管辖权条款法律效力的准据法。提单法律适用条款是否具有法律效力需要由受理案件的法院做出认定,而受理案件的法院必须是有管辖权的法院。可见,只有明确提单管辖权条款法律效力后才有可能判断提单法律适用条款的效力。因此,提单法律适用条款不能用于判断提单管辖权条款的法律效力,除非提单条款选择了法院地法。

本案一、二审法院一致认为本案应适用法院地法即中华人民共和国法律审理本案是正确的。

二、提单管辖权条款法律效力的认定

提单管辖权条款的法律效力如何应由法院依法做出判断。提单管辖权条款的法律效力如何,理论上有不同的观点,实践中做法也存在差别,法院通常以下的理由否认提单管辖权条款的法律效力:

第一,提单管辖权条款非提单当事人之间的协议。提单是运输合同的证明,在签发提单之前,运输合同已经成立。托运人在交运货物时如没有意识到提单管辖权条款的存在或没有被适当地告知提单中有该条款,那么管辖权条款本身不是承运人与托运人的协议选择,对托运人不具有法律效力。当运输合同(常表现为托运单)与提单不一致时,应以托运单为准。而托运单常常没有管辖权条款。由此可见,提单中的管辖权条款本身并非承运人和托运人的协议选择。提单条款为格式条款,由承运人单方拟定,事先以较小的字体印制在背面,且未尽到足够的提醒义务,不符合当事人合意的要求。提单属于附意合同,托运人只能接受或拒绝,一般无修改之余地。因此,提单管辖权条款很难说是当事人之间的合意。托运人、收货人默示接受提单管辖权条款没有依据。在我国现行法律下,只有作为的默示才能构成意思表示,托运人、收货人在行为上接收提单不属于这种情况。

第二，从是否公平来认定提单管辖权条款的法律效力。提单管辖权条款中承运人几乎都选择了其主要营业所所在地的法院，这种选择无疑使承运人处于优势地位，一方面，它必然对所在国的法律较之于托运人或后来的收货人等货方更为熟悉；另一方面，托运人或货方可能考虑到前往所选法院诉讼路途遥远、费用高昂，因而放弃诉讼，自己承担损失，这将起到法外免责的效果。赋予提单关系人选择管辖法院的权利目的在于保证他们与承运人之间的公正和平衡，应当保护弱势当事人的利益，不承认提单管辖权条款的效力。

第三，以侵权为由提起的诉讼，提单管辖权条款不适用。

本案一、二审法院正是以上述第一、第二种观点的部分理由否定案涉提单管辖权条款的法律效力。笔者认为，根据《海商法》第七十八条规定，本案提单管辖权条款也不当然具有法律效力。《海商法》第七十八条规定，承运人同收货人、提单持有人之间的权利、义务关系，依据提单的规定确定。收货人、提单持有人不承担在装货港发生的滞期费、亏舱费和其他与装货有关的费用，但是提单中明确载明上述费用由收货人、提单持有人承担的除外。本条规定的当事人之间的权利、义务关系应该指的是实体上的权利、义务关系，分析本条第二款关于滞期费、亏舱费等费用如何分担的规定即可得出上述结论。提单管辖权条款仅涉及争议的解决问题，不属当事人权利、义务的范畴。所以，即使根据《海商法》第七十八条的规定，承运人同收货人、提单持有人之间的权利、义务关系受提单规定约束，但提单管辖权条款并不包括在内。通常，合同的争议解决条款具有独立性，例如《合同法》第五十七条规定，合同无效、被撤销或者终止的，不影响合同中独立存在的有关解决争议方法的条款的效力。提单在承运人与提单持有人和收货人之间虽不是合同，但提单管辖权条款类似于合同争议解决条款，也具有一定的独立性。提单管辖权条款的独立性印证了提单管辖权条款不包含在《海商法》第七十八条"提单的规定"中。

三、完善认定提单管辖权条款法律效力的建议

毫无疑问，中国是出口大国，基于保护货方利益考虑，我国立法可借鉴美国的规定，赋予本国法院的管辖权在特定情形下具有优先于提单管辖权条款

的效力,规定货物运输装货港、卸货港在我国的,则我国法院对相关纠纷享有优先管辖权。

在审查提单管辖权条款法律效力时应引入不方便法院原则。《中华人民共和国民事诉讼法》第二百四十二条规定,涉外合同或者涉外财产权益纠纷的当事人,可以用书面协议选择与争议有实际联系的地点的法院管辖。尽管提单管辖权条款能否构成上述规定中的书面协议存在争议,但其所选择的地点是否与争议有实际联系往往是法院考虑的因素之一。在提单管辖权条款约定的地点与争议有实际联系时,如本案规定的是承运人的住所地即与案件有实际联系,据此不能认定提单管辖权条款无效。如果本案真的到德国汉堡诉讼,案件的审理在调查取证等方面将存在诸多不便。因此,在审查提单管辖权条款时应引入不方便法院原则。如果提单中规定的法院行使管辖权能够方便审判,包括便于送达诉讼文书、调查取证、便于调解和结案、生效裁判能得以执行等,就可以承认管辖权条款的效力。反之,则应否定提单管辖权条款的法律效力。

（原载于 2013 年《中国海事审判年刊》）

提单并非绝对物权凭证

——厦门鸿量进出口有限公司诉厦门中泓基国际货运代理有限公司、深圳永航国际船务代理有限公司厦门分公司、第三人青岛景福瑞进出口有限公司海上货物运输合同案

李　涛　朱小菁

【内容提要】

2012年10月9日，第三人瑞福公司作为买方与原告鸿量公司作为卖方订立品名为蘑菇罐头的产品购销合同。2012年12月23日，原告委托厦门滕德物流有限公司安排拖车将出口蘑菇运至堆场交船舶代理人，并委托厦门凯迩斯报关有限公司向厦门海关申报，报关单随附贸易合同买方签字处没有盖章，仅签有"Sunny"的字样。上述5个集装箱货物的国际海运由被告中泓基公司安排，其先后通过厦门翰斯威国际货物代理有限公司、联合运通物流（厦门）有限公司、中国外运福建有限公司厦门分公司层层委托排载，最终由被告永航厦门公司作为实际承运人长荣海运英国有限公司的代理签发提单。提单签发后，由联合运通物流（厦门）有限公司领取，并最终由中泓基公司交付第三人。提单记载的发货人为 SUNNY LINK LIMITED，收货人凭指示，通知人为 OTTO FRANCK IMPORT KG，提单签发日期及地点为2012年11月24日厦门。在案证据显示货物出口系第三人向中泓基订舱，第三人并通过案外人向中泓基公司支付了5 775美元海运费及4 582美元港杂费。中泓基公司及上述层层委托的物流公司均向下家支付了相应的海运费及港杂费等。原告认为，其作为案涉货物的发货人向厦门海关报关并将货物交至船舶代理人，被告永航厦门公司应签发原告为托运人的海运提单，但其在没有收到原告出具提单更改保函的情况下，却按被告中泓基公司的指示更改提单的发货人，以致原告无法控制提单，造成货物尾款32 392美元未能收到。原告据此诉请法院判令两被告共同向原告支付货物余款32 392美元。厦门海事法院经审理认为，原告根据《海商法》的规定可主张实际托运人的权利，两被告未

经原告同意更改提单托运人具有过错,但原告诉称的货款损失与提单的不当签发及其未持有提单并无因果关系,据此驳回原告的诉讼请求。原告不服向福建省高级人民法院提起上诉,后因未在规定期限内缴纳诉讼费,该案按自动撤诉处理,厦门海事法院一审判决即生效。

【案号】

一审:(2013)厦海法商初字第 178 号。

二审:(2014)闽民终字第 301 号。

【关键词】提单功能;实际托运人;提单更正保函

【裁判要旨】

提单是海上货物运输和国际贸易中最主要的单证,某些情况下被赋予物权凭证功能。但其物权凭证的效力是配合国际贸易支付而存在的,不能绝对化。提单是否作为物权凭证,抑或仅为运输单证,应尊重当事人的意思自治,回到贸易合同及运输合同的原始约定中去探寻。

【案情】

原告:厦门鸿量进出口有限公司(上诉人)(下称“鸿量公司”)。

被告:厦门中泓基国际货运代理有限公司(被上诉人)(下称“中鸿基公司”)。

被告:深圳永航国际船务代理有限公司厦门分公司(被上诉人)(下称“永航厦门公司”)。

第三人:青岛景福瑞进出口有限公司(下称“福瑞公司”)。

2012 年 10 月 9 日,第三人瑞福公司作为买方与原告鸿量公司作为卖方订立品名为蘑菇罐头的产品购销合同。货物结算方式上约定30%预付、70%见提单复印件十日内付清。

2012 年 12 月 23 日,原告委托厦门滕德物流有限公司安排拖车将出口蘑菇运至堆场交船舶代理人中国外运福建有限公司厦门分公司。原告委托厦门凯迩斯报关有限公司向厦门海关申报,报关单记载:出口口岸厦门海沧港,发货单位鸿量公司,运输方式水路运输,“HAN JIN SOOHO/0004W”,提单号 EGLV146200622808,结汇方式电汇,运抵国德国,指运港汉堡,成交方式 FOB,商品名称蘑菇罐头,数量 17 500 箱,最终目的国单价 8.6 美元,总价

150 500 美元,报关单附装货的 5 个集装箱的箱号。报关单的随附单据有发票、装箱清单、合同、中华人民共和国漳州出入境检验盖章的出口货物通关单。随附合同则记载原告(卖方)与 OTTO FRANCK IMPORT KG(买方),货物为蘑菇罐头 17 500 箱,单价与总价记载与发票一致,装船口岸厦门,目的港为德国汉堡,付款条件 T/T,合同签订时间 2012 年 11 月 12 日,签订地厦门,买方签字处没有盖章,仅签有"Sunny"的字样。

上述 5 个集装箱货物的国际海运由中泓基公司安排,其先后通过厦门翰斯威国际货物代理有限公司、联合运通物流(厦门)有限公司、中国外运福建有限公司厦门分公司层层委托排载,最终由永航厦门公司作为实际承运人长荣海运英国有限公司的代理签发提单。提单签发后,由联合运通物流(厦门)有限公司领取,并最终由中泓基公司交付第三人。提单记载的发货人为 SUNNY LINK LIMITED,收货人凭指示,通知人为 OTTO FRANCK IMPORT KG,提单签发日期及地点为 2012 年 11 月 24 日厦门,该提单背书完整,OTTO FRANCK IMPORT KG 凭正本提单提货,提单注销日期是 2012 年 12 月 18 日,即实际承运人于当日收回正本提单放货完毕。SUNNY LINK LIMITED 分别于 2012 年 10 月 18 日支付原告货款 5 000 美元、于 2012 年 10 月 30 日支付原告货款 15 000 美元、于 2012 年 12 月 24 日支付原告货款 98 200 美元。因德国买家对蘑菇质量有异议,原告没有收到其所主张的剩余货款。

从被告中泓基公司提供的证据看,第三人向中泓基就该货物出口进行订舱,第三人并通过案外人向中泓基公司支付了 5 775 美元海运费及 4 582 美元港杂费。中泓基公司及上述层层委托的物流公司均向下家支付了相应的海运费及港杂费等。

中泓基公司曾于 2012 年 11 月 26 日向原告发海运费及港前费用确认单,要求支付订舱费、单证费、操作费等港杂费共 4 972 美元。厦门滕德物流有限公司代原告于 2012 年 11 月 28 日向中泓基公司支付了这一费用。针对一票货物中泓基公司为什么分别向原告、第三人收取货代费,中泓基公司陈述其向原告收取货代费是基于第三人的要求,此前第三人就货代费已向其预付了。中泓基公司解释其从原告处收到 4 972 美元扣除发票税点后为 4 592.64 美元,其已按第三人要求支付了第三人。庭审中,第三人称出口货代费按其与原告交易惯例应由原告承担,原告对上述情况予以认可。

中泓基公司及永航厦门公司均提交了提单更正保函,这份落款时间为2012 年 11 月 28 日并加盖有原告公司及联合运通物流(厦门)有限公司印章的保函,要求将提单托运人由原告更改为 SUNNY LINK LIMITED,毛重、货物品名、唛头也均有更改。原告称从未提交过这一保函,保函上印章也非其公司印章。第三人称保函是原告公司的小吴寄来的,由其再转交中泓基公司,但第三人对邮寄情况无法举证。

本案中 SUNNY LINK LIMITED 曾三次向原告付款,原告认为所收的款项均是出口蘑菇的货款,而原告提交 QQ 记录中货款都是向第三人催要,第三人庭审陈述 SUNNY LINK LIMITED 受其指示向原告支付货款。上述情况共同说明负有向原告支付货款义务并实际支付货款的是第三人。

2012 年 11 月 26 日中泓基公司小黄发邮件给原告的胡先生,要求对提单更改保函加盖报关发货人即原告的公章,2012 年 11 月 27 日原告的 Andy 致中泓基小黄的邮件称"此保函暂时无法盖给你! 涉及改发货人我们必须在收到尾款后才能盖!"此后直到 2013 年 2 月 27 日,因未收到货物尾款,原告去中泓基公司交涉,双方就提单产生争执并都报警,没有证据证明此前原告向中泓基公司要求过交付提单。

原告认为,其作为案涉货物的发货人向厦门海关报关并将货物交至船舶代理人,被告永航厦门公司应签发原告为托运人的海运提单,但其在没有收到原告出具提单更改保函的情况下,却按被告中泓基公司的指示更改提单的托运人,以致原告无法控制提单,造成货物尾款 32 392 美元未能收到,遂诉请法院判令两被告赔偿其未收货款损失,致成讼。

【审判】

厦门海事法院经审理认为:

一、原告与中泓基公司之间并未存在海上货物运输合同关系

通过本案事实查明,原告与中泓基公司之间没有签订书面运输合同,相关海运单证也无法反映原告与中泓基公司有事实上的合同关系,第三人已举证证明其向中泓基公司支付了海运费及代理费,提单签发后最终由中泓基公司交付第三人,第三人是本次运输的托运人。在没有租船订舱海运合同的情况下,原告不是运输合同订约托运人,根据我国《海商法》第四十二条第一款

第(三)项第2点规定,货交承运人的人可以是实际托运人,原告至多可主张实际托运人的权利。

二、原告的损失

原告与国外买家之间没有通过要约承诺形成国际买卖合同关系,原告仅与第三人存在内贸合同关系,因此原告的货款损失应根据内贸合同的约定来计算。依据该合同,扣除原告已收到的三期货款,第三人尚有 11 300 美元未向原告支付。原告主张按报关单单价计算的 32 392 美元尾款损失缺少事实与法律依据。

三、两被告对更改提单托运人具有过错

如前所述,基于交运关系,原告能成为本案的实际托运人,在交付货物的时候,其也有权要求承运人或承运人的代理人将其列为提单的 SHIPPER。在中泓基公司要更改 SHIPPER 而通过邮件向原告要保函时,原告发邮件回复货款没有收齐不同意出具提单更正保函。而第二天中泓基公司就从第三人处取得该保函并提交给船东代理人永航厦门公司,永航厦门公司基于保函承诺而更改了其签发提单的 SHIPPER。提单更改保函上虽有原告盖章,但原告坚称从未向第三人或中泓基公司出具过,加盖的印章也非其备案印章,第三人称其从原告处取得提单更正保函,但没有提供证据证明。中泓基公司没有与原告就保函进行核实,因此在审查与使用保函上,其有不慎的过错。同理,船代公司永航厦门公司也未尽审查的义务。虽然不审查基于合同关系转递过来保函的情况在海运实践中非常普遍,但两被告并不能以此来减轻其审查义务。据此,两被告对更改提单托运人都有过错。

四、原告的损失与提单签发并无因果关系

(一)原告买卖合同的结算是否必须通过控制提单?

原告与第三人的购销合同约定货款预付 30%,70% 见提单复印件后 10日内付清,说明原告并不需要通过提单来控制货款的收取。第三笔货款98 200 美元是在原告货交码头付运一个月后收到的,此时提单签发已有一个月,在原告不持有提单的情况下,第三人仍支付原告货款,因此,货款支付上

并不以原告持有并转让提单为对价。

(二)提单物权功能不能绝对化

提单是债权凭证,某些情况下是物权凭证,提单是涉外运输和贸易最主要的单证,其物权凭证的效力是配合国际贸易支付而存在的。从货款的支付上看,本案是国内贸易,只不过因为货物要外销,部分条款含有涉外因素,但这也并未改变本案交易的国内贸易的性质。内贸合同中,原告将货交第一承运人时,所有权已经转移给第三人。因此,即使原告持有提单,也不代表物权凭证,至多是获取一种担保。

(三)只有向原告交付提单才能保障原告的权利

承运人或其代理人向谁签发提单虽然重要,但持有提单远比签发提单更重要。本案中两被告未向原告签发提单,其更改 SHIPPER 有过错,但这不足以产生原告诉称的损失。原告只要及时索要并控制提单,就能够通过押单不放来控制目的港提货。

(四)原告在合理时间内没有向承运人或相关代理人主张过交付提单

从商事活动的要求看,提单是用来提货的,如果货物已抵目的港,托运人仍不主张承运人签发或交付提单,那么只能说明托运人没打算要提单,更谈不上通过提单来控制收款。本案提单签发于 2012 年 11 月 24 日,更改于 11 月 28 日,在目的港提货收回作废的时间是 2012 年 12 月 18 日,而直到 2013 年 2 月 27 日因收不到贸易合同的尾款,原告才向中泓基公司索要提单,这一事实充分说明原告没有想通过提单以控制收取货款。

(五)本案原告收不到货款的原因

本案原告卖给第三人的货物,因在德国目的港收货人对质量有异议,第三人遂扣留拟支付原告的剩余尾款,这是原告收不到货款的直接原因,原告自己举证的 QQ 聊天记录也有记载。

综合上述分析,厦门海事法院认为原告的损失与提单的不当签发没有因果关系,两被告无须向原告承担货物尾款不能收回的赔偿责任,依法判决驳回原告鸿量公司的诉讼请求。该案宣判后,原告鸿量公司不服判决,向福建省高级人民法院提起上诉,但其未在该院规定的期限内预交二审案件受理费,该案按自动撤回上诉处理,厦门海事法院(2013)厦海法商初字第 178 号民事判决即发生法律效力。

【评析】

本案中引人关注的问题即提单的物权凭证功能问题。

提单作为海上货物运输实践中应运而生的运输单证,因其不可剥离的国际贸易背景,被赋予一定的物权凭证功能。在我国理论界,有关提单物权效力的学说经历了所有权凭证说、占有权凭证说、抵押权说等阶段,提单物权凭证的功能也从绝对化往相对化发展。联合国国际贸易法律委员会(UNCITRAL)于2009年9月签订于荷兰鹿特丹的《国际海上或部分海上货物运输合同法公约草案》(简称《鹿特丹规则》),则对提单的物权功能进行了隐性继承。其对凭单放货原则做出了突破性规定,即通过引入当事人意思自治的方式,在一定程度上承认"无单放货"的合法性,规定了凭记名提单提货时是否需要出示正本提单,完全取决于当事人的约定和承托双方的选择。这无疑是提单作为绝对物权凭证功能弱化的例证。①

提单物权凭证功能的弱化,其实为顺应国际贸易及运输快速发展的一种表现。首先,随着航运技术的飞跃,货物运输时间明显变短。但提单的流转程序往往导致出现船舶先于单证抵达目的地的情况,若强调提单作为提货凭证的唯一性,则可能出现货等单的情况,影响了运输的方便快捷。其次,现代国际贸易也从注重所有权的转移转为看重风险转移、买卖合同的履行和交易利益的实现,而不再竭力关注物权的转移与掌握。此外,电子商务化浪潮下电子提单的兴起,给国际贸易及运输带来巨大变革,对现行以提单纸质界面为中心所创制的提单法律制度提出了新的挑战;电子提单载体的无形性与运行模式的改变,是否还能保持提单的物权凭证效力,引起了质疑。加之所有权转让与提单转让并不总是一致以及货物控制权否认了提单绝对物权效力等问题的出现,提单物权凭证功能的逐渐淡化成为一种趋势。

本案案情较为特殊,原告与第三人之间的买卖合同并非国际贸易合同,实为内贸合同,但收货人位于德国,因此仍然涉及海上货物运输环节。原告未能持有提单且被告擅自更改提单记载的托运人,是否必然导致原告诉称的货款损失呢? 如果仅坚持提单作为物权凭证的效力一说,似乎能推导出原告

---

① 具体规定详见《鹿特丹规则》第45条。

作为实际托运人，未持有提单且未被记载为提单中的托运人，丧失了货物控制权，从而导致其未能收到货款而货物在目的港却已被提走。但本案中，从原告与第三人在贸易合同中的记载来看，合同约定货款预付30%，70%见提单复印件后10日内付清，可见原告并不需要通过提单来控制货款的收取。事实上，原告收取的第三笔货款是在货交码头付运即提单签发一个月后收到的，在原告不持有提单的情况下，第三人仍支付原告货款，因此，货款支付并不以原告持有并转让提单为对价。且原告在货物抵达目的港后，仍未向承运人索要过提单，说明原告并未打算索要提单，自然也不需要通过提单来控制收款。此外，内贸合同中货物所有权的转移以交付为条件，原告将货交承运人之时即转移了所有权，并非谁持有提单谁就对货物享有所有权。综上，法院认为原告未持有提单，并非导致其收不到货款的原因，遂驳回原告的诉讼请求。本案中，法院正是从当事人意思自治的角度出发，通过分析贸易合同的约定及原告自身行为所表现的意思表示，认定案涉提单并非物权凭证，这一思路与上述《鹿特丹规则》中关于凭单放货突破性规定所体现的精神不谋而合。

足见，在审理海上货物运输合同纠纷时，提单是否为物权凭证应结合案情区别分析，不能一概论之。尤其在无单放货案件中，提单的物权效力通常关系到承运人是否承担责任。商事主体之间的活动遵循意思自治原则，仅在当事人未约定情况下（当然约定不得违法或侵犯第三人及社会的利益）才寻求法律或惯例的规制，提单是否作为物权凭证，代表的是所有权或占有权或担保物权抑或仅为运输单证，均应回到贸易合同及运输合同的原始约定中去探寻。

（原载于2015年《人民司法·案例》第20期）

台湾阳明海运股份有限公司诉香港美达船务有限公司、大诺控股有限公司海上货物运输合同纠纷案

林　强

【关键词】海上货物运输合同；举证责任

【裁判要旨】

海上货物运输合同货损纠纷中，原告有关致害原因的举证与被告承运人有关免责事由的举证，虽然除行为责任外，具有结果责任的性质，即当待证事实在诉讼中处于真伪不明状态时，应承担不利（败诉）的裁判后果。

【相关法条】

《中华人民共和国海商法》第五十一条第一款

【承运人免责事由】

在责任期间货物发生的灭失或者损坏是由于下列原因之一造成的，承运人不负赔偿责任：

（一）船长、船员、引航员或者承运人的其他受雇人在驾驶船舶或者管理船舶中的过失：

……

（十一）经谨慎处理仍未发现的船舶潜在缺陷；

……

【案件索引】

一审:厦门海事法院(2005)厦海法商初字第 380 号(2007 年 9 月 29 日)。

二审:福建省高级人民法院(2007)闽民终字第 486 号(2007 年 11 月 15 日)。

【基本案情】

原告:台湾阳明海运股份有限公司(YANG MING MARINE TRANSPORT CORPORATION,以下简称"阳明公司")。

被告:香港美达船务有限公司(Smart Point Shipping Limited,以下简称"美达公司")。

被告:大诺控股有限公司(Great Promise Holdings Limited,以下简称"大诺公司")。

原告阳明公司诉称:原告是经营集装箱运输的国际班轮公司。2005 年 7 月,原告将所承揽的一批集装箱货物(原告对相关货主签发了全程提单)从福州到高雄区段的运输任务委托给船舶经营人美达公司。美达公司签发了提单,货物实际由大诺公司所有的"景云"轮负责承运。但该船在高雄外海遭遇"海棠"台风,造成集装箱落海的严重货损事故。原告作为全程承运人遭到货方的索赔,产生的损失和费用共计 388 749.74 美元。经查,原告发现本航次运输任务在执行时:

1. 船舶错误决定冒险开航高雄。"景云"轮安全管理体系文件明确要求船舶应保持在台风中心 200 海里或 7 级大风区以外。本航次开航前,福建气象台等已经发布台风警报,预报了"海棠"台风将向西北偏西方向移动,于 17 日下半夜到 18 日白天在台湾东部沿海登陆,与"景云"轮预定航程相近。被告明知高雄海域会受强台风的影响,为了赶船期,还让船舶驶向高雄,可谓"明知山有虎,偏向虎山行",最后遭遇"海棠"台风外围风力的影响而导致大量集装箱翻入海中。

2. 船舶不适航、管货不当。本案中,被告提出天灾、海上风险或其他免责抗辩,应证明船舶在开航前和开航时承运人已尽适航的义务、天灾或海上风险等是货损的原因以及承运人没有管货过失。但事实上:①根据台湾协和海事保险公证人有限公司(以下简称"协和公司")的《公证报告》,以及从相关照片中可见，固定集装箱的底座、立柱和绑扎工具多处脱焊、断裂、缺损、变形，而事故地点当时风力不过 6~8 级，在这种情况下出事，只能说明船体存在重大缺陷，不适航。被告虽然抗辩这属于经谨慎处理未能发现的潜在缺陷，但没有充分证据予以证明。②船长显然不适任，体现在：其一，作为在中国南方海域航行船舶的船长，应具备起码的抗台避风的常识和经验，在台风以 20 千米/小时的速度向西北方向移动的情况下，航速最快也才 15 节的"景云"轮是不可能绕过台风的，何况航向正与台风路径相反；其二，到达高雄港前，船上已测到气压表数据从 1 005 百帕（17 日 18 时）迅速下降到 994 百帕（18 日 0600 时），并收到气象传真和广播等，船长应意识到已逐渐逼近台风中心，应在福建沿海寻找避风锚地，但却始终没有决定离开原有航线避台；其三，采取单锚 5 节入水的措施抗台，这种方法无论如何都不能认为妥当。因此不论从知识、经验和责任心来看，该船长都是不适任的。③货物系固存在严重问题。根据上述《公证报告》、相关照片及船长在高雄港询问笔录中的陈述和图示，甲板中央的集装箱没有使用拉杆系固。司法鉴定意见虽然认为"集装箱系固不当证据不明确"，但颠倒了举证责任，并且鉴定机构也没有看到过货物系固手册，其判断依据不足。被告持有该手册却未提交，从其不愿举证、举证不能及证据法上不利推定的规则来看，结论只能是该证据恰好能证明的对象为确实存在集装箱未妥善绑扎的事实。④在明知强台风来临将影响到航程安全的情况下，前项是否开航的问题也属于管货过失而非管船范畴。此外，风力即使确实如被告主张有航海日志记载的那么大，但船舶离港时就有 8 级风，船长也应当预见到海上的风力可能达到 9 级或以上，并且在台湾海峡，9、10 级风属于常见而非不可预见，因此所谓的天灾或海上风险等不能成立。

3. 船舶管理存在问题。根据 ISM 规则和"景云"轮船舶安全管理体系文件，船舶所有人和管理人对船舶安全具有最终决定权，鉴定意见中也明确"岸基对船舶安全管理体系的实施有监控权"，但是被告没有按照安全管理的规定执行：①强台风来临前是否开航是关系船舶安全的重大事项，被告作为船舶所有人知道而且应当知道台风的情况，但未停止开航（至少没有阻止船舶开航的决定）；另船舶曾有在福州琯头锚地或兴化湾抛锚避风的计划，但当知道船长未在琯头锚地或兴化湾抛锚而是直航高雄时，没有发出指示要求船长改正其错误的决定,开到其他港口避风,其轻率的不作为构成严重过失。②在船舶遇恶劣天气时,根据船舶安全管理体系文件《岸基应急部署》和鉴定人的说明,应24小时值班,成立应急小组,"全面分析当地气象预报,及时为船舶提供气象咨询,建议船舶采取适当防范措施,正确引导船舶以最快的速度驶离恶劣天气中心,并跟踪船舶至危险解除"。按这一要求,承运人应当有诸多的作为。只要其稍有作为,例如收集并分析此后台风路径已出现偏移、了解高雄港的封港信息(对此被告是应该了解而且通过其代理能够了解到的),并告知船长予以注意,就完全可以避免事故的发生。但这些措施被告都没有做到。管理公司在告知船舶去兴化湾避台后未采取任何措施,直到次日中午获悉船载货柜落海后,才成立应急小组,仓促进行指挥,其轻率的不作为显而易见。③同样需要指出,不能严格按照安全管理规则和体系文件的要求执行,也是船舶不适航的一个重要方面。

原告认为,原告是相关货物的全程承运人,在对货损承担了赔偿责任后,有权向负责区段运输的承运人追偿。同时,从上述情况中可见,货损是被告明知可能造成损失而轻率地作为造成的,其无权享受海事赔偿责任限制,故请求法院判令两被告承担连带责任全额赔偿其损失388 749.74美元及自2005年7月20日起至实际赔偿之日止按中国人民银行公布的同期借款利率计算的利息,并承担本案诉讼费用。

被告美达公司辩称:除与大诺公司相同的部分意见外:

1.本案为海上货物运输合同违约损害赔偿纠纷。依法理,违约损害赔偿之债成立的要件有三,即违约行为、损害以及二者的因果关系。反映到举证责任上,应当明确,如果原告主张船方不履行管货义务造成货损的,应对船方不履行管货义务的事实负担证明的责任;其次,损害亦应由原告证明;再次,在原告以被告未尽管货义务为由提出索赔的情况下,其应对不履行管货义务与货损间的因果关系承担举证责任。而被告仅在主张如天灾等免责时需对免责事由及与损害间的因果关系予以证明。但只要原告不能证明上述三项内容之一,诉讼请求就不能获得支持。

2.有关货损的原因,船舶自开航至抵达高雄港No.1号锚地前近20小时的航程中,经历了8级以上大风和狂浪却没有发生事故,可推定其在管货和适航上不存在问题。其次,专家意见和司法鉴定均明确货损的原因是台风不同寻常的打转,巨浪产生超常外力冲击导致集装箱落海,并认为船长的开航决定是正确的,与货损没有因果关系。以此对照举证责任可见,原告不能证明其请求成立。另需予指出的是,关于事故地点实际的风浪,原告一方面称船舶错误冒险开航,隐含了船只遭遇台风恶劣危险的自认,另一方面又举证称当时风力不过6~8级,前后明显矛盾。当然,后者由于风浪观测点与事故地点相差10海里以上,已被鉴定机构否定。事实上,如果当时的风浪确如该等级,船货的受损程度绝不至于如此严重。

3. 通常台风是可以预测的,台风预报是有误差的,统计学上误差率有一定的范围。对于可预测的台风,一般认为不构成天灾或海上风险或不可抗力(以严格的标准解释,这三个概念均应符合民法上"不能预见、不能避免并不能克服"的要求)。但是对于未能预测或者超出允许误差的误报台风,应当认为构成天灾或海上风险或不可抗力。本案"海棠"台风即是如此,承运人可以免责。

4. 司法鉴定认为,船长在开航决策时仅依据日本气象传真,在驶往高雄过程中又不及时了解、分析新信息,对台风新的变化没有掌握仍然驶向高雄是失误的;并称"景云"轮如能收取和分析18日晨台风有西至南压趋势的预报,及时调整航向,避离台风,就能避免本次海损事故。但这一意见与事实不符。实际上,船上有518接收机、气象传真机和INMARSAT-C站三种接收气象信息的方式。船长在决定时,参考了不限于日本的各方面的消息。并且经查本案日本、福建台气象资料中均未见到台风有西至南压的趋势。这说明鉴定意见的论述是想当然的。同时也要强调,如果因为有几个气象信息对台风路径做了不同的预报,而要求船长必须做出正确选择,无异于要求船长应具有比专业人员更高的气象水平,显然过于苛刻。另外,即使鉴定意见成立,由于收集和分析气象数据牵涉的是船舶航行的问题,船长的这一疏失属于驾驶船舶的过失,承运人可以免责。

5. 证据表明,船舶在整个航次中都是适航的,没有缺陷。

6. 货物系固经鉴定没有问题。原告提出被告没有出示货物系固手册,尽管手册与集装箱系固的关系,司法鉴定已有结论。但应说明,所有原告在起诉时都未主张船方有管货过失,仅在原定的举证期限即将届满时,阳明公司提交的《公证报告》才谈到有限的管货问题,但也未涉及手册。直到2006年

2月21日交换证据时,才提到一个《集装箱系固手册》(与船方所持的文件名称不同)的问题,而此时船舶已被法院拍卖,所有的船舶文件已经移交。因此,船方无法提出货物系固手册并没有任何过错,不能适用最高人民法院《关于民事诉讼证据的若干规定》第75条不利推定的规则。

7. 船舶安全管理上,管理公司与船舶的联系渠道是正常的,联系和沟通是积极和紧密的,并且在关键时刻给予船舶明确的指导意见。尽管未能达到避免事故的效果,但操作符合安全管理规定。原告的主张或与事实不符,或没有依据,或属于对体系文件的理解有误。而且即使管理公司在船岸联系或岸基支持方面还不够完善,也与船方是否承担民事责任无关:其一,ISM 规则属行政管理规范,规定的内容本身具有一定弹性,没有严格统一的标准。如果把它作为调整民事法律关系的准则,由于不同企业管理水平不同,制订的管理标准有宽有严,后者发生违规行为的概率必然更高,民事责任更大。这将产生不公平的法律后果,也与规则促进海上安全的目的不符;其二,船舶到兴化湾锚地或开往高雄,本身都是避台的措施,是两可的选择,没有对错之分。而航行中,在没有得到更有说服力的数据和无法判断台风动态的情况下,要求管理公司或应急小组(即使一早就已成立)对船长进行指导,制止船舶开往高雄改航他处,显然是不现实的。

8. 美达公司签发的记名提单托运人为 YOUNG-CARRIER CO. , LTD. FUZHOU OFFICE,收货人为 YANGMING MARINE TRANSPORT CORP. KAOSIUNG BRANCH,非原告。即使收货人为原告高雄分公司,因分公司为独立的诉讼主体,应由其提起诉讼。故原告不具备诉讼主体资格,应驳回其起诉。

9. 原告非货物所有权人,只能就已经赔偿的货损提出赔偿请求。但多数货物依现有证据尚不能证明其价值以及受损金额。部分货物虽提供了赔偿和解文件,但这些文件不具有真实性和合法性,发票价格与和解依据也不一致,赔偿缺乏合理依据。诉请的有关费用是由保赔协会而非原告付款。因此,原告无法证明自己的实际损失,诉讼请求应予驳回。

10. 美达公司为船舶经营人,即使需要承担责任,仍有权享受单位责任限制和海事赔偿责任限制。前者由于美达公司的提单仅记载集装箱数量,未载明其他货运单位数及货物重量,依《海商法》第五十六条规定,限额为每集装箱连同货物不超过 2×666. 67 计算单位。

被告大诺公司辩称:大诺公司在本案中为实际承运人,但对本案事故的发生,首先依法可以免除责任。

1. 根据"景云"轮开航时的气象资料,台风正向西北方向移动并将于 19日上午在福州附近登陆,如果船舶不开航,将近距离遭遇台风,而驶离福州则可以做到在远距离上错开台风。对此,专家及司法鉴定意见都认为开航决定从航海技术上讲是正当合理的。即使开航决定有误,但从开航到发生货损,其间经历了如船长没有在琯头或兴化湾锚地避风、台风的打转、船舶左转驶入高雄港的行动、高雄港的封港、船舶在高雄的抛锚时机等事项。其中任一事项的发生与否都将直接、间接地决定或影响货损的发生与否。由此可见,开航和开航决定不是导致货物受损的直接原因,与货损没有法律上的因果关系(必然因果关系)。且开航属驾驶船舶即管船的行为,管船过失为法定免责事由,承运人或实际承运人对因此造成的货损不负担责任。

2. 船舶 2005 年 3 月才通过了日本船级社年度检验,并且一直处于正常的维护和保养之下,开航前船员也做了例行检查,所有的证书在开航时都是合法有效的,船员配备也没有问题。事故中,船舶两舷各有一根立柱被连根拔掉与集装箱一同坠入大海,以及许多燕尾槽底座和单锥或双锥底座出现了被整个拉起、撕裂、切断、脱焊等情况。这一方面表明该船遭遇了巨大超常的外力。另一方面,如果上述损害情况属于船舶缺陷,这些缺陷也是经过谨慎处理无法发现的潜在缺陷,被告依法可以免责。

3. 证据、专家意见及司法鉴定都确认,集装箱已妥善系固。但需要指出,货损的原因是船舶遭遇了"海棠"台风近中心的狂风巨浪,系固设备无法抵御风浪产生的超常外力。由于符合规范要求的系固尚且无法抵御风浪,即使集装箱系固认定为不牢,也与货损没有因果关系。

4. 关于船舶的安全管理,首先,没有证据证明承运人有违反安全管理规定的情形。其次,ISM 规则属于海运行政法的范畴,不是规范海上货物运输合同的法律或涉案合同的组成部分。任何违反规则及安全管理体系文件的行为,仅属于行政违法的范畴,只可能需要承担行政违法的责任。因此,不论船东或其管理公司是否有这样的行为,都和承运人是否履行了运输合同义务没有任何必然联系。后者只能以《海商法》的规定(主要体现为适航、管货和速航三项内容)为判断标准。原告以此作为请求被告承担违约责任的依据,在法律上不能成立。最后,对于台风的打转,国内外气象部门都无法预测,更不必说承运人及船员。同样,因台风打转而导致高雄港的封港也是无法预知的,且货损也非封港所致。即使二者有因果关系,因封港是港口主管机关决定的,性质上属"主管部门的行为",承运人可以免责。

5. 船长抛锚等操船行为并无不当。即使有(例如未在琯头或兴化湾避风、于 18 日 0500 时采取左转向驶入高雄港的动作、在高雄港外锚地抛锚等),承运人也可以免责。

6. 有关货损的原因,在法律上,对因果关系,侵权法上采必然因果关系说,认为行为与损害结果之间应具有内在的、本质的、必然的联系。该观点可以运用于违约责任。据此,尽管原告提出诸如绑扎、安全管理不当等诸多主张,但真正构成货损法律上原因的只能是"海棠"台风产生的狂风巨浪(从物理上说主要是巨浪的拍击力)。这一情形的发生,是由于"海棠"的移动路径发生了无法预测的奇异的逆时针打转的现象。船舶在 18 日 0500 时,在所收的预报均为台风正向西北(而非西或西北偏西)方向移动的情况下,采取了左转向准备驶入高雄港的动作,导致进入了台风 10 级风圈的范围,从而遭遇了狂风巨浪。因此,应当认为打了转的台风构成天灾或不可抗力,承运人和实际承运人可以免责。

7. 举证责任上,被告援引海商法规定的航海过失、天灾或船舶潜在缺陷等免责,无疑需对该免责事项负担证明的责任,但无须先行举证证明承运人已经履行了适航和管货的义务。另一方面,如果原告提出被告未履行适航、管货等义务造成损失,应对损失以及违约行为与损失的因果关系予以证明。是否存在违约的问题,由承运人提出已经履行的证据,否则可以推定承运人未履行义务。一旦承运人证明已履行了义务,或原告本身不能证明货损的存在以及货损与违约行为的因果关系,索赔就不能成立。

其次,被告大诺公司赞同东方海外公司有关损失等方面的质证意见。但是,必须明确,大诺公司只是负责将货物从福州运到高雄,因此即使需要承担赔偿责任,赔偿金额也只能以货物在福州港装船时的价值,加上福州到高雄的运费和保险费为限,原告以 CIF 汉堡价提出请求,不符合法律规定。

最后,即使被告不能免责,原告也没有证据证明存在承运人"故意或明知可能造成损失而轻率地作为或不作为"造成损失的情况,被告仍有权享受赔偿责任限制。

法院经审理查明：

（一）当事人之间的法律关系

2005 年 7 月 17 日，中国福州外轮代理有限公司代表被告美达公司对一批货物签发了 SPSOCO50296 号海运提单（MEMO B/L），提单记载托运人 YOUNG-CARRIER CO.，LTD. FUZHOU OFFICE.（原告译作：阳凯有限公司福州代表处）、收货人 YANGMING MARINE TRANSPORT CORP. KAOHSI-UNG BRANCH（原告译作：阳明海运股份有限公司高雄分公司）、装货港福州、卸港高雄、承运船"景云"（GOLDEN CLOUD）轮，航次号 115E，集装箱号见提单附件，货物包装品名一栏注明 9 个 20 英尺普通柜、6 个 40 英尺普通柜、15 个 40 英尺高柜，据称装有普通货物，托运人装船、计数和铅封。

原告称阳凯有限公司福州代表处系其在福州的代理，提交了 2005 年 7 月 12 日美达公司给阳明福州办事处（Yang Ming/Fuzhou Office）李某的传真等为证明，传真内容为福州—高雄集装箱海运费的报价及美达公司的银行账号。但被告美达公司认为上述传真不能说明问题，并认为提单收货人非原告。

本院认为，原告的传真函上没有任何有关阳凯有限公司的文字，不能证明该公司系其在福州的代理。但关于收货人，对比原告及提单收货人的英文名，鉴于提单正本为原告持有，同时考虑到案涉货物确为原告对外揽载并签发了全程提单的情况，应认定提单收货人为原告的高雄分公司。

被告大诺公司确认其为本案货物的实际承运人，原告对此没有异议。

此外，在诉讼中，原、被告各方一致同意对本案争议适用中国法解决纠纷。

（二）承运船舶的基本情况

"景云"轮为往来福州高雄之间的集装箱班轮，国籍和船籍港为中国香港，建造日期 1982 年 5 月，建造地点日本 YAMANISHI ZOSEN KK ISHINO-MAKI，船级日本海事协会（NK），船舶总长 119.43 米，型宽 20.00 米，型深 8.80 米，满载吃水 6.74 米，总吨 5 354，净吨 3 218，主机马力 4 413 千瓦（6 000 马力），航速（最大/营运）为 15/14 节，驾驶台位于船首，其香港注册证书记载船舶所有人为大诺公司。

大诺公司 2003 年 8 月与福建鑫安船务有限公司(以下简称"鑫安公司")订立《"GOLDEN CLOUD"轮安全和防污染委托管理合同》,委托鑫安公司自 2003 年 9 月 20 日起对该船实施安全防污染管理,合同期限 5 年。鑫安公司于 2003 年 9 月 18 日取得 DOC 证书(符合证明)。该公司对"景云"轮安全管理制定了相应的安全管理体系文件(以下简称"体系文件")。"景云"轮的船舶安全管理体系(SMS)通过论证,于 2004 年 6 月 8 日取得了船舶安全管理证书(SMC)。以上证书在本次事故时处于有效期内。

本航次"景云"轮福州受载集装箱 306 个(合 494 个标准箱),其中 20 英尺集装箱 118 个、40 英尺集装箱 180 个、45 英尺集装箱 8 个。甲板上集装箱为 198 个,部分集装箱叠为四层,部分叠为三层,舱内集装箱 108 个。货物重量 4 263 吨,船舶吃水前 6.2 米,后 6.5 米,稳心高度 1.7 米,根据该船的稳性计算书,船舶固有横摇周期为 10 秒。原告方面委请的协和公司 2005 年 12 月 28 日的《公证报告》认为,货物未超载,GM 值及横摇周期显然适当。

"景云"轮船长林松辉在庭审中说明其已任船长 32 年,持有甲类一等(即甲类无限航区 3 000 总吨及以上船舶)船长证书,驾船行于福州高雄已至少 200 多趟。

(三)航程经过和事故概况

本航次船舶于 2005 年 7 月 17 日 0445 时(北京时间,下同)在福州马尾港青州码头开始装货。有关航行和事故发生的情况与经过,"景云"轮航海日志、轮机日志、车钟记录中有记载。事故发生后,船长出具了 2005 年 7 月 19 日《海事声明》、2005 年 7 月 26 日《海事报告》,同时与船员分别接受了台湾高雄港务局、台湾高雄地方法院的调查并录有笔录。以上证据,本案原、被告双方对其真实性均无异议。但对航海日志,有部分同类案件的原告对 2005 年 7 月 18 日的日志中出现在记录 1040 时集装箱落海的一段文字段末,记"1608 断锚",而后方按正常顺序依次记载 1326、1400、1600、1608 时航况的情形表示异议。鉴于该内容经与车钟记录及上述其他证据对照,能从中获得印证,日志该页面文字没有涂改,前后两次所记 1608 时的内容也一致,法院认为,该项记载上的瑕疵不影响日志的证据效力。以上证据(以航海日志为主并参照其余）载叙船舶本航次事故经过概况如下：

2005 年 7 月 17 日 1200 时，东北风 6 级，巡视全船，正常；

1340 时，货柜装完，大副、水手长亲自检查绑扎；

1440 时备车，1450 时车备好，1451 时单绑，1454 时前后缆绳清爽；随后船舶开航离福州马尾港；

1603 时航至金刚腿（位于福州长乐闽江口约江海分界线处）；

1800 时起东北风 8 级；

2000 时 GPS 船位北纬 25°42.0′、东经 120°00.6′，航向（GC）185°，多云、大风、巨浪，巡视全船均正常；

2010 时大副、水手亲自检查绑扎情况，一切正常；

2400 时，多云，大风、大浪，巡视全船正常；

2005 年 7 月 18 日 0200 时东北风 8 级，船舶航向（GC）195°；

0400 时东北风 10 级，阴，狂风、狂涛，安全巡视正常；

0600 时东北风 9～10 级，船舶航向 115°；

0755 时船舶航向 150°；

0800 时东北风 9～10 级，狂风，狂浪，巡视正常；

1000 时东北风 9～10 级；

1020 时大副水手长亲自检查绑扎情况，正常；

1030 时东北风 9～10 级，船舶抵高雄港外锚地（No. 1 号锚地），抛锚抗台（左锚五节下水），锚位北纬 22°38.39′、东经 120°14.03′，船长亲自在驾驶台指挥抗台，巨浪。1040 时 Bay02 位集装箱倒塌，部分集装箱入海，1100 时并向高雄港务台报告。对船舶当时的情况，《海事报告》及船长林松辉、二副林迎锋、水手长王长福的证词中都说明抛锚后，船开始调头受横风横浪，巨浪不断冲上甲板，导致集装箱入海；

1200 时东北风 9～10 级；

1300 时西风 9～10 级；

1326 时风力逐渐加强，船舶全速顶抗台风，航向 270°；

1400 时西风 10～11 级，船舶左右摇摆剧烈，前后颠簸厉害，甲板大量上浪；

1600 时起（至当日 2300 时止）西风 12 级，阵雨。1600 时船长亲自在驾

驶台操纵抗台,船顶风浪,船舶剧烈摇摆颠簸;

1608 时左锚及 5 节锚链断裂入海,报告高雄控制台,航向 270°往外开;

1720 时由于船左右摇摆和前后颠簸厉害,致使舱面集装箱陆续挣脱绑扎入海,部分集装箱倾倒在舱面及甲板上,船长亲自在驾驶台操纵抗台;

2200 时船舶摇摆厉害,甲板大量上浪,船长亲自操船抗台,航向 260°~270°向外开 8 海里;

2400 时 GPS 船位北纬 22°30.5′、东经 119°55.9′,西风 9~10 级,船舶摇摆厉害,大量上浪,集装箱陆续落水;

2005 年 7 月 19 日 0200 时 GPS 船位北纬 22°26.2′、东经 119°51.0′,船舶航向 265°继续顶风抗台,此时风力降为西风 9 级;

0400 时船舶顶风浪继续航行,船长在驾驶台操船抗台,此时风力降为西风 8 级;

0830 时开始返航,暴风大雨巨浪;

1436 时船位北纬 22°26.1′、东经 120°10.8′,航向 075°,西风 7~8 级;

1600 时船位北纬 22°27.3′、东经 120°10.7′,航向仍为 075°,西风 8~9 级,大风,狂浪;

1700 时船位北纬 22°29.67′、东经 120°13.48′,航向 355°,向引航站驶去,召请引水务必上船,西南风 7 级;

1730 时因浪高,引航员无法上船,船舶又往外开;

2005 年 7 月 20 日 0545 时引航员上船,驶往高雄港内,0710 时船靠妥高雄港 36 号泊位;

2005 年 7 月 21 日船改靠高雄港 40 号泊位,次日开始卸货。随后船舶又曾先后移泊至 66 号和 80 号泊位,最终于 2005 年 7 月 26 日卸完集装箱。

甲板上装载的 198 个集装箱,根据《海事报告》,132 个落海(其中 20 英尺柜 20 个、40 英尺柜 106 个、45 英尺柜 6 个);其余 66 个倾倒在舱面上发生损坏(其中 20 英尺柜 28 个、40 英尺柜 36 个、45 英尺柜 2 个)。

(四)事故后的相关调查和检验

1.事故发生后,原告委请协和公司对事故的起因及受损幅度进行调查,该公司人员于 2005 年 7 月 20 日及之后曾登轮查看现场,于 2005 年 12 月 28

日出具了《协和公证报告》，后又于 2006 年 2 月 17 日、2006 年 7 月 27 日先后出具了两份《追加公证报告》（以下按时间顺序分别简称为《追加公证报告一》《追加公证报告二》）。根据《协和公证报告》所附的该公司的执业证书，协和公司系经营海事保险公证人业务的公司。本次事故由该司职员杜念祖到现场查验，由公司总经理何励文签名出具报告。在出庭接受质询时，杜念祖说明其航海方面的学历和经验为曾就读于高雄海事专科学校（相当于大专）五年，在船上任三管轮一年；何励文说明其学历和经验与杜念祖类似，但有十年（1975—1985）航海经历，最高任职为大副。

2. 2005 年 7 月 25 日，台湾高雄地方法院在对"景云"轮进行证据保全时，对船长林松辉、大副叶起清、三副林建、轮机长叶诚敏、舵工水手李建山以隔离方式分别讯问，并制作了讯问笔录；2005 年 8 月 4 日，高雄港务局约谈船长林松辉，并制作了海事询问笔录。

3. 2005 年 8 月 20 日，受鑫安公司的委托，中国船级社实业公司福州分公司派检验人员梁瑞洪（高级验船师、公估员）、陈干章（船长、公估员）、杨逸飞（船长、具中国船级社无损检测 UT-Ⅱ 资格）在福州港锚地对"景云"轮受损的甲板及舱面上的集装箱立柱、底座及绑扎锁具情况进行现场检验，确认其受损范围和程度，另对受损舱盖板测厚检验。该公司于 9 月 3 日出具了《"GOLDEN CLOUD"轮损坏检验报告》（以下简称《船损报告》）和《"GOLDEN CLOUD"轮舱盖板测厚报告》（以下简称《测厚报告》），报告并由上述检验人员签名。

（五）事故原因

《海事报告》认为，事故发生的直接原因是受"海棠"台风的影响。根据同类案件的另案原告阳明公司的申请，法院委托广东华南海事司法鉴定中心（以下简称"海事鉴定中心"）对事故的原因进行鉴定，并提示对船舶开航驶向高雄的决定、船舶本体的适航性、集装箱货物的系固、事故当时实际的海况和风力、直接导致集装箱落海的具体原因、船舶安全管理等方面的问题予以分析研判。根据该中心粤海司鉴中心（2006）海损证字 12 号《司法鉴定书证审查意见书》（以下简称《鉴定意见》）及《关于"景云"轮 V. 115 航次在高雄海域发生事故原因的补充鉴定意见》（以下简称《补充鉴定意见》），本案事故是由于恶劣的海况,船在大风浪中大幅度地横摇和巨浪大量涌上甲板冲击集装箱所致,同时也是船长没有完全按体系文件实施、个人思维和行为的失误造成的。依鉴定书及鉴定人出庭时的说明,船长的失误具体体现为在航行过程中,没有及时了解和分析台风新信息,缺乏全面考虑,未及时调整航向,仍然以主观的愿望驶往目的港高雄,导致船舶遭遇台风,以及在高雄港抛锚抗台时的差错等方面。

对鉴定结论,各方当事人分别提出了相关意见。原告方面认为:参与鉴定的鉴定人不具备相应的资格,没有熟悉船舶检验的人士,也没有对中国南方沿海台风有丰富经验的船长或航海人员以及对 ISM 规则和体系具有丰富经验的人员;鉴定人吴如松与鑫安公司的一些船长是旧日的同事或上下级关系,有利害关系却未回避,故该鉴定不能作为证据使用。经查,《鉴定意见》开端即明确司法鉴定人为李清烈船长、秦善慈高级船长、吴如松高级船长、曾波高级引航员,其中李清烈、吴如松两位船长都曾在大、中型集装箱船任职,且多次挂靠过高雄港,熟悉集装箱船的营运、安全管理和高雄港情况,《鉴定意见》随附了四名鉴定人的海损事故司法鉴定执业证;鉴定人吴如松毕业于大连海事大学后,历任二副、大副,任船长 25 年,在广远公司任安全管理人 6年;对船检问题,吴如松在开庭时说明,鉴定中心接受委托后,认为本案不涉及需要运用高深的机务理论分析的船舶机械问题,对一般的机务问题,以上鉴定人作为船长有能力分析;关于回避一事,原告也没有提出进一步的说明和可供核实的指证材料。有鉴于此,法院认为,原告方面的上述意见不能成立。

对原、被告各方当事人提出的其他意见、主张和争议的事实,法院查明及认定如下:

1. 事故地点的实际风力和海况

(1)证据

航海日志中三次记载了集装箱倒塌、落海的情况,分别为:①2005 年 7月 18 日 1040 时 Bay02 位集装箱倒塌,部分集装箱入海,此时东北风 9~10级,巨浪;②1720 时船左右摇摆和前后颠簸厉害,致使舱面集装箱陆续挣脱绑扎入海,部分集装箱倾倒在舱面及甲板上,此时西风 12 级;③2400 时(即 2005 年 7 月 19 日 0 时)西风 9~10 级,GPS 船位 22°30.5′N/119°55.9′E,船舶摇摆厉害，大量上浪，集装箱陆续落水，至 0200 时风力降为西风 9 级。

《海事声明》《海事报告》中亦称 18 日 1030 抛锚时风力 9 级左右，巨浪，随后风力逐渐增强到 12 级以上，海面风浪狂涛；在台湾高雄地方法院的讯问笔录中，有关第一批货柜落海时天气如何，船长林松辉、大副叶起清、三副林建、舵工水手李建山分别答复："12 级风，狂浪，阵雨，根据管制台提供的数据"；"约 11、12 级风，狂浪，浪打上甲板，整个甲板都淹了"；"9 到 10 级风，非常大的浪"；"风浪都很大，浪都打上驾驶台了"。但船长林松辉在高雄港务局的海事询问笔录中称"1030 时抛锚后，本船船首为（WSW）西南偏西方向顶风，当时用 HALF AHEAD 推顶风浪，1100 时断缆时就用全速前进……"。

根据福建省专业气象台 2005 第 084 期台风紧急警报，2005 年 7 月 18 日 11 时"海棠"台风中心位于北纬 23.4 度、东经 121.4 度，10 级风圈半径 180 千米。"景云"轮收到的 EGC 日本气象信息（EGC 信息 398 号）所报的 11 时台风中心位置则为北纬 23.3 度，经度相同，另报台风中心西半圆 80 海里范围内风速超过 50 节（注：相当于 10 级大风）。尽管上述数据略有差异，但依船舶抛锚时的位置，"景云"轮在台风中心西南方向，与台风中心相距不足 80 海里，已位于 10 级风圈范围内。此外，关于 7 月 18 日 11 时台风近中心的最大风速，上述福建省专业气象台 2005 第 084 期台风紧急警报报为 45 米/秒，风力 12 级以上；EGC 信息 398 号报 75 节；而船上另一份 EGC 香港气象服务信息（EGC399）则报为 95 节。

在原告方面提交用以证明事故原因、过程和性质的《协和公证报告》中亦载明"根据船长所述，该船于航程中遭逢海棠台风，船只遭遇巨浪且颠簸，蒲福氏风力等级所示风力为 9 至 11 级，方向为偏东北"；"本公司发现船只已接获有关气候之传真，而这些传真证实船长之前关于恶劣天气的陈述"，"本公司认为船只基于海棠台风之故，确实于关键时刻（协和公司何励文在庭审中说明指船到高雄港下锚时）遭逢到巨浪"。同类案件另案原告阳明公司委托的诉讼代理人在 2006 年 8 月第一次庭审时陈述"第一次柜子倒塌之时，风力只有 9 级，我认为这是管货不当才会导致柜子入海，从船长的笔录也可以印证"，该代理人在提交的对张永宁专家报告的书面质证意见中并称，"……1030 时……风力只有 9 级，此后才增大到 12 级……"。阳明公司代理人同时亦为本案原告人保福州公司的代理人，其在本案中确认就本次事故情况、原因、责任等案件共性问题的意见与在阳明公司案中所述一致。

但此后原告方面又提交了台湾"中央气象局"2005 年 7 月高雄气象站有关风、浪的《逐日逐时气象资料》和高雄大鹏湾浮标测站《浪高周期波向逐时记录表》记录的气象数据。前者注明观察点位于北纬 22°34′04.40″、东经 120°18′28.92″,在 18 日的风力记录为 1000 时 14.2 米/秒、1100 时 12 米/秒,风向 290°～300°即西北向;1700 时 14.2 米/秒、1800 时 16.1 米/秒,风向 250°～260°即西向;2400 时 8.3 米/秒,19 日 0100 时 9.8 米/秒,风向 270°～260°即西向。上述风力对照蒲福风力表,不超过 7 级;后者浮标测站位于北纬 22°25′00″、东经 120°26′02″大鹏湾外海 4 千米,水深 26 米处,在 18 日的浪高数据为 10 时 4.46 米、18 时 5.29 米、24 时 3.68 米。上述浪高也不超过 8 级。原告认为,以上资料才真正反映了事故地点当时的天气情况。

被告大诺公司提交的福建省专业气象台有关福建省西洋岛自动气象站实测风速资料记载,2005 年 7 月 18 日 10 时西洋岛自动气象站实测风速为 29.5 米/秒,11 时为 34.9 米/秒。

(2)鉴定

海事鉴定中心认为:①航海日志的记录有人的因素存在,人的判断有多大误差与经验有关,但对这种做法航海者认为很直观、很切实,有参考价值。②从地理上看,上述高雄港风力的观察点距高雄外 No.1 锚地约 10 海里(鉴定人在开庭时说明 No.1 锚地本身有一个范围,南北 2～3 海里,因此选取不同边缘点测量该数值可能不同),而且又处在南边和陆地岸上。浮标测站在高雄港外 No.1 锚地的东南向相距约 18 海里处(依大比例尺海图上实际丈量)。二者与事故地点方位和地表状态不同,风力、海况必然不相同。③海况方面,波浪因能量传递随距离越远而逐渐消耗,加上海底地面的影响,因此强度下降是正常的;关于海浪,浮标随浪能力强,而船在随涌浪的过程中有自行摇摆的状态,当其周期与涌浪的周期相近时,严重的会发生谐振,此刻产生的摇摆能量无法预测,装载在甲板上的货物(集装箱)会被巨大能量甩下海。即使不发生谐振现象,涌浪与船体因反向摇摆发生撞击时,也有能量叠加的现象,这种现象的发生是必然的并且会不时地造成对船体的严重撞击,而这种撞击对船舶和载货(集装箱)的破坏是很大的。因此船上与浮标对海浪的感受不同。④风力观测点与"海棠"台风中心的距离比"景云"轮远约 10 海里,按鉴定人的经验估计风力有1级的差别,并且该观测点在陆地,风力受远近高大建筑物的影响,会有不同程度的减弱;此外地形上,高雄港外锚地处于台湾海峡瓶颈的端点,风力观测点则处在扩散地带,这样的地理环境势必使前者风力更大。⑤总之,综合上述原因,高雄港 No.1 锚地比前述测站的风力、涌浪大2~3级是符合水文、气象的正常变化的。据此,18日1000时观测记录风力为14.2米/秒相当于7级,No.1 锚地风力应为9~10级,这与船上记录相符。故就此而言,也可以说航海日志的气象记录是事故当时的实际气象状况。

（3）争议

原告方面认为,航海日志的记载是船员凭经验估计而填写的,在遭遇事故时往往有故意夸大的情形,而上述高雄港的风浪数据是实测的资料,气象台通常在设置观测点时是有考虑的,选择了能代表整个区域的地点,因此事故时的天气情况应当按实测数据来认定。鉴定意见虽然提及了观测点与事故地点的距离、所在位置的不同地形和与台风中心的距离,但依"景云"轮1030时抛锚的 GPS 锚位,与风力测站的距离仅6海里而非10海里,并且二者实际与台风中心的距离也基本相等,鉴定意见对此存在错误。另外从地形上看,二者其实都处于台湾海峡瓶颈外的扩散地带,No.1 锚地东面是高雄市区,高层建筑更多,还有一座万寿山,风力同样也会受到影响,所以鉴定人的判断不能成立。

被告方面认为,船上的记录是船员根据实际情况记载的,"是第一手的资料,最能直接真实地反映当时发生的情况"。上述气象观测站的位置与事故地点尚有距离,不能作为判断事故地点气象情况的依据。事实上,18日1100时左右,"景云"轮已在台风10级风圈的范围内遭遇了狂风。但被告大诺公司又认为,18日11时台风中心30海里的范围内最大风速为95节（其称此系依 EGC399 香港气象服务信息）,相当于蒲氏风力15级,而距离台风中心位置大约200海里的观测站（其称即福建省西洋岛自动气象站,位置为北纬26.5°、东经120.1°）风速为34.9米/秒,相当于蒲氏风力12级,据此可以推算距离台风中心约80海里的船舶当时遭遇的风力应为14级以上。但对以上气象信息,被告大诺公司及其委请的具有专门知识的人员张永宁又肯定日本气象信息的准确性和权威性,张永宁在其专家报告中对18日11时台风近中心最大风速采用的数据也是 75 节(相当于蒲氏风力 13 级)。另被告具有专门知识的人员赵月林说明,大约是在 1000~1100 时台风发生了折返现象,因此高雄港附近海域的风向发生了急剧的变化,从东北风突然改变为偏西风。

(4)认定

法院认为:依《协和公证报告》和原告陈述,其对事故时的风力和船舶遭遇巨浪的情况予以了自认。虽然原告在事后又予反悔并提出了相反证据和理由,但是,对于其中气象观测记录,由于高雄风力测站及大鹏湾浮标测站与事故地点已有一定的距离(前者距约 11 千米以上),其所记录的风力和浪高的数据能否准确反映事故地点的情况,尚缺乏充分的专业科学论证作为依据。原告虽陈述了 No.1 锚地的位置周边地形等情况,但没有提交地图资料等证据,也没有就该地形对气象的实际影响提供具体的专业论证,无法对相关情况进行判断。另一方面,船长、船员等在相关文书上及受调查时对风力则均做了在 9 级或以上的陈述,同时从距离上看,"景云"轮当时位于台风 10 级风圈范围内,虽然与台风中心有陆地的阻隔,但遇大风浪的可能性相对较高。综合以上因素考量,原告所举的相反证据尚不足以推翻其自认,根据最高人民法院《关于民事诉讼证据的若干规定》第七十四条的规定,应对自认的事实予以确认,即第一次集装箱落海时风力为 9 级,其后的事故过程中船舶分别遭遇了 9~12 级不等的风,并均逢巨浪。被告大诺公司虽然提出船舶在第一次集装箱落海时遭遇的风力应为 14 级以上,但其对证据的引用和主张前后矛盾,福建省西洋岛自动气象站的具体经纬度等数据也没有证据证明,且事故地点当时的风力情况如何,应联系地形、大气等因素综合分析和判断,不能简单地通过与台风中心距离的远近进行比较得出结论,前述高雄风力测站毗邻事故地点,测得的风力不到 7 级,即为例证。故该项主张显然不能成立。

但有关风向,依船长陈述船舶西南偏西方向顶风,并参酌高雄风力测站所测风向,以及尽管台风发生了折返,但"景云"轮总体上仍处于台风中心的西南方位,按台风在北半球以逆时针方向旋转的特点,并兼顾台风中心移动的情况判断,该处风向应基本为西风,故应认定事故过程中基本为西面来风,即主体方向为西,但有西北偏西或西南偏西变化存在的可能。

2. 风浪与事故

风浪与集装箱倒塌、落海之关系，《鉴定意见》认为：从大量的照片看，不少集装箱上、下三个整体连在一起，其表明，"景云"轮所载集装箱是底部一层遭受涌浪的直接冲击，致使加固设备受损、固定状态破坏，集装箱移位；再则，船舶在摇摆时产生一个扭力，该扭力对消绑扎的拉力，扭力的大小与摇摆角度的大小成正比，横摇角度越大扭力也越大，即对集装箱绑扎的内在破坏力越大。也就是说，在涌浪的冲击下，冲击的外力（含拱抬力、挤压力）与内在破坏力（扭力）二者相合极易拉断或拉损绑扎的设施，使系固杆索、卡码等断裂或变形丧失固定力离开原装载位置，从而造成甲板上的集装箱翻倾与掉落大海。

至于多大的风浪可能导致某一船舶装在甲板上的集装箱翻倾，《鉴定意见》认为，对这一问题要给出一个具体的界线或一个确切的定量是很难甚至是不可能的，只能设定风力多大（对某船）是一个风险状态。风险状态风力大小的设定主要是考虑船舶的吨位大小。对于不足万吨级的船舶，在台湾海峡这样一个特定水域，9~10级风力会产生巨大涌浪，其外部环境处在风险状态，则当船长操作不当或在该水域产生的巨浪猛烈冲击甲板货物（集装箱），便会发生海损事故，这时处在不可抗力状态。"景云"轮此次海损事故即属此种情况。

被告大诺公司对此表示，即使没有台风，但遭遇了相同的风浪，仍然会发生事故。原告则强调，鉴定人所使用的不可抗力非法律术语，在台湾海峡，9~10级风是常见的现象，不构成法律上的不可抗力。被告大诺公司具有专门知识的人员赵月林也陈述，7月18日"景云"轮在到达高雄锚地前的航程中已经遭遇了9~10级风，虽然风力较大，但由于该船是顺风顺浪航行，因此受风的影响较小，船舶及载货未受损害。

3. 船舶相关设备的损坏

（1）证据

船上固定式集装箱系固（绑扎）及相关设备等的损坏，《海事报告》称"……部分箱柱变形、断裂入海，舱盖面多处损坏，舱盖面蘑菇头及燕尾槽严重受损，舱盖面上多个箱底座连根拔起，绑扎索具几乎全部入海，自动转锁及转锁储存箱入海，天桥多处损坏……"。

《协和公证报告》称:"许多固定在舱盖或货柜柱的插座、分层锥或固定环显然过度耗损,而且从底部/焊接部位脱落",并认为"固定(集装箱)用的装置,尤其是甲板/舱盖插座、分层锥、固定环,经发现耗损过度"是事故原因之一。对"损耗过度",鉴定人协和公司杜念祖在庭审质询时解释为,绑扎用具从生锈情况看,腐蚀相当严重,但对"度",则称系"主观认知的标准,没有资料可以比较"。

中国船级社实业公司福州分公司《测厚报告》载明,"景云"轮入级时舱盖板原厚度为 8 mm,日本 NK 船级社对舱盖板的要求为锈蚀程度不能超过原厚度的 30%,即厚度不能少于 5.6 mm,经对受损舱盖板测厚检验,全部符合上述要求。《船损报告》则记载,检验人员勘查现场后发现,船舶两舷均有集装箱立柱断裂丢失,另从 Bay01 到 Bay25 全部 Bay 位的燕尾槽底座、单锥或双锥底座大量但不同程度地出现了槽边裂开缺损、被整个拉起、脱焊、锥体被切断或损坏、双燕尾槽底座面板与座体裂开等现象。检验人员对损坏情况分类就其原因进行了分析,认为:①附连着固定式绑扎设备的舱盖板撕裂,该现象说明焊缝(固定式绑扎设备与舱盖板间为电焊连接)强度高于舱盖板强度,而舱盖板强度低于所受外力。由于舱盖板本身厚度符合 NK 船级社的要求,故其被撕裂极大可能是正常的舱盖板遭受超常外力所致。②舱盖板上固定式绑扎设备在电焊焊缝处拉脱,但舱盖板未被撕裂,说明舱盖板强度高于焊缝强度,而焊缝强度低于所受外力。通常按安全管理体系的要求,船方会定期或在装货前组织船员进行外观检查,焊缝如有外观上的缺陷应能被及时发现处理,而对于焊缝的潜在缺陷,则并非一个谨慎称职和恪尽职守的船员通过通常的合理方法检查所能发现。从该船检验记录来看,其 2005 年 3 月完成了中间检验,检验时未发现上述构件有异常情况,因此该现象的发生也极大可能是正常的焊缝遭受超常外力所致。

另《船损报告》所附 122 张照片显示,多数系固眼板正常,但也有部分眼板及眼环存在不同程度的断裂或扭曲变形等损坏现象。

《船损报告》随附了相关船舶证书复印件,检验人杨逸飞出庭时说明该证书系取自船长,在调取时对正、副本进行了核对,报告说明船舶登记、构造安全、设备安全、船级等证书均在有效期内。法院为拍卖"景云"轮时委请的验船师所查状况与之相同。证书显示,该船于 2005 年 3 月在舟山通过了 NK

船级社的中间检验（Intermediate Survey）。

（2）鉴定

《鉴定意见》说明，经查阅委托鉴定的相关材料，没有发现船舶、船体、系固设备存在缺陷的有关记录。

（3）争议

原告认为：根据《协和公证报告》及从双方提供的照片可见，固定集装箱的立柱等绑扎设备、装置损耗过度、锈蚀严重，在事故中不堪受力发生损坏，这表明船舶开航前存在重大缺陷，不适航；被告的检验报告是在事故后一个月进行的检验，破损设备经海水侵蚀已经锈蚀斑斑，不能真实反映事故当时的实际情况，相关损坏完全可能在事故前就已明显存在（如眼板可能是装卸时碰坏的），另测厚报告只选择了三个地方检测，不科学；没有证据证明被告在开航前对船舶进行了正常的保养和维护，并对绑扎设备和部位进行了谨慎的检查，也没有证据表明 2005 年 3 月的中间检验对上述绑扎固定集装箱的固定和活动的设备进行了检查，并保留有相关记录。

两被告认为：原告《协和公证报告》称"耗损过度"，但对"度"没有给出具体的标准，也没有提出实测数据作为判断依据。客观上这些绑扎设备在使用过程中肯定会发生磨损或者损耗，关键是其损耗的程度是否会影响到正常使用。由于"景云"轮 2005 年 3 月刚刚完成年度检验和中期检验（被告大诺公司称中期检验和年度检验实际上就是一次检验），没有发现该项缺陷，船舶开航前经船员检验未发现任何异常，且船舶在 8 级大风和巨浪状态下航行近20 小时，也没有发生事故，因此应认为其无缺陷。被告大诺公司并进一步认为，即使有缺陷，也属于经谨慎处理不能发现的潜在缺陷。

（4）认定

经查：船长林松辉在庭审中说明平常船舶装好货后，要对绑扎情况进行检查，遇到大风大浪还要多检查；除以上航海日志中的记录外，船长林松辉及水手长王长福在证词中也陈述，开航前大副和水手长对所有集装箱绑扎情况包括绑扎属具状况进行了检查，水手长称没有发现异常情况。

被告大诺公司具专门知识的人员赵月林对脱焊现象，也表示"这说明该船舶在某些部位的焊接可能存在缺陷"，但"这些焊接上的缺陷很难利用通常的检查方法予以发现"，因大副和水手长检查后未发现异常，其认为该缺陷属于谨慎称职和恪尽职守的船员通过通常的合理方法检查所不能发现的缺陷。

　　法院认为:被告委托的检验虽然是在事故发生后的一个月所为,但不能简单地因此当然认为检验结论不具有证明力。从案件的具体情况来看,《测厚报告》是对撕裂的舱盖板进行锈蚀程度的检验,即使钢板如原告所称锈蚀加剧,但检测结果仍符合船级社要求,故其结论可以采信。检验是由专业人员所实施,报告本身也明确"经对受损舱盖板进行测厚检验,全部符合上述要求",原告称只选择三个地方检测不科学,但没有提出具体的理由和依据,故该项意见不能成立。据此可以认定,被撕裂的附连着固定式绑扎设备的舱盖板事故前不存在缺陷。

　　其他上述船舶的集装箱系固等设备,在船舶证书均为有效、船舶事故前四个月刚通过船级社的中间检验、船员在开航前乃至航行中对绑扎情况进行了检查均正常、同时本案事故时船舶遭遇了9～12级风和巨浪,参考前述鉴定意见,对"景云"轮而言已处于风险状态,海浪破坏力较大,而损坏情形本身也不足以充分导出存在相反结论的可能,以及案件中没有相反证据的情况下,应认定其在事故前没有缺陷。原告《协和公证报告》与协和公司鉴定人虽称集装箱固定设备损耗过度、锈蚀严重,但未对锈蚀情况做具体说明和描述,在被告异议的情况下,难以判断其具体达到何种程度,而参酌《测厚报告》等及航运实践,甲板等相关设备正常时也存在耗损和锈蚀的现象,故原告有关船舶开航之前存在重大缺陷的主张不能予以认定。

　　但是,对舱盖板上固定式绑扎设备部分脱焊的现象,依《船损报告》分析及按赵月林意见,表明有相当的可能存在缺陷。同时被告作为承运人和实际承运人,居于船方的地位,船舶没有缺陷也是其主张的免责事由的内容,被告应负责举证证明脱焊非缺陷所致。综合以上情形,在被告没有举出充分证据的情况下,可推定缺陷存在。但依查明的事实,焊缝如在外观上有缺陷易于被发现和处理,而船员在开航前已对集装箱绑扎的情况进行了检查但未发现问题,因此在原告没有就检查方法等提出异议的情况下,参酌上述专家意见和航运实践,可以认定该缺陷为船员以通常的方法检查所不能发现。

　　4. 甲板上集装箱的系固

　　船舶甲板集装箱活动式系固工具,通常有转锁(Twist Lock,即下述所谓扭锁）、拉杆、桥锁（即下述所谓桥式连接器）等。其中拉杆系固的方法，系以拉杆的一端通过其自身的锁扣与集装箱箱角（其上有孔）连接，另一端与花篮螺丝（该物品实务中名称不一，具体形状及样式也有不同种类，本案当事人下述所称法兰螺丝、松紧螺旋扣、螺旋拉杆等，经询问并与其所拍的照片核对，均指此同一物）连接，花篮螺丝的卸扣连到舱面眼板的眼环上，穿以插销相连在一起。因花篮螺丝有长度调节功能，扭紧后，整个拉杆拉紧。集装箱端部有左右两个角，两根拉杆多以交叉即呈对角线方式下拉进行绑扎。

（1）证据

《船损报告》在对甲板上集装箱"拉杆、桥锁、法兰螺丝、眼板和转锁等绑扎锁具的情况"中称：据船长介绍，在本次事故中，大部分的活动式绑扎锁具连同集装箱一起掉进海里，经对残留在甲板及舱盖面上的绑扎锁具进行勘查，发现船上现存绑扎锁具新旧不一，部分存在不同程度的表面刮痕和表面锈蚀，其中有些在这次事故中受损伤变形或断裂，另有部分表面状况良好，也有部分发生了结构性断裂。

在台湾高雄地方法院讯问笔录中，对船舶开航前，采取何种措施、以何种设备确保货柜的安全，船长林松辉、大副叶起清、三副林建分别回答："以铁条（拉杆）及锁栓固定货柜，依国际规范""依系固手册及国际惯例绑扎货柜""开航前就知道有台风过境，所以在绑扎上特别加强。增加拉杆的数量。并且绑扎的紧度比平常更大"。船长在《海事报告》中还称，船舶在开航前和开航当时，船体及机器设备、集装箱紧固件等均满足适航适货状态，合理配载"并按货物系固手册要求码头工人绑扎到位"。

在高雄港务局调查货柜的绑扎方式如何时，船长林松辉回答"如下图"，其下画了一排集装箱的剖面图（图中左右两侧的集装箱第二、三层画以拉杆交叉下拉系固在甲板眼环上，但中间集装箱未画有拉杆），图后船长说明"每排货柜第二、三层用 Lashing Bar 交叉拉到甲板眼环，每层货柜与货柜四个角间放有自动转锁（Twist Lock）"，并且大副和水手长还进行了检查。对上述图样，船长林松辉庭审时说明该图"是高雄海事科的同志要求我画的，我画的示意图，我指的是每一行都是交叉，中间没有打叉是他们说他们知道了，所以我才没有画，其中每一行都应该有打叉的"。水手长王长福也称该图未真实反映集装箱的绑扎情况，"我们全部都是十字交叉的"，另外对船上绑扎属具数量的问题,其称"备齐还有剩"。

《协和公证报告》称:基于数只货柜掉落海中,甲板上剩余的货柜已移位或翻覆,无从得知原本的捆绑/固定安排。然而根据船上剩余的捆绑材料,还有高雄港务局制作的约谈报告(注:即海事询问笔录),本公司提出下列结论:捆绑杆(注:即拉杆)、扭锁、松紧螺旋扣显然完好;……甲板上货柜的堆放状况显然正常,意指较重货柜堆放在低处,较轻货柜则在高处,上层货柜似乎使用桥式连接器(每排货柜的排放高度几乎相同);另经查阅高雄港务局的询问笔录,"本公司留意到此次航程采用的货柜捆绑法,仅能将松紧螺旋扣或捆绑杆,套用在甲板外侧(注:即船舷两侧)的货柜,本公司认为此种捆绑法,似乎不符货柜固定标准实务,因为堆放在甲板外侧货柜中间的货柜,没有使用捆绑杆或松紧螺旋扣",并认为这是事故的原因之一。在出庭时,协和公司何励文解释,集装箱需全部还是部分绑扎,不同类型的船只有不同要求,应视其系固手册而定;由于没有见到"景云"轮的货物系固手册,所以上述结论中使用了"似乎不符货柜固定标准实务"的措辞;但其说明作为一般集装箱船通常的范例和标准,中间集装箱应当绑扎,并提交了北英保赔协会的《防损指南》以为佐证。对此,被告大诺公司具有专门知识的人员赵月林在庭审中也表示,集装箱绑扎适当的标准,从通常的角度来说,应包括拉杆。

被告大诺公司提交了福州青州集装箱码头公司的《证明》,其称:"景云"轮 115E 航次靠泊青州码头,装卸过程中作业正常,作业完毕后在船方指导下进行了加固,船方认为装载合理,适于航行。《证明》后并附了该船大副叶起清签名的装卸船确认单,内容为其确认船舶装载合理、稳性足够,可以适航。

双方对系固中间集装箱的眼环存在损坏的事实没有异议。原告方面对《船损报告》所附的 122 张照片进行了统计,并绘制了"景云"轮舱面第一层集装箱货载示意图,称船舷两侧的眼环多数损坏,而中间眼环损坏的只有 6 个。赵月林则统计中间眼板、眼环、拉杆、松紧螺旋扣等的损坏共 20 处。原告方面除逐项提出意见外,并就拉杆、松紧螺旋扣损坏情况的照片认为,照片是事故发生一个月后拍的,此前为卸货(甲板上倒塌的货柜和舱内的集装箱)需要清理甲板和开舱,这些锁具不可能保持在原来的位置,故照片的内容不足为证。对此,经法院查核,照片上所拍摄的中间眼环被撕裂、扭曲变形及固定中间眼板的舱盖板被撕裂等损坏现象合计共有十余处。

（2）鉴定

海事鉴定中心认为，"绑扎是码头工人实施的，码头装卸公司绑扎完毕后出具了按船方要求进行了绑扎的证明，船方又表明船方的要求就是规范的要求、船舶系固手册的要求；再则，从双方认可的中间的一些眼环也有损坏的情况看，可以认定，中间是有绑扎的"，其意见为"集装箱系固不当证据不明确"。庭审中，鉴定人说明，以上措辞是分别从两个方面来进行论述，前者是从正面讲按现有的证据有绑扎，后者是从反面来解释讲绑扎不当的证据不明确，本案鉴定人认为中间集装箱全部都有绑扎。另《补充鉴定意见》强调："海浪对船舶的损害不只是一个地方，因此不能说这个设备有损表明是有绑扎的而没有损伤表明没有绑扎。这样的理论是不符合客观的，是唯心的论点。"此外就"系固手册"与绑扎标准的关系，《补充鉴定意见》认为，"系固手册"是本船绑扎标准文字化的描述，相关人员都要学习并掌握，各船有各自的特点但基本原则差异不大，同吨级的集装箱船基本可相互通用；绑扎标准掌握后，"系固手册"只作为一个文件保存，作为各主管部门监管人员核验时的参照文件，船员没有再天天阅读的必要。

（3）争议

原告方面认为：①船长的图是用电脑画的，是完整的而非省略图，其表明只有船舷两侧的集装箱有用拉杆绑扎，同时从协和公司的现场照片也没有看到有螺旋拉杆（不论是完好的还是损坏的），这些都说明中间集装箱没有用拉杆绑扎。②从122张照片中可见，中间眼环损坏极少，并且也没有发现拉杆断裂而钩头还残留在眼环上，或者拉杆的两个钩头中有一个被拉开或拉直而无法固定在甲板眼环上或集装箱眼环上的现象，同时照片显示甲板上残留的螺旋拉杆数量很少，这说明被告没有为景云轮配备足够的活动绑扎设备。由此，只能得出中间的集装箱没有用拉杆固定的结论。③码头公司本身与争议有利害关系，《证明》没有附工班作业记录或装卸和绑扎记录，且属于自我证明，不具有效力。船员也与本次事故有利害关系，其证词不能单独作为认定案件事实的依据。④被告持有（至少在船舶拍卖前持有，或者可以从其船级社取得）货物系固手册，却拒不向法院提交，从其不愿举证、举证不能及证据法上不利推定的证据规则来看，结论只能是集装箱未妥善绑扎。⑤司法鉴定颠倒了举证责任，认为双方都不能表明确定的具体绑扎状态，因而做出结论"集装箱系固不当证据不明确"。但在法律上,集装箱系固属于管货范畴,应由被告负举证责任,在这方面证据不明确的情况下,应当做出对被告不利的推定,即集装箱未妥善绑扎。

被告方面认为:船长画的只是草图,对其详情船长已经做了说明。本案以上的证据、专家意见和鉴定结论都表明系固是适当的。对货物系固手册,应说明的是,所有同类案件的原告在起诉时都未主张船方有管货过失,仅在原定的举证期限即将届满时,阳明公司提交的《公证报告》才谈到有限的管货问题,但也未涉及手册。直到2006年2月21日交换证据时,才提到一个"集装箱系固手册"(与船方所持的文件名称不同)的问题,而此时船舶已被法院拍卖,所有的船舶文件已经移交。因此,船方无法提出货物系固手册并没有任何过错,不能适用最高人民法院《关于民事诉讼证据的若干规定》第75条不利推定的规则。另外即使鉴定人没有看过系固手册,也不影响其对绑扎标准的判断。至于中间眼环等损坏少,系因货损时船舶发生横摇,从横摇的力矩分析,中间集装箱受力要比两侧的小,故损害较小,另外拉杆和眼环的连接也可能因外力导致拉杆松脱从而使眼环不发生损坏。

(4)认定

法院认为:从双方就甲板集装箱是否已经妥善系固这一问题的争议来看,其焦点主要体现为中间集装箱是否有用拉杆系固。根据以上查明的损害分布的事实,中间眼环等设备发生了损坏。作为连接拉杆(花篮螺丝)的系固设备,其损坏表明使用了拉杆,同时参酌船长及水手长的陈述,全部集装箱均以拉杆系固,故鉴定机构依其专业判断认定全部中间集装箱均有绑扎可以采信。原告虽然提出中间眼环损坏极少、照片上螺旋拉杆数量很少,以及没有发现残留在眼环上的钩头等质疑,但因存在以下可能:绑扎锁具在事故中落海;如原告所述的在为卸货需要清理甲板和开舱时锁具被清除;船舶横摇时中间集装箱受力较小,造成的破坏较少;在船舶横摇等过程中拉杆(及花篮螺丝)松脱、两头从眼环当中脱出,因此原告提出质疑,其证据和理由并不充分,不足以反驳鉴定结论。根据最高人民法院《关于民事诉讼证据的若干规定》第七十一条的规定,鉴定结论的证明力应予确认。

在认定中间集装箱已经拉杆系固的情况下,因当事人未提出其他异议和证据指证甲板集装箱系固不当,系固手册对上述争议问题的判断已不具有意义,故可以认定甲板集装箱的系固不存在问题。

5. 航往高雄

（1）证据

① 航路决定和执行的经历

有关航往高雄的决定,《海事报告》中提及,"我船开航当时和航行途中气象海况为（风力 5~7 级,大浪）,船长决定直航目的港。抵目的港后得知高雄港已封港,……"。高雄港务局调查时询问:"7 月 17 日由福州发航是由何人决定？为什么达 5~6 级且明知有强烈台风海棠来袭,仍然发航？"船长林松辉答复:"船长决定发航,根据当时台风的动向,本船可以在台风影响前到达高雄港,而且也符合船期表。"

船长在证词和庭审中陈述其具体情况为:"大约（7 月 17 日）1500 时,公司黄坚副总来电话询问'景云'轮避风计划,我回答说,正要离泊,已收到台风预报,计划在闽江的琯头锚地抛锚避风",黄坚称台风可能会在闽江口登陆,建议到福州江阴港兴化湾锚地避风。于是,船长计划开船到兴化湾。"17 日 1800 左右我轮驶出闽江口,当时海上东北风约 7~8 级,中浪,根据 1751 时收到最新的台风警报信息,台风将于 18 日 0800 左右在花莲和宜兰之间登陆,然后继续向西北方向移动,逐渐向兴化湾靠近。约在 2000 时,我按目前的航速推算,我轮预计 18 日 1300 时抵高雄,那里距台风中心还有 100 多海里,经过台湾中央山脉阻挡,风力还会大大减弱。于是我计划往南先开到澎湖列岛西面,然后经过澎湖与台风错开,第二天中午左右即可抵达高雄港。随后不久我向高雄代理发了一份电报,告诉他我轮预计 18 日 1300 时抵高雄。但此后我没有收到代理的任何回复。"此外,船长在通知代理的同时也向鑫安公司发了电报。

"17 日 2051、2350 时和 18 日 0253、0550 时船上收到的台风警报均称台风往西北方向移动,路径大致一样""18 日 0851 时收到的台风警报称台风往西方向移动,但这时船已经接近高雄港（离高雄港只有二十几海里）,如果往西走有被台风追上的危险,如果一直往南前往巴士海峡广阔的洋面,没有任何屏障,风大浪高,船舶也很危险,所以我决定先到高雄再说。但在不久后我轮向高雄港申请引航员时才知道高雄港已于 18 日零点封港。""至于 2005 年 7 月 18 日 0500 时至 0700 时,强台风'海棠'开始往南调头打转,我没有收到任何有关的预报,也是我完全没有预想到的。"

鑫安公司黄坚(该公司副总经理兼海务经理)对船长陈述的 7 月 17 日 1500 时的联系情况予以了确认,并称建议船舶到兴化湾是由于经过分析,台风 18 日晚在福州正面登陆的可能性很大,本次台风强度较强,闽江内锚地避强台风条件较差。联系后,当日 1800 时左右船长还来电话说船已驶出闽江口,海上东北风 7 级左右,中浪。7 月 18 日 0800 时其查"景云"轮只有 17 日 2035 时发的开航报而没有锚位报,方知该船未去兴化湾,0805 时其通过卫导 C 站发报船上询问船位,0915 时打通船上台湾手机与船长联系,船长报告船舶约 1100 时抵高雄港,但接到高雄港已经封港的通知,无法进港,只能在港外锚地锚泊抗台,海上风力 8~9 级,猛浪,其要求船长全力做好抗台工作。

上述船长林松辉和黄坚的证言、证词,内容互相对应,并有《海事报告》、船上气象信息(详见下述)等的佐证,证人亦已经出庭接受质询,同时原告方面虽曾质疑证人是利害关系人,证词是在事后撰写,可能经过反复推敲和包装,不具有真实性。但在庭审及代理意见中又言及:被告知道船长不在福州港珲头锚地抛锚,也不在兴化湾抛锚避风而是直航高雄时,没有及时与船长联系,发出指示要求船长改正其错误的决定;管理公司告知船舶往兴化湾后,没有成立应急小组进行指导,对船长改变主意直航高雄的电报毫无回应;管理公司事先不联系了解,直到船舶接近高雄港,船长申请引水时才得知高雄港已经封港;等等内容,以此主张被告存在过失,从而实际上承认了相关事实。故有鉴于此,法院认为,船长林松辉和黄坚所述的以上有关航路决策的经过及在执行中外部遭遇情形的事实,可予以认定。

②船上接收气象信息的范围

"景云"轮上专门用于气象信息接收的装置有三种:"NAVTEX"接收机(因使用 518 kHz 通信频率,俗称"518",接收海岸电台〈如广州台、香港台、台湾台〉播发的海上安全信息);气象传真机(接收日本气象厅为船舶发布的气象传真图);国际海事卫星组织 C 站(INMARSAT-C,即 EGC 系统,本航次中其接收的多为日本气象厅发布的信息,另有少部分香港气象服务信息)。被告在诉讼中仅提供了部分相关的 EGC 信息与气象传真图。

对船上气象信息来源的问题,庭审时,船长表示以上三个气象信息来源中,重要的是气象传真和 518,收到的气象信息中以日本的为好,并称其根据

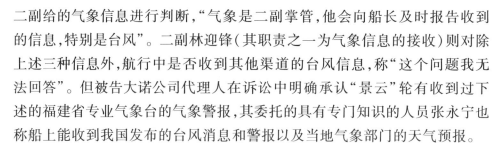

二副给的气象信息进行判断，"气象是二副掌管，他会向船长及时报告收到的信息，特别是台风"。二副林迎锋（其职责之一为气象信息的接收）则对除上述三种信息外，航行中是否收到其他渠道的台风信息，称"这个问题我无法回答"。但被告大诺公司代理人在诉讼中明确承认"景云"轮有收到过下述的福建省专业气象台的气象警报，其委托的具有专门知识的人员张永宁也称船上能收到我国发布的台风消息和警报以及当地气象部门的天气预报。

③决定前的气象信息

如前述查明的事实，船舶于2005年7月17日0445时开始装货，1454时前后缆绳清爽，开航离港，原拟到兴化湾，于约2000时（但在2035时前）决定航往高雄。根据船上收到的EGC信息，本次"海棠"台风情况为：

16日1400时中心位于北纬20.3度、东经129.1度（EGC信息367号）；

17日0800时中心位于北纬21.5度、东经125.8度，以9节速度向西北移动，近中心最大风速105节，半径130海里范围内风速超过50节（注：相当于10级大风）（EGC380）。

17日1100时中心位于北纬21.9度、东经125.4度，以10节速度向西北移动，近中心最大风速105节，半径130海里范围内风速超过50节，24小时预计有70%的可能位于（注："预计有70%的可能位于"以下简称"预计位于"）北纬24.3度、东经121.3度、半径80海里的预报圆内（EGC382）。

17日1400时中心位于北纬22.3度、东经125.0度，以10节的速度向西北移动，近中心最大风速100节，半径130海里范围内风速超过50节，东北半圆距中心350海里、其他半圆距中心300海里范围内风速超过30节（注：相当于风力7级）。12小时预计位于北纬23.6度、东经123.0度、预报圆半径60海里；24小时预计位于北纬24.4度、东经121.8度，预报圆半径80海里。这是"景云"轮约1451时在离马尾港前收到的最后一份气象预报（EGC383）。

17日1700时中心位于北纬22.7度、东经124.4度，以12节的速度向西北移动，近中心最大风速100节，半径130海里范围内风速超过50节，东北半圆距中心350海里、其他半圆距中心300海里范围内风速超过30节。12小时预计位于北纬23.9度、东经122.1度，预报圆半径60海里；24小时预计位于北纬24.9度、东经120.9度，预报圆半径80海里。这是"景云"轮1751

时收到的气象预报（EGC386）。

17 日 2000 时中心位于北纬 23.1 度、东经 124.0 度，以 12 节速度向西北移动，近中心最大风速 95 节，半径 130 海里范围内风速超过 50 节，东北半圆距中心 350 海里、其他半圆距中心 300 海里范围内风速超过 30 节。12 小时预计位于北纬 24.0 度，东经 122.1 度，预报圆半径 60 海里；24 小时预计位于北纬 25.0 度，东经 120.8 度，预报圆半径 80 海里。这是"景云"轮于约 2051 时收到的气象预报（EGC388）。

17 日 2300 时中心位于北纬 23.3 度、东经 123.5 度，以 11 节速度向西北移动，近中心最大风速 95 节，半径 130 海里范围内风速超过 50 节，东北半圆距中心 350 海里、其他半圆距中心 300 海里范围内风速超过 30 节。12 小时预计位于北纬 24.2 度、东经 122.0 度，预报圆半径 60 海里（EGC390）。

18 日 0200 时中心位于北纬 23.7 度、东经 123.1 度，以 10 节速度向西北移动，近中心最大风速 95 节，半径 130 海里范围内风速超过 50 节，东北半圆距中心 350 海里、其他半圆距中心 300 海里范围内风速超过 30 节（EGC391）。

以上均为日本气象信息，船上收到的 EGC 香港气象服务信息与之对比，数量较少，收到时间往往滞后；内容方面，香港信息除较简单外，仅略有差异，但有关台风中心的运动方向，证据中从 17 日 0800 时至 18 日 0200 时收到的全部 11 份气象信息中，日本信息均称台风将向西北方向移动，而香港信息共 4 份，1 份本身仅提及台风将带来恶劣天气而再别无内容，其余 3 份（发布时间分别为 17 日 1400、1700、2000 时）则均称台风将向西北或西北偏西方向移动。

原、被告均提交了福建省专业气象台通过新闻媒体实时发布的 8 份"海棠"台风警报，其发布时间分别为 2005 年 7 月 16 日 18 时，17 日 06 时、11 时、18 时，18 日 06 时、08 时、12 时、17 时。其中 2005 年 7 月 17 日 11 时报告"海棠"台风中心位于北纬 21.8 度、东经 125.5 度，可能于 18 日夜里到 19 日上午在福建中部和浙江南部之间沿海登陆，最大可能在福建省登陆，将对福建省造成严重影响；2005 年 7 月 17 日 18 时报告，17 日 17 时台风中心位于北纬 22.7 度、东经 124.5 度，10 级风圈半径 230 千米，7 级风圈半径 550 千米，正以 20 千米/小时速度向西北方向移动，预计未来继续向西北方向移动，逐渐向台湾东部沿海靠近，于 18 日白天在台湾东部沿海登陆，然后向福建省中北部沿海靠近，并可能于 19 日白天在福鼎和崇武之间沿海再次登陆。

④台风移动方向的改变

根据福建省专业气象台的气象资料证明等，"海棠"台风在经过 17 日的西北方向移动后，18 日 05 时转向西行，在 18 日 08 时靠近台湾花莲，在花莲近海转向西南和南行，约 11 时又开始北上，再转西北，完成逆时针自转一圈；而后于 18 日 1450 时在台湾宜兰登陆，然后偏西行穿过台湾岛，在 18 日 22 时左右从新竹南面进入台湾海峡北部，最终于 19 日 1710 时在福建连江黄岐登陆并沿西北方向继续移动。

在台风变向前后，经查双方的证据，有以下气象信息：

EGC 信息 394 号：18 日 0500 时台风中心位于台湾东部北纬 24.1 度、东经 122.5 度，以 12 节速度向西北移动，近中心最大风速 90 节，东半圆距中心 120 海里、其他半圆距中心 100 海里范围内风速超过 50 节。该信息亦为日本信息，"景云"轮收到的时间为 18 日 0551 时。

福建省专业气象台 18 日 06 时的台风紧急警报："海棠"台风早晨 0500 时中心位于北纬 24.0 度、东经 122.4 度，近中心风力 12 级以上，10 级风圈半径 250 千米，正以 20 千米/小时左右速度向西北方向移动。

福建省专业气象台 18 日 08 时的台风紧急警报："海棠"台风 0700 时中心位于北纬 23.9 度、东经 121.8 度，近中心风力 12 级以上，10 级风圈半径 230 千米，正以 20 千米/小时左右速度向西北方向移动。

EGC 信息 396 号：18 日 0800 时台风中心位于台湾东部北纬 23.7 度、东经 121.7 度，以 12 节速度向西移动，近中心最大风速 80 节，东半圆距中心 150 海里、其他半圆距中心 90 海里范围内风速超过 50 节。该信息亦为日本信息，"景云"轮收到的时间为 18 日 0851 时。

⑤高雄港的封港

如前所述，高雄港于 18 日零点封港，船长在 17 日 2000 时左右做出直接航往高雄的决定后不久曾向高雄代理发了一份电报，但未收到代理的回复，于 18 日 0851 时后（在 0915 时与黄坚电话联系前）在向高雄港申请引水时才获悉封港情况。对高雄港采取封港措施是否有通知、船东是否会得到通告的问题，协和公司杜念祖称，高雄港封港在网站上有公布，代理应该在封港前的两三个小时会得知。

庭审中,对台风天高雄港是否会封港,船长林松辉称:"我所知道的这次是第一次,出发前没考虑过这个问题。"另大副叶起清在中国台湾高雄地方法院讯问时说:"如果港务局准许景云轮入港,就不会发生本件事故。"

⑥其他证据和材料

"景云"轮体系文件《防、抗台守则(临界操作)》第8条规定:"船舶遭受台风影响而采取防避措施时,既不能冒险,也要避免盲目早避远让。航行时一般保持在台风中心200海里或七级大风区以外通过为宜。所以,船长应充分分析和判断台风的动态,如对本船有影响和威胁时,在200海里以外便应采取绕避措施。船长在采取措施以前应尽量和公司取得联系以便获得公司的指示和帮助,如实在来不及也应在采取措施以后尽快向公司报告。"

体系文件《气象预报和航行警告》第2.3条规定:"若船舶已遭受台风影响,则应增加接收天气预报的次数,尽可能抄收不同电台发布的天气信息,由船长对天气形势进行综合分析,较准确地推测和预计台风的动态。除了上述途径以外,还可充分利用其他途径获取气象资料,如电视节目、NAVTEX信息、无线电广播、HVF的天气报告等,以便获得更充分的资料。"

《协和公证报告》认为,船长承认在船只离开福州港、驶向高雄港之前,就得知海棠台风逼近的警报,但是仍决定出发,从优秀船员的观点来看,船长做出了错误决定,不该让船只离开福州港,并该防止遇上台风,所以本公司认为船长在航行上犯下严重过失,是事故的原因之一。对上述"优秀船员"的措辞如何理解,协和公司何励文称,优秀船员应使船与台风中心保持三百海里的距离。不过,其认为,即使以一个通常船员的标准来衡量,该船船长的行为也是错误的,"用优秀船员,最能表达意思"。此外,何励文称,一个合格的船长如果在台风天启航,应该会预见高雄港可能封港。

被告美达公司委请的具有专门知识的人员肖英杰、邹惠国说明:根据福建省专业气象台17日17时的台风情况和预报,对比船舶计划航线进行航迹推算可见,船舶在福州到高雄的行程中,始终和台风的10级风圈保持一定的距离(最近为77千米),因此,船长做出开航高雄的决定是可行和安全的。相反,如果选择在福州附近锚地避风,则极有可能受到台风的正面袭击。兴化湾按预报在台风经过时,位于10级风圈边缘,届时风力很大,可能达12级以上，并非最佳选择。高雄港港内的避风条件明显更为优越（外锚地不是很理想），按海图作业绘算，船抵高雄时与台风中心距离为 312 千米（注：折 160 多海里），与 10 级风圈距离为 82 千米，两者分别位于台湾岛的西南和东北，中间有台湾中央山脉的阻挡作用，风力应该会有所减小，因此一般情况下，船抵达高雄港，若能及时安排进港避台，也是比较安全的。

被告大诺公司委请的具有专门知识的人员张永宁、赵月林说明：目前对台风的预报不可能完全准确，存在误差。在东亚及西北太平洋海域，日本气象传真图和天气报告具有及时、准确率高、传真信号强等特点，普遍得到航运界的公认。本次"海棠"台风除在台湾花莲附近及以南海域奇异的逆时针打转外，移动路径和位置预报正常。"景云"轮船长适时接受、分析和应用日本气象信息，没有过失。根据船舶 17 日 1440 时准备离开马尾港前的气象信息分析判断，船长根据日本气象预报决定开航并力图避开台风未来将要经过的路径和海域是合理的，船舶在航程中应始终处于 10 级大风浪范围之外，到达高雄港时，与台风中心的距离应在 120 海里以上。"景云"轮本身也至少有抗 7 级风的能力。当然，到兴化湾避风，也是一种较好的选择，与开往高雄港都是可行的、合理的，只是不同的船长可能有不同的决定。至于随后台风的异常打转，是国内外气象部门都无法预测的情况。台风打转南下后，船舶与台风中心的距离迅速缩短到（18 日约 1100 时）76 海里，船舶被卷入台风最大风浪区，造成船货严重损害。另在庭审质询时，对中国台风预报的误差高于日本，张永宁说明，航运界公认的平均情况是这样，但个案也许不同；对从航海气象上如何理解船舶与台风保持安全距离，其说明，不同的台风影响的范围大小不同，不同船舶根据其性能状况，抗风能力也不同，因此不能人为设定一个范围，但船公司有个笼统的规定也是可以接受的。

张永宁、赵月林在阐述意见时均采用了被告大诺公司标示航程中不同时刻的船位航迹、台风中心位置和预报路径的电子海图。大诺公司说明图上的船位源于航海日志的记录。但经查，航海日志在海图的相关时间段内仅记录了 8 个船位，而海图却标出了 22 个船位，原告方面对此提出异议，法院认为，该项异议成立，上述海图中的相关内容不能采信。另外，对如何得出船舶抵达高雄港时预计与台风中心的距离在 120 海里以上，张永宁没有说明计算的具体依据，其报告中仅在该结论后括号注明"在图 8 中预报台风中心在台湾新竹地区"，但图 8 所示为 16 日 08 时和 20 时的预报情况。根据此后如 17 日 14 时的预报，台风中心在 18 日 14 时才到达台湾岛东岸（新竹在台湾岛西岸）。故法院认为，该意见不足采信。

此外，被告大诺公司提交了一则台湾某报纸中剪辑的报道和互联网上的新闻，用以证明台风打转不可预见和强度史无前例。前者由于被告对该报纸的情况没有做出任何说明或举证，无从判别其内容是否客观真实、科学和具可信度，无法采信；而后者页面新闻标题下方显示"中国新闻网　07/17/05 17：16：17"，正文却称"中新网 18 日电"，明显矛盾，其客观真实性不能认定，不具有证明力。

（2）鉴定

就事故原因涉及的船舶航往高雄的问题，海事鉴定中心认为：一、"景云"轮虽然通过 NAVTEX 和 INMARSAT-C 站收悉了"海棠"台风信息，但船长林松辉先生只是以日本气象信息作为决策的基本依据。根据日本信息台风中心 1400/16、0800/17、2000/17、0200/18 时的方位和方位的连线，其移动方向为西北，日本气象传真图的文字说明（注：与相应的日本 EGC 信息同）也报移动方向为西北，移速分别为 9～12 节不等，此连线的延伸线将擦着台湾岛北岸（穿岛而过）进入台湾海峡，高雄港处在台风路径南侧（左半圆）200 海里左右。"景云"轮按 17 日当时海况开航，船舶主机工况发挥正常，次日上午便可抵达高雄港。按预报的情况，高雄港正常作业，船舶抵达后不会延误进港靠泊。因此，船长决定 17 日下午离福州开航驶往高雄并无不当。

二、在实施过程中，船长缺乏全面考虑，存在失误。船长在台风盛行季节航行不能单考虑好的一面，必须着眼于最坏的状态，建立遇到最困难情况的应急措施。台风的预报肯定存在误差，所以在分析判断台风的影响时，应将这一因素考虑在其中，况且船上所收的气象资料也显示台风中心有西北偏西的移向。同时，气象信息方面，"海棠"台风将袭击我国台湾和东南沿海，对日本影响不大。因此，日本台对台风分析的细心程度和报道的频率，远不能像台风袭击日本各岛时那么细那么高，其预报的正确度、报道频率自然比不上我国中央台以及沿海各台如广州台、福建台、台湾台，而只有及时掌握台风路径的最新动态，才能及时调整本船的防台措施，确保顺利安全地防范台风。但船长只是单一地根据日本气象资料作为决策的基本依据，没有及时获取和分析更多新信息,以致错过了调整航向远离台风影响的时机。

"景云"轮在航行途中,18日清晨(根据0500时EGC日本信息和福建省专业气象台0600、0800时的台风紧急警报)台风的动态有向西至南压的趋势,应该属误差率范围内;此后台风路径又发生了打转,打转是属于难于预测的异常现象,不在趋势误差率之内。该船如能收取和分析上述台风有向西至南压趋势的预报,从而及时调整防台措施,保持安全距离,避离台风,就能避免本次海损事故。因此,"景云"轮船长没有及时了解台风新信息,缺乏全盘考虑,没有从最坏的角度看待、分析台风的情况,仍然以主观的愿望驶往目的港高雄,是失误的。

三、通常当港口受到台风中心及外围较大影响时,港口有可能封港,即使不至于封港,船舶靠泊计划因台风的影响也会造成延误,或因风浪太大引航员无法登船,船舶无法进港。作为定线航行于该航线的"景云"轮的船长,对此应该想到。如能提前联系高雄港代理或港口当局就可及早获得封港等信息,那么船长可能会通过对锚地抛锚或续航远离台风的比较,选择最佳的防台措施。

(3)争议

原告方面认为:船舶17日下午开航前,已经预报台风路径与班期航线相近,高雄海域将受强台风影响,因此船舶应当不开航,或者到条件良好的地方避风或避绕远离台风。船长也表示当时开航的目的是到兴化湾避台,可见,船长也不认为航往高雄是正确之举。因此有关开航的鉴定结论明显不当。鉴定同时认为船长开航后单一地根据日本气象资料决策存在失误,对此原告虽予赞同,但鉴定人却没有将同一标准适用于开航决定的判断——当时已有气象信息预报台风中心有西北偏西的移向。质询时肖英杰、邬惠国也承认,将台风移动方向改为西北西,肯定对航程有影响。此外,台风预报是有误差的,而体系文件也要求船舶保持在台风中心200海里或7级大风区外,但对这些因素和要求船长都没有考虑到和做到。鉴定中的不少意见仅仅是鉴定人从经验得出的结论,依据不足。

被告方面认为:根据17日1454时船舶开航时的气象资料,台风将登陆福州,因此船长决定开往高雄是正确、合理的。日本气象预报在航运界是比较权威的,鉴定中有关日本预报的正确度、报道频率比不上我国中央台以及沿海各台的意见是错误的,因为没有证据表明我国沿海各台对此次台风的移动路径做出了准确的预报。船上收到的气象信息不限于日本气象信息,船长在决定时均有参考。但 18 日清晨没有出现所谓"台风有向西至南压的趋势",不能苛求船长的水平高于专业气象人员。至于 200 海里安全距离的规定,专家对其应如何理解已经做了说明,从措辞上看,它也只是指导性而非强制性的规定。封港本身是特殊情况,很难提前预料。高雄港的封港是台风突然打转所致,无法预见。鉴定人不是证据调查人员,鉴定结论的法律性质允许鉴定人依其经验进行判断和推论,原告主张鉴定结论缺乏依据的理由不成立。

(4)认定

对原、被告的异议,《补充鉴定意见》及鉴定人在质询时说明:鉴定人没有否认船长可能有看日本以外的其他气象信息(如 518),但"是否采信不一定";认定船长单一以日本气象信息为决策的基本依据,根据的是船长自己的陈述,船长认为台风移动的方向始终为西北,当时只有日本的气象信息属于此种情况;有关日本与我国气象信息比较的问题,一般情况下,可能日本预报的准确度是比较高的,但就特定的影响到我国东南沿海的台风来讲,根据鉴定人的经验,可能中国分析得就比较准确;认定船长开航决定并无不当,依据还在于当时所有气象台预报的台风中心位置运动轨迹连线均为西北;鉴定意见中所称的台风新信息,除了 18 日清晨的信息以外,还包括当事人证据以外的其他台站的信息。在台风靠近的时候,"船上应该不单单收那么一点信息,还有台湾台的、其他地方台的气象信息,这些地方台有的每小时甚至每半小时都有通报,如台湾渔业台""当台风接近某气象台的地域时,台风中心位置和相关信息的报道频率一般会增加直至半小时、15 分钟便通报一次。台湾台也不例外""在台风到来时,听多个台,在航海习惯上就是这样做的""我们跑过这个航线,这是我们的经验。我们全体鉴定人一致的意见都这么认为",这些信息也需要收取;18 日清晨的三项信息虽然分别为日本气象信息和福建省专业气象台的报告,但可以互相串用,综合考虑。从它们所报的台风中心的位置及其连线中可以看出台风有向西至南压的态势,船长这时就要警觉;船长在航行中,对台风预报的误差可能没有考虑;船长对天气的分析、判断和预测能力虽然不一定能够达到气象专业人员的水平,但作为学习过航海气象知识的船长，应能阅读天气形势图、云图和压场图，并通过一些气象资料和信息，对天气预测的准确性予以认识和判断。当发生特殊的天气如台风后，船长应多收气象台的气象信息，及时跟踪台风动态，及时发现台风的突变，使自己永远立于不败之地；按鉴定人的经验推测，如按原来台风的走向和高雄港的地理位置、港口条件，台风对高雄港的作业不会产生影响。

法院认为：船舶在面临台风影响的情况下，可以选择不开航在港口就地停泊、航往条件良好的处所停泊或采取远离绕避等方式抗避台风。由于不同的方案在航海技术上其可行性可以同时成立，所以不能因船长在开航之初未选取直航高雄而认为其嗣后航往高雄的决定错误。船离马尾后原定开往福州江阴港兴化湾锚地，当事人对此没有异议。船长于 17 日约 2000 时（2035 时前）决定改为直航高雄，该决定正确与否应按当时的情况判断，故双方当事人的主张、张永宁和赵月林的意见以及鉴定中有关 17 日下午开航正确与否的结论，对本案没有意义。不同的是，鉴定人在分析论证的过程中，对台风直至 18 日 0200 时的情况一并予以了关注，同时，船离马尾港后船长决定航往高雄前收到的气象信息与离港时相比没有特别的变化，因此其分析时所运用的方法和论证中的部分内容仍然具有一定的借鉴和参照作用。审查双方提交的 17 日 2000 时前的气象证据，当日气象信息所报的台风中心位置及其连线均显现中心移动方向为西北；距离决定时间最近的 1700 时的气象预报中，EGC 日本信息和福建省专业气象台也预测台风移动方向为西北，仅香港气象服务信息称移向为西北或西北偏西，而福建省专业气象台事后的《气象资料证明》则证明台风在 17 日确为向西北方向移动，至 18 日 0500 时方转向西行（而 0500 时的预报则仍称台风移向为西北），随后发生了无法预测的逆时针打转的现象。据此应当认为，船长判断台风向西北方向移动的结论是合理的。由于按航速计算船舶次日约近中午时分便可抵达高雄港，依台风移动路径、速度推算，船舶届时处于台风左半圆区，与台风中心的距离在 100 海里以上（参酌肖英杰、邬惠国的专家意见约为 160 海里），并且相隔台湾中央山脉的阻挡，风力应更为减弱；同时参照鉴定人的推测，届时高雄港仍将正常作业，船舶随后可以进港内抗避台风。因此，综合以上内容，应当认为，船长决定航往高雄并无不当。原告虽然提出 200 海里安全距离的问题，但一方面，依专家阐述，安全距离应当联系台风影响的具体范围和船舶的实际情况来理解和执行,该意见具有相当理由;另一方面,体系文件本身明确,200海里的规定针对的是船舶航行时的情况。而本案中,船舶从福州到高雄航行正常,事故是在船抵高雄港抛锚后发生的,该项规定不适用于这一情形。故原告以此质疑开航决定有误不能成立。

对船长决定航往高雄后航行中的问题,鉴定意见及鉴定人做了充分的阐述、论证和说明,相关内容也与体系文件《气象预报和航行警告》的规定一致,其结论可以采信。原告认为鉴定结论仅依鉴定人经验得出,依据不足的意见错误。鉴定结论是鉴定人运用专门知识和经验做出的结论。航海学是实践性和综合性特点突出的应用科学,经验是航海者学识和技能的集中体现,当然应为判断涉案航海问题的重要依据。根据鉴定结论,船长在航行中未能及时获取台风的新信息,从中分析台风有向西至南移的趋势,进而与高雄港联系落实进港计划,对台风变化后可能导致无法按原定计划进港预计不足,错过了调整航向远离台风影响的时机,存在船舶驾驶上的过失。

6.船舶的抗台风措施

根据航海日志、《海事报告》和船长、船员的陈述,7月18日1030时,船抵高雄港No.1锚地。抛锚(左锚5节下水)并以船车顶风抗台。抛锚后,船开始调头受横风横浪,由于船舶干舷较低,甲板容易上浪,巨浪不断冲上甲板,1040时Bay02位集装箱倒塌,部分从左右两舷分别掉入海中。此后因风力增强,风浪太大,船舶左右剧烈摇摆,前后颠簸厉害,船长采取车舵配合全速顶风顶浪抗台,直至台风过境。

对高雄港务局提出的天气恶劣为什么直接抛锚、抛锚是由谁决定的问题,船长林松辉称,"我根据当时的海况,决定在锚地抛单锚(左锚)5节下水,以便在可能发生突变情况(庭审中其称如他船漂来撞击的情形)时,可立即起锚应变","因为本船GM值为1.7米稳定度太好,属于钢性船,摇晃角度会很大,所以当时决定先抛锚,再视情况应变"。

《协和公证报告》认为,船长的严重疏失在于不该在关键时刻决定下锚。"根据优秀船员的一般常识,船只一旦在开放锚位下锚,再考量船只与'海棠'台风仅相隔100海里左右,处于静止状态的船只,应会受到更严重的晃动与颠覆。从航海日志来看,本公司留意到此件事故于船长下令下锚后10分钟左右发生,堆放在甲板上的货柜随即掉入海中。"因此这也是事故的原因之一。

赵月林说明："景云"轮抛锚和用车顶浪是一种很好的选择，起到了顶风滞航的作用。因为抛锚后，通过锚链的作用，可以使船舶保持顶风状态，同时船舶与风浪的相对速度较小，大大缓解船舶所受风浪的袭击。但因 1030 时东北风突然改变为偏西风，船舶势必遭受一个横向受浪的过程，其间并有大幅度的剧烈横摇，从而导致集装箱落海。在第一次集装箱落海后，船长始终配合车舵，保持船舶顶风浪，也是正确的。

海事鉴定中心认为："景云"轮 1030 时下锚，船长在抛锚操作中没有注意受风的主体方向，则锚抛妥后船必然会转动——船首往风的主体方向转动。航海日志记录该船驶向高雄港的航向为 150°（《鉴定意见》笔误写作153°），从航线分析，1030 时抛锚前主体航向以"偏南"向为主，因而锚泊后船随着当时的主风向发生转向调头。所谓"调头"从字义上解释为转向 180° 左右，但在航海习惯上，锚泊中当潮流、风向发生变化时，船舶会转向，其转向的角度大于 90° 便可称之为"调头"。"景云"轮抛锚时风向为东北，而船首向为偏南。待锚泊妥主机停车后，船在风力的作用下，朝着风的主体来向（东北）旋转（调头），转至东南或东偏南时，与风向成近 90° 角，与风生的涌浪也成垂直的 90° 角（打横）。涌浪毫无遮挡地直接冲上甲板。涌浪的运动不是单纯的直线运动，会有折射、反射和叠加，海况因此变得十分恶劣，波浪杂乱无章，波高异常增大，使船舶产生十分复杂的运动——主要为左右摇摆和上下颠簸，其中颠簸以艏、艉最为严重。在上下运动中，船首急速下落时会有一瞬时的失重状态。如果这时有一个外力推动或冲击失重物体（集装箱），对该物体是一个不小的动能。在冲击的外力与内在的破坏力的综合作用下，绑扎连杆或底座受损，致使集装箱移位翻倾以及落海。此外，在调头过程中船尾移幅最大，相应的移速也最大，与涌浪推动的相对速度则最小，从而减弱了涌浪对尾部及尾部附近所载集装箱的冲击力，降低了破坏程度，而船首则相反，所受冲击力最大，因而在同等绑扎的情况下最易受损。

庭审中，针对原告方面 Bay02 位集装箱在驾驶台艏楼后面的第一排，不可能直接受风浪冲击的疑问，鉴定人说明，在船舶调头过程中，任何集装箱都会直接受到横涌冲击，而第一排相对影响最大，这就是为什么第一排会倒的原因。

双方当事人坚持各自的主张,但未对鉴定结论提出具体意见。

法院认为:根据前述认定的事实,事故过程中风的主体方向为西,因此赵月林的专家报告和鉴定结论对第一次集装箱落海时船长抛锚抗台措施的意见,不能采信。但鉴定人据以判断的基本原理和方法没有错误,可以沿用。依其原理和方法分析,尽管风向以西风为主,但船舶同样将发生转向和打横时受涌浪冲击的情况,其结论相同。据此可以认定船长在抛锚时没有注意受风的主体方向,导致船舶调头并在调头过程中受横浪冲击,最终造成集装箱落海,存在驾驶上的过失。

第一次集装箱落海后,船长配合车舵,保持船舶顶风浪抗台的操纵措施是正确的。

7.船舶安全管理

(1)证据

①体系文件的规定

《岸基应急部署》第3.4条"恶劣天气损害"规定:"船舶遇恶劣天气时应急小组应全面分析当地气象预报,及时为船舶提供气象咨询,建议船舶采取适当防范措施,正确引导船舶以最快的速度驶离恶劣天气中心,并跟踪船舶至危险解除";第3.11条"货物移动"规定:当收到船舶货物移动的报告后,应急小组应询问航区气象诸要素/船舶顶风、顺风/货物移动的种类等情况,根据船舶装载和了解的情况,应召集有关人员开会,仔细分析研究对策,给予船舶提供操纵上技术指导等。

《紧急情况反应程序》规定发生危及人员、船舶及财产安全和污染等危险、事故和紧急情况(注:货物移动属其中一种)等时船岸所应采取的行动。其中第4条"应急反应"规定:应急小组组长为总经理,副组长为副总经理,成员包括海务部经理、机务部经理等;当船舶发生危险、事故和紧急情况时,船长在采取一切应急措施抢险的同时(在条件许可情况下),应将紧急情况迅速向公司责任联络人报告;责任联络人接到报告后,应立即报告应急小组组长,应急小组组长接到报告后,根据紧急情况的程度和性质确定是否需要成立应急小组等。

《船长的责任和权力》第2条规定,根据国际海事组织A.443(XI)号决议,现就船长的权力声明如下:船长是船上安全管理的最高责任人(既是SMS

的实施者，又是 SMS 在船上运行的监控者）；在涉及安全和防污染方面，有越权处置的权限。船长有权运用自己的专业能力做出果断的、负责任的应变措施等。

《公司的责任和权力》规定，"在不妨碍船长履行其职责并独立行使其权力的前提下，公司对处理涉及船舶安全和防污染的事务具有最终决定权"。

②相关的安全管理工作

鑫安公司黄坚在证词和庭审中说明：对船长未到兴化湾，"他改变航线我不知道"，但得悉后，公司认为，"我们信任船长的判断，船长的决定有他自己的道理，我们不在船上"；7 月 18 日船舶在高雄港抛锚后船长即电话报告了相关情况，其建议船长抛一点锚抗台；约 1100 时，船长报告第一次集装箱落海的情况后，公司立即成立应急小组并按《紧急情况询问清单》了解船上情况，同时就有关抗台措施做了要求；随后将有关情况通报船东和告诉高雄港代理，请其跟踪"景云"轮并戒备，保持公司间的联络，做好应急准备工作；在此后的事故过程中，船岸保持了联系，至 7 月 20 日 0630 时，船舶靠妥高雄港40 号泊位后，公司应急小组宣布结束。

在被询问管理公司是否有接收福建、台湾的气象资料时，黄坚答复："有，还有日本的。"

（2）鉴定

海事司法鉴定中心认为：船公司的安全管理体系包含公司和船舶两个方面的内容。公司岸基管理人员和船长对船舶安全的职能有明确的分工，其中岸基以对船舶的支持、保障为重点，对船舶安全管理体系的实施有监控权；船长以现场实施、操作为重点，同时赋予船长为了人员的安全而有绝对权力。具体而言，任务由公司确定并应做必要的提醒和指导，而船长对如何完成任务的整个过程有决定权。

根据体系文件，岸基对船舶的支持如：为船长提供合格配套的船员、提供相应的培训、给予必要的资金投入，确保设备的正常状态和合格的船舶强度，在技术方面有能力（公司专业管理人员的水平、能力高于船长）的情况下给予一定的协助等，但岸基在任何时候不能剥夺船长的绝对权力替代指挥船舶。船长的决定权是《国际船舶安全营运和防止污染管理规则》（以下简称ISM 规则）赋予船长的绝对权力。ISM 规则第 5.2 条规定："公司应当保证在船上实施的安全管理体系中包括一个强调船长权力的明确声明。公司应当在安全管理体系中确立船长的绝对权力和责任，以便做出关于安全和防止污染事务的决定，并在必要时要求公司给予协助。"

本案中，管理公司的安全管理没有违背安全管理体系的做法。从上述 ISM 规则的规定看，"景云"轮船长离开福州后决定驶往高雄是船长有权决定的事项。管理公司对此没有发出新的指令，鉴定人经查阅委托材料，无法确定公司是默认还是否定船长的决定。

关于值班，不同管理公司对船舶的跟踪管理，有不同的方法。大管理公司平时有专职的人员在值班室 24 小时值班，台风期间有船舶受影响时，有专业的防台工作小组成员值班，以便第一时间处理船上提交的有关防台事项，再视情况确定采取应急程序。大公司岸基人员多（包括有业务权威专家）、船舶多、事故件数高，只有采取这种组织结构和工作形式，各方才能给予相应的支持和协助。小管理公司人员少，多项兼职，一般 24 小时值班跟踪均为电话联系，当涉及人、船安全时便启动公司应急程序。二者虽然管理形式不同，但效果是一致的，"景云"轮管理公司的做法符合安全管理的原则。

有关船岸气象及其他信息的沟通，船舶管理公司也有相应的设备掌握气象信息。但当船舶的某一做法能得到理解时，公司的气象信息是否一定要通报船舶，安全管理上没有这样的要求。如果船上由于某种原因收不到气象信息或者已知船上接收设备故障，那么公司应提供岸基支持，将信息发送船上。如果不属于这种情况，因安全管理规则指出岸基对船上的协助视船长的需要而定，气象信息发送与否均不违背安全管理的原则。至于其他信息，船上通信设施齐全，和陆上联系方便，可以根据业务需要随时与各相关方联系。对装、卸货港，船长都是直接联系。公司也可以和装、卸货港相关方联系，了解情况，视需要通报船上，但通报与否不说明公司安全管理体系执行力存在问题。

此外，一个船舶管理公司即便在管理上存在某些缺陷，与船舶事故的发生有没有必然的因果关系，要做具体分析。本案"景云"轮在台风"海棠"的袭击中发生集装箱翻倾落海的事故，是船长林松辉先生个人思维和行为的失误造成的结果。船舶防台是一项应急工作，船长对船舶防台的决策和实际操作有绝对的决定权力，船长的决策和指挥是否得当并不能代表公司安全管理体系执行力的好坏。

庭审中，对原告方面询问"船公司在遇到坏天气的时候是否要派人 24 小时进行值班"，鉴定人予以肯定的答复。

（3）争议

原告方面认为："公司对处理涉及船舶安全和防污染的事务具有最终决定权"表明，有关是否开航、是远离台风还是开往高雄等涉及船货安全的事务决定权不在船长而在管理公司，同时公司/岸基也有监控权。对照安全管理规定，管理公司存在诸多违规行为：在台风到来时，没有 24 小时值班，仅简单告知船舶驶往兴化湾，其后未及时成立应急小组，跟踪收集气象资料，分析台风已发生偏南的转变并提醒船长注意调整航向远离台风区适时进行指导；对船长改变主意直航高雄毫无回应；应该了解而且通过其代理能够了解高雄港封港的信息，但没有了解；事先没有阻止船舶开航的错误决定，在得知高雄港已经封港时也未及时指示船长开往西南其他港口避风。

两被告认为：没有证据证明本案存在违反体系文件的情形。不论 ISM 规则或体系文件，均未规定什么情况下岸基应 24 小时值班。更何况 2005 年 7 月 17 日 18 时前，台风尚未到来，《紧急情况反应程序》没有台风预报后就应立即召集应急小组的硬性要求，是否召集要视具体情况而定。本案船舶开航前，管理公司给船长的建议是船舶驶往兴化湾锚地避风，且船舶出闽江口时风浪情况正常，公司未启动紧急情况反应程序并无不当；关于收集天气信息和咨询、指导，管理公司在台风生成后就已经不断跟踪动态，并与船长进行了沟通。问题的关键在于，当时所有的气象预报都未预测到台风会打转。在这种情况下，要求管理公司在气象方面给予船长有效的咨询和指导，等于用一个高于专业机构水平的标准来衡量其能力，是不现实的。此外，鉴定意见也指出，在安全管理上并不要求公司的气象信息一定要通报船舶；管理公司或应急小组（即使一早就已成立）在 18 日 0915 时虽然获悉船舶已经接近高雄，并且高雄港处于封港状态，但对台风的动态无法判断，要求其决定船舶改向其他港口行驶，显然也不现实。

（4）认定

法院认为：根据 ISM 规则第 5.2 条，船长对船舶安全有绝对权力。国际海事组织 A.443（Ⅺ）号决议也明确，应当保证船长根据专业判断做出的有关船舶安全和防污染事务的必要决定不受船东、租船人或任何其他人员的约束。因此"公司对处理涉及船舶安全和防污染的事务具有最终决定权"不能侵入和剥夺船长的法定职权。尽管规则规定岸基有监控的权力和责任,同时船长也不能对抗公司的安全管理,但由于法律对船长权力的赋予,公司在船舶安全事务上的指示或要求,除基于强行法规定等情形外,基本上仅具有建议、提示或与之类似的性质和效力。原告虽然提出:管理公司未24小时值班,成立应急小组收集分析气象信息,为船舶提供咨询指导、及时了解高雄港情况等质疑,但鉴定意见中已做了详细的阐释,被告就应急小组的问题也予以了说明,阐释和说明的内容符合ISM规则及体系文件的规定,具有合理性,可以采信。至于18日上午管理公司在得知高雄港已经封港时未及时指示船长开往西南其他港口避风的问题,首先,船舶继续驶往高雄港是船长自主决定的,不存在管理公司强令、诱使等情形;其次,根据当日0915时船岸联系的内容,黄坚事实上对船长的决定表示了认同,因此,即使该决定有误,亦属船长驾驶船舶的过失,管理公司在程序上已尽其职责;再者,船长解释了决定的理由,原告虽然认为不当,却没有给出任何证据或说明,具体指证其中的错误和管理公司应对上的失当之处,故其以此主张管理过失不能成立。综上,应认定"景云"轮的安全管理不存在违反规定的情况。

(六)损失的情况

原告请求的388 749.74美元损失,除法院诉讼费外,由以下几部分构成:

1. 集装箱损失49 635.41美元。其中有3个20英尺、15个40英尺集装箱冲出甲板落海,《协和公证报告》直接援用阳明公司传真的自述集装箱折旧年限、重置价值等内容的文件和集装箱出租人开出的赔偿发票等(亦为传真件),称其损失合计为48 162.8美元;另有3个集装箱受损,同样依阳明公司修理费用估价单的报价,认为该价格1 472.61美元合理并予以认可。但庭审时,该公司何励文承认,不清楚货柜是否实际进行了维修,未见到修理费发票。

2. 货物损失184 041.44美元。全部货物分属于阳明公司签发的8份提单项下,6份提单项下集装箱遗失、货物全损、E227000161号提单项下集装箱(1个)及货物受损;W227000330号提单项下两个集装箱遗失、货物全损,两个集装箱受损、货物受损。《协和公证报告》《追加公证报告一》《追加公证报告二》中附有货物的提单、装箱单、发票等证据,其中4票已经赔付的还有相关的和解文件及付款单据。协和公司何励文承认装箱单、发票、付款单据等均系传真件,其未见到原件,但表示相信其为真实。被告对E227000159号提单货物发票价格仅4 038美元,而赔付金额却为5 000美元提出了异议。

3. 调查及检验费、律师费148 604.34美元。根据《协和公证报告》、《追加公证报告一》及协和公司的收费发票,除协和公司两次收取的费用9 810美元、1 890.45美元外,其他均为委托台湾宏声海事商务法律事务所律师、伦敦境外咨商有限公司、Healy & Baillie's、福建海杰律师事务所律师、华泰保险经纪有限公司、M. Diaegoff & Co.发生的费用。但以上费用原告确认全部为其公司所属的保赔协会支付。

被告认为,原告的证据基本为传真件,其真实性不能认定,不具有证明力。

(七)海事赔偿责任限制基金

事故发生后,被告大诺公司申请设立977 618计算单位及相应利息的海事赔偿责任限制基金,厦门海事法院裁定准许,并确定基金数额为责任限制总额11 876 910.98元(人民币,下同)及该款自2005年7月18日起至基金设立之日止的利息。2006年2月14日,大诺公司向法院交纳12 033 537.74元,完成了基金的设立。

【裁判结果】

厦门海事法院于2007年9月29日做出(2005)厦海法商初字第380号民事判决书驳回原告阳明海运股份有限公司的诉讼请求。判决后,大诺公司向福建省高级人民法院提起上诉,因未交纳上诉费,福建省高级人民法院裁定按自动撤回上诉处理。一审判决发生法律效力。

【裁判理由】

法院生效裁判认为:本案为海上货物运输中因货损产生的赔偿纠纷。因海上货物运输合同的起运港在福州,同时厦门海事法院为设立海事赔偿责任限制基金的法院,故依法对案件具有管辖权。

本案中,美达公司为提单承运人,提单收货人虽为原告高雄分公司,但分公司是受公司管辖的分支机构,故原告与美达公司依法为海上货物运输合同的双方当事人,原告可以以自己的名义提起诉讼并主张对货物的权利。由于美达公司是香港的企业法人,依最高人民法院《关于审理涉外民事或商事合同纠纷案件法律适用若干问题的规定》第十一条规定,涉港合同的法律适用参照涉外合同执行。按《中华人民共和国海商法》第二百六十九条的规定,涉外合同的当事人可以选择合同适用的法律,鉴于原告与美达公司均同意适用中国法解决纠纷,应以中国法作为合同的准据法。被告大诺公司系外国法人,作为实际承运人,原告对其提起的诉讼属于侵权之诉。根据《中华人民共和国民法通则》第一百四十六条第一款的规定,涉外侵权行为的损害赔偿,适用侵权行为地法律。由于本案的侵权行为地在中国,故亦以中国法为准据法。此外,有关海事赔偿责任限制的问题,依照《中华人民共和国海商法》第二百七十五条的规定,应适用受理案件的法院所在地法即中国法处理。

货物在被告掌管期间因集装箱倒塌、落海而发生灭失损害,原告要求被告赔偿损失,并提出被告存在船舶不适航、未尽管货义务、船舶安全管理存在问题等主张,被告则以不可抗力、海上风险或天灾等法定免责事由为抗辩。根据《中华人民共和国民事诉讼法》、最高人民法院《关于民事诉讼证据的若干规定》和《中华人民共和国海商法》的相关规定,以上问题的举证(证明)责任应为:(1)原告应负责证明损失的金额;(2)被告应证明免责事由的成立,包括免责事由的存在及其与损失之间的因果关系;(3)原告主张因以上船舶不适航、被告未尽管货义务等某一具体事项造成货损的,应对该事项的存在及其与损失之间的因果关系承担证明责任。上述第2、3两项关于损失系归因于免责事由抑或船舶不适航、管货过失等,构成互相对立的主张,其证据互为本证与反证,因此,对相关事实的认定,必须综合双方的证据加以衡量和判断。但是,不论原告的主张能否成立,只要被告不能证明货损是免责事件所引起,即应承担损害赔偿责任。

依照上述举证责任的分配,对案涉货损原因的问题,本院做了如前的查明和认定。归纳认定的事实,货物致损的原因包括风浪、舱盖板上固定式集装箱绑扎设备的缺陷(脱焊)以及船长在驾驶船舶上的过失。此外,原告还提出船长不适任的主张,理由为船长开航决定错误、未及时了解气象信息,开船避离台风以及抛锚的措施不妥。但开航决定经认定并无不当,而驾驶过失本身并不表明船长缺乏相应的资格和能力,故原告的主张不能成立。

被告主张:真正构成本案货损法律上原因的只能是"海棠"台风产生的狂风巨浪,由于"海棠"台风的打转不可预测,应认为台风构成不可抗力、天灾或海上风险。但其以所谓必然因果关系的观点分析判断事故原因,否定船长驾驶过失和船舶缺陷为事故原因的方法和结论,属明显错误。"海棠"台风逆时针打转虽然是罕见的现象,但是,就实际的风力和海况而言,"景云"轮在开离马尾港时已知"海棠"台风的来临,按航海日志的记载,离港后当日即遭遇了8级风,次日凌晨风力已达9~10级,船舶完全应当预见未来海上风力可能也有9级或更高——实际上第一次集装箱落海时的风力也仅为9级;其次,台风出现打转一圈的情况虽然不可预测,但在台风变向之初,船上如能注意及时获取台风的新信息,分析台风有向西至南移的趋势,可以调整航向、远离台风,避免事故;再次,直接造成集装箱的倒塌、落海,是缘于船长抛锚抗台时没有注意受风的主体方向,使船舶在调头过程中受横浪冲击的驾驶过失。同时舱盖板上固定式集装箱绑扎设备因存在缺陷不堪受力,也是导致集装箱掉落的另一原因。由此可见,被告有关事故原因为台风,并符合不可预见、不可避免、不可克服的条件,构成不可抗力、天灾或海上风险的主张不能成立。本案中,风浪的作用仅为事故的自然原因,事故在法律上的原因为船舶的缺陷和船长驾驶船舶的过失。舱盖板上固定式绑扎设备的缺陷(脱焊),由于已经船员以通常的方法检查所不能发现,在原告没有相反证据的情况下,应认定该项缺陷为承运人经谨慎处理仍未发现的潜在缺陷。其与船长在驾驶船舶上的过失,均属于《中华人民共和国海商法》规定的承运人的免责事由,因此被告美达公司可以免除责任。被告大诺公司作为实际承运人,《中华人民共和国海商法》第六十一条有关承运人责任的规定,也适用于实际承运人,故其亦可以免责。在被告免责的情况下,本案不发生适用海事赔偿责任限制的问题。原、被告的其他证据和主张,对本案判决不生影响。综上,依照《中华人民共和国民法通则》第一百四十六条第一款,《中华人民共和国海商法》第二百六十九条、第二百七十五条、第五十一条第一款第(一)项及第(十一)项、第六十一条、第二百零四条,最高人民法院《关于审理涉外民事或商事合同纠纷案件法律适用若干问题的规定》第十一条的规定，做出如上判决。

【案例注解】

本案有两个方面的问题值得注意：

其一是法律适用问题。本案原告、美达公司、大诺公司分别为中国台湾、香港和外国企业，承运船舶的船籍港为香港，运输目的地为中国台湾高雄，损害发生于高雄港外，原告对美达公司的诉讼属于涉港、涉台海上货物运输合同纠纷，对大诺公司的起诉属于涉外、涉港和涉台侵权纠纷，在审理上都面临着首先必须确定准据法的问题。按现行法律和司法解释，涉港澳台民事纠纷的法律适用基本上参照涉外纠纷处理，两类案件在准据法的确定上，最终结果没有太大的差异。但是，"涉外"对应的是国际民事法律冲突，"涉港澳台"对应的是一国之内的区际法律冲突，二者位阶、层次不同。从"一个中国"的原则出发，对兼有涉外、涉港澳台因素的民事纠纷，首先应依涉外冲突规范寻找适用的法律，冲突规范指向外国法的，适用相应的外国法律；指向中国法的，才再按照我国处理区际法律冲突的规定进一步确定准据法。本案判决在准据法问题上区分纠纷的不同性质，准确把握了上述冲突规范适用的基本原则。

不过，在"涉台"的处理上，例如，原告对大诺公司的侵权诉讼，在适用中国法的情况下，诉称的侵权行为（驾驶、管理船舶）实施地在福州、台湾海峡、高雄等处，损害结果发生地在高雄。判决没有再展开进行分析便适用了《海商法》。而就原告与其高雄分公司的关系、有无诉权的问题（该问题如按属人法原则，应依台湾"法律"判断），判决认为"提单收货人虽为原告高雄分公司，但分公司是受公司管辖的分支机构，故……原告可以以自己的名义提起诉讼并主张对货物的权利"，隐然参照了台湾"公司法"第3条"本法所称分公司，为受本公司管辖之分支机构"的规定。判决书对"涉台"因素做上述处理，原因在于，相关问题的分析可能涉及有关台湾地区"法律"能否适用及如何适用的问题，这一问题本身具有高度的政治性、敏感性和复杂性，目前法律和司法解释对此均未加以规定，当事人本身也没有提出相应的主张。故有鉴于此，判决书在论述上做了规避和模糊处理。这种处理方式顾及了目前司法实践的现实，同时以参照条文内容但不明示的方式引入台湾的"规定"，也考虑到了解决两岸民商事区际法律冲突的内在需求。这种新做法，无疑更有利于保护当事人的权益和进一步促进两岸的民商事往来，是在解决两岸区际法律冲突诉讼法上的一种有益的探索。

第二个问题是有关举证责任的分配。本案属于典型的海上货物运输合同纠纷案件。原告要求货损赔偿，被告主张免责，而原告又提出被告在管货、适航、船舶安全管理等方面存在过失导致货损，以此来反驳被告免责的主张。双方围绕事故原因，均举出了相关的证据。如何合理地在货方与船方之间分配证明责任，英美法海商法在理论和实践中常以"举证顺序"的形式阐释这一问题，如著名海事法学者 W. Tetley 在《海上货运索赔》中认为：在原告证明货物损失后，应先由被告证明免责事由的存在和与损失之间的因果关系，然后由原告举证证明管货不当等其他非免责事由的原因造成货损，法院则综合两方面的证据进行裁判。这种观点叙明了海运货损索赔案件中双方证据攻防的一般过程和现象，对原、被告之间举证责任的分配也做了初步阐释，具有一定的意义。但是，原告承担的举证责任与被告承担的举证责任之间是什么关系，在证明对象重合、证据相互交叉和相互作用的情况下，宏观上应如何"综合"双方的证据进行评判，败诉风险由谁负担，上述观点缺乏进一步的说明。

在本案中，法院采用本证与反证的理论，对双方证据证明力相互对抗的辩证关系进行了解析。所谓本证，是指证明己方主张存在的证据，反证则是指证明对方主张不存在的证据。被告主张货损是法定免责事项造成，原告则认为损失是管货、适航等事项所致。两项主张互相对立，双方的证据互为本证与反证，即免责事由的证据为本证时，管货、适航等不可免责事由造成损失的证据为反证；管货、适航等不可免责事由造成损失的证据为本证时，免责事由的证据为反证。从"谁主张，谁举证"的角度说，所主张事实的存在当然应由提出该项主张的当事人负担证明责任。不过，站在全案的角度，必须看到，撇开被告能否享受责任限制的争议，本案所要解决的根本问题在于被告是否应当承担赔偿责任。从一般违约责任或《海商法》第五十一条规定的归责原则出发，在运送物发生灭失、损坏的情况下，被告作为承运人除非能证明存在免责事由的，即应负担赔偿责任。因此，被告对免责事项的证明和原告的反驳，以及相应地，被告为此进行的举证（本证）和原告的反证，构成了双方诉讼攻防的基本框架和证据对抗的第一层次。原告为反驳被告,主张货损是某一具体事项(非免责事由)所致的举证(本证)和被告的反驳,则是在此基础上展开的第二层次的内容。尽管这一内容在海事赔偿责任限制的问题上有其意义,但就被告是否需要承担赔偿责任而言,其功能仍然在于借此改变第一层次中双方证据对抗的态势,削弱被告免责证据的证明力。亦即其作用和价值必须在第一层次中才能得到发挥和体现,服从和服务于第一层次的证明活动。从这个意义上说,这一组本证与反证本身并没有独立的价值和实质意义,对判决结果只是间接产生影响。由此联系举证责任行为责任与结果责任的双重含义来讲,原告对致损事由的举证责任,更主要的只是一种行为意义上的举证责任,即因提出主张而发生的提供证据的责任。被告对免责事由的举证,则除行为责任外,具有结果责任的性质,即当待证事实在诉讼中处于真伪不明状态时,应承担不利(败诉)的裁判后果。二者在层次和法律性质上有所不同。正是由于这一区别的存在,在事实认定上,对原告主张的某一具体的致损事由,法院固然必须集中双方的证据进行评判,逐一加以认定。在原告的证据证明力尚有欠缺,不能达到"高度概然性"标准,所主张的事实不能认定的情况下,法院更应注意进一步综合双方的证据进行衡量比对,以确定被告的免责证据是否同样存在不能满足证明要求的情形。倘若被告证据证明力尚未形成高度盖然性优势,虽然原告主张的事实不能认定,但也不能因此判决其胜诉。反之,如被告有足够依据否定原告证据,本身举证达到可以确信其存在的程度,则应当认定事实成立。据此本案判决对双方的举证责任及其互动关系进行了划分和界定,妥善地运用了相关技术规则,对事实做了如上认定,最终判决被告可以免除责任。

(原载于《海峡西岸经济区人民法院涉台典型案例选》,法律出版社 2014
年版)

海上货物运输合同／水路货物运输合同／货运代理合同

杭州热联进出口股份有限公司诉吉友船务有限公司海上货物运输合同迟延损害赔偿案

——判例法查明、履行迟延替代给付的赔偿和汇率损失

林 强

【案情】

原告杭州热联进出口股份有限公司诉称：原告以 CIF170.08 美元/湿公吨的价格进口一批铁矿砂。货物由被告所属"吉友（J. FRIEND）"轮承运并签发了提单。货物目的港为京唐港。提单经背书转让给原告。2010 年 5 月 9 日，"吉友"轮在航行途中与"MSC TOMOKO"轮发生碰撞。事故发生后，"吉友"轮船东与广州打捞局签订救助合同委托救助。为进行救助作业，货物部分卸在厦门港，部分卸在漳州港。原告多次致函被告要求履行剩余航程的运输，被告一直未回复。为避免和减少因货物长期堆存码头而增加堆存费用、干湿货物混合堆放造成损坏和灭失风险的扩大，以及进而影响到向碰撞船舶的货损理赔，经原告召集被告、"TOMOKO"轮船东、广州打捞局、铁矿砂的卖方圣帝公司两次开会讨论协调，各方同意由原告自行安排续运。2010 年 8 月 19 日，原告签订租船合同，租用"DONG PING SHAN"轮将货物运往京唐港。原告支付运费及空舱费 39 6000 美元（按起诉状落款时间 2010 年 9 月 13 日的汇率折合人民币 2 673 356.4 元），另支付厦门港货代费用 15 000 元（人民币，下同）、漳州港货代费用 4 000 元、厦门港货物分票费用 75 264 元。请求法院判令被告赔偿以上费用共 2 767 620.4 元及自 2010 年 10 月 11 日起按中国人民银行同期同类流动资金贷款利率计算的利息。

被告吉友船务有限公司辩称：（1）提单约定并入包括法律适用条款在内的所有租约条款，因后者规定适用英国法，本案应以英国法为准据法。"吉友"轮在碰撞后进船厂进行修理。按英国法规定，船东作为承运人在碰撞后虽仍有义务完成货物运送，但有权等待船舶修理（船东须在合理速遣情况下

开展修理工作)完毕后履行剩余航程,没有义务另租船舶替代运输。货方可以自行安排续运,不过风险和费用由其自行承担。本案中,被告没有拒绝续运货物或要求原告就此支付费用,也未与原告达成任何续运协议,而且及时将船舶修理动态告知了原告。原告租船之前已经知道"吉友"轮将于2010年9月18日修理完毕。其租用的船舶2010年9月4日装货,二者相差仅十几天。原告另租船舶明显不合理,费用应自行负担。(2)即使适用中国法,现行法律没有规定船舶发生事故后,承运人应立即安排替代船舶运输货物。相反,《海商法》第五十条、第五十一条规定对船长、船员的航行过失承运人可免责,被告对碰撞造成的延误不用承担责任,因而在船舶修理完毕之前没有安排他船运送的义务,故对原告不应承担任何责任。(3)本案货物为进口货,另找的承运船必须为中国籍且具有国际运输资质,市场上较少,运价相对较高。而如仍由"吉友"轮运输,租约约定运费条件为 F. I. O. S. T.,从印度起运,运到连云港/日照运价为24.5美元/吨,运到京唐/天津为25美元/吨。而厦门/漳州到连云港/日照与连云港/日照到京唐/天津的距离相近,故以此推算,货物由"吉友"轮续运的费用为1美元/吨左右。原告租船的运价为12美元/吨,因租用的船舶不合理还产生了32 178.36美元的亏舱费,费用明显过高。利息损失缺乏依据。

经审理查明:

2010年原告从印度进口一批铁矿砂。货物由"吉友(J. FRIEND)"轮承运,2010年4月25日装船并签发了指示提单。被告为该船船东及承运人。提单记明:装货港印度新芒格尔港,卸货港中国任何主要港口,货物铁矿砂,重量33 242湿吨,运费支付按照2010年4月14日租船合同的约定。提单背面条款中,规定提单正面所示日期的租约的所有条款和条件、自由和免责,包括法律适用和仲裁条款并入本提单;同时其首要条款明确:起运地国订立的1924年布鲁塞尔《关于统一提单若干法律规定的国际公约》所包含的《海牙规则》适用于本提单;在起运国没有这种法规时,目的地国的相应法规应当适用;但对于没有此种法规强制适用的运输应当适用前述公约的条款,等等。

并入提单的租船合同,审核双方证据可认定系由中远航运股份有限公司(以下简称"中远航公司",被告称"吉友"轮是其期租给该司)与恩特船务有限公司(NT Shipping Ltd.,以下简称"恩特公司")签订。合同约定中远公司将"吉友"轮航租给恩特公司用于装载铁矿石,载货数量为 33 000 公吨加减 10%,由船东选择或多或少(33 000 MT/10% MOLOO),装货港印度新芒格尔,卸货港中国一个安全港口,运费为 F.I.O.S.T. 条件(出租人不负责装卸、积载和平舱费用),运到京唐、秦皇岛、曹妃甸、天津海域运价为 25 美元/吨,运到日照、青岛、岚山、连云港海域为 24.5 美元/吨,适用英国法在香港仲裁,其他未尽事宜适用金康 94(Gencon 94)租船合同条款。金康 94(Gencon 94)航次租船合同第二条"船舶所有人责任条款"规定:船舶所有人对货物的灭失、损坏或延迟交付的责任限于造成灭失损坏或延迟的原因是船舶所有人或其经理人本身未尽谨慎使船舶各方面适航,并保证适当配备船员、装备船舶和配备供应品,或船舶所有人或其经理人本身的行为或不履行职责。船舶所有人对由于其他任何原因造成的灭失、损坏或延迟,即使是由于船长或船员或船舶所有人雇佣的船上或岸上人员的疏忽或不履行职责(如无本条规定,船舶所有人应对他们的行为负责),或由于船舶在装货或开航当时或其他任何时候不适航所造成的,亦概不负责(And the Owners are not responsible for loss, damage or delay arising from any other cause whatsoever, even from the neglect or default of the Master or crew or some other person employed by the Owners on board or ashore for whose acts they would, but for whose acts they would but for this clause, be responsible, or from unseaworthines of the Vessel on loading or commencement of the voyage or at any time whatsoever)。

上述提单经背书转让给原告。货物目的港最终确定为京唐港。2010 年 5 月 9 日,"吉友"轮在汕头外海与"MSC TOMOKO"轮发生碰撞。事故发生后,"吉友"轮船东委托拖船救助。部分货物卸到驳船上运往厦门港,部分货物随船拖航到漳州于 2012 年 6 月 19 日卸在码头。

原告委托律师先后于 2010 年 5 月 31 日、6 月 9 日、7 月 2 日、7 月 21 日通过"吉友"轮管理人江苏远洋运输有限公司(以下简称江远公司)席宗棠传真致函被告,催促安排船舶将货物尽快转运到目的港,要求回复和告知具体船名、船期安排等信息。最后一份函件明确提出,如收到函件后两个工作日内未回复同意继续履行,原告视被告为拒绝履行转运义务,将视情形采取自行转运货物、追索转运费等措施。

2010 年 7 月 26 日,江远公司发送电子邮件给原告方面,提供两条可以替代用于续运货物的船舶信息和运费报价,其中"JINPU"轮载重 26 529 吨,从漳州港到目的港的运价为 12 美元,"BLUE EMPEROR 1"载重吨 11 200 吨,从厦门港的运价为 12.5 美元。被告要求原告确认是否同意租船。因原告确认稍迟,被告通知这两条船已经跑了。被告说明以上举措是应原告要求帮助从市场上找船而提供信息,但没有同意自己用这两条船运输,被告的意见是等"吉友"轮修好后再续运。原告在庭审中承认上述行为是被告方为原告寻找替代船舶。

另外事故发生后,由原告律师召集货物保险人中国太平洋财产保险股份有限公司广东分公司(以下简称"太保广东公司")、被告、"TOMOKO"轮船东、救助方广州打捞局、货物托运人等各方代表两次开协调会讨论包括事故货物的衡重、品质检验、估损方法和机构,各方工作及文件资料、货物转运等善后处理事宜。2010 年 8 月 11 日在原告代理律师所在事务所第二次开会。经讨论,形成了会议纪要,确定货物转船运往目的地,并要求被告配合办理相关手续。但文字中未提及和反映被告对货方自行租船赞同与否等具体态度和意见。全案证据尚不足以证明原、被告双方共同达成了应以替代船舶完成剩余航程运输的一致意见。同时,亦无充分证明被告在协调会上将船舶预计修好的时间知会了原告。

2010 年 8 月 19 日,原告与中海发展股份有限公司货轮公司(以下简称"中海公司")签订租船合同,租用后者的船舶将货物从厦门、漳州运往京唐港。租船合同约定:载货数量为 30 000 公吨加减 10%,由船东选择或多或少(30 000 MT 10PCT MOLOO);受载期在 2010 年 8 月 25 日至 9 月 4 日;运价为 12 美元/公吨;船东不负责装卸、堆装和平舱费;承运船为"华蓉山(HUA RONG SHAN)"轮或替代船舶。合同约定签约后一个银行工作日内支付 15 万美元的保证金,全部运费在装货结束后两个银行工作日内(但最迟应在开舱卸货前)付清。原告支付了该款。中海公司实际派"东平山"(DONG PING SHAN)轮承运。2010 年 9 月 4 日船舶驶抵厦门,全部货物 30 273.47 公吨于 9 月 5 日至 9 月 8 日在厦门、漳州两港先后完成装船运往京唐港。发生的费用据中海公司 2010 年 9 月 10 日的发票显示,原告租船运输的运费为 363 281.64 美元(以 30 273.47×12 计算)、空舱费 32 718.36 美元(以 [33 000−30 273.47]×12 计算);厦门联合国际船舶代理有限公司发票显示,代理费 15 000 元、装卸费（原告称系货物分票之用）75 264 元；漳州外轮代理有限公司发票显示货代费为 4 000 元。

"吉友"轮 2010 年 6 月 23 日进舟山市鑫亚船舶修造有限公司修理。应被告要求，2010 年 8 月 13 日，鑫亚公司出具《证明》，证明该船进厂修理，并称预计修理工程将于 2010 年 9 月 18 日结束。被告代理律师同日将《证明》扫描图片作为附件通过电子邮件发给原告代理律师，原告代理律师已收悉。嗣后，《证明》也交给原告用于货物续运到京唐港办理报关手续。中国船级社 2010 年 9 月 13 日为"吉友"轮出具了临时入级证书。该船修理完毕后于 9 月 17 日离开船厂，航海日志显示其开往天津。

被告主张本案适用英国法，并对英国法规定，委托香港夏礼文律师行 Davies Rachae Anne 律师出具了《法律意见证明书》。该《法律意见证明书》对英国法内容的陈述，直接援引原文的一处为：肯尼迪法官在 Hansen 诉 Dunn（1906）11 Com. Cas. 100 案件中总结如下："当船舶损坏并且需要进入中途港进行修理的话，船东如果能在没有遭受非合理的牺牲以及能在合理的时间内修理船舶的情况下，有义务也有权利来修理船舶并且运输货物往目的地……"其他均以该律师个人归纳的文句的形式体现，并且只有部分在文句之后括号注明参见某案判决或参见如 *Scrutton on Charparties* 一书。除就判断修船时间是否合理，《法律意见证明书》认为属于个案事实判断的问题，在正文中简单介绍了"The PALMEA"案的情况（意在说明该案与本案不同）外，未随附提供相关判例。

原告认为：从香港夏礼文律师行致上海斯乐马律师事务所的函可知，该律师行在案涉船舶碰撞事故导致的对承运船和货物的打捞救助费用争议中，受被告委托处理纠纷，作为被告利益关系方，出具的意见不具有独立性和公正性。出具意见的人员只是英格兰和威尔士律师，英国有四个区，能出具英格兰的法律意见不意味着能出具英国法意见。被告也没有提供证据证明其对英国法有全面、准确的理解和把握，或者办理过有关适用英国法案件的法律诉讼，该律师是否具备出具英国法的意见的资格值得怀疑。同时作为专家证人，其未出庭接受当事人的质询。出具的意见只截取了某个案件的一部分，未提供整个案件的具体情况，对英国法的理解，有断章取义之嫌。故该法律意见不能作为证据使用，不足采信。

被告认为：苏格兰和北爱尔兰的法律与英格兰有所不同，国际航运界俗称的英国法就是指英格兰和威尔士法律。原告提供的夏礼文律师行致上海斯乐马律师事务所的函非原件，不足为凭。案涉碰撞事故的救助费仲裁案也与本案无关。且任何律师事务所受托出具法律意见都要收取费用，即使夏礼文同时也受被告委托处理仲裁事务并收取费用，在双方关系上，二次委托与一次委托没有实质的不同，不能以此为由认定构成利害关系。原告有充分的时间了解英国法规定，其未提出反证，被告提供的英国法内容应予认定。

【审理】

法院生效裁判认为：本案中原告为提单持有人，被告为承运人，双方成立海上货物运输合同关系。货物起运港在印度，案件为涉外海上货物运输合同纠纷。案涉提单背面条款规定，提单正面所示日期的租约的所有条款和条件、自由和免责，包括法律适用和仲裁条款并入本提单。该租约约定争议适用英国法在香港仲裁解决。由于原告在起诉时未声明有仲裁协议，被告在首次开庭前亦未提出异议，根据《中华人民共和国仲裁法》第二十六条的规定，视为放弃仲裁协议。因海上货物运输合同的转运港为厦门港、漳州港，本院对案件具有管辖权。

《中华人民共和国海商法》(以下简称《海商法》)第二百六十九条规定，涉外合同当事人可以选择合同适用的法律。上述条款约定适用英国法有效。根据《最高人民法院关于审理涉外民事或商事合同纠纷案件法律适用若干问题的规定》的规定，当事人选择适用外国法时，由当事人提供或者证明该外国法律的相关内容。对被告经香港夏礼文律师行提供的英国法内容，原告质证时提出异议。英国法以判例法为主要渊源。由于判例法的特殊性，法律规则蕴含于判例之中，对英国判例法的查明，特别是在遇有争议的情况下，通常需要对案例进行研判以辨识相关内容是否确为法律规则、其含义及适用范围如何。被告未提供相关判例或可以佐证的文献著述，难以稽核《法律意见证明书》所述为英国法规定。在英国法不能查明的情况下，本案应适用中华人民共和国法律加以解决。

货物运输合同的主旨在于完成货物的运送。《中华人民共和国合同法》(以下简称《合同法》)第二百九十条规定，承运人应当在约定期间或者合理期间内将货物安全运输到约定地点。本案中，承运船舶发生碰撞事故，并未导致合同彻底不能履行，承运人仍有在合理时间内继续完成运输的义务。被告辩称就其自身而言，事故缘于船长、船员的驾驶或管理船舶中的过失，因此产生的迟延可以免责，引用的法律依据为《海商法》第五十条、第五十一条规定。但是，《海商法》第五十条只是针对货物未能在明确约定的时间内交付的规定，与本案情况不同。而《海商法》第五十一条规定的是货物发生灭失或损坏的免责事由。本案为被告迟延派遣船舶续运货物，原告决定自行租船，纠纷的类型主要为因迟延而生的替代履行的损害赔偿争议，不涉及货物的灭失损坏，不属于上述法律条文规范和调整的对象与范围。

讼争提单并入了租船合同条款。金康94航次租船合同条款第二条"船舶所有人责任条款"规定船舶所有人对由于其他任何原因造成的灭失、损坏或延迟可以免责。但提单首要条款载明适用《海牙规则》。作为首要条款，其他条款不得与之冲突或抵触。《海牙规则》第三条第8款规定："运输契约中的任何条款、约定或协议，凡是解除承运人或船舶由于疏忽、过失或未履行本条规定的责任与义务，而引起货物的或与货物有关的灭失或损害，或以本规则规定以外的方式减轻这种责任的，都应作废并无效。"故前述租约条款所赋予承运人的免责，超出《海牙规则》规定减轻承运人责任，不具有效力。另一方面，《合同法》第五十三条规定，合同中免除因故意或重大过失造成对方财产损失的责任的免责条款无效。提单并入的租船合同条款和本身作为提单条款的《海牙规则》所赋予承运人的免责，均应受这一规定的约束。

据此对照提单条款，如先前被告抗辩中述及，相较于本案碰撞情形，仅《海牙规则》第四条第二款规定承运人对船长、船员或雇佣人员在驾驶或管理船舶上的行为、疏忽或不履行契约所引起或造成的灭失或损害免责可资提供依据。但是，被告没有就这一免责事由的成立提供证据加以证明。而是从运输合同完成运送的本旨出发，即使被告对碰撞事故的发生可以免责，也只能在事故影响范围内免除相应的责任。换言之，其应在合理时间内修缮船舶，合理时间内不能完成修理的，应当改以替代船只续运货物，仅于修理船舶或寻找替代船只所需的合理时间内可以免除迟延的责任。本案事故发生后，货物卸于厦门、漳州两港，衡量至京唐港的距离，剩余不过一周左右的航程。被告始终只愿以"吉友"轮续运，"吉友"轮修理时间约三个月。任数百万美元的货物三个月滞留于中途港，堆存费用不断增加，以及面临可能的损坏和灭失风险,等候船舶修好后继续运输,显然并非合理。双方当事人尽管未形成应当转船运输的共识,但被告帮助原告找船,从中也可以反证租用替代船舶运输的合理性。原告要求被告履行义务,在货物全部卸下一个多月后的2010年7月21日通过律师函催告未果,2010年8月19日签订租船合同租用船舶。被告在原告签约之前(2010年8月13日)告知船舶修理工程预计将于2010年9月18日结束。预计时间并非保证。且即使船舶如期出厂可以投入运输,行程顺利,至漳州港、厦门港的受载期约为2010年9月20日,而原告与中海公司租船合同约定的受载期为2010年8月25日至9月4日。二者对比,不足以得出原告实际订租的船舶有失合理欠妥的结论。相反,被告静等船舶修理后继续运输,有违诚实信用原则和商业活动中应当遵循的一般做法要求,成立重大过失。故其不能依提单条款的规定免除责任,应赔偿原告因租船产生的合理费用和损失。

原告的各项请求中,租船运费为363 281.64美元。被告提出"吉友"轮运货到中国,租约中南北方目的港的运价仅相差0.5美元,按续运航程折算,续运运费不过1美元/吨,原告租船的运费过高。但"吉友"轮租约给出的中国南北港口的运价差额,是在揽载本次运输业务和船舶一程直达的基础上所做的安排,与原告专门租船完成未尽航程的运输情形不同,二者缺乏可比性。事实上被告帮助原告找船呈报的运价也在12美元或以上,与原告运价相同或更高。所谓原告运费过高不能成立。空舱费32 718.36美元,系因货物实际装船数量30 273.47公吨少于船东按租约宣布确定的33 000公吨的货量而生。被告认为不合理。原告签订的租约对载货数量规定为30 000公吨,船东选择增减10%(30 000 MT 10PCT MOLOO)。30 000公吨的基准与货物实际数量相近,而船东选择增减属于租约中的常见做法,本案并入的租约规定与之相同,增减幅度亦为10%。且铁矿砂作为海运大宗散货,精确计重并不容易。货物又是在航行途中因事故被突卸至不同避难港,中途港计重不仅本身需要支出费用,还要受港口实际条件的限制,事故后协调会上各方在对货物衡重问题的讨论中表明其操作存在困难。故原告以上述条件租船并无不合理之处,空舱费32 718.36美元应由被告承担。厦门、漳州两港的货代费用19 000元,为续运货物而发生,性质上可以归为将货运至目的港所需的成本费用,亦应由被告赔偿。75 264元发票所列的装卸费,原告在诉状中称系厦门港货物分票费用,未具体说明货物分票的理由所在,要求被告赔偿依据不足,该项请求予以驳回。

综上,被告应赔偿原告租船运费 363 281.64 美元、空舱费 32 718.36 美元、货代费用 19 000 元。原告为中国国内从事经营活动的企业,请求上述美元款项折为人民币支付应予支持。作为众所周知的事实,自本案事故发生时起至今为止,从起讫汇率和整体态势来看,近年来人民币对美元呈现升值。原告主张美元按 2010 年 9 月 13 日的汇率折算人民币,实质上蕴含了汇率损失的要求。该项损失系因被告未及时承担赔偿责任而生,属于迟延损害,被告应当赔偿。其成立迟延的时间即为被告对损害成立赔偿责任之时,原告请求以 2010 年 9 月 13 日的汇率折算可以准许。汇率以中国人民银行公布的银行间外汇市场美元对人民币汇率中间价计。原告有关利息损失的请求,亦为迟延损害的一种,同理应由被告赔偿,具体按原告请求的 2010 年 10 月 11 日即本案受理之日起算,但利率以同期中国人民银行确定的金融机构人民币一年期贷款基准利率计。双方的其他证据和主张,对本案判决不生影响。依照《中华人民共和国合同法》第一百一十三条第一款,《中华人民共和国海商法》第二百六十九条,《最高人民法院关于审理涉外民事或商事合同纠纷案件法律适用若干问题的规定》第九条第一款、第三款的规定,做出如上判决。

【评析】

本案判决有三个方面的问题值得说明:

一、判例法内容的审查甄别

本案为涉外海上货物运输合同纠纷。根据提单并入的租约条款,案件应适用英国法。被告以专家意见书的形式,委托英国律师出具《法律意见证明书》提交了英国判例法内容但未获采纳。归纳判决意见,要旨在于判例法本身具零散性、不直接性的特点,其在查明上应具更高要求。

详言之,判例法是基于法院的判决而形成的具有法律效力的规则。与成文法不同,判例法以判例而非法律条文为表现形式。一个判例由案件名称、法院级别与判决日期、案情事实、原告诉求、已经历的程序和前审裁判结果、双方的辩论观点、待决问题、本案法官的推理、判决理由(Ratio Decidendi)和法官的附带评论等十部分内容组成。判例法的内容蕴于判决理由之中。但多数情况下,法官没有直截了当地把本案所确立的法律规则写出来,后案在援引规则时需要加以辨识和解读。同时又由于一个判例有时并不足以构成一条独立的法律规则,所以从渊源或文献的角度而言,查证判例法规定,客观上必须收集和查阅同类问题的相关判例,寻找、发掘和提炼出相关法律规则。另一方面,外国法的查明以正确适用为目的。外国法内容的查明不是指单纯收集外国法资料,还指正确地理解和把握外国法规定的内容。从法律适用方法上看,成文法的适用是直接以法律条文为前提进行演绎推理。判例法的适用,尽管查阅英国法院判决可以发现,对其内涵和外延清晰确定的法律规则,法院也常直接援引——通常是以叙明规则及判例名称的方式——作为论断依据。但作为其适用的基本做法,尤其是在对判例内容和适用范围发生争执的情况下,法官要以类比推理等方法,对当下案件和先例的争诉点和事实进行比较,检视二者的相似性以决定是否适用某一特定的法律规则。对我国法院适用作为外国法的判例法,学理上也有认为应采取同一方法。判决书"最少要分析比较待处理案件中的争诉点和事实与先例中争诉点和事实的相似性,说明适用判决依据的判例法规则的合理性和适当性"。①

上述形式渊源和适用方法上的差异,使得对判例法规则的理解和适用,难以脱离其所在的案例本身。因此,从外国法查明的角度而言,提供或者证明判例法规定,除了双方没有异议的情况以外,应当提交相关的判例。当事人委托法律专家出具证明的,专家意见书在陈述相关判例法内容的同时,应当对判例的详细出处,包括裁判时间、法院等级、文献来源等予以说明,原则上也应当随附判例以供对方当事人和法官核实。学者的权威著述对判例法内容及理解可以发挥重要的证明作用,但与"学理解释"相类,不能替代判例和判例法本身。本案中,被告委托英国律师出具了《法律意见证明书》意图证明英国判例法内容,但《法律意见证明书》对相关判例的援引存在缺陷,部分外观上体现为律师个人意见,且未提交相关判例、著述佐证。其虽提出对方没有反证,但是,尽管外国法查明问题在程序上可以通过参照和引借举证规则,敦促双方当事人共同协力,以缓解其间的困难,毕竟不等同于事实调查,不能简单地以资料的对比按证据规则来"认定"外国法。故在《法律意见

---

① 肖永平:《论英美法系国家判例法的查明和适用》,《中国法学》2006年第5期,第121页。

证明书》所述内容是否为英国判例法不能确定的情况下，法院认为本案纠纷应适用我国法律解决。

二、本案迟延损害类型与法律适用

本案以《合同法》为依据判决被告赔偿因履行迟延所生的损害，法律要点在于：

（1）本案损害赔偿类型上基本属于因履行迟延而生的替代履行的损害赔偿。法理上，履行迟延所生损害的赔偿，有迟延赔偿与填补赔偿之分。前者是指因迟延发生的，与要求相对人履行并存的赔偿。后者也被称为替补赔偿，是指债权人拒绝受领本来的给付而请求作为替代本来给付的损害赔偿。本案属于后一种类当无疑义，但值得探讨的是，是否如被告主张有《海商法》第五十条迟延交付规定的适用。判决以案件情况不在该条规定范围对此予以了否定，内在包含两项含义：其一，如最高人民法院民四庭 2004 年《涉外商事海事审判实务问题解答（一）》（以下简称《解答》）第 134 条的说明，《海商法》规定的迟延交付仅限于海上货物运输合同的当事人在合同中明确约定了运输期限的情况，本案情形与之不同；其二，《海商法》有关迟延交付的规定，是就迟延交付损害后果（救济）而设，立法技术上体现为循"救济进路"（the Remedy Approach）的方式，从承运人债务不履行的结果而非违约形态的角度进行定义和规定。换言之，其所针对和规制的对象是作为损害后果的迟延交付，对作为违约行为的迟延交付，具体原因、行为内容和形态如何，则在所不问。这从《海商法》将迟延交付与货物灭失、货物损坏三者并列，分别加以规定的体例中可以得到印证。但须指出的是，灭失、损坏与迟延交付，是按运输终了时货物损害的形态进行的分类，尽管依此而制的规定足以应对绝大多数纠纷场合，但不能囊括和满足运输合同项下所有损害赔偿的救济需求（例如提单记载错误的赔偿）。① 就迟延交付损害而言，除货物因迟延交付而生的灭失或损坏外，《海商法》规定为"经济损失"，《解答》对此明确其含义包括：市场差价损失、利息损失和已经实际支付给第三人的违约损失，类型上属于前述的迟延赔偿。故亦与本案不相匹配。在《海商法》没有规定的情况

---

① 参见史尚宽：《债法各论》，中国政法大学出版社 2000 年版，第 619 页。

下,案件应适用《合同法》一般违约损害赔偿的规定裁判。[①]

（2）对填补赔偿成立的要件,《合同法》没有明确规定。法理上一般认为,除债权人解除合同的情况外,如迟延后的履行对债权人无利益,或迟延后,经催告债务人仍未在合理期限内履行,债权人可以拒绝受领给付,请求填补赔偿。[②] 借鉴以上学理见解,本案中,被告始终只愿等待船舶修好后续运,船舶修理时间为三个月,逾合理限度,原告经催告未果后有权自行租用船舶完成运送并要求赔偿相应费用。

附带一提的是,审理过程中曾有意见认为,原告自行租船完成续运,属于《合同法》第一百一十九条规定的减损措施,运费作为减损措施的合理费用可据此裁判由被告承担。法律构成上,减损规则是加于非违约方的"义务",旨在对违约损害赔偿进行限制,只有在替代船舶的运费低于假定仍以原船完成运送,迟延交付货物而生的损害赔偿(即迟延赔偿)的情况下方能成立。其与上述填补赔偿虽然可能在适用上发生交集,要件却炯然有异。本案中,因无法确切比较减损情况,故不能作为原告要求赔偿的请求权基础。

三、免责条款的规制

本案提单免责条款的规制,涉及金康租约条款、海牙规则规定的理解,《合同法》的适用等问题,且不同规定叠加作用,呈现复杂层次,在裁判上具有参考价值和意义。具体而言,本案涉及的约定和法定免责及管制规定有:

（一）提单并入的金康租约条款。金康 94（Gencon 94）合同第二条"船舶所有人责任条款"第二款规定:"船舶所有人对由于其他任何原因造成的灭失（loss）、损坏（damage）或延迟（delay）",均可免责。对上述条款内容,业界的理解多循英国法院裁判意见。后者对金康 76 同条规定的判例中认为,依据该条可以免责限于货物方面的损失（loss）、损坏或延迟,与货物无关的损失则不能免责。其立论的基础为上述文字位于金康 76 同条第二款前段,该条第一款相关内容及第二款后段显然是针对货物损失（to the goods）而订的,从体系方法出发,同一条款中损失（loss）、损坏应做相同理解,故其义亦应如

---

① 上引史尚宽书。
② 韩世远:《合同法总论》,法律出版社 2011 年版,第 403 页。

是。但上述条第一款相关内容及第二款后段在金康 94 中均已被删除，学者预计未来理解可能放宽。① 判决从条款规定措辞的文义出发，同时借鉴以上学理见解，认为上述约定予以被告对本案可以免责，但为审慎起见，在文书上回避做了具体说明。

（二）《海牙规则》的规定。《海牙规则》并非作为国际惯例，而是因提单首要条款的引置被引入作为运输合同规定。相较于本案碰撞情形，《海牙规则》第四条第二款规定承运人对船长、船员或雇佣人员在驾驶或管理船舶上的行为、疏忽或不履行契约所引起或造成的灭失或损害免责。对于上述灭失或损害（loss or damage）的含义如何、是否同样限于物质或物理性质的损失，比较法上的研究表明，相对赞同未做限制的观点，②被告可以以此主张免责。但另一方面，《海牙规则》作为首要条款，其第三条第 8 款规定，"运输契约中的任何条款、约定或协议，凡是解除承运人或船舶由于疏忽、过失或未履行本条规定的责任与义务而引起货物的或与货物有关的灭失或损害，或以本规则规定以外的方式减轻这种责任的，都应作废并无效"，对前述并入的租约免责条款起到管制作用。

（三）《海商法》第四十四条对免责条款的效力，规定"海上货物运输合同和作为合同凭证的提单或者其他运输单证中的条款，违反本章规定的，无效"。

（四）《合同法》第五十三条规定，合同中免除因故意或重大过失造成对方财产损失的责任的免责条款无效。

就以上免责及管制规定，租约条款免责范围最为宽泛，免除了本案被告的责任。但《海牙规则》作为首要条款，效力高于租约规定。由于《海牙规则》的适当和谨慎地载运、照料货物的规定，一定意义上也隐含了应在合理时间内交付货物的要求（《海牙规则》第三条第 2 款），因此在《海牙规则》第三条第 8 款（凡解除或减轻承运人因不履行义务所致损害赔偿责任的约定无效）的作用下，承运人的免责基本被限缩于对因驾驶或管理船舶过失即所谓航行过失所致的迟延损害的范围。诚然，本案被告没有就航行过失免责的成

---

① 杨良宜：《程租合约》，大连海事大学出版社 1998 年版，第 124—125 页。
② 田正大：《论迟延交付》，《中国海商法年刊》1993 年第 4 卷，第 132 页以下。

立举证。但从法律技术上讲,作为约定免责事项——尤其在法律对此设有严格管制的情况下,前置存在是否有效的问题。考察现行法内容,《海商法》第五十一条对航行过失,仅规定"货物发生"的灭失或者损坏可以免责,与上述约定免责范围不同,形式上构成《海商法》第四十四条所指"违反本章规定"的情况。然而,从立法目的上看,《海商法》第四十四条旨在防止承运人滥用契约自由,在提单上增列免责条款以减轻责任,因此所谓违反本章规定无效,应当认为是指提单条款违反《海商法》第四章有关承运人责任的强制性规定,意图减免或降低相关责任的情况。如提单条款系增加承运人责任的,当然具有效力。减免责任的,如其所针对的是《海商法》第四章中的非强制性规定①或约定事项不在强制性规定的适用范围②,则提单条款约定内容不因与第四章规定有异而影响效力。此外,尽管《海商法》对承运人义务做了相应规定,其中对妥善谨慎载运保管货物的规定依诚实信用原则扩张解释可以覆盖履行运送义务绝大部分环节的内容,但责任方面,如前所述,其仅就货物的灭失、损坏和迟延交付经济损失的赔偿责任做了专门的规定,其他则适用一般合同法的规定确定。在《海商法》未规定的场合,无从发生违反规定而无效的情况。因此就本案而言,履行迟延下的填补赔偿,因《海商法》没有规定,故不发生《海商法》第四十四条的适用,应按特别法未规定则适用一般法的原则,适用《合同法》规定调整。依《合同法》第五十三条,其免责范围受到进一步削减,因故意或重大过失造成所致的迟延损害被排除在外。如前所述,本案中,被告没有就航行过失免责的成立举证,而即使其举证证明事由存在,从运输合同完成运送的本旨出发,也只能在事故影响范围内免除相应的责任。在合理的时间经过后,其不安排船只运送仍继续等待船舶修理,成立重大过失,不能免除责任。

(原载于 2016 年《人民法院案例选》)

---

① 如《海商法》第六十条第一款订明承运人对实际承运人承担的运输负责,同条第二款明确对此可以约定免除。

② 如《海商法》第四十六条有关非集装箱货物装前卸后责任、第九十四条对航次租船合同及第一百零五条对多式联运合同的规定。

船舶潜在缺陷免责条件的认定

——原告中国人民财产保险股份有限公司宁波市分公司 与被告富森航运有限公司海上货物运输合同纠纷

张　伟　周诚友

【裁判要旨】《海商法》第五十一条第（十一）规定的承运人免责条件为"经谨慎处理仍未发现的船舶潜在缺陷"，在语义概念上存在同义重复，从而造成司法实践中适用该条款时出现不同的理解。认定海事事故是否存在该项免责事由，应从船舶潜在缺陷的定义及谨慎处理的认定标准来进行分析，以此最终判定该项免责事由的适用与否。

【案号】

一审：（2014）厦海法商初字第 269 号。

【案情】

原告：中国人民财产保险股份有限公司宁波市分公司（以下简称"人保宁波公司"）。

被告：富森航运有限公司（RICH FOREST SHIPPING CO., LTD., 下称"富森公司"）。

2013 年 11 月 29 日及 2014 年 1 月 4 日，万林物流公司分别与新加坡亚洲木材私人有限公司和新加坡得利控股有限公司共签订三份所罗门群岛原（圆）木买卖合同，约定买方负责购买保险，装运口岸为所罗门群岛港。2013 年 10 月 10 日，万林物流公司与 TL ENTERPRISE LIMITED 签订《航次租船合同》。而后，太平洋船务有限公司以代理人身份分别代表"富森"轮船长签发了三份三套清洁指示提单。万林物流公司分别为案涉三批货物向人保宁波公司进行投保。

2014 年 1 月 21 日，"富森"轮在航行途中，辅机冷却管爆裂漏水导致机舱进水，全体船员尝试各种方法堵漏未果后沉没，推定"富森"轮和货全损。

2014 年 4 月 15 日,万林物流公司通过中国农业银行离岸银行中心向"富森"轮出租人 TL 公司支付了运费 490 414.47 美元。事故发生后,人保宁波公司依据保单约定,按货物推定全损进行理赔。2014 年 4 月 11 日,人保宁波公司支付保险理赔款 2 922 087.44 美元,万林物流公司出具两份收据及权益转让书。

原告认为,货损发生在被告船舶承运期间,被告对其损失应该承担赔偿责任,遂起诉被告,请求判令被告赔偿其已支付的海上货物运输货损保险理赔款 17 973 759 元及其自 2014 年 4 月 11 日起至生效判决指定履行日止,按照中国人民银行同期贷款利率计算的利息损失,并承担本案诉讼费用。

被告认为,"富森"轮在航次开航前和开航时处于适航、适员和适货状态,完全符合相关标准和要求。首先,开航前该船具备船级社签发有效期内的全部船级证书,开航时取得了出口国政府签发的清关文件,表明其开航前和开航时船体和船机在结构、性能和状态等方面良好,船上设备与属具齐全,能够抵御航次中通常出现的或能合理预见的风险,满足适航标准。其次,船员安排完全符合船籍国的最低安全配员要求,也均持有船员适任证书,故在船员配备的数量和质量上均达到了相关要求。最后,货舱和其他货物装卸设备均处于有效和良好状态,适于并能安全收受、载运和保管货物,且已妥善、谨慎地装载、积载和保管案涉货物,故该船也符合法律规定的适货要求。而且,本案货物灭失系由船舶潜在缺陷造成,被告依法无须承担赔偿责任。在案发前日常维护、保养以及相关单位的多次检查中,均未发现案涉爆裂管路存在缺陷。案涉货物损失系因"富森"轮沉没所造成,而船舶沉没为机舱副机海水冷却管出海阀与船壳连接的管路存在缺陷,突然爆裂而引起的机舱进水所致,属于"经谨慎处理仍未发现的船舶潜在缺陷",根据相关法律规定,被告对于因此造成的货物灭失无须承担赔偿责任。

【审判】

厦门海事法院审理后认为,本案已由法院委托专家组对船舶的辅机冷却管爆裂的原因进行鉴定,专家组出具的《专家意见书》认为辅机冷却管路破损构成潜在缺陷。原被告双方对此结论也予以确认,但对该潜在缺陷经谨慎处理能否发现的问题产生较大争议。《专家意见书》的结论性内容共四项,其中两项涉及争议最大的潜在缺陷及其经谨慎处理能否发现的问题。其结论首先确认"富森"轮事发"冷却管漏水"构成了潜在缺陷,并认为"这种潜在缺陷虽经常规检查保养仍然难以发现"。但接着又认为该缺陷"从船舶例行检查保养以及轮机工程技术管理的角度,通过坞内检验工程的认真监修以及船舶日常营运中的细致检查,采用较为谨慎合理的方式,是可以觉察出管路的潜在缺陷"。显然,《专家意见书》关于本案所涉潜在缺陷的可以发现与否采用了"常规检验保养"和"坞内认真监修以及日常营运中的细致检查"两种标准。根据查明的事实:"富森"轮在本航次期间,船舶入级证书均在有效期内;《ISM规则》的符合证明和安全管理证书也在有效期内;SMS体系运行记录较为完整,体系运行有效;此外,"富森"轮在2011年12月至2012年1月进入船厂全面坞修的基础上,又于2012年6月18日、2013年1月9日、2013年5月23日进行了三次PSC检查,均符合要求,并无滞留记录。表明"富森"轮包括轮机管路在内的船舶整体上处于法律要求的技术标准和管理状态。又根据被告提交且经《专家意见书》认可的相关证据,该管路破损部位"较为隐蔽",并不在可直接观察的视线以内,平常值班人员如没有仔细检查是比较难以发现的;而专业船舶修理厂也没能觉察到管路潜在缺陷。被告作为承运人,已经根据各项法律规定将其所属"富森"轮进坞全面检修、聘用适任船员、日常维护保养和定期接受相关海事部门各项检查,且均符合航行安全要求等义务,履行了法定职责。在此情况下仍然发生的冷却管路破损,应当属于我国《海商法》中"经谨慎处理仍未发现的船舶潜在缺陷"。综上,被告富森公司关于其对"富森"轮本航次因"经谨慎处理仍未发现的船舶潜在缺陷"造成的货损不负赔偿责任的抗辩可以成立,应予采纳。厦门海事法院判决:驳回原告中国人民财产保险股份有限公司宁波市分公司的全部诉讼请求。

【评析】

本案双方当事人最主要的争议焦点是案涉船舶的辅机冷却管路破损是否构成"经谨慎处理仍未发现的船舶潜在缺陷"的免责事由。因此有必要先清楚了解潜在缺陷的含义、区别,以及谨慎处理的参考标准(即何为谨慎处理)。

一、潜在缺陷的定义

我国的《海商法》并没有对潜在缺陷进行定义,而在英美法系中,潜在缺陷的定义都是通过具体的判例来确定的。比如,英国法官对此概念的定义是:一个合理谨慎的专业人员经过检查仍然不能通过一般的技术方法发现的缺陷。[①] 在"The Caribbean Sea"一案中的 Robert Goff 大法官阐述了潜在缺陷的含义,认为:潜在缺陷并非等同于通过任何已知的或习惯的测试而没有发现的缺陷,潜在缺陷适用于一海上货物运输合同中,已被认定为某种经由某个合理注意、技术娴熟的人员正常检查仍无法发现的缺陷,即一个合理且谨慎的专业人员经过检查,仍然不能发现的缺陷。[②]

从上面的定义可以看出,潜在缺陷包含两层含义:一是潜在,即仍处于事物内部还没有显露,正常情况下不能被发现;二是缺陷,即事物中不完美、有瑕疵的方面。潜在缺陷是通过正常的专业检查工作都无法发现的,与自然的腐蚀和正常的磨损存在本质区别。

二、潜在缺陷和正常磨损、腐蚀的区别

潜在缺陷和正常磨损常常一起发生和存在,海上事故的发生往往是二者共同作用的结果,因此能否区分二者是认定潜在缺陷的关键。正常磨损是一切机器设备都普遍存在的现象,是在使用过程中自然而然的物理变化,是必然发生的,有一个循序渐进的过程,人们正常可以合理预见到某项设备的使用年限、使用时间或使用次数。潜在缺陷可能也存在逐渐发展的过程,但潜在缺陷产生问题是偶然的、不可预见的,不是正常使用寿命的结束。

在以往的类似案例中,大多情况下往往是正常磨损加速了潜在缺陷的问题暴露。在本案中,船舶辅机冷却管路在使用的过程中产生正常磨损、腐蚀,正常磨损、腐蚀到一定的程度时激发了潜在缺陷,造成冷却管路非正常爆裂提前结束使用寿命从而引发海上事故。冷却管路的潜在缺陷是造成管路爆裂的主导因素,因此,符合海商法中关于潜在缺陷造成海上事故的构成要件。

三、谨慎处理的参考标准

《海商法》规定承运人免责的事由为经谨慎处理仍未发现的船舶潜在缺

---

① Brown . v. Nitrate Producers'SS Co. ,［1937］58 Ll. L. Rep. 188. 转引自王婷婷:《海上保险中潜在缺陷法律问题研究》(硕士学位论文),大连海事大学,2012 年。

② ［1980］Lloyd's Rep 338,348-9. 转引自王婷婷:《海上保险中潜在缺陷法律问题研究》(硕士学位论文),大连海事大学,2012 年。

陷造成货损。这表明不是所有的船舶潜在缺陷造成货损承运人都可以免责，该潜在缺陷必须是谨慎处理都无法发现的才符合法定免责条件。我们从前文的船舶潜在缺陷的定义可以了解到，其实船舶潜在缺陷本身就已经包含了"经谨慎、合理的处理仍无法发现"的意思。那么法定的免责事由在潜在缺陷之前又增加了"谨慎处理仍未发现"的定语是否表明在认定"谨慎处理仍未发现"时要采用最严格的参考标准来界定免责条件，即承运人除必须采用超越正常合理检查标准之外，还要采取更为严格、细致、谨慎的检查方式和标准，如此仍未发现船舶潜在缺陷才可以免责。

承运人到底应该承担哪种标准对船舶进行维修和保养呢？一种观点认为承运人要想免责就必须采用超越正常标准、更为谨慎的方式进行船舶维修和日常保养；另一种观点认为承运人只要采取法律、行政法规以及行业规则惯例（如 ISM 规则）要求的方式进行维修、年检和日常保养就可以了，如果采用这些手段，专业的船舶维护人员在正常情况下仍不能发现，承运人就可以免责。笔者支持第二种观点，具体原因我们需要从海运货损赔偿责任规则变迁和我国《海商法》制定过程中寻找答案。

海上货物运输业在全球贸易发展史中具有举足轻重的地位，海运业的繁荣直接促进了全球贸易的发展，而海运业从诞生之日起就具有高风险、高投入的特殊性。为了促进海运业的繁荣，出现了《统一提单的若干法律规则的国际公约》（简称《海牙规则》）。《海牙规则》确立了船东（承运人）在海运货损赔偿责任中不完全过错责任规则，构筑了提单当事人风险分担机制，承运人责任是最低限度的。该规则是海上货物运输方面十分重要的公约，在全球被广泛运用。由于该规则本身存在的和在实施过程中出现的各项问题，以及近年来国际经济、政治的变化和海运技术的发展，某些内容已经过时，多数国家特别是代表货方利益的国家和第三世界国家强烈要求修改本规则。

目前，对《海牙规则》的修改存在两个方案：一个是代表英国及北欧各传统海运国家提出的《维斯比规则》；另一个是由联合国国际贸易法委员会所属国际航运立法工作组提出的代表第三世界和货方利益的《汉堡规则》。《维斯比规则》基本继承了《海牙规则》确立的不完全过错责任归责原则，仍然规定多项承运人免责条款。《汉堡规则》完全推翻了《海牙-维斯比规则》确立的归责原则，删除了大量承运人的免责条款，采用完全过错责任和过错推定原则。但由于《汉堡规则》的规定过于超前,国际海运强国所代表的船方对此产生根深蒂固的反感,所以《汉堡规则》在国际上很少被运用。我国《海商法》是在参照《海牙-维斯比规则》的基础上,部分吸纳《汉堡规则》的一些符合海运发展趋势的内容而建立的。一般认为,我国《海商法》采用的是不完全过失责任,其中关于船舶潜在缺陷的免责条款则是采纳《海牙-维斯比规则》的免责条款制定而来,秉承了承运人有限责任和最低限度责任的思想。因此,在船舶潜在缺陷是否经谨慎处理的认定标准上不应该采用更为严格、更为谨慎的标准来进行审查,承运人只需要履行 ISM 规则第十条规定或其他法定的正常船舶维修、保养、年检工作就应该认定为经谨慎处理。

船舶潜在缺陷,从其概念上看可知其已经包含了"经谨慎处理未发现"的内容,因此,将来《海商法》在修改时,应将第五十一条第(十一)免责条款中船舶潜在缺陷的定语"经谨慎处理仍未发现的"删除,避免同义重复,从而造成司法实践中的当事人或法院对该免责条款产生不同的理解,致使各地司法裁判尺度的不统一。

(原载于《人民司法案例》2017 年 3 月第 8 期)

厦门亿恒进出口有限公司与嘉可胜物流（上海）有限公司海上货物运输合同案

郭昆亮

（一）首部

1. 判决书字号：厦门海事法院（2016）闽72民初397号判决书。

2. 案由：海上货物运输合同。

3. 诉讼双方：

原告：厦门亿恒进出口有限公司（下称"亿恒公司"），住所地福建省厦门市湖里区安岭二路86号六层610单元。

法定代表人：肖翔宇，该公司经理。

委托诉讼代理人：陈川，福建天衡联合律师事务所律师。

委托诉讼代理人：陈嘉莉，福建天衡联合律师事务所实习律师。

被告：嘉可胜物流（上海）有限公司（下称"嘉可胜公司"），住所地中国（上海）自由贸易试验区华京路418号1幢1A室B115部位。

法定代表人：吴嘉璋，该公司经理。

委托诉讼代理人：梁宝文，广东金地律师事务所律师。

委托诉讼代理人：牟建，广东金地律师事务所律师。

4. 审级：一审。

5. 审判机关：厦门海事法院

独任庭成员：审判员：郭昆亮。

6. 审结时间：2016年12月22日。

（二）诉辩主张

原告亿恒公司诉称，2016年1月8日，原告通过电子邮件委托被告订舱，安排三个货柜的现代花岗岩石制品从厦门运至墨西哥拉萨罗卡德纳勒港口，船名为 XIN LOS ANGELES,航次为 0114E,船期为 2016 年 1 月 23 日,货物总价共计 26 702.37 美元。被告通过电子邮件的形式扫描其盖章的提单发送给原告,提单的号码为 ALJGLSHA006,集装箱号分别为:GATU1183610、CLHU2319811、FCIU2964789,提单上记载的托运人为原告,承运人为被告。原告因还未收齐客户余款,多次向被告告知必须凭原告提供的正本提单才能放货,但经查询装载该票货物的三个集装箱分别在 2016 年 3 月 8 日、3 月 11 日、3 月 12 日已空箱返回,该票货物已经被提走。被告的违约放货行为,导致原告的货款除此前收到的一部分货款 5 700 美元外,余款 210 02.37 美元未能收回。为此,诉请判令:(1)被告嘉可胜公司赔偿因违约放货造成原告的货款损失 21 002.37 美元;(2)被告嘉可胜公司承担上述货款的利息损失(按报关时美元兑人民币汇率 1:6.5 折合为人民币 136 515 元,以此为基数自货物被放货的 2016 年 3 月 12 日起至实际付款日止按银行同期贷款利率计算)。

被告辩称,(1)被告只是代理人,不是承运人。本案货物买卖采取 FOB 贸易模式,运费由买方支付,买方指示被告与墨西哥代理公司、船务公司联络,被告进行订舱等货物代理辅助工作,并不收取运费,在被告协助买方安排相应船舱和报关,且相应货物送达目的港后,被告的义务已经基本履行完毕。(2)被告没有过错,不应当承担原告的货物损失。本案中被告对相应货物没有控制权,对是否放货、是否付款等行为都无法控制和掌握,还一直协助原告要求墨西哥代理方在未收到原告指令情况下不得放货,已经尽到了勤勉责任。因买方没有进口权,导致买方一直不能提货,墨西哥代理公司鉴于货值较低,长期存放产生较多仓租和管理费,拒绝听从原告和被告指示就采取了处理措施。(3)原告自身应承担主要责任。本案相应的墨西哥代理方与运输方都由原告提供,原告仅关注其货款,而拒绝采取措施避免损失的进一步扩大。

(三)事实与证据

厦门海事法院经公开审理查明:被告系在交通运输部办理提单登记的无船承运业务经营者。2016 年 1 月 8 日,原告通过电子邮件委托被告订舱,安排三个货柜的现代花岗岩石制品从厦门运至墨西哥拉萨罗卡德纳勒港口。

2016 年 1 月 23 日,被告缮制了提单号为 ALJGLSHA006 的提单,于 2 月 18 日扫描后通过电子邮件发送给原告。提单载明:集装箱号分别为:GA-TU1183610、CLHU2319811、FCIU2964789,船名为 XIN LOS ANGELES,航次为 0114E,装船日期为 2016 年 1 月 23 日,托运人为亿恒公司,收货人为 ALIA GLOBAL LOGISTICS,承运人为嘉可胜公司。货物运抵目的港后已卸下并被处理。

另查明,案涉货物贸易成交方式为 FOB,货物出口报关价值为 26 702.37 美元,原告收到买方部分货款 5 700 美元,余款 21 002.37 美元未收到。

上述事实有下列证据证明:

原告证据:(1)工商局网上查询的被告基本信息,用以证明被告的主体资格;(2)中华航运网查询的被告提单备案情况,用以证明本案提单已在国内备案;(3)出口货物报关单,用以证明该票货物的货值为 26 702.37 美元;(4)2015 年 12 月 23 日—2016 年 1 月 4 日原告与被告的往来电子邮件;(5)订舱单;(6)电子排载确认单;(7)被告发给原告的费用确认;(8)增值税发票,证据(4)～(8)共同用以证明 2016 年 1 月 8 日原告通过电子邮件委托被告订舱,安排一批石材制品从厦门运至墨西哥拉萨罗卡德纳勒港口;(9)提单及(10)提单翻译件,共同用以证明被告发送提单的内容;(11)2016 年 2 月 23 日—3 月 1 日原告与被告的往来电子邮件,用以证明原告因还未收齐客户余款,多次向被告告知必须要凭原告提供的正本提单才能放货;(12)网上查询的该票货物集装箱信息,用以证明装载该票货物的三个集装箱分别在2016 年 3 月 8 日、3 月 11 日、3 月 12 日空箱返回,货物已被提走;(13)形式发票及(14)电汇凭证,共同用以证明原告的货款除此前收到的一部分货款5 700 美元外,余款 21 002.37 美元未能收回;(15)发送电子排载确认单[证据(6)]的双方往来邮件;(16)形式发票[证据(13)]的翻译件;(17)电汇凭证,作为证据 14 的补充。

被告证据:原、被告往来电子邮件,用以证明原告知道买方已支付货款,相应货物提取并非被告指示行为。

(四)判案理由

厦门海事法院经审理认为:本案为海上货物运输合同纠纷。案涉货物运输的目的港在墨西哥,故本案为涉外民事案件。双方当事人均为中国法人,援引中国法律且未提出法律适用异议,根据《中华人民共和国涉外民事关系法律适用法》第四十一条和《最高人民法院关于适用〈中华人民共和国涉外民事关系法律适用法〉若干问题的解释(一)》第八条第二款的规定,本案适用中国法。本案争议焦点在于:(1)原、被告之间是否成立海上货物运输合同关系;(2)被告是否应当承担赔偿责任。

1.原、被告之间是否成立海上货物运输合同关系

被告是一家取得无船承运业务经营资格的货代企业,其接受原告委托订舱,签发了托运人为原告的提单,并在签发栏处签章表明其为承运人,本案存在提单所证明的运输合同关系。根据《最高人民法院关于审理海上货运代理纠纷案件若干问题的规定》第四条第一款"货运代理企业在处理海上货运代理事务过程中以自己的名义签发提单、海运单或者其他运输单证,委托人据此主张货运代理企业承担承运人责任的,人民法院应予支持"的规定,被告应承担承运人责任,被告关于其并非承运人的抗辩不成立。本院认定,原、被告之间成立海上货物运输合同关系,原告是托运人,被告是承运人。

2.被告是否应当承担赔偿责任

被告主张已将正本提单交给原告,应当承担举证责任,但其没有提交证据证明,应当承担举证不能的后果,故本院认定被告未将正本提单交给原告。

原告提交关于案涉集装箱已投入到其他航次流转和运输的证据,被告对此不予认可,但在答辩状中承认案涉货物已在目的港被处理,构成诉讼上的自认,故本院认定案涉货物已在目的港被处理。根据《中华人民共和国海商法》第七十一条规定,提单是承运人保证据以交付货物的单证。提单中载明的向记名人交付货物,或者按照指示人的指示交付货物,或者向提单持有人交付货物的条款,构成承运人据以交付货物的保证。案涉提单为记名提单,被告没有证据证明已将货物交给提单上载明的收货人,也没有证据证明其没有过错以及原告具有过错,其抗辩没有依据,应当承担违约责任。

被告违约行为导致原告货款损失,应予赔偿。原告要求按报关单记载的26 702.37美元扣除其收到的5 700美元的差额21 002.37美元作为货款损失。本院认为,原告提交了出口货物报关单、形式发票及买方付款水单作为货款损失的证据,且被告对损失金额未提出异议,故应认定原告的货款损失

为 21 002.37 美元。原告出口货物收取的是美元货款,原告按美元计算赔偿金额的主张应予支持。

原告还主张 21 002.37 美元按货物报关时的汇率 1∶6.5 换算的人民币金额为基数,从违约放货的 2016 年 3 月 12 日起按银行同期贷款利率计算利息损失。本院认为,被告的违约行为造成原告不能收回货款,原告主张利息损失,应予支持,但原告未提交证据证明如果没有无单放货行为发生,其即能在 2016 年 3 月 12 日收到该笔货款,所以原告主张自该日起算利息没有根据,本院酌定自起诉之日,即 2016 年 4 月 13 日起算利息损失。因原告要求按美元计算货款损失,也应按同一币种的利率计算利息损失,故本院对原告要求按人民币贷款利率计算利息损失的主张不予支持,利息损失应按同期美元活期存款利率计算。

（五）定案结论

厦门海事法院依照《中华人民共和国合同法》第一百零七条、第一百一十三条第一款,《中华人民共和国海商法》第七十一条,《中华人民共和国涉外民事关系法律适用法》第四十一条和《最高人民法院关于适用〈中华人民共和国涉外民事关系法律适用法〉若干问题的解释(一)》第八条第二款,《中华人民共和国民事诉讼法》第六十四条第一款的规定,判决如下:

1. 被告嘉可胜物流(上海)有限公司应于本判决生效之日起五日内赔偿原告厦门亿恒进出口有限公司 21 002.37 美元,并赔偿该款自 2016 年 4 月 13 日起按同期美元活期存款利率计算的利息;

2. 驳回原告的其他诉讼请求。

（六）解说

本案是一起涉外海上货物运输合同纠纷,与一般的无单放货纠纷案件不同,原告是货物的托运人,但并不持有正本提单。被告以自己的名义签发提单,并通过电子邮件发送扫描件给原告,但未将正本提单交给原告,后货物在目的港被提取,原告未收到货款,故诉请判令被告承担违约放货造成的货款损失。法院认定被告承担责任的理由主要是:被告接受原告委托订舱,签发了托运人为原告的记名提单,并在签发栏处签章表明其为承运人,本案存在提单所证明的运输合同关系。被告作为承运人,未提交证据证明将货物交给记名提单上记载的收货人,违反了向提单上的记名收货人交付货物的义务,造成原告损失,应当承担违约责任。

本案被告(承运人)因未将货物交给提单上记载的记名收货人而承担赔偿责任,值得进一步探讨的是:承运人未将正本提单交给托运人,如果承运人向提单上记载的记名收货人交付货物,是否仍承担赔偿责任?

笔者认为,根据《中华人民共和国海商法》第七十一条的规定,记名提单是承运人保证据以交付货物的运输单证,提单中载明的向记名人交付货物的条款,构成承运人据以交付货物的保证。这一规定包含两层含义:一是应当将货物交给记名提单上载明的收货人;二是承运人应当凭单交货。凭单交货是承运人应承担的保证义务,与订立和履行运输合同的目的相一致。在适用中国法律的情况下,记名提单也应凭单放货。无单放货纠纷案件中,原告持有全套正本提单的事实主要是证明:(1)提单持有人系提单权利人;(2)提单持有人凭正本提单无法提货,承运人未凭正本提单交货。通常情况下,承运人签发提单后,会将正本提单交给托运人,托运人再将提单转给收货人,收货人凭正本提单提货。如果承运人签发提单后未将正本提单交给托运人,提单载明的托运人原本有权取得提单,虽然不是"正本提单持有人",因其与承运人存在运输合同关系,仍有权提起诉讼。如果承运人不能证明提单已交给了托运人,可推定其不是凭正本提单交货。承运人未将正本提单交给托运人,即使货物交给了提单上记载的记名收货人,承运人仍违反了凭单交货的义务,使托运人失去了对货物的控制和处分权,应当承担责任。

(原载于 2017 年《厦门海事审判》第 4 期)

大连船用柴油机厂、中国太平洋财产保险股份有限公司大连分公司诉泉州顺通轮船有限公司水路货运合同及水路货运合同代位求偿案

陈萍萍

（一）首部

1. 判决书字号

一审判决书：厦门海事法院（2006）厦海法商初字第 268 号。

二审判决书：福建省高级人民法院（2007）闽民终字第 170 号。

2. 案由

水路货运合同及水路货运合同代位求偿。

3. 诉讼双方

原告：大连船用柴油机厂（下称"柴油机厂"）。

法定代表人：邹志明，厂长。

委托代理人（一、二审）：林鹏鸠，辽宁恒信律师事务所律师。

原告：中国太平洋财产保险股份有限公司大连分公司（下称"大连太保"）。

负责人：金鹏，总经理。

委托代理人（一、二审）：陈小岗，男，该公司职员。

委托代理人（一、二审）：林鹏鸠，辽宁恒信律师事务所律师。

被告：泉州顺通轮船有限公司（下称"顺通公司"）。

法定代表人：郭跃民，总经理。

委托代理人（一、二审）：张东山，福建勤贤律师事务所律师。

4. 审级

二审。

5.审判机关和审判组织

一审法院:厦门海事法院。

合议庭组成人员:审判长:李洪;审判员:陈萍萍、林静。

二审法院:福建省高级人民法院。

合议庭组成人员:审判长:薛琦;代理审判员:陈国雄、张果。

6.审结时间

一审审结时间:2006年12月25日。

二审审结时间:2007年6月29日。

(二)一审诉辩主张

1.两原告诉称:2006年5月26日,柴油机厂将其所有的船用柴油机一台及附件交由被告顺通公司所有并经营的"宝安城"轮运输,被告出具了水路货物运单。2006年5月28日,"宝安城"轮航行至连云港以东附近海域时发生事故倾覆沉没,货物全损,造成损失约3 639万元(人民币,下同)。大连太保是案涉货物的保险人,已向柴油机厂支付了货物保险赔款3 615万元并取得相应代位求偿权。两原告认为,被告作为承运人,因过错而致案涉货物毁损,无权限制其赔偿责任,故诉请判令被告赔偿大连太保保险赔款3 615万元及利息损失,赔偿柴油机厂货物吊具、支撑件等损失约24万元及利息损失。

2.被告辩称:首先,其与两原告之间并无直接的运输合同关系,两原告的诉讼请求违反了"合同相对性"原则,应予驳回;其次,案涉事故构成不可抗力,承运人依法可以免责;第三,即使不能免责,承运人的赔偿责任也应限制在其依法设立的海事赔偿责任限制基金范围内;第四,两原告未能对其主张的损失承担举证责任。故请求驳回两原告的诉讼请求。

(三)一审事实和证据

厦门海事法院经公开审理查明:2006年5月26日,柴油机厂将其售与上海外高桥船厂的价值3 615万元(含增值税及进口件)的一台船用柴油机以及价值为231 939元的吊具及支座等交由顺通公司所属"宝安城"轮由大连运往上海,顺通公司签发了托运人为柴油机厂、收货人为上海外高桥船厂的水路货物运单。柴油机厂出具《系固情况说明》确认"该船所采用的绑扎系固方式也是我厂 20 余年来一直安全、可靠运抵所有目的港所用的绑扎系固方式"。经海事部门签证后,"宝安城"轮从大连启航,5 月 28 日凌晨在黄海中部 34°18.835′N、122°29.920′E 附近海域突遇大风浪,船舶左右剧烈摇晃,船长采取了调整航向的避风避浪措施,但第二货舱内货物发生移动,右舷前部舱壁有一破洞并有海水大量涌入,船员采取堵漏、排水等抢险措施后,由于货物棱角正好挡在破损处,且进水量大,堵漏未果。5 月 28 日 0430 时,船舶右倾达 20°～30°,船长根据当时的情况决定弃船,轮机长在机舱进行了必要的处置,0650 时"宝安城"轮沉没,船舶和货物全损。事故发生后,大连太保作为案涉货物的保险人赔付 3 615 万元给柴油机厂并就该部分赔款取得该厂的权益转让书。

经调查,连云港海事局于 2006 年 9 月 28 日就案涉事故出具了《事故调查报告》,确认"宝安城"轮在事故航次时所持有的船舶证书及船员适任证书均在有效期内,并认定事故原因为:"宝安城"轮自石岛续航时未收到大风预报,在航行途中突然遭遇 9～10 级大风的恶劣气象海况,船舶大幅度剧烈横摇,第二货舱内大件货物向右移动,货物棱角撞破货舱舱壁,船舶大量进水,且堵漏未果,导致船舶沉没;恶劣气象海况是造成"宝安城"轮大幅度剧烈横摇、货物移动触损舱壁、船体进水沉没的主要原因和直接原因,调查中未发现有人为过失。

事故发生后,顺通公司向法院申请就本次事故设立了 219 521.5 计算单位的海事赔偿责任限制基金。

上述事实有下列证据证明:

1. 水路货物运单、交接货清单;

2. 货物模拟配载图、载货舱中固定示意图;

3. 被告致海事局的船舶沉没报告、船长出具的水上交通事故报告书;

4. 法院向江苏省气象局调取的气象资料;

5. 柴油机销售合同和买方致保险人确认函;

6. 货物运输保险凭证、收据和权益转让书、保险赔款发票和银行转账支票存根;

7. 吊具及支座的配套产品合同、使用图纸;

8.《"宝安城"轮沉没事故调查处理通知书》及《事故调查报告》;

9.《关于 6S70MC 主机装船发运绑扎系固的情况说明》；

10."宝安城"轮所有权证书、国籍证书、检验证书、船舶最低安全配员证书、船舶出港签证报告单、船员适任证书、船舶签证簿、海图；

11.航海专家邵哲平（集美大学航海学院教授、博士、远洋 A 类船长，曾任"雪龙"科学考察船船长，现为厦门海上交通安全专家小组成员）就本案事故航海方面的专门性问题进行了说明。

（四）一审判案理由

厦门海事法院经审理认为，第一，柴油机厂将货物交由被告运输，其作为货物的所有权人和运单载明的托运人，有权在货物灭失的情况下向承运人索赔。大连太保作为保险人在支付了保险理赔款后，依照我国《海事诉讼特别程序法》第九十三条的规定，就该部分损失依法取得代位求偿权。第二，案涉航次，"宝安城"轮的船舶证书均在有效期内，船员配备符合最低安全配员要求，原告出具的《系固情况说明》也确认开航前货物已进行适当绑扎系固；"宝安城"轮开航前已获得连云港海事局的出港签证，说明其适航性得到了海事主管当局的认可；《事故调查报告》认定船长及船员在突发恶劣气象和海况时采取了合理的避风避浪措施，在货物撞破船舱壁后也采取了合理的救济措施进行堵漏、排水，堵漏未果系因货物棱角挡在破损处且进水量大所致。在船体大幅度倾斜时，船长做出弃船决定是正确的。第三，根据《事故调查报告》、江苏省气象局和连云港气象台出具的证明以及气象台的气象预报，事发当时在事故海域确实突发 9 级以上大风并伴有 3~4 米高的大浪。第四，根据《事故调查报告》的认定，本案事故原因系船舶在航行途中突然遭遇大风并伴有高浪的恶劣气象海况，船舶大幅度剧烈横摇，货物发生移动，棱角撞破货舱舱壁，船舶大量进水，且堵漏未果，导致船舶沉没。海事局在调查中未发现有人为过失。综合《事故调查报告》、被告举证、专家意见的内容及法院的调查取证，在原告没有相反证据的情况下，应认定本案事故构成不可抗力，被告可以免除责任。

（五）一审定案结论

厦门海事法院依照《中华人民共和国民事诉讼法》第六十四条第一款、《中华人民共和国合同法》第三百一十一条的规定，判决驳回原告柴油机厂、大连太保的诉讼请求。

案件受理费 191 960 元、调查费 1.2 万元,由两原告共同负担。

(六)二审情况

1.二审诉辩主张

上诉人柴油机厂、大连太保上诉称:(1)一审判决用不可靠不充分的间接证据、传来证据免除了被上诉人本应承担的提交船舶是否适航(包括适货)的原始证据、直接证据的义务。《事故调查报告》不能代替和免除被上诉人应负的举证责任;一审判决对事故当时海上气象的证据调查认定,违反程序、违背科学,也不符合免责抗辩举证责任的要求,否定上诉人提供的"保险公估人事故调查分析报告及其附件材料"证据的效力缺乏依据。(2)顺通公司作为承运人未完成本案的举证责任,气象资料证明事发当时事故海域只有 5~6 级风力,最大可能只有 7 级。(3)《事故调查报告》的内容及结论不足以采信,"安全管理建议"已表明事故的次要原因或责任在于承运人。《事故调查报告》只是我国海事行政机关依照行政法规为了行政处理需要而所做的行政调查报告,其查明的原因和判明的责任并不当然适用于民事案件。(4)本案事故真正原因并非不可抗力,而是"宝安城"轮不适航,船员不合格,货物绑扎系固不当,船员起航、驾驶船舶过错,且不善尽积载、运输、保管、照料货物之责等,承运人无权限制其赔偿责任。综上,请求撤销一审判决,改判被上诉人赔偿上诉人的损失。

被上诉人顺通公司辩称:(1)其已提供海事局调查报告、上诉人系固说明、有关船舶和船员证书、相关的天气预报与实测资料、权威专家证人等一系列证据材料,证明本案事故纯系不可抗力所致,上诉人对此有异议但并未举出反证。(2)《海事调查报告》是国家行政机关依法调查后做出的文书,且得到相关证据的印证,具有较高的证明力,上诉人有异议但同样未能举出反证。(3)一审中双方提供的气象证据存在明显矛盾,法院依职权进行核实,并基于实测数据做出综合判断,最终排除了上诉人证据材料的做法是正确的。(4)上诉人提交公估公司验船师出具的"报告"反驳《海事调查报告》,但验船师并不具有船舶驾驶和航海气象方面的资质,其报告的证明力远不及国家海事部门依职权做出的海事调查结论。(5)案涉事故完全是"不可预见、不可避免并不能克服"的不可抗力所致,被上诉人没有过错,依法可以免责,即使不能免责,也应限制赔偿责任。(6)两原告并未就其损失充分举证,所提交的销售合同文本上还有多处删改,可信度有限,应承担不利后果。综上,上诉人的上诉理由不能成立,恳请依法驳回上诉,维持原判。

2.二审事实和证据

福建省高级人民法院经审理,确认一审法院认定的事实和证据。

3.二审判案理由

福建省高级人民法院认为:(1)柴油机厂出具的《系固情况说明》表明船方对货物已采取了适当的绑扎系固方式,在配载货物方面并无过失;船舶适航证书在有效期内,经船检机构检验认可并同意展期,说明不存在影响适航性的缺陷;船员配备符合最低安全配员要求;船舶开航前获得海事局出港签证,证明船舶的适航性得到了海事主管当局的认可;《事故调查报告》确认在事故中未发现有人为过失;(2)一审法院依职权调取的气象资料证实,2006年5月28日凌晨0015时连云港港口出现了9级的大风;(3)本案事故的发生符合"不能预见、不能避免并不能克服"的情形,应认定构成不可抗力。依照我国《合同法》第三百一十一条的规定,承运人对因不可抗力所致的货物灭失或损坏,不承担赔偿责任。

4.二审定案结论

福建省高级人民法院认为,一审判决认定事实清楚、适用法律正确。本案事故的发生属不可抗力所致,顺通公司作为承运人依法可以免责。依照《中华人民共和国民事诉讼法》第一百五十三条第一款第(一)项之规定,判决驳回上诉,维持原判。

二审案件受理费191 960元,由两上诉人共同负担;一审案件受理费、调查费按原判执行。

(七)解说

本案是一起因不可抗力引发货损,保险人在赔付货主绝大部分损失、取得代位权后,与货主一起向承运人求偿的案件。尽管被告曾提出与两原告没有合同关系以及两原告未能证明损失数额的抗辩理由,但这些都不是双方争辩的重点。本案双方争辩的重点乃在于:

1."宝安城"轮在开航前和开航当时是否适航、适货

本案属于沿海运输纠纷，因此有关承运人与托运人、收货人的权利义务不适用《海商法》第四章而适用我国《合同法》的规定。尽管如此，无论是沿海运输承运人还是国际海上运输承运人，都负有保证船舶适航、适货的义务。船舶的适航性，是指船舶可以抵御航行的风险并适于水路货物运输的能力或者状态，主要包括三个方面的内容：第一，船舶的船体、船机在设计、结构、性能和状态等方面，可以抵御合同约定的航次中通常出现的或者能够合理预见的风险。第二，妥善配备船员、装备船舶和配备供应品。船舶所配备的船员在数量上，应满足船舶正常航行、值班或作业的需要，在质量上，船员需持有相应的职务证书，具有通常要求的知识和技能；船舶在各方面应具有完善的装备，包括雷达、罗经等助航仪器，锚、缆等系泊设备，海图、航路指南等航海图书资料均应齐全，并能可靠地使用；船舶还必须带足燃料、物料、淡水、食品和其他消耗品，供在下一停靠港添加之前使用。在配备供应品上，除需正确计算航程和航次所需时间外，通常还需要考虑供应品的质量、航次中的风浪情况及其他可能出现的情况，留有安全系数。第三，使货舱、冷藏舱、冷气舱和其他载货处所适于并能安全收受、载运和保管货物，通常被称为船舶适货。

本案中，"宝安城"轮的船舶证书均在有效期内，案涉船舶经船检机构检验认可并同意展期，船员配备符合最低安全配员的要求，开航前"宝安城"轮已获得连云港海事局的出港签证，这些说明该船具备适航性。事故发生后，连云港海事局在《事故调查报告》中已对责任原因进行了认定，明确未发现有人为过失。《事故调查报告》中的"安全管理建议"，是海事主管部门从行政管理的角度，要求航运企业从海难事故中总结经验教训，提高预防能力，而不是认定航运企业存在"安全管理建议"中所罗列的问题或责任。

承运人负有适货义务，包括妥善地装载、搬移、积载、运输、保管、照料和卸载所运货物，这七个环节贯穿于承运人从接收货物到交付货物的全过程。柴油机厂出具的《系固情况说明》载明"该船所采用的绑扎系固方式也是我厂20余年来一直安全、可靠运抵所有目的港所用的绑扎系固方式"，说明船方对货物已采用了适当的绑扎系固方式，在配载货物方面是没有过失的。

2.遭遇大风时船长、船员采取的施救措施是否适当、合理

根据《事故调查报告》认定的事实，在突发恶劣气象和海况时，船长及船

员首先采取了调整航向这一合理的避风避浪措施,由于风大浪高,航向虽然调整,但船舶仍然大幅度摇摆,造成货物撞破船舱壁、海水大量涌入。此时船长及船员采取及时地堵漏、排水,但由于货物棱角正好挡在破损处,而案涉货物系大件货物,无法移动,且因进水量大,堵漏未果。在船体倾斜20°~30°时,船长决定弃船,这个决定本身以及时机都是正确的,否则有可能在发生船货损失后进一步造成人命损失。从事故发生前后的整个过程看,船长、船员所采取的措施是适当和合理的。具有较丰富航海经验的远洋 A 类船长、航海专业的教授、博士也就此出具专家证言,证实"宝安城"轮船长和船员所采取的措施是适当和合理的。

3. 事故海域是否有突发的恶劣气象

对于事故当时的风力、海况,双方当事人各自提供了一系列证据加以证明,在证据相矛盾的情况下,一审法院为查明事实,保护当事人的合法权益,依职权到江苏省气象局调查取证,符合我国《民事诉讼法》第六十四条规定的"人民法院认为审理案件需要的证据"的情形,并无不当。一审法院向江苏省气象局调取的《气象证明》载明:"根据江苏省自动站气象记录,2006 年 5 月 28 日凌晨 0 时 15 分连云港港口出现了 21. 3 米/秒(9 级)的大风。"又据一审法院对江苏省气象局工程师金培兰的调查笔录:"我们当时出的证明是地面上观测站的记录,因此有差异,海面上的风力应以自动站的为准。"沿海自动气象站是国家气象局组织的有关专家经过论证、对比测试后而设立的,证实可以用来表征沿海的气象状况。江苏省气象局根据江苏省自动站气象记录出具的《气象证明》,更能反映事故当时海面的风力状况,其之前出具的《气象证明》反映的是连云港地区地面的风力状况,二者并不矛盾。由此可以判定,2006 年 5 月 28 日凌晨连云港海域确实出现过 9 级的大风。

4. 本案事故是否构成不可抗力

依照我国《合同法》第一百一十七条第一款的规定,不可抗力是指不能预见、不能避免并不能克服的客观情况。据此,不可抗力的成立,客观方面要求事件必须具备不能避免和不能克服的特性,即必须是纯粹由于外来的客观原因导致了损害结果的发生,被告的行为与损害不存在任何因果关系,主观方面则要求事件不能预见,当事人主观上没有过错。案涉事故的不可预见、不可避免和不可克服可从以下三方面得到印证:(1)行船中海洋气象海况经常会出现突然的变化，船方是无法预见的，事故海域突发九级以上大风说明了本案恶劣气象海况的不可预见性与不可避免性；（2）船是按照预定航线航行的，突然遇到大风后会转向进行避风，船长的操作并没有过失，且船舶航行在大海中，无法靠岸避风，因此无法避免事故的发生；（3）在货物撞破船舱壁后，船长和船员及时采取了堵漏、排水的措施，但因货物棱角正好挡在破损处，且进水量大，在无法奏效、无法克服的情况下只好弃船，并不存在过失。由此可知，"宝安城"轮沉没是突然遭遇恶劣气候、海况所致，事故原因中不存在人为的疏失。连云港海事局就该起事故的情况进行了调查分析并制作了《事故调查报告》。根据我国《海上交通安全法》第四十三条"船舶、设施发生的交通事故，由主管机关查明原因，判明责任"及《最高人民法院关于民事诉讼证据的若干规定》第七十七条第（一）项的规定，连云港海事局作为本案事故的调查主管机关，其所做《事故调查报告》的证明力应予确认。

综上，本案事故的发生符合"不能预见、不能避免并不能克服"的情形，应认定构成不可抗力。"宝安城"轮在开航前适航、适货，船长、船员在突遇恶劣海况和气象时以及船舶遇险前所采取的诸项措施也是适当合理的。因此，依照我国《合同法》第三百一十一条的规定，承运人对因不可抗力所致的货物灭失或损坏，不承担赔偿责任。

（原载于《中国审判案例要览》2008年商事卷）

多式联运合同承运人追偿的法律问题

——原告美亚财产保险公司诉被告福州诚屹物流公司、
海口南青上海分公司多式联运合同保险人代位追偿纠纷案

邓金刚

【案情】

原告:美亚财产保险公司。

被告:福州诚屹物流公司。

被告:海口南青上海分公司。

2013 年 5 月,泰州某生物饲料公司(下称"饲料公司")委托广州市某物流有限公司(下称"A 物流公司")将一批菜粕从福州福清运往泰州兴化市。为完成该运输任务,A 物流公司委托福州诚屹物流公司办理提取集装箱运送至装货地点,待装货完毕再将集装箱运送至码头以便装船的业务;委托给海口南青上海分公司承运福州至泰州的水上运输;委托 B 公司办理泰州至兴化仓库的陆路运输。案涉的水路集装箱货物运单上显示的箱内货物为纸,但实际为菜粕。2013 年 6 月 9 日,货到目的地后,其中一个集装箱内货物出现存在霉变的情况。因案涉货物已向原告投保,接到出险通知后,原告委托保险公估公司对货物损坏情况、损坏原因、损失金额等进行保险检验公估。该公估公司在货物发现损坏后的当晚即到达了现场进行检验。该公估公司出具公估报告记载:"受损货物堆放在仓库内,有 15 个托盘,共计 447 袋,在查勘现场发现所有 15 个托盘上的菜粕编织袋外包装上均有明显的霉斑;经过收货人的筛选,对其中的 20 400 千克的菜粕,收货人主张不能再用于饲料生产,公估人表示基本同意;公估公司的工作人员连夜对货损集装箱进行检验,发现外观基本完好,打开箱门后,发现箱内靠近前端顶部有一处修补过的痕迹,用于修补的铁皮呈长方形,面积约为 0.5 平方米,修补区域的四周有明显焊接过的痕迹,修补用的铁皮上有明显的锈迹,该区域四周布满水珠,下方的集装箱底板比较潮湿,靠近箱门的底板相对潮湿程度较轻;集装箱在进场和出场交接时并没有显示任何异常,因天色较晚,受现场条件限制,无法确定所述集装箱修补的区域是否已经存在明显的破损;很可能是修补过的地方焊缝脱落或者生锈导致该部分区域已经产生缝隙,也很可能是集装箱在装卸叠放过程中受到碰撞而导致该部分区域产生缝隙,当然也不能排除集装箱在堆场或运输过程中曾遭遇到水的浸泡,然后水逐渐渗入到箱内,但从查勘情况看,这种可能性较小。由于所述货物在装货及运输的时候遭遇雨水天气,雨水很可能从集装箱修补区域渗入箱内,装货到卸货历时约两个星期,由于当时气温较高,水汽在集装箱内串流弥漫,菜粕作为有机物,受高温影响,在相对潮湿和密闭的环境下极易发生霉变。"该公估报告认为货损金额为 59 976 元,应理赔金额为 56 977.2 元。货损发生后,A 物流公司赔偿了饲料公司损失。2013 年 10 月 16 日,原告作为多式联运合同的保险人将该货损理赔金额支付给了 A 物流公司。

2014 年 6 月 10 日,原告向厦门海事法院起诉,该院受理后于 2014 年 6 月 30 日,以存在协议管辖为由,裁定移送上海海事法院处理。后上海海事法院将案件邮寄回厦门海事法院。为及时妥善处理该案纠纷,厦门海事法院经征得各方当事人书面同意行使管辖权后,于 2015 年 1 月 30 日立案进行审理。

原告起诉请求法院判令:两被告向原告赔偿货物损失 56 977.2 元及自原告赔付案涉保险赔偿金之日起至本案被告实际赔付之日止按人民银行同期贷款利率计算的利息。

海口南青上海分公司辩称,货物包装不符合要求、货物的自然属性和潜在缺陷是货物损坏的原因。原告的证据不能证明海口南青上海分公司在本次事故中有责任。货损发生时,原告及发货人、收货人都没有通知海口南青上海分公司发现货损的情况,货损检验的时候也没有通知海口南青上海分公司参加。原告提供的公估报告不能确定海口南青上海分公司的集装箱有缺陷、漏洞。请求驳回原告对海口南青上海分公司的诉讼请求。

福州诚屹物流公司辩称,同意海口南青上海分公司的答辩意见,并认为其在本案承运过程中没有过错;在提柜和交柜时,已确认集装箱是完好的。

【审判】

厦门海事法院认为,该案争议的焦点在于:案涉货损发生的运输区段和原因;货损的金额等。

关于案涉货损发生的运输区段和原因。厦门海事法院认为,原告对货损原因和区段的主张,主要通过其证据公估报告来证明,但从该公估报告的内容看,其只是推测菜粕霉变的原因可能是雨水从集装箱修补区域渗入箱内,在高温的环境下,菜粕发生了霉变,该结论本身既没有事实依据来认定集装箱发生了破损,也没有认定就是雨水进入导致霉变,并非是确定性的结论;从公估报告的产生情况看,该报告系原告委托完成的,没有证据表明两被告获得了一同检验的机会,或者对检验结果进行了确认,况且检验人员对于集装箱以及菜粕的专业知识和经验的情况也不明,因此该报告的结论存疑。再者,原告没有证据表明受损集装箱内货物装货时状况良好。因此,原告的证据不足以证明货损的原因系雨水通过集装箱缝隙进入而发生,且发生的时间在被告的运输责任期间。原告在庭前虽补充提交了关于公估报告的补充说明,以修正报告本身的模糊结论,但该补充说明未有公估人员签字,且该补充说明在事故发生一年之后才出具,不足以让人信服。案涉多式联运为集装箱整箱方式的门到门运输,各区段承运人与托运人、收货人之间的交接系按照集装箱的签封和外观是否完好进行交接,原告没有证据证明本案装箱和签封系由福州诚屹物流公司负责,在箱子交接单显示交接无异常的情况下,应认为承运人已完好履行了运输义务;至于箱内货物是否适合通常的运输旅程所产生的风险,应由托运人自行承担。案涉的水路集装箱货物运单上显示的箱内货物为纸的情况表明 A 公司或者其委托人在向承运人申报箱内货物情况时,为规避夏季菜粕运输的特殊性,而故意申报为纸,由此产生的箱内货物因其自然属性发生变化的风险,应由托运人承担。因此原告要求两被告承担赔偿责任,没有事实与法律依据,依法应予以驳回。至于其他争议的问题,无须再行分析认定。判决:驳回原告的诉讼请求。判决做出后,各方在上诉期内均未上诉,已经发生法律效力。

【评析】

案涉的多式联运合同涉及一段水路、二段陆路的运输。货物在目的地时才发现集装箱内货物发生了货损。作为保险人的原告在赔偿多式联运合同承运人损失后,依法提起代位追偿诉讼,要求起运地至起运港区段的承运人以及水路运输区段的承运人承担赔偿责任。该案涉及诉讼管辖权的确定、发生货物损坏区段不明时的责任承担等争议法律问题。

一、关于诉讼管辖权问题

第一种观点认为,厦门海事法院具有管辖权,理由是:甲公司与乙公司约定广州海事法院管辖的协议,因广州海事法院与争议没有实际联系而无效,而厦门海事法院为多式联运合同陆路段的合同履行地,以及水路段的起运港和其中一个被告的所在地,依法具有管辖权。此外,《民事诉讼法》第三十五条规定了几个法院都有管辖权时,原告可进行选择。

第二种观点认为,厦门海事法院不具有管辖权,理由是:尽管甲公司与乙公司约定广州海事法院管辖的协议无效,但甲公司与丙公司约定的由上海海事法院管辖的协议还是有效的;在涉及水路运输的多式联运合同承运人向各区段承运人追偿的纠纷中,"没有协议管辖的区段"应就有协议管辖的区段较为合理,因此本案应由上海海事法院管辖。

第三种观点认为,多式联运承运人与不同区段的承运人之间分别存在独立的合同,因此应按照不同合同单独进行诉讼,不能就全部的不同区段的承运人一并起诉。故该案中,原告只能就不同的合同分别进行起诉。也就是厦门海事法院对甲与乙的纠纷具有管辖权,但因甲与丙存在协议管辖,故对甲与丙的纠纷没有管辖权,因此应裁定将甲与丙的纠纷移送有管辖权的法院,即上海海事法院。

笔者认为,要甄别哪种观点合法、妥当,可以从管辖的法律规定、各方的诉讼管辖利益、确定管辖的基本原则出发来进行分析。

从协议管辖的法律规定看,《民事诉讼法》第三十四条规定,"合同或者其他财产权益纠纷的当事人可以书面协议选择被告住所地、合同履行地、合同签订地、原告住所地、标的物所在地等与争议有实际联系的地点的人民法院管辖,但不得违反本法对级别管辖和专属管辖的规定"。因此该案中,关于由上海海事法院管辖的约定有效。如果依照第一种观点,厦门海事法院具有管辖权,那么会实际造成水路区段承运人的诉讼管辖协议得不到保障,违背合同纠纷管辖的当事人意思自治原则。

从各方的诉讼管辖利益分析。货物的损害如发生于运输的各个环节,多式联运承运人的追偿势必涉及各个区段的承运人。此时,选择哪个法院进行诉讼,主动权在于多式联运承运人。但是,由于每个区段的运输都是一个单独的合同,多式联运承运人是否可以就每个区段的不同合同,选择其中一个有管辖权的法院针对所有区段的承运人进行起诉,却是一个见仁见智的问题。笔者认为,在合同诉由下,每个区段的承运人之间不存在法律上的共同责任基础或者牵连关系,因此不存在共同诉讼的法律事实,除非多式联运承运人是以侵权的事由提出诉讼。由此,第二种观点忽略了陆路区段承运人的利益,违反了《民事诉讼法》第八条关于民事诉讼当事人有平等的诉讼权利的规定。

从确定管辖的基本原则看。不同当事人之间,一个合同一个诉讼是确定管辖的通常法律基础。不同当事人之间存在不同合同的情形下,不存在可以适用其他合同当事人协议管辖的法律依据。该案中,如果多式联运承运人以侵权的事由提出诉讼,那么厦门海事法院可以对各区段的承运人的责任纠纷一并进行管辖;如果多式联运承运人以合同的事由提出诉讼,那么厦门海事法院因水路区段存在协议管辖而不具有管辖权,而只能管辖陆路区段;即使不存在协议管辖,那么厦门海事法院是否可在一个案件中受理两个不同合同的纠纷也是个争议的事项。笔者认为,该种情形下,海事法院以两案分别受理不同合同纠纷,之后依法合并审理为宜。此外,从诉讼便利原则看,各个区段的合同纠纷,依据各区段的合同进行管辖和审理,符合诉讼效率和便利的原则,便于查清事实,否则容易导致部分区段的合同当事人诉讼累赘。

综上,笔者认为,多式联运承运人以合同纠纷的诉由提起诉讼时,应根据不同区段的不同合同分别起诉,故而管辖也须依据不同合同的约定及其履行情况等来确定管辖,不能依据其中一个区段合同的情况来管辖所有区段的合同纠纷。因此,笔者赞同第三种观点。就该案而言,厦门海事法院应裁定将水路段的运输纠纷移送上海海事法院审理。上海海事法院受理后,如纠纷涉及前一区段的合同履行情况,可以裁定中止诉讼,待前一区段合同纠纷案件生效裁判做出后再行审理。但是,鉴于各方一致同意由厦门海事法院行使管辖权,故厦门海事法院行使管辖权还是合法妥当的。

二、发生货物损坏区段不明时的责任承担

多式联运合同涉及多个运输区段,在运输过程中,哪个区段发生了货损,哪个区段的承运人就须承担赔偿责任(依法可免责的除外)。但在集装箱或者密封容器的运输中,往往货到目的地时才发现货损,此时发生货损区段的确定困难重重。

难点之一:起运地货物装箱和铅封往往是发货人负责,货物在装货前是否良好无从判断。

难点之二:各区段集装箱的交接均是凭铅封是否完好、箱体是否损坏来进行的,箱内货物是否发生损坏难以判断。

难点之三:损坏发生的原因、时间点难以判断。

以该案为例,装货时,起运地陆路区段的承运人未与发货人对货物的状况进行共同的检验,无从判断装货时货物是否良好。在运输过程中铅封未发生损坏,各区段之间的交接顺利完成,无法判断货物何时开始损坏及损坏的原因。

假设该案中前述障碍不存在,即装货时已共同检验,货物良好;豆粕的损坏排除其自然属性导致,多大的集装箱缝隙才属于应发现的箱体损坏? 损坏发生的具体时间和程度不明时,举证责任的分配如何进行? 各区段的承运人应当如何承担责任?

关于多大的集装箱缝隙才属于应发现的箱体损坏问题,目前没有行业的标准,实践中,多以肉眼是否能够发现损坏作为集装箱箱体是否完好的判断依据。故多大的缝隙属于应发现的损坏、缝隙何时产生也是一个难以判断的问题。司法中,宜结合实践标准和装货要求进行认定,即不是肉眼能够发现的,不属于应发现的损坏;货物对于箱体有特殊要求或者合同有特殊约定的,则按照其特殊要求和特殊约定进行判断。

关于损坏发生的具体时间和程度不明时,举证责任的分配如何进行;各区段的承运人应当如何承担责任的问题。有两种不同的观点,其一是认为,举证责任由各区段承运人承担,举证不能时,由各区段承运人共同对多式联运承运人承担责任,各区段承运人之间则平均进行分担;其二是认为,举证责任由多式联运承运人承担,举证不能时,应驳回其诉讼请求。笔者赞同举证

责任由各区段承运人承担的观点,即多式联运承运人只需要提出证据证明货物在交付给第一区段承运人时状况良好,而货物在目的地收货时发生了损坏,那么各区段的承运人就应提出证据证明损坏并非发生在其实际承运的区段,否则就应承担责任。理由之一在于,各区段的承运人实际办理了货物的交接和运输,对于货物交接的证据,以及反映货物在运输过程中状况的证据直接掌握且更为接近;理由之二在于,在货物损坏时间点不明时,由多式联运承运人单独承担责任,既与举证责任分配的规则不符,也违背公平的法律原则,即多式联运承运人对非其原因导致的损坏承担最终的责任,违背公平原则。

就该案而言,原告没有举证证明货物在装货时状况良好,以及货物损坏并非因为货物的自然属性而发生,因此无法适用前述的举证规则,导致其诉讼请求被驳回。

（原载于 2016 年《世界海运》第 3 期）

如何甄别"债务转移"与"约定由第三人承付"

邓金刚

【案情】

2001 年 7 月至 8 月，被告 B 公司因代理 C 公司出口货物的需要，委托原告 A 公司对出口货物的运输进行代理。截至 2001 年 9 月 12 日，被告 B 公司因上述业务尚欠原告 A 公司的款项为 23 829 元（人民币，下同）和 10 300 美元。2001 年 9 月 12 日，原告 A 公司传真给被告，确认被告 B 公司因 2001 年 7、8 月份业务所欠原告 A 公司的款项 23 829 元和 10 300 美元由 C 公司承付。另原告 A 公司在 2001 年 9 月 12 日前，实际上就已收到 C 公司和货主支付的上述欠款中的 4 700 美元及 6 000 元。2001 年 12 月 16 日，C 公司向原告 A 公司出具了还款计划书，原告 A 公司在该还款计划书上盖章予以确认，该还款计划书上载明："对关于我方拖欠贵司的船运费 5 625 美元和人民币 26 329 元一事，我司承认并保证以下列的付款方式付清欠款：……"2001 年 12 月 18 日，原告 A 公司收到 C 公司支付的 10 000 元。2002 年 3 月 5 日，原告 A 公司又收到 10 000 元。

2001 年 9 月至 2002 年 3 月间，原告 A 公司与被告 B 公司之间仍发生了一些货运代理业务。

被告 B 公司辩称，原告 A 公司请求被告支付款项没有事实和法律依据，请法院予以驳回。答辩人与 C 公司签订了货运代理协议，约定相应的费用由 C 公司承担。委托货物出口时由哪一家货代公司代理是由 C 公司决定的。2001 年 7、8 月份的费用已经由原、被告双方和 C 公司之间达成了债务转移的协议。因此，原告 A 公司应向 C 公司主张。

【审理】

厦门海事法院经审理认为,在 C 公司同意的情况下,原告 A 公司既已确认被告 B 公司因 2001 年 7、8 月份业务所欠原告 A 公司的款项 23 829 元和美元 10 300 元转由 C 公司承付,被告 B 公司所欠原告 A 公司的上述款项,依法已转由 C 公司承担。也就是说,C 公司取代了被告 B 公司成为支付上述款项的义务人,而被告 B 公司则不再是上述款项的付款义务人,因此原告 A 公司认为被告 B 公司仍是付款义务人,仍应承担付款义务的主张,本院不予支持。依照《中华人民共和国合同法》第八十四条、《最高人民法院〈关于民事诉讼证据的若干规定〉》第二条的规定,判决:驳回原告 A 公司的诉讼请求。宣判后,原、被告双方在上诉期内均未上诉。

【评析】

本案涉及如何甄别合同履行中的债务转移与双方约定由第三人承付的问题。

"债务转移"在《合同法》中的相关规定见第八十四条"债务人将合同义务全部或部分转移给第三人的,应经债权人同意"。通过对该条文的理解,可以得出,"债务转移"需依据债权人、债务人以及第三人之间的协议,方能产生;"债务转移"包括全部的债务转移和部分的债务转移两种形式;第三人自愿承担债务,以及债权人对债务转移的认可,是"债务转移"得以成立不可或缺的条件。

"约定由第三人履行"在《合同法》中的相关规定见第六十五条"当事人约定由第三人向债权人履行债务的,第三人不履行债务或履行债务不符合约定,债务人应当向债权人承担违约责任"。通过对该条文的理解,可以得出,"约定由第三人履行"系指合同当事人约定由第三人向债权人履行合同债务;"约定由第三人履行"只要有合同当事人约定即可成立,并且合同债权人无须知道第三人是否愿意履行、是否有能力履行,第三人与合同债权人之间没有直接的债权债务关系;第三人不管有无履行合同当事人所约定的债务,合同债权人都无权对第三人提出要求,即使提出要求,第三人也可不予理睬;第三人如履行合同当事人所约定的债务,须是以自己的名义,清偿合同债务人所欠合同债权人的债权,而不能是清偿自己的债务,也不能是以债务人的名义进行清偿,否则就成为"代理人清偿"而非"约定由第三人履行"的情况。

二者的相同之处有：一、都存在合同债务人与第三人之间的约定；二、都存在合同债权人与合同债务人之间关于债务履行的约定；三、债权人债权获得清偿的手段都是第三人的履行行为。正是由于存在这些相同之处，导致实务中对合同当事人的行为是"债务转移"或是"约定由第三人履行"存在不同的理解，使纠纷得以产生。

二者的不同之处有：其一，约定的内容不同。"债务转移"中合同债权人与合同债务人之间约定的是债务转移由第三人承担，合同债权人与第三人之间约定的也是第三人愿意承担义务，直接向债权人清偿债务；而"约定由第三人履行"中合同债权人与合同债务人之间约定的是第三人直接向债权人清偿债务人所欠债权人的债务，合同债务人与第三人之间约定的也是第三人以自己的名义清偿债务人所欠债权人的债务。可以看出"债务转移"中合同债权人、债务人、第三人之间约定的是债务人的全部或部分更换，而"约定由第三人履行"中合同债权人、债务人、第三人之间约定的是债务由第三人辅助债务人履行，不存在对债务人更换的约定。

其二，合同债权人获得的履行保障不同。"债务转移"中合同债权人在债权得不到清偿的情况下，只能根据债务转移的情况分别向债务人或第三人主张清偿，如债务已全部转移，则只能向第三人主张清偿，无权再向债务人主张；"约定由第三人履行"中合同债权人在债权得不到清偿的情况下，只能向债务人主张清偿，而无权向第三人主张。

其三，第三人的地位不同。"债务转移"中第三人实际上已经是合同的债务人，因而享有合同债务人的权利和义务；"约定由第三人履行"中第三人只是合同债务人履行债务的辅助人，因而不是合同的债务人，也不享有合同债务人的权利和义务，与合同债权人之间并无直接的权利义务关系。

其四，第三人的履行行为不同。"债务转移"中第三人向合同债权人的履行行为，系以第三人自己的名义，清偿第三人自己所欠债权人的债务；"约定由第三人履行"中第三人向合同债权人的履行行为，系以第三人自己的名义，清偿债务人所欠债权人的债务，即第三人在履行时，须表明是偿还债务人所欠债权人的债务，否则合同债权人构成不当得利。

其五，是否存在合同债权人与第三人就债务转移达成的合议不同。"债务转移"中，存在第三人愿意与原合同债务人一起或取代原合同债务人成为合同的新债务人,承担向合同债权人履行债务的意思表示,以及合同债权人同意债务全部或部分转移给第三人承担的意思表示,并且二者的意思表示须达成一致;"约定由第三人履行"中,第三人只是以自己的名义替债务人履行义务,债权人一般无须对第三人是否愿意按照债权人与债务人之间的约定履行、是否有能力履行做出了解,因为合同的债务人始终负有清偿的责任,同样第三人一般也不会对债权人的情况做出过多的了解,因为第三人始终是按照债务人的指示操作,因而也就不存在合同债权人与第三人就债务转移达成的一致的意思表示。也就是,"债务转移"中,合同债权人、债务人、第三人之间须存在一个关于债务转移的一致的意思表示,而"约定由第三人履行"中无须依据合同债权人、债务人、第三人三方的一致意见,只需依据合同债权人与债务人之间的约定即可成立。

要正确区分二者,还应根据合同当事人约定及履行过程中的客观事实来对合同当事人行为的性质进行认定。之所以需要结合客观的事实对当事人行为的性质进行认定,主要是因为上述对"债务转移""约定由第三人履行"如何区分的理解,建立在满足一定的法律事实的基础上。因此对有关的证据进行判断,得出法律上认定的客观事实,是区分二者的前提。在客观事实认定后,方能根据事实,并结合"债务转移""约定由第三人履行"的不同构成条件,得出对当事人行为性质的正确认定。抛弃对合同当事人约定及履行过程中的客观事实的认定来对合同当事人行为的性质进行认定容易得出错误的结论,是不可取的。

从本案的情况看,2001 年 9 月 12 日传真件本身无法确认原告 A 公司同意的内容,究竟是同意债务转移给 C 公司承担,还是只是同意款项由 C 公司承付。但结合 2001 年 12 月 16 日还款计划书所能证明的 C 公司以自己的名义向原告 A 公司承诺偿还自己所欠原告 A 公司的债务,原告 A 公司也予以同意的内容,可以推断出在传真件中原告 A 公司同意的内容是同意债务转移给 C 公司承担,而不是原告 A 公司主张的其只是同意款项由 C 公司承付,因此被告 B 公司没有义务向原告 A 公司支付已经转移给他人承担的债务。

(原载于 2016 年《中国航务周刊》第 9 期)

船舶经营人（所有人）非法留置船载货物
迫使货主签订协议书构成乘人之危

游蔡墨

【案例索引】

一审：厦门海事法院（2015）厦海法事初字第78号（2016年2月18日）。

二审：福建省高级人民法院（2016）闽民终886号（2016年12月27日）。

【基本案情】

"恒辉2"轮系一艘由上海鸿盛港泰海运有限公司（下称"上海港泰公司"）通过案外人上海新鸥海运有限公司（下称"上海新鸥公司"）以"背靠背"形式定期租赁使用的往返天津—广州虎门—泉州石湖港间国内沿海集装箱货物运输班轮。石狮市恒通船务有限公司（下称"石狮恒通公司"）与蔡延博分别系该船的船舶经营人及船舶所有人。2015年2月2日，原告厦门特贸象屿发展有限公司（下称"特贸象屿公司"）委托上海港泰公司承运20个40英尺高箱的塑料米，后者出具《集装箱货物运单》，载明承运船舶为"恒辉2"轮，起运港天津，卸货港广州等。同日，"恒辉2"轮驶离天津，预计2月9日抵达广州港。在此期间，因上海港泰公司经营不善，股东突然集体失联，"恒辉2"轮滞航泉州港附近海域，未能按时将货物运抵卸货港交付。石狮恒通公司及蔡延博因无法收回船舶租金，故指令"恒辉2"轮中途停靠泉州肖厝港码头，以上海港泰公司拖欠其相关费用为由，要求包括特贸象屿公司在内的多家货主及以上海港泰公司为承租人的集装箱出租人，与之签订协议并支付集装箱货物码头装卸费、堆存费及提货费后方可办理提货提柜手续。厦门海事法院应原告申请，发出海事强制令，责令上海港泰公司、石狮恒通公司与蔡延博立即将位于泉州肖厝港及"恒辉2"轮上或其他处所的20个40英尺高箱货物交付给原告或其指定的提货人。此后，陆续应多家货主或者集装箱出租人的海事强制令申请,厦门海事法院做出裁定,要求上海港泰公司、石狮恒通公司与蔡延博交付案涉装载于"恒辉2"轮集装箱、船用燃油以及部分煤炭货物。在厦门海事法院执行上述系列案件中,在泉州肖厝港、石湖港与"恒辉2"轮上,蔡延博与石狮恒通公司法定代表人,均多次作为船方代表参与了海事强制令执行过程中的协商、处理过程。

2015年3月26日,原告特贸象屿公司与被告石狮恒通公司签订《协议书》,主要约定原告确认案涉20个集装箱货物为其所有或有权直接收回,按8 000元/自然柜(但不包括码头吊卸箱及堆存费)计算,应向石狮恒通公司指定的开户名为被告蔡静迷的个人银行账号支付款项总额为160 000元。其后,原告向蔡静迷个人银行账户汇入款项合计174 692元,其中包含石狮恒通公司垫付在码头发生的集装箱货物装卸费12 100元及堆存费2 592元。支付前述款项后,原告授权提货人在签署石狮恒通公司提供的格式提货单后,提取了案涉货物。提货单均载明:"我方确认货物状况良好,并自愿放弃向'恒辉2'轮及石狮市恒通船务有限公司提出任何主张或索赔的权利。"

原告认为,被告乘人之危,迫使其在违背真实意思的情况下订立《协议书》,属于《中华人民共和国合同法》(以下简称《合同法》)第五十四条规定的可撤销的情形。故诉请判令撤销被告石狮恒通公司与原告签订的《协议书》并由被告共同返还《协议书》项下原告已付的174 692元款项及相应利息。

【裁判结果】

厦门海事法院一审认为,原告将集装箱货物委托集装箱班轮经营人上海港泰公司运输后,因与该公司无法取得联系,导致其无法按期在目的港(地)提取货物,货物下落不明,有关货物的财产权益处于危难之中。石狮恒通公司辩称协议系双方经过协商而自愿达成的主张,也与案涉货物并未按期于2015年2月初到达目的港(地)如期交付,迟至2015年3月上旬之后,陆续才由包括原告在内的货主、集装箱出租人申请海事强制令强制要求被告石狮恒通公司、蔡延博放货、交箱等事实相矛盾。况且,"恒辉2"轮作为一从事沿海国内港口间运输班轮,负有在约定期间或者合理期间内,并按约定的或者通常的运输路线将货物从起运地点运输到约定地点进行交付的法定义务,不得擅自中途停运;更不得在法院做出相关海事强制令后,仍然乘机借故托词收取巨额款项，拒不履行裁定确定交货交箱义务。被告石狮恒通公司作为载运集装箱货物的"恒辉 2"轮出租人与船舶经营人，实际控制、占有案涉货物与海运集装箱，意图实现"恒辉 2"轮期租合同项下船舶租金债权，并获取其自身的不正当利益，名义上以自愿签订协议书形式，实际掩盖其船舶期租合同项下租金债权难以实现之目的，以滞留船舶非法留置集装箱为手段，利用原告处于危难处境，以支付高额费用换取交付货物为苛刻条件，迫使原告做出对己严重不利选择，违背原告真实意思表示。被告石狮恒通公司的上述行为显属乘人之危。根据《合同法》第五十四条规定，当事人仅在因重大误解订立合同或者在订立合同时显失公平以及一方以欺诈、胁迫的手段或者乘人之危，使对方在违背真实意思表示的情况下订立的合同，受损害方有权请求变更或者撤销。故原告关于撤销《协议书》的主张，于法有据，一审法院予以支持。因被告石狮恒通公司收取提货费 160 000 元依据的《协议书》业已被撤销，故其取得该款项即无法律依据，应予返还。

原告托运货物单据中约定的运费，业已包含货物到达目的港卸货费，故正常作业发生的码头装卸费用，本不应由原告负担。而本案发生码头装卸费用 12 100 元，系为了卸下原告托运货物所发生，被告并无垫付该款项义务。特别是本案系因集装箱班轮经营人上海港泰公司股东集体失联而引发，"恒辉 2"轮停航事出有因，被告石狮恒通公司与蔡延博作为船舶经营人与登记所有人，实际支付了靠泊卸货费用，既未从中得益获利，也无以牺牲己方利益为代价而续航并完成交付货物义务，尤其是就近靠泊卸货交付行为，符合双方利益。因此，对于原告支付的集装箱货物码头装卸费 12 100 元，被告有权收取而不予返还。

因"恒辉 2"轮靠泊肖厝港码头期间，一审法院即应原告海事强制令申请，依法做出海事强制令，责令被告石狮恒通公司、蔡延博即行交付案涉集装箱货物，并向码头发出协助执行通知书；而且被告石狮恒通公司与码头明确约定，集装箱重箱堆存费有 7 天免费期，而一审法院已于该免费堆存期间即已送达海事强制令及协助执行通知书，故因被告未及时履行裁定法定义务所产生的堆存费用，属于其违法行为所致的额外费用，应由被告石狮恒通公司、蔡延博承担。因此，集装箱货物堆存费 2 592 元应返还原告。

蔡静迷作为被告石狮恒通公司的财务人员，根据公司指示代收代付案涉款项,属于职务行为而非个人行为,应由被告石狮恒通公司承担责任。原告亦未举证证明被告蔡静迷最终从中受益,也无证据表明其参与了非法留置案涉货物。故原告对被告蔡静迷的诉请,应予驳回。

被告石狮恒通公司、蔡延博不服上诉,二审维持原判。

【典型意义】

船东在作为船舶承租人的大型集装箱班轮经营人突然倒闭的情形下,应选择合法的救济措施防止损害的扩大,不能以侵害他人合法权益的方式维护自身利益。案涉船舶经营人和所有人意图通过留置船舶及船载集装箱货物的形式,迫使货主及集装箱出租人以自愿签订协议书形式,违背自己真实的意思表示,以高额的"赎金"提取集装箱及货物,其留置船载集装箱货物的行为于法不符,已构成非法留置,而上述一系列行为符合《合同法》第五十四条关于乘人之危订立的合同可予以撤销的规定,应予以撤销。且以此协议书为依据收取的高额提货费应予以返还。

在法院发出海事强制令后,船东仍然乘机借故托词收取巨额款项,拒不履行裁定确定交货交箱义务,除依法应当予以处罚外,还应承担因此造成的损失,如超出集装箱重箱免费堆存期而产生的堆场费用。

当船东在航程中获悉班轮经营人失联倒闭后,在依法无法收取对价或无法获得可靠担保的情况下,可以中止船舶租赁合同的履行,尽到勤勉义务的前提下,就近选择港口卸下船载货物,并以与市场行情相当的价格向货主和集装箱出租人收取垫付的港口费用。

(原载于 2018 年《厦门海事审判》第 2 期)

第三人向债权人承诺为债务人承担债务的法律性质

游蔡墨

【要点提示】

第三人具函保证债务人在履行期内不能履行债务的情况下代替债务人履行债务,该行为是成立债务转移,或是第三人代为履行,抑或是构成保证担保,还是债务加入,应结合第三人表示的原意、当事人事后实际履行债务的情况以及债权人表态等因素,并以保护债权人利益为原则进行综合判断。

【案例索引】

一审:厦门海事法院（2015）厦海法商初字第 963 号（2016 年 4 月 22 日）。

二审:福建省高级人民法院(2016)闽民终 1069 号(2016 年 8 月 31 日)。

【基本案情】

原告:厦门市展航货运代理有限公司(以下简称"展航公司")。

被告:厦门市金英实业开发有限公司(以下简称"金英公司")。

被告:厦门市佳昱进出口有限公司(以下简称"佳昱公司")。

厦门海事法院查明:展航公司(乙方)与金英公司(甲方)签订《进出口货运代理费用结算协议》,主要约定:甲方委托乙方代理安排进出口货物的运输、报关及报检等业务,以一个自然月为结算周期;乙方于结算周期结束后的五个工作日内向甲方提供上个结算周期发生的港杂费用清单,甲方应及时进行书面确认并保证在上个结算周期结束后的十个工作日内,向乙方支付所有应付款项;甲方未按约定期限确认的,视同默认乙方提供的费用清单;合同期限自 2011 年 10 月 1 日至 2013 年 9 月 30 日。

2013 年 1 月及 8 月,佳昱公司分别替金英公司支付海运费 990 美元、港杂费 10 000 元。2013 年 3 月 27 日,佳昱公司向原告展航公司具函,确认金英公司尚欠港杂费 113 385.55 元、海运费 18 910 美元,并保证在 5 个月内还清,如金英公司无力偿还,将由佳昱公司代替还款。2013 年 5 月 30 日,佳昱公司再次向展航公司具函,确认金英公司尚欠原告自 2012 年 8 月至 2013 年 4 月的港杂费 132 713.55 元、海运费 18 910 美元,并保证金英公司自 2013 年 6 月 1 日起一年半内还清欠款,否则佳昱公司将代替还款。

展航公司与金英公司财务人员"金英小郭"的 QQ 聊天记录载明,2013 年 5 月 30 日及 10 月 22 日,"金英小郭"确认截至 2013 年 4 月,金英公司尚欠原告港杂费 132 713.55 元、海运费 18 910 元。"金英小郭"还核对了佳昱公司与原告之间的账目,并对佳昱公司代金英公司支付港杂费 10 000 元和海运费 990 美元予以确认。

2013 年 6 月 1 日,展航公司与佳昱公司签订《进出口货运代理费用结算协议》,内容与前述原告与金英公司签订的结算协议基本相同,合同期限自 2013 年 6 月 1 日至 2015 年 5 月 31 日。

市场监督管理局档案载明:金英公司于 1995 年成立,法定代表人为王永集,商事主体联络人为范晓梅。佳昱公司于 2012 年成立,商事主体联络人亦为范晓梅,2015 年 7 月 29 日,法定代表人由经姗姗变更为王清渊。公安信息中心档案载明:王清渊系王永集父亲、经姗姗系王永集胞弟王永章之妻。

原告展航公司诉请判令:两被告连带向其支付港杂费 122 713.55 元、海运费 17 920 美元,以及该款项自 2014 年 12 月 1 日起至实际付款之日止,按中国人民银行同期同类贷款利率计算的利息。

【审判】

厦门海事法院认为:本案系因欠付作业款项而引发的海上货运代理合同纠纷。展航公司与金英公司签订的《进出口货运代理费用结算协议》,系双方的真实意思表示,内容合法,为有效合同。双方均应依照合同行使权利,履行义务。本案主要争议焦点在于:佳昱公司承担责任的方式及依据。

根据查证的事实,金英公司与佳昱公司的法定代表人具有近亲属关系,工商登记的联络人同为范晓梅,且两公司业务类型相同,均委托原告代理货运业务。因此,金英公司与佳昱公司之间关系密切。根据 QQ 聊天记录,经 2013 年 5 月 30 日及 10 月 22 日两次核对,"金英小郭"确认截至 2013 年 4

月,金英公司尚欠展航公司 132 713.55 元及 18 910 美元;"金英小郭"还核对了佳昱公司与展航公司之间的账目,并对佳昱公司代金英公司支付 10 000 元和 990 美元亦予确认。2013 年 3 月 27 日及 5 月 30 日,佳昱公司先后两次具函确认金英公司欠付原告港杂费及海运费。若未经统一对账,佳昱公司即为金英公司确认欠款,明显不符常理。由此表明,"金英小郭"为金英公司和佳昱公司共同的财务人员,且佳昱公司对金英公司欠付原告诉称款项知情。

厦门海事法院认为,根据《中华人民共和国合同法》(以下简称《合同法》)第八十四条规定,债务人将合同的义务全部或者部分转移给第三人的,应当经债权人同意。本案中,佳昱公司两次向作为金英公司债权人的展航公司具函称:如金英公司在约定的履行期内无力偿还欠款,将由其代替还款。判断佳昱公司愿承担债务的承诺构成保证还是债务加入,应根据其意思表示及案件事实确定。依据佳昱公司出具的函件中的措辞,在金英公司还款期限届满时,如展航公司债权未获清偿,则由佳昱公司代替金英公司还款。结合上述查证的事实,佳昱公司与金英公司财务人员相同,法定代表人之间具有近亲属关系,佳昱公司对金英公司的欠款知悉。展航公司将佳昱公司于 2013 年 1 月及 8 月支付的 990 美元和 10 000 元冲抵金英公司欠款,佳昱公司亦无异议。故佳昱公司已于两次具函后、金英公司还款期届满前,实际履行了部分债务。如佳昱公司的意思表示为保证性质,则与保证责任应在主债务履行期届满后才承担的法理相悖。由此可知,佳昱公司具函的措辞并无明显的保证含义。函中的"保证"一词,应为佳昱公司向展航公司履行债务的承诺。本案亦无证据表明展航公司同意金英公司债务转移给佳昱公司,或者债务人金英公司退出债务关系,从保护债权人利益的目的出发,佳昱公司的代替还款的承诺应认定为债务加入。在此基础上,佳昱公司与金英公司同为展航公司诉称的港杂费和海运费的债务人。此外,关于连带责任,《中华人民共和国民法通则》第八十七条规定,债权人或者债务人一方人数为两人以上的,依照法律的规定或者当事人的约定,享有连带权利的每个债权人,都有权要求债务人履行义务;负有连带义务的每个债务人,都负有清偿全部债务的义务。佳昱公司向展航公司做出承诺时,并未明确其债务承担的责任形式。债务加入与保证均具有担保债权人债权实现的功能,因此,参照《中华人民共和国担保法》(以下简称《担保法》)第十九条规定,当事人对保证方式没有约定或者约定不明确的,按照连带责任保证承担保证责任,故佳昱公司对金英公司的债务应承担连带责任。

综上,依照《合同法》第八十四条、第一百一十二条及《担保法》第十九条规定,厦门海事法院判决:1.金英公司于该判决生效之日起五日内支付展航公司港杂费 122 713.55 元、海运费 17 920 美元及该款自 2014 年 12 月 1 日至实际付款之日止,按中国人民银行公布的金融机构同期同类贷款基准利率计算的利息(美元按 2014 年 12 月 1 日汇率折合为人民币计算);2.佳昱公司对金英公司上述款项承担连带清偿责任。

宣判后,金英公司不服一审判决,向福建省高级人民法院提起上诉。后因金英公司未在指定的期限内预交二审案件受理费,福建省高级人民法院根据《中华人民共和国民事诉讼法》第一百五十四条第一款第十一项及《最高人民法院关于适用〈中华人民共和国民事诉讼法〉的解释》第三百二十条的规定,裁定按金英公司自动撤回上诉处理。厦门海事法院一审民事判决即发生法律效力。

【评析】

本案中,佳昱公司是否应承担港杂费 122 713.55 元、海运费 17 920 美元及相应利息是审理的重点,而如何认定佳昱公司具函的法律性质则是审理的难点,是成立债务加入,或是债务转移,抑或是构成第三人代为履行,还是保证担保? 这将直接影响案件的裁判结果。

关于债务加入,在中央层级法律规定中并无明确规范依据。在司法实践中,江苏省高级人民法院在《关于适用〈中华人民共和国合同法〉若干问题的讨论纪要(一)》(苏高发审委〔2005〕16 号)首先明确使用了"债务加入"的概念。该纪要第十七条规定:"债务加入是指第三人与债权人、债务人达成三方协议或第三人与债权人达成双方协议或第三人向债权人单方承诺由第三人履行债务人的债务,但同时不免除债务人履行义务的债务承担方式。"此外,最高人民法院民二庭在调研报告《民商事审判若干疑难问题》中亦采用了"债务加入"的概念。债务加入又称并存的债务承担,由第三人加入既存之关系而成为新债务人,其原债务人则仍与债权人继续维持原有债之关系。然而,由既存债之关系之外的第三人履行债务从而消灭债权债务关系的情形,除了债务加入,主要还有债务转移、第三人代为履行和保证担保。这些制度表面上均存在第三人代为清偿债务的可能，且有许多相似之处，在理论上加以明晰，能够有效指导审判实践。

与并存的债务承担相对应的是免责的债务承担，又称债务转移，是指第三人取代原债务人的地位而承担全部或部分债务。在债务转移的场合，原债务人在转移给第三人的债务范围内，不再承担债务；在债务加入的场合，原债务人并不因第三人加入债务关系中而脱离原债务关系。因此，债务加入不同于债务转移，其并不导致原债务人退出债务关系，这是债务加入与债务转移的最大区别。

第三人代为履行，又称第三人负担的合同或担保第三人履行的合同，是以第三人的履行为合同标的的合同。《合同法》第六十五条规定，"当事人约定由第三人向债权人履行债务的，第三人不履行债务或者履行债务不符合约定，债务人应当向债权人承担违约责任"。故虽然表面上看，第三人代为履行与债务加入都是由第三人代替债务人履行债务，但两者有本质区别，即第三人代为履行未变更原合同债权债务关系的主体，当第三人未履行义务或履行义务不符合合同约定时，债权人仅能向原债务人主张权利，而不能直接要求第三人履行。

实践中，第三人往往以担保债之履行为目的而加入合同关系，容易导致难以区分是债务加入还是保证。对此，史尚宽先生曾指出："并存的债务承担，以担保原债务人的债务为目的，此点与保证，尤其与抛弃先诉权之连带保证，同其性质。[1]"债务加入与连带责任保证的主要区别在于，连带责任保证债务是从债务，并且适用现行法律关于保证期间的规定，而债务加入中原债务人和第三人承担的是同一债务，并无保证期间的适用。

最高人民法院在信达公司石家庄办事处与中阿公司等借款担保合同纠纷案［（2005）民二终字第200号］民事判决书中指出："判断一个行为究竟是保证还是并存的债务承担，应根据具体情况确定。如承担人承担债务的意思表示中有较为明显的保证含义，可以认定为保证；如果没有，则应当从保护债权人利益的立法目的出发，认定为并存的债务承担。[2]"因此，保证要求当事

---

① 史尚宽：《债法各论》，中国政法大学出版社2000年版，第886页。
② 《最高人民法院公报》，2006年第3期。

人有明确的意思表示,不得推定;而债务加入并不必然要求当事人有明确的意思表示,可以根据当时的具体情形加以确定,如债务承担人对债务加入有自己的利益,就可以推定为债务加入。

具体到本案海上货运代理合同中,佳昱公司向展航公司两次具函,均确认金英公司尚欠港杂费及海运费的数额,并"保证"金英公司在一定履行期内偿还欠款,否则将在履行期届满后代金英公司履行债务。根据查证的事实,两公司法定代表人之间具有近亲属关系,且佳昱公司与金英公司通过共同的财务人员与展航公司对账,因此,才有佳昱公司代金英公司两次具函确认债务数额并承诺履行期。但佳昱公司与金英公司并非同一主体,佳昱公司在向展航公司所出具的函中,为债务人金英公司设定债务履行期,对金英公司并无约束力,并不能改变金英公司与展航公司通过《进出口货运代理费用结算协议》约定的债务履行期。而且,在佳昱公司第二次具函承诺的保证期间之前,其已实际履行了金英公司的债务。故该"保证"因其不符合保证制度的要件,不构成保证担保。本案中,并无证据表明展航公司接受了佳昱公司的函后,明示放弃对金英公司的债权,即不符合《合同法》第八十四条"债务人将合同的义务全部或者部分转移给第三人的,应当经债权人同意"的规定,故也不构成免责的债务承担。那么,佳昱公司具函行为是否构成第三人代为履行呢?根据《合同法》第六十五条规定,第三人代为履行应当由作为债权人的展航公司与作为债务人的金英公司约定,由作为第三人的佳昱公司履行金英公司的债务,而本案中并无该约定,显然不够构成第三人代为履行。

事实上,佳昱公司于 2013 年 5 月 30 日第二次具函后,即于 2013 年 8 月代金英公司支付了港杂费 10 000 元,实际承担了债务人的付款义务,并于 2013 年 10 月 22 日与展航公司对账中确认了上述事实,此举亦表明展航公司对佳昱公司作为共同债务人的义务履行予以接受。前文业已论述,佳昱公司函中"保证"并未构成保证担保,并无明显的保证含义,根据前述最高院(2005)民二终字第 200 号案判决意见,应当从保护债权人利益的目的出发,认定本案佳昱公司具函行为构成债务加入。最高人民法院在其(2010)民提字第 153 号某电信公司与某实业公司等股权转让合同纠纷案①中明确:第三

---

① 《最高人民法院公报》,2012 年第 3 期。

人向债权人表明债务加入的意思后,即使债权人未明确表示同意,但只要其未明确表示反对或未以行为表示反对,仍应认定为债务加入成立,债权人可依债务加入关系向该第三人主张权利。债务加入与保证均具有担保债权人债权实现的功能,而现行法律并未对债务加入的责任形式予以明确,因此,参照《担保法》第十九条"当事人对保证方式没有约定或者约定不明确的,按照连带责任保证承担保证责任"的规定,厦门海事法院对展航公司以佳昱公司出具的函作为证据,向佳昱公司主张的连带清偿责任予以支持。

（原载于 2019 年《法制与社会》第 4 期下）

原告通利萨摩亚船务有限公司与被告恒新贸易有限公司、福建融谊投资发展有限公司定期租船合同纠纷

——租船确认书中 **ARBITRATION IF ANY** 仲裁条款的效力

陈小霞　陈延忠

【案情概述】

2014 年 11 月 18 日,通利萨摩亚船务有限公司、恒新贸易有限公司、福建融谊投资发展有限公司签订《租船确认书》。第 17 条约定"G/A ARBITRATION IF ANY TO BE SETTLED IN HONG KONG WITH ENGLISH LAW TO APPLY"。其后产生纠纷,通利萨摩亚船务有限公司向厦门海事法院提起诉讼。

一、一审法院裁定

厦门海事法院认为,案涉《租船确认书》第 17 条约定"G/A ARBITRATION IF ANY TO BE SETTLED IN HONG KONG WITH ENGLISH LAW TO APPLY",即约定了"如果有纠纷,在中国香港仲裁并适用英国法律",依照《中华人民共和国民事诉讼法》第二百七十一条第一款的规定,裁定驳回上诉人的起诉。

二、二审诉辩主张

上诉人通利萨摩亚船务有限公司不服厦门海事法院民事裁定,提起上诉称:一审法院认定属于事实认定错误。上诉人与被上诉人签订的《租船确认书》第 17 条约定"G/A ARBITRATION IF ANY TO BE SETTLED IN HONG KONG WITH ENGLISH LAW TO APPLY"。从词义上来看,该条约定并未明确排除诉讼作为争议的解决方式。《租船确认书》上述条款中英文意思均为如有仲裁,在香港并适用英国法律,该条款仅是假设了如果提起仲裁的话,仲裁地点以及适用法律的选择,并未明确说就租船合同所引发的争议是以仲裁

作为唯一的争议解决方式，也就是说该约定并未排除诉讼在内的其他争议解决方式。一审法院将《租船确认书》第 17 条理解为"如果有纠纷，在香港仲裁并适用英国法律"，而将仲裁作为纠纷的唯一解决方式，显然是与《租船确认书》的约定不符，属于事实认定错误。此外，被上诉人福建融谊投资发展有限公司（一审被告）的住所地为福清，且案涉运输合同的货物运输目的地为福州江阴港，上诉人向厦门海事法院提起诉讼符合法律规定。综上，请求支持上诉请求。

被上诉人融谊公司答辩称：2014 年 11 月 18 日，通利萨摩亚船务有限公司、恒新贸易有限公司、福建融谊投资发展有限公司签订《租船确认书》。该协议第 17 条约定，适用英国法，在香港仲裁。本案中，通利萨摩亚船务有限公司、恒新贸易有限公司、福建融谊投资发展有限公司三方签署的《租船确认书》即是在租约纠纷发生前，以仲裁条款的方式，约定将合同争议（如有）提交香港仲裁。基于上述仲裁条款约定，通利萨摩亚船务有限公司应当将本案提交香港仲裁机构仲裁，而不应在中国法院起诉。因此，一审法院裁定驳回其起诉，是符合法律规定的。通利萨摩亚船务有限公司无视仲裁条款约定，向法院提起诉讼，是违背合同约定的行为，依法应当予以驳回。

被上诉人恒新公司未提交答辩意见。

三、二审法院裁定

福建省高级人民法院经审查认为，本案所涉《租船确认书》内容以中英文表述，其中第 17 条约定 "G/A ARBITRATION IF ANY TO BE SETTLED IN HONGKONG WITH ENGLISH LAW TO APPLY"，其下方存在中文文本"如果仲裁，在香港并适用英国法律"。这一约定是双方当事人对涉案纠纷提起仲裁时的仲裁地点和所适用法律做出的特别约定，不构成双方之间唯一的纠纷解决方式，并未排除诉讼管辖。本案为航次租船合同纠纷，属于海事法院受案范围。因涉案货物运输目的地为福州江阴港，被上诉人融谊公司的住所地在福建省福清市，属厦门海事法院地域管辖区域。根据《中华人民共和国民事诉讼法》第二十七条的规定，厦门海事法院对本案享有管辖权。一审法院以该院对本案纠纷不具有管辖权为由驳回上诉人的起诉，显属错误，应予纠正。综上，上诉人通利萨摩亚船务有限公司的上诉理由成立，裁定撤销厦门海事法院一审民事裁定;并指令厦门海事法院对本案进行审理。

【分析】租船确认书中 ARBITRATION IF ANY 条款的效力

租船确认书中常有 ARBITRATION IF ANY 条款的表述,此类条款效力如何？这一直是海商法及仲裁实务界关注的热点,也是本案的争议焦点。

这一条款效力的核心在于对 ARBITRATION IF ANY 确切含义的理解。

肯定其效力的观点认为,IF ANY 是英语语法中的语气词,"ARBITRATION IF ANY"应翻译为"如果有任何争议,进行仲裁",其实质含义是指如果双方当事人的争议没有通过和解或调解解决,则应提交仲裁解决。

否定其效力的观点则认为,该仲裁条款中的"IF ANY"意为"如需仲裁"或"如果仲裁",是一种选择性条款,并未排除法院的诉讼管辖权,据此认定该仲裁条款无效。

最高人民法院在《关于上诉人武钢集团国际经济贸易总公司与被上诉人福州天恒船务有限公司、被上诉人财富国际船务有限公司海上货物运输合同纠纷管辖权异议一案的请示》的复函中(〔2009〕民四他字第 36 号)认为,涉案租约第 20 条为:"G/A ARBITRATION IF ANY TO BE SETTLED IN HONG KONG WITH ENGLISH LAW TO APPLY;如果仲裁,在香港国际仲裁中心适用英国法律。"中英文表述虽然不尽一致,但含义均为"如果提起仲裁,在香港适用英国法律"。这一约定是双方当事人对涉案纠纷提起仲裁时的仲裁地点和所适用法律做出的特别约定,不构成双方之间唯一的纠纷解决方式,并未排除诉讼管辖。

在上海云天国际物流有限公司与汇洋国际(香港)船务有限公司航次租船合同纠纷一案中,案涉仲裁条款的表述几乎与本案完全相同,即"Arbitration, if any, in HONG KONG and English law to apply"。上海海事法院在(2009)沪海法商初字第 598 号裁定中对"IF ANY"做了不同的解释,其认为,关于"IF ANY"的文义解释,应理解为"如有任何争议产生"的省略语或者是一个英语语法中的语气词,该案仲裁条款应翻译为"如有任何争议,在香港仲裁,适用英国法",从而认定该仲裁条款有效。上海市高级人民法院在二审时推翻了一审认定,采纳了与最高人民法院在上述《复函》中同样的观点,即认为该等仲裁条款属于选择性条款,并未排除诉讼管辖。

此外,在福建省高级人民法院审理的上诉人厦门耀中亚太贸易有限公司与被上诉人上海优利兴国际货运代理有限公司管辖权异议一案中〔（2011）闽民终字第818号〕，福建省高级人民法院同样认为：在"G/A ARBITRATION IF ANY TO BE SETTLED IN HONGKONG WITH ENGLISH LAW TO APPLY"约定下，当事人可以选择诉讼作为争议的解决方式。因此，ARBITRATION IF ANY 的约定不构成双方之间唯一的纠纷解决方式，并未排除诉讼管辖。

本案中，第17条英文表述"ARBITRATION IF ANY TO BE SETTLED IN HONGKONG WITH ENGLISH LAW TO APPLY"的下方存在中文文本"如果仲裁，在香港并适用英国法律"，与最高院上述复函的案情极为相似，其含义应理解为"如果提起仲裁在香港并适用英国法律"，故不构成双方之间唯一的纠纷解决方式，并未排除诉讼管辖。

据此，可以认为尽管国际海运中常用 ARBITRATION IF ANY 的条款及表述，但"IF ANY"的表述在中国法的语境下，有画蛇添足之嫌，容易引人误解，引发不必要的争议，建议当事人尽量避免使用此类仲裁条款，在约定机构仲裁的情况下，尽量参考各仲裁机构发布的示范条款，避免出现有关仲裁条款效力的争议。

（原载于2015年《福建高院新案例》）

定期租船合同出租人留置船载货物问题

邓金刚

【裁判要旨】

定期租船合同的出租人在承租人(班轮公司)失联,尚欠租金未支付的情况下,无权留置不属于承租人的船载货物;但可以行使不安抗辩权,中止航程,就近卸下货物,为货主利益所支付的合理卸货等费用,应由货主承担。

【案号】

一审:(2015)厦海法事初字第 102 号 。

二审:(2016)闽民终 875 号。

【案情】

原告:A 公司。

被告:B 公司。

被告:蔡某。

2014 年,A 公司作为甲方与上海鸿盛 C 海运有限公司(下称"C 公司")作为乙方签订《集装箱租赁协议》,约定甲方出租 2 000 个集装箱给乙方。合同签订后,A 公司交付了 417 个 40 英尺箱和 557 个 20 英尺箱,案涉 55 个箱子包含在其中。

落款时间为 2015 年 2 月 13 日的委托书记载,关于"D"轮 1502S 航次船载货物处理及运费收缴事宜,C 公司委托 B 公司将"D"轮靠泊泉州码头卸货,并同时代为向客户、货主收取相关运费和提重箱的集装箱押金,并安排相关货物的提取和交付事宜。

2015 年 3 月 27 日,厦门海事法院做出(2015)厦海法强字第 6 号海事强制令,命令被请求人 C 公司、蔡某、B 公司自裁定送达之日起立即向 A 公司交付"D"轮 1502S 航次案涉的 55 个集装箱。此后,该海事强制令送达 B 公司,但 B 公司未依令将案涉箱子交付。

因相关货主根据 B 公司的要求付款提货,前述 55 个集装箱中的 30 个在提货后,已实际脱离 B 公司的控制。截至 2015 年 5 月 12 日,案涉箱子中有 5 个 20 英尺空箱、3 个 40 英尺空箱在肖厝码头堆存,其自货主提取货物后至空箱转运前产生的堆存费为 10 544 元,产生的转运装船费为 1 089 元,肖厝至广东虎门的运费为 4 473 元。案涉箱子中,有 16 个空箱自货主提货后堆存于石湖嘉顺堆场,处于 B 公司的控制下;至原告提箱前,根据 B 公司陈述共产生堆存费 24 000 元。

2015 年 6 月 5 日,A 公司通过银行账户支付 35 633 元款项至 B 公司指定的案外人在中国农业银行石狮豪富支行的账户。在支付前述款项后,A 公司提取了石湖嘉顺堆场的 16 个空箱。

此外,"D"轮,为集装箱船,船级 CCS,总吨 42 323,净吨 17 675,建造日期 1993 年 12 月 1 日,船舶所有人蔡某,船舶经营人 B 公司。

签发日期为 2014 年 9 月 3 日的光船租赁登记证明书记载:船名"D"轮,船舶出租人蔡某,船舶承租人 B 公司,租金 5 000 000 元,租期 5 年,起租日期为 2014 年 9 月 1 日,终止日期为 2019 年 8 月 31 日。

2014 年 9 月 25 日,B 公司作为乙方与上海某海运有限公司作为甲方签订《"D"轮船舶运输合同》。该合同约定:"合同期为 3+3 个月,船舶起用时间为 2014 年 10 月 10 日。运费为每月基本运费 220 万元,按日历月计算,不足一月的,按当月天数比例计算运费。每月 26 日和 10 日,甲方收到乙方提供的运费发票后支付半个月结算运费,如甲方没按时支付运费,乙方有权滞留船上的集装箱及其货物,同时有权解除合同,所产生的运费等一切损失均由甲方承担。甲方负责指挥调度、订舱配载,并保证在整个合同期内靠泊安全港口和泊位,支付船舶港口使费、引航费、拖船费、船舶代理费等与业务有关的费用。"同日,C 公司作为甲方与上海某海运有限公司作为乙方也签订《"D"轮船舶运输合同》,合同内容与前述合同相同。

2015 年 2 月 2 日,"D"轮驶离天津港,预计 2 月 9 日抵达广州港,2 月 11 日离港前往泉州港,2 月 14 日左右靠港卸货。在系列案另案诉讼过程中,被告 B 公司陈述"D"轮驶离天津港的实际航行情况为:"D"轮 2 月 6 日抵达福建石湖联检锚地抛锚,直至 3 月 8 日才驶离,后靠泊泉州肖厝港并卸下 578 个集装箱;3 月 13 日离开肖厝港至剑屿锚地抛锚;3 月 23 日,离开至石湖联检锚地抛锚;3 月 24 日,靠泊石湖码头并卸下 922 个集装箱。

2015 年 3 月 8 日,B 公司作为乙方,福建泉州肖厝港有限责任公司(下称"肖厝公司")作为甲方签订《内贸集装箱班轮港口作业合同书》。该合同约定:乙方委托甲方提供 578 个集装箱的装卸、堆存事宜。收货人持乙方提货单加盖"D"轮公章到甲方办理码头提货手续。集装箱装卸包干费,20 英尺普通重箱为 378 元,40 英尺普通重箱为 496 元。集装箱堆存费,7 天内免费,第 8 天至第 15 天内,20 英尺普通重箱每天 4 元,40 英尺普通重箱每天 8 元。

2015 年 3 月 23 日,B 公司作为乙方,泉州太平洋集装箱码头有限公司作为甲方,蔡某作为丙方,三方签订《港航作业协议》。该协议约定:"乙方委托甲方装卸、堆放'D'轮上现有的 922 个集装箱(20 英尺的 865 个,40 英尺的 75 个)。甲方凭乙方的指示进行放货,乙方或其指定的收货人须凭乙方盖章的提货单向甲方提货,否则甲方有权拒绝放货。乙方一次性向甲方支付 55 万元作为甲方对上述 922 个集装箱货物的包干卸船作业费。集装箱堆存费,15 天内免费,第 16 天至 30 天内,20 英尺箱每天 10 元,40 英尺箱每天 20 元。丙方同意为乙方在本协议下的所有责任和义务向甲方提供连带责任保证。若乙方未能按本协议约定履行义务,丙方应当以其个人财产在本协议下乙方的义务和责任范围内与乙方承担共同连带赔偿责任"。

原告 A 公司请求法院判令:一、被告 B 公司、蔡某退还其为提取集装箱而支付的费用 35 633 元及其利息;二、被告 B 公司、蔡某赔偿其经济损失 10 982 元及其利息。

【审判】

厦门海事法院经审理认为:

一、关于两被告是否存在非法留置集装箱行为的问题

其一,从查明的船舶动态事实看,"D"轮在 2015 年 2 月 6 日即抵达石湖港锚地,3 月 8 日才离开,即使考虑到 C 公司突然失联导致的该船所有人蔡某、经营人 B 公司的减损需求,两被告也应在货物腾出箱子后,及时向原告交付案涉的集装箱,但两被告未及时履行交付义务。其二,从海事强制令的发布执行情况看,两被告在收到海事强制令后,仍拒不交付案涉集装箱,印证了两被告为收取其要求的费用数额,非法留置案涉集装箱的事实。其三,案涉55个箱子中,有16个空箱在原告于2015年6月5日支付款项后才放行,也印证了两被告非法留置集装箱的事实。因此,两被告非法留置案涉集装箱的事实应予以确认。

二、关于两被告收取的提箱费是否有合法依据的问题

两被告陈述其所收取的案涉集装箱的提箱费35 633元中,包含了肖厝码头的堆存费10 544元、8个箱子的转运装船费1 089元、石湖嘉顺堆场的堆存费24 000元;但双方之间对于该提货费用的支付,未有书面的合同予以确认,也不存在原告赠与该款项的事实。根据案涉箱子流转的情况,转运装船费1 089元是因两被告根据原告对于箱子的流转要求而产生的,其有权向原告主张;对于堆存费用,因案涉海事强制令送达后,空箱的堆存费尚未产生,系由于两被告拒不履行海事强制令的交箱义务导致的费用,应由其自行承担。故该提箱费用扣除其中8个空箱的转运装船费1 089元后的数额,两被告应返还原告。

三、原告续运空箱产生的损失是否应由两被告承担

两被告并非案涉货物运输合同的承运人,原告作为托运人无权主张运输合同之外的第三人承担该合同的义务。在C公司失联导致两被告利益受损的情况下,根据合同履行的不安抗辩权,两被告有权中止定期租船合同的履行,并采取减损措施。故原告要求两被告承担续运案涉箱子产生的运输费用没有事实与法律依据,依法不能予以支持。

四、关于被告蔡某是否应对原告的请求承担责任的问题

从"D"轮光租及期租合同的事实看,该船光租的租金一年为100万元,而期租的租金一年为2 640万元,因此光租合同是否为双方的真实意思表示存疑;在被告蔡某无法举证证明其每年从该船获得的利益仅为该100万元的租金情况下,应认定被告蔡某为该船的共同经营人,即应认定案涉期间,蔡某为该船的实际控制人之一,参与了案涉货物和箱子的留置。再者,从在案证

据《港航作业协议》以及"D"轮案涉航次海事强制令的执行情况看,被告蔡某作为"D"轮的船舶所有人以及案涉海事强制令的被申请人,在明知货主或箱主要求提货或提箱的情况下,仍与 B 公司一起,通过签订《港航作业协议》实现继续控制货物或箱子以获取提货费或提箱费的意图,更鲜明地体现了被告蔡某为该船实际控制人之一,共同参与了非法留置该船船载集装箱及箱内货物的行为。因此,被告蔡某应对被告 B 公司赔偿原告的损失金额承担连带责任。

据此,法院判决如下:

1. 被告 B 公司在本判决生效之日起七日内赔偿原告 A 公司 34 544 元,以及该款项自 2015 年 6 月 6 日起至实际支付之日止,按照中国人民银行公布的同期一年期贷款基准利率计算的利息;

2. 被告蔡某对被告 B 公司的前述义务承担连带责任;

3. 驳回原告 A 公司的其他诉讼请求。

宣判后,双方均不服,向福建省高级人民法院提起上诉。该院经审理后,驳回上诉,维持原判。

【评析】

在航运业深寒背景下,从 2015 年年初至今,几家从事国内沿海运输的班轮公司接连出现"失联"情况,导致出租船舶给班轮公司的实际船东无法收回租金。为挽回损失,实际船东要求船载货物的货主提货前须支付远高于运费金额的费用。货主在支付费用提货后,纷纷起诉实际船东要求退还已支付的款项,形成大量的诉讼纠纷。该类纠纷的处理对于航运秩序的维护,具有重要的导向意义。

该类纠纷争议问题主要有:(1)期租船舶的出租人是否可以留置船载货物;(2)期租船舶出租人可以采取的减损措施。

一、关于期租船舶的出租人是否可以留置船载货物的问题

该问题的解决依赖如下几个具体争议的分析认定:

1. 期租合同项下是否只能留置属于承租人的财产

有人认为,期租船舶的出租人也可以留置船载货物,即使该货物不属于承租人所有,也可以进行留置。理由是:根据《中华人民共和国海商法》第一

百四十一条（下称"海商法出租人留置权规定"）"承租人未向出租人支付租金或者合同约定的其他款项的，出租人对船上属于承租人的货物和财产以及转租船舶的收入有留置权"的规定，船载货物来源于承租人应被界定为属于承租人的财产；此外，出租人作为该航次运输的实际承运人，依照《中华人民共和国合同法》第三百一十五条（下称"合同法留置权规定"）"托运人或者收货人不支付运费、保管费以及其他运输费用的，承运人对相应的运输货物享有留置权，但当事人另有约定的除外"的规定，也可留置未支付运费的货物。再者，根据《中华人民共和国物权法》第二百三十条（下称"物权法留置权规定"）"债务人不履行到期债务，债权人可以留置已经合法占有的债务人的动产，并有权就该动产优先受偿"的规定，船载货物视为出租人的动产，故出租人有权进行留置。

笔者认为，出租人是否可以留置船载货物涉及前述三个法律规定的正确适用与理解。根据特别法规定优先于普通法规定适用的法理原则，海商法出租人留置权规定优先于物权法留置权规定适用该类纠纷处理。合同法留置权规定适用的前提是，能否界定期租合同的出租人为该航次运输的实际承运人。参照《国内水路货物运输规则》第三条第一款第（五）项的规定，实际承运人，是指接受承运人委托或者接受转委托从事水路货物运输的人。期租合同，根据《海商法》第一百二十九条的规定，是指船舶出租人向承租人提供约定的由出租人配备船员的船舶，由承租人在约定的期间内按照约定的用途使用，并支付租金的合同。从该合同的定义中，我们可以得出出租人的义务在于提供约定的配备船员的船舶供承租人使用；一旦出租船舶，出租人就不在实际从事水路货物的运输；在不存在转租的情况下，实际从事水路货物运输的主体为承租人。由此，出租人并非实际承运人，其留置权的行使无法适用合同法留置权规定。因此，在期租合同背景下，出租人只能依据海商法出租人留置权规定来行使留置权。

海商法出租人留置权规定的正确适用，涉及"船上属于承租人的货物和财产"的准确理解。从字面上看，"属于"一词，具有强烈的为谁所有的意思，财产属于谁应被理解为财产为谁所有。从该规定的完整条文内容看，如果不是出于界定留置的财产为承租人所有的意图，表述上无须多此一举，直接规定"可以留置船上货物等"即可。从整体航运秩序的维护看，如果允许期租合同的出租人留置船载货物,而不论该货物是否属于承租人所有,势必导致托运人或收货人的权益处于极大的不确定性中;即使托运人已经支付运费给承运人,也可能因为作为承运人的承租人未支付租金给出租人而导致货物动辄被留置,对于整体的航运秩序的稳定造成严重不利的影响。

故,期租合同项下出租人只能留置船上属于承租人所有的财产,如船载燃油等。

2. 承运人(承租人)是否可以委托出租人留置货物问题

该争议首先要认清出租人以获得承运人(承租人)授权为由收取未付运费的行为是运输合同的权利转让问题,还是委托代理合同问题;判断的依据是承租人的授权内容。如果只是授权出租人行使留置权并收取运费,那么授权的性质应为委托代理合同;如果授权的内容除行使留置权收取运费外还包括运输合同的其他权利,如运输任务的完成等,那么授权的性质应视为运输合同权利的转让。

如果是运输合同的权利转让问题,依照《合同法》的规定,应取得合同相对方即托运人的同意,合同的权利和义务才能转让;一旦托运人不同意,合同不得转让,出租人未取得合同权利,依法不得行使留置权。

如果授权的性质为委托代理合同,那么出租人行使的是承租人以承运人身份对于托运人的权利,依法可以行使留置权。即出租人在获得承运人(承租人)授权后,可以对未支付运费的货物行使留置权。此时,出租人系以承租人的名义行使留置权,相应的法律后果也归于承租人。可是,出租人在以承租人的名义行使留置权过程中,超过合理的限度留置或存在其他过错等导致托运人或者收货人损失的,可能需要因此与承租人一起承担侵权责任。

因此,出租人在获得承租人授权情况下,有权以承租人名义对未支付运费的货物在合理限度内行使留置权。需要一并考虑的问题是,如果运费的付款条件并未成就,即货物尚未被运抵目的港,则可能无权要求支付运费或者可收取的运费还需扣除货物续运所产生的费用。具体的认定需要根据运输合同的约定来判断,如合同约定未运抵目的港无权要求支付运费,那么出租人就无法以此来留置货物;如合同未约定,且货物未运抵目的港,那么出租人可据此留置货物的运费应扣除货物续运的费用。

3. 无因管理项下的留置问题

根据《中华人民共和国民法通则》第九十三条"没有法定的或者约定的义务,为避免他人利益受损失进行管理或者服务的,有权要求受益人偿付由此而支付的必要费用"的规定,无因管理的管理人有权要求受益人支付必要的费用。就本文讨论的纠纷而言,出租人宣布中止履行定期租船合同后,对于船载货物的管理,除从诚实信用原则出发,应履行通知收货人并妥善安排货物卸载和交接的义务外,对于卸载费用、堆存费用等费用的垫付并无法定或者约定的义务,因此有权要求收货人予以支付。根据物权法留置权规定,须垫付费用的出租人,对于债务人(收货人)在欠付金额范围内的相应价值货物,有权予以留置。

4. 涉及协议付款的撤销问题

前述非法留置船载货物情形下,出租人为保证其向货主收取的费用不被追索,往往要求货主在提货前必须签署付款协议,承诺自愿支付该款并放弃追索的权利,否则就不予以放货。

就出租人的这一行为,有人认为属于以将给他人财产造成损害作为威胁,构成胁迫;有人认为属于利用承运人失联,货主处于无从提货的困难处境,构成乘人之危;都认为可依照《合同法》第五十四条第二款的规定,予以变更或撤销。

胁迫的构成要件,一般认为包括:(1)须有胁迫行为,即存在以给公民或者其亲友的生命健康、荣誉、名誉、财产等造成损害,或者给法人的荣誉、名誉、财产等造成损害为要挟,迫使对方做出非真实的意思表示的行为。(2)须有胁迫的故意,包含使相对人陷入恐怖的故意,也包含使相对人基于恐怖而做出意思表示的故意。(3)胁迫行为必须是非法的。(4)须相对人因胁迫产生恐惧。(5)须相对人因恐惧而订立了合同。

乘人之危的构成要件有:(1)一方当事人处于危难之地。(2)须有乘人之危的行为,即有利用他人危难处境使之接受不利条件的行为。(3)为人具有主观上的故意。(4)受害人的意思表示内容对自己严重不利。

因此,从胁迫和乘人之危的构成要件分析,出租人的行为并没有直接实施或者将要实施某种不法行为,而是利用货主无法提货的危难处境,使之接受对其严重不利的条件,符合乘人之危的各项要件。故而,应认定出租人的行为构成乘人之危,对协议予以撤销或部分撤销,对于非无因管理导致的费用无权取得,应予以返还。

二、期租船舶出租人可以采取的减损措施

1. 是否可以中止期租合同的履行,并就近卸下货物

该争议涉及出租人是否可以承租人失去履约能力为由,为减少继续履行合同给自己造成的损失,而单方中止合同的履行,并就近进行卸货。

有人认为,船载货物的货值较大,涉及的货主众多,出租人中途中止期租合同导致的经济损失数额巨大,根据较小利益、较小损失服从较大利益、较大损失的法理学原理,出租人无权中途中止期租合同的履行。

笔者不敢苟同,前述观点中较小利益服从较大利益的法理学原理有其适用的范围,即该原理的适用须有特定的情形,如同一合同的当事人之间;不同合同的当事人之间,利益的大小没有可以进行比较的法律基础;该类纠纷中,出租人行使的是期租合同的权利,而收货人的权利依赖于运输合同,二者之间不是同一合同的当事人;收货人没有法律赋予的理由可以阻止与其不存在合同关系的期租合同当事人行使权利。另一个理由是,较大利益的主体如果要较小利益的一方放弃行使权利,可以通过先行垫付该较小利益的方式得到救济,从而获得较小利益与较大利益二者之间的平衡。

因此,根据我国《合同法》第六十八条"应当先履行债务的当事人,有确切证据证明对方有下列情形之一的,可以中止履行:(一)经营状况严重恶化;……"的规定,在班轮公司失去联系(即初步情况表明班轮公司经营情况严重恶化),出租人获得租金的对价利益处于重大不确定之中情况下,出租人依法可以中止期租合同的履行。在作为承租人的班轮公司无法提供履约担保时,可以依法解除合同。

由此,出租人在航程中,获悉班轮公司失联后,有权中止合同的履行,选择就近港口,将所载货物卸下;当然出租人也可选择继续履行合同。例外的情况是,如果出租人已经提前收到了该航次期间的租金,那么出租人无权依据前述规定,中止合同的履行;或者收货人已为出租人继续履行期租合同可能造成的损失提供可靠担保后,出租人就无权继续中止合同的履行。

2. 为卸下货物是否可以不经货主同意签订码头作业等相关合同,并

就卸货所发生的费用向货主主张

笔者认为，班轮所载货物种类多，货主也多，要求出租人在选择码头以及签订合同前应寻求货主的同意，一则，因货主众多，难以实际操作；二则，没有法律强制规定卸货码头的选择等必须征得货主的同意。此时的出租人对于货主而言，类似于无因管理情形下管理人的角色，因此出租人有权选择卸货码头，并与之签订相关的作业合同，但应尽到一个善良管理人的义务，即应谨慎选择，尽到勤勉义务，卸货费用不至于与市场价格相去甚远。否则，出租人对于明显超出市场价格的费用，无权向货主主张。

该案中，一、二审法院的认定，既符合法理，也符合情理。判决的结果，有利于引导船货各方理性处理纠纷，维护了正常的航运秩序。

（原载于2016年《世界海运》第6期）

原告百斯特航运投资有限公司
（BEST MARINE INVESTMENTS LIMITED）
诉被告刘文达航次租船合同案

李　越

一、首部

1. 判决书字号：（2017）闽 72 民初 67 号。

2. 案由：航次租船合同纠纷。

3. 诉讼双方：

原告：百斯特航运投资有限公司（BEST MARINE INVESTMENTS LIMIT-ED）。

法定代表人：陈龙菁（CHAN LUNG CHING），董事。

委托诉讼代理人：闵丹丹，上海瀛泰律师事务所律师。

委托诉讼代理人：刘雨佳，上海瀛泰律师事务所律师。

被告：刘文达。

4. 审级：一审。

5. 审判机关和审判组织

审判机关：厦门海事法院。

合议庭组成人员：审判长：蔡福军；审判员：俞建林；代理审判员：李越。

6. 审结时间：2017 年 4 月 27 日。

二、诉辩主张

原告诉称，为解决原告与案外人香港兄弟国际能源贸易有限公司（下称"香港兄弟公司"）于 2014 年签订的四份《航次租船合同》项下的滞期费和运费纠纷，2016 年 6 月 26 日，原告、香港兄弟公司、被告签署了《和解协议》，约定由香港兄弟公司向原告支付一笔 493 200 美元的和解款项,以全部和最终地解决上述滞期费和运费纠纷。该款分四期支付,如果香港兄弟公司未按期履行任何一期的付款义务,则自该期款项到期 30 日起,尚未支付的剩余款项全部到期,并应支付未付款项的 1% 作为违约金。被告为香港兄弟公司在《和解协议》下所负的全部债务提供不可撤销的连带责任保证。如果香港兄弟公司未能按期付款,原告有权直接要求被告支付。然而,在 2016 年 6 月 30 日第一期分期款项到期后,经原告多次催促,香港兄弟公司仍未依约付款,故和解款项依约自 2016 年 7 月 31 日起已届清偿期限。此后,原告向被告发出了通知,要求其支付和解款项及违约金,但其至今未付。故诉请判令被告:(1)支付和解款项及违约金共计 498 132 美元及其利息(以 2016 年 7 月 30 日美元对人民币汇率即 1∶6.651 1 折合的人民币金额 3 313 126 元为基数,按照中国人民银行同期同类贷款基准利率自 2016 年 7 月 31 日起计算至判决生效之日止);(2)支付律师费 10 万元(人民币,下同)、公证费 6 900 元;(3)承担本案全部诉讼费用。

被告刘文达经传票传唤,无正当理由拒不到庭参加诉讼,也未提交书面答辩状。

三、事实和证据

为解决原告与案外人香港兄弟国际能源贸易有限公司(下称"香港兄弟公司")分别于 2014 年 11 月 5 日、2014 年 12 月 9 日、2014 年 10 月 24 日签订的四份《航次租船合同》项下的滞期费和运费纠纷,2016 年 6 月 26 日,原告、香港兄弟公司、被告签署了《和解协议》,约定:"……a. 乙方(香港兄弟公司)同意支付,且甲方(百斯特公司)同意接受一笔 493 200 美元的款项,以全部和最终地解决前述租约下的滞期费和运费纠纷,包括所有利息和相关费用。b. 乙方同意按照下述方式履行和解款项,并将和解款项汇付至甲方指定的银行账户:(1)在 2016 年 6 月 30 日之前,乙方向甲方支付 3 000 美元;2016 年 7 月至 12 月,乙方每月向甲方支付 3 000 美元;2017 年 4 月至 12 月,乙方每月向甲方支付 5 000 美元;2018 年 1 月至 12 月,乙方每月向甲方支付 35 600 美元。c. 乙方保证并确认,如果乙方未能按照上述第 b 款的约定,按期履行或者完全履行任何一期的付款义务,自该分期款项到期付款时间届满

30 日起,尚未支付的剩余分期款项立即到期,并应向甲方支付未付款项的1%作为违约金。d.……丙方(刘文达)同意为本协议下乙方对甲方所负的全部债务提供不可撤销的连带责任保证,甲方同意接受丙方提供的连带责任保证……如果乙方未能在本和解协议中约定的时间内付清上述和解款项,甲方有权直接要求丙方支付,丙方在收到甲方的通知后 30 日内无条件履行付款义务。e.乙方和丙方进一步保证,如果乙方和丙方未能按照本协议的约定付款,甲方因向乙方和/或丙方追索所产生的一切费用,包括但不限于律师费、公证费、诉讼费、差旅费等均由乙方和丙方连带承担……f.本和解协议适用中华人民共和国法律。任何可能与本协议的有效性、效力、解释或履行有关的争议都应提交厦门海事法院管辖。……”然而,在 2016 年 6 月 30 日首期款项到期后,经原告多次催促,香港兄弟公司至今仍未依约付款。此后,原告称其通过其公司自有电子信箱多次发送电子邮件通知被告,要求其支付和解款项及违约金,但邮件已被公司电脑的 OUTLOOK 邮件客户端下载至本地后从服务器删除,故无法公证。2016 年 10 月 24 日,原告向被告发出索赔函,要求其在收到函件 30 日内支付和解款项及违约金合计 498 132 美元,次月 5 日,该邮件被收件人拒收。被告至今未向原告支付前述款项。

2016 年 10 月 18 日,原告与上海瀛泰律师事务所签订《聘请律师合同》,委托其指派律师处理本案诉讼事宜,约定:“……1.在本案的一审阶段,律师费用为人民币 10 万元。该笔费用分两期支付:第一期律师费用人民币 5 万元……甲方(百斯特公司)应在本合同签署之日起五个工作日内支付至乙方(上海瀛泰律师事务所)指定的银行账号。第二期律师费用人民币 5 万元,在本案一审程序结束,即经法院出具判决书/裁定书/调解书或者争议各方签署和解协议书后三个工作日内,甲方将该笔费用支付至乙方指定的银行账号……”2016 年 12 月 28 日,原告向该所支付律师费 5 万元。

2016 年 12 月 5 日,原告通过代理公司 TC OVERSEAS HOLDINGS LIMITED 办理了公司注册材料、授权委托书以及法定代表人身份证明等文件的公证认证手续,并于同月 8 日支付公证认证费 1 005 美元(以 2016 年 12 月 8 日美元对人民币汇率 1∶6.878 0 折合为人民币 6 912.39 元)。

另查明,根据上海市发展和改革委员会、上海市司法局 2009 年 7 月 1 日起执行的《上海市律师服务收费政府指导价标准》,律师收费金额(一审阶段）的政府指导价标准区间为 122 600 元至 191 001 元。

上述事实有下列证据证明：

1. 和解协议，用以证明被告为香港兄弟公司在该协议项下债务提供不可撤销的连带责任保证；

2. 催付函、索赔函、香港邮政收据打印件及快递签收单，用以证明虽经原告多次催促，被告始终未履行付款义务；

3. 聘请律师合同、律师费发票以及收款凭证，用以证明原告因案涉纠纷产生了律师费 10 万元；

4. 公证认证委托函、发票、银行流水单，用以证明原告因案涉纠纷产生了公证认证费用 6 900 元。

四、判案理由

厦门海事法院经审理认为：

本案系与航次租船合同有关的保证合同纠纷。因原告百斯特公司登记注册于英属维尔京群岛，本案具有涉外因素。鉴于当事各方在案涉和解协议中明确约定相关纠纷由本院管辖，且约定适用中华人民共和国法律，故本院对本案依法享有管辖权，并以中华人民共和国法律作为审理本案纠纷的准据法。案外人香港兄弟公司与原告在和解协议中对双方之间存在的四份航次租船合同及其项下的债权债务关系进行了确认，并约定被告为香港兄弟公司在协议项下的全部债务提供不可撤销的连带责任保证，原、被告之间显然成立有效的保证合同关系，各方当事人均应受其约束。根据当事人的约定，原告有权选择直接要求被告承担协议项下全部债务。原告请求被告依约支付和解协议项下债务本金 493 200 美元及按本金 1% 计算的违约金 4 932 美元合计 498 132 美元于法有据，理应予以支持。原告以弥补资金占用损失为由，请求被告支付和解款及违约金合计 498 132 美元的利息（以 2016 年 7 月 30 日美元对人民币汇率即 1：6.651 1 折合的人民币金额 3 313 126 元为基数，按照中国人民银行同期同类贷款基准利率自 2016 年 7 月 31 日起计算至判决生效之日止）。本院认为，当事人在和解协议中既已约定以违约金作为逾期付款的违约责任承担方式，就不能再重复请求逾期付款利息作为违约补偿，双方约定选择的违约责任承担方式应优先适用，故本院对原告的利息主张不予支持。律师费 10 万元系原告为实现其债权支付的合理费用,金额低于当地律师服务收费的政府指导价标准,和解协议亦约定由被告承担,且已实际支付 5 万元。原告与上海瀛泰律师事务所签订的委托代理合同于双方签订时即发生法律效力,且该律师事务所也已履行了代理职责,原告也应按委托代理合同的约定支付其余 5 万元,故原告主张的律师费 10 万元有事实和合同依据,本院予以支持。公证认证费用 6 900 元系原告为诉讼支出的必要费用,且已实际产生(该款系以美元支付,折人民币金额 6 912.39 元,多付的 12.39 元原告并未主张,属于其对诉权的自愿处分),根据和解协议应由被告承担,本院予以支持。

五、定案结论

厦门海事法院依照《中华人民共和国担保法》第十八条及第二十一条第一款、《最高人民法院关于适用〈中华人民共和国担保法〉若干问题的解释》第四十二条、《中华人民共和国民事诉讼法》第六十四条第一款及第一百四十四条的规定,做出如下判决:

1. 被告刘文达应于本判决生效之日起十日内向原告百斯特航运投资有限公司(BEST MARINE INVESTMENTS LIMITED)支付和解款、违约金合计 498 132 美元;

2. 被告刘文达应于本判决生效之日起十日内向原告百斯特航运投资有限公司(BEST MARINE INVESTMENTS LIMITED)支付律师费、公证认证费合计 56 900 元;

3. 被告刘文达在承担前述保证责任后,有权向债务人香港兄弟国际能源贸易有限公司追偿;

4. 驳回原告百斯特航运投资有限公司(BEST MARINE INVESTMENTS LIMITED)的其他诉讼请求。

六、解说

本案事实清楚,案情并不复杂。案外人香港兄弟公司与原告在和解协议中对双方之间存在的四份航次租船合同及其项下的债权债务关系进行了确认,并约定被告为香港兄弟公司在协议项下的全部债务提供不可撤销的连带

责任保证,故被告承担相应付款责任并无争议。但本案涉及三个有一定争议的典型问题,析述如下:

（一）欠款的逾期付款利息（也有称"资金占用损失"）能否与约定违约金并行主张?

一般认为,违约金以补偿性为主,兼有一定的惩罚性。从《中华人民共和国合同法》第一百一十四条的规定可以看出,违约金的适用虽不以实际损害发生为要件,但最终违约金数额的确定仍然与实际损失密切相关。因此,在实际损失产生的情况下,违约金与损害赔偿在功能上存在重复。当事人既已约定以违约金作为逾期付款的违约责任承担方式,就不能再重复请求逾期付款利息作为损害赔偿,双方约定选择的违约责任承担方式应优先适用,这也是对合同自治的尊重。需要注意的是,如果当事人在合同中同时约定了违约金和逾期付款利息,逾期付款利息可以视为双方约定违约金当中的一个组成部分,只要二者总额并未过分高于实际损失,宜同时予以支持。

（二）违约金未按约定期限支付的,是否可以主张违约金的逾期付款利息? 原告在本案审理中曾提出,既然双方约定自付款时间届满30日起被告即应向甲方支付未付款项的1%作为违约金,因此自该日起,违约金也属于被告对原告所负债务的一部分,被告理应承担该款的逾期付款利息。此类问题可以分两种情况处理:一是当事人对此有明确约定的,可从约定予以支持,理由是此时违约金的逾期付款利息亦可视为违约金的一部分,应尊重当事人的意思自治;二是当事人对此并未约定的,不应予以支持。理由有二:（1）违约金即应视为缔约各方对损害赔偿金额或计算方法的预先确定,在没有合同依据的情况下再行主张违约金的逾期付款利息属于重复求偿;（2）违约金是对违约损害的赔偿,不是违约损害本身,更不是合同正常履行时守约方应得的对价,即便依约到期未付也不能改变其性质。而逾期付款利息是对损害的赔偿,而非对赔偿的赔偿,不应适用于违约金。

（三）律师代理合同约定一审判决后支付律师费尾款,当事人诉请该尾款的,应否支持? 在此情况下,当事人无法提供证据证明该部分律师费损失实际已产生,也无法保证一审判决生效后尾款数额不会因缔约各方合议修改合同而降低甚至免除。按"谁主张、谁举证"之原则,本不宜予以支持。但是,委托代理合同为诺成性合同,于双方签订时即发生法律效力,且律师事务所也已实际履行了代理职责,原告依约支付余款的义务受到合同效力的保障,且委托人在缔约之初既然接受了收费标准,代理人一般也无理由在履责后同意减少收费,故律师费余款对应的违约损失是相对确定的、可预期的。如果代理合同确定的律师费总额参照当地律师费收费标准处于合理区间,对违约方而言,这部分因实现债权而产生的合理损失也应当是可预期的。考虑到如果径行驳回对尾款的诉求,当事人只能在付清该款后另行提起诉讼,无疑加重了当事人的诉累,也浪费了诉讼资源,故对此类诉求应予支持。最高人民法院(2016)最高法民终 613 号民事判决书也支持了这一观点。如果被告方在赔偿该款后确有证据证明原告与律师事务所在判决生效后协议降低或免除了律师费尾款,或证明代理合同双方恶意串通骗取赔偿,可向法院另行提起不当得利或合同无效之诉来获取救济。

(原载于 2017 年《中国审判案例要览》商事卷)

原告广东金东海集团有限公司厦门分公司
诉被告广东诺厦建设工程有限公司与船舶
租赁有关的间接代理合同纠纷案

蔡福军

【要点提示】

我国《合同法》第四百零三条第二款有关"第三人的选择权"规定，是对当事人如何行使诉权的一种程序设置。在第三人选择相对人之前，不允许受托人直接起诉委托人。在第三人选择受托人作为相对人且胜诉的情况下，受托人享有向委托人追偿的权利，但要受《合同法》第三百九十八条规定的制约，即受托人向委托人追偿应以其替委托人实际垫付了相关费用为必要条件。

【案例索引】

一审：厦门海事法院（2009）厦海法商初字第 268 号。

合议庭组成：审判长许俊强、审判员蔡福军、代理审判员俞建林。

二审：福建省高级人民法院（2010）闽民终字第 155 号。

合议庭组成：审判长薛琦、代理审判员陈国雄、代理审判员黄志江。

【案情】

原告：广东金东海集团有限公司厦门分公司（下称"金东海厦门公司"）。

被告：广东诺厦建设工程有限公司（下称"诺厦公司"，原名称为化州市建设工程公司，2009 年 6 月 4 日变更为现名）。

2006 年 9 月 18 日，原告金东海厦门公司与被告诺厦公司签订《厦门东通道建设影响海域配套水工工程施工承包合同书》，将东通道服务隧道中轴线两侧各 150 米受影响区域招标文件设计图纸约定的范围内的基槽、港池、航道等炸礁工作交由被告施工，被告方代表李起亮在合同上签字。该合同第五条约定,承包采用包工包料形式,施工需要的一切船舶、机具、材料的选型、采购、运输、存放均由被告自行负责。第七条(乙方责任)约定,被告指定李起键为施工负责人,负责双方的联系签证;被告承担原告与……签订设备租赁协议和……设备租赁补充协议的责任与权利,并承担船只租赁、维修保养、丢失、损坏赔偿、人工等费用。2007年2月9日,原告与(被告代表)李起亮签订一份《协议书》,约定原告……与葛洲坝集团第五工程有限公司(下称"葛洲坝公司")签订的设备租赁协议被告无条件承担其相应权利及义务。2007年3月27日,原告与葛洲坝公司签订《葛钻1号租赁协议》,从2007年4月1日起租用"葛钻1"号轮,被告施工负责人李起键作为原告的代表之一在协议上签字。该租赁协议约定,租金按月支付(每月30天),每月租金二十万零五千元整(含设备保险费),不足一月按天计付;承租方承担租用期间从事经营活动所发生的各项费用……并对设备、人员及施工安全负全责;承租方要按规定的数量和要求配足船员及施工人员并承担船员工资和生活费用(含出租方配备的船员);等等。同日,原告与葛洲坝公司又签订《补充协议》,约定承租方每月以现金方式支付出租方现场经费和船舶营运各项规费计6万元整(提供收款收据)。2007年3月30日,原告与葛洲坝公司再次签订协议,对《葛钻1号租赁协议》进行修改补充,约定"葛钻1号"轮可根据工程实际需要进行转租,终止时间依现场情况由双方代表确定。之后,"葛钻1号"轮即由被告实际占有使用,直至2008年1月19日移交。2007年10月24日、26日,原告与葛洲坝公司进行了第一次船舶生产结算,被告施工负责人李起键仍然作为原告的代表之一与葛洲坝公司代表林平等二人在《葛钻1号船生产结算单(第1次)》及其补充结算单上签字。2008年1月31日,葛洲坝公司代表林平又出具了《葛钻1号船生产结算单(第2次)》《葛钻1号船生产结算单(补充)(第2次)》《葛钻1号船员工资结算单(第2次)》以及《李起健应为葛钻1号更换和恢复的项目》各一份,但李起健未在这些文件上签字确认。另双方当事人确认,截止至2007年10月31日,被告以申请工程用款的形式通过原告向葛洲坝公司支付了包括租金、船员工资、劳务费(现场经费)在内的各项船舶费用共计1 566 000元(人民币,下同)。对于葛洲坝公司在签订《葛钻1号租赁协议》时有被告知船舶系供被告实际使用的情况,葛洲坝公司拒绝出具证明。因被告诺厦公司尚欠"葛钻1号"轮船舶租金、现场经费、船员工资、船舶恢复费用共计 916 998 元,原告金东海厦门公司向厦门海事法院起诉,请求判令被告予以支付。

【审判】

厦门海事法院经审理认为,原、被告之间虽然存在相关水工工程施工承包合同关系,但在"葛钻 1"号轮的事宜上,双方仅存在代为租赁的法律关系,这两种不同的法律关系分别通过《厦门东通道建设影响海域配套水工工程施工承包合同书》和 2007 年 2 月 9 日协议书予以确立,彼此相互独立。由于原告以自己名义为被告租赁"葛钻 1 号"轮,而且经原告请求,出租人葛洲坝公司至今未认可其在缔约之时就知道原、被告之间存在船舶租赁代理关系,根据《中华人民共和国合同法》第四百零二条、第四百零三条的规定,原、被告之间应认定为与船舶租赁有关的间接代理合同关系。原告为租船受托人,被告为租船委托人,葛洲坝公司为船舶出租人。原告主张其与被告存在事实上的船舶转租关系,但从已付的各项船舶费用 1 566 000 元的过程看,原告只是将被告的工程款转付葛洲坝公司,租船费用的支付主体仍然为被告而非原告,因此,原告的此项主张缺乏事实依据,不能成立。与此同时,原、被告双方也并未约定原告有为被告向出租人葛洲坝公司垫付船舶费用的义务。事实上,原告除了将上述被告的 1 566 000 元工程款转付葛洲坝公司以外,其至今实际也未替被告垫付任何船舶费用。由于船舶的租用已经完毕,向出租人支付船舶各项费用的义务理应由租船人即被告承担。原告并非船舶出租人或所谓的转租人,显然无权向被告请求支付案涉船舶费用。而在间接代理合同法律关系下,作为被告租赁船舶的受托人,原告本可向出租人葛洲坝公司披露被告实为租船人的事实,再由葛洲坝公司决定是否向被告主张权利。但原告却在没有为被告垫付费用的情况下径行要求被告支付船舶费用,其诉请也显然与《中华人民共和国合同法》第三百九十八条的规定相悖。综上所述,原告不是本案适格的诉讼主体,无权直接向被告请求支付案涉的船舶费用。依照《中华人民共和国民事诉讼法》第一百零八条第(一)项的规定,裁定如下:驳回原告广东金东海集团有限公司厦门分公司的起诉。

一审裁定后,原告金东海厦门公司不服,上诉称:一审裁定事实认定有误,适用法律错误,且程序不当。(1)其向诺厦公司主张船舶费用是建立在双方独立的合同约定的基础上,即诺厦公司依据 2007 年 2 月 9 日的《协议书》取得"葛钻 1 号"轮使用权,也应依据该协议向上诉人履行船舶费用支付义务。一审以讼争案由为间接代理而否认上诉人主张船舶费用权利及诉权,实属有误。即使是在间接代理条件下,本案仍然存在船舶使用权让渡法律关系,2 月 9 日的《协议书》本质上就是一份让渡船舶使用权的合同,该协议同时还约定了诺厦公司应向上诉人承担船舶费用。一审认为上诉人必须先向第三人支付船舶费用后再向诺厦公司追偿,没有法律依据,也不符合《协议书》的约定。(2)一审对部分事实认定不清及错误。①双方 2007 年 2 月 9 日的《协议书》并不是委托合同,不能借此得出委托关系的结论;②上诉人与第三人签订的是光租合同,而上诉人交给诺厦公司的船舶配备了船员,各自的权利义务并不相同,可见双方不是代理关系;③本案原是在另案中反诉的案件,一审法院将另案定性为不当得利,而将本案定性为间接代理,两者存在矛盾。(3)一审在第三人葛洲坝公司没有到庭情形下,直接认定三方为间接代理关系不妥,既剥夺第三人的诉讼权利,也不利于查清事实,在程序上存在不当。请求二审法院撤销原裁定,指定一审法院受理本案。

被上诉人诺厦公司二审未做答辩。

福建省高级人民法院未查明新的事实。

福建省高级人民法院经审查认为,本案系金东海厦门公司与诺厦公司之间因租用"葛钻 1 号"轮而产生的系列纠纷之一,二审阶段争议的焦点在于对双方之间的法律关系的认定问题。根据已查明的事实,双方当事人在 2006 年 9 月 18 日签订《厦门东通道建设影响海域配套水工工程施工承包合同书》时,已将金东海厦门公司之前(2006 年 9 月 9 日)与广西梧州航道管理处签订的设备租赁协议纳入该合同,约定由诺厦公司承担该租赁协议的责任和权利。双方又在 2007 年 2 月 9 日的《协议书》中进一步约定,对于金东海厦门公司与广西梧州航道管理处签订的设备租赁协议及与葛洲坝公司签订的设备租赁协议,诺厦公司无条件承担其相应权利及义务。2007 年 3 月 27 日、3 月 30 日金东海厦门公司与葛洲坝公司签订《葛钻 1 号租赁协议》及《补充协议》后,2007 年 4 月 1 日"葛钻 1 号"轮即交由诺厦公司实际使用。由此可见,金东海厦门公司虽以自己的名义和葛洲坝公司签订了租赁协议,但并不是为了自己使用,而是为了诺厦公司施工的需要,"葛钻 1 号"轮的实际使用人为诺厦公司,诺厦公司无条件承担"葛钻 1 号"轮租赁的相应权利及义务。李起键作为诺厦公司的施工负责人，代表金东海厦门公司与葛洲坝公司签订《葛钻 1 号租赁协议》，这更加证明了金东海厦门公司代诺厦公司租赁"葛钻 1 号"轮的签约目的。从实际已付的"葛钻 1 号"轮各项船舶费用 1 566 000 元来看，该款项的权利人是诺厦公司，金东海厦门公司只是代为转付给葛洲坝公司，应认定租船费用的支付主体为诺厦公司。金东海厦门公司与诺厦公司之间的这种关系符合《中华人民共和国合同法》第四百零二条、第四百零三条规定的情形，应认定为间接代理合同关系。金东海厦门公司作为受托人，代诺厦公司向葛洲坝公司租赁"葛钻 1 号"轮，租船费用由诺厦公司支付，双方并无金东海厦门公司垫付租金及其他款项的约定，金东海厦门公司亦未实际垫付任何费用。因此金东海厦门公司无权在本案向诺厦公司主张租金等费用，其提起本案的诉讼不符合《中华人民共和国民事诉讼法》第一百零八条第（一）项的规定，应驳回起诉。金东海厦门公司上诉关于"双方不是代理关系，诺厦公司应向上诉人履行船舶费用支付义务"的主张，与事实不符，本院不予支持。原审认定事实清楚，适用法律正确，亦不存在程序不当的情形。依据《中华人民共和国民事诉讼法》第一百五十二条第一款、第一百五十四条之规定，裁定如下：驳回上诉，维持原裁定。

【评析】

本案主要的争议焦点涉及间接代理制度。间接代理制度源于英美法系，我国民事法律制度因深受大陆法系影响，长期未有间接代理的概念。直至 1999 年 3 月 15 日，新颁布的《合同法》才在"委托合同"一章中借鉴地规定了"委托人的介入权与第三人的选择权"两种情形（第四百零二条、第四百零三条）。据此有人认为，我国在合同法上确立了间接代理制度。由于间接代理制度在国内仍较为陌生，加之制度的移植也并不十分完善，导致此类问题在审判过程中容易出现争议，本案即为一个例证。

本案有关间接代理的问题涉及两个方面：一是原、被告之间是否存在（船舶租赁）间接代理合同关系？二是因委托人的原因未对第三人履行义务，受托人能否起诉委托人？一、二审法院经过审理，在认定原、被告之间存在（船舶租赁）间接代理合同关系的基础上，基于受托人即原告并未为委托人即被告实际垫付相关费用的前提，进而否定了原告在本案中向第三人主张船舶费用的诉权。对此处理，笔者认为是正确的。

一、关于原、被告双方是否存在（船舶租赁）间接代理合同关系的问题

首先，有必要对间接代理及其特征做个了解。所谓间接代理，实际上是大陆法系相对于直接代理而言的，且仅为学理层面上的概念。事实上，不论是大陆法系还是英美法系，法律层面均无对间接代理予以明确的归纳或界定，大都只是将相关制度体现在具体的法律规范之中而已。有关间接代理的学理定义，这里试举二例。如学者王利明认为，"所谓间接代理，是指代理人以自己的名义从事法律行为，并符合《合同法》关于间接代理构成要件的规定，它是与直接代理相对应的"；又如学者王泽鉴认为，"间接代理，是指行为人以自己的名义，为本人利益考虑，而为法律行为，其法律效果首先对间接代理人发生效力，然后依间接代理人与本人之内部关系，而移转于本人的制度"……透过定义，可见间接代理的基本特征主要有两个方面：（1）为被代理人利益考虑，代理人以自己的名义从事法律行为；（2）法律效果不能直接归属于被代理人。我国《合同法》第四百零二条规定了"受托人以自己的名义，在委托人的授权范围内与第三人订立的合同……"，该规定与间接代理的两个基本特征大致相符，是认定本案当事人之间关系的基本法律依据。其次，本案船舶租赁的实际操作过程是认定当事人之间关系的基本事实依据。租船的事实是：（1）原告作为工程的发包方，因工程施工需要，出面向第三人葛洲坝公司租赁船舶，再交由工程承包方即被告使用；（2）船舶租赁协议虽以原告自己的名义与第三人订立，但被告同时又与原告约定，由被告无条件承担船舶租赁的相应权利及义务，有关船舶租金等各项费用由原告从被告应得的工程款中代扣向第三人支付；（3）直至本案辩论终结前，未有证据表明第三人葛洲坝公司在签订船舶租赁协议时知道原、被告之间存在代理关系。可见，原、被告及第三人所充当的角色完全符合间接代理的基本特征，三者的关系十分明确，即原告为租船受托人，被告为租船委托人，第三人葛洲坝公司为船舶出租人。因此，一、二审法院认定原、被告之间存在（船舶租赁）间接代理合同关系，依据是充分的。

二、关于受托人能否因委托人未对第三人履行义务而起诉委托人的问题

根据我国《合同法》第四百零三条第二款有关"第三人的选择权"规定，受托人因委托人的原因对第三人不履行义务，受托人应当向第三人披露委托人，第三人因此可以选择受托人或者委托人作为相对人主张其权利，但第三人不得变更选定的相对人。笔者认为，该规定主要是对各方如何行使诉权的一种程序设置，并有意倾斜于保护第三人。即当出现因委托人的原因对第三人不履行义务的情况，受托人首先要向第三人披露委托人，然后等待第三人选择相对人；而对于第三人经披露委托人后仍未及时选择相对人的法律后果，法律则无进一步规定。但不论如何，法律均未赋予受托人在此等情况下直接起诉委托人的权利，而这并不一定就是立法者的疏漏。因为对此疑问，《合同法》第四百零三条第二款本身其实已经给出了部分答案。那就是，在第三人选择相对人之前，受托人是不允许直接起诉委托人的，否则法律设定的"第三人的选择权"将落空。那么，在第三人选择受托人作为相对人的情况下，受托人是否可以起诉委托人呢？这又得分两种情况进行讨论：一是如果第三人胜诉，则受托人享有向委托人追偿的权利，此时其可以向委托人提起诉讼。但是，根据《合同法》第三百九十八条的规定，这种追偿关系应以受托人替委托人实际垫付了费用为前提。二是如果第三人败诉，受托人则无追偿的基础，自然无须起诉。

具体到本案，作为受托人的原告，其起诉的动因是基于第三人已经向其列明了船舶费用，而委托人却没有多余工程款项可再供其代扣向第三人支付。同时，原告也感到自己难于从这种（船舶租赁）间接代理合同关系中解脱出来，因为第三人并不认可其在订立租船合同时知道原告与被告之间存在代理关系。而在这种情况下，原告直接向委托人提起诉讼，难免犹如空中楼阁且为时尚早。因为事实上，原告并无法证明其已经向第三人披露了委托人，而且单凭第三人向其列明欠付的船舶费用，也尚不足以确定第三人已经选择了原告作为主张权利的相对人。也就是说，原告此时要做的仍然是敦促和等待第三人对相对人做出选择。而即使第三人已经选择了原告作为相对人，但因原告实际并未替委托人向第三人垫付任何费用，其此时提起的本案

诉讼显然缺乏法律依据和事实依据,被依法驳回也就实属必然。

（原载于《中国海事审判年刊》2010 年卷,并被福建省高级人民法院评选为 2012 年度精品案例）

愿景航运公司诉福建省平潭县安达远洋渔业有限公司船舶碰撞损害赔偿纠纷案

——船舶碰撞损害赔偿认定和标准

王 炜 李 慧

（一）首部

1. 判决书字号

一审判决书：厦门海事法院（2015）厦海法事初字第 49 号。

2. 案由：船舶碰撞损害赔偿纠纷。

3. 诉讼双方：

原告：愿景航运公司（DREAM SHIPPING S. A）。

法定代表人：青山彰（AKIRA AOYAMA）。

一审委托诉讼代理人：张运鑫，上海瀛泰律师事务所律师。

一审委托诉讼代理人：苏润春，上海瀛泰律师事务所律师。

被告：福建省平潭县安达远洋渔业有限公司。

法定代表人：林文禄，董事长。

一审委托代理人：李凌，北京盈科（福州）律师事务所律师。

一审委托代理人：庄涓涓，北京盈科（福州）律师事务所律师。

4. 审级：一审。

5. 审判机关和审判组织

一审法院：厦门海事法院。

合议庭组成人员：审判长：林强；代理审判员：王炜；人民陪审员：高宝林。

6. 审结时间

一审审结时间：2016 年 11 月 30 日。

（二）一审诉辩主张

原告航运公司（DREAM SHIPPING S. A，以下简称"愿景公司"）诉称：

2013 年 4 月 18 日,原告所有的"奇西克桥"轮(CHISWICK BRIDGE)在厦门港锚地锚泊期间被被告所属的"福远渔 F77"轮碰撞,为此原告发生船舶修理费、代理费、检验费等费用 241 961.08 美元。为此诉请判令:1. 被告赔偿原告的经济损失 241 961.08 美元及自事故发生之日起至生效判决确定的支付之日止按中国人民银行同期银行贷款基准利率计算的利息;2. 本案诉讼费用、保全费、公证认证费由被告承担。

被告安达渔业辩称,对"福远渔 F77"轮承担全部事故责任没有异议,但损失应以其提交的《公估报告》中确定的金额人民币 383 383 元为准。利息的起算点应以原告提出索赔或提起诉讼之时。

(三)一审事实和证据

厦门海事法院经公开审理查明:2013 年 4 月 18 日约 6 时 22 分,被告所属的专业远洋渔船"福远渔 F77"轮空载从福州港开往印度尼西亚的图尔港途中,在福建漳州镇海角附近水域(概位:24°09.7′N/118°20.5′E),与锚泊该水域的"奇西克桥"轮发生碰撞,事故造成双方船舶不同程度损坏。

中华人民共和国漳州海事局做出漳海事责(2013)04 号《水上交通事故责任认定书》,认定:"福远渔 F77"轮未保持正规瞭望,未能对业已存在的碰撞危险做出正确判断,以致未能采取避让行动,是事故发生的直接原因;未落实雾中航行措施,是事故发生的重要原因;事故水域能见度不良,是事故发生的客观原因。责任认定"福远渔 F77"轮对本起事故承担全部责任。

2013 年 4 月 19 日,"奇西克桥"轮在厦门临时修理,发生临时检验费4 349 美元和适航评估费 240 美元,共计 4 589 美元。

2013 年 4 月 25 日至 7 月 6 日期间,"奇西克桥"轮在日本东京、名古屋、神户修理。原告安排验船师分别于 2013 年 4 月 25 日、5 月 25 日、7 月 6 日在名古屋、神户(两次检验)对船舶修理进行三次临时检验,产生费用 64 638日元、78 602 日元、79 269 日元,共计 222 509 日元。

2014 年 10 月 26 日,"奇西克桥"轮在上海由上海华润大东船务工程有限公司负责修理,双方签订《进坞修理协议》确认,案涉船舶总修理费557 000 美元,应于 2014 年 10 月 24 日支付 272 000 美元,于 2014 年 12 月 26日支付 285 000 美元。修理的项目包括舷侧外板修理(包括钢板换新、燃油柜换新、4 号和 5 号燃油柜气密试验、UT4 米、新钢板及受损部位涂漆、防止管内缆绳着火、船舱标志焊接）和洗舱去污（包括通风、污泥清除处理、清洁 4 号和 5 号燃油柜）等，该部分修理费 46 308 美元。

另查明，愿景公司是"奇西克桥"轮船舶所有权人，2001 年 12 月 6 日，愿景公司将该船出租给日本神户市的承租人 Nitta Kisen Kaisha Ltd.（以下简称"新田海事"）；2009 年 8 月 3 日，承租人新田海事将承租人所有权利义务转让给新承租人 Nitta Kaiun Kaisha Ltd.（以下简称"新田公司"），原租船合同中所有条款和条件保持不变。愿景公司委托 WILHELMSEN SHIP MANAGE-MENT LTD. 公司（以下简称"WILHELMSEN 公司"）管理船舶。安达渔业是"福远渔 F77"轮所有权人和经营人。

还查明，双方对判决货币用美元计价且货币换算汇率按照 2015 年 7 月 6 日起诉当日中国人民银行对外公布的银行间外汇市场人民币汇率中间价计算没有异议，当日该中间价为：1 美元对人民币 6.117 2 元，100 日元对人民币 5.008 8 元。

（四）一审判案理由

厦门海事法院经审理认为：本案原告愿景公司系住所地在巴拿马共和国的法人，本案为具有涉外因素的船舶碰撞损害赔偿纠纷，侵权损害行为发生地在中国，且原、被告双方在诉讼中均明确选择适用中国法律，依据《中华人民共和国涉外民事关系法律适用法》第四十四条的规定，本院确定以中国法律作为审理本案纠纷的准据法。双方争议的焦点在于原告的损失金额如何确定。根据双方提交的证据，认定如下：

1. 关于在厦门临时修理的费用

原告认为，2013 年 4 月 19 日"奇西克桥"轮在厦门临时修理费用为 3 640 000 日元、监修人员差旅费 986.05 美元（其中住宿伙食费等 362.34 美元、交通费 623.71 美元）、监修人工费 3 300 美元、备件费用 1 708.92 美元、代理费 1 500 美元、VDR 数据读取费用 955.15 美元、船员加班费 824.12 美元，提交证据 7-15、26-27、35、37-39 予以证明。被告认为，在厦门进行的临时修理是修理单位从上海调派修理人员而没有委托厦门本地的船舶维修厂和工人，导致修理人工费偏高。监修人员账单与本案无关联性，且没有安排的必要。在厦门维修均是外包,并不需要原告提供修理材料,且费用不合理。VDR 数据读取只需 U 盘拷贝,不需要任何费用。

本院认为,原告已提交证据证明新田海事代为向日本海事联合公司(JAPAN MARINE UNITED CORPORATION,以下简称"JMU 公司")支付"奇西克桥"轮在厦门临时修理费用日元 3 640 000 元,原告已向新田海事服务公司(NITTA MARINE SERVICE CO. LTD)支付上述款项,对原告支付该费用的事实予以确认。本次临时修理涉及燃油舱修理等重大事项,修船师所在的船舶修理公司是案涉船舶维修固定联系的服务供应商,修船师的专业技能、资质和所需的工具材料具有不可替代性,对修船师费用 325 600 日元予以支持。但工头、修理工人均从上海调派,不符合《最高人民法院关于审理船舶碰撞和触碰案件财产损害赔偿的规定》第三条第(二)项所确立的就近、减损、节费的精神,在原告无法证明从上海调派修理人员更能减少损失和节省费用的情况下,在厦门修理且聘请厦门本地维修人员更为合理,本院参考厦门地区修理工人维修费率,酌定按照白班(早 8:00 至晚 18:00)时薪人民币 50 元、上半夜(18:00 至 00:00)时薪人民币 75 元、下半夜(00:00—8:00)时薪人民币 100 元的标准计算维修工人费用,自 4 月 19 日白班至 4 月 20 日凌晨 2:00 计算修理时长,结合原告提交的证据《公估报告》中对此次临时维修的人数描述,认定修理工人人数 13 人,工人维修费计算为(50 元/时×8 小时+75 元/时×6 小时+100 元/时×2 小时)×13 人 = 13 650 元人民币。工头的工作是组织、协调修理工人的工作和生活日常,在雇佣厦门修理工人的情况下,从上海调派工头已无必要,对工头的费用不予支持。监修人员是受船舶管理公司的委派,负责检查修理工程的质量和进度,而该工作可以由船长或轮机长完成,修船质量也是由船级社验收确认,而不需要船舶管理公司的监修人员确认,也不属于《最高人民法院关于审理船舶碰撞和触碰案件财产损害赔偿的规定》第三条规定中船舶部分损害的赔偿范围,对监修人员差旅费、监修人工费不予支持。因船舶修理损耗的物料和备件中,碎棉布属于物料类消耗品,对该项物品购置费 158.8 美元予以支持;但便携式电力通风扇、螺旋式通风管不属于消耗品,是船上的必备品、耐用品,可以长期使用,无论是否发生事故都要用到,对上述备品的购置费不予支持。碎棉布的入境运费按照物料备品的单价比例,酌定按照 16 美金计算,两项合计 174.8 美元。根据原告提交的证据,厦门地区的代理费收费项目包括安排修理人员、安排日本船级社检验人员参与船舶修理、安排船舶管理人与船东代表见面、办理登轮证、安排修理材料清关并运至船上等5项,均与本次维修相关,且船舶管理公司已代原告向福建中外运船务代理有限公司厦门分公司支付代理费1 500美元,对上述代理费的诉讼请求予以支持。关于VDR数据读取费用,根据原告提交的证据39,巴拿马海事局商船总局于2013年4月25日指派JAIN ASHOK船长作为海事调查员,代表巴拿马海事局对案涉事故进行事故调查,并授权其与"奇西克桥"轮船东或经营人联系,找到相关证人,并获取与调查事故有关的所有日志、文件及其他记录,海事调查员根据授权,派遣工程师收集VDR数据资料所产生的费用,属于因船舶碰撞导致的有关费用,符合《最高人民法院关于审理船舶碰撞和触碰案件财产损害赔偿的规定》第一条第一款的规定,应予以支持。关于船员加班费用,按照行业惯例,船员工资中已经包含加班费,且船员没有参与现场修理,对该部分诉求不予支持。

2. "奇西克桥"轮在日本的修理费、代理费

原告认为,在日本修理产生修理费11 400 000日元、东京代理费378.6美元(折合44 770日元)、2013年7月5日至7月6日神户代理费67 500日元,2013年4月25日、5月24日至5月25日、7月5日至7月6日分别发生监修人员差旅费186.3美元(折合22 030日元)、89.3美元(折合10 560日元)、79.75美元(折合9 430日元),监修人工费6 000美元。被告认为,船舶维修没有修理合同以约定具体修理费单价、计算方式,原告提交的是维修方JMU公司制作的完工预算单,未经原告核对和确认,且该船每航次均有停靠中国港口,但仍选择日本维修而增加原告负担。没有证据证明原告已经支付东京代理费。

本院认为,根据原告提交的证据28、29、36,可以认定,在日本发生的修理费11 400 000日元是针对4号燃油柜(右舷)的舷侧外板修理作业,属于与船舶碰撞事故相关的永久修理费,且原告已通过新田海事服务公司向JMU公司支付上述款项;该次在日本的修理,是原告利用案涉船舶班轮运输的特点,利用装卸货的间隙修理,以达到减少船期损失的目的,符合行业惯例,根据《最高人民法院关于审理船舶碰撞和触碰案件财产损害赔偿的规定》第三条第(二)项规定,对该笔修理费应予以支持。原告提交的证据18中载明,

2013年5月21日,川崎汽船株式会社(以下简称"川崎汽船")需支付东京代理费44 770日元,其中5位修船师的代理服务费39 520日元、手续费5 000日元、消费税250日元,并称新田公司已经将船舶转租给川崎汽船,川崎汽船是船舶实际承租人,但无法提交相关证据证明,本院对川崎汽船的身份不予确认,原告无法证明该证据与本案的关联性,也没有证据证明原告已实际支付上述款项,对原告的上述请求不予支持。对于神户代理费67 500日元,原告提交的证据19显示,新田海事向原告转交在神户港的代理费清单,收费项目中载明"与船东及码头方协调……泊位使用及修理作业安排"的相关代理费67 500日元,证据40载明原告已向新田服务公司支付"2013年7月5日神户港发动机维修的代理费67 500日元"。上述两份证据能够相互印证,对原告已支付神户港代理费67 500日元的事实予以确认,该笔费用中所含的协调泊位使用的代理费用,应予以扣除,本院酌定,安排修理作业的代理费按照全部代理费的一半即33 750日元计算。监修人员是受船舶管理公司的委派,负责检查修理工程的质量和进度,而该工作可以由船长或轮机长完成,修船质量也是由船级社验收确认,而不需要船舶管理公司的监修人员确认,也不属于《最高人民法院关于审理船舶碰撞和触碰案件财产损害赔偿的规定》第三条规定中船舶部分损害的赔偿范围,对监修人员差旅费以及监修人工费不予支持。

3. 在上海发生的修理费

被告认为,该船在日本已进行永久性的修理,案涉船舶在上海的修理项目已超出损坏范围,"燃油柜换新""5号燃油柜气密试验""防止管内着火""船舱标志焊接"等均属于碰撞损害外的修理。本院认为,根据被告提交的公估报告对船舶的损坏情况的表述,可以认定,案涉事故造成"奇克西桥"轮4号燃油舱舱壁(舷侧外板)破洞2处(300毫米×500毫米,400毫米×500毫米)以及较大面积凹陷变形(最大凹陷约150毫米)。根据2013年7月6日在日本神户修理后船级社检验记录中对于遗留问题的表述:"4号燃油柜(右舷)舷侧纵骨SL35和SL42之间Fr113-115号肋骨处受损的舷侧外板及相关舷侧纵骨将在下次入坞检验(到期日:2015年1月19日)时予以处理。"可知,经过日本的修理后仍然存在舷侧外板和相关舷侧纵骨需要修理。而在上海的修理包括维修舷侧外板和洗舱去污两项,由于"奇克西桥"轮的舷侧外板就是 4 号燃油舱舱壁,故修理舷侧外板实际上也是对燃油舱的修复,"燃油柜换新""5 号燃油柜气密试验""防止管内着火""船舱标志焊接"等修理项目,是因事故导致的必要修理,对于在上海发生的修理费 46 308 美元应予支持。

4. 关于船期损失 25 031. 83 美元和因修理导致停航产生的油耗 10 741. 94 美元

原告提交停租账单、期租合同等作为证明。被告对 3 份"停租账单"形式真实性予以确认,但认为该账单是案外人川崎汽船给承租人新田公司的停租函,案外人川崎汽船身份无从知晓,与本案不具有关联性。原告称新田公司将船舶转租给川崎汽船,川崎汽船是船舶承租人,但无法提交相关证据证明,本院对川崎汽船的身份不予确认;且原告无法提供"航海日志"和"港口装卸时间记录",以确认本案事故修理占用了船舶正常装卸之外的时间,对该部分的船期损失和油耗损失不予支持。

5. 关于利息损失的计算

根据《最高人民法院关于审理船舶碰撞和触碰案件财产损害赔偿的规定》第十三条的规定,应从损失发生之日或者费用产生之日起计算;根据《最高人民法院关于在涉外民商事案件审理中如何确定主要外币贷款利率的请示的复函》,原告主张的以美元支付的债权利息损失计算标准以存款利率计息。故"奇西克桥"轮在厦门临时修理费用 9 661. 24 美元[其中修船师费用 325 600 日元(折合 2 666. 03 美元)]、工人维修费 13 650 元人民币(折合 2 231. 41 美元)、修理配件购置费 174. 8 美元、临时检验费和适航评估费 4 589 美元、代理费 1 500 美元自 2013 年 4 月 20 日费用产生之日起计算; VDR 数据读取费用 955. 15 美元自 2013 年 4 月 25 日起计算;在日本修理产生临时检验费 64 638 日元(折合 529. 26 美元)、78 602 日元(折合 643. 6 美元)、79 269 日元(折合 649. 06 美元)、修理费 11 400 000 日元(折合 93 343. 88 美元)、神户代理费 33 750 日元(折合 276. 35 美元)分别自 2013 年 4 月 25 日、5 月 23 日、7 月 6 日、9 月 27 日、7 月 19 日费用产生之日起计算;在上海发生的修理费 46 308 美元应按总修理费的分期支付比例分别计算利息起算点,其中的 22 614 美元自 2014 年 10 月 24 日起计算利息、23 694

美元自 2014 年 12 月 26 日起计算利息。

（五）一审定案结论

依照《中华人民共和国涉外民事关系法律适用法》第四十四条、《中华人民共和国海商法》第一百六十八条、《最高人民法院关于审理船舶碰撞纠纷案件若干问题的规定》第四条和《最高人民法院关于审理船舶碰撞和触碰案件财产损害赔偿的规定》第一条、第三条、第七条、第十三条、第十四条的规定，判决如下：

1. 被告福建省平潭县安达远洋渔业有限公司应在本判决生效之日起五日内支付原告愿景航运公司厦门临时修理费用 9 661.24 美元，以及上述款项自 2013 年 4 月 20 日起至本院确定的付款之日止按中国人民银行公布的同期一年期金融机构人民币存款基准利率计算的利息；

2. 被告福建省平潭县安达远洋渔业有限公司应在本判决生效之日起五日内支付原告愿景航运公司厦门地区修理代理费 1 500 美元，以及上述款项自 2013 年 4 月 19 日起至本院确定的付款之日止按中国人民银行公布的同期一年期金融机构人民币存款基准利率计算的利息；

3. 被告福建省平潭县安达远洋渔业有限公司应在本判决生效之日起五日内支付原告愿景航运公司 VDR 数据读取费用 955.15 美元，以及上述款项自 2013 年 4 月 25 日起至本院确定的付款之日止按中国人民银行公布的同期一年期金融机构人民币存款基准利率计算的利息；

4. 被告福建省平潭县安达远洋渔业有限公司应在本判决生效之日起五日内支付原告愿景航运公司在日本修理产生修理费 93 343.88 美元，以及上述款项自 2013 年 9 月 27 日起至本院确定的付款之日止按中国人民银行公布的同期一年期金融机构人民币存款基准利率计算的利息；

5. 被告福建省平潭县安达远洋渔业有限公司应在本判决生效之日起五日内支付原告愿景航运公司在日本修理产生的临时检验费 529.26 美元、643.6 美元、649.06 美元，以及上述款项自 2013 年 4 月 25 日、5 月 23 日、7 月 6 日起至本院确定的付款之日止按中国人民银行公布的同期一年期金融机构人民币存款基准利率计算的利息；

6. 被告福建省平潭县安达远洋渔业有限公司应在本判决生效之日起五

日内支付原告愿景航运公司在日本修理神户地区代理费 285.41 美元,以及上述款项自 2013 年 7 月 19 日起至本院确定的付款之日止按中国人民银行公布的同期一年期金融机构人民币存款基准利率计算的利息;

7. 被告福建省平潭县安达远洋渔业有限公司应在本判决生效之日起五日内支付原告愿景航运公司上海发生的修理费 46 308 美元,以及 22 614 美元自 2014 年 10 月 24 日起、23 694 美元自 2014 年 12 月 26 日起至本院确定的付款之日止按中国人民银行公布的同期一年期金融机构人民币存款基准利率计算的利息;

8. 驳回原告愿景航运公司的其他诉讼请求。

(六)解说

1. 关于法律适用的问题

《中华人民共和国涉外民事关系法律适用法》第四十四条规定,“侵权责任适用侵权行为地法律,但当事人有共同经常居所地的,适用共同经常居所地法律。侵权行为发生后,当事人协议选择适用法律的,按照其协议”。本案原告愿景公司系住所地在巴拿马共和国的法人,本案为具有涉外因素的船舶碰撞损害赔偿纠纷。船舶碰撞事故发生在中国福建漳州镇海角附近水域,侵权损害行为发生地在中国,且原、被告双方在诉讼中均明确选择适用中国法律,依据《中华人民共和国涉外民事关系法律适用法》第四十四条的规定,本院确定以中国法律作为审理本案纠纷的准据法。

2. 船舶碰撞损害的确认与赔偿原则

在本案中,双方对船舶发生碰撞,是由于“福远渔 F77”轮单船的过失造成的,应根据《中华人民共和国海商法》第一百六十八条的过失原则,由“福远渔 F77”轮负全部赔偿责任,没有争议。但对损害赔偿范围,即哪些损失属于船舶碰撞造成的损失,损失金额大小等,存在争议,这也是船舶碰撞事故纠纷案件中普遍的争议焦点。根据《中华人民共和国民法通则》第一百一十七条规定“损坏国家的、集体的财产或者他人财产的,应当恢复原状或者折价赔偿。受害人因此遭受其他重大损失的,侵害人应当赔偿损失”,以及《中华人民共和国侵权责任》关于承担侵权责任方式的规定,结合《最高人民法院关于审理船舶碰撞和触碰案件财产损害赔偿的规定》(以下简称《规定》)有关规定,在确定船舶碰撞损害赔偿范围时,应遵守下列原则。

(1)恢复原状的基本原则

《规定》中明确船舶碰撞损害赔偿应当"尽量达到恢复原状,不能恢复原状的折价赔偿",充分体现了赔偿要充分的精神。同时规定,船舶损害赔偿分为全损赔偿和部分损害赔偿,其中部分损害赔偿包括:合理的船舶临时修理费、永久修理费及辅助费用(为进行修理而产生的进坞费、清舱除气费、油污水排放处理费、港口使用费、引航费、检验费以及修船期间的住坞费、码头费等)、维持费用(船舶和船员在修船期间日常消耗的燃料、物料、淡水、供应品等费用和支付的船员工资等)。可以说,已经基本涵盖了船舶碰撞损失的全部范围。本案中,根据认定的事实,受损船舶"奇克西桥"轮在厦门、东京、大阪、神户、上海五地进行了四次临时修理和一次永久修理,法院对历次的修理费用均予以确认,并对其中合理的修理费用予以支持。本案涉及的辅助费用和维持费用项目较多,原告诉讼请求中关于辅助费用和维持费用的项目,如代理费、VDR 数据读取费用、船员加班费用等,涵盖了本次事故造成损失的方方面面。可以说,通过赔偿使受害方的经济状况尽可能地恢复到没有遭受损害时原来的状况。

(2)直接损失的赔偿原则

在《确定海事碰撞损害赔偿金的国际公约预案》(1985 年)第 5 条中规定:"碰撞直接造成的损害方可追偿。"这一原则被《规定》第一条所吸收借鉴,并进一步明确,赔偿范围不仅包括碰撞所造成的财产损失、后继费用、止损费用,还包括事故发生的直接后果或可合理预见的损失。可以从以下几个方面理解。

①损失必须是事故发生的直接后果。凡因直接碰撞或间接碰撞而直接造成的运输船舶和船上的货物、燃料、航海设备和属具、航需物料备品及人身伤亡等,都应该被视为船舶碰撞的直接后果。

本案中,原告主张的"奇克西桥"轮的损失,除了与本次事故相关的修理费用外,还包括停航产生的油耗损失、因船舶修理发生的设备和物料损失等,没有船上货物损失。根据损失与事故必须直接关联的原则,油耗损失必须是在因本案事故修理占用了船舶正常装卸之外的时间发生的额外油耗损失,方能支持,而原告无法提供"航海日志"和"港口装卸时间记录",以证明上述事实,对该部分油耗损失不予支持。在航海设备、物料备品方面,便携式电力通风扇、螺旋式通风管是船上的必备品、耐用品,购置通风扇与通风管与发生事故没有必然联系,修理过程中完全可以使用原有的旧设备,对上述备品的购置费不予支持。而碎棉布属于修理中必备的物料类消耗品,对该项物品购置费应予支持。

对于本案船舶修理项目上,还有一个有意思的细节,即在上海港的"燃油柜换新""5号燃油柜气密试验""防止管内着火""船舱标志焊接"等修理项目,是否属于因事故导致的必要修理,双方存在争议。根据查明的事实,由于"奇克西桥"轮船舶构造特殊,其舷侧外板就是4号燃油舱舱壁,故事故造成舷侧外板破损,就需要对燃油舱进行修复。2013年7月6日在日本神户修理后,船级社检验记录中对于遗留问题的表述也显示,"燃油柜换新""5号燃油柜气密试验""防止管内着火""船舱标志焊接"等修理项目,是因事故导致的必要修理,对于在上海发生的修理费应予支持。

②损失必须是事故发生引起的后果。指的是因船舶碰撞相继引发必要的海难救助、打捞清污、人命救护等费用,运输船舶在整个碰撞损害修复期间的营运损失,均可作为直接损失向事故发生的责任方提出合理的经济索赔。

本案中,"奇克西桥"轮的事故后继损失主要包括在厦门、神户的代理费和船期损失。厦门港代理费的收费项目包括安排修理人员、安排日本船级社检验人员参与船舶修理、安排船舶管理人与船东代表见面、办理登船证、安排修理材料清关并运至船上等5项,均与事故船舶维修相关,均应予以支持。对于在神户代理费中,包含协调泊位使用的代理费用和安排修理作业的代理费用,其中协调泊位使用的代理费用属于靠港货船正常开支,与船舶修理无直接相关,应予以扣除,仅支持其中安排修理作业的代理费,酌定按照全部代理费的一半计算。

③损失必须是可以合理预见的后果。有些损失不是碰撞的直接后果,但是伴随着事故发生而可合理预见的或必然产生的后果,就可以视为碰撞的直接损失。《规定》第十条和第十一条,分别对船期损失和租金损失的认定和赔偿计算的方式做了详细规定。本案涉及的船期损失,即属因事故造成船舶部分损害,船舶维修导致船期延误而造成的停租损失。原告提交停租账单、期租合同等,用以证明船舶停租的损失,但该账单是案外人川崎汽船给承

租人新田公司的停租函,原告对案外人川崎汽船身份,以及与本案当事人的法律关系举证不足,故对船期损失不予确认。

(3)受损方减少损害的原则

在船舶发生碰撞后,受损方应尽一切可能减少过失方对其造成的损害,对于因请求人的过错造成的损失或者使损失扩大的部分,不予赔偿。这一原则在《规定》第三条第(二)项所确立,维修必须满足就近、减损、节费的原则。船舶碰撞后,受损方对于修船港口、维修人员的选择,有可能造成修理费用的增加,如果受损方选择的修理价格偏高,也属于受损方未尽到减少损害的责任。本案中,在厦门港临时修理涉及燃油舱修理等重大事项,受损方从上海调派工头、修理人员,而没有委托厦门本地的船舶维修厂和工人,导致修理人工费偏高,在厦门修理且聘请厦门本地维修人员更为合理,故参考厦门地区修理工人维修费率,对修理人工费进行调整。监修人员是受船舶管理公司的委派,负责检查修理工程的质量和进度,而该工作可以由船长或轮机长完成,修船质量也是由船级社验收确认,对监修人员差旅费、监修人工费不予支持。而修船师虽然也是外地调派,但考虑到所在的船舶修理公司是案涉船舶维修固定联系的服务供应商,修船师的专业技能、资质和所需的工具材料具有不可替代性,对修船师费用全部予以支持。还需要说明的是,在日本发生的修理费 11 400 000 日元是针对 4 号燃油柜(右舷)的舷侧外板修理作业,这一价格相对于国内的修理费偏高,但该次修理是原告根据案涉船舶班轮运输的特点,利用装卸货的间隙修理,以达到减少船期损失的目的,符合行业惯例和减损原则,应予以支持。

(原载于 2015 年《中国审判案例要览》商事卷)

蔡文瑞诉"伊水"轮船舶所有人（韩国汉城正道工业株式会社）海上救助纠纷案

《水上救助打捞精选案例评析》编写组

【问题提示】

本案是否构成纯救助？海难救助报酬请求权的当事人如何确定？纯救助的救助报酬如何确定？

【案例索引】

一审：厦门海事法院（1999）厦海法商初字第 63 号判决书（1999 年 12 月 29 日）。

【案情】

原告：蔡文瑞。

被告："伊水"（EI SUI）轮船舶所有人（韩国汉城正道工业株式会社）。

1998 年 10 月 16 日约 1800 时，原告所属的"闽狮渔 2106"渔船在台湾海峡进行拖网捕鱼作业时，发现在北纬 24°51′06″、东经 119°45′处有一船体为白色的失控船自北向南漂流。当时该海区遭受 1998 年第 9 号台风的影响，"闽狮渔 2106"渔船在恶劣海况下开到该名为"伊水"（EI SUI）的水产冷冻船附近，经多次努力靠上该船，发现"伊水"轮空无一人。为避免该船夜间与过往船舶碰撞或被风浪打翻，原告与"闽狮渔 2106"渔船对"伊水"轮施救。但因海上风浪大，"闽狮渔 2106"船吨位小、马力小，单独拖带"伊水"轮无法保证安全，原告逐呼叫在附近海域作业的"闽狮渔 2090""闽狮渔 6108""闽狮渔 2105"三艘渔船前来协助施救，四艘渔船经过二十多小时的努力，于 10 月 17 日 1600 时左右将"伊水"轮拖进石狮祥芝港。另查明，"伊水"轮获救前处于燃油耗尽状况，1998 年 10 月 16 日 0650 时，交通部上海海上救助打捞局福州救助站派出的"沪救 1 号"轮，曾在北纬 25°25′、东经 119°59′处靠近"伊水"轮,救下船员,并将该船船员在福清送上岸。当风浪减小后,"沪救1号"和另一专业救助船"沪救12号"再次搜救"伊水"轮时,"伊水"轮已被原告的渔船救走。救助过程中,原告所属的"闽狮渔2106"船被挤压严重,1998年10月20日经中华人民共和国农业部渔船检验局泉州渔船检验处检验,证明该船驾驶室、左舷、舯舷墙、螺旋桨、艉轴、救生筏、系缆等都有较大程度的损坏,该处为此出具了"闽狮渔2106号钢质拖网渔船检验鉴定报告",并建议该船进厂上排进一步检查、维护。10月26日至11月10日,该船在石狮市福祥船用机械修配厂进行了上排修理。

原告蔡文瑞诉称,1998年10月16日,原告驾驶所属的"闽狮渔2106"轮在台湾海峡进行拖网作业时,发现"伊水"(EI SUI)轮处于失控状态并自北向南漂流。当时海况恶劣,原告不顾自身安危,对失控船进行救助,并呼叫附近的"闽狮渔2105"轮等渔船共同进行救助,于次日下午将该船拖进祥芝港。救助过程中,原告船发生严重损坏,并产生了停航损失。原告还预付了其他救助船的救助损失费用,事后原告又派人看管该船。被告曾两次派人赴泉州协商处理船舶事宜,因意见不一致而未果。故原告诉请法院判令:1.被告赔偿原告因救助而产生的有关费用614 559元(人民币,下同),具体为①"闽狮渔2106"轮修理费及设备损失142 889元;②原告支付给参加救助的"闽狮渔2090"轮、"闽狮渔2105"轮、"闽狮渔6108"轮三渔船的船员工资、油耗、停产纯利润损失150.374元;③原告支付本船船员工资及"闽狮渔2106"轮救助所花油耗36 526元;④购买碇、绳以系泊"伊水"轮的费用10 000元;⑤雇佣3人看管"伊水"轮的看船工资(自1998年10月17日至1999年6月14日)共36 000元;⑥"闽狮渔2106"轮因施救、修理停产25天的纯利润损失225 000元;⑦原告冒着生命、财产的危险在恶劣环境下对"伊水"轮施救的风险金13 770元;2.诉请法院拍卖"伊水"轮以优先受偿;3.被告承担本案诉讼费及因拍卖船舶所需的各项费用。

被告韩国汉城正道工业株式会社未答辩。

【审判】

厦门海事法院经审理认为,本案纠纷系因原告对海上遇险的"伊水"轮救助而引起。对船舶救助的请求权属于船舶优先权,故处理本案应适用中华人民共和国的法律。原告在恶劣气候下对海上已失控的"伊水"轮进行施救,是海难救助中的纯救助,该救助已取得了实际效果,被告("伊水"轮船舶所有人)应支付原告救助报酬。本案救助报酬包括参加救助船舶的修理费、原告雇佣本船船员及他船船员施救而支付的工资及施救报酬、原告应支付的柴油款、原告购置看船工具款及支付至法院扣船前的看船费,这些费用共计328 989 元可予支持。原告诉请的补偿救助风险金 13 720 元缺乏法律依据,不予支持。原告诉请的利润损失 271 800 元,证据不足,不予支持。"伊水"轮获救价值为 300 538.88 元,因救助报酬依法不能超过获救财产价值,故本案救助费以获救价值为限。

据此,厦门海事法院于 1999 年 12 月 29 日根据《中华人民共和国民事诉讼法》第一百三十条和《中华人民共和国海商法》第二十二条第一款第(四)项、第一百七十九条、第一百八十条、第一百八十一条、第二百七十二条的规定,做出如下判决:

1. 被告"伊水"轮船舶所有人(韩国汉城正道工业株式会社)应于本判决生效之日起十日内支付原告蔡文瑞救助报酬 300 538.88 元;

2. 原告蔡文瑞有权就前项救助本报从法院变卖"伊水"轮的价款中优先受偿。

本案诉讼费 11 200 元、财产保全费 5 000 元,由被告负担。

宣判后,被告未上诉。

【评析】

本案是一起典型的海难救助中的纯救助,涉及纯救助的构成、海难救助报酬请求权的当事人及如何确定纯救助的救助报酬等三个法律问题。

一、纯救助的法律性质

海难救助是从纯救助开始的,以后发展成为合同救助。目前,合同救助是海难救助最普遍的形式,合同救助是指以"无效果,无报酬"为原则的救助协议进行救助的一种形式。纯救助是一个英美法的概念,一般是指船舶遇难以后,未曾请求外来救援,救助方自行救助的行为,如果救助获得成功,救助方有权获得救助报酬。可见,纯救助具有如下特点:救助方与被救助方之间未签订任何救助协议;纯救助实行"无效果,无报酬"的原则。纯救助一般指以下两种情况:一是遇险船舶未以任何方式发出任何求救之请求,救助人在其附近海域,前往救助,且被救助人身处相当紧急的情况下以致其没有能力也没有可能拒绝此项救助;二是救助人救助脱离被救助人控制的财产,如无人操控的弃船及脱离控制的抛弃物、漂浮物、投弃物等。

关于纯救助的法律性质有如下几种学说:

第一,无因管理说。民法上的无因管理,是指没有法律义务或合同约定义务,为避免他人利益受损失而管理他人事务的行为。该说认为救助人对于救助物既无救助义务,也未接受救助委托,而对其进行救助,此救助应属民法中的无因管理。但无因管理不存在报酬请求权,而救助方有权请求救助报酬,故海难救助与无因管理不能完全契合。

第二,准契约说。该说认为,被救助人接受救助人进行的纯救助,实际上双方当事人之间也存在合意,从而发生与订立救助合同相同的救助关系。只因双方当事人没有具体约定各自具体的权利与义务,故只能认为存在一种准合同。但纯救助中的被救助人有时根本就不知道救助人实施救助,双方当事人不可能达成合意,实际也不存在合意,更遑论合同关系了,因此纯救助不能视为一种准合同行为。

第三,不当得利说。不当得利是指没有合法根据,取得利益,而使他人受损的法律事实。《民法通则》第九十二条规定,没有合法根据,取得不当利益,造成他人损失的,应当将取得的不当利益返还受损害人。该说认为纯救助系被救助人无法律上的原因或合法依据,得到救助人的救助,从而获得保全其财产的利益,故其性质应属民法上的不当得利。但纯救助的被救助方往往放弃对获救财产的权利,不存在得利的问题,故不当得利说也不足取。

第四,海难救助法律行为。该说认为,纯救助不具有民法中的无因管理、不当得利或者准合同的性质,而仅能视为一种保护当地社会公益的合法行为。无论救助人是否为发生法律行为上的效果而进行救助,但法律终究会对其救助发生效果,即在救助成功后被救助人享有救助报酬请求权等权利。《民法通则》第五十四条规定,法律行为是公民或法人设立、变更、终止民事权利和民事义务的合法行为。毫无疑问纯救助将依法产生一定的法律后果,引起当事人之间民事权利和民事义务的变化,将法律行为作为纯救助的法律性质失之过宽。

第五,海难救助特殊行为说。该说认为,海难救助与共同海损措施一样,是海商法中的独特行为,只能从海商法的传统、宗旨、原理和原则加以分析研究,不能机械套用民法中的概念、原理、原则加以评判、定性。海难救助制度中的"无效果,无报酬"原则、救助报酬中包含体现鼓励救助精神的奖励金、船舶优先权及救助人责任限制等是民法中的劳务报酬、费用补偿、损害赔偿、恢复原状、担保物权等有关概念原理原则所难以解释的。海难救助具有悠久的历史,有关海难救助的各种法律规范已形成了独特的、较为完整的法律制度。作为传统而典型的海难救助形式的纯救助,只能认为是海商法中的一种特殊行为。

比较上述各种学说,笔者比较赞同该说。本案原告在恶劣天气下对海上已经脱离船舶所有人及其船员控制的"伊水"轮进行施救,是海难救助中的纯救助,这种救助是海商法中的一种特殊行为,应按《海商法》规定的特别规则予以处理。

二、救助报酬请求权的当事人

救助报酬请求权涉及的当事人包括债权人和债务人。实施海难救助的人依法享有救助报酬请求权,是债权人。我国《海商法》第一百七十九条前段规定,救助方对遇险的船舶和其他财产的救助,取得效果的,有权获得救助报酬。当有多方参加救助时,各方均有权主张救助报酬,各方应获得的报酬先协商确定,协商不成的则由法院或仲裁机构裁决。对此,我国《海商法》第一百八十四条规定,参加同一救助作业的各救助方的救助报酬,应当根据本法第一百八十条规定的标准,由各方协商确定;协商不成的,可以提请受理争议的发言判决或者经各方协议提请仲裁机构裁决。

本案即属由多方参与的海难救助,"闽狮渔2106"船、"闽狮渔2090"船、"闽狮渔6108"船、"闽狮渔2105"船均实际参与了对"伊水"轮的救助,但最后仅由"闽狮渔2106"船的船舶所有人提起诉讼,主张所有的救助报酬,法院也予以支持。这是因为"闽狮渔2106"船作为本次救助的组织方,支付了其他参与救助渔船的报酬,其实质是参与救助各方已按《海商法》第一百八十条的规定协商确定各自的救助报酬,原告在支付各方救助报酬后有权主张所有的救助报酬。

救助报酬请求权还涉及债务人。救助报酬请求权的债务人为被救助船舶的所有人、运费所有人或者其他海上获救财产所有人。本案救助报酬请求权的债务人为"伊水"轮的船舶所有权人当无疑问,但因被告未到庭参加诉讼,缺乏相应的证据,无法准确认定"伊水"轮的船舶所有权人,因此,本案判决书中的被告先是列明"伊水"(EI SUI)轮船舶所有人,再将根据现有证据查明的船舶所有人名称列在后面,略带对物诉讼的意味。这种做法解决了《民事诉讼法》第一百零八条规定的一个诉讼必须有明确的被告这一程序条件,有利于保护救助方的利益。

三、纯救助报酬的确定

海难救助报酬是指在海难救助中被救助方根据事前的协议或者事后的协商或法院或仲裁机构的裁决付给救助方的报酬,如《1989 年国际救助公约》第 272 条第 3 款规定:"救助款项是指照本章规定,被救助方应向救助方支付的任何报酬、酬金或者补偿。"救助报酬,根据"无效果,无报酬"原则,按照救助成功程度或履约行为给予救助人的经济回报,而不是对救助方在救助过程中所支出的救助费用的补偿,是对救助方所付出的救助努力的一种奖励。救助报酬的确定应当遵循有关国际公约、国内法律的相关规定,充分考虑与海难救助有关的各种主客观因素,确定比较合理的报酬数额,平衡海难救助双方当事人的利益。

根据我国《海商法》第一百八十条第二款、第一百八十一条的规定,救助报酬不得超过船舶和其他财产的获救价值。船舶和其他财产的获救价值,是指船舶和其他财产获救后的估计价值或者实际出卖的收入,扣除有关税款和海关、检疫、检验费用以及进行卸载、保管、估价、出卖而产生费用后的价值。本案判决援引了上述条款作为确定救助报酬的根据,但本案无论是原告的诉讼请求还是法院的判决,在确定救助报酬时更多的是考虑因原告实施救助行为而发生的费用及因此遭受的损失,没有考虑经济上的回报和奖励,这种思路似乎是采上述不当得利说的结果,将纯救助作为民法中的不当得利来对待。

(原载于《水上救助打捞精选案例评析》,2011 年法律出版社)

福州市港务局诉福州宏运船务有限公司海难救助合同纠纷案

《水上救助打捞精选案例评析》编写组

【问题提示】

船厂修理的船舶发生火灾，如进行扑灭，是否构成海难救助？

【案例索引】

一审：厦门海事法院（2003）厦海法商初字第 286 号调解书（2003 年 12 月 17 日）。

【案情】

原告：福州市港务局。

被告：福州宏运船务有限公司。

2002 年 5 月 20 日，被告所属"宏运油 9 号"在福州台江壁头船厂修理时起火，被告向福州海事局求救。应海事局要求，原告指派其"消拖 3 号"前往施救。经"消拖 3 号"施救，"宏运油 9 号"大火被扑灭，险情被排除。2003 年 4 月 29 日，被告与原告船务管理处签订还款协议，被告确认施救费 80 224 元，并承诺于 2003 年 6 月 30 日还清，逾期还款违约金按月千分之五计算。

原告福州市港务局诉称：2002 年 5 月 20 日，被告所属"宏运油 9 号"在福州台江壁头船厂修理时起火。原告应海事局要求派"消拖 3 号"前往施救。下午 3 时 30 分，"宏运油 9 号"大火被扑灭。为此，"消拖 3 号"消耗蛋白泡沫 18 吨，费用计 77 600 元；拖船费 27 200 元，上述费用均经被告确认。原告多次向被告催讨上述费用，双方于 2003 年 4 月 29 日签订还款协议，被告确认施救费 80 224 元，并承诺于 2003 年 6 月 30 日还清，逾期还款违约金按月千万之五计算。但被告至今未支付分文。原告请求判令被告支付施救费 80 224 元，并支付违约金。

被告福州宏运船务有限公司未答辩。

【审判】

案件在审理过程中,经厦门海事法院主持调解,双方自愿达成如下调解协议:

1. 双方同意被告福州宏运船务有限公司于 2004 年 1 月 20 日前将施救费 80 244 元、违约金 2 005.6 元一次性支付给原告福州市港务局。

2. 诉讼费 2 977 元由被告福州宏运船务有限公司负担,鉴于原告福州市港务局已预交诉讼费,被告福州宏运船务有限公司应将诉讼费连同上述第一项款项一并支付给原告。

3. 如被告福州宏运船务有限公司未如期支付上述款项,原告福州市港务局有权立即申请法院强制执行,并按月千分之五计算违约金。

【评析】

本案核心问题是原告扑灭在船厂修理船舶的火灾是否构成海难救助。

一、海难救助的构成要件

一般地说,海难救助法律关系的成立,应具备如下要件:

第一,被救物必须是法律所承认的。被救助的标的是物,不包括对人的救助;被救助的标的是法律所承认的。如我国根据《海商法》第一百七十一条规定,船舶和其他财产可作为救助的标的。

第二,被救物处于危险之中。何为海难救助的危险《海商法》及相关国际公约均未明确规定,但危险必须发生于海上或与海相通的可航水域,我国《海商法》第一百七十一条明确规定,海难救助"适用于在海上或与海相通的可航水域";危险必须是真实存在或不可避免的;危险要件不考虑起因,不要求必须是船货面临的共同危险。

第三,救助行为是自愿的行为,即救助或被救助方在发生救助法律关系时,其作为或不作为完全出于自愿。这就排除了非自愿的救助,即合同约束的救助或法律规定的救助。合同约束的救助是指海难发生前,救助方根据合同负有救助的义务,主要有:遇难船船员对本船的救助;引航员在履行其职责范围内的救助;遇难船上的旅客对本船的救助;消防队员履行职责扑灭船上火灾。法律规定的救助包括两种:对人救助和对物的救助,如我国《海商法》

第一百六十六条第一款规定，船舶发生碰撞，当事船舶的船长在不严重危及本船和船上人员安全的情况下，对于相碰的船舶和船上人员必须尽力施救；第一百七十四条规定，船长在不严重危及本船和船上人员安全的情况下，有义务尽力救助海上人命。上述救助即使获得成功也无权获得救助报酬，而不救助将承担合同或法律规定的责任。

第四，救助行为必须要有效果。这虽非形成救助法律关系的要件，但救助方请求救助报酬，一般要求救助行为要取得效果。《海商法》第一百七十九条规定，救助方对遇险的船舶和其他财产的救助，取得效果的，有权获得救助报酬；救助未取得效果的，除本法第一百八十二条或其他法律另有规定或合同另有约定外，无权获得救助款项。

二、对本案的具体分析

以上述海难救助成立的要件衡量本案，接受灭火的是船舶，且火灾被扑灭，因此，本案原告的灭火行为符合海难救助的第一、第四构成要件应无疑问，但本案船舶火灾是否构成海上风险及原告的灭火行为是否属法律规定的救助值得仔细分析。

第一，本案船舶火灾构成海上风险。本案欠款事实比较清楚，原告起诉后即调解结案，因此法院未开庭查明本案具体的事实，从调解书认定的事实，不能直接得出案涉船舶是进行靠泊修理还是上干坞修理。一般认为，如果船舶在船厂岸上车间修理或建造时发生了火灾，则不属于海难救助所指的海上危险，海难救助的法律关系即不能成立。但从调解书认定被告所属"宏运油9号"在福州台江壁头船厂修理时起火，原告应海事局要求派"消拖3号"前往施救及产生拖船费27 200元等事实分析，本案被告所属船舶应在船厂靠泊修理，船舶发生的火灾属海上危险。

第二，原告并非履行法定职责。消防队员扑灭船上火灾是否属于救助行为，对此我国《海商法》及相关国际公约没有明确规定。我国台湾地区"商港法"规定，船舶在外海发生火灾，经港口当局允许进港停靠，消防队员完成灭火作业后，有权请求救助报酬。对停泊在港口内的失事船舶提供灭火或其他服务，认为是履行其职务内的职责，不得请求救助报酬。上述规定值得借鉴，但即使对停泊在港内的失事船舶提供灭火或其他服务，应该区别对待：如果火灾仅危及岸上安全,消防队员灭火属于履行本职工作,无权请求求助报酬;如果灭火仅危及船货安全,根据《海商法》第一百九十二条规定,"国家有关主管机关从事或控制的救助作业,救助方有权享受本章规定的关于救助作业的权利和补偿";如果火灾危及船货及岸上安全,同一灭火行为具有两种性质,各占多大比例属事实问题,应由法院、仲裁机构依法做出判断。

1988 年 8 月 1 日起实施的《港口消防监督实施办法》第二十七条规定,沿海开放港口和内河重点港口应设立港口公安消防队,负责对港口水域航行、停泊、作业的一切中外民用船舶和港区内的设施、物品发生火灾的扑救。1998 年 9 月 1 日起施行的《消防法》第三十七条规定,公安消防队扑救火灾,不得向发生火灾的单位、个人收取任何费用。对参加扑救外单位火灾的专职消防队、义务消防队所损耗的燃料、灭火剂和器材、装备等,依照规定予以补偿。可见,公安消防队负有扑救火灾的法定职责,因此,《消防法》规定其不得收取任何费用,而参加扑救外单位火灾的专职消防队、义务消防队不负有法定职责,因此享有接受补偿的权利,但对如何补偿没有明确规定。2009 年 5 月 1 日起施行的《中华人民共和国消防法》第四十九条明确了补偿的主体,单位专职消防队、志愿消防队参加扑救外单位火灾所损耗的燃料、灭火剂和器材、装备等,由火灾发生地的人民政府给予补偿。因港务局并非负有法定消防职责的国家机关,没有法定义务对失火船舶进行救助,依据《海商法》第一百九十二条的规定,有权依据双方达成的数额向被告主张救助报酬。

综上,本案原告对被告所属船舶的灭火行为符合救助法律关系成立的要件,取得救助效果,有权请求被告支付救助款项。

(原载于《水上救助打捞精选案例评析》,2011 年法律出版社)

广州海上救助打捞局申请支付令案

《水上救助打捞精选案例评析》编写组

【问题提示】

追索海难救助报酬是否可以适用督促程序？

【案例索引】

一审：厦门海事法院（1996）厦海法事督字第 001 号支付令（1996 年 2 月 28 日）。

【案情】

申请人：广州海上救助打捞局。

被申请人：福建省赛岐海上经济技术协作发展公司。

申请人广州海上救助打捞局于 1996 年 2 月 26 日向厦门海事法院申请支付令，并提供了被申请人就其所属"安泉"轮请求申请人进行救助的委托书、施救"安泉"轮完工单、"安泉"轮救助费用结算单、被申请人对该救助费用的确认书，以及申请人向被申请人催讨救助费的数份材料等，要求被申请人给付救助报酬 150 000 元。

【审判】

厦门海事法院经审查认为，申请人的申请符合《中华人民共和国民事诉讼法》第一百八十九条规定的条件，依照该法第一百九十条的规定，特发出如下支付令：

被申请人福建省赛岐海上经济技术协作发展公司应当自收到本支付令之日起十五日内，给付申请人广州海上救助打捞局救助报酬人民币 150 000 元。

申请费 200 元由被申请人负担。

被申请人如有异议,应当自收到支付令之日十五日内向本院书面提出;逾期不提出书面异议,本支付令即发生法律效力。

支付令送达后债务人无异议,支付令发生法律效力。

【评析】

本案的意义在于当双方债权、债务关系明确时救助人可向法院申请支付令向债务人追索救助报酬。

通常,救助人追偿救助报酬很少借助督促程序。所谓的督促程序是指人民法院根据债权人的申请,向债务人发出支付令,如果债务人不在法定期间内提出异议,该支付令即具有强制执行力的程序。关于督促程序的法律规定主要有:《最高人民法院关于适用督促程序若干问题的规定》、《民事诉讼法》第十七章、《海事诉讼特别程序法》第九十九条、《劳动合同法》第三十条等。债权人向人民法院申请支付令应当符合下列条件:

第一,督促程序仅适用于债权人请求债务人给付金钱、有价证券的给付之诉。督促程序仅适用于给付之诉,单纯的确认之诉、形成之诉不适用督促程序。督促程序仅适用于标的物为金钱、有价证券的诉讼,这是因为金钱和有价证券为种类物,可以用等值的货币和有价证券代替,且计算单位和标准市场化,在特定时间内的数额基本确定,其价值比其他请求更容易确定,符合督促程序快速确定债权债务关系、简便易行地实现债权的要求。

第二,请求给付的金钱或者有价证券的债权已到期且数额确定。这是因为如果债权尚未到期或者数额不能确定,法院的支付令发出以后,债务人往往会以未到履行债务的期限为由提出异议,或者就应当履行债务的具体数额与债权人发生争议,导致督促程序终结,从而达不到督促程序的目的。

第三,债权人与债务人之间没有其他债务纠纷,即债权人和债务人之间没有对待给付义务。若双方当事人之间存在对待给付义务,支付令发出后,债务人往往以债权人没有履行相应的义务为由,对支付令提出异议,导致督促程序终结。

第四,支付令能送达债务人。督促程序是建立在不突破程序保障底线基础上的一种便捷程序,而支付令能够送达债务人就是督促程序正当性的保障。例如,《海事诉讼特别程序法》第九十九条规定,债权人基于海事事由请求债务人给付金钱或者有价证券,符合《民事诉讼法》有关规定的,可以向有管辖权的海事法院申请支付令。债务人是外国人、无国籍人、外国企业或者组织，但在中华人民共和国领域内有住所、代表机构或者分支机构并能够送达支付令的，债权人可以向有管辖权的海事法院申请支付令。

当事人享有程序选择权，债权人是按照普通程序提起诉讼还是申请支付令应由当事人根据实际情况做出选择。从本案申请人提供的材料分析，完全符合适用督促程序的要件，此时救助人追索救助报酬选用督促程序，可以提高效率，减少讼累。根据《最高人民法院关于适用督促程序若干问题的规定》，债务人对债权债务关系没有异议，但对清偿能力、清偿期限、清偿方式等提出不同意见的，不影响支付令的效力。债权人基于同一债权债务关系，向债务人提出多项支付请求，债务人仅就其中一项或几项请求提出异议的，不影响其他各项请求的效力。债权人基于同一债权债务关系，就可分之债向多个债务人提出支付请求，多个债务人中的一人或几人提出异议的，不影响其他请求的效力。因此，对于当事人提出的异议，也并不是一概地终结督促程序，而使支付令失效。当然，如果救助人申请支付令之前已向人民法院申请诉前保全，或者申请支付令同时又要求诉前保全，其支付令申请不会得到法院的支持。再如救助人申请支付令后又就同一债权提起诉讼，那么法院就会裁定终结督促程序。

（原载于《水上救助打捞精选案例评析》，2011 年法律出版社）

厦门港务集团有限公司东渡港务分公司诉
丁根友海难救助合同纠纷案

许俊强

【问题提示】

根据政府的强制命令进行的救助,双方当事人是否存在救助关系?是否有权请求救助报酬及救助报酬的金额如何确定?

【案例索引】

一审:厦门海事法院(2003)厦海法商初字第 177 号民事判决书(2004 年 6 月 10 日)。

二审:福建省高级人民法院(2004)闽民终字第 315 号民事判决书(2004 年 9 月 9 日)。

【案情】

原告(被上诉人):厦门港务集团有限公司东渡港务分公司(以下简称"东渡港务公司")。

被告(上诉人):丁根友。

2003 年 5 月 28 日,丁根友所有的"华顶山"轮在海上着火后驶到东渡港务公司所属的东渡港集装箱码头靠泊,后东渡港务公司应厦门海事局的要求对其实施了救援。从 2003 年 5 月 28 日至 6 月下旬,东渡港务公司为实施救援工作,投入了大量的人力、物力和设备。2003 年 7 月 20 日,厦门海事局出具证明,证实东渡港务公司参与了"华顶山"轮的救助。同年 8 月 22 日,厦门港务管理局出具证明,证实共产生救助费用 1 164 408.7 元。

原告东渡港务公司诉称:2003 年 5 月 28 日,被告丁根友所属的"华顶山"轮在海上着火后驶到原告所属的东渡港集装箱码头靠泊并进行其救援工作。在针对该船的救助作业中,尤其是为了该船在下沉后的起浮并获救成功,我方积极并成功地参与了救助作业,及时投入了大量的设备、人力、物力和费用,花费很多的时间,遭受了较大的经济损失,从而使得该船最终成功起浮并获救。因丁根友未及时支付救助报酬,东渡港务公司遂诉请法院判令丁根友向其支付救助报酬约150万元及其利息。

被告丁根友辩称:(1)原、被告双方之间不存在我国《海商法》第九章规定的救助合同关系。"华顶山"轮沉没事故发生后,在海事局的主持下,丁根友与交通运输部上海救助打捞局签订了打捞合同,由该局负责打捞沉船和集装箱货物,其既未与东渡港务公司签订任何救助合同,也未委托东渡港务公司进行打捞或救助作业。(2)东渡港务公司请求支付救助报酬,没有事实和法律依据。上海救助打捞局如果在打捞的过程中使用了东渡港务公司的岸上设备,东渡港务公司应当向上海救助打捞局主张,无权向丁根友提出请求。丁根友不是货物的所有人,有关集装箱货物堆存等费用,东渡港务公司应当向货物所有人或上海海华公司主张。(3)即使按东渡港务公司所称,其对船舶实施了救助,但救助并未成功,而是发生了沉没,救助并未取得实际效果,东渡港务公司不仅无权请求救助报酬,还应对其过失导致的后果承担法律责任。(4)东渡港务公司诉请的150万元,缺乏客观有力的证据。即使存在也为打捞费用,归属于限制性债权,不应另行提起诉请。综上,请求驳回东渡港务公司的起诉。

【审判】

厦门海事法院经审理认为,本案当事人双方之间虽然没有签订救助合同,但东渡港务公司实施的行为是应厦门海事局要求进行的,厦门海事局作为处理"华顶山"轮海事事故的行政主管机关,要求东渡港务公司对"华顶山"轮进行施救,"华顶山"轮与东渡港务公司双方之间已形成事实上的救助合同关系。根据《海商法》第一百九十二条的规定,东渡港务公司有权享受救助作业的权利和补偿。对于救助报酬应根据《海商法》第一百八十条的规定来确定。

关于丁根友提出的东渡港务公司无权对船载集装箱及货物的救助向其请求报酬问题。因本案船载集装箱及货物在"华顶山"轮事故发生时落于海中,影响厦门港航道通行安全,也存在环境污染损害危险,根据《海商法》第一百八十二条规定,对构成环境污染损害危险的船舶或者船上货物进行救助,救助方可以从船舶所有人处获得相当于救助费用的特别补偿。事后,船方亦有权向其他被救助方追偿。

关于救助报酬请求是否属于海事赔偿责任限制范围问题。根据《海商法》第二百零八条规定,海事赔偿责任限制的规定不适用于对救助款项或共同海损分摊的请求。因此,本案救助报酬请求不属于我国法律规定的海事赔偿责任限制范围。

综上,厦门海事法院依照《中华人民共和国海商法》第一百八十条、第一百九十二条的规定,做出如下判决:

1. 被告丁根友于判决生效起十日内一次性赔偿原告厦门港务集团有限公司东渡港务分公司救助报酬 1 164 408.7 元及利息(自 2003 年 8 月 22 日起至判决生效之日止按银行同期存款利率计算);

2. 驳回厦门港务集团有限公司东渡港务分公司的其他诉讼请求。

案件受理费 17 510 元,由东渡港务公司负担 3 920 元,丁根友负担 13 590 元。

一审宣判后,丁根友不服,向福建省高级人民法院提起上诉称:

1. 原审判决违反民事诉讼"不告不理"原则,超出被上诉人诉请范围进行裁判。被上诉人在一审中的诉讼请求是主张救助报酬,而一审判决却增加了被上诉人对于货物救助方面有权取得相当于救助费用的特别补偿的内容。根据《海商法》的规定,请求救助报酬与请求特别补偿为相互独立的两种权利。被上诉人没有主张特别补偿,法院就不应对此做出判决。

2. 一审判决认定事实不清,适用法律错误。首先,原审法院没有正确分配举证责任,以"确定救助报酬,应当体现对救助作业的鼓励,对原告提交的证据如果被告无相反证据证明,基本予以采信"来改变证据认定标准;其次,原审判决违反了"无效果,无报酬"的补偿原则,属适用法律错误。故请求二审依法撤销原判;驳回被上诉人的全部诉讼请求,并承担本案的一、二审诉讼费用。

被上诉人东渡港务公司答辩认为:

1. 一审判决上诉人赔偿答辩人船舶救助报酬 1 164 408.7 元属于答辩人的诉请范围。

2. 答辩人全力参与"华顶山"轮的救助,获救船舶价值 500 万元,救助的效果是明显的，丁根友作为被救船舶的船东应该对此做出补偿。故请求二审依法驳回丁根友的上诉，维持原判。

二审中查明，对"华顶山"轮的救助可分为两个阶段：第一阶段是发生火灾后，以消防部门为主，对火灾船舶进行喷水降温灭火；第二阶段是船舶沉没后，船东与上海救捞局签订打捞合同，以上海救捞局为主将沉船起浮打捞。被上诉人东渡港务公司参与了两个阶段的全过程。从东渡港务公司向一审法院提供的《救助"华顶山"轮东渡港务分公司投用设备、人员情况表》可以看出，东渡港务公司所参与的救助行为主要针对集装箱货物。

福建省高级人民法院经审理认为，从诉辩双方的陈述，以及本案的证据材料，特别是作为处理"华顶山"轮海难事故的国家行政主管机关厦门海事局出具的《证明》看，东渡港务公司应厦门海事局的要求，参与了"华顶山"轮的海难救助工作之事实是清楚的。当事人双方之间已形成事实上的救助合同关系。根据《海商法》第一百九十二条的规定，作为救助方的东渡港务公司有权享受关于救助作业的权利和补偿。但确定救助报酬，除了应当体现对救助作业的鼓励外，还应当根据《海商法》第一百八十条的有关规定，综合分析各项因素；比如：船舶和其他财产的获救的价值、救助方在防止或者减少环境污染损害方面的技能和努力、救助方的救助成效等，且救助报酬不得超过船舶和其他财产的获救价值。

本案中，根据厦门海事局的证明，东渡港务公司虽然在救助过程中投入了大量的人力、物力和设备，但从东渡港务公司所提供的《救助"华顶山"轮东渡港务分公司投用设备、人员情况表》可以看出，首先，东渡港务公司所参与的救助行为主要针对集装箱货物，且其所主张的产生的有关救助费用亦未得到救助作业主管机关厦门海事局的认可。其次，从东渡港务公司的一审诉求，以及二审的答辩看，其主张的只是对船舶救助的救助报酬，而没有主张"对构成环境污染损害危险的船舶或者船上货物进行救助的特别补偿"。最后，"华顶山"轮在救助过程中沉没，后经船东与上海救捞局签订打捞合同，由上海救捞局将该船打捞起浮，因此，在计算获救船舶价值时，也应扣除合理的打捞费用。同时，还应当考虑所有救助人的救助报酬的总额及分配。综合以上的分析：二审法院认为，原审确定东渡港务公司的救助报酬考虑不够全面，偏向于救助方的救助费用这一单一因素。为了体现对救助作业的鼓励，并综合考虑以上因素,本院酌情确定东渡港务公司的救助报酬为40万元人民币。福建省高级人民法院根据《中华人民共和国民事诉讼法》第一百五十三条第一款第(一)项、第(三)项的规定,做出如下判决:

1. 维持厦门海事法院(2003)厦海法商初字第177号民事判决第二项;

2. 变更厦门海事法院(2003)厦海法商初字第177号民事判决第一项为:丁根友应于本判决生效之日起十日内一次性支付给厦门港务集团有限公司东渡港务分公司救助报酬400 000元及利息(利息自2003年8月22日起计至本判决确定的支付之日止,利率按银行同期存款利率计算)。

本案二审案件受理费17 510元,由丁根友负担4 670元,东渡港务公司负担12 840元;一审案件受理费按二审执行。

【评析】

本案的争议焦点主要集中在当事人双方之间是否存在救助关系,原告是否有权请求救助报酬及如何确定救助报酬。

一、关于救助关系的认定

海难救助是指对海上遇险的财产,由外来力量对其进行施救或提供援助法律行为。海难救助一般有三种形式,即合同救助、纯救助、强制救助。合同救助,是指救助方基于与被救助方订立的救助合同进行救助,一般以无效果,无报酬为原则;纯救助,是指救助方未经被救助方请求自愿进行救助;强制救助,是指基于法律、法规或政府机关的命令而进行的救助。强制救助包括:第一,人命救助,这是国际公约和国内法基于人道主义原则而为航海者规定的一项强制性义务。第二,船舶碰撞发生后的互救,我国《海商法》第一百六十六条规定,船舶发生碰撞,当事船舶的船长在不严重危及本船和船上人员安全的情况下,对于相碰的船舶和船上人员必须尽力施救。第三,国家主管机关从事或控制的救助,这是指由负责海上交通安全的主管机关基于法律规定而对遇险船舶进行救助,或者组织、指挥其他船舶进行的救助。本案即是国家主管机关从事或者控制的救助作业。我国《海商法》第一百九十二条规定,国家主管机关从事或者控制的救助作业,救助方有权享受救助作业的权利和补偿,救助人可以向被救助方主张救助报酬和特别补偿。

根据我国《海商法》第一百七十五条的规定,救助方与被救助方就海难救助达成协议,救助合同成立。可见,救助合同的订立也是遵循邀约和承诺的一般规则,救助合同的成立需要双方达成合意,至于合同的形式法律未做特殊规定。但在很多情况下,由于海难事故突然发生,情况紧急,负责海上交通安全的国家行政主管机关(一般是海事局)接到报案后,往往会在第一时间组织相关单位对发生海难事故的船舶和其他财产展开救助。此时,虽然具体参与救助的当事人并没有直接与船舶或其他财产所有人进行磋商并达成合意,但该当事人应主管机关的要求参与救助,并事实上实施了救助行为,因此,应该认为,双方之间已经形成事实上的救助关系。在本案中,东渡港务公司应当时负责处理海事事故的主管机关厦门海事局的要求,参与了对丁根友所属的船舶及船载集装箱货物的救助的全过程,因此,应当认定东渡港务公司与丁根友之间成立事实上的救助关系。

二、关于东渡港务公司是否有权主张对船舶救助的救助报酬

首先,东渡港务公司是否有权向船舶所有人请求救助报酬。因本案双方当事人存在事实上的救助合同关系,但为未签订救助书面的救助,故存在东渡港务公司应向谁主张救助报酬的问题。关于救助报酬请求的对象,理论界的观点并不一致,有观点认为,救助是针对同一次事故实施的,因此,不论救助人实施的救助行为是针对船还是针对货,在救助报酬的请求对象上,不应有所区别;另一种观点认为,我国《海商法》第一百八十三条规定,救助报酬的金额,应当由获救的船舶和其他财产的各所有人,按照船舶和其他财产各自的获救价值占全部获救价值的比例承担。根据该条规定,救助人请求救助报酬,应当分清获救财产的所有人,向该财产的所有人请求救助报酬。在没有签订书面合同的情况下,这种观点更符合法律规定的精神。本案中,根据东渡港务公司提交的证据材料,东渡港务公司所参与的救助行为主要针对的是集装箱货物,而非船舶本身,仅向船舶所有人主张救助报酬值得商榷。

其次,在通常情况下,海难救助实行无效果,无报酬的原则:救助方对遇险的船舶和其他财产的救助须取得效果才有权获得救助报酬;如果救助未取得效果,则救助方无论付出多大的代价,也无权获得救助报酬。除非是以下几种情况:一是为保护环境而对构成环境污染损害危险的船舶或者船上货物进行的救助;二是为保护其他某些特殊利益(一般是公共利益)而由其他法

律规定不需以救助有效果作为获得救助款项的条件的救助;三是针对某一具体的救助作业,救助方与被救助方就救助报酬在合同中做另行约定的救助,其中比较典型的是基于雇用救助合同进行的救助。在本案中,"华顶山"轮在救助过程中沉没,显然东渡港务公司参与的救助行为(即使认为其救助行为是针对船舶实施的)也未取得效果。

因此,在本案中,根据无效果,无报酬的原则,东渡港务公司向作为船舶所有人的丁根友请求救助报酬,缺乏依据。

三、关于如何确定救助报酬的金额

我国《海商法》对于如何确定救助报酬的具体金额,并没有给出明确的标准,只做出了一些原则性的规定:该法第一百八十条规定,确定救助报酬,应当体现对救助作业的鼓励,并综合考虑以下各项因素:(一)船舶和其他财产的获救价值;(二)救助方在防止或者减少环境污染损害方面的技能和努力;(三)救助方的救助成效;(四)危险的性质和程度;(五)救助方在救助船舶、其他财产和人命方面的技能和努力;(六)救助方所用的时间、支出的费用和遭受的损失;(七)救助方或者救助设备所冒的责任风险和其他风险;(八)救助方提供救助服务的及时性;(九)用于救助作业的船舶和其他设备的可用性和使用情况;(十)救助设备的备用状况、效能和设备的价值。救助报酬不得超过船舶和其他财产的获救价值。交通部、国家物价局曾于 1991年 12 月发布《中华人民共和国交通部国内航线海上救助打捞收费办法》和《中华人民共和国交通部国际航线海上救助打捞收费办法》,但为 2007 年 11月 14 日发布的《交通部关于废止 47 件交通规章的决定》所废止。司法实践中,对于当事人双方没有明确约定救助报酬的情况下,一般结合该十项因素考虑后,以获救财产价值的一定的百分比来确定救助报酬。另外,从该条规定也可以看出,我国立法在确定救助报酬的问题上,总体还是体现对救助作业的鼓励精神。在本案中,二审法院在分析了东渡港务公司的救助对象、救助效果以及东渡港务公司诉请的性质后,最终仍判定东渡港务公司的救助报酬为 40 万元人民币,正是体现了鼓励救助的原则和立法精神。

(原载于《水上救助打捞精选案例评析》,2011 年法律出版社)

厦门海顺达船务工程公司诉浙江省台州市椒江滨海航运有限公司等海难救助合同纠纷案

《水上救助打捞精选案例评析》编写组

【问题提示】

船舶遇险后，救助人对船舶进行海难救助，救助同时起到救助财产和防止、减少油污损害的效果，对救助款项按什么方式划分为救助费用与清污、防污费用？

【案例索引】

一审：厦门海事法院（2004）厦海法商初字第 048 号民事判决书（2004 年 6 月 17 日）。

二审：福建省高级人民法院（2004）闽民终字第 340 号民事判决书（2004 年 9 月 9 日）。

【案情】

原告（上诉人）：厦门海顺达船务工程公司（以下简称"海顺达公司"）。

被告（被上诉人）：丁根友。

被告（被上诉人）：浙江省台州市椒江滨海航运有限公司（以下简称"滨海公司"）。

被告（被上诉人）：上海海华轮船有限公司（以下简称"海华公司"）。

2003 年 5 月 25 日，浙江台州籍集装箱船"华顶山"轮第 34 航次从上海港出发挂靠厦门港，之后开往广州黄埔港，28 日 0520 时，途经台湾海峡南碇岛附近发生火灾，随后返回厦门港要求救助。5 月 28 日、29 日及 6 月 3 日，厦门海顺达船务工程公司接厦门海事局通知参与救助"华顶山"轮，并为此投入了一定人力、物力和设备。

原告海顺达公司诉称，2003 年 5 月 25 日，浙江台州籍伪装箱船"华顶山"轮第 34 航次从上海港出发挂靠厦门港开往广州黄埔港,途中于 28 日 0520 时,在台湾海峡南碇岛附近发生火灾,随后返回厦门港要求救助。原告在厦门海事局的要求下,自 2003 年 5 月 28 日起投入大量人力、物力参与"华顶山"轮溢油清污工作,清污款项为人民币 549 771.04 元;另外,原告还参与"华顶山"轮海难救助工作,海难救助费用为 3 893.76 元。被告丁根友系"华顶山"轮的船舶所有人,被告台州市椒江滨海航运有限公司系"华顶山"轮的船舶经营人,被告上海海华轮船有限公司系"华顶山"轮的船舶定期租船人。原告参与清污及救助工作效果显著,为被告挽回巨大的经济损失,被告应向原告支付上述相关费用,但被告却拒不支付。为维护原告的合法权益,特提起诉讼,请求判令被告:(1)支付原告"华顶山"轮溢油清污款项 549 771.04 元;(2)支付原告"华顶山"轮海难救助费用 63 893.76 元。

被告丁根友、浙江省台州市椒江滨海航运有限公司辩称,海顺达公司向其主张清污与救助费用并无任何事实与法律上的依据。(1)海顺达公司与被告一、二之间就清污问题并不存在任何事实与法律关系。海顺达公司从事清污工作系接受行政指令而发生,由此发生费用或报酬,应当以指令关系之法律基础主张权利,而并不应向其无任何关联之被告一、二主张。(2)根据国家海事部门的事故报告,本案海难事故的发生,是由于负有提供安全货物并应如实申报货物之危险性质责任的租船人所造成。海华公司违反租船合同的约定,未履行向被告一、二如实申报货物危险性质责任的义务,应当对此承担全部责任。被告一、二不存在任何过错,完全是无辜的受害者,显然不应承担任何责任。(3)海顺达公司的救助行为系针对集装箱货物,根据我国有关法律的规定,有关救助报酬的主张应当向获救财产之所有人主张。因此,海顺达公司所主张的对于货物救助的报酬不应向被告一、二提出,其亦不能提供任何证据证明其所谓损失的存在。

被告海华公司辩称,海顺达公司向海华公司提起诉讼主体错误,且无法律依据。清污无效果,事实并没有溢油,故没有必要。海顺达公司的诉请费用无相关证据证明。

【审判】

厦门海事法院经审理认为,厦门海事局作为处理"华顶山"轮海事事故的国家行政主管机关,要求海顺达公司对"华顶山"轮进行救助作业,双方之间已形成事实上的救助合同关系。根据《海商法》第一百九十二条规定,海顺达公司有权享受关于救助作业的权利和补偿。从本案的相关证据看,在此次救助活动中,海顺达公司投入了一定人力、物力和设备,但由于海顺达公司产生的费用未得到厦门海事局的认可,其提供的费用计算方法也无标准可参照,为了体现对救助作业的鼓励,故对海顺达公司在此次救助活动中产生救助及打捞费用酌情认定 5 万元。

关于三被告责任的问题。本案船载集装箱及货物在"华顶山"轮事故发生时落于海中,影响厦门港航道通行安全,也存在环境污染损害危险,根据《海商法》第一百八十二条规定,对构成环境污染损害危险的船舶或者船上货物进行的救助,救助方依照本法第一百八十条规定获得的救助报酬,少于依照本条规定可以得到的特别补偿的,救助方有权依照该条规定,从船舶所有人处获得相当于救助费用的特别补偿。本条规定不影响船舶所有人对其他被救助方的追偿权。本案船舶所有人系丁根友,因此,海顺达公司有权从被告丁根友处获得相当于救助费用的特别补偿,但滨海公司、海华公司不承担连带责任。被告丁根友有权行使对其他被救助方的追偿权。

综上,厦门海事法院依照《海商法》第一百八十条和一百九十二条规定,做出如下判决:

1. 被告丁根友应于判决生效之日起十日内一次性赔偿厦门海顺达船务工程公司救助报酬 50 000 元;

2. 驳回原告厦门海顺达船务工程公司的其他诉讼请求。

案件受理费 11 147 元,由厦门海顺达船务工程公司公司负担 10 239 元,丁根友负担 908 元。

一审宣判后,海顺达公司不服,向福建省高级人民法院提起上诉称:(1)原审漏审了上诉人关于清污款项 549 771.04 元的诉讼请求。上诉人起诉时明确提出两项诉讼请求,即海难救助费和溢油清污款项,一审只判了被上诉人支付救助报酬 5 万元,而对上诉人应厦门海事局的要求进行溢油清污的事实及诉求只字不提。(2)丁根友系"华顶山"轮的船舶所有人,滨海公司是该船的船舶经营人,海华公司是定期租船人,上诉人依照《海商法》的有关规定主张救助报酬及清污报酬,其义务主体应不限于船舶所有人,三被上诉人应对上诉人的上述请求共同承担责任,原审驳回上诉人对滨海公司和海华公司的诉讼请求于法无据。故请求二审依法撤销原判,改判被上诉人支付上诉人"华顶山"轮溢油清污款项 549 771.04 元及海难救助费用 63 893.76元,并承担全部诉讼费用。

三被上诉人在法定答辩期内未做书面答辩。

丁根友及滨海公司在庭审中答辩认为:上诉人的上诉请求不能成立。一、上诉人未提供证据证明其主张,其自行制作的清单不是证据,没有法律效力,原审对该"证据"效力的认定是正确的。二、原审并无漏审,清污费的请求因上诉人不能提供证据已被原审法院驳回。滨海公司补充答辩,其仅为船舶经营人,且无过错,与救助活动无关联,原审认定其不承担责任正确。

海华公司在庭审中答辩认为:一、原审判决书中"海顺达公司诉称""证据材料"中均列明清污费用,在"判决主文"部分也有判决结果的表述,不存在漏审的情况;二、海顺达公司没有事实和法律依据要求海华公司承担赔偿责任;三、海顺达公司有义务明确其债权的性质,救助报酬、特别补偿均不应由海华公司承担;四、海顺达公司所提交的"证据"不能采信,有关清污费用的清单均由自己盖章确认,不应予以认可。

福建省高级人民法院经审理认为:从诉辩双方的陈述,以及本案的证据材料,特别是作为处理"华顶山"轮海难事故的国家行政主管机关厦门海事局所出具的证明看,海顺达公司应厦门海事局的要求,参与了"华顶山"轮的海难救助、清污工作之事实是清楚的。当事人双方之间已形成事实上的救助合同关系。根据《海商法》第一百九十二条的规定,作为救助方的海顺达公司有权享受关于救助作业的权利和补偿。但确定救助报酬,除了应当体现对救助作业的鼓励外,还应当根据《海商法》第一百八十条的有关规定,综合分析各项因素,比如:船舶和其他财产的获救的价值、救助方在防止或者减少环境污染损害方面的技能和努力、救助方的救助成效、救助方或者救助设备所冒的责任风险和其他风险、救助设备的备用状况、效能和设备的价值等,且救助报酬不得超过船舶和其他财产的获救价值。对构成环境污染损害危险的船舶或者船上货物进行的救助,救助方还可以要求获得特别补偿。

本案中,根据厦门海事局的证明,海顺达公司参与了清污工作,但从厦门海事局的证明、批注内容看,不能说明海事局对海顺达公司所主张的有关清污费用及计算方法给予确认。而海顺达公司亦不能举证证明其所提供的清污费用结算的计算方法的依据,另外,厦门海事局出具的《关于"华顶山"轮火灾沉船事故的调查报告》中,也仅记载"机舱部分污油水外泄"。基于以上的分析,以及对救助作业的鼓励,本院酌情确定海顺达公司的清污作业报酬为15万元。另,上诉人主张救助及打捞费用按其原审诉求认定,经查,上诉人所诉求的金额缺乏计算依据,原审酌定为5万元并无不当,应予维持。上诉人要求三被上诉人共同承担赔偿责任的请求,因上诉人请求的清污报酬亦属救助报酬,根据《海商法》第一百八十三条的规定,应由船舶所有权人承担,上诉人要求船舶所有权人之外的其他人承担责任,缺乏法律依据,不予支持。

另外,原审法院虽然在"海顺达公司诉称""证据认证""判决主文"中对清污费用有做认定,但在"事实查明"及"本院认为"部分未做表述欠妥,应予纠正。根据《中华人民共和国民事诉讼法》第一百五十三条第一款第(一)(三)项的规定,福建省高级人民法院做出判决如下:

1. 维持海事法院(2004)厦海法商初字第048号民事判决第一项;

2. 变更厦门海事法院(2004)厦海法商初字第048号民事判决第二项为:丁根友应于本判决生效之日起十日内一次性支付给厦门海顺达公司清污报酬150 000元。

本案二审案件受理费11 147元,由丁根友负担3 633元,海顺达公司负担7 514元;一审案件受理费按二审执行。

【评析】

一审法院将本案认定为海上救助纠纷,上诉后二审法院也认可一审法院对本案的定性;且所有当事人对此定性均无异议。根据《民事诉讼法》第十三条的规定,当事人有权在法律规定的范围内处分自己的民事权利和诉讼权利。因此本案案由可以定为海上救助纠纷。但需要注意的是,本案海顺达公司的诉讼请求还涉及清污费用,救助人对船舶进行海难救助,救助同时起到救助财产和防止、减少油污损害的效果,对救助款项按什么方式划分救助费用与清污、防污费用,就成为本案争议的主要问题。

一、海难救助与船舶油污损害赔偿的区分

救助方对船舶采取救助、防污、清污措施,往往同时起到救助财产和防止、减少油污损害的效果,形成救助法律关系与船舶油污损害赔偿法律关系,如何划分海难救助、防污、清污费用的问题,对当事人关系重大。根据我国的法律,两类费用在法律适用、债权性质、责任主体、保险与基金保障上均有所不同:

（一）法律适用

一般地说,海难救助属合同法的范畴,适用《海商法》第九章关于海难救助的规定。目前,船舶油污损害赔偿属侵权法的范畴,其法律适用在我国尚不完善,尤其是在本案事故发生时的 2003 年。对于船舶污染损害赔偿,国际上存在《1992 年国际油污损害赔偿民事责任公约》《1992 年设立国际油污损害赔偿基金国际公约》《2001 年船舶燃油污染损害民事责任公约》,案发时我国仅加入了《1992 年国际油污损害赔偿民事责任公约》。但通常认为,国际公约仅适用于具有涉外因素的船舶污染损害赔偿,因此,不具有涉外因素的只能适用《环境保护法》《海洋环境保护法》《防止船舶污染海域管理条例》《侵权责任法》等涉及船舶污染损害赔偿的法律、法规。

（二）债权性质

法律适用的不同导致债权性质的差异。根据《海商法》第二十二条第一款第四项及《海商法》第二百零八条第一项的规定,海难救助的救助款项的给付请求具有船舶优先权,并且不属限制性债权。而船舶油污损害赔偿引发的债权是否具有船舶优先权因油类及船舶吨位的不同而异,《1992 年国际油污损害赔偿民事责任公约》下油类系指任何持久性烃类矿物油,因已建立强制保险制度,油污损害赔偿得到较为充分的保障,在该公约项下的油污损害赔偿请求不具有船舶优先权;而《2001 年船舶燃油污染损害民事责任公约》项下燃油系指用于或拟用于船舶运行或推进的包括润滑油在内的任何烃类矿物油,以及此类油的任何残余物,该公约项下的船舶油污损害赔偿请求船舶优先权,并且是我国《海商法》规定的限制性债权。

（三）责任主体

这里的责任主体是指有义务支付救助款项或船舶油污损害赔偿款的主体。根据合同相对性原则,海难救助一般是由签订合同的被救助方承担支付救助款项的义务,因此《海商法》第九章“海难救助”并未直接规定海难救助款项的责任主体。《海商法》第一百七十二条第三项规定，救助款项，是指依照本章规定，被救助方应当向救助方支付的报酬、酬金或者补偿。救助报酬是救助方对遇险船舶和其他财产进行救助并取得效果时，根据《海商法》第一百七十九条的规定，有权获得的款项;酬金是在救助作业中，成功救助人命的救助方在一定条件下，根据《海商法》第一百八十五条的规定，有权获得的款项;补偿是救助方对构成环境污染损害危险的船舶或者船上货物进行救助时，根据《海商法》第一百八十二条的规定，有权获得的款项，即特别补偿。分析上述规定，最终承担救助款项支付义务的应为船舶所有人或被救助财产的所有人。船舶油污损害赔偿属侵权纠纷，应由侵权方承担赔偿责任，通常，船舶油污损害赔偿的责任主体是造成船舶油污的船舶所有人，一般是船舶所有人。根据《1992 年国际油污损害赔偿民事责任公约》的规定，除另有特殊情况外，在事故发生时的船舶所有人，或者，如果该事故系由一系列事件构成，则第一个此种事件发生时的船舶所有人，应对船舶因该事故而造成的任何污染损害负责。该公约下"船舶所有人"是指登记为船舶所有人的人，如果没有这种登记，则是指拥有该船的人。根据《2001 年国际燃油污染损害民事责任公约》的规定，除另有规定外，事故发生时的船舶所有人应对由船上或源自船舶的任何燃油造成的污染损害负责，但如某一事故系由具有同一起源的系列事件构成，则该责任应由从此系列事件的首次事件发生时的船舶所有人承担责任。公约下"船舶所有人"系指船舶的所有人，包括船舶的登记所有人、光船承租人、管理人和经营人在内。

（四）保险与基金保障

在海难救助的场合，法律并未为海难救助专门规定强制保险或设立赔偿基金的制度。但《1992 年国际油污损害赔偿民事责任公约》《2001 年国际燃油污染损害民事责任公约》均建立了强制保险或经济担保制度，2009 年施行的《防治船舶污染海洋环境管理条例》也要求建立强制保险或经济担保制度。在发生《1992 年国际油污损害赔偿民事责任公约》规定的油污损害赔偿时，根据《1992 年设立国际油污损害赔偿基金公约》及该公约的 2003 年协议建立的补偿基金，受害人还能得到更为充分的赔偿保障。

二、实践中的区分标准

关于如何区分救助报酬与防污、清污费用,国际油污赔偿基金在适用《1992年国际油污损害赔偿民事责任公约》和《1992年国际油污赔偿基金公约》的赔偿实践中,逐渐形成了"主要目的"标准和"双重目的"的划分标准。1992年国际油污基金组织索赔手册(2005年4月版)指出:在某些情况下,救助行动可能含有防御措施的成分。如果这些措施的初始目的是为了防止污染损害,产生的费用原则上根据1992年公约进行限定。尽管如此,如果救助行动另有目的,比如救助船舶和/或货物,公约对此产生的费用不予受理。如从事的活动以防止污染、救助船舶和/或货物为双重目的,而行动的最初目的又不能确定时,由此产生的费用将在污染防御和救助活动之间按比例划定。评估与救助有关的防御性措施费用的赔偿请求时,不按照适用于判定救助等级的标准;但是,这种赔偿仅限于产生的费用,并包括合理的营利部分。

对于本案船舶油污的性质,"华顶山"轮为集装箱货船而非油船,根据查明的事实,"华顶山"轮事故发生后,船舶沉没,船舶油舱存油及机舱污油溢出。本案事故发生于2003年,我国于2008年12月9日递交加入书,申请加入《2001年国际燃油污染损害民事责任公约》。参照该公约的规定,"燃油"系指用于或拟用于船舶运行或推进的包括润滑油在内的任何烃类矿物油,以及此类油的任何残余物。"污染损害"系指:(a)从船体任何部位可能逸出或排出的燃油事故,从而造成船体外部水域的环境损失或损害。环境损害的赔偿应只限于使环境得以恢复所实际采取的或将要采取的合理措施,而不是此种损害的利润损失;和(b)预防措施的费用和由预防措施造成的进一步损失或损害。因此,本次事故的油污应为燃油污染损害。但上述针对《1992年国际油污损害赔偿民事责任公约》"主要目的"标准和"双重目的"的划分标准对船舶燃油污染损害赔偿具有借鉴意义。

具体到本案,船舶遇险后,救助人对船舶进行海难救助,救助同时起到救助财产和防止、减少油污损害的效果。对救助款项按照以下方式划分为救助费用与清污、防污费用,分别由被救助方与船舶所有人承担:

1. 救助的主要目的仅是救助遇险船舶、其他财产、船上人员,被救助方并没有为防止、减少油污损害而明显额外增加救助款项的,全部救助款项均作为救助费用。

2. 救助的主要目的仅是防止、减少油污损害，全部救助款项均作为清污、防污费用。

3. 救助具有救助遇险船舶、其他财产、船上人员和防止、减少油污损害的双重目的，有合理依据区分双重目的的主次的，根据双重目的的主次作用比例划分；无合理依据区分双重目的主次的，全部救助款项各百分之五十分别作为救助费用与清污、防污费用。但污染危险消除后发生的救助款项不再划分为清污、防污费用。

本案应属第三种情形，故将本案所有费用作为救助报酬的做法似乎并不妥当。

（原载于《水上救助打捞精选案例评析》，2011 年法律出版社）

中国海洋工程公司诉被告赵健强
海难救助合同纠纷案

《水上救助打捞精选案例评析》编写组

【问题提示】

"雇用救助"如何定性？

【案例索引】

一审：厦门海事法院（2004）厦海法商初字第 322 号民事判决书（2004 年 10 月 19 日）。

【案情】

原告：中国海洋工程公司。

被告：赵健强。

原告与被告于 2004 年 7 月 9 日于厦门签订了一份《救助合同》，约定被告委托原告将其即将沉没在甲子港口外的"粤新会工 1039"轮救助脱浅，被告偿付原告救助费用总共 120 万元；救助费用由原告先期垫付，原告将遇难船只送到船厂修理次日，被告将救助费用一次性付清；若救助不成功，则被告只支付原告救助费 45 万元；若被告不能及时支付原告救助费用，原告有权拍卖"粤新会工 1039"用于充抵原告的救助费用；双方发生争议时应友好协商解决，协商不成，一致约定由厦门海事法院管辖。合同签订后，原告依约履行合同，经过努力在 7 月 17 日救助成功，将"粤新会工 1039"轮顺利拖离礁石区，并于其后将船驶入港内，拖入船厂上排。但被告却严重违约，至今尚欠救助费 120 万元。

原告中国海洋工程公司基于上述事实，诉请法院判令：（1）被告立即支付救助费 120 万元及逾期付款违约金（按未付金额的日万分之二点一计，自 2004 年 7 月 19 日起至实际付清之日止）；（2）被告立即支付原告看船费、修船费 254 685.30 元；(3)确认原告的上两项请求权对"粤新会工 1039"享有船舶优先权。

被告赵健强未答辩。

【审判】

厦门海事法院经审理认为，本案为海上救助合同纠纷。原、被告之间签订的《救助合同》是双方真实意思表示，合法有效。原告依约履行了合同，将"粤新会工 1039"船救助成功，并垫付了看船费和修船费，被告应按合同向原告支付求助报酬及垫付费用，其未按约履行，应承担违约责任。原、被告在《救助合同》中未约定违约金的主张于法无据，不予支持。《中华人民共和国海商法》第二十二条规定了具有船舶优先权的海事请求，海难救助的救助款项的给付请求具有船舶优先权，看船费和修船费的请求不具有船舶优先权，故原告关于确认看船费和修船费的请求具有船舶优先权的主张亦不予支持。依照《中华人民共和国合同法》第一百零七条、《中华人民共和国海商法》第二十二条的规定，做出如下判决：

1. 被告赵健强于本判决生效之日起十日内支付原告中国海洋工程公司海难救助款 120 万元，原告的该项债权对"粤新会工 1039"船具有船舶优先权；

2. 被告赵健强于本判决生效之日起十日内支付原告中国海洋工程公司船舶看护费、修理费 254 685.3 元；

案件受理费 17 308 元，保全费 5 000 元，差旅费 3 000 元，由被告赵健强负担。

宣判后，被告赵健强未上诉。

【评析】

本案案由为海难救助合同纠纷，但实际上本案应为雇佣救助合同纠纷。

雇佣救助，又称实际费用救助，是指救助人根据海上遇险财产所有人的请求，以提供海上劳务的形式所提供的救助服务。雇佣救助常常适用于那些情况比较简单的救助活动，例如在船舶搁浅的情况下，雇佣一艘拖船协助船舶脱浅，本案即是这种情况；又如，在船舶本身失去动力时，雇请他船实行海上拖带等。从本质上来讲，雇佣救助并非是海商法意义上的救助，而是一种提供海上劳务的方式，应不适用《海商法》第九章海难救助的规定，因此，通说认为海难救助只有合同救助、纯救助、强制救助等三种形式。雇佣救助具有如下特点：

第一，海难救助一般由救助方指挥，被救方通常只是配合其救助活动，雇佣救助则由遇险船舶指挥，也就是被救方指挥。

第二，雇佣救助中，在救助之前在救助方和被救方之间有一个合同救助合同，当事方在合同中约定救助的报酬、支付方式和办法等，即使最终没有救助效果，被救方还是要依据救助合同支付救助费用。这使雇佣救助有别于一般的海难救助，不实行"无效果，无报酬"原则，有利于提高救助方救助的积极性。

第三，在雇佣救助中，救助费用依据救助方实际耗费的人力、设备和时间等计算，不体现对救助作业的鼓励，不考虑《海商法》第一百八十条规定的确定救助报酬的因素。

本案未适用《海商法》第九章的规定，而是适用了《合同法》第一百零七条的规定，这是正确的。

（原载于 2011 年《海上救助打捞精选案例评析》法律出版社）

上海东海救助技术服务中心诉厦门鹭明
船务有限公司海难救助合同纠纷案

俞建林

【问题提示】

事实海难救助合同的成立要件及获取救助报酬的条件有哪些？国有事业单位转让救助报酬请求权的法定程序及该程序对转让行为有效性的影响是什么？

【案例索引】

一审：厦门海事法院（2010）厦海法商初字第 24 号民事裁定书（2011 年 1 月 24 日）。

【案情】

原告：上海东海救助技术服务中心（以下简称"救助中心"）。

被告：厦门鹭明船务有限公司（以下简称"船务公司"）。

2008 年 1 月 11 日凌晨，船务公司所属油轮"鹭明油 1"轮与福建万星海运有限公司所属集装箱船"融达"轮在莆田南日岛以东水域发生碰撞。事故发生后，莆田海事局审核同意"鹭明油 1"轮提交的货油过驳方案，并协调交通部某救助局（以下简称"救助局"）所属救助船"东海救 195"轮抵达现场进行监护。同日 13:40 时，"东海救 195"轮抵达事故现场实施现场监护。次日，货油全部过驳完毕，两艘事故船舶在"东海救 195"轮护送下，安全抵达兴化湾指定锚地锚泊避风，救助监护作业行动结束。2009 年 9 月 20 日，救助局与原告救助中心签订债权转让协议，救助局将案涉救助作业救助费用的债权转让给救助中心。

原告救助中心诉称：2008 年 1 月 11 日，"鹭明油 1"轮在福建南日岛附近水域发生碰撞，救助局受被告的委托，派"东海救 195"轮前往守护和施救，共产生费用人民币 150 480 元。事后,救助局多次要求被告支付该笔救助费用,但被告拒绝支付。2009 年 9 月 20 日,救助局通过书面协议将本次救助费用的权益转让给原告,由原告向被告追偿救助费用,并已通知被告。为此,原告诉请法院判令被告承担救助看护费用 150 480 元,并按照中国人民银行公布的同期贷款利率支付自看护服务结束之日起至实际支付之日止的利息;被告承担本案诉讼费。

被告船务公司辩称:原告的起诉缺乏事实与法律依据,理由如下:一、原告应就救助局是否有权索取救助报酬进行说明并承担举证责任;二、原告应就所谓的救助服务承担举证责任;三、假如案涉债权成立,也应当充分考虑到当时危险情况的影响,根据原告的举证情况重新核定、予以变更;四、原告受让权益缺乏依据。

【审判】

厦门海事法院经审理,初步认为:救助局实施的救助符合海难救助的构成要件,取得了救助效果,其有权依照《海商法》第一百七十九条关于"救助方对遇险的船舶和其他财产的救助,取得效果的,有权获得救助报酬"的规定,获得本次救助作业的救助报酬。救助局将案涉救助报酬的债权转让给原告,被告虽在庭审时主张原告受让案涉救助报酬的债权缺乏依据,但并未对此提交任何证据予以证明。依据《合同法》第八十条有关"债权人转让权利的,应当通知债务人。未经通知,该转让对债务人不发生效力"的规定,救助局将案涉债权转让给原告,有关债权转让的通知也已经送达至被告,案涉债权转让对被告理应发生法律效力。

在一审判决前,法院为促成双方当事人调解而向当事人释明上述认定及依据,为双方当事人所接受,原、被告就本案达成了庭外和解协议。原告遂提出撤诉申请。

厦门海事法院经审查,准许原告撤回起诉。

【评析】

本案争议焦点在于原告是否有权获得救助报酬,这涉及救助局能否依据救助合同获得救助报酬,以及救助局与救助中心之间债权转让协议是否有效两个问题。

一、关于救助局能否获得救助报酬

虽然本案并无有力证据证明救助局与被告之间存在书面救助合同，但救助局所属"东海救195"轮对被告所属的"鹭明油1"轮采取了有效的救助措施，救助作业获得成功，且本案也无证据证明被告船务公司不接受救助局的救助，故依据《海商法》第一百七十五条有关"救助方与被救助方就海难救助达成协议，救助合同成立"的规定，救助局与被告之间成立了事实上的海难救助合同关系。

救助局能否获得救助报酬的关键在于，其实施的救助行为是否符合海难救助的构成要件：

（一）本次救助标的是法律所承认的。本次救助标的是"鹭明油1"轮，该船属于《海商法》第三条所称的船舶，是《海商法》所承认的救助标的。

（二）"鹭明油1"轮处于海上危险之中。根据证据所反映事实，"鹭明油1"轮在南日岛以东海域与"融达"轮相撞，造成"鹭明油1"轮右舷中部船体破损，该船需进行长时间货油过驳作业。救助过程中，能见度时好时坏，风力则有逐渐变强的趋势，最大风力曾达东北风8级。可以想见，此种气象条件足以使"鹭明油1"轮的货油过驳作业及此后返航兴化湾的航行均处于海上危险之中。"鹭明油1"轮在"东海救195"轮的护航下驶抵兴化湾锚地，该船此时才完全脱离海上危险。因此，从"鹭明油1"轮开始面临危险至驶抵兴化湾锚地之前的整个过程来看，"鹭明油1"轮面临的危险是客观存在的。因此，被告船务公司主张"鹭明油1"轮没有危险，没有事实依据。

（三）救助局实施了救助行为且救助行为是自愿的。根据上述查明的事实，救助局在本次事故中，成功对"鹭明油1"轮实施了值守、护航等行为，其行为对"鹭明油1"轮的安全起到了关键作用，理应属于救助行为。在救助过程中，船务公司没有对救助局的救助行为做出明确而合理的拒绝救助的意思表示。救助局对"鹭明油1"轮也没有法律规定或合同约定的救助义务，其从事的救助行为是自愿的。

（四）救助行为具有效果。从救助结果看，"鹭明油1"轮最终安全抵达兴化湾锚地，成功获救，因此，本次救助效果良好。综上，救助局实施的救助符合海难救助的构成要件，取得了救助效果，其有权依照《海商法》第一百七十九条关于"救助方对遇险的船舶和其他财产的救助,取得效果的,有权获得救助报酬"的规定,获得本次救助作业的救助报酬。

二、关于救助局与救助中心债权转让协议的效力

本案中,救助局以债权转让协议的方式将案涉救助报酬的债权转让给了原告。被告在庭审时主张,案涉债权转让协议未体现对价,该协议不真实,原告受让救助报酬的债权缺乏依据。一般而言,对价是指当事人一方在获得某种利益时必须给付对方的相应代价,其可以是金钱代价,也可以是非金钱代价。案涉债权转让协议确未体现转让的金钱对价,但这并不能直接说明该债权转让协议是不真实的,况且被告也未针对其有关案涉债权转让协议不真实的主张提供任何证据。

另需指出的是,案涉债权转让协议可能涉及国有资产的转让问题,而此种转让又涉及依照《国有资产评估管理办法》第 3 条规定应当履行相应评估手续和依照《事业单位国有资产管理暂行办法》第 25 条规定应当履行相应审批手续这两个问题。关于评估问题,《国有资产评估管理办法》第 3 条虽然规定国有资产转让应当进行评估,但案涉债权的数额是人民币 150 480 元及相应利息,其远未达到《国有资产评估管理办法施行细则》第 6 条中规定的国有资产有偿转让超过百万元或占全部固定资产原值 20%以上的评估标准,因此,案涉债权的转让不属于《国有资产评估管理办法》第 3 条规定的"应当进行资产评估"的情形。此外,该条有关评估的规定虽属强制性规范,但其是否属于能够决定合同效力的效力性强制性规定,实践中存有颇多争论。有关该条的性质之争,实际上是一个价值衡量的争议,即国家财产利益保护和促进交易安全究竟孰轻孰重的问题。所谓效力性强制性规范,是指法律及行政法规明确规定违反了这些规定将导致合同无效的规范,或者法律及行政法规虽然没有明确规定违反这些强制性规范后将导致合同无效,但若使合同继续有效将有损国家利益或者社会公共利益的规范。结合本案实际,本文支持有关评估的上述规定并非属于效力性强制性规范的观点。首先,效力性强制性规定的构成要件之一在于"损害国家利益或社会公共利益",如果违反上述评估规定并不必然导致国家利益受损,则将违反行为一概认定为无效合同行为就显得有些草率;其次,即使此类违反评估规定的行为确会造成

国有财产的损失,但该损失也并非不可弥补,如事后补充评估就是一个很好的办法,如果此前的转让价格过低,则只需对转让价格依据补充评估结果请求法院做出相应变更即可,这样既保护了国家财产又维护了交易安全。关于审批的问题,依照《事业单位国有资产管理暂行办法》第 25 条的规定,国有资产转让应当履行严格的审批手续,但该规定属于部门规章,即使违反该规定也并不构成违反《合同法》第五十二条有关"违反法律、行政法规的强制性规定"的规定。综上,案涉债权转让行为的有效性不应与国有资产评估与审批程序直接挂钩,当事人不能直接以未经评估或审批为由请求法院确认转让行为无效。

（原载于《水上救助打捞精选案例评析》,2011 年法律出版社）

广州打捞局为获取救助报酬担保申请诉前扣押"吉友"轮船载货物案

陈　亚

【问题提示】

LOF2000"无效果,无报酬"劳合社标准救助合同项下,救助人为获取救助报酬担保,在海事法院申请诉前扣押被救船载货物,被救货物所有权人为解除扣押而提供的担保,是否必须符合劳合社救助标准担保格式的要求?

【案例索引】

厦门海事法院(2010)厦海法保字第 25 号民事裁定书(2010 年 6 月 13 日)

【案情】

申请人:广州打捞局。

被申请人:"吉友"轮(MV J. Friend)船载货物所有人。

2010 年 5 月 9 日,"MSCTOMOKO"轮与"吉友"轮在东山海域发生碰撞。2010 年 5 月 10 日,"吉友"轮船舶所有人吉友船务有限公司(J. FRIEND SHIPPING COMPANY LIMITED)代表遇难的船舶和船上财产所有人与申请人广州打捞局订立了 LOF2000"无效果,无报酬"劳合社救助标准格式合同(LLOYD'S STANDARD FORM OFSALVAGE AGREEMENT),委托广州打捞局对"吉友"轮遇难船舶及船载货物进行救助。根据该救助标准格式合同第 1 条的约定,救助人的报酬或特别补偿应根据"劳合社标准救助和仲裁条款"及"劳合社程序规则"规定的方式在伦敦仲裁确定,"劳合社标准救助和仲裁条款"及"劳合社程序规则"应视为并入本合同,并构成本合同不可分割的部分。该合同"重要提示"部分第一项"救助担保"还规定:"船长应尽快将订立本合同事宜通知船上其他财产的所有人。如果救助成功,财产所有人应根据

第 1 条提及的'仲裁条款'第 4 条的规定向救助人提供救助担保。有关共同海损担保的规定并不减轻获救利益方向救助人提供救助担保的独立义务。"合同订立后,经广州打捞局对"吉友"轮所载货物进行减载驳卸和其他救助作业,救助取得成功。经减载后的"吉友"轮留存货物铁矿砂约 23 000 吨,卸载于第一到达港漳州招银码头。广州打捞局要求获救的"吉友"轮所载货物的所有人为救助报酬提供担保,但遭到了拒绝。

申请人广州打捞局为维护自身权益,于 2010 年 6 月 13 日向厦门海事法院提出诉前财产保全申请,申请扣押从"吉友"轮卸下的 23 000 吨铁矿砂,并责令被申请人就本次救助费用提供 320 万美元或人民币 2 200 万元的有效可靠担保。申请人为此提供了招商银行股份有限公司广州分行出具的人民币 600 万元限额的担保函作为担保,保证赔偿因申请扣押船载货物不当给被申请人和其他第三方造成的损失。

【审判】

厦门海事法院经审查认为:申请人的申请符合法律规定。根据《海事诉讼特别程序法》第 44 条、第 45 条、第 46 条的规定,裁定如下:

1. 准许申请人广州打捞局的诉前财产保全申请;

2. 即日起扣押被申请人所有的从"吉友"轮卸下的 23 000 吨铁矿砂;

3. 责令被申请人提供 320 万美元或者人民币 2 200 万元的担保;

4. 申请人应当在十五日内提起诉讼或者申请仲裁,逾期不起诉或申请仲裁的,将解除财产保全。

厦门海事法院执行扣押后,为释放被扣押的货物,中国太平洋财产保险股份有限公司广东分公司应被申请人"吉友"轮船载货物所有人的要求,向厦门海事法院出具人民币 2 200 万元限额的担保函,保证在厦门海事法院或其他有管辖权的法院及相应的上级法院所做出的有关裁判被申请人承担责任的法律文书,或在本纠纷应提交仲裁的情况下,有管辖权的仲裁机构做出的责令被申请人承担责任的生效仲裁裁决书规定的履行期限届满之日起五日内付款。

申请人广州打捞局对该担保形式提出异议:一、根据对申请人与被申请人均具有约束力的劳合社救助标准格式合同第 1 条的规定,"劳合社标准救助和仲裁条款"并入该合同之中,而"劳合社标准救助和仲裁条款"第 4.5 条对救助报酬的担保明确规定:"除另有约定外,此担保应:(一)提交给劳合社委员会;(二)以委员会同意的形式;(三)由救助人所能接受的或委员会所能接受的居住在英国的个人、商号或公司提供。委员会对应当提供的担保是否充分(不论在金额方面还是其他方面)不负责任,对提供担保的个人、商号或公司的违约或破产也不负责任。"因此,被申请人提供的担保应符合上述要求。二、申请人在扣押货物之后,已就货物救助报酬纠纷在伦敦提起仲裁,劳合社救助仲裁分会已经受理该仲裁案,故担保人提供的担保函应明确表示,保证承担根据劳合社救助合同的条款由劳合社委员会的仲裁员以及上诉仲裁员就被救助财产做出的最后裁决所确定的被申请人应向申请人承担的任何责任。

厦门海事法院根据中国太平洋财产保险股份有限公司广东分公司出具的担保函,依照《海事诉讼特别程序法》第18条第1款的规定,裁定解除对从"吉友"轮卸下的23 000吨铁矿砂的扣押。同时,针对申请人广州打捞局对被申请人提供的救助担保提出的异议,厦门海事法院通知如下:本案系诉前财产保全,对被申请人向法院提交的担保函的审查应按照中国的法律规定进行,法院不能责令中国的当事人向法院提交的担保函必须接受英国法律管辖和按英国法律解释。法院不对双方的实体法律关系进行审查,如法院要求被申请人必须提供劳合社救助标准格式的担保,无异于确认双方合同及仲裁条款的效力。中国太平洋财产保险股份有限公司广东分公司出具的担保函是充分和可靠的,符合法律的规定,法院予以接受,广州打捞局提出的异议不能成立。

【评析】

本案系一起海难救助人为获取救助报酬担保而申请诉前海事请求保全的案件。厦门海事法院依法扣押了被救货物后,被扣货物所有权人为释放货物,须提供相应的担保。本案的关键在于,案涉救助合同是 LOF2000 劳合社救助合同标准格式,获救货物所有人提供的担保是否必须符合"劳合社标准救助和仲裁条款"中对救助报酬担保的要求。

一、适用的法律

申请人广州打捞局在我国申请进行的诉前海事请求保全,应识别为程序法问题,而不涉及任何实体权利义务问题,根据国际私法原则,对该保全程序应适用法院地法即中国法。针对海事请求保全的特别程序,我国法院遵循《海事诉讼特别程序法》的规定进行,该法没有规定的,适用《民事诉讼法》的内容。虽然 LOF2000 劳合社救助合同标准格式第 1 条约定本合同及其仲裁都适用英国法,但该约定属于对准据法的选择,是用于确立当事人之间的权利义务关系,而不适用于本案诉前海事请求保全这一特别程序。

海事请求保全的目的,是保障海事请求的实现,本案中申请人是为了保障救助报酬的实现。当然,救助人不能通过扣押货物直接实现其救助报酬,但是可以通过扣押货物而迫使获救货物所有人就救助报酬提供担保,或者直接以被扣押的货物作为担保。《海事诉讼特别程序法》第 44 条规定,海事请求人为保障其海事请求的实现,可以申请扣押船载货物。该法第 18 条又规定,被请求人提供担保,或者当事人有正当理由申请解除海事请求保全的,海事法院应当及时解除保全。第 18 条所说被请求人提供的担保,应该是向实施扣押的海事法院提供,担保是否可行,也由海事法院予以审查。我国法律对如何构成可行的担保没有明确规定,但司法实践一般要求充分和可靠,只要符合这两个条件,即构成可行的担保。本案中,"吉友"轮船载货物所有人一方面提供了中国太平洋财产保险股份有限公司广东分公司出具的人民币2 200 万元限额的担保函,就数额上说,符合裁定内容的要求,满足了充分的要件;另一方面,具备一定经济实力的保险机构作为担保人出具的担保函,一般也为司法实践认定为可靠的担保方式,故海事法院根据被申请人提供的担保而解除扣押货物,完全符合我国的法律规定。

二、担保的约定

我国《海商法》第一百七十五条明确规定,遇险船舶的船长或者船舶所有人有权代表船上财产所有人订立救助合同。因此,吉友船务有限公司作为遇难船东有权代表船载货物所有人与申请人广州打捞局订立劳合社救助标准格式合同,该合同直接约束申请人与获救货物所有人即被申请人。合同中约定,如果救助成功,财产所有人有义务向救助人提供救助担保。由于"劳合社标准救助和仲裁条款"并入劳合社救助标准格式合同中,则合同双方还存在救助报酬担保的特别约定,即"担保应:(一)提交给劳合社委员会;(二)

以委员会同意的形式;(三)由救助人所能接受的或委员会所能接受的居住在英国的个人、商号或公司提供。"如果被救助人未提供担保或提供的担保不符合上述要求,说明被救助人违反了合同的约定,救助人可以根据"劳合社标准救助和仲裁条款"第 4.8、4.9 项的规定,直接扣留获救财产。

不过,救助人在本案中选择通过中国法院诉前财产保全的方式扣押被救货物。对于救助报酬担保,我国《海事诉讼特别程序法》第 74 条规定,被请求人的担保可以提交给海事法院,也可以提供给海事请求人。从该条可知,被请求人提交担保的方式有两种:如果被请求人将担保提交给海事法院,则由海事法院对担保的方式和内容进行审查,一旦海事法院认为担保可行,法院将主动解除保全;如果被请求人将担保直接提供给海事请求人,则由海事请求人自己审查担保的效力,在认可担保可行后,由海事请求人申请法院解除保全。《海事诉讼特别程序法》第 75 条又规定,被请求人提供的担保,其方式、数额由海事请求人和被请求人协商,协商不成的,由海事法院决定。根据该条的规定,当被请求人选择将担保提交给海事法院时,如果该担保是已经与请求人协商一致的结果,或者担保提交后获得请求人的认可,也说明双方协商一致,则海事法院无须再审查该担保是否可行即可解除保全。本案中,被请求人船载货物所有权人选择向法院提供担保,申请人广州打捞局认为救助合同已经就救助报酬担保的方式协商一致,那中国法院是否应责令被请求人按照协商的内容提供担保呢? 首先,双方是否已就担保的方式协商一致,是基于合同有效。虽然本案双方订立的是劳合社救助标准格式合同,但该合同的效力仍需法院或相关机构来确认,而本案仅为诉前财产保全特别程序,并不审查合同的效力,因此无法得出双方已就担保协商一致的结论。其次,从内容上看,劳合社救助标准格式合同有关救助报酬担保的约定可能与我国的法律相违背。双方关于救助报酬担保的约定是将担保交给劳合社委员会,但《海事诉讼特别程序法》第 74 条规定被请求人可以将担保提交给海事法院,也可以提供给海事请求人。因此,如果被请求人将担保提供给海事请求人,海事请求人可以要求被请求人按照"劳合社标准救助和仲裁条款"约定的方式提供担保。但是,如果被请求人选择将担保提交给海事法院,则由海事法院按照本国的法律规定审查担保的效力,此时担保不可能再提交给劳合社委员会,"劳合社标准救助和仲裁条款"约定的救助报酬担保的内容就与《海事诉讼特别程序法》第 74 条相违背。总之,在中国法院进行的诉前海事请求保全程序中,即便申请人和被申请人存在救助报酬担保的特别约定,在船载货物所有权人选择向海事法院提供担保时,海事法院对该担保的审查不受救助合同有关救助报酬担保约定的影响。

（原载于《水上救助打捞精选案例评析》,2011 年法律出版社）

原告上海晟敏海洋工程有限公司与被告福建冠海海运有限公司、第三人中信资产管理有限公司海难救助合同纠纷案

王 炜 李 慧

【案例索引】

（2016）闽72民初1096号。

【要点提示】

1.《海商法》规定的海难救助应当包括强制救助。救助作业所面临的海上危险必须是高于一般风险的特别风险。救助行为的目标必须指向降低被救助标的所面临的危险。

2.对于国家主管机关管理或控制的救助作业,具体实施强制救助作业的企业有强制救助报酬请求权。国家主管机关是否有救助报酬请求权需要进一步讨论。

3.对第三人与本案存在法律上的利害关系应从宽认定,但追加权利性第三人必须由该第三人提出申请,不宜由法院依职权或依第三人申请追加。

【案情】

原告:上海晟敏海洋工程有限公司（以下简称"晟敏公司"）。

被告:福建冠海海运有限公司（以下简称"冠海公司"）。

第三人:中信资产管理有限公司（以下简称"中信公司"）。

冠海公司所属的"冠海308"轮从上海宝钢码头卸货后,自2014年10月起长期锚泊宝北锚地。船上留守船员无法联系船东,于2015年8月20日通过上海市12345市民热线报告,反映船上缺乏船员生活必需的供给,需要救援。2015年8月21日,"冠海308"轮与船东取得联系,并于次日补给燃油12吨,船上暂时恢复电源和正常生活。

2016年1月12日,宝山海事局接报,"冠海308"轮在宝北锚地走锚,宝山海事局派"海巡01066"轮前往处置。船上已经没有燃油,船舶失去动力,

无法自行起锚。由于走锚险情已经严重影响到公共安全，宝山海事局协调"海港1"、"海港61"及"浦江19"轮协助该船移锚位，13日15时35分，该船在宝北锚地重新锚泊。

2016年3月2日，"冠海308"轮原留守船员全部离船，处于无人值守的失控状态。上海海事局指挥中心向晟敏公司下达《应急处置任务通知书》，要求其立即安排船舶及人员至"冠海308"轮现场守护，并将值守船舶名称及现场情况报告上海海事局指挥中心。3月2日14时25分，晟敏公司安排"东雷5"轮抵达"冠海308"轮现场守护，每日定时报告现场情况。

2016年3月4日下午，上海海事局组织召开"冠海308"轮应急处置协调会。晟敏公司、"冠海308"轮船长出席会议，冠海公司因长期无法联系，未派员出席会议。"冠海308"轮船长介绍该船锚泊情况及船舶可能存在的危险状况，该船没有适任船员，中国船级社原签发的船级证书已失效，主机、发电机组、锚机等关键设备均无法正常运行。针对该船所处的危险局面，各方代表形成共识，纪要如下："一、'冠海308'轮处于危险状态，是上海水域的重大危险源，一旦发生应急情况，将严重威胁长江大桥、宝山沿岸码头、吴淞国际邮轮码头、外高桥码头及附近大量船舶的安全，必须立即采取措施，尽快将'冠海308'轮移泊至影响相对较小的水域，减小对上海港水域的影响。二、各方在处置'冠海308'轮过程中应本着最大的善意，维护各方的利益，注意节约成本，不能擅自扩大使用应急力量增加费用支出。……四、晟敏公司自主确定看管船舶方式，可以采取小船靠泊或人员上船，要确保船舶和人员安全并将现场情况及时报告上海海事局。……"

2016年4月22日，"冠海308"轮发生走锚险情，现场看护船舶"东雷5"轮人员登船多释放2节锚链，离附近渔网仅100多米。4月27日上午，在上海港复兴船务公司主拖、晟敏公司协助下，该船被拖至九段沙小轮锚地。

2016年8月31日，厦门海事法院向晟敏公司调查船舶看管费用、船舶扣押等事宜，并制作执行调查笔录，晟敏公司称看管费用"每天7 800元，如遇台风，费用另行计算，上述费用不包括公司管理费、税收等"。10月20日，厦门海事法院扣押"冠海308"轮。

另查明，晟敏公司在2016年3月2日至3月31日发生监护作业成本费用241 387.7元，2016年4月27日发生拖带成本费用156 475元。中信公司为"冠海 308"轮抵押权人。

晟敏公司向本院提出诉讼请求：（1）判决被告应支付原告海难救助报酬、船舶看管费等 800 万元及自 2016 年 10 月 20 日至判决生效之日按照中国人民银行公布的同期流动资金贷款基准利率的 1.5 倍计算的利息；（2）判决确认原告上述债权享有船舶优先权，即便不享有有优先权也有留置权；（3）判决被告承担本案的诉讼费。诉讼中，中信公司以其为船舶抵押权人为由申请作为第三人参加诉讼，本院依法予以准许，晟敏公司以所有参与救助方均与本案存在利害关系为由，申请上海浦江打捞疏浚工程有限公司（以下简称"浦江公司"）、上海港复兴船务公司（以下简称"复兴公司"）作为第三人参加诉讼，本院不予准许。

【审判】

厦门海事法院认定，晟敏公司于 2016 年 3 月 2 日、3 日对"冠海 308"轮开展守护，符合海难救助构成要件，自 2016 年 3 月 4 日起，晟敏公司与冠海公司构成保管合同关系。依照《中华人民共和国合同法》第六十一条、第三百六十五条、第三百六十六条、第三百八十条，以及《中华人民共和国海商法》第二十二条第（四）项、第一百七十九条、第一百八十条、第一百九十二条的规定，判决如下：

1. 被告福建冠海海运有限公司应于本判决生效之日起十日内支付原告上海晟敏海洋工程有限公司海难救助费 32 186 元、保管费用 1 755 000 元、拖带费用 187 770 元，共计 1 974 956 元，并支付该款项自 2016 年 10 月 20 日起至实际付款之日止按中国人民银行公布的同期一年期贷款基准利率计算的利息；

2. 原告上海晟敏海洋工程有限公司就上述海难救助费 32 186 元及相关利息对被告福建冠海海运有限公司所有的"冠海 308"轮享有船舶优先权；

3. 原告上海晟敏海洋工程有限公司就上述保管费用 1 755 000 元、拖带费用 187 770 元及相关利息对被告福建冠海海运有限公司所有的"冠海 308"轮享有留置权；

4. 驳回原告上海晟敏海洋工程有限公司的其他诉讼请求。

【评析】

一、是否构成海难救助——重新审视海难救助的构成要件

如何区分《中华人民共和国海商法》（以下简称《海商法》）规定的海难救助合同和《中华人民共和国合同法》（以下简称《合同法》）规定的保管合同、拖带合同等，是本案的争议焦点，这一问题涉及对海难救助构成要件的理解。

1.《海商法》对海难救助自愿性原则的突破

海难救助自愿原则是指，在海难救助法律行为中，救助方和被救助方是否均出于各自的自愿，可以从以下两个方面理解：一是从被救助方自愿的角度，即被救助方是否明确且合理地拒绝救助，如有，救助人实施的救助不属于海难救助，这在我国《海商法》第一百八十六条的规定中也有体现；如果被救助人拒绝救助，救助人无权获得救助款项。这样规定的原因在于，所有权自由、契约订立自由是私法自治（或称私人自治）原则的重要体现，海难救助作为一种传统意义上的私法行为，被救助人有权自由处分财产的所有权，也有订立或不订立救助合同的自由。另一方面，海难救助法律制度设立的目的，是为了防止过往船舶抢掠遇难船舶，赋予救助人救助报酬请求权，以彰显文明社会的价值理念，如果在被救助人拒绝的情况下，仍然允许救助人强制救助以获得救助报酬，则与劫掠无异，违背了制度设计的初衷。二是从救助方是否自愿的角度做出定义，即救助人为了履行法律或合同或职责上的先义务，而对遇险的船舶或其他财产实施救助，不构成海难救助，此类救助是否属于我国海商法规定的海难救助，存在较大争议。笔者认为，应当承认此类救助属于海难救助，理由是：传统的海难救助构成要件要求施救者没有法律或合同或职责上的先义务，因为上述施救行为或者是履行合同行为，或者是履行法定职责行为，属于合同法或行政法调整的范畴；但1978年"阿莫柯·卡迪兹"轮海难溢油事件直接促生了《1989年国际救助公约》（以下简称《1989年公约》），该海难事故未能得到及时有效救助的原因之一，就是遇险船舶船长拒绝接受救助，沿海国当局以及过往船舶如实施强制救助，就会因违反自愿原则无法获得海难救助报酬，致使救助长时间拖延。为解决这一问题，

《1989 年公约》第 9 条规定①有条件地突破了自愿原则,将有法律上先义务施救人采取的救助纳入海难救助范畴。与之呼应,我国《海商法》第一百九十二条也承认了国家有关主管机关从事或者控制的救助作业,救助方有权享有海难救助报酬请求。综合公约立法精神,《海商法》规定的海难救助应当包括国家有关主管机关从事或者控制的救助作业。

本案中的被救助船舶,在晟敏公司实施救助前,已长期锚泊近 1 年半的时间,实施救助时仍然持续处于锚泊状态,救助人在遇险船舶船况不明、船员全部离船、威胁航道安全的情况下,接受海事局下达的《应急处置通知书》后,派出船舶守护,属于受海事部门控制的救助作业。虽然海事部门发出救助指令的目的,很大程度上是保障航道航行安全,且从救助方式和事后掌握的危险程度情况看,救助人采取的措施一定程度上超出了必要限度,但仍然不影响救助人海难救助的性质认定。从被救助船舶的船东和在船船员的行为上看,其没有在第一时间拒绝救助,在事后的应急处置协调会上,也没有拒绝救助,并介绍被救助船可能存在的危险状况,可见被救助人主观上是接受救助的。因此,本案中救助方所从事的海难救助并未违反自愿原则,属于我国《海商法》规定的海难救助。

2. 关于是否构成海难救助的危险

被救物须处于危险之中, 一直被公认为救助成立的一个当然的、不言而喻的要件。我国《海商法》第一百七十一条将海难救助定义为对遇险的船舶和其他财产进行的救助行为,"遇险"和"海难"二词的法律内涵必然要求被救助船舶或物处于危险之中。然而,何种程度的危险构成海难救助的危险,判断危险是否存在的标准是什么,国际公约没有统一规定,各国海商法一般也未列明,在实践中难以把握。将目前学界大多数对危险的认识归纳一下,有以下一些共识:一是地域性,即危险必须发生在海上或其他可航水域;二是真实性,即危险是真实存在而非臆测的;三是可预见性,即危险不是正在或即刻发生,而是可以合理预见其不可避免的。在本案中,根据上述标准或平常认知,很难判断被救助船舶是否存在危险,因此,有必要对海难救助的危险认

---

① 该条规定"在发生可以合理地与其足以造成重大损害后果的海上事故或与此事故有关的行动时"沿海国为了保护其海岸线或有关利益免遭污染或污染威胁,有权采取必要措施,包括做出指示的权利。

定标准重新定义。

从危险认定的客观标准上说,危险就是发生事故或者损失扩大的概率大小,从这个意义上说,所有的危险都是可量化分级的,也是具有相对性的,船舶的海上危险也不例外。如,在消防领域的《自动喷水灭火系统设计规范》的附录中,按危险程度等级,将火灾危险等级分为轻危险级、中危险级,严重危险级和仓库危险级;《建筑设计防火规范》(GB 50016—2014)中根据生产中使用或产生的物质性质及其数量等因素划分,将生产的火灾危险性分为甲、乙、丙、丁、戊类;国标 GB 33608—1983 按坠落高度(即与基准面的高差)把高处作业危险划分为四级。同样,可以将船舶的海上风险由高到低分为三种:

重度危险级(A 级):事故已经发生,或很大概率危险程度将在短时间内迅速加深;

潜在危险级(B 级):船舶安全出现非正常状况,短期内发生重大危险的可能性低,如长时间未能优化船舶安全状况,大概率会发生以当前船况难以应对的危险,或船舶自身的安全状况将持续恶化难以维持;

一般危险级(C 级):船舶自身安全条件、海况正常,小概率发生海上事故。

海上航行的船舶无时无刻不面临着海上危险,这种危险是一般性风险,即上述一般危险,为一般正常航行的船舶均会遇到的风险,不构成海难救助的危险。而前两类危险由于难以控制维持在稳定的水平,有很大概率会进一步扩大损失,超越了一般人对正常航行船舶的认知,属于海难救助中所称的危险,可以称为特别危险。

本案中,被救助船舶长期锚泊在上海港锚地,所面临海况较为稳定正常,但船上没有配备适任船员,主机、发电机组、锚机等关键设备均无法正常运行,采取救助措施时危险并未真实存在,但可以预见的是,如果不采取措施,发生事故的可能性将大增,船舶安全也有进一步扩大的风险,即上述的二级风险,构成海难救助中所说的危险。

3.救助行为的目标必须指向降低被救助标的所面临的危险

海难救助行为方式分为直接救助行为和辅助救助行为,前者包括拖航、救捞等直接作用于被救助标的物上的行为,后者包括守护、伴航等。对守护救助来讲,之所以认定可以构成救助,在于守护救助虽然不实际参与救助,但在旁边提供了比如通信联系等,因此算作总体救助行为的一部分。是否构成救助行为主要从以下两点分析:

救助行为的实施要以减少危险程度为目的。海难救助这一名词,起源于《1910 年统一海难援助和救助的若干法律规定的国际公约》(International Convention for the Unification of Certain Rules of Law Respecting Assistance and Salvage at Sea,1910)中的"Assistance"和"Salvage",包括援助和救助两层含义。该公约在第一条明确对二者做统一处理不做任何区分,《1989 年国际救助公约》与我国《海商法》亦然,统一以救助(salvage)为标记,不论是从"救"这一中文字面,还是从英文单词理解救助的本意,都应当是在尽可能短的时间内消除或降低被救助标的的危险。另外,从国际公约和各国海商法普遍接受的"无效果,无报酬"("NO CURE, NO PAID")海难救助原则上理解,"cure"一词指的也是救助效果。正如上文中谈到一般拖航与救助拖航的区别时认为,前者目的在于完成被拖物的位移,后者在于使对象脱险。同样的监护行为,其功效、目的、意图有很大区别,有的是为了实时值守,以掌握遇险船舶动态,为进一步采取救援措施降低被救助船舶危险程度提供支持,而有的仅在于维持船舶现状。

在本案来看,与 2016 年 3 月 2 日晟敏公司实施救助守护的情况不同,晟敏公司在 3 月 4 日已知悉"冠海 308"轮的船舶状况,而没有变更作业的方式或采取其他降低危险程度的手段。自当日起,晟敏公司主观上不具有降低被救助船舶危险性的目的,其行为只是维持被救助船舶的状况,客观上,船舶的整体安全状态宏观上其实是没有提高的。所以,3 月 4 日前的守护行为构成救助,之后的行为属于合同法上的保管行为。

二、关于索赔主体问题

对于具体实施强制救助作业的企业是否有强制救助报酬请求权,应持肯定态度。《海商法》第一百九十二条的规定,系参照《1989 年公约》第 5 条的规定制定的。《1989 年公约》第 5 条规定:"本公约不影响国内法或国际公约有关由公共当局从事或控制的救助作业的任何规定。然而,从事此种救助作业的救助人,有权享有本公约所规定的有关救助作业的权利和补偿。具有救助作业工作职责的公共当局所能享有的本公约规定的权利和补偿的范围，应根据该当局所在国的法律确定。"《1989年公约》第5条的规定，从字面含义和逻辑结构上理解，第1款是国际公约和国内法优先原则，第2款中"从事此种救助作业的救助人"应当不包括第3款中"具有进行救助作业职责的公共当局"，即非公共当局的救助人有权依据公约要求救助作业的权利和补偿，公共当局的权利和补偿由国内法规定。根据该公约安排，我国《海商法》第一百九十二条对"国家有关主管机关"进行救助作业时具有救助款项请求权予以明确，但对于救助人的范围没有具体明确。我国已加入《1989年公约》且未对适用该公约第5条申明保留，根据《海商法》第二百六十八条第一款规定的公约优先原则，应对法条中的"救助人"做扩大解释，即在国家机关控制的救助作业中，救助方所指的不仅是国家主管机关海事部门，还包括具体实施救助作业的企业。这在《第二次全国涉外商事海事审判工作会议纪要》中关于防止或减轻油污损害而支出的费用的处理意见中也有涉及："145. 国家海事行政主管部门或其他企事业单位为防止或减轻油污损害而支出的费用，包括清污费用，可直接向油污责任人提起诉讼。"

在本案中，海事局作为管理或控制海难救助的国家主管机关，是否有权要求强制救助报酬请求权？如果有，是否与晟敏公司的请求发生冲突？或者说是否可以通过私法途经要求公法上的债权？这一争议点的主要矛盾在于，国家主管机关主导或实施的海难救助行为，在具体行政行为和民事行为上发生了竞合：根据行政法理论，行政行为的法律特征之一是无偿性，行政行为提供的公共服务不能收取营利性费用，而海难救助报酬显然具有营利性质，《海商法》第一百九十二条支持国家主管机关收取海难救助费用，与行政法理论产生矛盾。这显然不能简单地用"公法优先于私法"原则，推导出优先适用行政法的结论，因为现代社会公私法的界限越来越模糊，《海商法》本身就是公私法结合的一部法律，例如第二十二条规定相关税费和费用可以享有优先权，第一百九十二条本身就具有一定的公法属性，因此有学者将《海商法》归入经济法范畴研究。对于国家主管机关是否有权要求强制救助报酬请求权，存在"肯定说""否定说""折中说"三种观点。"肯定说"认为，根据《海商法》一百九十二条规定，明确国家主管机关从事救助作业有权要求海难救助报酬，在实践中大多数的判例均认可此观点。"否定说"认为，国家主管机关因法律规定的职责义务实施海难救助或具有救助属性的行为,属于《中华人民共和国行政强制法》中行政强制措施,强制救助产生行政法意义上的行政关系而非海商法上的民事关系,行政强制措施费用应由行政机关承担,如要求海难救助报酬,也违反了海难救助自愿原则。"折中说"认为,要区分国家有关主管机关具有进行救助作业职责和不具有进行救助作业职责这两种情形,前者不属于海难救助,而后者属于,可以看出,"折中说"并没有否定海难救助的自愿原则。上述问题不属于本案例讨论范围,在此不展开论述。

三、关于追加第三人问题

本案中涉及第三人身份识别和参加诉讼方式的问题,由于《中华人民共和国民事诉讼法》第五十六条第二款对第三人做出的规定内容过简,语意含糊,本案中中信公司、浦江公司、复兴公司三家公司是否可以由法院追加作为第三人参加诉讼,反映了司法实践中对民事诉讼第三人制度的理解偏差。对第三人与本案存在法律上的利害关系应从宽认定,但追加权利性第三人必须由本人提出申请,不宜由法院追加。主要从以下几个方面分析讨论:

一是对法律上的利害关系的理解。对于何为法律上的利害关系,理论界观点不统一,有做狭义解释的,认为法律上的利害关系仅限于第三人和本诉被告之间的实体法上的义务关系,即只承认义务性关系的无独立请求权第三人;也有做中义解释的,主张法律上的利害关系指第三人与本诉当事人之间的实体法上的义务关系、权利关系和权利义务关系,即当事人争议诉讼标的的法律关系,与第三人参加的另一法律关系有牵连;而广义解释者则认为,两个法律关系的主体有牵连即可称为利害关系,即其中同一主体分别涉及了两个不同的法律关系,且两个法律关系存在权利义务的牵连、法律事实的牵连或标的物的牵连。根据《最高人民法院关于适用〈中华人民共和国民事诉讼法〉的解释》及最高人民法院的有关释义[①],其对法律上的利害关系的解释并未采用上述观点,而是采用了学者王国征的第四种理解,认为利害关系是指,诉讼的判决或调解书认定的事实或结果将直接或间接地影响到第三人的民

---

① 观点摘自《最高人民法院民事诉讼法司法解释理解与适用》,由最高人民法院修改后民事诉讼法贯彻实施工作小组编著。

事权益或者法律地位。这种观点与前三种观点的不同之处在于,前三种观点都认为,第三人至少与当事人一方要存在法律关系,该法律关系与当事人双方之间的法律关系有牵连,而本观点认为,有些无独立请求权第三人与任何当事人一方都不存在法律关系,只要被当事人双方的法律关系影响到,就可以作为无独立请求权第三人,较之前三种观点,这种观点对无独立请求权第三人的定义显然更为广义。在本案中,如果以此标准判断,晟敏公司因海难救助报酬请求权对船舶拍卖款具有优先权,直接影响到船舶抵押权人中信公司的抵押权的实现,可以作为无独立请求权第三人参加诉讼,而如果其他两家参加救助的公司海难救助报酬请求权成立,其与晟敏公司的请求权并列,在船舶拍卖款是否能够足额清偿三家公司海难救助报酬未知的情况颠簸,从保障第三人权利的情况考虑,显然均可以作为第三人参加诉讼。

但应当注意的是,我国曾经出现过限缩无独立请求权第三人范围的倾向,在法发[1994]29号《关于在经济审判工作中严格执行〈中华人民共和国民事诉讼法〉的若干规定》第9条至第11条中,从限制的角度对无独立请求权第三人做出规定,对无独立请求的第三人的概念之外延做了缩小解释,其中第9条规定,与原、被告双方争议的诉讼标的无直接牵连和不负有返还或者赔偿等义务的人不得作为第三人。当然,上述对无独立请求权第三人的限制性规定,是从人民法院主动通知其参加诉讼的角度去做规定的,并不排除有的第三人认为案件的处理结果与其有法律上的利害关系,主动请求以无独立请求权第三人身份参加诉讼的情形,上述规定并不适用于本案中抵押权人中信公司申请参加诉讼的情形。对比《关于在经济审判工作中严格执行〈中华人民共和国民事诉讼法〉的若干规定》和《最高人民法院关于适用〈中华人民共和国民事诉讼法〉的解释》,前者是以与诉争诉讼标的是否有直接牵连为标准,针对的是法院通知追加当事人的情形;后者以是否影响到案外人的利益为标准,针对的是案外人申请追加作为第三人的情形。

从先决效力的角度看法律上的利害关系。一直以来的主流观点认为,判断案外人与本诉是否有利害关系的标准,是看本诉是否会对后诉有先决效力,即在两个存在先决关系的诉讼中,前诉判决对后诉有一定的拘束力,包括前诉判决主文上的拘束力以及前诉判决所认定的事实所产生的拘束力。简单的一个判断方法,就是后诉是否会在事实认定或拘束力上援引前诉判决,即后诉是否具有独立性。在本案中,显然案外人中信公司与冠海公司的抵押合同关系,以及案外人浦江公司、复兴公司与冠海公司的海难救助合同关系都具有独立性。随着民商事审判程序的逐步发展,基于前诉与后诉存在先决关系而具有法律上的利害关系这一问题的认识也逐步深入,前诉与后诉存在先决关系不应只包括拘束力上的先决效力,还应包括利益分配上的先决效力,即司法行为属于一种利益再分配,当前诉与后诉的诉讼标的物同一时,应认为前诉与后诉存在利益上的牵连关系,前诉在利益分配上对后诉有先决效力。这在不动产发生的一物二卖或一物二租的诉讼案件中同样存在,当购买人(或承租人)之一与出卖人(或出租人)发生合同纠纷时,另一购买人(或承租人)与前诉的判决均指向同一诉讼标的物,法院为保护另一购买人(或承租人)的利益,可以追加其作为第三人参加诉讼。

二是从第三人制度设立的目的理解。无独立请求权第三人制度的设立目的有三,按主次顺序排列,谓之保障诉讼权利、节约司法资源、减少裁判矛盾。现今有学者提出无独立请求权第三人制度有为第三人提供程序保障的目的,笔者认为此目的可归入第一种,因为程序保障也是诉讼权利的一部分。从这个角度考虑,如果案外人以第三人身份参加到诉讼中,能够实现上述目的,则可以认定其属于无独立请求权第三人。从保障诉讼权利或为第三人提供程序保障的目的上说,本案系争标的物上设有抵押,抵押权人的抵押权劣后于海难救助人的船舶优先权受偿,追加抵押权人作为第三人,能够实现保障抵押权人自身权利的目的。进一步说,即便抵押权人于抵押物上的优先受偿权不会因抵押物优先权的存在而受到影响,只要本案的处理结果会对抵押权人优先受偿权的实现方式以及实现程序产生影响,让抵押权人了解本案的处理结果有助于其更加方便地实现权利,基于纯粹的程序保障也应认定抵押权人与本案产生法律上的利害关系,获得无独立请求权第三人地位。当然,本案中参与救助的浦江公司和复兴公司也同样有权申请作为第三人参加诉讼。另外,从节约司法资源的角度说,中信公司以其为船舶抵押权人为由申请作为第三人参加诉讼,就丧失了提起第三人撤销之诉的权利,相当于减少了案件量,节约了司法资源。

三是从无独立请求权第三人参加诉讼的方式看,权利性第三人参加诉讼方式应由该第三人本人提出申请。依我国民事诉讼法有关规定,无独立请求权第三人参加诉讼的方式有第三人申请参加、法院通知参加两种，本案中的当事人申请法院通知第三人参加，本质上属于第二种方式。对于无独立请求权第三人的分类又有权利性、义务性和权利义务性第三人三种分类，本案中主张本诉当事人之间诉讼结果损害其权利的人，包括中信公司、浦江公司、复兴公司即属于无独立请求权第三人类型中的权利性第三人。尽管有少数学者认为，权利性第三人虽然没有对他人之间诉讼标的提出请求，但应归属于有独立请求权第三人，参加诉讼的方式必须由本人申请参加，但本文不就权利性第三人的分类进行讨论，暂将其列为无独立请求权第三人进行探讨。权利性无独立请求权第三人参加诉讼的方式只能由本人申请参加，而不能由法院依职权追加或由当事人申请法院通知追加，理由有：其一，于权利性第三人而言，参加诉讼主要是行使权利，权利的行使必须由本人自由处分，这是民事诉讼法的基本原则，也是民法的基本原则，不论是由法院依职权追加或由当事人申请法院通知追加，均违反了上述原则。其二，当事人申请法院通知追加第三人或法院依职权追加第三人，目的是在案外人不知悉本诉讼，或虽知悉本诉讼但不申请参加诉讼的情况下，促进第三人参加诉讼维护该第三人权利，或者使第三人受到本诉判决结果的拘束，但对于权利性第三人由法院通知追加或依职权追加，无法实现上述目的。其三，法院对于当事人提出的追加第三人申请应予以实质审查。根据《最高人民法院关于适用〈中华人民共和国民事诉讼法〉的解释》第二百二十二条的规定，原告申请人民法院追加第三人参加诉讼的，人民法院有权审查该第三人是否符合参加诉讼的条件；同时《关于在经济审判工作中严格执行〈中华人民共和国民事诉讼法〉的若干规定》对于不得由法院通知追加的第三人做出限制性规定，如第九条规定，对不负有返还或者赔偿等义务的人法院不得追加其作为第三参加诉讼，权利性无独立请求权第三人即属此类。浦江公司和复兴公司，即使他们也有利害关系，但从第三人制度保障第三人利益的宗旨出发，民事权利可自由处分，既然他们不愿参加诉讼，同时又不存在诉讼标的必须合一确定等非参加诉讼不可的情形，没有必要由法院追加他们参加诉讼，原告的申请应予驳回。

（原载于 2018 年《人民司法·案例》第 17 期；并载于 2016 年《中国海事审判》）

共同海损若干法律问题初探

——原告汕头市福顺船务有限公司与被告东方先导（湛江）糖酒有限公司、东方先导糖酒有限公司共同海损纠纷案

李 洪 陈萍萍

【案情】

原告：汕头市福顺船务有限公司（以下简称"福顺公司"）。

被告：东方先导（湛江）糖酒有限公司（以下简称"先导湛江公司"）。

被告：东方先导糖酒有限公司（以下简称"先导公司"）。

法院经审理查明：2013 年 4 月 26 日，先导公司与广西恺山糖业有限公司订立《销售合同》，订购了单价为 5 670 元/吨的白砂糖 3 000 吨，总价 1 701 万元。

2013 年 5 月 3 日，先导公司就上述货物与洋浦鹏远船务公司（以下简称"鹏远公司"）订立《航次运输合同》，约定：先导公司向鹏远公司承租"福顺66"轮或同类船舶运载 2 750 吨编织袋包装的白糖从广西钦州运往上海，运费毛重 89 元/吨，货物不足 2 750 吨按 2 750 吨计费；船员理货交接，货损货差赔款按每包 310 元在运费中扣除，由先导公司与船东结算。先导公司为此支付给鹏远公司运费 244 750 元。同日，通过鹏远公司与万安县航运公司（以下简称"万安公司"）以及万安公司与福顺公司订立两份连环《航次租船合同》，货物交由福顺公司所属"福顺66"轮实际承运。其中万安公司与福顺公司订立的《航次租船合同》有"航行过程中所发生的任何事情由船方负责，如途中发生船舶意外险情货物过驳或拖船所发生的一切经济损失由船方承担"的约定。

2013 年 5 月 6 日，先导公司就案述货物投保总金额为 1 540 万元的国内水路货物运输险，并支付保险费 7 700 元。

2013 年 5 月 9 日，案涉货物在广西钦州港装船，万安公司签发运单并加

盖福顺公司"福顺66"轮船章。运单记载:承运人万安公司,实际承运人福顺公司,收货人先导湛江公司(系先导公司的关联企业)。

2013年5月11日,"福顺66"轮从广西钦州港开航。5月15日,该船在福建平潭吉钓锚地附近抛锚。5月16日13时52分,该船航行至平潭海坛海峡金姆礁附近水域时发生触礁事故,造成船体破损变形,货舱进水。福州海上搜救中心接报后调派海巡艇前去抢险和勘验,并联系专业救助机构开展应急抢险作业。5月16日16时40分,"安达拖"轮和"利亚拖3"轮协助试图脱浅未成功。5月17日至5月19日,"福顺66"轮进行过驳货物和船上所有存量燃油。5月19日19时11分,该船成功堵漏起浮,重新选择安全锚位抛锚。

2013年5月25日,"福顺66"轮责任保险人发电子邮件给福顺公司要求尽快处理事故中获救的货物。同日,在"福顺66"轮解除危险后,"福顺66"轮方与"明航1"轮、"金茂盛9"轮的船方代表订立两份抢险施救费用协议。2013年5月27日和28日,先导公司通过银行转账支付抢救费38万元和抢险费67 500元,共计447 500元。

2013年5月25日,为处理受损货物,由货主和相关方组成货物处理招投标小组展开投标竞买,最终由上海达泰实业有限公司(以下简称"达泰公司")中标。随后先导公司与达泰公司订立合同将预估受损货物1 750吨按单价3 872.7元/吨销售给达泰公司。

2013年5月26日,福顺公司与"安顺6777"轮方订立《租赁"安顺6777"轮合作协议书》,就该船从2013年5月19日起过驳"福顺66"轮难船上的载物事宜约定:租赁费每日4.5万元,按实际租赁天数计算,全部款项由货主垫付等。之后,达泰公司支付了"安顺6777"轮租船费66.5万元。

2013年5月26日,福顺公司与正力公司订立《"福顺66难船白糖"吊卸合同》,约定:福顺公司租用正力公司货船及浮吊,由正力公司将"福顺66"难船货物卸到其货船上后再移至岸上,吊卸费(包括货船及浮吊调遣费、卸船费等)按550元/吨计,具体数量以实际吊起的重量为准,合同签订后福顺公司应预付55万元,剩余款项在工程完工后一次性付清;全部款项由货主垫付。之后,达泰公司分两笔付给正力公司合计1 186 675元。

2013年5月30日,达泰公司租用"顺鑫618"轮将部分抢卸过驳的货物从平潭转运至南通港。剩余部分货物由鹏远公司安排"锦泰158"轮直接运至上海，并由鹏远公司将先导公司支付的部分运费支付给了"锦泰158"轮。

2013年6月9日，货物运抵上海港。先导公司、达泰公司、福顺公司、"福顺66"轮保险人以及相关保险公估公司派遣代表在上海商谈并形成会议纪要，共同确认："福顺66"轮触礁事故后经抢救，共收回货物2 386.174吨，全部发生不同程度的湿损，另短量363.826吨。回收货物残值共计10 416 996.54元，均由达泰公司收购，总价款10 416 996.54元。其中8 565 321.85元货款由达泰公司直接支付给先导公司，达泰公司代先导公司向救助单位支付的施救相关费用合计1 851 675元用于折抵剩余应付货款。

2013年11月29日，福州海事局出具《调查报告》，认定本起事故为一般等级水上交通事故，事故原因为：（1）在狭水道航行过程中舵机意外故障，船舶失控偏离航向是导致事故发生的直接原因。（2）通航环境影响为事故的客观原因。事发时西南风5~6级，涨潮流，船舶舵机故障后受风流压的影响，导致触碰礁石。

2013年8月9日，先导公司以鹏远公司、万安公司、福顺公司为共同被告向厦门海事法院提起海上货物运输合同纠纷和船舶营运借款合同纠纷之诉，请求判令：（1）三被告连带赔偿其货物损失共计5 473 918.46元及利息；（2）三被告连带向原告返还垫付的施救费用共计2 299 175元（含先导公司支付的施救费447 500元及达泰公司代先导公司向救助单位支付的施救费用1 851 675元）及利息。该院经审理认为：鹏远公司是案涉货物运输的承运人，福顺公司是实际承运人，万安公司是连接承运人和实际承运人之间转委托运输的人，为避免连环追诉，支持先导公司要求实际承运人福顺公司承担货损连带责任的诉求；先导公司不是案涉运单所载收货人，不具有依据运单进行索赔的权利；先导公司实际遭受货物损失5 208 902.46元；鹏远公司和福顺公司有权享受《海商法》规定的海事赔偿责任限制，经相关规定计算责任限额为1 685 964.61元；先导公司直接支付以及达泰公司代先导公司支付的施救费用总计2 299 175元应视为先导公司提供给福顺公司的借款，福顺公司应予偿还；案涉施救费用无权享受海事赔偿责任限制。据此，该院于2014年12月19日做出（2013）厦海法商初字第385号民事判决，判令：

1. 鹏远公司按照海事赔偿责任限额1 685 964.61元及该款自2013年6

月12日起至判决确定的支付之日止按中国人民银行同期贷款基准利率计算的利息赔偿先导公司；

2. 福顺公司对上列债务承担连带责任；

3. 福顺公司返还先导公司垫付的施救费用2 299 175元及该款自2013年9月25日起至判决确定的支付之日止按中国人民银行同期贷款基准利率计算的利息；

4. 驳回先导公司的其他诉讼请求。

后福顺公司提出上诉，福建省高级人民法院于2015年7月28日做出（2015）闽民终字第861号民事判决维持原判。

又查明，福顺公司就案涉事故另行支付了95万元船舶施救费用。

本案审理过程中，广州海江保险公估有限公司受福顺公司委托于2016年1月11日对福顺公司主张的共同海损分摊做出理算，结论为："福顺66"轮于2013年5月16日在福建平潭大屿海域发生事故引起合理救助费用的定损金额合计为10 127 943.6元，理算金额为4 210 963.60元。该理算金额已考虑残值及免赔率等。

原告福顺公司诉称，其所属"福顺66"轮承运两被告托运的两千余吨白糖从广西钦州港前往上海，途中于2013年5月16日在福建平潭海域触礁而搁浅。事故发生后，原告为了船舶及船载货物的共同安全进行救助，共发生费用3 249 175元。根据法律规定，为了船货的共同安全而采取的施救措施所产生费用均属于共同海损牺牲和费用。本案船舶获救价值为3 330 698.86元，货物获救价值为10 416 996.54元。按照船货获救价值比例分摊，两被告应当分摊共同海损费用2 461 986.81元。为此，诉请判令两被告连带向原告支付其应分摊的共同海损费用2 461 986.81元以及法院判决认定的利息。

被告先导湛江公司和先导公司共同辩称，第一，先导湛江公司并非案涉货物所有人，与原告之间也不存在运输合同关系，不应承担运输合同项下的任何义务和责任。第二，原告提起的共同海损分摊诉讼已经超过诉讼时效，依法丧失胜诉权。首先，我国《海商法》规定有关共同海损分摊的请求权时效期间为一年，自理算结束之日起计算。请求人没有委托理算的，应当适用承运人向托运人、收货人要求赔偿的一年时效，自承运人交付或者应当交付货物之日起计算。即应从福顺公司 2013 年 5 月 30 日交货之日起计算,至 2014 年 5 月 30 日届满。其次,《中国国际贸易促进委员会共同海损理算暂行规则》是在中国大陆处理共同海损的通用规则。根据该规则,船舶发生海上事故后应在不迟于到达第一个港口后的四十八小时宣布共同海损,提供理算材料的最迟期限为不迟于航程结束后一年。福顺公司的行为均不符合规则的上述要求,其诉求已经超过时效。第三,即便福顺公司诉求未超过诉讼时效,其所称的损失也不能列入共同海损。本案船货双方并未达成有关共同海损理算的协议,福顺公司所称的救助不符合共同海损的要件,其主张分摊的损失不能列入共同海损。第四,即便福顺公司主张的损失能列入共同海损,根据《海商法》第一百九十七条及参照《国内水路货物运输规则》(以下简称《水规》)的规定,本案的货物损失亦应当由其自行承担。第五,福顺公司已在(2013)厦海法商初字第 385 号案中获准享受海事赔偿责任限制,而享受责任限制的前提是船方提出的反请求与先导公司的请求金额先互相抵消。先导公司的货损金额为 5 473 918.46 元,与福顺公司所主张共同海损分摊抵消后的金额也远超其享受的责任限额。综上,原告的诉求无理,应予以驳回。

【审判】

厦门海事法院于 2016 年 5 月 20 日做出(2015)厦海法事初字第 36 号民事判决,驳回原告诉讼请求。双方当事人在法定上诉期均未提起上诉,一审判决发生法律效力。

法院生效判决认为,第一,先导湛江公司不是案涉货物的权利人,故不承担运输合同项下的义务和责任;第二,"福顺 66"轮自触礁时起船货处于共同危险中,直至 2013 年 5 月 19 日 1911 时脱险,此期间产生的施救费用属于为解除共同危险产生的费用,依法应列入共同海损,此后船货双方已不再面临共同危险,因此此后产生的相关费用不应列入共同海损;第三,福顺公司在前案中被判决应当赔偿货方实际损失但可享受海事赔偿责任限制,享受责任限制的前提即表明福顺公司有不可免责的过失,而法律规定排除责任事故的共同海损分摊。

【评析】

共同海损是现代各国海商法中保留的最古老的制度之一,也是海商法规中最异于普通民商法的一项特殊的法律制度。这种制度是基于海上风险的

特殊性而建立的。本案是难得的典型的共同海损纠纷案,包含了共同海损的理算、分摊等复杂的法律问题。在此逐一分析如下:

一、福顺公司所主张的费用能否都列入共同海损

《海商法》第一百九十三条第一款规定,"共同海损,是指在同一海上航程中,船舶、货物和其他财产遭遇共同危险,为了共同安全,有意地采取措施所直接造成的特殊牺牲,支付的特殊费用"。根据该款规定,共同海损的成立必须同时具备四个条件:(一)船舶、货物或其他财产必须遭遇共同危险;(二)为了获得共同安全,所采取的措施必须是有意且合理的;(三)损失和费用必须是特殊的,且是共同海损行为的直接后果;(四)损失和费用必须是特殊的,且是共同海损行为的直接后果。

"福顺66"轮在航行途中舵机发生故障,船舶失控偏离航向进而触礁,造成船体破损变形,货舱进水,此时船货即面临共同的海上真实危险。为使船舶脱浅而采取的过驳货物和船上存量燃油以及堵漏的费用是有意和合理的,且措施是有效果的,故共同海损成立。从本案实际情况看,"福顺66"轮在2013年5月19日1911时已成功堵漏起浮并重新选择安全锚位抛锚。此时船货双方已不具有共同的危险,不存在如果不及时采取措施就会殃及在航的全部财产的情形。因此,2013年5月19日1911时后产生的过驳货物或施救船舶的相关费用均不属于为解除共同危险而发生的费用,依法不能列入共同海损。

福顺公司所称产生的救助费用3 249 175元包括四部分:(1)先导公司向锦州百川海运有限公司支付的2013年5月16日下午7时左右至5月18日10时左右的货物施救费用447 500元;(2)达泰公司向"安顺777"轮方支付的2013年5月19日过驳"福顺66"轮货物的费用66.5万元;(3)达泰公司向正力公司支付的2013年5月26日起至6月2日止将"福顺66"轮货物过驳到正力公司船上再移至岸上的费用1 186 675元;(4)福顺公司向正力公司支付的船舶救助费95万元。根据以上原则,可以纳入共同海损的费用为2 062 500元。

二、福顺公司是否有权要求货方分摊共同海损费用

首先,《海商法》第二百一十五条规定:"享受本章规定的责任限制的人,

就同一事故向请求人提出反请求的,双方的请求金额应当相互抵销,本章规定的赔偿限额仅适用于两个请求金额之间的差额。"根据该条规定,享受责任限制的一方就同一事故向请求人提起反请求的,须将请求与反请求两项金额相互冲抵后,一方仍需补差的赔偿额再进行责任限制。先导公司案涉事故遭受的货物实际损失达 5 208 902.46 元。因此,即便福顺公司及时宣布了共同海损,且哪怕先导公司应分摊的共同海损费用达到福顺公司所主张的 2 461 986.81 元,二者两相冲抵后的差额仍然高达 2 746 915.65 元,远高于福顺公司享受的海事赔偿责任限额 1 685 964.61 元。其次,福顺公司在其所签订的《航次租船合同》中已明确承诺"航行过程中所发生的任何事情由船方负责,如途中发生船舶意外险情货物过驳或拖船所发生的一切经济损失由船方承担"。也即,福顺公司已经预先抛弃(实体处分)了其可能享有的共同海损分摊请求权。再者,《海商法》第一百九十七条关于"引起共同海损特殊牺牲、特殊费用的事故,可能是由航程中一方的过失造成的,不影响该方要求分摊共同海损的权利;但是,非过失方或者过失方可以就此项过失提出赔偿请求或者进行抗辩"的规定,表明法律不承认责任事故引起的共损分摊。而福顺公司在(2015)闽民终字第 861 号案中未能免责的前提就是基于该案中"福顺 66"轮舵机失灵这一责任事故。由于福顺公司不可免责的过失而导致的共同海损损失,当然地应由其自行承担,而不能将该损失转嫁给非过失方,否则既对非过失方先导公司不公平,亦有悖法律关于承运人最低责任的规定。故此,福顺公司要求先导公司分摊共同海损费用,既缺乏事实依据,也缺乏法律依据,依法不能成立。

本案中先导公司还提出了共同海损分摊请求权的诉讼时效之抗辩,鉴于以上两项理由已足以对案件做出判决,厦门海事法院对诉讼时效问题未再进一步审议。

(原载于 2016 年《中国海事审判年刊》)

与海盗谈判期间的船舶运营费用属于共同海损

胡伟峰

海盗是一门足够古老的行当，共同海损也是。商船被海盗挟持，为了降低赎金而进行谈判，其间产生的运营费用是否属于共同海损呢？肯定者认为系为降低赎金而支出，可以算。反对者认为，非属额外费用，不算。英国最高法院在 2017 年 10 月 25 日对"Mitsui & Co Ltd. and others（Respondents）v Beteiligungsgesellschaft LPG Tankerflotte MBH & Co KG and another（Appellants）［2017］UKSC 68"一案的判决中给出了答案，对于其他国家和司法管辖区也有借鉴意义。

【案例索引】

Mitsui & Co Ltd. and others（Respondents）v Beteiligungsgesellschaft LPG Tankerflotte MBH & Co KG and another（Appellants）［2017］UKSC 68。

【合议庭组成】

Neuberger 勋爵，Mance 勋爵，Clarke 勋爵，Sumption 勋爵，Hodge 勋爵。

【本案案情】

2009 年 1 月 29 日，化学品船"LONGCHAMP"航经亚丁湾时，被登船的海盗胁持至索马里埃勒湾。海盗最初索要 600 万美元的赎金，经过七周谈判，船东（上诉人）成立的危机应对小组最终同意向海盗支付 185 万美元的赎金。

案涉提单约定：如果发生共同海损，应适用约克安特卫普规则 1974。共同海损是指以采取牺牲特殊财产、特定损失或支付特殊费用为代价的行动，使各方遭受共同的海事危险免于成为实际的损害，并最终由各受益方按比例分摊的海商法制度。约克安特卫普规则是国际公认的规则，它通过合同并入的方式取得法律效力。约克安特卫普规则的目的在于统一以下规定:损失是否属共同海损,损失的理算方法及如何分担等。

本案争议焦点在于船舶在谈判期间发生的运营费用能否归入安特卫普规则 F 条款中的共同海损,该条款规定:凡为代替本可作为共同海损的费用而支付的额外费用,均可作为共同海损并受到补偿,而无须考虑对于其他有关方有无节省,但其数额不得超过被代替的共同海损费用。

理算师认为谈判期间的运营费用应归入上述 F 条款。被上诉人(货主)不认同理算师的决定并提出异议,但该异议被英国高等法院商事庭驳回。被上诉人(货主)向上诉法院提起上诉,上诉法院经审理认定上诉成立。

一、最高院判决

英国最高院以四比一的多数意见支持了上诉人(船东)的上诉请求。本案判决由 Neuberger 勋爵草拟,Clarke 勋爵、Sumption 勋爵、Hodge 勋爵对此表示赞同,Mance 勋爵对本案认定事实持不同意见,Sumption 勋爵还做出附随的判决意见。

二、判决理由

上诉人认为谈判过程的费用属于 F 条款规定的"船东支付的额外费用",且这些费用是为了"代替本可作为共同海损的费用"(即因与海盗谈判而省下的 415 万美元)。此外,谈判期间的运营费用远少于所避免的共同海损费用,因此自然应当依据 F 条款作为共同海损并得到补偿。

英国最高法院认为审理该案的上诉法院错误地假设,船东为了证明谈判期间的费用属于 F 规则允许下的共同海损的正当性,必须证明接受海盗首次提出的赎金要求是合理的。如此假设将导致一个奇怪的结果,这意味着,如果船东为避免支付"相对合理"数目的赎金而花费一定的费用,原则上,这些费用可以依据 F 条款得到补偿,而如果他支出费用去避免支付"完全不合理"数目的赎金(比如较前者更多),这些费用将无法得到补偿。此外,F 条款规定的"允许作为共同海损的另外费用"并不是指本属于安特卫普规则 A 条款(涉及特殊牺牲或支出)项下的费用。因此,为避免支付 600 万美元而在谈判期间产生的费用应属 F 条款调整。

被上诉人（货主）认为谈判期间的费用不属 F 条款调整，因为支付谈判后调减的 185 万美元赎金并非替代最初赎金的新行为，而仅是在原行为基础上做出新调整而已。

英国最高法院认为，谈判期间产生的费用是支付 415 万美元（减少的赎金数目）的替代方案。前者包括船舶运行产生的费用，后者指支付的赎金。安特卫普规则作为国际规则，应当如国际公约或条约那样进行解释，不应受英国法律或英国判例法的技术规则的限制。因此，安特卫普规则应当根据被广泛接受的一般原则加以解释。

被上诉人进一步提出四点意见。首先，被上诉人声称上诉人不应依据 F 条款得到补偿，因为他们从未在海盗最初索要 600 万美元的赎金或与之进行谈判之间做出有意识的、明确的选择。英国最高法院认为，一项费用是否能算作"取代另外一项共同海损费用"，对这一问题应进行客观评估。

其次，被上诉人主张谈判期间费用并非 F 条款中的"额外"费用。英国最高法院认为，没有道理对"额外"一词做如此严格的限制解释，比如以未面临共同危险威胁，这笔费用正常不会发生来确定是否属"额外"费用这样严格的解释。

再次，被上诉人辩称，即便船东答应海盗最初的赎金要求，谈判期间的运营费用仍然会发生。然而，高院法官认为如果海盗要求的 600 万美元赎金得到满足，船舶应当会很快被释放。最高院法官不应干涉高院法官对事实的认定。

最后，被上诉人主张因为安特卫普规则 C 条款将"间接损失"排除在共同海损之外，且 IX 条款包括船员工资和船舶运营费用，故本案的请求不能成立。英国最高法院认为，尽管谈判期间的运营费用可归入 C 条款，但并不意味着它不属于 F 条款调整。根据定义，依据 F 条款可受到补偿的费用，其自身并不得作为共同海损获取补偿，但可作为原可成为共同海损的费用的替代得到补偿。此外，就 IX 条款而言，最高法院并不认同因为船舶运营费用在某一类型案件被认定为共同海损费用，在其他类型的案件就不得作为共同海损适用。

Neuberger 勋爵的主判决意见和 Sumption 勋爵做出的附随判决都注意到：有关业者在实践中发展了各种做法，但这些实践做法（行业惯例）并不能左右法律(实践中不予算入共同海损,但法律却认为应列入)。Mance 勋爵对本案的法律观点没有异议,仅就上诉人能否举证证明本案案情符合 F 条款的适用持保留意见。

（原载于 2017 年《中国航务周刊·东南航运》第 12 期）

原告刘某与被告中国人民财产保险股份有限公司某分公司海上保险合同纠纷案

——从一起典型案件看海上保险保证条款的法律适用

蔡福军　　俞建林

【摘要】在海上保险保证制度的理论不断发展的国际背景下，我国现行法律对于海上保险中保证制度的规定内容过于简单，立法技术亦显滞后，这直接导致司法实践对海上保险保证条款的法律适用问题存在着模糊认识。通过厦门海事法院审理的本起特殊海上保险合同纠纷案件，可以使我们对保证条款与除外责任条款的区别、保证条款的特别生效要件、违反保证与标的损失的因果关系等几个重要问题形成更加清晰的认识。

【关键词】海上保险合同；保证条款；法律适用

【案情简介】

原告：刘某。

被告：中国人民财产保险股份有限公司某分公司（以下简称"财保公司"）。

"金安 15"号轮属刘某所有，经营人为某轮船有限公司。2001 年 10 月 15 日，原告刘某将该船向被告财保公司投保一切险和四分之一附加险，保险价值、保险金额均为 1 000 000 元，保险期限自 2001 年 10 月 16 日 0 时起至 2002 年 10 月 15 日 24 时止。作为投保人的原告，在记载有"投保人兹确认，同意以本投保单作为订立保险合同的依据，保险合同所附保险条款（包括除外责任和被保险人义务部分）的内容业经保险人详细说明，投保人已经了解，同意从保险单正式签发之日起保险合同成立"内容的投保单上签字。同日，被告财保公司签发了被保险人为原告的保险单一份，该保险单适用 1996 年 7 月 25 日《中国人民银行沿海内河船舶保险条款》（以下简称"《保险条款》")。《保险条款》除了规定除外责任外,在第十六条至第十九条规定了被保险人义务。根据被保险人义务条款的规定,原告对保险船舶的情况应当如实申报,在保险期限内,保险船舶……出租……或保险船舶管理人、经营人的改变或船舶改变技术状况和用途,应当事先书面通知保险人,经保险人同意并办理批改手续保险合同方为有效;原告及其代表应当……确保船舶的适航性等。《保险条款》还规定原告违反这些义务,被告有权终止合同或拒绝赔偿。2002年5月28日,原告将"金安15"号轮光船租赁给姚某、严某,但未到船舶登记机关办理光船租赁登记,也未通知被告。

2002年8月17日约1500时,"金安15"轮装载一批陶泥土从广东新会运往浙江温州,未超载。航行中,该船在广东横琴岛外海区遭遇大风浪,1号、2号发电机组此时相继发生故障,舵机失控。船长采取冲滩措施,试图让船舶搁浅,但船舶横向遭遇大浪袭击后沉没。本航次"金安15"号轮配员严重不足,缺少2名轮机员、2名驾驶员和1名水手或机工。事故发生后,珠海海事局做出《"金安15"号轮沉没事故调查报告》,认为该船发生沉没事故的原因主要有四个方面:(1)电机故障导致船舶失控;(2)船长应急措施欠妥导致船舶横向受浪;(3)大风浪的影响;(4)船员不足且素质较低,船舶管理不善。该调查报告同时认为,预计打捞和修理费用超过船舶价值,推定"金安15"号轮全损。因被告拒赔,原告诉至厦门海事法院,请求判令被告支付保险赔偿金850 000元及其自2002年10月19日起至被告实际支付保险赔偿金之日止每日万分之二点一的利息。

【审理与裁判】

一、一审认定及判决

一审法院经审理认为,原、被告双方建立的船舶保险合同法律关系依法成立有效,《保险条款》所涉被保险人义务条款为被保险人的保证条款,被告已就有关责任免除条款向原告做出明确说明,原告在保险期限内擅自将保险船舶出租他人且在开航前未能尽谨慎处理责任确保船舶适航,严重违反了合同约定的保证条款。

一审法院判决:驳回原告刘某的诉讼请求。

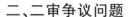

二、二审争议问题

刘某上诉认为，原判认定事实无误，但案涉《保险条款》在专章设定除外责任的同时又另外规定被保险人义务条款，无限扩大了保险人的免责权利，而且被保险人义务条款不考虑是否与保险事故存在因果关系，被告也未就这些条款向原告进行明确说明，故被告拒赔无理，请求二审依法改判。

财保公司辩称，船舶沉没的主要原因是船舶超载、不适航等综合因素，其依据保险合同的规定可以拒赔，请求驳回刘某上诉。

三、二审认定及判决

二审法院经审理认为，案涉船舶保险合同应认定为有效合同，被保险人义务条款是保证条款，是被保险人在保险合同中对保险人做出的承诺，被保险人有如实告知的义务。作为投保人的刘某，其在投保单上签名的行为，可以认定保险人就保险条款内容（包括除外责任和被保险人义务）已向投保人做了合理和详细的说明，投保人也已经了解了该条款。刘某将保险船舶出租于他人，事先未书面告知保险人，违反了被保险人如实告知义务。而且，保险船舶不适航的事实不仅违背最大诚信原则和被保险人保证义务，同时它也是保险人的除外责任。

二审法院判决：驳回上诉，维持原判。

【评析】

本案争议焦点涉及海上保险中的保证制度（该保证制度与担保法中的保证制度完全不同，以下所称保证均指保险法意义上的保证）。由于我国现行法律对于海上保险中的保证制度的规定过于简单，导致司法实践中对海上保险合同保证条款的识别与适用问题存在模糊认识。本案的审结为进一步理解和解决这方面的问题提供了有益的司法实例。

一、关于保证条款的识别问题

海上保险中的保证制度源于英国的海上保险实践。根据英国《1906年海上保险法》的规定，保证是指被保险人的正式承诺，即被保险人承诺对某些事项作为或不作为，或履行某些条件，或者肯定或否定某些事实情况的存在。我国《保险法》没有规定保证制度,《海商法》虽然在海上保险合同方面很大程度上借鉴了英国《1906 年海上保险法》的相关内容,但对于海上保险合同保证条款却仅有第二百三十五条涉及。该条从法律上确认了海上保险合同保证条款的效力并对违反保证条款的法律后果进行规定,第一次引入了"保证"这一保险法概念,体现了意思自治的原则。但对于何为保证、如何识别与适用保证条款等重要问题,《海商法》并未做出进一步的规定。

一般认为,海上保险中的保证制度应具有以下两大基本特征:(1)保证应为承诺性保证。以保证事项的发生时间为标准,保证条款可以分为两类,即确认性保证和承诺性保证。前者是指投保人对过去或现在某一特定事项存在与否的保证;后者是指投保人对将来某一特定事项存续与否的保证,它要求被保险人在履行合同的过程中承担某种作为或不作为义务。在我国保险实务中,一般将确认性保证作为被保险人的告知义务处理,因此,保证条款所涉及的内容往往是承诺性保证。(2)保证应具有免责性。按照英国《1906 年海上保险法》的规定,如果保证未被遵守,除非另有约定,保险人自被保险人违反保证之日起解除保险责任(但保险人对于违反保证前发生的保险事故仍需负责);根据我国《海商法》第二百三十五条规定,保险人收到被保险人违反合同保证条款的通知后,可以解除合同,也可以要求修改承保条件、增加保险费。可见,中英两国的法律均规定,在被保险人违反保证条款的情况下,保险人可享有合同解除权。另英国法还特别强调了保险人对保证被违反之时起的保险事故一概不负责任。由于保证条款和除外责任条款都属于保险人控制风险的条款,故容易引起混淆而导致识别困难,但二者的区别实际上是明显的,主要有两方面。一是二者的功能不同。除外责任条款确定的是保险人不负赔偿责任的范围,其作用在于限制承保风险;而保证条款则是针对被保险人的行为或保险标的的状态,作用在于防止保险标的风险发生不应有的变化。二是二者的法律后果不同。如果保险标的因除外责任事项而发生损失,则保险人对该损失不负赔偿责任,但保险合同仍然有效,而当被保险人违反保证时,保险合同可因保险人选择解除而终止,保险人对此后发生的保险标的的损失可不予赔偿。

就本案而言,《保险条款》中属于保险人控制风险的条款有除外责任条款和被保险人义务条款两部分,问题是如何界定被保险人义务条款的性质。

从《保险条款》第十七条约定的"在保险期限内,保险船舶……出租……或保险船舶管理人、经营人的改变或船舶改变技术状况和用途,应当事先书面通知保险人,经保险人同意并办理批改手续保险合同方为有效"有关内容看,这种条款显然是保险人为了防止保险标的出现不应有的风险变化而拟定的,并非为了限制承保的范围。因为保险合同成立后,保险人无法直接控制保险船舶,其对风险的预测和评估以及对风险的管理等完全有赖于被保险人。而当这样的条款依法生效后,便构成被保险人对将来某些特定事项的作为或不作为做出保证的一种承诺。《保险条款》第二十条则约定了保险人在被保险人违背其所承诺的义务时可以拒赔(或解除合同)的免责权。可见,这些约定具有承诺性和免责性,符合保证条款两大基本特征,与除外责任条款有着明显的区别。作为案涉《保险条款》的制定机关,中国人民银行在 1996 年 12 月 27 日《关于印发〈沿海内河船舶保险条款解释〉的通知》(银发[1996]459号)中明确将被保险人义务条款界定为被保险人的保证条款。据此,一、二审法院最终一致将案涉被保险人义务条款识别为保证条款,符合保险法的基本原理和客观实际情况,是正确的。

二、关于保证条款之特别生效要件问题

《保险法》第十八条规定:"保险合同中规定有保险责任免除条款的,保险人应当向投保人明确说明,未明确说明的,该条款不发生法律效力。"《保险法》之所以强调保险人对免责条款的明确说明,不仅是因为该条款具有免责性,而且也是因为投保人很难全面准确地理解免责条款中所含的保险用语。作为海上保险合同中的免责条款,保证条款同样必须满足《保险法》所规定的特别生效要件,即保险人已经履行明确说明的义务。所谓"明确说明",学理一般认为系指保险人在与投保人签订保险合同时,对于保险合同中所约定的有关保险人责任免除条款,除在保险单上或其他保险凭证上提示投保人注意外,还应当对有关免责条款的内容以书面或口头形式向投保人做出清晰的解释,以使投保人明了该条款的确切含义和法律后果。《保险法》第十八条对明确说明的具体方式没有做出规定,但从中可以确定的是保险人对是否履行了明确说明义务应当承担举证责任。而从审判实务上讲,是否"明确说明"更多的是一个事实问题,主要应根据证据规则进行判断和认定。

但值得注意的是,最高人民法院对此问题出现先后不一致的两次意见。2000年1月24日,最高人民法院研究室在(法研〔2000〕5号)《关于对〈保险法〉第十七条(保险法未修正前)规定的"明确说明"应如何理解的问题的答复》中认为,"明确说明"是指保险人在与投保人签订保险合同之前或者签订保险合同之时,对于保险合同中所约定的免责条款,除了在保险单上提示投保人注意外,还应当对有关免责条款的概念、内容及其法律后果等,以书面或者口头形式向投保人或其代理人做出解释,以使投保人明了该条款的真实含义和法律后果。2004年4月8日,最高人民法院民四庭公布的《涉外商事海事审判实务问题解答(一)》第一百五十八条认为,保险人在其向被保险人提供的保险单中声明的保险条款和免除责任条款,一经投保人签字确认,视为保险人履行特别告知义务(即保险人已履行明确说明义务——笔者注)。而在保险实务中,鲜有保险人在与投保人签订保险合同之前或者签订保险合同之时,以书面或者口头形式对于保险合同中所约定的免责条款向投保人或其代理人做出解释,多数是在投保单或保险单等上面提示投保人和被保险人注意。最高人民法院民四庭的解答是否是为了迎合这种现实状况不得而知,但笔者认为一味地强调保险人履行明确说明义务,相反又过于淡化投保人和被保险人的谨慎行事义务,也并非完全合理和公平。

本案对保险人是否履行了明确说明义务的认定主要基于沿海内河船舶保险投保单,一、二审法院均认为该投保单关于"投保人兹确认,……保险合同所附保险条款(包括除外责任和被保险人义务部分)的内容业经保险人详细说明,投保人已经了解,……"的记载文意明晰,不致产生歧义,且经投保人(被保险人)签字认可,故足以认定保险人已尽明确说明义务。因此,保证条款符合法定的特别生效要件,对保险合同的双方当事人具有拘束力。显然,一、二审法院的认定遵循了最高人民法院民四庭的解答意见。

三、关于违反保证与标的损失的因果关系问题

根据英国《1906年海上保险法》的规定,无论违反保证是否导致损失,只要被保险人违反保证,保险人都有权自被保险人违反保证之日起解除保险责任。我国《海商法》第二百三十五条关于违反保证之法律后果的规定属于任意性规定,保险合同当事人可以意思表示一致的方式决定是否解除合同或修

改承保条件或增加保险费等,但行使权利的主动权掌握在保险人手里。同时,该条规定也无要求保险人须证明被保险人违反保证的行为是造成损失的原因。可见我国《海商法》与英国《1906 年海上保险法》相一致,并无规定违反保证须与标的损失具有因果关系。但目前,国际上对此产生了较大的质疑,有些国家的立法也已经对此做出了相应的调整。在美国,部分州法院已开始采用因果关系标准,即保险人须证明违反保证的行为是造成损失的原因,唯有如此,法院才可能支持其主张被保险人违反保证的抗辩。同样,英国本身的 2002/2003"国际船舶保险条款"在部分保证条款中也强调因果关系。

本案的情况是,《保险条款》约定了当被保险人违反保证条款时,保险人即有权终止合同或拒绝赔偿。对照《海商法》第二百三十五条,当事人之间的这种约定符合现行的法律规定。因此,一、二审法院在认定被保险人违反保证条款的事实成立的前提下,依法判决驳回被保险人的诉讼请求并无不当。可以这样说,本案判决既遵循了现行《海商法》的规定,同时也体现了保险合同的最大诚信原则。由于被保险人违反承诺擅自将保险船舶出租他人,直接导致船舶使用者的改变,进而对保险标的的风险产生较大影响,其行为的实质是破坏了双方之间保险合同法律关系的基础即最大诚信原则。试想,保险人即使不选择解除合同,也应有权根据保险标的的情况变化重新与被保险人磋商是否修改承保条件或增加保险费等,以变更原有保险合同内容。而如果保险人在保险合同订立之初,了解被保险人可能不秉承最大诚信原则,则保险人完全可以选择不与其建立保险合同关系。

【结语】

本案二审判决于 2005 年 12 月 13 日做出后,最高人民法院又先后出台了《第二次全国涉外商事海事审判工作会议纪要》(第一百一十八条)和《关于审理海上保险纠纷案件若干问题的规定》(第六、八条),进一步明确了保险人在被保险人违反保证条款之日起即享有合同解除权,而且即使保险人收到被保险人违反合同约定的保证条款的书面通知后,但就修改承保条件、增加保险费等事项与被保险人协商未能达成一致的,保险合同仍于违反保证条款之日解除。值得一提的是,《会议纪要》和《若干问题规定》仍未要求解除权的行使须以违反保证条款的行为与保险标的损失之间具有因果关系为前提,这表明我国对海上保险合同保证制度始终沿用较为传统和谨慎的做法,同时也进一步印证了本案裁判的正确性。当然,最高人民法院出台《会议纪要》《若干问题规定》实为权宜之计,在海上保险合同保证制度的理论不断发展的国际背景下,我国的立法已显相当滞后。

（原载于国家法官学院编《法律教学案例精选（2008 年商事卷）》中国政法大学出版社 2009 年 11 月版;并载于 2011 年第 1 期《中国海商法年刊》）

海上保险合同纠纷中施救条款的适用

——南京恒风船务有限公司福安分公司诉安邦财产保险股份有限公司福建分公司海上保险合同纠纷案

李 涛 朱小菁

【裁判要旨】

海上保险合同中的被保险人在保险标的处于危险中时，为防止或减少保险标的损失，采取施救措施所产生的必要合理费用，应当根据《中华人民共和国海商法》第二百四十条的规定，由保险人予以赔付。

【案件索引】

案号

一审：厦门海事法院（2009）厦海法商初字第 120 号。

二审：（2010）闽民终字第 11 号。

【基本案情】

原告：南京恒风船务有限公司福安分公司。

被告：安邦财产保险股份有限公司福建分公司。

2008 年 3 月，被告向原告开具了船舶保险单，单上记载着投保人、被保险人为原告，保险人为被告，投保船舶为原告所属的"恒风 166"，保险价值为 5 000 000 元，承保险别为沿海、内河船舶保险一切险，保险期间自 2008 年 4 月 6 日起至 2009 年 4 月 5 日止，每次事故绝对免赔额为 30 000 元与损失额的 10%，两者以高者为准，保险单载明适用沿海、内河船舶保险条款。

2008 年 11 月 2 日，"恒风 166"轮在泉州石湖港油库码头装 93 号汽油，载货量 1 470 吨。11 月 4 日 1650 时，"恒风 166"轮载运 93 号汽油在福州港中油长安码头卸货时泵舱液货泵发生汽油泄漏。11 月 4 日 1912 时，福州海上搜救中心接到该船货油泵泄漏报告后，立即启动应急预案。调派"海巡 131""海巡 1301""海巡 1303"等船到现场附近水域执行交通管制。4 日

1912 时—2300 时，险情应急处置小组与长安油库码头、船方等相关部门分析险情并会商险情方案，为防止货油泵发生爆炸危险，当时立即采取了排险措施。5 日 0100 时由"消拖 1"、"消拖 2"及"消拖 9"将"恒风 166"轮拖离码头，于 0500 时系泊长安锚地浮筒。6 日至 9 日，由专业清坊防爆单位对货泵舱进行持续通风、测爆，抽除泄漏的汽油，至 9 日 1600 时，泄漏的汽油及洗舱油污水全部排除。10 日 1500 时，货泵舱及机舱测爆值达到安全要求，险情成功排除。福州海事局琯头海事处对事故原因进行分析认为："左货油泵传动轴端盖密封圈损坏是汽油泄漏的直接原因。经查，发生泄漏的货油泵于今年（2008 年）3 月份整体更换……事后拆除检查，发现密封圈严重损坏，造成油泵作业时，货油在压力作用下产生渗漏，造成险情。"

事故发生当时，所有船舶证书均在有效期内，船员配备符合安全要求。

2008 年 11 月 17 日，福州海事局向原告发出《关于提供"恒风 166"轮汽油泄漏应急抢险备用金的通知》，称"恒风 166"汽油事故发生后，福州海事局立即采取有效措施，在较短时间内排除险情，保证了船舶安全，防止了船舶污染水域的事故发生。为保证险情善后工作的顺利进行，海事局要求原告必须在 11 月 21 日前提供抢险备用金 800 000 元汇入海事局账户，逾期将对船舶采取相应的行政强制措施。经与海事局协商，原告负责人刘祖富于 11 月 21 日将 46 万元通过农业银行个人同城跨行转账业务，转款至海事局指定的账户。

2009 年 1 月 13 日，原告向被告发出索赔书，要求保险赔付。2009 年 1 月 21 日，被告做出拒赔通知书。原告认为船舶满足适航条件，故诉至法院请求判令被告依保险合同赔偿原告损失，即因施救发生的费用：锚链损失 29 350 元、拖船费 360 000 元、测爆费 58 000 元、防污费 57 000 元、汽油泄漏 3.964 吨损失费 25 980 元、海巡艇三艘执行巡航管制开支 50 000 元，上述损失共计 580 330 元。

被告辩称，一、原告主张的损失不属于被告承保的保险责任范围。原告没有证明其诉称的汽油泄漏事故是船舶保险合同中船舶一切险承保的风险所致，也没有证明船舶实际发生了碰撞或触碰码头的事故。二、事故原因系船舶缺陷，而该缺陷构成船舶不适航，属于被告除外责任，损失应由原告自己承担。三、原告主张的损失中的各项费用的真实性、合理性都有问题。综上，请求法院依法驳回原告的诉讼请求。

另查明，"恒风166"轮测爆费、清坊费、拖船费都是由福州海事局从原告交纳的抢险备用金中直接支付给相关抢险单位，不存在原告与相关抢险单位的合同约定。福州海事局收取了原告50 000元的抢险补助费。

还查明，保险单适用《安邦财产保险股份有限公司沿海、内河船舶保险条款》。该条款第二条一切险所承保的风险是第一条列举的六项原因造成保险船舶的全损或部分损失以及所引起的下列责任和费用，其中第一条列举的六项原因是指：一、八级以上（含八级）大风、洪水、海啸、雷击、崖崩、滑坡、泥石流、冰凌；二、火灾、爆炸；三、碰撞、触碰；四、搁浅、触礁；五、上述一～四灾害或事故引起的倾覆、沉没；六、船舶失踪。而责任与费用则指：一、碰撞、触碰责任；二、共同海损、救助及施救，这一款中又规定了"保险船舶在发生保险事故时，被保险人为防止或减少损失而采取施救及救助措施所支付的必要的、合理的施救或救助费用、救助报酬，由本保险负责赔偿。"该条款第三条除外责任条款第一款规定船舶不适航情况下所造成的损失、责任与费用保险不负赔偿。第十一条保险人对每次赔偿均按保险单中的约定扣除免赔款。

【审判】

厦门海事法院经审理认为，原告与被告在平等自愿基础上进行协商，原告向被告购买沿海内河船舶一切险，被告向其出具的船舶一切险保险单是约束双方之间权利义务的有效的保险凭证，保险单载明适用的沿海、内河船舶保险条款是规制双方权利义务的重要条款，本案完整的船舶保险合同由保险单以及保险单约定适用的保险条款共同构成。

承保船舶"恒风166"号油船的本次事故能否得到保险理赔，关键在于事故的本身是否属于船舶保险合同所承保的保险责任范围以及是否存在被告辩称的船舶不适航的除外责任。

本案事故的原因是船舶货舱泵传动轴端盖密封圈损坏造成承运人的汽油泄漏，而泄漏随时会导致船舶爆炸，甚至会因船舶爆炸而引起油库码头的火灾或爆炸。故承保船舶在当时所面临的危险是现实的。原告在当时情况下即向海事部门报告，并由海事部门启动应急预案，派遣相关单位进行抢险施救，这一措施成功地避免了火灾爆炸的发生，所做的处置及时、正确且必要。保险事故是指保险合同约定的保险责任范围内的事故。结合保险条款的规定,本案的保险事故尚未实际发生,原告为避险施救而产生的费用,无法根据保险条款第二条第二款"保险船舶在发生保险事故时,被保险人为防止或减少损失而采取施救及救助措施所支付的必要的、合理的施救或救助费用、救助报酬,由本保险负责赔偿"而获得赔偿。但根据生活经验和常识,在当时情况下原告若不采取措施,发生保险事故的概率极大。而一旦发生保险事故,损失也将大于为避免事故所支付的费用。从原告施救效果看,在针对现实危险时它避免了保险事故的发生,防患于未然,从而保护了承保船舶并最大限度地避免了保险人的理赔损失,原告施救费用理应得到保险人的赔付。保险单及保险条款对本案所面对的上述情形虽未规定,但认定保险合同对此种抢险费用予以赔偿符合该保险条款的本意和精神。《中华人民共和国海商法》第二百四十条规定:"被保险人为防止或者减少根据合同可以得到赔偿的损失而支出的必要的合理费用,为确定保险事故、性质、程度而支出的检验、估价的合理费用,以及为执行保险人的特别通知而支出的费用,应当由保险人在保险标的损失赔偿之外另行支付。"我国《海商法》的这一规定是强制性规定,本案原告的施救费用即属于"被保险人为防止或者减少根据合同可以得到赔偿的损失而支出的"费用。因此,虽然保险合同对此缺乏规定,但保险人仍有义务对此予以赔偿。

被告称油泵密封圈损坏属潜在缺陷、船舶不适航,从福州海事局的事故调查报告及原告所持适航证书的有效状况,无法得出原告的船舶存在不适航的情况。被告也没有证明原告在开航前或开航当时,明知油泵密封圈有问题而未处理的情况,因此被告主张船舶不适航法院不予采信。

综上,根据《中华人民共和国海商法》第二百四十条,被告对原告的赔付是为防止或减少根据合同可以得到赔偿的损失而支出的必要的合理的费用。本案原告主张的诸项施救费用均是在行政主管部门福州海事局的主持施救下,采取应急预案而发生的,均属于必要、合理的费用。即使票据有一定的瑕疵,但无损于其真实性。因此,原告主张的锚链损失、拖船费、测爆费、防污费、抢险经费补助共 554 350 元均属保险赔付范围。原告所主张的汽油泄漏损失与施救无关,不应由被告承担。另外,保险单列明了要扣减每次事故的绝对免赔额,即以 30 000 元及损失额的 10% 两者高者为准。本案发生的损失为 554 350 元,其 10% 仍高于 30 000 元,因此,本案应适用损失金额的 10%

501

计绝对免赔额,即免赔 55 435 元。综上,被告应赔付原告施救费用 498 915 元。依照《中华人民共和国海商法》第二百四十条第一款、《中华人民共和国民事诉讼法》第六十四条第一款的规定,判决如下:一、被告安邦财产保险股份有限公司福建分公司应于本判决生效之日起十日内支付原告南京恒风船务有限公司福安分公司保险施救费用 498 915 元;二、驳回原告南京恒风船务有限公司福安分公司的其他诉讼请求。

一审宣判后,被告不服并提起上诉,经二审主持,双方当事人达成调解。

【评析】

本案涉及海上保险合同纠纷中施救条款的适用。

施救费用是海上保险中的一种"特别费用",其往往作为保险合同的补偿,由保险人在保险标的损失之外另行补偿,旨在鼓励被保险人在承保危险发生时或保险标的已处于危险之中时,采取必要合理的施救措施,以避免或减少保险标的的损失。

施救费用的相关规定可追溯至英国《1906 年海上保险法》,该法第 78 条对施救(sue and labour clause)做出了专门规定。我国《海商法》第二百四十条及《保险法》第五十七条亦有类似规定。此外,施救费用条款不仅体现在法律规定中,英国《1995 年协会船舶定期保险条款》《1995 年协会船舶航次保险条款》和所有的协会货物条款中都有相关的"减少损失条款"等。在我国各大保险公司的船舶、货物保险条款中,这一规定也不鲜见。不过,作为保险人的法定义务,保险人不得通过约定予以排除或抗辩。

在海上保险中,构成施救费用必须具备以下几个要件:

(1)必须是承保危险已经发生或保险标的已处于危险中。

这是施救费用产生的前提。对于这点,很多人将判断标准立足于"保险事故"的发生时间,学界不少人认为施救费用必须是在"保险事故发生后"产生,我国《保险法》及本案所涉保险条款,也将这一时间点确立在"保险事故发生时"。但笔者认为,不应武断以保险事故发生前后作为判定标准。在某些特殊情况下,保险事故虽未发生,但已接近发生,施救刻不容缓,为避免保险标的遭受更大损失,采取施救措施而支出的费用,也应视同施救费用予以赔偿。案涉情况即是如此。本案中,船舶汽油泄漏,随时有火灾与爆炸的危险,从而可能因船舶爆炸而引起紧靠着的油库码头火灾或爆炸。因此,面对这一现实的危险,原告向海事局报告并由海事局组织施救,由于施救及时得当,避免了船舶的火灾与爆炸。汽油泄漏虽尚未构成保险事故,但已使保险标的处于危险之中,如若生硬以保险事故尚未发生这一时间点来判断,则该施救行为产生的费用便不予赔付,无疑不符合该条款的立法目的。海上保险合同是一种经济保障合同,其目的是为了分散船东(大多为被保险人)的航海意外风险。而施救费用条款的目的,则如 Blackburn 勋爵在英国早期的保险案例 Aitchison v Lohre 案中总结的那样:"是为了鼓励和劝导被保险人尽力进行自救,保险人也将因此有义务支付被保险人或其代理人为了做出此类努力而发生的任何合理部分的费用。"首先,原告的自救,避免了进一步的风险;其次,从社会效果上看,被保险人避险而发生施救,既保全了自身的利益也保全了保险人的利益,应当得到鼓励。本案中,若原告不予施救,一旦发生保险事故,船舶损失必将大于为避免事故所支付的费用,对于原告来说,船舶损失巨大;对于被告来说,也将面临高额的理赔损失。因此,无论从利益因素还是从道义因素上考虑,保险人都不应让被保险人在采取施救措施时存在经济上的顾虑,保险人应当鼓励被保险人在必要的时候,尽其最大努力去避免或减轻灾难的损害。值得庆幸的是,我国《海商法》第二百四十条巧妙地回避了施救费用的产生时间,仅强调必须是为防止或减少损失这一目的,这也使法院能根据特别法优于普通法的原则,对本案这一特殊情况予以适用。在此前所列举的英国海上保险法及协会保险条款中,也均未看到对施救费用产生时间的明确约定,亦可说明保险事故发生的时间并不一定与施救费用的产生有必然联系。

(二)必须是以防止或减少保险标的损失为目的

施救条款的精髓就在于避免保险标的发生损失或使保险标的遭受的损失尽量减少到最低限度。"减少"意味着保险标的由于承保危险已遭到一些破坏,必须采取措施防止损失的扩大,避免部分损失变为全部损失;"避免"则意味着为防止损失的发生,被保险人不应等到损失发生后才采取措施。本案中,从原告施救效果来看,在针对现实危险时,原告防患于未然,及时采取了施救措施,避免了保险事故的发生,从而保护了承保船舶,避免了船舶本身损失的产生,符合施救条款的这一要件。值得注意的是,无论是减少的损失或是避免的损失,该损失必须是根据保险合同可获得赔偿的损失,即属于保单所承保的损失。本案中,原告的施救措施避免了船舶可能因火灾或爆炸产生的损失,属于案涉保单中关于一切险条款所承保的损失,应予以支持。若原告避免的损失非为上述损失,如系因迟延可能造成的损失,则无法适用施救条款。如此推之,在承保"一切险"的保险合同中,施救费用的范围自然会比较宽一点。

（三）必须是必要的合理的费用

费用的必要合理,即要求采取的措施必须是必要而合理的。被保险人在采取施救措施时,必须像没有投保时一样谨慎合理。不能因为有了保险条款中施救条款的保障,就可以任意支付抢救财产的费用。在英国的判例中,所谓"合理",也要求被保险人在评估为防止或减少损失的措施及其过程中,应综合考虑案件的一切情况。本案中,原告主张的诸项施救费用均是在行政主管部门福州海事局的主持施救下,采取应急预案而发生的,费用的项目及数额经第三方行政主管部门审核并确定,在被告没有相反证据推翻的情况下,其必要性与合理性应予支持。当然,由于施救费用是保险人在保险标的损失之外额外给予被保险人的补偿,若对施救费用的数额不加限制,对保险人来说也是极不公平的。因此,在各国的海上保险司法实践中,保险人承担的施救费用的最高限额在任何情况下都不能超过保险船舶的保险金额。这一点在我国《海商法》第二百四十条第二款中也得到了明确规定。

此外,关于施救条款的适用,还包括施救行为主体、施救义务的违反等其他因素,均尚未在我国海商法施救条款中予以明确,亦未在本案争议焦点中有所体现,有待日后在理论探讨、法规完善及审判实践中日臻完善。

（原载于 2016 年《人民司法·案例》第 29 期）

货损事故原因不属保险条款的列明风险，保险人不承担保险责任

——原告厦门兴航宇船务有限公司诉被告中国平安财产保险股份有限公司厦门分公司海上保险合同案

林　静

【基本信息】

1. 判决书字号：厦门海事法院（2012）厦海法商初字第 565 号民事判决书。

2. 案由：海上保险合同纠纷。

3. 当事人

原告：厦门兴航宇船务有限公司（以下简称"兴航宇公司"）。

被告：中国平安财产保险股份有限公司厦门分公司（以下简称"中国平保厦门分公司"）。

【基本案情】

2011 年 6 月 25 日，兴航宇公司所有的"兴航 888"轮承载 759.24 吨涤纶短纤维，在航行途中遭遇风浪，船体颠簸并发生倾斜，捆绑货物绳索断裂，导致货物部分落海灭失，部分遭受水湿。2011 年 6 月 28 日，"兴航 888"轮抵达目的港，经托运人、承运人及货物保险人等各方联合检验，确认货物灭失、严重水湿及轻微水湿的数量，并确认货物损失合计 1 945 448 元。

2012 年 4 月 17 日，货物保险人依照保险合同约定，向被保险人支付货物保险赔款 1 906 539 元。之后货物保险人向承运人兴航宇公司提起代位追偿之诉，经湖北省高级人民法院调解，双方达成由兴航宇公司向货物保险人支付赔偿款 85 万元的和解协议。

2010 年 5 月 31 日，投保人兴航宇公司就涉案船舶向保险人中国平保厦门分公司投保。2010 年 6 月 1 日，中国平保厦门分公司签发《沿海内河船舶保险单》（下称"保险单"），载明保险标的"兴航 888"轮，保险类别为一切

险,附加险有货物承运人责任险等三款,保险期间为 2010 年 10 月 26 日 0 时至 2011 年 10 月 25 日 2400 时。另保险单所附《沿海内河船舶保险附加货物承运人责任保险条款》第四条约定:在本保险期间内,保险船舶在运输过程中,由于被保险人的过失,造成船舶发生火灾、爆炸、碰撞、触礁、搁浅,以及因上述意外事故造成船舶倾覆、沉没,致使所载货物遭受直接损失,依法应由被保险人承担的赔偿责任,保险人按照本保险合同的约定,在责任限额内负责赔偿。

涉案货损事故发生后,兴航宇公司向保险人中国平保厦门分公司提出索赔。保险人以事故系因货物在航行中遭遇大风浪受损,不属于货物承运人责任保险条款第四条约定的事故为由,予以拒赔。

还查明,福建省气象服务中心气象资料显示,2011 年 6 月 25 日,受当年第 5 号强热带风暴"米雷"的影响,福建省北部沿海（福建省霞浦县三沙镇附近）出现 7 级阵风 8~9 级偏北大风,巨浪。

原告认为,其向被告投保沿海内河船舶保险"一切险"及附加货物承运人责任险,保险船舶"兴航 888"轮在航行途中遇大风,导致承运货物受损;其作为实际承运人,已履行谨慎运输义务,被告应按保险合同约定予以理赔。被告则认为,原告的损失不属于保险合同约定的保险事故产生的损失,不属于保险人赔偿范围;且原告的损失符合双方约定的责任免除情形,被告无须赔偿。

【案件焦点】

保险人是否已履行提示和明确说明义务及货损事故是否属于保险人的保险责任范围。

【裁判要旨】

厦门海事法院经审理认为:本案为海上保险合同引发的货损索赔纠纷。双方争议的焦点问题在于:

（一）保险人是否已履行提示和明确说明义务

投保人兴航宇公司与保险人中国平保厦门分公司在订立保险合同时,投保人确认收到《沿海内河船舶险条款》及附加条款,保险人已向其详细介绍条款的具体内容,特别就该条款中有关免除保险人责任的条款做了明确说明。根据《最高人民法院关于适用〈中华人民共和国保险法〉若干问题的解释(二)》第三条第二款的规定,可以认定投保单内容系投保人的真实意思表示,保险人已履行明确说明义务。原告主张被告未尽提示及说明义务,但没有证据证明保险人存在《中华人民共和国保险法》第一百一十六条、第一百三十一条规定的相关情形,也没有提供其他相反证据推翻该认定,法院对此不予采信。

(二)涉案货损事故是否属于保险事故

被告中国平保厦门分公司签发的保险单,是其与原告兴航宇公司的真实意思表示,内容合法,应认定有效。涉案《沿海内河船舶保险附加货物承运人责任保险条款》对保险人承担货物损失的赔偿责任的范围做了列明式的规定,保险人对货损责任的承保范围仅限于"船舶发生火灾、爆炸、碰撞、触礁、搁浅,以及因上述意外事故造成船舶倾覆、沉没",致使所载货物遭受直接损失。故本案"货物承运人责任险"的承保风险为列明风险,未在保险条款中列明的风险不属于保险人的承保范围。兴航宇公司签署的投保单中载明《沿海内河船舶保险条款》及附加条款是保险合同的组成部分,且其完全理解该条款的具体内容,说明兴航宇公司已知悉有关保险条款。本案中,货损事故是因保险船舶"兴航888"轮在运输途中遭遇风浪,船体倾斜,导致货损。故本案事故原因属未在保险条款中列明的风险,不属于保险责任范围,保险人中国平保厦门分公司无须承担赔付责任。

厦门海事法院依据《中华人民共和国民事诉讼法》第六十四条第一款的规定,做出如下判决:

驳回原告兴航宇公司的诉讼请求。

【法官后语】

本案主要涉及的问题是承运人责任险的承保范围。2009年《保险法》第十七条第五款规定,保险事故是指保险合同约定的保险责任范围内的事故,也就是造成保险人承担赔偿损失责任的事故原因。例如财产保险中的火灾,海上货物运输险中的触礁、沉没等,人身保险中的意外伤害、死亡、疾病等。投保人要求保险人承保的事故项目在保险合同中必须一一列明,从而确定保险人的责任范围。需要指出的是,并不是任何事故均可成为保险人承保的事故,只有具备一定条件的事故才可成为保险事故。本案中,原告投保的是沿海内河船舶保险"一切险"及附加险货物承运人责任险。本案主要涉及对承运人责任险承保范围的理解问题,审查涉案事故是否属于承运人责任险承保范围。首先应当审查承运人责任险中"保险责任"条款的具体规定,以确定其属于列明式条款还是概括式条款。如果属于列明式条款,则未在保险条款中列明的风险不属于保险责任范围,不必再审查保险事故是否属于除外责任。只有当保险事故属于保险责任范围时,才有必要审查除外责任条款是否有效,以及保险事故是否属于除外责任条款规定的情形。本案所涉承运人责任险"保险责任"条款约定:"在本保险期间内,保险船舶在运输过程中,由于被保险人的过失,造成船舶发生火灾、爆炸、碰撞、触礁、搁浅,以及因上述意外事故造成船舶倾覆、沉没,致使所载货物遭受直接损失,依法应由被保险人承担的赔偿责任,保险人按照本保险合同的约定,在责任限额内负责赔偿。"该条款对保险人的承保范围做了列明式规定。本案保险船舶因遭遇风浪导致货损,该事故原因显然不属于保险责任条款中列明的风险,不属于保险责任范围,保险人中国平保厦门分公司无须承担赔付责任。

（原载于 2012 年《中国审判案例要览》商事卷）

原告福建省霞浦县瀚强航运有限公司与被告太平财产保险有限公司宁德中心支公司海上保险合同纠纷案

郭昆亮

【要点提示】

海上保险合同纠纷中,被保险人向保险人提出索赔要求不构成诉讼时效中断;保险人对免责条款负有提示和明确说明的义务,但船舶保险合同的保险人对船舶不适航所造成的损失不负赔偿责任。

【相关法条】

《中华人民共和国保险法》

第十七条 订立保险合同,采用保险人提供的格式条款的,保险人向投保人提供的投保单应当附格式条款,保险人应当向投保人说明合同的内容。

对保险合同中免除保险人责任的条款,保险人在订立合同时应当在投保单、保险单或者其他保险凭证上做出足以引起投保人注意的提示,并对该条款的内容以书面或者口头形式向投保人做出明确说明;未做提示或者明确说明的,该条款不产生效力。

最高人民法院关于适用《中华人民共和国保险法》若干问题的解释(二)

第十三条第一款 保险人对其履行了明确说明义务负举证责任。

《中华人民共和国海商法》

第二百四十四条第一款第一项 除合同另有约定外,因下列原因之一造成保险船舶损失的,保险人不负赔偿责任:

(一)船舶开航时不适航,但是在船舶定期保险中被保险人不知道的除外。

【案件索引】

一审:(2016)闽72民初894号。

【基本案情】

原告福建省霞浦县瀚强航运有限公司（以下简称"瀚强航运"）向本院提出诉讼请求：判令被告太平财产保险有限公司宁德中心支公司（以下简称"太平财保"）向原告瀚强航运支付保险金 20 万元及利息（自 2013 年 5 月 1 日起至支付之日止，按中国人民银行同期贷款利率结算）。事实与理由：2012 年 5 月 30 日，原告为其所有的"闽宁德货 0780"轮向被告投保了沿海内河船舶定期险，保险期限从 2012 年 5 月 31 日起至 2013 年 5 月 30 日止，保险金额 20 万元。2013 年 3 月 31 日约 18 时 30 分，该船自白马港驶往内浒水域，途经白马港主航道双碛灯桩附近水域发生倾覆沉没事故。宁德海事局于 2013 年 7 月 1 日做出《水上交通事故认定书》，认定本起事故为责任事故，"闽宁德货 0780"轮负全部责任，驾驶员叶志标为本起事故的主要责任人。事故发生后，原告多次要求被告根据保险合同的约定向原告支付保险金，但被告拒绝赔付。

被告太平保险辩称，（1）根据宁德海事局出具的《水上交通事故认定书》，事故的直接原因是货沙积载不当造成船舶不适航，被告无须对事故承担保险责任。首先，根据承保表中载明的承保条件，投保人必须保证船舶的适航性，否则被告有权解除合同并不承担保险责任；其次，根据保险条款第三条，船舶不适航为除外责任；最后，保证被保险船舶适航也是法定的义务。《中华人民共和国海商法》（以下简称《海商法》）第二百四十四条明确规定，除合同另有约定外，因船舶开航时不适航造成保险船舶损失的，保险人不负赔偿责任。原告没有谨慎积载，确保船舶在开航当时适航，导致事故发生，被告无须承担保险责任。（2）本案原告诉讼请求已超过诉讼时效。根据《海商法》规定，海上保险合同纠纷的诉讼时效应从事故发生之日起两年起算，原告起诉已超过两年。时效中断事由也应根据《海商法》规定，本案不存在诉讼时效中断、中止的情形。

经审理查明：原告瀚强航运（原名称为福建省霞浦县运输公司溪南航运社，于 2014 年 7 月 24 日更名）及叶志标系"闽宁德货 0780"轮共有人。2012 年 5 月 30 日，原告为"闽宁德货 0780"轮向被告投保沿海内河船舶定期险，被告同意承保并签发了保险单（保单号 6650702262012000073），保险期限从 2012 年 5 月 31 日起至 2013 年 5 月 30 日止，保险金额 20 万元，承保条件第一项为"投保人必须保证船舶的适航性,否则本公司有权解除合同并不承担保险责任"。《太平财产保险有限公司沿海内河船舶保险条款》的除外责任规定"由于船舶不适航所造成的损失、责任及费用,本保险不负责赔偿"。2013 年 3 月 31 日约 18 时 30 分,该船自福安市白马港驶往内浒水域,途径白马港主航道双礁灯桩附近水域发生倾覆沉没事故。宁德海事局于 2013 年 7 月 1 日做出《水上交通事故认定书》,认定:货沙积载不当造成船舶不适航是事故发生的直接原因,本起事故为责任事故,"闽宁德货 0780"轮负全部责任,驾驶员叶志标为本起事故的主要责任人。2015 年 3 月 30 日,原告向被告寄送理赔催告函。因被告未理赔,原告于 2016 年 4 月 11 日就案涉纠纷向宁德市蕉城区人民法院提起诉讼。

【裁判结果】

厦门海事法院依照《中华人民共和国海商法》第二百六十四条、《中华人民共和国民事诉讼法》第六十四条第一款的规定,判决如下:

驳回原告福建省霞浦县瀚强航运有限公司的诉讼请求。

【裁判理由】

厦门海事法院认为,本案为海上保险合同纠纷。原、被告之间成立海上保险合同关系,该合同主体适格,内容合法,系双方当事人的真实意思表示,为有效合同。

案涉事故发生于海上,由此产生的保险法律关系受《海商法》调整。《海商法》第二百六十四条规定,根据海上保险合同向保险人要求保险赔偿的请求权,时效期间为两年,自保险事故发生之日起计算。本案保险事故发生之日为 2013 年 3 月 31 日,原告于 2016 年 4 月 11 日向宁德市蕉城区人民法院起诉,已超过两年的时效期。原告主张其曾向被告发出理赔催告函,构成时效中断。本院认为,对于诉讼时效的中断事由,《中华人民共和国民法通则》第一百四十条的规定为"提起诉讼、当事人一方提出要求或者同意履行义务";《海商法》第二百六十七条的规定为"提起诉讼、提交仲裁或者被请求人同意履行义务"。《海商法》是特别法,《中华人民共和国民法通则》是一般法,根据特别法优于一般法的原则,本案是否存在诉讼时效中断事由应优先适用《海商法》的规定。原告向被告发出理赔催告函不属于"被请求人同意履行义务"的情形,不构成时效中断,原告在两年时效期间内也未提起诉讼或提交仲裁。因此，原告没有证据证明有诉讼时效中断事由，被告提出关于原告诉讼请求已超过诉讼时效的抗辩成立，原告丧失胜诉权，其诉讼请求应予驳回。

【案例注解】

本案是一起海上事故引起的保险索赔纠纷。本案涉及海商法下诉讼时效中断事由的认定，以及保险人能否以船舶不适航为由免除赔偿责任的问题。

一、《海商法》诉讼时效中断事由规定的特殊性

对于诉讼时效的中断事由，《民法通则》第一百四十条的规定为"提起诉讼、当事人一方提出要求或者同意履行义务"；《海商法》第二百六十七条的规定为"提起诉讼、提交仲裁或者被请求人同意履行义务"。两个规定的最大区别在于，《海商法》第二百六十七条的中断事由，少了"当事人一方提出要求"。《海商法》是特别法，《民法通则》是一般法，根据特别法优于一般法的原则，关于诉讼时效中断的规定应优先适用《海商法》的规定。因此，在发生海上保险事故后，除了诉讼、仲裁外，只有保险人同意履行义务可作为时效中断的事由。被保险人向保险人提出索赔要求，以及保险人同意与被保险人协商赔偿事宜，但未能就具体赔偿额达成协议的，均不构成诉讼时效中断。

二、船舶不适航情况下保险人能否免责

沿海、内河船舶保险条款的"除外责任"部分规定，由于船舶不适航所造成的损失、责任及费用，不负责赔偿。当船舶不适航，保险人以除外责任为由拒绝赔付时，被保险人往往援引《保险法》第十七条第二款规定，该条规定："对保险合同中免除保险人责任的条款，保险人在订立合同时应当在投保单、保险单或者其他保险凭证上做出足以引起投保人注意的提示，并对该条款的内容以书面或者口头形式向投保人做出明确说明；未做提示或者明确说明的，该条款不产生效力。"保险人对除外责任条款负有提示和明确说明的义务，另外，根据《最高人民法院关于适用〈中华人民共和国保险法〉若干问题的解释（二）》的规定，保险人对其履行了提示和说明义务负有举证责任。

在海上保险纠纷中，保险人即使未举证证明尽到提示和明确说明的义务

在特定情况下,可以援引《海商法》第二百四十四条第一款第一项规定免除保险责任。该条规定:"除合同另有约定外,因下列原因之一造成保险船舶损失的,保险人不负赔偿责任:(一)船舶开航时不适航,但是在船舶定期保险中被保险人不知道的除外。"该条适用是有条件的,一是该条只适用于船舶保险,对于货物损失险及责任险不能适用。在与本案同一事故引起的第三人的人身伤亡索赔诉讼中,福安市人民法院在刑事附带民事诉讼判决中援引《保险法》第十七条第二款规定,以保险人未尽提示和说明义务、除外责任条款不产生效力为由,判令本案被告太平财保承担保险赔偿责任。二是根据近因原则,要求船舶不适航应当与保险事故具有因果关系,对非因不适航所引起的船舶损失,保险人仍应赔偿。三是不适用于船舶定期保险(除非被保险人明知船舶不适航)。

(原载于 2017 年《厦门海事审判》第 1 期)

郑国寿、刘妃等诉太平财产保险有限公司福建分公司海上保险合同纠纷案

——事故责任比例认定对雇主责任险赔偿金计算的影响

王　炜　李　慧

【裁判要旨】

在被保险人未提供船员适任证书且保险人没有主动询问的情况下，应认定为保险人已经知晓船员不适任的情况，其仍接受投保，不能以船员不适任为由提出免责。海上雇主责任险的保险赔偿金的计算方法上，应先按照过错责任比例，确定雇主应承担的赔偿责任，若雇主的责任大于保险金额，保险人的赔偿金以保险金额为限；如果雇主应承担的责任小于保险金额，保险人的赔偿金要以雇主应承担的责任为限。在侵权第三人完全承担赔偿责任后，保险人丧失向其代位追偿的权利。

【案情】

原告（上诉人）：郑国寿、刘妃、郭敏。

被告（上诉人）：太平财产保险有限公司福建分公司（以下简称"太平财险"）。

郑国寿、刘妃、郭敏为"闽宁德货0651"轮实际共有人。2012年4月9日，三原告向被告为"闽宁德货0651"轮上作业的包括死者杨全和、欧全成、林德英在内的7人投保雇主责任险，每人伤亡赔偿额30万元，但投保单中并未由郑国寿本人签字，而是由被告宁德银保部工作人员代签"郑国寿"的姓名。没有证据显示被告向三原告就"特别约定"条款和免责问题做出说明。被告提交2011年4月8日郑国寿投保雇主责任险和沿海内河船舶一切险投保单等证据，该证据载明郑国寿为"闽宁德货0651"轮投保2011年4月9日至2012年4月8日期间的船舶险和雇主责任险，《收付保费信息》载明业务类别为柜台业务。2012年5月3日，"闽宁德货0651"轮在宁德大唐火电厂码头附近海域与锚泊于附近的工程船"粤中山工8223"轮发生船舵、螺旋桨

与锚标浮筒钢丝绞缠事故,导致船舶倾覆,"闽宁德货0651"轮上三名船员落水身亡。三原告向被告报告事故,进行搜救、打捞并对人员死因委托司法鉴定,支出了鉴定费6 000元。2012年9月13日,宁德海事局经调查做出《水上交通事故认定书》认定,"闽宁德货0651"轮未选择安全水域锚泊,船长及其他船员不适任,瞭望疏忽、操作不当,是事故发生的直接原因;"闽宁德货0651"轮船舶所有人、经营人未有效落实安全生产主体责任,安全管理不到位,是事故发生的重要原因。2012年10月29日,郑国寿与事故另一方"粤中山工8223"轮全权委托公司达成赔偿协议书,该赔偿协议为一次性终结赔偿协议,"粤中山工8223"轮一次性赔偿三原告43万元,包括赔偿轮船施救、修复以及三名船员的死亡赔偿金的一切损失。后三原告在当地政府的主持下与死者家属达成和解,并支付死者家属209.6万元。三原告向被告提出索赔申请,被告在2013年9月以船舶不适航为由做出拒赔决定。另外,福建省高级人民法院已经生效的(2013)闽民终字第966号判决书中载明,2012年4月6日,刘妃为包括杨全和、欧全成、林德英在内的7名在"闽宁德货0651"轮工作的船员向另外一家保险公司中国人民财产保险股份有限公司赛岐经济开发区支公司(以下简称"赛岐人保")投保一年期雇主责任险,判决赛岐人保向郑国寿、刘妃、郭敏赔付保险赔偿款90万元。三原告向厦门海事法院提起诉讼,请求法院判令:被告支付雇主责任险项下赔款90万元及自原告申请赔付日到被告实际支付日按照人民银行同期贷款利率上浮30%利率计算的利息、搜救费238 954元、死亡司法鉴定费6 000元、笔迹鉴定费6 000元等费用共计1 150 954万元。

太平财险辩称:在《雇主责任保险(境内版)投保单》《雇主责任险(境内)承保明细表》及该船的《沿海内河船舶保险投保单》中均以"特别约定"的形式明确投保人必须保证船舶的适航性,否则保险人免责。被告对保险合同免责问题做出了口头及/或书面的提示及说明,但本案事故系因原告隐瞒船员无证任职、配员不足、船员不适任等情况所致,根据雇主责任险保险合同特别约定,被告不负赔偿责任。事故的另一方船舶"粤中山工8223"轮一次性赔偿原告43万元、中国人民财产保险股份有限公司赛岐经济开发区支公司赔付的保险赔偿款900 000元应相应予以抵扣。

【审判】

厦门海事法院法院审理认为：

一、太平财险应承担支付保险赔偿款责任

根据雇主责任险的办理情况，投保单上郑国寿签名并非本人所签，可以认定办理保险时并非郑国寿本人在柜台办理业务，应认定为电话投保，郑国寿取得保险单的时间并非投保当日。案涉投保单上"风险问询"一栏没有关于船员是否持有相应适任证书的内容，但附有相应船员名单，应视为投保人在投保时已告知保险人相关信息。投保单虽有手写的特别约定条款，但由于该投保单为保险人业务员代签，没有其他证据证明保险人曾就免责条款做出提示说明。根据《中华人民共和国保险法》第十七条第二项的规定，保险人特别约定的免责条款不产生效力，其仍应对案涉事故承担支付保险赔偿款的义务。

二、太平财险应承担的保险赔偿款的数额、利息计算方式

本案中，郑国寿、刘妃、郭敏与死亡船员家属签订赔偿协议并支付了相应赔偿款，太平财险支付保险赔偿款的条件已成就。保险人应承担的保险赔偿款数额应先界定郑国寿等人所付负的赔偿责任，根据宁德海事局的事故责任认定，酌定"闽宁德货0651"轮承担80%的责任，故原告赔偿支付给死者家属209.6万元中，"闽宁德货0651"轮应承担的雇主责任为209.6万元×80% = 167.68万元。原告同时向本案被告及赛岐人保重复投保雇主责任险，本案投保的雇主责任险保险标的是雇主责任，法律性质上属于财产险而非人身险，应适用《保险法》第五十六条关于重复保险的规定，本案被告应赔付三原告167.68万元−90万元 = 77.68万元。三原告主张的利息损失，因赔付给死者家属的时间各异，为计算方便，以三原告最后一次赔付死者家属的时间2013年2月4日作为利息的起算点，按中国人民银行同期贷款利率计算利息。

综上，厦门海事法院审理后判决：被告太平财产保险有限公司福建分公司于本判决生效之日起十日内支付原告郑国寿、刘妃、郭敏保险理赔款77.68万元，并支付该款项自2013年2月4日起至判决确定支付之日止按中

国人民银行同期贷款利率计算的利息。

宣判后,原被告双方均提出上诉。福建省高级人民法院审理后,判决驳回上诉,维持原判。

【评析】

随着现代海上航运业的发展,越来越多的船舶所有人、船舶经营人选择投保雇主责任险来分担海上经营风险,而现实情况是,保险机构在承保时对雇主责任险的审单把关不严,试图通过在保险合同中罗列大量免赔条款,以减轻保险赔偿责任,发生海上雇员人身伤亡事故后受害人理赔难、法院审理难、保险人代为求偿难的特点尤为突出。本案涉及雇主责任险原理的问题,同时还需要兼顾海上保险的特殊性。

一、海上保险的无限告知义务

本案三原告投保的雇主责任险属于海上保险的一种,与陆上的保险被保险人的有限告知义务不同,海上保险对被保险人采取的是更为严苛的无限告知义务,前者是根据《中华人民共和国保险法》第十六条的规定,要求投保人就保险人提出询问的问题如实告知,后者则是根据我国《海商法》第二百二十二条,要求被保险人应该主动向保险人告知一切他所知道的或应当知道的,且可能影响保险人判断的事实。我国《海商法》无限告知的规定采纳了英国法下的无限告知义务,原因在于,投保人在对保险标的情况的掌握上占有优势,而保险人对保险价值、保险标的的危险程度评估,最主要的方式是依赖于投保人的告知,因此,无限告知义务实际上是为保险人的"安全阀"。

但海上保险发展到今天,保险人获得被保险人的信息渠道也更加广泛,不再完全依赖被保险人的告知,海上保险逐步削弱对保险人在告知义务方面的保护,不断限缩被保险人投保时应当告知重要情况的范围,对于可以通过公开渠道查询到的信息,可以视为保险人已经知晓。这一趋势在最高人民法院的司法解释中也有所体现,如《最高人民法院关于审理海上保险纠纷案件若干问题的规定》第 4 条:"保险人知道被保险人未如实告知《海商法》第二百二十二条第一款规定的重要情况,仍收取保险费或者支付保险赔偿,保险人又以被保险人未如实告知重要情况为由请求解除合同的,人民法院不予支持"。

在本案中，投保人在投保时已经告知保险人在船船员名单，但没有提供船员适任证书等相关材料，保险人没有通过公开渠道了解投保人在船船员不适任的重要信息，也没有在保险审单过程中提出质疑或询问，应认定为被保险人履行了无限告知义务，保险人对船员适任情况和船舶适航情况是明知的，仍接受投保，表明了其已接受了可能出现的危险情况，不能提出免责。

二、雇主责任险是一种定额赔付的特殊财产保险

传统学说依据保险标的的不同，将保险分为人身保险和财产保险，责任保险通常被划为广义的财产保险范围。而英美法系学者多数认为，尽管财产保险与责任保险具有一定的同质性，但二者属于并列的险种。我国保险立法采取传统的两分法体例，将保险分为财产保险和人身保险两类，将责任保险划归为财产保险。雇主责任险作为责任保险的一种，将船东责任当作一种财产利益作为保险标的，兼具补偿性功能和定额赔付功能，前者是指，雇主责任险作为一种损害赔偿保险，其作用在于补偿被保险人的损失，即保险赔偿金不能超过被保险人损失的范围；后者是指，只要被保险人应承担的赔偿责任超过了其投保的责任险赔偿金，保险人就应当全额赔偿。换言之，如果雇主的赔偿责任大于保险金额，保险人的赔偿金以保险金额为限；如果雇主应承担的赔偿责任小于保险金额，保险人的赔偿金要以雇主应承担的责任为限，雇主不能因保险获利。需要说明的是，定额赔付的雇主责任险与定额保险不同，定额保险是不问实际损失大小，都按照合同签订时双方约定的保险金额支付保险金，人身保险一般属于此类，当然也有部分人身保险不属于定额保险，如实报实销医疗费用型人身保险。但这也是由于客观上人身价值无法用货币估值、定损，而雇主责任险中雇主应承担的责任是可以通过行政、司法等手段予以确定的，所以说，雇主责任险不是一种定额保险，而是定额赔付的特殊财产保险。随着保险法理论研究的深入和保险业务实践的拓展，责任保险与财产保险在产生和发展基础、补偿对象、保险标的、承保方式、赔偿处理等方面存在的差异正逐步被认识，已有学者提出责任保险是独立于财产保险和人身保险的另一类保险，或者称为中间保险、保险第三领域，是相对于财产保险和人身保险之间的新保险类型，这作为责任保险的一种新趋势应得到重视，但在审判实践中还没有运用到这种突破性认识。

在本案雇主责任险的保险赔偿金计算中,将雇主责任险定义为财产保险,先根据《海商法》一百六十九条的规定,按照碰撞的船舶互有过失程度的比例,明确雇主所应承担的赔偿责任大小,计算"闽宁德货 0651"轮船东应负担的雇主赔偿责任为 209.6 万元×80% = 167.68 万元。而船东分别向赛岐人保、太平财险两家保险公司为"闽宁德货 0651"轮上作业的船员投保伤亡赔偿额 90 万元的雇主责任险,保险赔偿金额达 180 万元超过了其应承担的雇主赔偿责任范围,故两家保险公司应在雇主赔偿责任范围内的 167.68 万元承担赔付义务。

三、雇主责任险的代位求偿权问题

雇主责任险代位求偿权制度指的是由于侵权第三人的原因,导致雇员发生人身损害,引发雇主责任在保险责任范围内的损失,保险人向被保险人赔付后,可以代位行使对侵权第三人请求权的制度。创设代位求偿权制度旨在保障被保险人的损失获得补偿,同时禁止其同时向保险人和侵权第三人求偿获得超出实际损失的额外利益。

本案中,按事故船舶双方过错的责任比例,三原告向死者家属赔偿 209.6 万元中,"粤中山工 8223"轮船东需承担 209.6 万元×20% = 41.92 万元的人身损害赔偿责任,"粤中山工 8223"轮船东的赔偿款 43 万元中已经包括了该部分款项,其已完全履行了人身损害赔偿的义务,保险人不能再向其追偿。换言之,《中华人民共和国保险法》第六十条规定的保险人代位求偿权的前提是,保险人承担了不应由被保险人承担的而应当由第三人承担的责任,而本案中第三人已完全承担责任,保险人和被保险人均不得向其追偿。故原告与"粤中山工 8223"轮船东达成赔偿协议,没有侵害保险人向"粤中山工 8223"轮船东代位求偿的权利,保险人不能根据《中华人民共和国海商法》第二百五十三条规定,要求相应扣减保险赔偿金。三原告向赛岐人保和太平财险两家保险公司重复投保,重复保险的保险金额总和达 180 万元,由于雇主责任险的保险标的是雇主对雇员人身损害的赔偿责任,应根据《保险法》第五十六条关于重复保险的规定,由两家保险公司分担雇主 167.68 万元的赔偿责任。

(案件承办法官:厦门海事法院审判长陈萍萍、代理审判员王炜、人民陪审员钟金声、福建省高级人民法院民四庭审判长林泽新、代理审判员黄志江、陈小霞。编写人：厦门海事法院王炜、李慧。）

（原载于 2016 年《中国海事审判》）

北海华洋海运有限责任公司诉郑松海、高州市南达造纸填料厂、茂名市港口经营有限公司、北海海联船舶管理有限公司海上财产损害责任纠纷案

林 静

【案情】

原告:北海华洋海运有限责任公司。

被告:郑松海。

被告:高州市南达造纸填料厂。

被告:茂名市港口经营有限公司。

被告:北海海联船舶管理有限公司。

案由:海上财产损害责任纠纷。

2012 年 2 月 14 日,"鑫源顺 6"轮在广东茂名港承载 5 057.36 吨高岭土前往山东潍坊港途中,在福建省泉州湾以东海域发生沉没事故,货物随船灭失。事故发生后,船上 11 名船员全部落水,其中 1 人获救、9 人死亡、1 人失踪。华洋公司向 10 名死亡船员家属支付的赔偿款、利息等款项共计 6 984 456.7 元。

原告认为"鑫源顺 6"轮沉没事故调查报告对事故原因进行分析并认定事故的相关责任方。涉案货物的托运人为郑松海;生产厂家为被告高达填料厂,其法定代表人李君宝是涉案货物的送检人;港口公司是涉案货物的装卸方;海联公司是"鑫源顺 6"轮的船舶管理方。四被告对事故的发生均存在重大过错,其行为构成侵权,应承担连带侵权责任。请求法院判令各被告向原告连带赔偿损失 6 398 805 元及利息。四被告均认为其对沉船事故不存在过错和违法行为,不构成侵权,无须承担法律责任;华洋公司向遇难船员家属赔付的款项,法律性质上属于"工伤保险赔偿",不适用关于追偿的规定,华洋公司无权向第三方追偿。

【审判】

厦门海事法院经审理认为：本院认为，本案系一起因船舶沉没引发的海上财产损害责任纠纷，各方的主要争议焦点在于：原告是否有权向被告提起代位追偿之诉。法院认为，华洋公司作为"鑫源顺6"轮的登记所有人、经营人，构成《劳动合同法》意义上的用人单位，与涉案10名船员之间形成事实劳动关系。10名船员在"鑫源顺6"轮航行中因沉船事故致死，构成工伤。华洋公司未参加社会工伤保险统筹，因此应按照国家的相关标准负担船员近亲属的工伤保险待遇。华洋公司与10名船员近家属分别签订赔偿金额为60万元的和解协议，包括丧葬补助金、亲属抚恤金、一次性死亡补助金等一切费用，赔偿项目符合《工伤保险条例》第三十九条第一款规定的职工因工伤导致死亡后其近亲属所享受的待遇。据此，法院认定华洋公司已按工伤保险待遇标准进行赔付。

涉案船员死亡存在合同责任与侵权责任竞合，船员既是在工伤事故中死亡的，又是侵权行为的受害人，有权同时获得工伤保险赔偿和人身侵权赔偿，即受害人可以得到双份赔偿。原告就其已支付的工伤保险赔偿无权对侵权行为人提起代位求偿权或者追偿权。

厦门海事法院依照《中华人民共和国民事诉讼法》第一百一十九条、第一百五十四条第一款第（三）项的规定，裁定如下：

驳回原告北海华洋海运有限责任公司的起诉。

【评析】

本案是一起因船舶沉没引发的海上财产损害责任纠纷。本案的主要问题是原告向遇难船员家属赔付的款项是否有权向被告提起代位追偿之诉。

涉案船舶"鑫源顺6"轮系由个人股东挂靠华洋公司，船员亦由股东聘用，但华洋公司作为"鑫源顺6"轮的登记所有人、经营人，构成《劳动合同法》意义上的用人单位，与涉案10名船员之间形成事实劳动关系。10名船员在"鑫源顺6"轮航行中因沉船事故致死，构成工伤。根据法律规定，因用人单位以外的第三人侵权造成劳动者人身损害，构成工伤的，劳动者因工伤事故享有工伤保险赔偿请求权，因第三人侵权享有人身损害赔偿请求权。二者虽然基于同一损害事实，但存在于两个不同的法律关系中，互不排斥。

根据国务院《工伤保险条例》第二条和第六十条的规定，用人单位应当按照规定参加工伤保险,为职工缴纳工伤保险费,未参加工伤保险期间用人单位职工发生工伤的,由用人单位按照本条例规定的工伤保险待遇项目和标准支付费用。本案中,华洋公司未参加社会工伤保险统筹,因此应按照国家的有关标准负担船员近亲属的工伤保险待遇。本案中,华洋公司与 10 名船员近家属分别签订赔偿金额为 60 万元的和解协议,包括丧葬补助金、亲属抚恤金、一次性死亡补助金等一切费用,上述赔偿项目符合《工伤保险条例》第三十九条第一款规定的职工因工伤导致死亡后其近亲属所享受的待遇。据此可认定华洋公司赔付的款项性质为船员的工伤保险待遇。

涉案船员死亡存在合同责任与侵权责任竞合,船员既是在工伤事故中死亡的,又是侵权行为的受害人,有权同时获得工伤保险赔偿和人身侵权赔偿,即受害人可以得到双份赔偿。船员及家属即使已从其中一方先行获得赔偿,亦不能免除或者减轻另一方的赔偿责任。工伤保险赔偿与民事损害赔偿是两种不同性质的赔偿,法律并未规定这两种不同性质的赔偿互为补充,赋予用人单位对侵权人的代位求偿权或者追偿权。因此,原告华洋公司就其已支付的工伤保险赔偿无权对侵权人提起代位求偿权或者追偿权,其诉讼主体不适格,应当予以驳回。

（原载于 2017 年《人民法院案例选》）

冯清生与厦门轮总海上客运旅游有限公司
海上人身损害责任纠纷案

王端端　郑新颖

【问题提示】

公共场所管理人安全保障义务的认定。

【要点提示】

根据《中华人民共和国侵权责任法》第三十七条的规定，公共场所的管理人未尽到其安全保障义务，造成他人损害的，应当承担侵权责任。该条规定适用的是过错责任原则，判断是否违反了安全保障义务需要借助法定注意义务和善良管理人的判断标准，并结合案件的实际情况加以确定。

【案例索引】

厦门海事法院（2017）闽72民初62号（2017年4月11日）。

【案情】

原告冯清生向法院起诉称：2016年5月1日17时，原告乘坐被告厦门轮总海上客运旅游有限公司所属的从厦门开往漳州港的客运船"春兰"轮。上船过程中，由于船身晃动，又突遇船上的高门槛，被门槛所绊。原告受伤后，被乘客送至医院治疗，经诊断为左肱骨粉碎性骨折，后经鉴定为十级伤残。被告作为该客运船的管理人，未采取必要措施保障原告人身安全，致使原告受到伤害，在事故发生后，也未及时采取施救措施，已经违反安全保障义务之规定，请求法院判令被告赔偿原告因受伤而造成的各项损失。

被告厦门轮总海上客运旅游有限公司辩称：第一，原告上船后急行，在进入客舱时不慎被门槛绊倒，原告自身行走不慎造成的损害后果应当由其自行承担。第二，被告的企业安全管理体系均符合国家船舶安全营运规则的规定，各项安全营运指标均达到国家和行业要求，"春兰"轮具有合法有效的证书,船舶通过了检验部门的检验。第三,事发时,船舶梯口、跳板两头均有船员值守,船舶的多处位置张贴《乘客安全须知》,并在醒目位置张贴"小心门槛""上下楼梯请握住扶手"等提醒乘客安全行走等的字样。"春兰"轮的工作人员得知原告摔倒后,当即上前询问原告伤情、绑绷带固定其手臂并送至下船,被告在原告摔倒后已及时采取必要的救助措施,其已尽到安全保障义务,对原告损害的发生没有过错,不应承担赔偿责任。

【审判】

本案审理过程中,经厦门海事法院主持调解,当事人自愿达成调解协议,并且履行完毕,案件得到了圆满的解决,达到了良好的社会效果。

【评析】

最高人民法院《关于审理人身损害赔偿案件适用法律若干问题的解释》成功借鉴德国交易安全义务创设了安全保障义务。2009年颁布的《中华人民共和国侵权责任法》第三十七条,首次以立法形式明确规定了违反安全保障义务的侵权责任,填补了我国关于安全保障义务规定在法律层面上的空白,为受害人主张权利提供了请求权规范基础。但由于法律、相关司法解释规定过于原则、抽象,在很大程度上造成了法官在裁决类似案件过程中适用法律的困惑与疑虑。本文结合上述案件,就安全保障义务合理限度范围的界定及考量因素进行分析,借此为诸类案件的处理提供些许思路。

安全保障义务主要是指从事住宿、餐馆、娱乐等经营活动或者其他群众性活动的自然人、法人、其他组织,应尽合理限度范围内的使他人免受人身及财产损害的义务。违反安全保障义务而产生的责任是不作为责任。

安全保障义务主要包括两个方面的基本内容:(1)"物"之方面的安全保障义务,主要体现为保管、维护及配备义务。安全保障义务人对其所能控制的场所的建筑物、运输工具、配套设施及设备等的安全性负有保障义务,对上述之"物"在社会活动期间的良好运行亦同之。这方面的保障义务还应及于该场所环境所及之处,比如其内空气不得有传染性病菌存在、配备适宜的避险设施等。(2)"人"之方面的安全保障义务。这种义务主要体现为应有适当的人员为参与其社会活动的他人提供与其活动相适应的预防外来(外界、第三人)侵害的保障。此外,对该场所内可能出现的各种危险情况要有相适应的有效的预警,以防他人遭受损害。具体包括警告、指示说明、通知和保护义务。

本案中，被告厦门轮总海上客运旅游有限公司是公共承运人，依照《中华人民共和国合同法》第二百九十条的规定，其应当在约定期间或者合理期间内将旅客、货物安全运输到约定地点，负有安全保障义务。以上"物"和"人"两方面的义务具体应体现为：第一，承运人应保证从事运输营运的交通运输工具处于适合营运的状况，驾驶人员具备适合驾驶车辆的资格；第二，承运人应定期保养其交通工具，保证它们处于良好的备用状态；第三，承运人及其雇佣的人应向旅客告知安全运输应当注意的事项；第四，在运输途中，当旅客出现患有急病、分娩、遇险等需要救助的情况，承运人应当尽力救助；第五，承运人应按规定承载客人，不得超载；第六，承运人应配备适当的保安，以保证旅客的财产和人身的安全。现结合本案案情，对被告是否履行了安全保障义务分析如下：

"物"之方面的安全保障义务。由于被告从事沿海、内河客船运输，根据《国内水路运输管理条例》，国家对该行业经营者的安全保障内容有明确的法律规定，包括是否取得水路运输许可证、船舶是否适航等。判断被告是否履行"物"之方面的安全保障义务从法定标准进行认定即可。本案中，厦门轮总海上客运旅游有限公司提供了水路运输许可证、"春兰"轮船舶营业运输证、海上船舶检验证书簿、福建海事局的安全管理体系符合证明。上述材料能够证明被告具有沿海、内河客船运输的资质，企业安全管理体系均符合国家船舶安全营运规则的规定，各项安全营运指标均达到国家和行业要求，"春兰"轮具有合法有效的证书，船舶通过了检验部门的检验，船舶处于适航的状态，已履行了"物"之方面的安全保障义务。

"人"之方面的安全保障义务。判断的标准为善良管理人的标准，要高于侵权行为法上的一般人的注意标准。厦门轮总海上客运旅游有限公司在原告摔倒后，上前询问原告伤情、绑绷带固定其手臂、对其进行重点照顾并送至下船。由于原告是自行绊到门槛摔倒，若再要求被告送原告去医院治疗，就超出了作为善良管理人的安全保障义务，同时原告亦无主张被告应送其去医院治疗，由此被告已经履行了保护义务。但被告在庭审中未能对事故发生时，船上是否张贴《乘客安全须知》及"小心门槛""上下楼梯请握住扶手"等提醒做出说明，并经法院调查承认作为证据的照片拍摄日期是在 2017 年 1

月份,系事故发生之后。由于被告未能证明其已履行了警告和通知义务,存在过错,故应当对原告的受伤承担一定比例的责任。结合其不作为行为与损害结果之间的因果关系,被告承担事故 30% 的责任为宜。法院也是按这一责任比例进行调解,最终促进双方当事人达成和解。

(原载于 2017 年《厦门海事审判》第 1 期)

原告食品公司与被告码头公司港口作业合同案

——析港口经营人在国际海上集装箱运输货物交付中的法律地位

许俊强

【摘要】对一起港口作业合同案件做以评述，进而分析港口经营人在国际海上集装箱运输货物交付中的法律地位。

【关键词】港口作业合同；港口经营人；货物交付

【案情】

原告：食品公司。

被告：码头公司。

原告食品公司诉称，2004 年 9 月 11 日，原告与美国客户东南渔业公司签订了货物买卖合同，由原告向客户出售 2 万磅保鲜巴氏灭菌蟹肉罐头。合同签订后，原告组织了 7 572 磅货物，经海运出口美国，但因货物数量不符合约定，被美国客户退运回厦门港。货物于 2005 年 3 月 25 日抵厦门港后，由于报关手续延误至 4 月 29 日始运回原告公司，此期间被告向原告收取充电费 2 160 元，这说明双方成立保管合同关系。但事后原告获知，被告误将货物置于干货区，并未对集装箱进行充电，造成货物高温变质，经鉴定已无商业价值。原告认为，被告收取费用，却未能履行相应充电和管理义务，构成违约，应承担赔偿责任。为此，原告于 2006 年 11 月 28 日请求法院判令被告赔偿原告货物损失 614 441.6 元、陆运费用 1 900 元、填埋费用 300 元，合计 616 641.6 元；并支付利息损失 18 036.76 元。

被告码头公司辩称：（1）被告与原告没有签订任何合同，其与本案无直接利害关系，不是适格被告。本案货物承运人系海贸公司，实际承运人是中远集运，案涉集装箱是进口货物，在未完成报关等手续前，货物视同在境外，被告仅仅是作为承运人雇佣的单位。(2)本案系海上货物运输合同纠纷,非港口作业合同纠纷,原告提起诉讼时已超过诉讼时效。本案货物采用的是集装箱运输方式,货损发生于《海商法》第四十六条规定的承运人掌管货物期间,应属海上货物运输合同纠纷,非港口作业合同纠纷。承运人于2005年4月29日交付货物,2006年11月28日原告提起本案诉讼,其间没有时效中断、中止情况,原告提起诉讼已超过《海商法》第二百五十七条规定的1年的诉讼时效。因此,原告请求被告承担赔偿责任没有任何事实和法律根据,应予驳回。

一、法院对双方当事人无争议的事实的查明

2004年11月3日,案涉货物冷藏巴氏灭菌蟹肉罐头经漳州出入境检验检疫局检验,取得健康证书,检验结果表明货物符合卫生标准。根据出口包装清单,出口货物为冷藏巴氏灭菌蟹肉,共631箱,净重3 437.688 kg。根据原告食品公司开具的商业发票,上述货物总价76 805.2美元。11月16日,原告通过报关行报关,根据出口报关单的记载,经营单位和发货单位均为原告食品公司,成交方式C & F,结汇方式电汇。货物为冷藏巴氏灭菌蟹肉,单价22.342 1美元/kg,总价76 802.2美元,出运船舶"中远长滩"号第004E航次,提单号COSU23208740。根据提单的记载,收货人为东南渔业公司,起运港厦门,目的港美国长滩,交付地美国洛杉矶,货物为一个2d的冷藏集装箱,温度设定在1℃。被告码头公司提交的东南渔业公司2005年5月10日出具的函实为质量证明(由中远集运转传真给被告),与原告向法院提交的同一公司出具的质量证明(2006年10月16日出具)有许多相同之处.上述两份质量证明虽生成于境外,且均未公证、认证,但对质量证明中内容相同部分应视为双方当事人对该部分事实没有异议,可予以认定,即此质量证明证实,被退运回中国的蟹肉的装运处于良好状态,在美国期间一直保持合适的温度。货物装于海贸公司的集装箱,货物返回厦门港途中的温度设定在1℃,货物运抵美国时质量良好,但由于货物短装而被退回托运人。

根据海贸公司签发的提单,2005年3月8日,案涉货物从美国长滩退运厦门,由中远集运所属"中远西雅图"号第004W航次承运,集装箱号C&HU 2665706,温度设定在1℃。3月25日货物卸至码头,因案涉集装箱被当作

普通干货箱,在被告码头公司堆场存放期间未供电。4月13日,原告食品公司办妥提货手续。根据中集船代出场集装箱发放/设备交接单,4月29日15:58,原告的提货代理人瀛海公司从码头公司提取了货物,拖车司机从码头R6区堆场13幢第二排第三层(非冷藏集装箱专用堆场)把案涉集装箱运到原告工厂。集装箱抵达工厂后马上开箱卸货,此时发现该集装箱箱内温度较高,随即又对货物进行检测后发现,不但货物有异味、颜色偏黄、保鲜度差,而且货物的中心货温高达25 ℃,与该产品的保鲜温度要求(0~20 ℃)严重不符,货物品质严重受损。原告在与相关单位联系后又将该集装箱拖回到厦门。海沧港务物流堆场(发生陆运费用1 900元,发票日期2005年5月13日)。受原告委托,中国检验认证集团厦门有限公司派员于4月29日至5月1日会同原告及各相关方代表对上述集装箱的配载、适载和上述报验货物进行开箱检验、鉴定,并随机抽取代表性样品送实验室进行理化指标检验。其结果如下:该冷藏集装箱箱体完好、设备齐全、积载妥当、完全适载;该冷藏集装箱通电后,货物箱内温度显示1 ℃;经随机抽取的代表性样品有异味、颜色偏黄、保鲜度较差,经化验后,发现"平板菌落数"和"大肠杆菌菌落数"两个检测项目的相关指标已超标,货物品质已严重受损,无法流通、销售,失去其商业价值。根据受损程度,结合使用和市场商销情况,中国检验认证集团厦门有限公司该票货物为100%全损。后案涉货物进行填埋处理,为此发生填埋费用300元(收据日期2005年8月30日)。

被告码头公司与中远集运签订有码头费率协议,就停泊费、系解缆费、开关舱费、进出口集装箱装卸费等费用的费率及应提供的服务项目进行约定。该协议的有效期为2003年11月20日至2005年12月31日,协议约定,按中远集运申报之集装箱状况提供服务,并以约定之费率向中远集运计收费用。按上述费用提供下列集装箱装卸服务:进口箱作业循环,在船上把进口重箱一般加固拆除,从船上卸到桥边,运往堆场,再从堆场装上货方卡车或送往本码头集装箱拼装物站;然后将返回空箱在堆场卸下进口重箱(一般货物)享受X天免费堆存。协议约定,冷藏重柜按日收取供电及检查费用。被告码头公司的经营范围为:经营集装箱及件杂货码头的装卸作业、仓储业务、疏运业务和其他相关业务。

二、法院对双方当事人争议有事实的查明

1. 关于回运货物抵厦门港时的质量

原告主张,冷藏巴氏灭菌蟹肉罐头的保质期为 1 年,出口时经检验检疫合格,因货物数量不符合约定,被美国客户退运回厦门港,回运货物质量良好。为支持其主张,原告向法院提交了出境货物换证凭单、健康证书、质量证明、保质期证明等证据材料。

被告码头公司抗辩,冷藏巴氏灭菌蟹肉罐头的保质期为 3~6 个月,货物在美国港口时已经出现质量问题。为支持其抗辩,被告提供了东南渔业公司 2005 年 5 月 10 日出具的函。

法院认为,被告抗辩冷藏巴氏灭菌蟹肉罐头的保质期为 3~6 个月,但未提交相应的证据材料加以证明,该抗辩只能视为被告自己的陈述,根据《最高人民法院关于民事诉讼证据的若干规定》(简称《民事证据规则》)第 76 条的规定,对被告该项的抗辩不予支持。冷藏巴氏灭菌蟹肉罐头的保质期无法定标准,原告提交的保质期证明由漳州市罐头食品商会提供,商会虽非专业技术机构,但在无法定标准且被告无相反证据的情况下,根据《民事证据规则》第 70 条第一款的规定,行业商会出具的证明应具有法律效力,即可以确认巴氏灭菌蟹肉罐头在−1~3 ℃温度条件下其保质期为 1 年。

被告码头公司提交的质量证明上还记载,"由于蟹肉颜色有变和干燥度不符被我司拒收";"此外,由于上述原因你司货物质量不符合我司的要求,但在美国有其他客户可接受货物"。由于货物在美国尚能为其他客户所接受,不能仅因东南渔业公司拒绝收货就判定货物存在质量问题。根据提单的记载,货物回运时温度设定在 1 ℃,有关的检验机构也认定案涉集装箱适货,且法院向中远集运调取的温度记录表明回运全程温度并无异常,因此,应认定货物回运至厦门港时质量良好。另在未预知会发生纠纷的情况下,原告决定将货物回运,也可从常理上推定货物完好,具有商业价值。

综上,法院认定:2005 年 3 月 25 日案涉货物回运至厦门港时仍在保质期内,质量良好,具有商业价值。

2. 关于案涉集装箱未供电的原因

原告食品公司主张,被告误将货物置于干货区,并未对集装箱进行充电,

造成货物高温变质，无商业价值，应承担赔偿责任。

被告码头公司抗辩，其未对案涉集装箱供电系根据中远集运的电子舱单即 EDI 船图的记载，该集装箱为普通干货箱，且在实际业务中存在将冷藏箱作为普通箱使用的情况，因此，被告没有给集装箱供电无过错。为支持其抗辩，被告向法院提交了其自行打印的"卸船资料"及理货公司提供的 EDI 电子船图、锦祥发公司退费申请及退费计算详单、海投物流退费申请及退费计算详单等证据材料，并申请其公司职员朱某等五人出庭作证。

法院认为，被告提交的锦祥发公司的退费申请有原件，海投物流及计费清单虽无原件，但被告提交的证据材料能相互印证，原告对其真实性的异议未提供相反证据加以反驳，参照《民事证据规则》第 72 条第一款的规定，应确认上述证据的真实性，结合朱某等证人的证言，应认定以下事实：在集装箱货柜使用中，存在将冷藏集装箱当作普通箱使用的情况。2006 年 4 月以前，被告码头公司计费系统和计费习惯是将全部冷藏集装箱按冷藏箱的收费标准和项目先收费，而不论其实际是否当冷藏箱使用。当使用人证明把冷藏箱当普通箱使用，并申请退回属于冷藏箱项目的费用时才退回相关费用。根据被告提交的"卸船资料"，该资料显示的是第 005E 航次的情况，而本案货物是由中远集运所属"中远西雅图"号第 004W 航次承运，该证据不能证明中远集运给被告发出了案涉集装箱是一个普通干货箱的信息。即使存在上述将冷藏集装箱当作普通箱使用的情况，但这是特殊的情形，不能成为被告未对本案集装箱供电的理由，被告码头公司据其向法院提交的卸船资料未对案涉集装箱进行供电作业显然是错误的。

根据法院向中集船代调取的"中远西雅图"号第 004W 航次码头 EDI 发送情况说明，中集船代于 2005 年 3 月 23 日 16：13 将整船码头 EDI 发给了被告码头公司，其中包括本案的集装箱，其 EDI 内容显示该集装箱为冷藏箱，温度设定在 1 ℃。根据法院向中远集运调取的船舶积载图，CB-HU2665706 集装箱是一个 20 ℃冷藏集装箱。在"中远西雅图"号第 004W 航次到港前，中远集运航线调度将船舶积载图以电子邮件的形式发到被告码头公司的电子邮箱。被告提交的理货公司"EDI 电子船图"与其提交的上述卸船资料不吻合，也与法院向中远集运调取的证据相矛盾，真实性无法确认，故对该证据的证明力不予确认。被告对其装卸的集装箱的处理，应依据船方提供的信息而不是根据理货公司提供的信息做出。所以,被告的上述抗辩没有事实依据,不应得到支持。

法院调取的温度记录表明,集装箱 CBHU 2665706 在 2005 年 3 月 25 日至 4 月 29 日期间处于停电状态。在此期间货物存储于被告码头公司堆场,案涉集装箱处于停电状态与码头公司未给集装箱供电的事实吻合。

3. 关于被告码头公司是否向原告食品公司收取充电费等费用

原告食品公司主张,原告支付充电费 2 160 元,最终收取充电费的主体是被告。为证明其主张,原告向法院提交了国际货物运输代理业专用发票、大顺大公司出具的证明、大顺大公司付款给瀛海公司的进账单、码头公司的计费清单、码头公司开具的港口使费专用发票等证据材料。

被告码头公司虽然确认港口使费专用发票的真实性,但否认上述证据的关联性,当庭否认向原告收取充电费。

法院认为,原告食品公司提交的上述证据材料均为与原件核对无异的复印件,且被告也认可港口使费专用发票的真实性,根据《民事诉讼规则》第 70条第一项、第 72 条第一款的规定,应确认原告上述证据的证明力。被告码头公司发给瀛海公司的计费清单表明,其就 CBHU2665706 号集装箱收取了充电费 2 160 元、堆存费 600.6 元。根据码头公司开具的港口使费专用发票,瀛海公司代客户向码头公司支付了一个 2d 进口冷藏集装箱的充电费 2 160元、堆存费 600.6 元。国际货运代理业专用发票表明,大顺大公司向原告代收充电费 2 160 元、堆存费 600.6 元。被告对证据的关联性有异议,但根据大顺大公司出具的证明、进账单及港口使费专用发票中瀛海公司"代客户"的记载,对被告提出的异议不予支持,原告提交的证据与本案具有关联性法院确认:被告码头公司通过瀛海公司(原告的提货代理人)向原告食品公司收取了充电费 2 160 元、堆存费 600.6 元。

【审判】

海事法院经审理认为,根据《港口法》第 22 条第三款关于港口经营、《港口经营管理规定》第 3 条第二款对港口经营人的规定,及被告码头公司的经营范围,应确认被告码头公司港口经营人的法律地位。港口作业指的是港口经营人在港口对货物进行装卸、驳运、储存、装拆集装箱等经营活动。被告码头公司从享案涉货物的卸载、存储,其所从事的正是港口作业业务。案件的案由反映当事人之间纠纷的性质，应根据原告的诉讼请求及依据的事实和理由确定。本案纠纷系原告食品公司主张货物因被告存储期间未能供电维持设定温度导致货损而生，故本案案由应定为港口作业合同纠纷，并可具体为港口作业存储合同纠纷。被告码头公司抗辩本案纠纷为海上货物运输合同纠纷没有事实根据，法院不予支持。

根据中远集运与码头公司签订的码头费率协议，只有进口重箱（一般货物）才能享受数天的免费堆存期，一般货物不包括危险品箱、冷藏箱，而案涉货物是进口冷藏重箱，不属一般货物，不能享受免费堆存期，码头公司不能向中远集运收取进口冷藏重箱的堆存费，只能向货方收取堆存费，码头公司通过瀛海公司实际向原告收取了堆存费；码头费率协议在其备注中虽涉及冷藏箱电费的收取，但未明确码头公司应向谁收取电费。被告最终通过瀛海公司收取了电费，且被告码头公司在争议事实之二中的举证也能证明其在实际业务操作中是向货方而非船公司收取冷藏箱的充电费，这印证了被告码头公司向原告收取充电费的事实。可见，双方当事人虽未签订书面的港口作业合同，但被告码头公司通过提货代理人瀛海公司向原告实际收取了充电费、堆存费，并履行了其中的集装箱堆存义务，这应视为双方已就港口作业业务中的货物存储达成协议，该协议不违反法律规定，应确认为有效。被告码头公司作为港口作业合同的一方当事人，与本案具有利害关系，是本案的适格被告，对其主体不适格的抗辩不予支持。被告码头公司负有给案涉集装箱供电以维持设定温度的义务，而其却误将案涉集装箱作为普通干货箱处理，并因此导致集装箱内温度升高而发生货损，应承担相应的违约责任，赔偿原告食品公司因此所受的损失，包括货物价值、因货损导致的货物处理费用、利息损失等。原告主张陆运费用 1 900 元，即使在货损未发生的情况下，其也得支付货物到工厂的陆运费用，故原告的该项请求只能支持一半，对原告多主张部分不予支持。原告主张利息应从 2005 年 4 月 29 日起算，但陆运费用发票的时间、货物填埋费用的收据时间并非 4 月 29 日，其利息宜从发票日、收据日起算，对原告多主张的利息不予支持。

雇佣合同是受雇人提供劳务、雇佣人给付报酬的合同，受雇人与雇主是相对应的概念，属于雇佣合同的主体，被告作为港口经营人与承运人之间订立的是"码头费率协议"，提供的是停泊、系解缆、开关舱、进出口集装箱装卸等服务。该合同在性质上显然不属于雇佣合同,被告作为港口经营人不是承运人的受雇人,对其是承运人受雇单位的抗辩不予支持。如果码头公司是承运人的雇佣单位,码头公司应从雇佣人处领取报酬,而码头公司却向原告收取了充电费、堆存费。因此,即使认可码头公司是承运人的雇佣单位,至少在其向原告收取费用的范围内不是承运人的雇佣人,相应地也就不能援引承运人的抗辩理由和限制赔偿责任的规定,包括《海商法》规定的 1 年诉讼时效。且如上述,本案并非海上货物运输合同纠纷,被告据此提出的本案应适用《海商法》规定的 1 年诉讼也没有事实基础,不应得到支持。

案涉货损虽然发生于《海商法》第四十六条第一款规定的承运人的责任期间,但被告码头公司误将冷藏集装箱当作普通集装箱存储保管导致货损,其是本案货损的终极责任人,即使原告食品公司在海上货物运输合同的诉讼时效内对承运人提起诉讼,承运人也可向码头公司追偿。可见,无论原告食品公司是否在海上货物运输合同的诉讼时效内提起诉讼,被告码头公司均应承担责任。本案原告食品公司与被告码头公司之间还并存有港口作业存储合同,原告有权选择承运人或码头公司作为被告提起诉讼,货损发生在承运人的责任期间并不影响码头公司承担本案的赔偿责任。

根据《中华人民共和国民事诉讼法》第六十四条第一款,《民事证据规则》第二条和《中华人民共和国合同法》第一百零七条、第一百二十四条、第三百九十四条的规定,法院做出判决如下:

1. 被告码头公司应于本判决生效之日起十日内赔偿原告食品公司货物损失 76 805.2 美元、陆运费用 950 元、填埋费用 300 元,并支付上述款项的相应利息(76 805.2 美元从 2005 年 4 月 29 日起算,陆运费用从 2005 年 5 月 13 日起算,货物处理费用从 2005 年 8 月 30 日起算,利率以中国人民银行公布的同期同币种一年期贷款利率计算,计算至法院确定的支付之日止)。

2. 驳回原告食品公司的其他诉讼请求。案件受理费 11 357 元,由原告食品公司负担 57 元,被告码头公司负担 11 300 元。

宣判后,码头公司不服提起上诉,后因码头公司未交纳上诉案件受理费,被高级法院裁定按自动撤回起诉处理,上述判决生效。

【评析】

本案是港口作业合同纠纷,判决书已对本案涉及的问题做了较为详细的论述,值得再分析的是港口经营人在国际海上货物运输交付环节中的法律地位。

一、港口经营人的界定

有多部立法涉及港口经营人的定义。《1991 年联合国国际贸易运输港站经营人赔偿责任公约》第 1 条 a 项规定,"运输港站经营人"(简称"经营人")是指在其业务过程中,在其控制下的某一区域内或在其有权出入或使用的某一区域内,负责接管国际运输的货物,以便对这些货物从事或安排从事与运输有关的服务的人。但是,凡属根据适用于货运的法律规则身为承运人的人,不视为经营人。该公约项下的运输港站经营人仅指为国际贸易运输提供服务的人,且其必须不具有承运人的身份。

我国《港口货物作业规则》第 3 条定义了国内运输的港口经营人,即港口经营人是与作业委托人订立作业合同的人。港口货物作业合同是指港口经营人在港口对水路运输货物进行装卸、驳运、储存、装拆集装箱等作业,作业委托人支付作业费用的合同。

港口经营人作为法律用语首先出现在我国《中华人民共和国港口法》中,该法对港口经营人未做定义,但该法多处使用"港口经营人"这一术语,并在第 22 条第三款规定了港口经营,即港口经营包括码头和其他港口设施的经营,港口旅客运输服务经营,在港区内从事货物的装卸、驳运、仓储的经营和港口拖船经营等。直接定义港口经营人的是我国《港口经营管理规定》,该法第 3 条第二款规定,港口经营人是指依法取得经营资格从事港口经营活动的组织和个人。

可见,对港口经营人的界定主要是从其所从事的经营活动进行判断的。本案法院根据我国《港口法》《港口经营管理规定》的相关规定及被告码头公司的经营范围,确定被告码头公司系港口经营人无疑是正确的。

二、港口经营人的法律地位

承运人没有能力也没有必要亲自从事货物在港口的装卸、仓储及交付等业务,尤其是在社会分工趋于细化的情形下更是如此。一般来说,承运人是通过港口经营人来完成上述业务的。承运人一般和港口经营人订有委托作业协议或者码头作业费率协议,由港口经营人负责货物在港口的装卸、仓储、交付等。因此产生的问题是港口经营人的法律地位如何。关于港口经营人的法律地位存在不同的观点,这些观点其实都是从港口经营人与承运人关系为切入点进行分析的。有观点认为,港口经营人是《海商法》下承运人的受雇人或代理人;另有观点认为,港口经营人是与海上货物运输法律制度完全无关的独立责任主体。《运输法草案》定义了海运履约方,该定义较为宽泛,港口经营人应在海运履约方范围之内,从立法趋势分析,港口经营人作为海运履约方有望享有承运人的权利和履行承运人的义务。

比较新的观点认为,港口经营人是实际承运人。该观点认为,《海商法》关于实际承运人定义中"货物运输"一词的含义,将取决于所采用的运输方式是集装箱货物运输还是非集装箱货物运输。因此,对于接受承运人委托从事货物运输的港口经营人是否为实际承运人的问题,答案应是区分两种情况:对于非集装箱货物运输,接受承运人委托从事装卸作业的港口经营人,由于其履行的装卸作业属于承运人的责任范围,而装卸作业又属于"货物运输"的一部分,其应具有实际承运人的法律地位,但如果港口经营人从事的是仓储等其他港口业务,则其不能被认定为是实际承运人;对集装箱货物运输而言,无论港口经营人履行的是装卸作业,还是仓储、港内运输等其他港口作业,只要他接受的是承运人的委托,其都将具备实际承运人的法律地位。

本案被告虽未提出其是实际承运人的抗辩,但从其关于本案案由应为海上货物运输合同的抗辩分析,该抗辩实际上已涉及被告码头公司是否为实际承运人的问题,因此有必要加以详细探讨。从《海商法》关于实际承运人的定义难于解读出实际承运人包括港口经营人,因此笔者不同意港口经营人是实际承运人的观点。如果赋予港口经营人实际承运人的法律地位,根据《海商法》的规定,港口经营人将享有承运人的抗辩和责任限制的权利,诸如1年的诉讼时效、单位责任限制等,甚至有可能享受海事赔偿责任限制。而这显然是违背实际承运人的立法初衷的。法律之所以赋予承运人短时效的利益、单位责任限制和海事赔偿责任限制的权利,主要是考虑到海运业投资巨大,且海上存在与陆地上不同的特殊风险,有必要给予承运人特殊的保护。港口经营人从事的经营活动除驳运、拖船外基本不涉及海上,而驳运、拖船也是在港口之内从事的经营,谈不上会遭遇海上特殊的风险,赋予港口经营人以实际承运人的法律地位对货方而言有失公平,这种不公平在港口经营人从事港口货物的装卸和仓储时更甚。就海事赔偿责任限制对港口经营人的适用而言也存在现实的障碍,因为海事赔偿责任限制是以船舶的总吨为计算基础的,如果认定港口经营人为实际承运人,那么在其符合享受海事赔偿责任限制条件时却不能计算其限额。

从立法趋势分析,港口经营人作为实际承运人或许是一种应然的状态。《运输法草案》将港口经营人作为海运履约方,享有同承运人同样的权利,履行同样的义务,这主要不是从风险大小考虑的,更重要的是考虑各个运输环节尽量适用统一的法律,即扩大公约的适用范围,以有利于运输和贸易。所以《汉堡规则》迟迟不生效时,才出现前述1991年的公约,该公约的限额相似《汉堡规则》。《汉堡规则》对实际承运人范围的界定虽然能解释出包括港口经营人,但不够明确,所以《运输法草案》特别予以明确。无论学界对港口经营人的法律地位的观点如何,就本案而言,港口经营人的法律地位更多的是一个事实问题。因此,在认定港口经营人在国际运输货物交付环节中的法律地位时,应立足于案件事实,根据港口经营人所实际从事的经营活动,根据其与承运人、收货人之间签订的合同,准确界定其与承运人、收货人之间的法律关系。

（原载于《中国海商法年刊》2008年第18卷;并载于国家法官学院编《法律教学案例精选(2008年商事卷)》,中国政法大学出版社,2009年11月版）

港口企业对非经营业务相对人的安全保障义务

周诚友　张　伟

【裁判要旨】

港口对外主要从事船舶靠泊、装卸货作业、货物仓储等业务,经营业务相对人和非经营业务相对人在港口出现人身或财产损害的,港口企业均要对其承担安全保障义务。港口企业在日常经营过程中,会给进入港口码头作业范围的其他人带来一定的风险隐患,作为港口企业的实际经营人,最有能力通过采取一定的防范措施,降低港口作业设施设备的侵权风险。如港口企业未尽到相关法律、法规及行政规章等规定安全生产防范义务,则应对进入港口经营范围的经营业务相对人和非经营业务相对人承担保全保障义务。

【案号】一审:(2017)闽 72 号 156 号。

【案情】

原告:许永生(又名朱文生)。

原告:吴巧仙(又名吴仙)。

被告:福建省东山县东南实业发展有限公司(以下简称"东南发展")。

被告:福建省东山县万祥船舶物资贸易有限公司(以下简称"万祥船舶")。

2017 年 1 月 19 日,近凌晨 00 时许,原告之子朱泽群驾驶"闽 DX522D"五菱荣光小轿车进入大澳渔港码头时,不慎坠落海中。为此,东山县公安局城关边防派出所出具说明,载明:该所接县公安局指挥中心民警称,是日约0017 时,有一辆小车掉到东山县铜陵镇新堤码头即大澳渔港码头海里去,里面还有 1 人。为此该所民警即赶赴现场,发现车子已完全掉进海里。经联合县消防大队等将小车打捞上岸,发现车内一名男子,经核实身份为朱泽群,经

120急救中心医护人员诊断，该人确已死亡，死者家属均已在现场。根据东山县铜陵镇铜兴村村民委员会出具的死者亲属关系证明与户口簿记载，朱泽群系原告许永生、吴巧仙次子。案发大澳渔港码头，在进出渔港码头处，被告万祥船舶物资公司后续建有门岗与车辆阻拦设施，门岗处专门派设人员值班、收费，并续建有办公大楼。除原建几个系缆石头桩外，码头区域及其临海外延平整，沿海侧既无任何水泥防护栏、护墩等相关设施，也无任何交通警示性标志，更无其他任何灯光或危险警示提醒标识。直至本案庭审结束后，上述状况依然保持原状未变。

另查明，被告东南发展系案涉大澳渔港的开发建设人、物业管理人及出租人，被告万祥船舶是案涉大澳渔港的承租人、实际经营人。

两原告认为，被告东南发展系大澳渔港的业主单位，被告万祥船舶系大澳渔港的实际经营管理者，依法应当尽到妥善的维护、管理义务，应在码头区域设置明显警示标志，并在临海区域安装防护栏，保证充分的照明条件及应急救生条件，以及其他排除安全隐患的措施，维护在码头作业人员包括进港运输货物人员的人身财产安全。但被告东南发展公司、万祥船舶公司忽视码头的安全隐患，未尽到安全保障义务，在经营管理过程中存在疏忽，导致了本案意外事故的发生，故应对朱泽群的死亡承担赔偿责任。故此，诉至厦门海事法院，请求两被告连带赔偿原告次子死亡赔偿金665 500元人民币、丧葬费22 882元、处理丧葬事宜交通费2 000元、精神抚慰金8万元，共计770 382元。

【审判】

厦门海事法院一审经审理认为：根据《安全生产法》第三十二条规定，"生产经营单位应当在有较大危险因素的生产经营场所和有关设施、设备上，设置明显的安全警示标志"。被告万祥船舶作为生产经营性企业，对其租赁经营管理的渔港码头，为靠泊船舶提供装卸渔获物、冰块、用水、油料等服务，并同时对进出车辆进行收费管理，即应依法在其经营和有关设施、设备上，设置明显的安全警示标志。否则即应承担由此产生的法律责任与不利的民事后果。案涉证据表明其公司经营管理的大澳渔港码头，并未设置明显的安全警示标志，灯光照明不足，码头沿海侧并未添加、构建或设置阻拦、警示、安全等标志，故对原告之子驾驶车辆坠海身亡，负有一定的过失，故应承担相应的民事赔偿责任。

被告东南发展作为大沃(澳)渔港港区开发建设、物业管理及相关业务的民商事主体以及案涉大澳渔港码头出租方,应对被告万祥船舶承担的安全保障义务,承担连带赔偿责任。《侵权责任法》第十条规定:"二人以上实施危及他人人身、财产安全的行为,其中一人或者数人的行为造成他人损害,能够确定具体侵权人的,由侵权人承担责任;不能确定具体侵权人的,行为人承担连带责任。"故原告诉称被告东南发展承担连带责任,于法有据,应予支持。

考虑到原告之子朱泽群属于完全行为能力人,在夜间驾驶车辆时,应考虑到能见度受限情况,谨慎驾驶;尤其是进入案涉码头作业区靠近沿海侧,更应谨慎驾驶,注意观察码头场地周围具体情况,以免发生不测。故其自身应对自行驾驶车辆不慎坠落海中身亡负主要责任。综合考虑到其自身过失程度,本院酌定其承担70%的过失责任。而被告万祥船舶未尽租赁经营管理人法定安全保障义务,对朱泽群死亡也负有一定程度的过失,酌定其承担30%的过失责任。

厦门海事法院一审判决:

1. 被告万祥船舶应予本判决生效之日起5日内日赔偿原告许永生、吴巧仙其子死亡赔偿金199 650元、丧葬费6 64.6元以及精神损害抚慰金15 000元;

2. 被告东南发展对被告万祥船舶上述判决第一项款项给付义务负连带赔偿责任;

3. 驳回原告许永生、吴巧仙的其他诉讼请求。

一审判决后,各方当事人均未上诉,一审判决已生效。

【评析】

被告万祥船舶认为,案涉失事渔港已经相关主管部门验收合格,相关安全规范符合相关法律、规章的要求,其公司不存在原告所述的未尽妥善维护管理义务。另根据《福建省渔港和渔业船舶管理条例》规定,渔港专门服务渔业船舶,管理保障方式为向渔业船舶提供靠泊、避风等服务,故渔港的安全保障义务针对船舶。渔港的经营及服务对象并非面向社会民众,相关规定也并不要求渔港对社会民众尽到所谓"妥善管理义务",客观上也无法尽到该义务。原告却认为，非经营业务相对人在港口发生人身损害事件，港口企业也要对其承担安全保障义务。本案原告和被告各方最主要的争议焦点为被告万祥船舶是否应对非港口经营业务相对人朱泽群（受害人）承担法定的安全保障义务。

一、安全保障义务的法理基础

安全保障义务最初发轫于德国，通过案例创造出来，德国法称之为"交通安全义务"，经过物的安全注意义务扩展至人的注意义务，以合同的附随义务来确定。随后又发展到侵权责任领域，明确了违反安全保障义务需要承担法定的侵权责任。在英国和美国，它被认定为侵权法上的义务，注意义务是过失侵权理论中的控制手段。国内对此也有不同的观点：第一种观点认为，安全保障义务属于合同法上的附随义务，合同法中诚信原则是其产生的理论基础，目的是保障合同主要义务的履行，我国《合同法》对于附随义务的规定可作为法律依据。第二种观点是法定义务说，这一观点认为，此义务是作为一般人合理的注意以避免给他人造成伤害是一种普遍存在的义务。合同法强调意思表示和自治，这一义务的特性明显与其不符。法定义务应符合避免伤害他人的特点，否则应承担侵权责任。第三种观点是双重性质说，该观点认为，对此义务造成的合同义务和侵权义务的竞合，没有必要进行区分。如果强行区分，对于当事人的利益全面保护并不利，应当由当事人选择适用法律。

笔者支持第三种观点，当安全保障义务具备一种合同义务属性时，自不必说。笔者主要讨论的是港口企业对非经营相对人即港口企业与受损害方不存在任何合同关系或缔约合同关系是否承担安全保障义务，或者说承担何种程度的注意义务。

在侵权法理论下，责任的承担方式或归责原则主要有两大类：无过错责任和过错责任，其中过错责任中包含一般过错责任和过错推定责任。无过错责任和过错推定责任的承担需要法律明确规定，因此对非港口经营相对人所承担安全保障责任自然属于一般过错责任。过错以产生义务为前提，两者之间不存在合同义务，那唯一可能就是存在法定义务。虽然侵权法第三十七条规定了公共场所管理人和群众性活动的组织者应承担安全保障义务，但该项规定较为简单,义务主体涵盖范围较窄,相关概念模糊,保障义务相对人也未明确,本案涉及的情况是否适用该项规定,还有待进一步研究。

二、港口经营人负有安全保障义务这一法定义务

1. 理论基础

设置安全保障义务的法理依据在于危险控制理论的要求。作为港口实际经营方,最可能了解整个场所的实际情况,并预见港口设施、设备可能对进入港口的所有人发生的危害和损害,也最有能力采取必要的措施控制可能存在的风险,防止损害实际发生。而且由于港口经营是以收益为目的的,经营人在取得收益的过程中,可能因为其经营活动给不特定人带来一定的损害风险,让其承担防止损害发生的注意义务,也符合风险与收益相一致的要求。因此,港口经营方理应承担一定的安全保障义务。

2. 注意义务标准

港口经营人对非港口经营相对人应承担何种标准的注意义务,这是本案考虑的重点问题。根据注意义务程度区分,注意义务共分三级:一是善良家父标准,即要求义务人像对待自己孩子一样,不能存在轻微的管理疏忽;二是理性人标准,根据汉德公式,计算出危险预防成本是否小于损害发生的可能性与损害严重性的乘积,小于则认定有过失;三是合理人标准,即不要求具有过高的专业知识、职业技能,只要能够依据自身情况、现实环境做出符合一般常理的判断即可。

作为港口经营人,与非港口经营相对人之间不存在任何合同关系,不存在合同法上规定的严格责任(只要违反合同约定或相应的附随义务即要承担相应的违约责任)。善良家父标准的注意义务对于港口经营人明显过于严苛,如强加之会大幅增加港口企业的经营成本,严重影响整个行业的发展,也不符合风险和收益相一致的原则。理性人标准的注意义务在司法实践中操作难度大,不易判别。而合理人标准的注意义务即符合港口企业和非经营业务相对方利益权衡的最优化,也符合便于司法实践操作的要求,利于司法实践的认定和判别。港口企业作为安全生产企业,对于经营过程中产生的损害风险隐患,应严格按照相关法规的规定进行防范。如安全生产法的相关规定,"生产经营单位应当在有较大危险因素的生产经营场所和有关设施、设

备上,设置明显的安全警示标志"。灯光照明不足,且未设置明显的安全警示标志,码头沿海侧并未添加、构建或设置阻拦、警示、安全等标志;未按要求采取防范措施,未尽到合理人标准的注意义务,存在一定的过失,因此港口经营人应为其不作为的过失行为承担相应的损害赔偿责任也是理所当然的。

（原载于 2018 年《人民司法·案例》第 8 期）

申请人上海恒鑫航运有限公司与被申请人"诺德至诚"（Nord Sincere）轮船舶所有人和/或光船承租人诉前据保全申请案

——诉前海事证据保全案中证据的使用评析

胡伟峰

【关键词】涉外诉前证据保全；证据使用；司法互助

【裁判要旨】

诉前证据保全案件应着重对主体资格、客体标准、对象要求、适用情形等实质要件进行审查，以确定是否具备保全的条件。保全证据的使用应符合法律规定，不宜直接交给保全申请人，对于相关海事请求在国外进行诉讼或仲裁的诉前海事证据保全案件，如需使用保全证据，应通过国际司法协助取得。

【相关法条】

《中华人民共和国海事诉讼特别程序法》第六十七条、第六十八条。

《最高人民法院关于适用〈中华人民共和国海事诉讼特别程序法〉若干问题的解释》第四十九条。

【案件索引】

厦门海事法院（2013）厦海法证字第 3 号（2013 年 8 月 19 日）。

【基本案情】

申请人：上海恒鑫航运有限公司。

被申请人："诺德至诚"（Nord Sincere）轮船舶所有人和/或光船承租人。

申请人上海恒鑫航运有限公司称，2013 年 6 月，其租用台湾地区船东所有的巴拿马籍"诺德至诚"轮从中国鲅鱼圈、京唐、大连和青岛等四港口承运一批钢材赴印度金奈（Chennai）港。据该船船长出具的海事声明所载，途中于 2013 年 6 月 30 日左右经新加坡遭遇恶劣天气，造成船上甲板货物及舱内货物发生位移进而引起船、货损失，并引发了其与出租人、转租承租人及货主

545

等各利害关系人的多起纠纷,申请人基于与上述事实相关的证据材料均保存在该船,申请人以无法自行获得为由,于 2013 年 8 月 19 日向厦门海事法院提出诉前证据保全的申请,申请对"诺德至诚"轮以下船舶证书、图表资料、文件资料予以保全:1. 船舶国籍证书、船级证书、适货证书等船舶法定证书。2. 该船涉案航次(中国鲅鱼圈港装货至印度金奈港卸货)的如下资料和文件:(1)航海日志;(2)轮机日志;(3)计划于 2013 年 7 月 14 日抵达新加坡的工作海图;(4)船上接收的天气预报、天气实况报告、气象传真图;(5)离开青岛港时的稳性计算数据和资料;(6)货物积载图及船长、船上人员拍摄的货物积载情况的照片;(7)全套大副收据;(8)评估货物系固情况的计算数据和资料;(9)船长和船东之间关于货物移位的往来通信和报告,包括但不限于为符合船舶安全管理体系(SMS 体系)而要求的报告;(10)船舶与船东及承租人、转承租人之间关于降低航速避让热带风暴的各种往来通信;(11)与货物移位有关的全部检验报告;(12)船舶航程记录仪记载的船舶从青岛至新加坡期间的航迹记录的打印件;(13)驾驶台车钟记录的打印件;(14)船员名单及船长和大副适任证书。3. 该船货物系固手册。4. 稳性手册和/或稳性报告书。5. 货物装载手册和/或装货说明书。6. 船舶安全管理手册中关于装载、积载及系固,航行计划及导航,恶劣气候状况及气象报告监控,岸上人员对船舶进行的审核、检验和监督内容的章节。7. 最新的船级检验报告。

　　申请人为其诉前证据保全申请提供了 50 000 元人民币的担保。并提交了下列证据材料:(1)租船合同(RECAP)1 份,用以证明恒鑫公司作为承租人于 2013 年 6 月 7 日订立定期租船合同,租用"诺德至诚"轮。(2)船长海事声明 1 份,用以证明船长声称,该船在驶往新加坡途中,遭遇恶劣天气,案涉货物及船舶受损。(3)事实陈述 1 份,用以证明船长声称的案涉货物及船舶遭遇恶劣天气的具体过程及受损情况。(4)船舶信息 1 份,用以证明案涉船舶的注册船东是活力航运有限公司,IMO 编号为 9544384。

　　【裁判结果】

　　厦门海事法院于 2013 年 8 月 19 日做出(2013)厦海法证字第 3 号民事裁定书,裁定:一、准许申请人上海恒鑫航运有限公司的诉前证据保全申请;二、对"诺德至诚"轮上相关船舶证书、图表资料、文件资料予以保全。并依据该民事裁定予以执行。双方当事人未申请复议。

【裁判理由】

申请人上海恒鑫航运有限公司是案涉海事请求的当事人；其请求保全的证据对该海事请求具有证明作用；被请求人"诺德至诚"轮船舶所有人和/或光船承租人与请求保全的证据有关；且"诺德至诚"轮是外籍船舶，下一航程将驶往境外，如不立即采取证据保全就会使该海事请求的证据难以取得。因此，申请人申请诉前证据保全符合《中华人民共和国海事诉讼特别程序法》第六十七条、第六十八条之规定，理由成立，裁定：准许申请人上海恒鑫航运有限公司的诉前证据保全申请。

完成证据保全后，申请人向海事法院请求复制保全的全部证据资料。法院经审查认为，案涉海事请求未在该院进行诉讼，也未在我国领域内的其他海事法院或者仲裁机构受理，且除海事请求人在采取海事证据保全的海事法院提起诉讼外，申请人并不具备向法院申请复制保全的证据材料的主体资格。依据最高人民法院关于适用《中华人民共和国海事诉讼特别程序法》若干问题的解释第四十九条规定，不予准许申请人的复制申请。

【案例注解】

本案的核心问题主要有两个：一是诉前证据保全案件的实质审查；二是保全而来的海事证据的使用问题。

一、诉前证据保全案件的实质审查

诉前证据保全案件的实质审查是指诉前保全成立应满足的法律关系实体条件。

1.海事证据保全的主体资格

依据《海事诉讼特别程序法》第六十七条第一款第（一）项的规定，请求人应当是海事请求的当事人。这一规定有两重含义，首先，引发有证据保全必要的争议必须是海事请求；其次，请求人必须是海事请求的当事人。海事请求在1994年最高院《关于海事法院诉讼前扣押船舶的规定》得到界定，是指涉及或发生于船舶的所有、建造、占有、营运、买卖、救助和抵押以及船舶优先权有关的共计二十项的海事争议引起的请求。本案中请求人上海恒鑫航运有限公司在与"诺德至诚"轮船舶所有人和/或光船承租人的租船合同海事请求中系承租人，在其与货方的海上货物运输合同中系托运人。两项请求均为海事请求,且其均为海事请求的当事人,因此,基于两者中任一请求,其均符合诉前海事证据保全的主体资格。

2.海事证据保全的客体标准

《海事诉讼特别程序法》第六十七条第一款第(二)项规定,请求保全的证据对该海事请求应当具有证明作用。这一条款有两重含义:其一,请求保全的证据材料应当与海事请求具有关联性;其二,请求保全的证据能够证明海事请求。

关联性是诉讼证据必须具有的重要属性,请求保全的证据应当与待证事实存在内在必然联系。在满足了关联性之外,请求保全的证据还应当能够证明案件的真实情况,因为,只有能够证明案件事实的证据才具有最终的诉讼价值。本案中,申请人请求保全的证据包括船舶证书、航海日志、工作海图、气象资料、货物积载、船员适任证书、船级检验报告等,均与船舶航行有关,满足了证据的关联性。同时,请求保全的证据能够对上述租船合同海事请求或海上货物运输合同两项海事请求中的相关于船舶是否适航、货物积载情况、是否存在驾驶船舶过失等案件关键事实起到证明作用,因此,也满足了海事证据保全的客体标准。

3.海事证据保全的对象要求

《海事诉讼特别程序法》第六十七条第一款第(三)项规定,被请求人是与请求保全的证据有关的人。从法律对请求人与被请求人与案件相关联程度的不同要求来看,被请求人在法律关系上并没有被限定在海事请求的当事人中,而仅是与证据相关即可,这意味着被请求人并不被要求是与海事请求有直接利害关系的主体,只要是知道或掌握与海事请求相关证据的有关单位或个人,即使其与海事请求无法律上的利害关系或者与证据保全的请求人无法律上的联系,也可以作为被请求人。本案中被申请人系被保全证据的事实拥有者或控制人,与保全证据相关,符合证据保全的对象要求。

4.海事证据保全的适用情形

《海事诉讼特别程序法》第六十七条第一款第(四)项规定,海事证据保全适用于情况紧急,不立即采取证据保全就会使该海事请求的证据灭失或者难以取得的情形。从司法实践来看,造成证据灭失或者难以取得主要有两种情形:(1)客观紧急,如船舶油污造成的侵权后果、船舶碰撞的碰撞现场、共同海损天气条件等相关证据取得往往十分紧迫,一旦灭失,无法取得。(2)主体不能且事后难以取得,即申请人不具备取得海事证据的主体条件,如请求对象是外轮或国外当事人,取证自然是很困难,尤其是登上有利害关系人控制的船舶上取证,更是难上加难。本来如果仅仅主体不能,而可以事后取得的话,当事人可以在诉讼中申请人民法院调查取证,并不必然要通过诉前证据保全来实现。但如果被请求保全证据保存在外籍船舶上或被请求人是外籍船舶的所有人或管理人,且发生纠纷后,船舶要驶离我国海域的情况,欲保全的证据以后将很难取得,或者可能被篡改,无法还原案情原貌。本案中,被请求人是外籍船舶的所有人或光船承租人,该船舶在卸完货后将离开我国,属于主体不能且事后难以取得的情形,且本案被请求人也是海事请求的当事人,属于利害关系人,如果没有及时采取保全措施,存在所要保全的证据被更改的可能,因此,符合海事证据保全的适用情形。

二、保全海事证据的使用

在以往海事司法实践中,存在着未经审查,直接将诉前保全证据交与申请人的做法。这容易给当事人尤其是有利害关系的被请求人造成"法院替申请人打工"的误解,对法院的公正中立形象造成损害,应予以纠正。

诉前证据保全是一种保全行为,是指在证据可能灭失或以后难以取得的情况下运用国家的司法强制力,对相关证据采取提取、保存或封存等强制措施,是将证据固定的过程;其着眼点在于固定证据,使证据从可能灭失或以后难以取得的状态转向由法院保管的状态。它区别于当事人在诉讼中以当事人及其代理人确因客观原因不能收集的材料为由而申请人民法院调查收集证据。在申请法院调查取证的情况下,法院可以直接将证据材料交由当事人。对于诉前证据保全取得的证据,申请人只有在符合法律规定的条件后,才能依照一定的程序取得证据材料。

《最高人民法院关于适用〈中华人民共和国海事诉讼特别程序法〉若干问题的解释》规定在两种情况下,申请人可以依照一定的程序取得证据材料:其一,相关海事纠纷在采取海事证据保全的海事法院提起诉讼后,申请人得以自己的名义向采取证据保全的法院申请复制;其二,相关海事纠纷在我国领域内的其他海事法院或者仲裁机构受理的,申请人可以向受诉法院或者仲裁机构申请,然后由受诉法院或者仲裁机构向采取证据保全的法院申请复制。

本案中,相关海事纠纷约定的管辖是伦敦仲裁庭仲裁,至申请人申请复制保全证据材料时,纠纷尚未进行仲裁程序,也未在国内外法院进行诉讼。因此,申请人的申请无法得到支持。首先,本案相关海事纠纷还未进行诉讼或仲裁,且即使进行诉讼或仲裁,也仅有相关海事纠纷在采取海事证据保全的海事法院提起诉讼一种情形下,申请人得以自己的名义向采取证据保全的法院申请复制。由于相关海事纠纷还未进行诉讼,因此,申请人没有主体资格,无法申请复制证据材料。其次,本案相关海事纠纷约定为伦敦仲裁庭仲裁,对于在国外法院诉讼或仲裁机构仲裁的相关海事纠纷中,诉前保全的海事证据应如何处理,《最高人民法院关于适用〈中华人民共和国海事诉讼特别程序法〉若干问题的解释》未做出具体规定。参考最高人民法院民四庭王淑梅法官在2003年第3期《人民司法》中《〈关于适用海事诉讼特别程序法若干问题的解释〉的理解与适用》一文的观点,对于相关纠纷不是在中国领域内进行诉讼或者仲裁的,可通过司法协助来进行。对于与我国缔结或者参加同一司法协助的国际条约的国家,可以根据国际条约所规定的途径提供司法协助。对于没有缔结条约并且没有共同参加同一司法协助公约的国家,应坚持平等、互惠原则,协助完成相对等的司法行为。由于我国目前与英国尚未签署司法协助条约,相关海事请求如进入到伦敦仲裁庭仲裁时,确实需要使用保全的证据的,可以在互惠基础上通过外交途径进行民商事案件的司法互助。

（原载于福建省高级人民法院《法院调研内参·参阅案例专刊》2013年第八期）

海事仲裁财产保全的提起与错误
保全损害赔偿的因果关系

——江苏省南京中港船业有限公司与福建源远船务有限公司财产保全案

胡伟峰

【裁判要旨】

海事仲裁中,未提出仲裁请求的一方当事人申请财产保全,应直接向法院申请;已提出仲裁请求包括反请求的当事人申请财产保全,应向仲裁机构提出,由仲裁机构转交法院审查。实务中,海事法院应根据案件具体情况,遵循宽严适度、确保执行的原则,灵活确定海事财产保全的担保数额。仲裁裁决驳回保全申请人的仲裁请求后,其提起的撤销仲裁裁决诉讼,不影响海事财产保全的解除。关于仲裁中错误申请财产保全应否承担损害赔偿责任问题,应考察错误申请保全行为与造成相对人损害之间是否有直接因果关系,当存有其他在先且能独立造成相对人损害的原因时,基于错误申请财产保全的损害赔偿责任不成立。

【案号】

一审:(2016)闽 72 民初第 565 号。

【案情】

2014 年 11 月 11 日,申请人江苏省南京中港船业有限公司(以下简称"中港公司")和被申请人福建源远船务有限公司(以下简称"源远公司")签订船舶买卖合同,约定由源远公司(不具备散装化学品船水路运输许可证)将散装化学品船"海洋石油 881"轮以 4 700 万元的价格出售给中港公司,并约定合同有关争议应提交中国海事仲裁委员会上海分会(以下简称"海仲上海分会")仲裁。11 月 27 日,船舶交付,中港公司随即将该船交由海礁公司修理(交付后,该船更名为"中港永顺"轮)。2015 年 4 月 10 日,源远公司因合同纠纷向海仲上海分会申请仲裁,要求解除合同、返还船舶、没收定金及赔偿承担相关费用等。

2015年5月14日，中港公司以源远公司违反合同约定，未办理所有权变更和营运证证书注销证明，导致其至今未能将船舶投入营运，造成经济损失1 000余万元为由，向厦门海事法院申请诉前财产保全，请求限制源远公司所属的"海洋石油881"轮的处分、过户、抵押、光租等措施。源远公司认为其已依约履行合同，实际交付船舶，中港公司的保全行为损害其利益，包括因未支付余款4 230万元造成的资金占用损失761.4万元，以及该公司为减损拟将船舶转让其他买家，若船舶被限制过户，将造成超2 300万元的损失。因中港公司逾期未提交有效担保，厦门海事法院于2015年6月17日做出（2015）厦海法保字第38号民事裁定，驳回中港公司的财产保全申请。

2015年5月28日，中港公司提出仲裁反请求，请求裁决源远公司向其支付修船费用、船员工资、船舶船存燃油费用并双倍返还定金，并向海仲上海分会提出限制源远公司所属的"中港永顺"轮的处分、过户、抵押、光租等权利的财产保全申请。海仲上海分会于2015年7月2日将该财产保全申请提交厦门海事法院。在责令提供担保期间，申请人中港公司提供了总价超300万元的房产作为担保。2015年7月7日，厦门海事法院做出（2015）厦海法保字第42号民事裁定，准许财产保全申请，冻结源远公司所属"海洋石油881"轮的处分、过户、抵押、光租等权利，并冻结担保财产。

2016年3月31日，海仲上海分会做出（2016）海仲沪裁字第005号仲裁裁决，中港公司的仲裁反请求被驳回。2016年4月12日，源远公司申请解除财产保全。中港公司主张，该仲裁裁决在实体及程序上均存在错误，其准备提起撤销仲裁裁决的诉讼，不同意解除财产保全。4月19日，厦门海事法院做出裁定，解除对案涉船舶的保全措施。

2016年6月24日，源远公司以仲裁裁决驳回中港公司的反请求，中港公司的错误保全造成其经济损失1 977.6万元为由，向厦门海事法院起诉。

另外，海礁公司2015年6月2日致函中港公司，声明"中港永顺"轮修理已经结束，因尚未收到该船的修理费、靠泊费等费用，其在结清修理费、靠泊费及相关费用前留置该船，不允许该船离泊或开航。该船处于该公司留置下。另源远公司于2015年7月2日向宁波海事法院申请强制令，要求责令中港公司立即交还"中港永顺"轮。因未交纳申请费，宁波海事法院于2015

年7月14日裁定案件按撤回强制令申请处理。

【审判】

厦门海事法院经审理认为，中港公司为保证索赔请求的实现而申请财产保全，请求却最终全部为仲裁裁决驳回，应认定其保全申请错误和具有过错。但船舶在裁定保全之前，已先被海礁公司留置，不能营运的损害后果已经发生。这一状态并维持和延续到保全解除之后。在此情形下实施保全冻结光租权利，未新增和造成损害，即保全与损害之间不存在因果关系。对船舶营运损失本身源远公司也举证不足，法院于2016年11月10日做出（2016）闽72民初第565号民事判决书，判决驳回源远公司的诉讼请求。

2016年10月21日，中港公司向上海海事法院申请撤销（2016）海仲沪裁字第005号仲裁裁决。上海海事法院经审理，认为不具有法定可撤销之情形，于2016年12月14日做出（2016）沪72民特277号民事裁定书，裁定驳回中港公司撤销海仲上海分会做出的（2016）海仲沪裁字第005号仲裁裁决的申请。

2017年1月，中港公司以保全行为未给被申请人造成任何损害，保全案件已终结为由，申请解除对其所提供的担保财产的保全措施。2017年1月16日，厦门海事法院做出裁定，解除对担保房产的保全。

【评析】

作为商事活动中常见的纠纷解决机制，仲裁具有当事人意思自治、高效灵活、私密安全、公平公正的特点，在实践中得到广泛的应用。然而由于仲裁属民间性的纠纷解决方式，虽然具有最终裁判权，但却没有为保障裁判的顺利进行及裁决结果的有效执行而采取强制性措施的权力，该部分内容有赖于法院的司法保障。本案即围绕海事仲裁司法保障中的财产保全展开，并涉及海事强制令、错误申请保全损害赔偿、撤销仲裁之诉等程序，具有一定的代表性。笔者主要讨论海事仲裁财产保全的提起与错误保全损害赔偿的因果关系认定。

一、海事仲裁财产保全程序的提起

1. 海事仲裁前财产保全程序的提起

我国《民事诉讼法》第一百零一条规定，利害关系人因情况紧急，不立即申请保全将会使其合法权益受到难以弥补的损害的,可以在提起诉讼或者申请仲裁前向被保全财产所在地、被申请人住所地或者对案件有管辖权的人民法院申请采取保全措施。申请人应当提供担保,不提供担保的,裁定驳回申请。人民法院接受申请后,必须在 48 小时内做出裁定;裁定采取保全措施的,应当立即开始执行。申请人在人民法院采取保全措施后 30 日内不依法提起诉讼或者申请仲裁的,人民法院应当解除保全。因此,合同约定国内仲裁的情况下,一方当事人因纠纷欲申请财产保全的,如果还未提出仲裁请求,不论相对方是否已提出仲裁请求,当事人均应直接向海事法院提出申请。(2015)厦海法保字第 38 号案件中,申请人中港公司向厦门海事法院申请财产保全时,虽然被申请人源远公司已向仲裁机构提出仲裁请求,但因中港公司尚未提出反请求,也未另案提出仲裁请求,故该保全属仲裁前财产保全,申请人可直接向法院提起,由海事法院依据《最高人民法院关于扣押与拍卖船舶适用法律若干问题的规定》第 1 条及民事诉讼法的有关规定,对海事请求人申请对船舶采取限制处分或者抵押等保全措施进行审查,如符合法律规定,可依法裁定准许并通知船舶登记机关协助执行。

2. 海事仲裁中财产保全程序的提起

仲裁中的财产保全是指仲裁当事人因对方当事人的行为或者其他原因,可能使仲裁裁决不能执行或难以执行,而向仲裁委员会提出财产保全申请,由仲裁委员会将申请提交法院,并最终由法院审查是否裁定对对方当事人财产进行保全并予以执行的情形,具体在《仲裁法》第二十八条规定。在合同约定仲裁的情况下,一方当事人因纠纷欲申请财产保全的,如其已在仲裁程序中提出仲裁请求包括反请求的应向仲裁机构提出财产保全申请,由仲裁机构转交保全财产所在地海事法院,由法院依法审查,决定是否准许财产保全申请并采取保全措施。保全申请人不得自行向海事法院申请。(2015)厦海法保字第 42 号案件中申请人中港公司虽未向仲裁机构提出仲裁请求,但因其在源远公司提出仲裁请求程序中提出了反请求,该反请求属可合并仲裁或另行提起的请求,因此该案属仲裁中的财产保全。是否提出仲裁请求是区分仲裁前与仲裁中财产保全的标志。

二、确定海事财产保全担保的考量因素

海事财产保全担保,包括海事财产保全请求人为申请海事保全所提供的

担保以及被请求人为解除海事财产保全而提供的担保。

1. 宽严适度,灵活掌握

海事财产保全中,法院根据案件的具体情况,决定当事人是否应当提供担保以及担保的数额。诉前申请扣押营运中船舶的,担保的数额应不低于以该船计算的 30 天的滞期费。诉讼中申请扣押营运船舶的,担保数额在以该船计算的 30 天至 90 天的滞期费之内。扣押已经停航或处于非营运状态船舶的,适当降低。仅申请对船舶采取限制过户、转让、抵押等措施的,因对被保全人的影响较小,故法院要求的担保义务相对也较轻,实务中,有的海事法院把握的标准是一般不高于 30 万元担保。本案申请人中港公司虽然是申请限制船舶的处分、过户、抵押、光租等权利,似乎影响不大,但鉴于被申请人提出案涉船舶处转售他人的关键谈判期,其可能因该保全行为而遭受巨大的损失。同时考虑案涉船舶为大型特种作业船舶,交易价格达 4 700 万元的情况,法院审慎决定责令申请人提供 300 万元的担保。

2. 稳妥可靠,确保执行

为确保执行,通常以现金担保及银行等有资质担保能力的金额机构的保证为主,同时人性化考虑当事人的资金占用压力,除现金、保证、设置抵押、质押外,还允许当事人以房产、船舶、车辆等物作为担保,但作为担保的房产、船舶、车辆原则上不能存在抵押,船舶作为担保物的,必须投保。房产作为担保的,担保人还应提供非生活唯一用房且另一住房在担保期间产权不变更的声明,以及财产共有人均同意做出担保的书面材料。

三、保全申请人请求撤销驳回其仲裁请求的仲裁裁决,是否影响海事财产保全的解除

根据《仲裁法》一裁终局原则,仲裁裁决为终局裁决,自做出之日起生效。与之并行,作为对仲裁进行司法审查的重要方式,撤销仲裁裁决是对仲裁司法监督的重要组成,有法定事由的当事人可在裁决送达之日起六个月内向法院请求撤销。在案涉仲裁裁决驳回中港公司的仲裁反请求后,中港公司准备或已提起撤销仲裁裁决诉讼,被保全人的解除保全申请应否立即准许?

有观点认为在申请人提供足额有效担保的情况下,为全面发挥财产保全程序的功用,应参照仲裁法第六十四条关于"一方当事人申请执行裁决,另

一方当事人申请撤销裁决的,人民法院应当裁定中止执行"的规定,暂缓解除,待撤销裁决的结果而定。如法院驳回申请,则对于从申请人明确答复不同意解除至撤销裁决的申请被驳回期间给申请人造成的错误保全损失,申请人应予以赔偿。

这一做法隐含对短期内已确定的利益分配格局进行再分配的预防性保护价值取向,从实务中可减少因仲裁错误导致的执行回转,有可取之处。但由于仲裁法第六十四条规定的中止是针对执行程序,涉及撤销裁决做出前后的利益再分配,而保全仅是防止利益再分配无法实现的保护措施,不涉及利益分配,二者不能等同,也不应参照适用。同时由于仲裁在未被法院裁定撤销之前,其应当具有既判力,从平等保护申请人及被保全人角度出发,应立即予以解除。毕竟在财产保全的诉讼程序中涉及损害赔偿的计算及支付等实体内容也不适宜,但如果双方当事人能够就解除继续保全的担保及未撤销裁决的继续错误保全赔偿问题达成协议,则无疑是可行且有益的探索。

四、仲裁财产保全损害赔偿纠纷的因果关系认定

错误申请保全属一般侵权行为,侵权责任人承担赔偿责任应同时满足四个构成要件:行为违法、主观过错、损害事实、违法行为与损害结果之间的因果关系。其中的因果关系由于本身的复杂性(如一因多果、多果一因、多因多果的不同表现),以及事实上的因果关系与法律上的因果关系不一致等多因素作用,造成在司法实务中的认定复杂且不易掌握。实务中,一般民事侵权案件因果关系可以尝试从反证检验法、剔除法、替代法、倒推法做出认定。本案中存在表面上的多果一因的复杂情况,乍看之下,因源远公司缺乏化学品船的经营资质,保全冻结光租权利会使"中港永顺"轮无法经营,自然将造成源远公司无法光租的损失,错误申请保全与损害结果间的因果关系似乎十分明确。然而,事实上船舶在裁定保全之前,已先被海礁公司留置,不能营运的损害后果已经发生,在这样的情况下,错误申请保全赔偿责任是否成立?

从原因力的角度分析,通常理解为存在先后两个以上可独立造成损害结果的原因行为时,想要证明在后的原因行为与损害结果之间的因果关系,应先实际消除在先原因行为对损害结果的影响,即两把锁先后锁住一个门,想达到第二把锁导致门无法打开的状态,应先打开第一把锁。然而,当事人可

以有一种合理的辩解："我本可以打开第一道锁,但因为对方又加上第二把锁,因为解不开第二道锁,所以解开第一道锁变得没有必要了。"本案源远公司即持此论,然而,该论却无事实基础,体现为:(1)源远公司在收到保全裁定之前,其强制令的申请因未交纳申请费而被裁定按撤回处理,即在尚未知道被锁第二道锁时,已放弃解第一道锁的努力。(2)源远公司有解开两道锁的能力和机会,却未实践。源远公司称有能力同时提供申请强制令和解除留置所需的担保,而中港公司的仲裁反请求标的体现为包括定金在内,双方各自向对方提出的一定金额的索赔,金额远小于在申请强制令可能被要求提供的担保,且两次担保中重合部分因属同一纠纷,重合部分可以抵扣。在强制令申请裁定按撤回处理和得知保全之后,源远公司可以将为申请强制令准备的担保转用于解除保全,在中港公司的仲裁反请求获得担保后,重新经由相关程序和向海礁公司提供担保,故当可收回船舶进行经营。此外,源远公司本可将海礁公司列为强制令的共同被申请人,在仅提供一份担保的情况下一并解决强制令与解除留置两问题,余下担保应付保全则力有余也。(3)源远公司是以中港公司为相对人申请强制令,假定申请获准,仍面临海礁公司可以以留置权提出异议和排除执行的问题。需要与之进行协商,如协商不成,还须在强制令外通过新的法律程序解决。在相关举措和行动远未开始、未来进程存在各种变化和不确定因素的情况下,船舶不能营运的损害在法律上尚不足以归因和特定为保全所致。综上,虽然如果没有在先的留置行为,则错误申请保全将独立造成相对人损害。但因在先的留置状态维持和延续到保全解除之后,且已独立造成相对人损害,而错误申请保全并未加重或额外增加相对人的损害,故错误申请财产保全与损害结果之间的因果关系不成立,赔偿责任也不成立。

（原载于 2017 年《人民司法·案例》第 32 期）

机动渔船燃油补贴发放属行政给付行为

——原告林某某与被告某某市海洋与渔业局海事行政纠纷案

胡伟峰

【裁判要旨】

国家对机动渔船发放燃油补贴属行政给付行为，在无法律法规可援引的情况下，可以政策性规定为依据。同时因其属授益行政行为，区别于课予义务的行政处理，在法律无明文规定的情况下，不能简单以行政处理的严格程序相要求。

【案号】

一审：（2016）闽72行初1号。

二审：（2016）闽行终919号。

【案情】

原告：林××。

被告：××市海洋与渔业局。

2011年11月28日，××市海洋与渔业执法大队以原告所属"闽X渔60288"号渔船违反伏季休渔规定，于同年8月1日携带网具出海作业为由，做出处罚决定书，对原告处罚款30 000元。原告对该处罚未申请复议或提起行政诉讼，并于当日缴清罚款。2015年11月，被告以该船曾受到上述行政处罚，属不发放该年度5—12月份机动渔船燃油补贴的对象为由，要求原告于2015年11月20日前将已领取该部分燃油补贴315 668.16元汇入油补专户……逾期没有全额归还的，将暂缓发放2014年度油补，并将依法追究相关法律责任。该通知于当日送达原告。

原告诉称，××市海洋与渔业执法大队对原告所做行政处罚缺乏事实与法律依据，被告依据该处罚及并非法规、规章的2011年度相关油补政策文件做出的行政行为不具合法性。诉请判决确认被告通知原告缴还油补的行政行为违法、无效。

被告××市海洋与渔业局辩称,原告未对执法大队做出的行政处罚提出复议、起诉或申诉,且已交纳罚款,该处罚决定已生效;原告违反休渔禁渔规定作业,依法应视情节不得补助或扣减补助。原告违规领取补助款,被告有义务追回即通知原告退回;原告关于确认被告通知行为违法的诉求,不属人民法院行政案件的受理范围,请求法院驳回原告的诉求。

【审判】

厦门海事法院经审理认为:

本案为海事行政案件,依照《渔业法》第六条的规定,县级地方人民政府渔业行政主管部门主管本行政区域内渔业工作,故被告主体适格。通知明确原告渔船属不予发放 2011 年度 5—12 月份油补的对象,并要求退缴,属直接确定原告权利义务的行政行为,因而具有可诉性。海洋与渔业执法大队做出的处罚决定具有法律效力。该处罚决定认定的原告渔船违反伏季休渔规定可以作为被告做出具体行政行为的事实依据。因渔业成品油价格补助系政策性规定,并无相关法律法规规定,被告援引政策性规定,做出行政行为符合法律精神。且被告通知原告不予发放油补的具体行政行为属行政处理行为,当前法律法规未对行政处理程序做明确规定,被告的通知在法律程序上无明显不当。综上,厦门海事法院判决驳回原告的诉讼请求。

一审宣判后,原告不服上诉。福建省高级人民法院经审理认为,海洋与渔业执法大队做出的处罚决定具有公定力,可作为认定事实的依据,被告对原告违反伏季休渔规定出海作业的行为做出退缴的通知,并无不当。故判决驳回上诉,维持原判。

【评析】

一、机动渔船的燃油补贴发放应属行政给付行为

关于什么是行政给付行为,许多学者认为行政给付仅指社会保障行政。姜明安教授主编的《行政法与行政诉讼法》认为:"所谓行政给付,亦称行政物质帮助,是指行政主体在公民年老、疾病或者丧失劳动能力等情况下,以及在公民下岗、失业、低经济收入或者遭受天灾、人祸等特殊情况下,根据申请

人的申请,依照有关法律、法规、规章或者政策的规定,赋予其一定的物质权益或者与物质有关的权益的具体行政行为。"然而随着行政法学研究的不断深入,及实践中不断涌现的新事物、新问题,促使我们对行政给付做更为宽泛的解释。有学者将行政给付定义为行政主体为实现特定的公共目的,为一定的个人或组织提供支持或补助(社会救济金、助学金、扶贫款、补贴)、建设公共设施或者为公众提供其他服务或利益,从而保障和改善公民生活条件的行政活动①。这种定义较全面地反映行政给付的特征与适用现状。

行政给付的目的是增进国民生活,实践中主要包括供给行政、社会保障行政和助成行政三类②。第一,供给行政。"这一概念指的是在都市化、工业化、技术化的社会环境下,国家或基层机构一定要保证人民生活必不可少的供应,诸如交通、通信、水电、保健设施、文化设施等。"③第二,社会保障行政。"其目的是为了保障生存权及实现个人的尊严,在社会保障行政领域中保障国民受给付的权利,在宪法社会基本权保障下,依法律而作为具体的主观公权利而被承认,这种形式的权利常于立法规定上禁止查封及让渡。"④第三,资金补助行政。出于公共利益保护目的,从文化政策、经济产业政策等出发,为了积极促进特定个人进而影响公众生活水平的改善所给予的给付,例如保护青少年行政、文物的保护、提供就业信息或职业训练。

本案中机动渔船的燃油补贴兼有社会保障行政与资金补助行政两种性质,设立初衷是 2006 年以来国家为了缓冲石油价格形成机制改革导致的石油价格大幅上涨形成的冲击,给予部分弱势群众和公益性行业补贴,其中就包括对渔民和渔业企业的燃油补助;补助对象包括使用机动渔船从事捕捞和养殖生产的渔民和渔业企业,惠及全国上千万渔民群众,在很大程度上缓解了因燃油价格大幅上涨给广大渔民造成的生产生活困难。⑤从这一角度出发表现为社会保障行政,从经济产业政策的角度,通过对渔业生产扶持与保护,以补贴特定群体的方式进而使面临危机的渔业生产得以喘息调整,伸进渔业

---

① 杨解君:《行政法学》,中国方正出版社 2002 年版,第 382 页。

② [德]汉斯. J. 沃尔夫,奥托. 巴霍夫,罗尔福:《行政法》,商务印书馆,2002 年版,第 31 页。

③ 盐野宏,《行政法》,法律出版社 1999 年版,第 9 页。

④ 南博方:《行政法》,中国人民大学出版社 2009 年版,第 33 页。

⑤ 刘风非:《渔船燃油补贴给渔民带来了什么》《中国渔业报》2012 年 2 月 13 日。

的良性发展,最终实现与维护好更为广大的公共利益,机动渔船的燃油补贴满足行政给付的三种表现形式之二,而事实上满足一项已足将其归入行政给付行为。

二、行政给付的法律程序

相比于行政处罚、行政强制等侵益行政行为,无论是立法或司法实践均对行政给付的程序重视不足,即便在行政给付研究较为深入的德国及我国台湾地区也普遍存在。与之相应,我国现有的行政法规对行政给付的程序未做明确的规定。在法无明文规定的情况下,有一种观点认为应比照行政处罚或行政强制的法律程序,以促进行政执法的规范化。然而作为一种受益性的具体行政行为,行政给付区别于行政处罚、行政强制等侵益行政行为,不仅不影响相对人的现有权益,而且行政主体还提供支持或补助等其他服务或利益,在对相对人权益影响程度存在正负之别的情况下,如果机械地比照适用,不仅无法可依,而且对行政机关有失之过苛、矫枉过正之嫌。因此,在实践中只要行政给付遵守最低限度的程序正当性要求即可认定符合法律规定。

本案行政给付行为未违反程序的中立性、公开性等程序要求,通知中虽未明确具体的条文,也未告知相对人救济的途径,但因法无强制要求,从执法规范的角度考虑,虽存在瑕疵,但尚不足以导致该行政行为违法的程度,执行机关应在以后执法中加以注意。该行政给付的程序符合法律规定。

三、机动渔船的燃油补贴发放的法律依据

因机动渔船的燃油补贴属政策性规定,并无相关法律规范,在实体上无法可依的情况下,行政机关出台该政策的管理暂行办法、通知等文件均可作为可援引的法律渊源,本案中体现为财政部、农业部做出关于印发财建〔2009〕1006号《渔业成品油价格补助专项资金管理暂行办法》、农业部办公厅下发的(农办渔〔2011〕1264号)《关于做好2011年渔业油价补助资金发放工作的通知》、福建省财政厅、省海洋与渔业厅闽财建〔2012〕92号《关于做好2011年度机动渔船油价补助清算资金发放工作的通知》等相关政策性规定。

另外,本案原告主要对"闽×渔60288"号渔船因2011年11月被××市海

洋与渔业执法大队以"违反禁渔期规定进行捕捞"的案由行政处罚不服，原告虽认为该决定认定事实有误且适用法律错误，但其未在法定期限内申请复议或起诉，并已事实履行了该处罚决定，故该决定具有法律效力及公信力。被告依据该处罚决定书认定事实做出不予发放的行政给付决定符合法律规定。

最后，"实体权利必须伴随着程序的保护。授益行政行为是社会资源的重新配置，是资源和服务的再分配，通过行政主体的强制干预，实现社会的动态平衡，实现行政给付的目标，满足一部分人的需要和利益。"[①]为了实现资源分配的公平，防止权力运行中的腐败与滥用，行政给付需要适当的法律程序，虽然目前法尚无明文，但行政机关作为管理者应对行政法律的发展及社会文明进步有预见性和前瞻性，不断提高行政执法水平和规范化，特别当行政主体做出不予给付的决定时应可以学习借鉴说明理由、告知、听取陈述、申辩、举行听证等正当程序，借助程序正义，通过相对人的参与来不断促进实体公正。

（原载于 2017 年《中国航务周刊·东南航运》第 6 期）

---

① 胡敏洁：《福利权研究》，法律出版社 2008 年版，第 101 页。

政府采购合同中财政审核条款效力的认定

胡伟峰

【裁判要旨】

政府采购合同属民事合同,应适用合同法进行规范。财政审核是国家对政府采购的一种行政监督,不影响政府采购合同的效力,当合同中兼有财政审核条款与决算款条款时,应以当事人的约定作为判决的依据。

【案号】

一审:(2016)闽 72 民初 1075 号。

【案情】

原告:某船舶工程有限公司。

被告:某市海洋综合行政执法支队。

2013 年 5 月 24 日,某市海洋综合行政执法支队(被告)为确保两艘平板驳船建造质量,委托某采购公司对驳船建造监理项目进行招标,招标采购文件第三章第十条付款条件约定:"由采购人根据某市财政局的有关规定和合同约定付款。"同年 6 月 5 日,某船舶工程公司(原告)向采购公司出具谈判响应函,承诺将按谈判文件的规定履行合同责任和义务。6 月 15 日,原、被告签订《平板驳船建造监理服务合同》,约定:被告通过竞争性谈判确定原告为监理中标单位,负责对两艘平板驳船建造进行监理,服务期限自合同签订之日起,至整个建造工程竣工验收并交船和决算审计结束。监理合同价为中标监理单位的谈判最终报价 215 000 元,委托人(被告)同意按以下的计算方法、支付时间与金额,支付监理单位的报酬:合同签订后 14 个工作日内,被告向原告支付合同价格的 40%,即 86 000 元;船舶下水后 14 个工作日内,被告向原告支付合同价格的 30%,即 64 500 元;船舶交船并移交监理工作总结报告等资料验收合格后 14 个工作日内,被告向原告支付合同价格的 20%,即 43 000 元;从船舶竣工验收之日合格起满 1 年,被告向原告支付合同价格的 10%,即 21 500 元。委托人(被告)应当履行委托监理合同约定的义务,如有违反则应当承担违约责任,赔偿给监理单位造成的经济损失。合同另约定,监理谈判及谈判补充文件、监理谈判响应文件均为合同的组成部分。合同签订后,原告依约履行了监理义务,在船舶交船后移交了所有符合被告要求的监理工作总结报告等资料,两艘平板驳船的建造工程于 2014 年 5 月 28 日竣工,同年 6 月 15 日验收合格。被告至今共支付原告监理费 150 500 元。

原告某船舶工程公司诉称:被告为确保两艘平板驳船建造质量,通过竞争性谈判确定原告为监理中标单位,负责对两艘平板驳船建造进行监理。原、被告签订了《平板驳船建造监理服务合同》。合同签订后,原告依约履行了监理义务并移交了所有符合被告要求的监理工作总结报告等资料,现今两艘平板驳船的建造工程已经竣工并验收合格满一年。但是被告尚欠监理费 64 500 元。请求法院判令:被告向原告支付船舶监理费 64 500 元及相应利息。

被告某市海洋执法支队辩称,案涉合同包含监理谈判及谈判补充文件、监理谈判响应文件,其中约定付款条件为根据某市财政局的有关规定和合同约定付款;因案涉两艘平板驳船建造工程属于市财政性投融资建设项目,根据《某市财政性投融资建设项目预决算管理办法》的规定,需要报送市财政审核中心进行决算审核,由于被告拒不到场签字确认,导致财政审核中心无法出具审核结论,致使被告无法向财政申请资金支付,原告不配合财政审核造成的损失应由其自行承担。

【审判】

厦门海事法院经审理认为:

原被告签订的平板驳船建造监理服务合同主体适格,内容合法,且系经过竞争性谈判达成,符合法定程序,属双方真实意思表示,依法成立,对双方当事人具有约束力。双方争议的焦点在于付款条件是否成就。参照《最高人民法院关于建设工程承包合同案件中双方当事人已确认的工程决算价款与审计部门审计的工程决算价款不一致是如何适用法律问题的电话答复意见》,案涉合同的组成即采购文件中虽约定,由采购人根据某市财政局的有关规定和合同约定付款,但因合同未约定以财政性投融资建设项目决(结)算审核结论作为结算依据,且合同已明确约定监理费的金额及支付时间,不存在约定不明、约定无效的情况,原告已履行合同约定的监理义务,被告对此亦予以确认,故本案已具备合同约定的付款条件。被告未及时支付原告监理费 64 500 元,应当承担违约责任,并赔偿给原告造成的经济损失。

2016 年 12 月 26 日,厦门海事法院判决:被告某市海洋综合行政执法支队应于本判决生效之日起五日内向原告某船舶工程有限公司支付船舶建造监理费 64 500 元及相应利息。

宣判后,原、被告均未上诉,该判决已发生法律效力,被告已主动履行该生效判决确定的付款义务。

【评析】

一、本案讼争协议属行政协议还是民事合同?

讼争协议的法律定性,决定着讼争纠纷应适用的诉讼程序及适用法律。本案属于政府采购合同,主要适用于政府各级及其所属机构为了开展日常政务活动或为公众提供公共服务的需要所进行的采购,具有一方当事人为政府相关部门,以及以财政资金作为支付内容等特点。由于其隐含行政主体为了实现行政管理目的而签订协议的内容,故兼具民事协议与行政合同的双重属性,对其法律定性,存有争议。

通观本案,案涉合同应为民事合同,应适用民商事法律予以调整,原因在于:首先,本协议的主要内容是船舶建造监理,原告为被告的船舶建造提供监理服务,被告接受服务并支付报酬,双方系平等主体,作为被告的行政机关在协议的内容及履行过程中,是以普通市场主体的身份出现,不具行使行政权的行政机关面目。其次,虽然从长远来看,船舶建造后将被行政机关用于行政管理,具有行政性,然而在船舶建造的过程中,并无实现行政管理目的的内容。本案所遵循的公开招投标程序,虽与普通合同缔结存有差异,但仅是国家为了加强对政府采购管理与监督而进行的严格程序规范,并未改变其要约承诺的缔约本质。最后,《政府采购法》第四十三条明确规定,政府采购合同适用合同法。采购人和供应商之间的权利和义务,应当按照平等、自愿的原则以合同方式约定。因此,本案讼争协议属民事合同,应适用民事诉讼程序及民事法律。

二、招标采购文件中同时约定按财政审核意见决算与明确合同价款时，以何为准？

案涉合同的付款条件为根据某市财政局的相关规定与合同约定付款，根据某市财政局的相关规定，该项目属市财政性投融资建设项目，应报送财政审核中心进行决算审核。然而合同同时又明确决算款的具体数额。二者并存，应以何为标准？综合考察全案，应以明确约定的合同价款为准，理由如下：首先，作为案涉合同重要组成的招标采购文件，虽然约定根据某市财政局的有关规定付款，但原被告在其后签订的《平板驳船建造监理服务合同》又进一步明确合同价为 215 000 元，属双方合意对合同价款的变更；其次，招标采购文件约定根据财政局的有关规定和合同约定付款，在财政局规定与合同约定不一致的情况下，由于该条款的制作人是被告行政机关，原告只能全盘接受或拒绝，不允许对方协商，可视之为格式条款，根据"有疑义者就为表义者不利之解释"原则，在格式条款按照通常的理解会出现两种以上的解释效果时，应当做出不利于提供格式条款一方的解释，即更保护原告利益的解释；再次，参照《最高人民法院关于建设工程承包合同案件中双方当事人已确认的工程决算价款与审计部门审计的工程决算价款不一致时如何适用法律问题的电话答复意见》，审计是国家对建设单位的一种行政监督，不影响建设单位与承建单位的合同效力。建设工程承包合同案件应以当事人的约定作为法院判决的依据。只有在合同明确约定以审计结论作为结算依据或者合同约定不明确、合同约定无效的情况下，才能将审计结论作为判决的依据。本案的财政审核中心进行决算审核性质上类同审计，合同未约定以财政性投融资建设项目决（结）算审核结论作为结算依据，且合同已明确约定监理费的金额及支付时间，不存在约定不明确、约定无效的情况，原告已履行合同约定的监理义务，被告对此亦予以确认，本案已具备合同约定的付款条件。

（原载于 2017 年《中国航务周刊·东南航运》第 4 期）

中国生物多样性保护与绿色发展基金会诉平潭县流水镇人民政府、平潭县龙翔房地产开发有限公司海洋自然资源与生态环境损害赔偿纠纷案

——海洋自然资源与生态环境损害赔偿诉讼的原告资格认定

王端端

【关键词】海洋；公益诉讼；原告

【裁判要旨】

海洋自然资源与生态环境损害赔偿诉讼的原告只能是依法行使海洋环境监督管理权的机关。

【相关法条】

《中华人民共和国海洋环境保护法》第八十九条第二款　对破坏海洋生态、海洋水产资源、海洋保护区，给国家造成重大损失的，由依照本法规定行使海洋环境监督管理权的部门代表国家对责任者提出损害赔偿要求。

《最高人民法院关于审理海洋自然资源与生态环境损害赔偿纠纷案件若干问题的规定》第三条规定：海洋环境保护法第五条规定的行使海洋环境监督管理权的机关，根据其职能分工提起海洋自然资源与生态环境损害赔偿诉讼，人民法院应予受理。

【案件索引】

一审：厦门海事法院（2018）闽72民初152号（2018年1月17日）。

二审：福建省高级人民法院（2018）闽民终385号（2018年5月21日）。

【基本案情】

中国生物多样性保护与绿色发展基金会于2018年1月11日向厦门海事法院提出诉讼请求：1.停止非法污染环境和破坏生态的行为；2.对造成环境污染的危险予以消除；3.恢复当地生态环境；4.赔偿环境修复前生态功能损失（以鉴定为准）；5.请求被告承担本案的评估鉴定费、差旅费、专家费、律

师费。事实与理由：自 2001 年 2 月 27 日起，被告平潭县流水镇人民政府、平潭县龙翔房地产开发有限公司一直对平潭县山门湾区域的生态进行破坏，包括两被告存在未批先建的情况、未经海洋环境评估擅自施工、围海养殖。两被告的行为违反了《中华人民共和国环境法》和《中华人民共和国海洋环境保护法》的规定，应当承担停止侵害、排除危害和赔偿损失等法律责任。

【裁判结果】

厦门海事法院于 2018 年 1 月 17 日做出（2018）闽 72 民初 152 号民事裁定书，裁定对中国生物多样性保护与绿色发展基金会的起诉不予受理。中国生物多样性保护与绿色发展基金会不服一审裁定，向福建省高级人民法院提起上诉。福建省高级人民法院于 2018 年 5 月 21 日做出（2018）闽民终 385 号民事裁定书，裁定驳回上诉，维持原裁定。

【裁判理由】

法院生效裁判认为：《中华人民共和国海洋环境保护法》第八十九条第二款规定："对破坏海洋生态、海洋水产资源、海洋保护区，给国家造成重大损失的，由依照本法规定行使海洋环境监督管理权的部门代表国家对责任者提出损害赔偿要求。"《最高人民法院关于审理海洋自然资源与生态环境损害赔偿纠纷案件若干问题的规定》第三条规定："海洋环境保护法第五条规定的行使海洋环境监督管理权的机关，根据其职能分工提起海洋自然资源与生态环境损害赔偿诉讼，人民法院应予受理。"《中华人民共和国海洋环境保护法》和《最高人民法院关于审理海洋自然资源与生态环境损害赔偿纠纷案件若干问题的规定》明确将海洋自然资源与生态环境损害索赔的权利专门赋予依法行使海洋监督管理权的部门，系特别规定。相比而言，最高人民法院关于审理环境民事公益诉讼案件的法律及相关司法解释，属于一般规定，根据特别规定优先于一般规定适用的原则，应当优先适用《中华人民共和国海洋环境保护法》和《最高人民法院关于审理海洋自然资源与生态环境损害赔偿纠纷案件若干问题的规定》。上诉人中国生物多样性保护与绿色发展基金会系其他组织，不具备起诉的主体资格，其上诉理由不能成立，遂驳回上诉，维持厦门海事法院一审裁定。

【案例注解】

本案是国内首例裁定明确海洋自然资源与生态环境损害索赔权利主体

的案件,争议焦点即在于中国生物多样性保护与绿色发展基金会作为其他组织,是否有权提起海洋自然资源与生态环境损害赔偿诉讼。我国是海洋大国,海洋是我国经济社会可持续发展的重要资源和战略空间。但在海洋经济快速发展的同时,陆源污染和海洋资源的开发活动不断影响我国海洋生态环境质量,海洋生态环境压力依然较大。因此,明确海洋自然资源与生态环境损害赔偿诉讼的原告资格势在必行。

在明确原告资格之前,有必要先确定海洋自然资源与生态环境损害索赔诉讼的性质。关于诉讼的性质,最高人民法院民四庭负责人在 2018 年 1 月 15 日起施行的《最高人民法院关于审理海洋自然资源与生态环境损害赔偿纠纷案件若干问题的规定》答记者问中对此进行了说明:"根据《中华人民共和国物权法》的规定,海域属于国家所有。对我国管辖海域内自然资源与生态环境造成污染损害和破坏,会直接给国家造成损失,理应由国家索赔。依法行使海洋环境监督管理权的部门代表国家就《中华人民共和国海洋环境保护法》第八十九条第二款规定的海洋自然资源与生态环境损害提起索赔诉讼,具有公益性。根据现阶段相关立法意图,该类诉讼属于民事公益诉讼范畴。"

第十一届全国人民代表大会常务委员会第二十八次会议于 2012 年 8 月 31 日通过《全国人民代表大会常务委员会关于修改〈中华人民共和国民事诉讼法〉的决定》,其中第九条规定:"增加一条,作为第五十五条:'对污染环境、侵害众多消费者合法权益等损害社会公共利益的行为,法律规定的机关和有关组织可以向人民法院提起诉讼。'"这是我国首次在民事诉讼领域确定了公益诉讼制度,并且规定了公益诉讼的原告资格为法律规定的机关和有关组织。后第十二届全国人民代表大会常务委员会又于 2017 年 6 月 27 日再次对该法进行修改,增加了人民检察院作为民事公益诉讼的原告资格。

海洋自然资源与生态环境损害赔偿诉讼,作为一种环境侵权诉讼与环境民事公益诉讼,总体上也属于《最高人民法院关于审理环境民事公益诉讼案件适用法律若干问题的解释》和《最高人民法院关于审理环境侵权责任纠纷案件适用法律若干问题的解释》的适用范围。但海洋自然资源与生态环境损害赔偿诉讼也有其自身特殊实际和规律,最重要的区别就是提起该类诉讼的主体与一般的民事公益诉讼不同。《中华人民共和国海洋环境保护法》第八十九条第二款规定："对破坏海洋生态、海洋水产资源、海洋保护区，给国家造成重大损失的，由依照本法规定行使海洋环境监督管理权的部门代表国家对责任者提出损害赔偿要求。"该法是环境领域的特别法，第八十九条第二款规定明确将海洋自然资源与生态环境损害索赔的权利专门赋予依法行使海洋环境监督管理权的部门。《最高人民法院关于审理海洋自然资源与生态环境损害赔偿纠纷案件若干问题的规定》第三条规定："海洋环境保护法第五条规定的行使海洋环境监督管理权的机关，根据其职能分工提起海洋自然资源与生态环境损害赔偿诉讼，人民法院应予受理。"该司法解释进一步明确了该类诉讼的原告资格，排除了人民检察院和有关组织作为原告的资格。因此，海洋自然资源与生态环境损害赔偿诉讼作为一种特别的民事公益诉讼，根据特别规定优先于一般规定适用的原则，应当优先适用上述特别规定，其原告只能是依法行使海洋环境监督管理权的机关。

（原载于 2018 年《中国海事审判》，广州海事法院出版）

郭玉斌与魏霰申请追加被执行人执行异议案

王端端　郑新颖

【案情】

申请执行人:郭玉斌。

被执行人:程立峰。

被执行人:卢建安。

第三人:魏霰。

申请执行人郭玉斌与被执行人程立峰、卢建安码头建造合同纠纷一案,厦门海事法院以(2012)厦海法执行字第183号立案执行。在执行过程中,申请执行人郭玉斌以第三人魏霰系被执行人程立峰前妻,涉案纠纷的债务发生于程立峰和魏霰婚姻关系存续期间,属于夫妻共同债务为由向厦门海事法院申请追加魏霰为(2012)厦海法执行字第183号案件被执行人。厦门海事法院于2016年3月24日召开听证会进行了听证。

经审理查明,申请执行人郭玉斌与被执行人程立峰、卢建安码头建造合同纠纷一案,郭玉斌于2011年7月6日向厦门海事法院起诉,厦门海事法院于2012年3月6日做出(2011)厦海法商初字第179号民事判决书,判决程立峰、卢建安连带返还郭玉斌保证金50万元。该判决查明如下事实:"2006年7月28日,原告郭玉斌通过银行向中铁厦门公司在建行祥东支行的账户3510158900105250××××汇入50万元,中铁厦门公司在郭玉斌的'个人汇款客户回单'上加盖财务专用章予以确认。该50万进入中铁厦门公司账户后,陆续于2006年7月31日至2006年11月28日期间以备用金、工程款、税款、保险费、货款、差旅费等名义支取至剩余949.71元。现账户剩余金额为0。"

另查明,程立峰和魏霰于1997年1月29日在海林县人民政府登记结

婚,于 2011 年 8 月 22 日在郑州市中原区民政局婚姻登记处协议离婚。

【审判】

厦门海事法院认为,生效的(2011)厦海法商初字第 179 号民事判决已查明的 50 万元支取过程的事实可以认定该 50 万元并非用于程立峰和魏霰夫妻日常生活开支、履行抚养和赡养义务等家庭共同生活或家庭生产经营。该 50 万元是否属夫妻共同债务应当通过审判程序来认定,不宜由执行程序认定,故对申请执行人追加魏霰为被执行人的申请,厦门海事法院不予支持,裁定驳回申请执行人郭玉斌的追加申请。

郭玉斌不服裁定,向福建省高级人民法院申请复议,福建省高级人民法院认为,执行程序中追加被执行主体,应当符合《中华人民共和国民事诉讼法》第二百三十二条、《最高人民法院关于适用〈中华人民共和国民事诉讼法〉的解释》第 472 条至 475 条及《最高人民法院关于人民法院执行工作若干问题的规定(试行)》第 76 条至 83 条规定的情形。本案被执行人程立峰的债务虽然发生在其与魏霰婚姻关系存续期间,但在执行程序中,以夫妻共同债务为由,直接追加被执行人的配偶为被执行人,不符合上述追加被执行主体的法定情形,遂裁定驳回郭玉斌的复议申请,维持厦门海事法院的裁定。

【评析】

本案的焦点问题是夫妻一方为被执行人的案件,在执行程序中是否可以以债务系夫妻婚姻关系存续期间共同债务为由追加配偶为被执行人?

此问题争议极大,全国各地法院的做法都不一致。北京市高级人民法院认为,执行庭不得裁定追加被执行人的配偶为被执行人,申请执行人主张共同债务的,告知其通过其他程序解决。江苏省高级人民法院认为,执行庭有权审查并做出是否追加的裁定。上海市高级人民法院认为,执行机构有权在执行中对所涉债务是个人债务还是夫妻共同债务做出判断,符合一定条件时可以追加被执行人的配偶为被执行人。浙江省高级人民法院认为,执行机构可以判断执行依据确定的债务是否属于共同债务,但无须追加配偶为被执行人,可以直接做出裁定查封、扣押、冻结、变价夫妻共同财产或者配偶一方名下财产。①

以上观点主要分为两种。一种观点主张依据《最高人民法院关于适用〈中华人民共和国婚姻法〉若干问题的解释（二）》第二十四条"债权人就婚姻关系存续期间夫妻一方以个人名义所负债务主张权利的,应当按夫妻共同债务处理。但夫妻一方能够证明债权人与债务人明确约定为个人债务,或者能够证明属于婚姻法第十九条第三款规定情形的除外"的规定,在执行程序中直接追加配偶为被执行人。另一种观点则反对在执行程序中直接追加配偶为被执行人。

笔者认为不能在执行程序中追加配偶,一是追加配偶为被执行人,实际上是要认定执行依据确定的债务为夫妻共同债务,涉及实体问题。如果在执行阶段认定,存在"以执代审"的嫌疑。二是可能存在对被追加一方的诉讼权利保护不足。这样的规定在实践中是非常危险的,可能导致夫妻一方与他人恶意串通转移共有财产。

最高人民法院对该问题一直没有明确。2014年7月2日,时任最高人民法院执行局局长刘贵祥在《人民法院报》撰文《执行程序变更、追加被执行人若干问题之检讨》,文中阐述:"执行程序变更、追加被执行人不应是'常规之举',而应是'例外之策',应当坚持法定主义原则,即'法（司法解释）无明文规定,皆不可为'。"追加配偶并不在法律明文规定之列。但是,最高人民法院在2015年6月30日做出的(2015)执复字第3号执行裁定书中,却改变了这一观点,肯定了执行程序中可以追加配偶为被执行人。

2016年3月3日《人民法院报》刊登的《家事审判改革为相关立法提供实践依据》文章中,最高人民法院专委杜万华法官强调:"为什么社会对婚姻法解释（二）第24条反响这么大？ 一个原因是,在执行阶段直接认定夫妻共同债务。实践中确实出现过这样的情况,债权人拿到法院判决直接向法院申请强制执行,有的基层法院直接引用婚姻法解释（二）第24条,把未参加诉讼的配偶另一方直接追加为被执行人,这显然不合适。我们当时制定这个司

---

① 参见《北京市法院执行工作规范》第539条第1款、《上海市高级人民法院关于执行夫妻个人债务及共同债务案件法律适用若干问题的解答》、浙江省高级人民法院《关于执行生效法律文书确定夫妻一方为债务人案件的相关法律问题解答》、江苏省高级人民法院《关于执行疑难问题的解答》。

法解释本身就是司法审判的裁判标准,夫妻共同债务的认定只能在审判阶段不能在执行阶段。在 2015 年 12 月召开的第八次全国法院民事商事审判工作会议上,我们专门强调,夫妻共同债务应当通过审判程序来认定,不能由执行程序认定。因为如果夫妻共同债务可以通过执行程序认定,那没有参加诉讼的配偶一方就失去了利用一审、二审和审判监督程序维护自己合法权益的机会,这是不公平的。"

在杜万华法官讲话之后不久,最高人民法院在中国裁判文书网发布(2015)执申字第 111 号执行裁定书,进一步明确了执行程序不得追加配偶为被执行人。该裁定认为:"执行程序中追加被执行人,意味着直接通过执行程序确定由生效法律文书列明的被执行人以外的人承担实体责任,对各方当事人的实体和程序权利将产生极大影响。因此,追加被执行人必须遵循法定主义原则,即应当限于法律和司法解释明确规定的追加范围,既不能超出法定情形进行追加,也不能直接引用有关实体裁判规则进行追加。从现行法律和司法解释的规定看,并无关于在执行程序中可以追加被执行人的配偶或原配偶为共同被执行人的规定,申请执行人上海瑞新根据婚姻法及婚姻法司法解释等实体裁判规则,以王宝军前妻吴金霞应当承担其二人婚姻关系存续期间之共同债务为由,请求追加吴金霞为被执行人,甘肃高院因现行法律或司法解释并未明确规定而裁定不予追加,并无不当,上海瑞新的申诉请求应予驳回。"

由此可见,最高人民法院的观点,经历了从"否定追加至肯定追加再到否定追加"的过程,既然杜万华法官已经强调,《最高人民法院关于适用〈中华人民共和国婚姻法〉若干问题的解释(二)》第二十四条是司法审判的裁判标准,夫妻共同债务的认定只能在审判阶段不能在执行阶段,因此,在执行程序中不宜对夫妻共同债务做出认定,更不能直接追加配偶为被执行人。

(原载于 2016 年《厦门海事审判》第 3 期)

附录 <<<

《海事审判的理论与实践》（上册）目录

海商篇

海事篇

程序篇

《海事审判的理论与实践》（下册）目录

海上货物运输合同纠纷案例

诉讼程序案例

其他案例